历史学与当代中国社会

——2015年全国历史学博士后论坛论文集

赵兴胜　屈宁　代国玺　主编

山东大学出版社

图书在版编目(CIP)数据

历史学与当代中国社会:2015年全国历史学博士后论坛论文集/赵兴胜,屈宁,代国玺主编.—济南:山东大学出版社,2017.10
ISBN 978-7-5607-5877-0

Ⅰ.①历… Ⅱ.①赵…②屈…③代… Ⅲ.①史学-文集②社会发展-中国-文集 Ⅳ.①K03-53②D668-53

中国版本图书馆CIP数据核字(2017)第270907号

责任编辑:王桂琴 肖淑辉
封面设计:牛 钧

出版发行:山东大学出版社
社 址 山东省济南市山大南路20号
邮 编 250100
电 话 发行部(0531)88363008
经 销:新华书店
印 刷:济南龙玺印刷有限公司
规 格:787毫米×1092毫米 1/16
23.5印张 1插页 541千字
版 次:2017年10月第1版
印 次:2017年10月第1次印刷
定 价:96.00元

第22届国际历史科学大会平行会议2015年全国历史学博士后论坛

2015. 8. 23

史学研究如何关照社会现实
（代序）

2015年8月23～25日，第22届国际历史科学大会平行会议——“2015全国历史学博士后论坛”在山东大学中心校区成功举办。本次论坛由全国博士后管委会办公室、中国博士后科学基金会、山东省人力资源和社会保障厅主办，山东大学具体承办，来自全国30多所高校、科研院所的55位博士后研究人员以及14位特邀学术嘉宾出席论坛。

习近平主席在致第二十二届国际历史科学大会贺信中指出：“历史研究是一切社会科学的基础。”事实上，本次论坛也正是在这样一种思想背景下发起的。众所周知，近代以后尤其是改革开放以来的很长时期内，史学研究处于多重窘困与焦虑之中：(1)与社会科学的蓬勃发展相比，史学研究的边缘化趋势不断加剧；(2)与职业史学研究的相对冷清相比，以新技术、新媒体为载体的“新史学”不断助推文学、戏剧、影视、出版等领域的发展，不断产生出全民关注的话题；(3)史学工作者不断强调史学研究在人文社科体系中的重要性，但对相关学科的动态与走势却关注不多，尤其是面对甚嚣尘上的种种戏说乃至曲解历史现象，职业史学家们几乎是集体失声；(4)对于如何突破上述困境，史学界从未停止思考与讨论，但整体来看对社会乃至政治层面批评居多，学术上的自我反省则明显不足。有鉴于此，本次论坛将主题设定为“历史学与当代中国社会”，期望藉此引导史学同仁系统地思考史学研究与当代中国政治、经济、外交、文化、教育、学术、艺术等领域的研究、发展与建设之关系，进而思考新形势下（市场经济、信息科技、大众文化、全球化）历史学科的功能、历史学家的使命与责任，尤其是史学研究实现本位复归（“作为一切社会科学的基础”）的路径与方法。从总体上看，本次论坛在这方面取得了许多成果，举其要者有三。

其一，提出了一系列具有鲜明的资政意义的思想观点。在政治建设方面，李玉君（吉林大学法学博士后）在分析金王朝法制变革的社会背景、思想渊源、历史进程等问题基础上指出，中国历代王朝政府都重视以法律手段调和民族关系、促进文化认同、维护社会稳定、促进经济发展。费志杰（复旦大学中国史博士后）考察了晚清中国政府从德、英、美、日等列强进口军火产品的概况、进口路线的选择以及使用效果等问题，指出：中外历史发展的事实告诉我们，不顺应社会发展，不开展包括军事制度在内的全面变革而仅着眼在先进武器的引进上，是舍本逐末的行为，不但不能挽救自身的危亡，反而会成为自我埋葬的最佳武器。在经济建设方面，王瑞庆（浙江大学国际城市学研究中心博士后）以长时段的叙事视角分析了近百年来中国农民的土地诉求与中国农地制度的改革进程，进而认为，当下中国土地制度的改革，应该少在产权方面做文章，多为农民的经营自由创造环境。在文化建设方面，王瑞（上海大学中国史博士后）分析了民国著名史地学家张其昀的学术思想渊源、学术方法、学术实践及其特色与贡献，并在此基础上指出张氏许多思想观点在当下的学术活动和事业发展中仍然值得深思和借鉴，例如，他所说的中国之复兴必以民族文化复兴为根基，且“非基于长时期之研究成绩，复以世界眼光择善而从不为功”，他所强调的振兴中国学术必须“宏奖民间讲学”，“既要藏富于民，也要藏学于民”。刘永祥（山东大学中国史博士后）梳理了20世纪中国史学从以历史编纂学为主体的传统史学（以叙事为中心）向以历史研究为主体的现代史学（以问题为中心）的转型过程，指出“历史叙事的现代转型并非仅表现于文字表述，而是关涉叙事理念、结构等一系列问题的整体话语系统的转移”，强调“即使在现代媒体高度发达的今天，历史编纂学在消解客观历史与书写历史之间的断裂感和疏离感、传播历史知识、塑造集体历史记忆、增强民族文化认同等方面所发挥的关键作用，仍然是无可替代的”。刘超（南京大学中国史博士后）在分析了民国时期以书局为中心的教科书编写与发行史后指出，关系全国学生与一般民众知识观念的教科书编纂“委之数十人之手”，所谓的“经典”知识，其价值与意义是需要重新估量的。闫国疆（南京大学世界史博士后）在比较分析有关新疆历史的几个文本及其书写特点后指出，历史典籍与流传于民间的多种神话传说，是西域——新疆居民数千年的生活记忆，也是新疆安定统一和居民身份认同的基础，反对以单一文本或个别记忆去评判历史。

其二，在回归历史的基础上，多项研究实现了学术创新与现实关照的有机融合，在学术实践上具有鲜明的示范性意义。例如，针对近年来政法学界围绕毛泽东与反右时期的劳教政策问题所进行的研究与争论，刘宪阁（清华大学历史学博士后）从历史的连续性和整体性出发，运用丰富的历史资料，重建了相关史实，指出那种认为仅凭毛泽东的一两句话就可以决定数万右派被劳教命运的看法过于武断，右派处理和劳动教养之间的事实性（而非想象的）关联，经过了一段复杂的时空演进，并由一连串起初看似无关、实则意义重大、事关内政或外交的多方面历史事件碰撞、互动的结果；进而强调，那些在今天看来在理论上非常合乎政治学、法理学等逻辑进程的历史现象，在当时的历史演进中或许根本不是那么回事，即便二者偶有迭合，其关系可能也不像通常所想象的那般理所当然，人们应当对一些想象多于事实的笼统叙述保持足够的警惕，尤其是对于刚刚起步的当代中国政治问题研究。再如，针对近年来社会各界特别是经济学家们对当代中国土地制度的批评，彭波（清华大学理论经济学博士后）从中国传统社会的土地关系入手，在重新梳理相关基本范畴及其特点的基础上指出，在中国传统地权关系中，土地、田地和田业三者并存，并行发展，互不妨碍，又相互支撑，这种制度既兼顾了经济效益与社会保障，也兼顾了私人利益与社会公益，与西方特别是欧洲大陆的土地制度相比具有更大、更多的优点，并强调指出，当代中国的土地制度是与中国传统土地制度在内在逻辑上是一脉相承的，相对于单纯的土地私有制而言，更符合社会整体利益，在资源配置方面具有突出的优势，灵活并且符合现实的实际需要。

其三，对如何认识和实践“历史研究是一切社会科学的基础”，进行了广泛讨论，提出了许多极具启发意义的主张。牛长立（内蒙古师范大学科技史博士后）指出，历史学的基础研究与成果社会转化同等重要，只有把严肃的学术研究成果转化为人民群众喜闻乐见的各种作品形式，才能真正成为社会共享的知识与智慧；王委艳（四川大学中国语言文学博士后）认为，历史要想成为一种大众化知识，其最便捷的路径就是以叙述的方式参与大众文化交流，并使之成为常态化的研究模式，只有如此，才能获得更多相关领域学者的关注。彭波强调说，经济史对经济学具有奠基性作用，许多经济学研究成果经不起历史学的推敲，就是因为对中国历史与传统缺乏研究和了解所致；他还特别强指出说，中国历史传统中所蕴藏的市场经验与智慧，正是中国经济的希望与未来，这是许多担心乃至置疑中国经济未来者所不曾注意到的；闫国疆指出，许多现实的政治、经济与社会矛盾必须在梳理历史的基础上才能找到解决办法；历史书写与解释出了问题，历史记忆与政治和文化认同就出问题。只有给予史学研究以充分自由，才能发现真正的历史与历史规律，才能真正发挥其基础性作用。王连芳（山东大学中国史博士后）从理论上思考了史学研究对生态学研究的基础意义，指出历史是一个人类汲取自然、破坏自然、适应自然的生态发展过程，是一个文化与自然对话、社会与生态联系的系统演变过程，是一个由“平衡——失衡——平衡”的生态系统发展过程，史学研究能够生态学的发展提供一个整体视角，能够找出生态问题产生的历史原因，发现生态问题的未来走势，并提出具有历史依据的对策与政策，促进整个人类社会生态系统的可持续发展。与会的特邀嘉宾也结合自己的学术研究经历谈了自己的观点。徐秀丽（中国社会科学院近代史研究所研究员、《近代史研究》主编）指出，史学家只有做好本职工作、并不断创新研究领域与研究方法，才能真正担承起上述使命；胡卫清（山东大学教授）认为，历史学家需要社会关怀与人文情怀，更需要客观、理性与冷静，非此就无法实现历史研究的科学性。

除以上外，与会学者还进行了许多创新和示范意义突出的实证研究。例如，张景平（清华大学水利系博士后）的《从龙王庙到水管所：明清以来河西走廊水利活动中的国家与信仰》、张艳玲（陕西师范大学世界史博士后）的《美国历史协会：美国专业史学形成的“加速器”》、史常力（东北师范大学历史学博士后）的《“汤武革命”的意义解读与古代中国政权更替的政治学诠释》、徐保安（山东大学中国史博士后）的《清末官员海外游历游学研究》、王德硕（复旦大学政治学博士后）的《薪火相传：北美中国基督教史研究的学统述评》、冯旺舟（中共中央编译局博士后）的《超越资本主义的历史迷梦：“政治马克思主义”的资本主义历史观探析》，等等，因篇幅所限，兹不一一赘述。

总结以上成果的取得，首先是本次论坛的主题具有强烈的现实关照性，这一点已如前述，无需赘言。这是吸引各领域学者积极参与的前提条件。其次是其鲜明的跨学科对话特征。本次论坛名义上虽为“历史学博士后论坛”，但会议的参加者及所提交论文，实际上涵盖了历史学、考古学、哲学、马克思主义理论、政治学、经济学、法学、语言学、管理学、艺术设计学和科技史等 11 个学科；从纵的方面看，包括世界古代史、近现代史、当代国际关系、中国古代史、中国近现代史、当代中国史；从横的方面看包括政治、经济、军事、思想、文化、学术、社会、宗教、城市、科技、环境、生态、中外关系、史学理论、中西比较等诸多领域的问题。这种多学科的碰撞为新的学术理论、研究方法与思想观点的产生，创造了条件。这也给我们一个深刻的启示：史学研究若想真正担承起其“一切社会科学的基础”的角色，现实取向与跨学科视野是不可或缺的。

赵兴胜

2017 年 10 月

目　录

历史编纂学近代转型概说

刘永祥

从某种程度上说，中国传统史学是以历史编纂学为主体的，一切理论的阐发、事实的考辨、价值的传播等，皆以此为载体或归宿。近代以来，尤其是以西方现代史学为参照的20世纪中国史学，旨在走出以历史编纂学为主体的传统史学（以叙事为中心），进而建立以历史研究为主体的现代史学（以问题为中心）。从这个意义上讲，传统历史编纂学经历了解体与重构的艰难过程。在这一过程中，传统历史编纂学主动进行自我调适，使数千年形成的优良传统融入新潮流，焕发新的时代光芒。

大致说来，近代历史编纂学的发生及发展可划分为三大阶段：

第一阶段，自鸦片战争爆发至19世纪末20世纪初，是中西文化碰撞、融合下历史编纂学突破传统格局的时期，最显著的特征为世界意识和近代意识的滋生和强化。以"考史"反动面相出现的"著史"，成为发挥史学"重新认识世界"和"实现救亡图强"功能的主要媒介，世界史、当代史与边疆史编纂异军突起，有关历史变易、民族观念以及国家疆域等的新认识在一定程度上得到贯彻，而经过创新后的典志体则成为容纳新内容、传播新知识的流行体裁。

第二阶段，自19世纪末20世纪初至"五四"前后，是传统历史编纂学解体、近代历史编纂学体系初步建立，即以封建皇朝为中心的历史编纂体系向以民族国家为中心的历史编纂体系过渡的时期。传统历史编纂学中具有象征意义的正史，遭到以梁启超为代表的新史学家的猛烈攻击，以西方现代史学为参照的"新史学"借助历史教科书编纂，主导了一场以进化史观、民族主义、整体视野、民史书写、史论结合等为基本特征的"国史重写"运动，进而引发历史编纂学从目的到理论、从内容到形式、从方法到叙事的全面变革。

第三阶段，自"五四"以后至中华人民共和国成立以前，是近代历史编纂学形成多元互涉格局的时期。一方面，西方史学理论的大量输入以及科际整合的治史取向，缔造了历史编纂指导思想和方法的多样化图景；另一方面，日本侵华引发的民族危机推动了通史编纂的高涨，分科意识的上升促成了专史书写的兴起，而历史编纂的社会化以及史书体裁的综合化趋势亦渐次凸显出来。

一、史学科学化与历史编纂理论、方法的突破

完成了地理大发现与资本主义革命的西方国家，在经济利益和殖民外交的驱动下，以武力敲开了依旧徘徊在农耕文明阶段的中国大门，令其面临文明地势互换所造成的"三千年未有之变局"。此后中国百余年间的思想行程，即为：从接受落后现实到实现文明对等乃至重建文明中心。其间，作为传统学术大端的史学始终扮演着重要角色，并经历了一个蜕变、整合的过程，逐渐脱离旧有格局，走向科学化。与此相适应，历史编纂学不仅渐次丧失了作为史学主体的地位，而且在理论和方法上皆实现了根本性突破。

冰冻三尺非一日之寒。历史编纂学主体地位的丧失，亦非断崖式的，而是随着史学的现代转型一步步完成的。严格来说，在 20 世纪初西方史学成体系地传入以前，历史编纂学的地位并未被真正撼动，其作为经世史学的主要载体发挥着特有的功能。清代乾嘉时期的历史考证，多以正史为对象，并在很大程度上服务于历史编纂，与"五四"以后将"考史"视为史学鹄的存在根本差异，分属不同的史学体系。鸦片战争以后，这一"考史"风气因无益于时事而渐趋衰落，以关怀现实为主旨的"著史"迅速兴起。此种交替与更迭虽未超越传统史学范畴，历史编纂学在形式上也沿用着旧有体裁，但时代条件的特殊变化赋予了历史编纂新的内容和意义，使其展露出不同于以往的学术特征，亦即完成"三大转向"：由中国转向世界；由内地转向边疆；由古代转向现当代。

其中，世界意识的增强与世界观念的重建，是晚清历史编纂学领域最突出也是最核心的变化，其余变化大都肇源于此。清朝在整体上所奉行的闭关锁国政策，导致朝野对于世界变化反应迟钝，虽偶有介绍西方情况者如康熙时陆次云著《八纮译史》、雍正时陈伦炯著《海国闻见录》、乾隆时郁永河著《裨海纪游》等亦无人问津，以至鸦片战争爆发两年后道光帝仍在追问类似"究竟该国地方周围几许"[①]等幼稚问题。以《海国图志》《瀛环志略》《法国志略》等为代表的一系列介绍世界各国知识的史著遂如雨后春笋般应运而生，试图扭转中外之间在信息掌控上的不对等局面。尤为关键的是，随着世界知识传播的日益广泛和深入，士人头脑中以地域和文明中心自居的传统夷夏观念悄然发生了变化，承认西方的先进并向其学习的主张被明确提出，而在外国的参照下，关于疆域、民族和国家等的近代意识亦开始萌生，实已酝酿着中华民族由自在向自觉阶段的过渡。故此，历史编纂学的对外转向，在实现由传统天下观念向近代世界观念转型的过程中，无疑发挥了至关重要的作用。而且，历史必变、今胜于古的史学观念，在救亡思潮和激励民心的双重推动下，被广泛投射到历史编纂学领域，并以今文经学为媒介，逐渐与近代进化史观衔接起来。此外，晚清边疆危机的日渐加剧，以及清廷思想控制力度的减弱，使得边疆史地、元明史以及清朝现当代史编纂亦形成一股不可忽视的潮流，并在史料采择方面开始注重外国史料及中外对比，而且逐渐表现出史论结合的特色和趋势。

19 世纪后半期的历史编纂学，虽整体上仍能维持原有体系，但各方面均开始打破旧有格局，滋生新的元素，至 19 世纪末已是蓄势待发，而梁启超在 1901、1902 年分别发表的

---

① 文庆等编：《筹办夷务始末》(道光朝)卷四七，中华书局 1964 年版，第 18 页。

《中国史叙论》和《新史学》，则成为其喷薄而出的助推器，自此以崭新的面貌出现。梁启超对“新史学”的倡导，就结果而言，以历史编纂学为主体的传统史学开始逐步向以历史研究为主体的现代史学转型，但就出发点而言，其学术批判以二十四史为主要对象，理论建构亦服务于新史编纂。《中国史叙论》《新史学》《中国历史研究法》皆旨在“说明一部通史应如何做法”，而《中国历史研究法补编》则侧重于专史编纂诸问题，并力矫“五四”后兴起的史料整理与考订之风，明言“应该大刀阔斧，跟着从前大史家的做法，用心做出大部的整个的历史来，才可使中国史学有光明、发展的希望”[①]。在梁氏的话语体系中，传统史学被看作是以二十四史为主体的历史编纂学。因此，“新史学”首先应当被视为对传统历史编纂体系的批判与重建。自汉代始，历史编纂与君主专制制度的一体化程度逐步加深，而怀有新政治诉求和新史学理念的梁启超意欲超越以往修修补补的做法，实现带有根本性的整体重建，即推倒以封建皇朝为中心的历史编纂体系，建构以民族国家为中心的历史编纂体系，主要包括：确立进化史观在编纂思想上的主导地位；以国家主义、社会视野重新厘定历史编纂内容；突出国民意识，转变历史编纂的价值取向以及采用新式体裁和叙述模式等。20 世纪初涌起的以历史教科书为载体的“国史重写”运动，正是历史编纂转型与历史教育改革因缘互动的直接表现。故此，表面看来，史家的理论认识多落实于通史编纂，然而这一时期的通史编纂与传统的修史，不论在理论、目的还是内容、形式等方面显然已经发生了颠覆性变化，加之报刊等历史传播新载体、分科治学模式以及出版业的逐渐兴起，皆使得历史编纂学在史学中的主体地位真正开始坍塌。

新史学思潮开启了输入西学以建设中国现代史学理论的大门，此后史家围绕“什么是史学”这一核心问题展开持续探讨，尤其是留学欧美取代留学日本成为潮流，史学界摆脱中介、直面西方史学后，探讨迅速走向多元化。与此同时，以大学历史系、历史学会、史学期刊以及史书出版和图书馆等为基本要素的现代史学机制逐步得到确立，史学走向职业化、学科化、学院化和专门化。以叙事为中心的历史编纂学被纳入以问题为导向的历史研究范畴，史家多以大学或研究机构为安身立命之所，并以“术有专攻”为努力方向，遵循现代学术规范，往往不再将倾一生之力纂修一部流芳百世的史书视为史学大宗，而以撰写、发表论文或专门性著作作为表达史学见解的主要方式，故专家众而通人寡，且修史所需时间亦因现代史料保存机制和出版业的发展而大为缩短。因此，历史编纂学虽仍为史学不可或缺的重要分支，但所占比重和地位与古代相较显然已不可同日而语，而理论与方法则随史学的发展得到进一步突破。

首先，西方史学理论的多途输入使得这一时期历史编纂在指导思想上趋于多样化，打破了进化史观取代复古、循环等旧史观后的一统局面，大致形成了进化史观、综合史观和唯物史观三足鼎立的格局。其次，从事历史编纂的史家开始有意识地弥补 20 世纪初对史料问题的忽视，试图将求真与致用熔于一炉，并首次将其上升到理论高度加以总结，即张荫麟关于编纂过程中史家所受历史资料之限制的论述，同时新历史考证学派在史料扩充、鉴别、整理以及史实考证等方面取得的显著进展也对历史编纂学产生重要影响，极大拓展和增强了历史叙述的丰富性和准确性，尤其是考古史料的发掘直接促成了史前史和先秦

---

① 梁启超：《中国历史研究法补编》，载《饮冰室合集》专集之九十九，中华书局 1989 年版，第 168 页。

史的“重写”。再次，史家重现客观历史进程的方式由隐晦转向直接，不再“寓论断于叙事”[①]，或依靠体裁、体例、修辞来进行“春秋笔法”式的裁断，而采用“史论结合”的叙述模式，将其对历史演进的解释、历史事件和历史人物的评价等，概括为明确的论点。最后，跨学科思维被引入历史编纂，哲学、社会学、地理学、统计学、人类学等学科方法均对历史编纂产生不同程度的影响。

值得注意的是，史家对于传统历史编纂学的态度趋于理性，由破坏性批判转向建设性吸收，历史编纂学的优良传统得到重估并被整合到新型体系内。

二、双线并行：章节体的兴盛与“新综合体”的发展

晚清以来，史学取代经学成为显学，而历史编纂学的优良传统在应对全新的时代课题时再度发挥重要作用，最为引人注目的无疑是史家对典志体加以改造，使其成为传播世界史地知识的主要载体。不过，在20世纪之前，史书体裁的变革仍大致维持在原有系统内，此后，随着“新史学”的兴起，中国史学发生根本转型，史书体裁也相应地突破传统范畴，形成新的取向和格局，其中最关键的变化就在于，西方章节体的传入为其发展增添了新的元素，并迅速反客为主，占据主流位置。

作为舶来品的章节体被我国史家认可并广泛运用到历史编纂中，是在20世纪初期，这股热潮大约持续到辛亥革命之前，向国人展示了一种全新的历史书写模式，但它在某种程度上是晚清教育改革的产物，基本局限于历史教科书的编纂，而教科书的主要作用在于提供历史知识，往往内容简略、浅显，且仍带有浓重的日本史学痕迹，对于新式体裁章节体也远未做到运用自如。“五四”前后，将章节体娴熟运用到中国通史编纂并取得显著成绩的以吕思勉最为突出，而王桐龄、萧一山则创造了运用章节体编纂大型史书的成功范例。此后，章节体成为20世纪中国史书编纂的主要体裁，而人们对此也都习以为常，很少有人对此提出疑问。

乍看起来，章节体的迅速风靡颇为“突然”，而细究下去，则这一现象的出现实为“必然”。首先，我们不能孤立地看待章节体的传入和兴盛，而应将其置于特定的时代和学术背景下加以考察，应该看到这是中国社会近代化和史学典范转移的必然结果。当西学在知识分子心中完全占据文化优势后，他们“反求诸己”所看到的多是传统之鄙陋，表现出强烈的激进情绪，渴望“毕其功于一役”。这一文化心态表现在被赋予了救亡功能的史学上，即为20世纪初梁启超等对传统史学近乎全盘的否定，他们试图一举颠覆原先的皇朝史学体系，以西方现代史学为模板建立新的史学典范，而章节体正是其中不可或缺的组成部分。章节体的优点在于综合贯通、照顾全面、逻辑严密、层次清晰、结构灵活等。比如，它打破传统的王朝分期模式，便于采取社会变迁的历史分期标准，呈现整个历史发展的阶段性、连续性和总趋势，并可以推演未来的走向，因此在发挥史学社会功能、重塑人们历史观念方面具有其他体裁所无法比拟的优势；它可以容纳丰富的内容，而且结构十分灵活，既可以分门别类地展现政治、经济、文化等社会各方面情形，写清单个历史事件、历史现象的

---

① 白寿彝：《司马迁寓论断于序事》，载《北京师范大学学报》（社会科学版）1961年第4期。

来龙去脉，又能够在宏观上阐明彼此间的逻辑关系，从而构成牵一发而动全身的史网，符合人们认识历史整体性和丰富性的要求；它打破原先较为单纯的叙事传统，而以分析研究作为基调，能够将史论结合发挥到极致，而且便于在特定的历史场景中再现人物，为人物定位。上述优点能够充分满足20世纪初中国史家宣传新史学并借此实现救亡目标的需要，故而备受青睐。换言之，章节体的兴起并非孤立现象，而是人们接受新史学的必然逻辑结果，二者是不可分割的整体。

其次，中国传统史学中的纪事本末体，成为章节体顺利传入的重要媒介，颇有类于今文经学与进化论之间的关系。在章节体传入之前，中国史学的发展也已经提出突破旧的编纂形式的要求。早在18世纪末，章学诚就提出了改革史书体裁的方向，主张用纪事本末体的优点弥补正史纪传体的缺陷。纪事本末体产生于中国封建社会后期，具有因事命篇、灵活变化的优点，就成为20世纪初历史学家学习西方、从事体裁创新的基础。诚如梁启超所说："纪事本末体与吾侪理想之新史学最相近，抑也旧史界进化之极轨也。"[①]这一时期的学人大都将二者等同起来，正因为如此，他们所编纂的章节体史书往往同时具有纪事本末体的风格，其他传统体裁的优点也在一定程度上被糅合进去，因此成为中西史体真正融合的先行者，并开启了章节体中国化的行程，而此后史家对新综合体的探索也自始至终都刻有章节体的印记，这是20世纪中国史书体裁发展的一大特色。章节体与纪事本末体之间确有相通之处，尤其表现在突出事件的重要性、展示历史演进大势等方面。不过，两相比较，章节体的进步性是显而易见的，比如它将"事件"发展为"专题"，极大地扩充了历史编纂的范围，并且特别注重事件、现象等之间的联系，而旧有的纪事本末体则存在范围狭窄、互不连属的缺陷，因此梁启超才会提出"事实集团"[②]的概念。

与此同时，史书体裁的综合创造趋势亦渐次凸显，同章节体的兴盛大致成并行之势，一齐构成20世纪中国史书体裁创新发展的两大主线。中国史学发展到17世纪以后，在历史编纂上出现了一种探索新综合体的趋势。"新综合体"的特点，在于突破单一体裁的限制，从而创造出既能反映历史演进大势，又能涵括社会丰富内容的体裁。这一趋势在晚清得到延续，如《海国图志》采用"志""论""图""表"相互配合的方式；《元史新编》采用"传以类从"的方法，"皆以事的性质归类……虽是纪传体的编制，却兼有纪事本末体的精神"[③]；《法国志略》充分吸收典志体与纪事本末体的优点加以糅合；官修《筹办夷务始末》亦尝试将纪事本末体的优点引入编年体；等等。至20世纪，新综合体的创造和发展蔚为大观，尤其在中国通史编纂中占据重要地位，而主要遵循三大路径。

第一，仍纪传之体而参本末之法。最为耳熟能详的，是章太炎与梁启超在中国通史体裁设计方面形成大体相近的思路，分别提出"表""典""记""考纪""别录"五体配合及"年表""载记""志略""传志"四体配合的设想，而"记"和"载记"的设置即是对纪事本末体优点的吸收。此外，金毓黻亦主张："新史宜立纪、表、志、传、录五体；录者，纪事本末之异名

① 梁启超：《中国历史研究法》，载《饮冰室合集》专集之七十三，中华书局1989年版，第20页。

② 他指出："过去的纪事本末体，其共同的毛病，就是范围太窄。我们所希望的纪事本末体，要重新把每朝种种事实作为集团，搜集资料，研究清楚。"(梁启超：《中国历史研究法补编》，载《饮冰室合集》专集之九十九，第31页)

③ 梁启超：《中国历史研究法补编》，载《饮冰室合集》专集之九十九，中华书局1989年版，第58页。

也。”[①]第二，纪事本末体与典志体的大胆糅合。最先将这两大体裁糅合一处而编纂中国通史的是卫聚贤。他充分借鉴两大体裁的贯通和分类优点，编成一部《新中国史》，既从纵向上对中国历史演进大势作整体梳理，又以分类观念对中国的社会、生活、工具、民族、意识等作贯通叙述。他认为：“分类叙述，又患其彼此分离，不能发生相互的关系，故于《新中国史》首列一表，并有一类历史的概念以为贯串。”[②]不过，无论从框架还是规模上看，卫氏之作都显得极为简略。时隔近十年后，吕思勉以基本相同的编纂理念完成了影响巨大的《吕著中国通史》。第三，寓传统体裁的精华于近代章节体之中。这一时期的历史编纂，大都采用分章节的形式，以往多被简单定义为章节体而不加深究，以致忽视了其内在所蕴涵的民族特色和风格。事实上，新史学家大都致力于将传统体裁（尤其是纪事本末体）与西方章节体加以糅合，夏曾佑、吕思勉、萧一山、张荫麟等史家的努力即共同体现了这一方向，而作出的建树则各具特色。[③] 需要特别指明的是，此时史家所运用的纪事本末体已经逐渐突破了“事”的限制，而发展为“专题”，因此原先典志体的内容（近代多称“文化史”）就以“专题”的形式很自然地被吸纳其中。梁启超所谓“把每朝种种事实作为集团”和金毓黻所谓“将外交、经济、学术、文化等亦按纪事本末体加以记载”都很好地证明了这一点。

总之，近代史家处在中国历史编纂学发展的重要转折关头，他们以雄伟的气魄进行各种大胆的尝试，展示了中国史家所具有的非凡想象力和创新精神。这不仅说明近代以来史书体裁的发展趋向多元和综合，并且也证明了中国传统史书体裁与近代西方传入的新史体之间存在共通性，其精华符合近代史学的要求。

三、专史书写的兴起：历史编纂内容的拓展与细化

人类历史绵长而繁复，不论一部通史的规模如何庞大，都无法涵纳全部人类历史活动，再现历史的方式也因此丰富多彩，而关于社会生活某一方面的历史书写即为专史。从某种意义上说，中国史学的近代化是由以叙事为中心的历史编纂走向以问题为中心的历史研究，而专门化和精细化则是这一重大学科转向的必然结果和核心表征。学科意义上的专史体系，乃是现代西潮冲击的产物，与农耕文明下的中国学术传统存在根本区别，包含“分科的学史和分科的历史两种，前者为用各个学科现在的形态追述出来的学科发展史，后者为用不同学科的方法眼界研治的一般或分门别类的历史”[④]。分科意识的不断上升以及对西方现代分科体系的逐步接纳，是专史书写兴起的一大关键，而这显然不是一蹴而就的。

当古老的中国被完成工业革命的西方列强打败后，以魏源为代表的先进知识分子很

---

① 金毓黻：《静晤室日记》，辽沈书社 1993 年版，第 6535 页。

② 卫聚贤：《中国史学史讲义》，持志学院内部 1932 年刻本，第 24 页。

③ 夏曾佑等早期新史学家在对所撰史书体裁的自我体认上，往往不称章节体，反强调对传统体裁的继承和发展。比如，夏氏曾谓：“五胡之事，至为复杂，故记述最难。分国而言，则彼此不贯；编年为纪，则凌杂无绪，皆不适于讲堂之用。今略用纪事本末之例，而加以综核。”（夏曾佑：《中国古代史》，河北教育出版社 2000 年版，第 443 页）此后，萧一山《清代通史》的综合性最为突出，除吸收纪事本末体的优点外，在人物和史表方面又对纪传体有所继承。

④ 桑兵：《近代中国的知识与制度转型》，经济科学出版社 2013 年版，第 181 页。

快就提出了"向西方学习"的时代命题，而甲午战争的失败则将人们的认知方向由器物转为制度和文化，同时学无新旧、中西的观念亦消解了两者之间的"体用"紧张，其中对学术发展影响最大的莫过于教育体系的变革，因为它试图改变旧有的以通儒为目标的人才培养模式，而代之以培养专科人才为目标的分科教育体系，事实上反映了人们对西方现代分科体系的初步接纳。[①] 新型知识群体的终极目标在于恢复中华文明的世界中心地位，而实现学术对等则是必须完成的首要任务，亦即以西方现代学科体系为参照重新建构中国的学术系统。尤为关键的是，纳一切学术入史学范畴，成为实现这一目标的突破口，此种趋向大致开始于20世纪初而兴盛于"五四"以后。

史学之所以能够扮演中国学术崛起的急先锋，主要是因为，晚清民族危机的不断加剧大大提升了史学的地位，同时，其作为当时"泰西通行诸学科中，为中国所固有者"[②]，稍稍缓解了学人所遭遇的中西之间学科无法对接的尴尬。而从20世纪初的新史学思潮中，我们已经可以十分清楚地体察到分科治史理念的兴起。在新史家看来，传统史学的范围因偏于"君史"而过于狭窄，现代史学所要书写的则为涵盖方方面面的社会全史，而西方的现代分科理念恰恰为此提供了全新的思路。20世纪初的新史家虽然多将重心放在"普通史"上，但关于专门史的基本架构实际上也已经呼之欲出。[③]

1902年，梁启超发表《新史学》，以鲜明的立场对两千年旧史展开激烈批判，以明确的论点提出了新史学的理论主张，重新厘定史学的范围，要求突破以"君史"为主干的政治史范畴，反映社会全貌，并援引德国哲学家埃猛埒济的分类法，即分为智力、产业、美术、宗教、政治等五部分，进而指出"此五端，忽一不可焉"[④]。基于此，他对黄宗羲的《明儒学案》给以高度评价，认为是"史家未曾有之盛业也"，因为"中国数千年，惟有政治史，而其他一无所闻。梨洲乃创为学史之格，使后人能师其意，则中国文学史可作也，中国种族史可作也，中国财富史可作也，中国宗教史可作也，诸类此者，其数何限"[⑤]。显然，梁氏所作出的评价，正是基于以分科模式重新书写中国历史的思想意识，这为他后来对"专史做法"的详细总结打下了基础。相比之下，刘师培的分科意识则更为突出，他试图按照西方的学科分类对周末学术史加以重新建构，即"采集诸家之言，依类排列"[⑥]。当然，清末虽已出现以不同专史命名的史著，并且历史课程也因致用要求增设了有关中外地理沿革、外交史、法制史、科学史等内容，但从整体上来说，这一时期的史学重心仍在"国史重写"运动，新史家关于历史门类的划分，主要目的在于扩充历史书写范围，且服务于通史编纂，尚未对现代史学学科建制发生实质性影响。不过，此时史学的学科基础地位已经得到初步确立，即过去发生的一切都是历史，因此研治任何一门学问，都应从历史着手。梁启超曾谓："历史

---

① 关于西方分科观念的传入，可参见左玉河：《从四部之学到七科之学》第三章"西方分科观念的传入及早期学术分科"，上海书店出版社2004年版，第99～151页。

② 梁启超：《新史学》，载《饮冰室合集》文集之九，中华书局1989年版，第1页。

③ 事实上，1899年，徐维则纂辑的《东西学书录》和顾燮光纂辑的《译书经眼录》，就已经把"专史"作为了史书的一大类。虽然其关于专史的分类尚嫌混乱，并非现代分科意识的产物，但这一变化无疑值得重视，一定程度上折射出史学的走向。

④ 梁启超：《中国史叙论》，载《饮冰室合集》文集之六，中华书局1989年版，第1页。

⑤ 梁启超：《新史学》，载《饮冰室合集》文集之九，中华书局1989年版，第6页。

⑥ 刘师培：《周末学术史序》，载《刘申叔遗书》，江苏古籍出版社1997年版，第91页。

者，普通学中之最要者也，无论欲治何学，苟不通历史，则触处窒碍，怅怅然不解其云何……犹无基址而欲起楼台，虽劳而无功矣。”[①]陈黻宸亦明确指出：“史学者，合一切科学而自为一科者也。无史学则一切科学不能成，无一切科学则史学亦不能立。”[②]在西方分科理念逐渐被接受的前提下，以“学科史”重构“中国史”，就不仅成为可能，而且成为必然。[③]

学术发展与学科建制之间往往保持着颇为微妙的互动关系。民国成立以后，中国学术与教育继续沿着西化的道路前行，而史学作为一门学科所经历的艰难的学院化过程，恰恰反映出新旧学术转换之际的真实境况。在这一过程中，清末已萌芽的史学专门化倾向得以延续，并日渐走向成熟。[④] 大致在“五四”以后，专史与通史书写就成为史学的基本架构，[⑤]而前者逐渐取代了后者的主流地位。其中，除学科化和学院化因素外，“整理国故”运动发挥了无可替代的直接推动作用。表面看来，国学研究的热潮及相关机构的设立，均与主流的分科体制格格不入，但若从“整理国故”背后的取径与方法加以考察，即可发现，其出发点并非捍卫“国粹”，乃是采用“历史的眼光”，以现代解喻传统，将国学纳入现代学科体系之中，从而改变以人为中心、不以学为中心的传统，实现中西学术的对接与整合。具体做法是，平等看待所有典籍，一律视为史料，既扩充了史料范围，又将经典拉下神坛，并在此基础上形成以现代学术分科为参照的各种专史。作为领军人物的胡适指出：“我们无论研究什么东西，就须从历史方面着手……研究社会制度，亦宜先研究起制度沿革史，寻出因果的关系，前后的关键，要从没有系统的文学、哲学、政治等等里边去寻出系统来。”[⑥]又谓：“用现在力所能搜集考定的材料，因陋就简的先做成各种专史。”[⑦]国立北京大学研究所亦在《整理国学计划书》中明言：“整理学术者，将古人学说以科学方法为之分析，使有明白之疆界、纯一之系统，而后各见古人之面目，无混沌紊乱之弊。”[⑧]而梁启超后来在《中国历史研究法补编》中针对专史的做法加以详尽的总结与展示，则是这一趋势在史学理论上的直接反映。

当然，中国传统史学在长期的发展过程中产生了数量极为惊人的史籍，并因此具备了十分突出的分类意识。尤其是，纪传体中的书志部分，以及由此衍生出的典志体史书如《通典》等，即形成了分门别类书写历史的基本架构，可谓专史的雏形，成为接受西方分科观念的内在基础。吕思勉甚至认为，即使没有外来因素，中国史学也必定走向分科。他

---

① 梁启超：《东籍月旦》，载《饮冰室合集》文集之四，中华书局 1989 年版，第 90 页。

② 陈黻宸：《读史总论》，载《陈黻宸集》，中华书局 1995 年版，第 676 页。

③ 1905 年，宋恕曾明言：“有一学必有一学之史，有一史必有一史之学，数万里之原案咸被调查，数千年之各断悉加研究，史学极盛，而经、子、集中之精理名言亦大发其光矣！”（宋恕：《粹化学堂办法》，载《宋恕集》上册，中华书局 1993 年版，第 380 页）这充分折射出史学地位的变化，即随着分科理念的确立，史学成为通往其他学科的途径。

④ 参见刘龙心：《学术与制度：学科体制与现代中国史学的建立》第三章“新史学与学院化史学之建置”，新星出版社 2007 年版。

⑤ 梁启超就明确指出：“今日所需之史，当分为专门史与普遍史之两途。”（梁启超：《中国历史研究法》，载《饮冰室合集》专集之七十三，中华书局 1989 年版，第 35 页）

⑥ 胡适：《研究国故的方法》，载《胡适演讲集》（三），（台北）远流出版公司 1988 年版，第 13 页。

⑦ 胡适：《〈国学季刊〉发刊宣言》，载《胡适文选》，（台北）远流出版公司 1990 年版，第 241 页。

⑧ 马叙伦：《国立北京大学研究所整理国学计划书》，载 1920 年 10 月 19 日《北京大学日刊》。

说："史学若从章学诚的据点上，再行发展下去，亦必提倡分科研究；各种专门史亦必渐次兴起。不过现在既和外国的学术思想接触，自不妨借它的助力罢了。"①清代学术确实呈现出一定的专门化倾向，"六经皆史"也具有打乱原有知识系统的作用，但如果缺乏外力推动，中国学术恐怕很难形成类似西方的分科体系。

从某种程度上说，专史是史学与其他学科相结合的产物，使得历史编纂的范围大为拓展与细化，但同时也产生如何确定史学的学科边界问题，或者说史学与其他各科研究者如何分工的问题，甚至是史学有无存在必要的问题。对此，梁启超的回答最为睿智、精彩，他说：

> 天文学为一事，天文学史又为一事……音乐学为一事，音乐史又为一事。推诸百科，莫不皆然。研究中国哲理之内容组织，哲学家所有事也，述哲学思想之渊源及其相互影响递代变迁与夫所产之结果，史家所有事也……由此言之，今后史家，一面宜将其旧领土一一划归各科学之专门，使为自治的发展，勿侵其权限，一面则以总神经系——总政府自居。凡各活动之相，悉摄取而论列之，乃至前此亘古未入版图之事项……悉吞纳焉以扩吾疆宇，无所让也。旧史家惟不明此区别，故所记述往往侵入各专门科学之界限……今之作史者，先明乎此，庶可以节精力于史之外，而善用之于史之内矣。②

这里将史学的时间特质与整体视野刻画得淋漓尽致，可谓见识独到，入木三分！

值得注意的是，史学走向专题化研究时代，各类贯通性的专史编纂如学术史、民族史、宗教史、文化史、制度史、政治史等亦层出不穷，从不同角度再现客观历史进程，从而使历史编纂的内容获得极大的拓展与细化。与此同时，专史虽然取代了通史的主流地位，但二者之间仍保持密切的关系。一方面，专史扩充了通史的书写范围，保证了史实的准确性；另一方面，通史则为专史书写提供一种整体视野，保证了论述的广度和深度。

四、从描述到分析：学术规范的形成与历史叙事的转型

> 中国新史学的基础，如果从北京大学出版的《国学季刊》创刊算起，至今还不到二十年……今日中国的历史学是一个论文写作或专题研究的时代。③

这段话大致能够反映出时人对中国史学由传统向现代急速转型的真切感受。的确，经过近 60 年的酝酿后，以 20 世纪初"新史学"思潮的勃兴为起点，以"五四"新文化运动为契机，中国史学的转型正式步入新的阶段，其速度之快，范围之广，程度之深，皆与此前不可同日而语，目标则是建立起与西方现代史学比肩的新典范，亦即实现史学的科学化，并在事实上成为 19 世纪以后全球史学科学化进程中的重要一环。史学的科学化，包含外在与

---

① 吕思勉：《中国历史研究法》，载《史学与史籍七种》，上海古籍出版社 2009 年版，第 13～16 页。

② 梁启超：《中国历史研究法》，载《饮冰室合集》专集之七十三，中华书局 1989 年版，第 30～31 页。

③ 贺昌群：《哀张荫麟先生》，载《理想与文化》1942 年第 2 期。

内在两大层次，前者指向史学机制的建立，以大学历史系、史学研究机构、图书馆、期刊等为标志；后者则指向史学理论与方法的变革，如史观指导、史料审查、专题研究、借鉴他学等。由此，在中国学术现代转型的过程中，史家的身份与职业认同渐次凸显出来，并形成一套与传统史学截然异趣的规范，而这一规范投射到历史编纂领域，迅速引发广泛而深刻的连锁反应，尤其是历史叙事的转型，最为引人注目。

如果说，中国传统史学以历史编纂为主流，那么现代史学的重心无疑是历史研究，相应地，如果将叙事视为传统史学的主要特征之一，那么现代史学的发展方向则显然是对叙事的疏离。以问题意识为导向的史学专题化，以史料审查为依据的史学精细化，以哲学探索为目标的史学规律化，以学科互涉为方法的史学多元化，等等，不仅在在昭示着这一趋向，而且使得现代历史叙事在整体风格上与传统历史叙事大相径庭。其中，最直观的表现，在于发生了从描述到分析的话语转向。经过几十年的西化进程，整个中国学术的话语体系已然发生了重大变化，扮演先锋角色的史学当然也不例外。然而，问题的关键并不在于史家对新概念或术语的使用，而是整个叙事模式所发生的根本变革。

与西方现代史学偏重理论、范畴、逻辑、思辨等不同，中国传统史学的特色主要通过历史叙事来呈现，这一思维特质在传统哲学中同样表现得十分突出。除序、论、赞、曰等直观地表达史学观点外，传统史家显然更热衷于"寓论断于叙事"以及"春秋笔法"等隐晦的方式，尊奉"不在场"和保持中立的历史本位意识，更为强调受众在阅读史事过程中的自我体验，因此往往侧重于直书其事，而又有限度地保留了文学的情感渲染力。钱穆曾谓："分事写史比较是一种叙述，叙述则多寓有叙述者之主观。而分年分人写史，则比较是一种记录。记录与叙述之相异处，则因记录更近于客观。中国史学方法之长处，正在其重记录胜过了重叙述。"[①]以记录与叙述来概括纪事本末与编年、纪传体之间的区别并不十分贴切，却在一定程度上道出了传统历史叙事的本质特点。

近代以来，经世史学在民族危机的刺激下得以复兴，除叙事重心发生由中国到世界、由内地到边疆以及由古代到当代的转向外，史论色彩的日益浓厚亦是重要表征，尤其表现为对专制制度的鞭挞。黄遵宪就明确指出："盖自封建之后，尊卑之分，上下悬绝……盖积威所劫，上之而下，压制极矣！"[②]晚清时期的历史叙事虽然在整体风格上仍未超出旧有统系，但史论色彩的加强等特征已经为即将到来的根本转型打下一定的基础。此后，在"新史学"思潮的推动下，历史解释意识不断上升，"因果关系""公理公例"成为史家的共同诉求，注重分析、议论而淡化历史文学的趋势开始形成，"夹叙夹议"成为主流的叙事方式。严复所言就颇为典型："我们中国论史，多尚文章故实，此实犯玩物丧志之弊。虽然，外国亦有然者。故当前说出时，或谓以历史为科学材料者，文章之美，必不及前，而纪述无文，即难行远云云。然此皆明于一方之论，不知史之可贵，在以前事为后事之师。是故读史有术，在求因果，在能即异见同，抽出公例。"[③]从中亦可窥见新旧学人在历史叙事转型过程中的不同心态。"五四"以后，史学走向专业化，专题论文或专著取代综合性叙事成为主

① 钱穆：《中国学术通义》，（台北）学生书局 1976 年版，第 25 页。

② 黄遵宪：《日本国志》卷三《国统志三》，上海图书集成印书局光绪二十四年（1889）铅印本。

③ 严复：《政治讲义》，载《严复集》，中华书局 1986 年版，第 1243 页。

流，在唯科学主义的观念主导下，问题成为史家的关注中心，而确定问题、搜集证据、展开论证、得出结论，成为一般史家的固定研究程序，而有观点、有考证、有解释、有注释的“分析式”写作方法即所谓学术规范渐次形成，历史叙事（“讲故事”）在某种意义上被视为科学史学的对立物，因此这一传统虽在优秀史家那里得到传承，但不仅空间大为压缩，而且迅速发生由描述性向分析性的转向。其直接的后果是，历史编纂成为史学研究者之间的交流媒介，在很大程度上与大众产生了疏离。

在史学日益走向以历史科学相标榜的专题化研究时代后，通史与断代史就成为历史叙事传统得以延续和创新的主要载体，而涌起于 20 世纪初的“国史重写”运动，无疑拉开了这场声势浩大的叙事革命的序幕。新史家以日本现代史学为模板所编纂的大量新型历史教科书，虽仍保留了浓重的传统纪事本末风格，但显然已经融入现代叙事元素，基本建构起新的叙事框架，除章节体的采用以及夹叙夹议的表述风格外，还包括以下两个方面：一是以进化史观为理论指导，重新整理、解释中国历史的演进，以期进入世界文明历史的发展序列；二是摒弃旧有的王朝兴替模式，代之以时代变迁模式，采用上古、中古、近代等新的历史分期方法。“五四”以后，中国史学发展呈现出两种力量相互交织的现象：一方面，西方史学理论、方法开始大规模涌入；另一方面，中国史家的自主意识在汲取西学营养的过程中愈来愈强。故而，各种史观尤其是综合史观和唯物史观统摄下的宏大历史叙事不断呈现，但不再是简单的照搬照抄，而是充分尊重中国历史的发展特点，特别是在历史分期方面，开始对早期的三段法予以反思，除马克思主义史家所总结的社会形态分期法外，雷海宗等人也有明确的批评，认为：“十九世纪西学东渐以后，国人见西洋史分为三段，于是就把中国史也尔样划分……但西洋史的三段分法，若把希腊以前除外，还勉强可通；至于中国史的三段分法或五六段分法，却极难说得圆满。”[①]这一时期，对历史叙事产生重大影响的，莫过于新历史考证风气的兴盛以及社会科学方法的引入。

受新历史考证学影响，“五四”以后的通史或断代史著作，大都将考证过程融入历史叙事（吕思勉的著作就颇为典型），而众多的举证、辨析虽然大大提高了历史叙事的准确度，但毫无疑问也降低了其可读性，使原本完整、流畅的历史叙事被无比繁琐的史料阉割得支离破碎，从而极大地限制了传播范围，因为如此遵循学术规范的研究型通史显然不是一般读者所能接受的。正因如此，张荫麟所撰《中国史纲》一经问世，就收获了如潮般的好评。他在《初版自序》中明言：“融会前人研究成果和作者玩索所得以说故事的方式出之，不参入考证，不引用或采用前人叙述的成文，即原始文件的载录亦力求节省。”[②]他试图恢复史学的叙事传统，在史学的科学性与艺术性之间寻求融合与平衡，认为：“史学应为科学欤？抑艺术欤？曰，兼之。”[③]上述两种不同类型的历史叙事，皆为时代的产物，反映出“五四”以后中国史学的多样性以及读者的不同需求，不宜用简单的标准判定孰优孰劣。

此外，“五四”以后，中国史学的社会科学化趋势明显加强，社会学、人类学、地质学、考古学等学科方法被引入史学，进而重新厘定了历史叙事的范围与内容，其中最为突出的表

---

① 雷海宗：《断代问题与中国史的分期》，载《伯伦史学集》，中华书局 2002 年版，第 135 页。

② 张荫麟：《中国史纲·初版自序》，中华书局 2009 年版，第 2 页。

③ 张云台编：《张荫麟文集》，教育科学出版社 1993 年版，第 128 页。

现有三：一，史前史书写的充实。史家逐渐娴熟地将实物、文献与风俗结合起来，并以人类学和社会学眼光重新审视神话、传说，进而描绘出日益饱满的中国史前社会面貌。二，历史人物活动的边缘化。新史学“崇民史祛君史”的价值导向以及对历史规律的追求，使得文化现象和重大事件成为历史叙事的中心，而在以往叙事中居于正统地位的人物活动则迅速被淡化，除没落的官方修史外，仅有极少数的私家史著保留了这一传统。三，历史叙事内容的重新分类。自西方“普遍史”概念传入中国以后，如何在宏大的历史叙事中对所述内容加以合理的分类，就成为摆在史家面前的紧迫课题。至“五四”前后，“政治—经济—文化”的划分模式逐渐被史家普遍采用，所不同的在于对三者关系的定位。

总之，历史叙事的现代转型并非仅表现于文字表述，而是关涉叙事理念、结构等一系列问题的整体话语系统的转移。

结　语

即使在现代媒体高度发达的今天，历史编纂学在消解客观历史与书写历史之间的断裂感和疏离感、传播历史知识、塑造集体历史记忆、增强民族文化认同等方面所发挥的关键作用，仍然是无可替代的。近年来，国家有意识地投入大量人力、财力、物力，开展大规模的修史工程，而这些工程都必然向过去的历史编纂寻求思想和方法资源，如清史纂修工程即在体裁上采用了“新综合体”，而这正是近代史书体裁发展的主线之一。故此，对近代历史编纂进行系统考察，既有重要的学术价值，亦有突出的现实意义。限于篇幅，本文仅就上述几个方面进行了简要探讨，期望起到抛砖引玉的作用。

作者简介：刘永祥，中国海洋大学社科部副教授，山东大学历史文化学院中国史博士后。

民国以来心理史学在隋唐五代史研究中的运用

胡耀飞

心态史学与心理史学是来自西方的史学方法，分别以法国和美国为代表。① 受传统史学的影响，我国对法国心态史学或者美国心理史学的接受，是近20多年的事。② 而且其开展也不够广泛。笔者无意于讨论心态史学和心理史学的区别及当代中国学者对心理史学的认识与接受③，只想分析隋唐五代史领域中对心态史学和心理史学的自觉或不自觉的运用，以期求得进一步的观察。但是，由于在国内史学界对 psychohistory 的接受过程中，更多地偏向于心态史学④，真正对心理史学的运用并不多。具体的综述文章更是无闻。因此，本文以对心理史学的揭示为主，心态史学或将另文介绍。⑤

心理史学，按照年鉴学派吕西安·费弗尔（Lucien Febvre，1878～1956）的理解，应当属于个人心理学范畴，是侧重于对历史上单个人的心理分析。它应该包括三个系列："首先，它将专心于探讨人所得之于社会环境的东西：集团心理学。其次，考查人所得之于他的特殊机体的东西：特殊心理学或生理心理学。最后，研究作为人这样的存在所得之于其个人的心理特点、得之于其身体结构的意外状态、得之于其社会生活的偶然事件的东西：差别心理学。"⑥在这里，三个系列，实即三个步骤，心理史学的研究属于最后一步。下文中，笔者将以"差别心理学"的标准来分析隋唐五代史研究中对心理史学的自觉或不自觉

---

① 参见周兵：《心理与心态——论西方心理史学两大主要流派》，载《复旦学报》（社会科学版）2001年第6期。

② 参见陈曼娜：《二十世纪中外心理史学概述》，载《史学史研究》2003年第1期。

③ 可参见邹兆辰：《当代中国史学对心理史学的回应》，载《史学理论研究》1999年第1期。关于国内史学界对西方心理史学的回应，还可以参见张广智：《心理史学在东西方的双向互动与回响》，载《学术月刊》2002年第12期。

④ 参见邹兆辰：《近年来我国心理史学发展趋势》，载《史学理论研究》2005年第4期。

⑤ 关于隋唐五代史研究中对于心态史学的运用，笔者并未见到相关综述文章。明显地运用了心态史学方法的隋唐史论文有：卢向前：《"惜训恶注"与时人心态——甘露事件研究之三》，载荣新江《唐研究》第六卷，北京大学出版社2000年版，第233～254页；李怡：《心态史学视野下的唐代女装研究》，载《郑州航空工业管理学院学报》（社会科学版）2003年第1期；李怡、潘忠泉：《唐人心态与唐代贵族女子服饰文化》，载《中华女子学院学报》2003年第4期；冻国栋：《墓志所见唐安史乱间的"伪号"行用及吏民心态——附说"伪号"的模仿问题》，载雷家骥《中国中古经济与社会史论稿》，湖北教育出版社2006年版，第259～277页；于俊利：《从唐代祭祀看唐代文人的心态变迁与文学选择》，载《暨南学报》（哲学社会科学版）2009年第1期；等等。因与本文主旨无涉，故仅存目以备。

⑥ ［法］吕西安·费弗尔：《历史与心理学——一个总的看法》，载王养冲译，田汝康、金重远选编《现代西方史学流派文选》，上海人民出版社1982年版，第49～65页。

的运用。[①] 按照时间和地域来分，可以从三方面来叙述：

一、民国时期

民国时期，心理史学的运用只是零星地表现了出来，其特点是研究的学者并非专门研究隋唐史，而只是在其研究中有所涉及而已。如张耀翔（1893～1964）的《中国历史名人变态行为考》[②]、林传鼎（1913～1996）的《唐宋以来三十四个历史人物心理特质的估计》[③]等。其中，张氏之文从身体、感觉、注意、记忆、思想及联念、情绪、智能、语言、社交、嗜好、技能、睡・梦・酒醉、疯狂・自杀，共13个方面来归纳历史名人的变态行为。其中涉及变态心理的占绝大多数。所选取的例子，则涵盖了整个历史阶段，其中不乏隋唐五代人的变态心理及其所表现出来的行为。不过，张氏之文的一个缺点，就是仅仅列举，而较少论述其原因。在文章的“总结”里，张氏仅从两点论述了导致这些变态行为的原因，即尽孝、尽忠，无法全部解释。总之，虽然张氏之文为我们提供了一个视角，但更需我们在此基础上作进一步研究。

同样作为心理学家，林氏之文也以历史人物为测验对象，其主旨在于充实其对人的心理特质的研究，因此其选取范围并没有局限在隋唐五代的历史人物。不过，我们还是可以从他对其中唐代历史人物的研究中，得出有用的信息。

林氏的研究中，属于唐代人物的有10人：王勃（648～675）、张九龄（673～740）、李白（701～762）、杜甫（712～770）、李泌（722～789）、权德舆（759～818）、韩愈（768～824）、白居易（772～846）、元稹（779～831）、李贺（790～816）。他对全部34人的选择标准是：“（1）传记中有适合于心理测验的材料；（2）当选取之人必需于一时代史乘中有显明的记载。”[④]由于林氏的研究中，正文部分是对34人所作的心理学数据的统计，非常专业，亦无法反映作者对历史人物的具体分析。但在附录部分，则有对全部34人的详细描述，从这里可以看出民国时期，心理学家在研究历史人物的心理特质时，所用的是何种史料和对史料的何种解读。因此，我们也就可以从林氏的史料运用之准确与否，来评判其心理学数据统计的精确与否。

遗憾的是，林氏的史料选择，还是有差误之处的。比如对于张九龄的生年，林氏所采用的是由“年六十八”而推知的673年说，而据宋人欧阳修（1007～1072）的《集古录》对碑铭史料的引用，则张九龄当为“年六十三”，故生于678年。在林氏对张九龄的参考书中，只有新、旧《唐书》，而未见《集古录》，即使清人温汝适（1754～1820）所撰《张曲江年谱》，亦

---

① 在此，我们还得区别心理史学研究与心理思想史研究的不同之处。关于隋唐五代的心理思想史，燕国材曾对孔颖达（574～648）、孙思邈（581～682）、李筌、韩愈（768～824）、李翱（772～841）、刘禹锡（772～842）、柳宗元（773～819）等人，《诸病源候论》《无能子》等书，和隋唐时期的佛教、道教的心理思想进行了详细考察。（参见燕国材著《唐宋心理思想研究》相关章节，湖南人民出版社1987年版）

② 张耀翔：《中国历史名人变态行为考》，载《东方杂志》第31卷第1号，1934年1月。

③ 林传鼎：《唐宋以来三十四个历史人物心理特质的估计》，辅仁大学心理研究专刊，1939年。

④ 林传鼎：《唐宋以来三十四个历史人物心理特质的估计》，辅仁大学心理研究专刊，1939年。

未见参考，实在失策。因为，据1960年的考古发现，张九龄确实生于678年。[①]

当然，这些史料的误用，并不能抹杀林氏用心理学的方法研究历史人物的功绩。张氏的文章也不可仅仅视之为罗列材料。但民国时期的这些研究，无疑还是给我们教训的，这体现在两点：首先，在应用心理学方法时，对原始史料的引用也得保证最基本的可信与可靠。其次，统计学方法有时候并不一定能够涵盖全部，特殊人物亟待个案研究。

二、中国台湾学者

1949年以后，中国史学界一分为二。就心理史学来说，由于意识形态的差异，在大陆地区并没有继续展开。因此，这里先关注台湾的隋唐五代史学者对心理史学的运用。台湾地区最早关注心理史学的当属殷海光(1919～1969)[②]，但殷氏并非隋唐史家。

最早利用心理史学研究隋唐五代史的，当始于李树桐，早在20世纪五六十年代，他就"从性情、风度、才识、用人、处事等角度分析"，认为"李渊确实有过人之处"，从而揭示出太原起兵的另一个侧面，丰富了对唐高祖李渊(566～635)的认识。[③] 另外，李氏在其他问题，如唐高祖在玄武门事变前后的态度等问题上，也有精彩论述。李氏之后，台湾地区的隋唐五代史研究者中最看重心理史学的，当属雷家骥。雷氏对武则天(624～705)的研究，特别是运用心理史学的方法，主要体现在《武则天——狐媚偏能惑主》[④]一书中。[⑤] 此书认为武则天是"一个权威人格者，可能有妄想心理，甚至已出现了迫害、夸大、宗教、色情等妄想症状"，虽然在作者经过与医学朋友的讨论后，认为"充其量仅能判断她是一个人格失调者"[⑥]，但此结论已经足够轰动。也因此，当大陆地区的人民出版社策划"中国历代帝王传记"时，不请大陆的历史学家，而偏偏让台湾学者雷氏来执笔《武则天传》，恐怕也不仅仅是出于促进两岸的学术交流那么简单。

综观台湾学者的研究，其特点主要有二：第一，重视对心理史学理论本身的思考，比如张玉法的《心理学在历史研究上的应用》一文，介绍了18世纪以来心理史学的发展[⑦]；第二，重视个案研究，如张世贤对五代十国时期开国君主的政治人格类型之分析。[⑧] 前一点是对民国时期的心理学家用心理学概念研究历史的继承，后一点则是在继承的基础上所作的批判的进步。

---

① 关于张九龄的生年考辨，参见顾建国：《张九龄年谱》，中国社会科学出版社2005年版，第1～3页。

② 李源涛：《社会科学的方法与港台历史学》，载《华东师范大学学报》(哲学社会科学版)1995年第6期。

③ 参见苏士梅、于赓哲：《晋阳起兵和李渊称臣突厥》，载胡戟等主编《二十世纪唐研究》，中国社会科学出版社2002年版，第28页。

④ 雷家骥：《武则天——狐媚偏能惑主》，(台北)联鸣文化有限公司出版社1981年版。

⑤ 雷氏利用心理分析来研究武则天的文章，还有《武则天的家庭角色及其与庶子女的关系——一个中古时期特殊家庭与亲子关系的个案研究》，载张国刚主编《中国中古史论集》，天津古籍出版社2003年版，第216～248页。

⑥ 雷家骥：《武则天传》，人民出版社2001年版，"自序"第1页。

⑦ 参见张玉法：《心理学在历史研究上的应用》，载康乐、彭明辉主编《史学方法与历史解释》，中国大百科全书出版社2005年版，第162～193页。

⑧ 参见张世贤：《五代开国君主政治人格类型分析》，载(台北)《行政学报》1986年第5期。

三、中国大陆学者

1949年以后，大陆史学界在一段时期内，由于意识形态等诸多原因，对于心理史学并没有继续运用。这与中华人民共和国成立初期对所谓胡适(1891～1962)唯心史观的批判之矫枉过正有关，"从此史学工作者对历史上人们心理闭口不谈，噤若寒蝉。这种状况持续了近30年。"[①]"文革"之后，史学界才慢慢开始接受并运用心理史学。

笔者认为，大陆学者对心理史学的运用，主要有两个独特点：第一，文学史家在对古代文学家的研究中，较多地注意到了研究古代文学家的心理活动及其对文学创作的影响，而史学家很少用心理分析的方法；第二，正如前文所说，心理史学更多地向着心态史学发展，因此，对于个人心理的研究也往往从属于对于群体心理的研究。就前一个独特点来说，并不在本文的论述范围内，那是文学史家的工作。就后一个特点，如牛志平对唐人婚姻心理的研究[②]，林继中从对中唐田园诗的分析来透视中唐士大夫之间盛行的"变迁感"[③]，王雪玲从唐人的住宅选择情况来分析他们居住陋室却心怀天下的心理[④]，陈磊通过对墓志铭的解读来分析晚唐河北地区的人们对割据现状的认同心理[⑤]，都有体现。

独特点是一方面，真正的心理史学的研究，也一直存在。1987年，作为心理学家的武珍和方再林共同署名发表了《中国历代名人变态心理研究》[⑥]一文，文章首先通过历史材料列举了历史上名人的四种变态行为：智能异常、情绪变态、性格变态、特殊嗜好。作者的选取标准有二：心理特征的统计学标准和社会道德观念标准。最后，解释了三种变态因素：社会因素、遗传因素、心理动力因素。此文的出现，相对于民国时期张耀翔的文章来说，篇幅小是一方面；再者，这篇文章通篇没有提到张耀翔的成果，实在是一个遗憾。更让人怀疑，后出的这篇文章之写就，其灵感来源是否就是张耀翔的成果，从武文对变态行为的归纳来看，亦似有可能。不过，毕竟武文对变态原因的解释，相对于张文的粗糙来说，还是更系统化了。

当然，武文再一次反映了对个人心理的研究往往从属于对群体心理的研究这一独特点，且研究者并非专门的隋唐史学者。而在对个人心理的研究中，虽然有隋唐史学者的参与，但对心理史学的运用却没有充分的理论自觉，仅仅是涉及了心理分析。如李协民《试论安禄山和史思明的微妙关系》[⑦]一文，根据史书记载，细致入微地分析了安禄山(703～757)起兵前后和史思明(703～761)之间的人际关系，认为："安有时需要史、喜欢史、重用史，有时又嫉妒史、怀疑史、不用史，甚至要杀史；史既知安狠，又得靠安，极力给安办事。

---

① 彭卫：《心态史学研究方法评析》，载《西北大学学报》(哲学社会科学版)1986年第2期。

② 参见牛志平：《试论唐人的婚姻心理》，载《中国史研究》1989年第3期。

③ 林继中：《变迁感：中唐士大夫的心理压力——中唐田园诗的透视》，载《暨南学报》(哲学社会科学版)1993年第3期。

④ 参见王雪玲：《试论唐人身居陋室的心理及其原因》，载《陕西师范大学学报》(哲学社会科学版)2001年第1期。

⑤ 参见陈磊：《唐代后期河北地区的文化分区与社会分群》，中央民族大学学士论文，2005年。

⑥ 方再林、武珍：《中国历代名人变态心理研究》，载《人才研究》1987年第11期。

⑦ 李协民：《试论安禄山和史思明的微妙关系》，载《河北大学学报》1983年第3期。

安史之间的关系就一直这样微妙地发展着。"非常深刻。又如王炎平《论"二圣"格局》[①]一文,从唐高宗(628～683)希望深入贞观之治的局面入手,分析了他需要一个既美貌又通文史的皇后,是高宗在关陇集团压制下,"在政治上需要可靠而得力的助手,在感情上需要安慰"这样的原因,而武则天也十分明智,认为欲"在政治上发挥越来越大的作用,亦须得到高宗的允许和支持",从而形成了"二圣"格局。亦能自圆其说。但这些文章都没有以心理史学为理论工具。不过,受过西方史学训练的学者对心理史学的运用已经有其自觉意识了。如熊存瑞(Victor Cunrui Xiong)在其 *The Personality of Sui Yangdi* 一文[②]中,用俄狄浦斯情结(the Oedipus complex)来解释隋炀帝杨广(569～618)弑父的行为,虽然不一定能够服众,也是一种积极的尝试。

由于心理史学的难以把握,一些历史学出身的学者也尝试着用非学术文体来探究古人的心理世界。这方面的代表,是受黄仁宇(1918～2000)影响,并明确以心理史学自命的《天子的隐秘——七位中国帝王的心理传记》一书[③],其中的《性角色困扰下的激情女皇——武则天》[④]《悲情勃发的感受性沉溺人格者——李煜》[⑤],写的就是隋唐五代历史人物。作者赵良在其《自序》中不仅解释了用"抒情散文式的心理传记"来撰写的原因,还承认如"对李煜的人格确定想必会引起争议"[⑥]。由此可见,心理史学的运用及其成果之命途多舛。

当然,也并不是说,大陆地区隋唐五代史研究中的心理史学并没有大的发展趋势。20世纪以来,隋唐五代史学界对心理史学的开始重视,有两点值得注意:

第一,学术类隋唐五代历史人物传记中,对心理史学的运用越来越普遍,特别是在揭示传主童年和青少年经历的时候。如刘玉峰在唐德宗李适(742～805)的研究中,不认同历来对唐德宗所持有的一开始就"猜忌大臣"的评价。作者说:"简单地把'猜忌大臣'归结为唐德宗本性猜忌之所致,只能是一种抽象的唯心主义做法。"为了破除成见,作者从史料入手,还原了唐德宗"即位伊始,励精求治"的面貌,并指出"推以诚心的朝臣……却偏偏各谋私利,得势弄权"才是使唐德宗"由推诚置信转向了猜忌防范"的原因。[⑦] 同样,作者也用相同的方法揭示了唐德宗并非"刚愎拒谏"[⑧]。刘玉峰的以上研究,正是对唐德宗从早年的积极到晚年的消极之心理转变的分析。当然,这样的研究并未得到全面地认同。如樊文礼对晚唐晋王李克用(856～908)的研究中,从毗沙门天王显身与李克用交谈这样一

---

① 王炎平:《论"二圣"格局》,载中国唐史学会编《中国唐史学会论文集》,三秦出版社 1989 年版,第 196～204 页。

② 熊存瑞(Victor Cunrui Xiong):The Personality of Sui Yangdi,"多元视野中的中国历史——第二届中国史学国际会议"论文,清华大学,2004 年。

③ 赵良:《天子的隐秘——七位中国帝王的心理传记》,中国广播电视出版社 1994 年版。2001 年由群言出版社再版,改名为《帝王的隐秘——七位中国皇帝的心理分析》。

④ 赵良:《性角色困扰下的激情女皇——武则天》,前揭《帝王的隐秘——七位中国皇帝的心理分析》,群言出版社 2001 年版,第 75～114 页。

⑤ 赵良:《悲情勃发的感受性沉溺人格者——李煜》,《帝王的隐秘——七位中国皇帝的心理分析》,群言出版社 2001 年版,第 115～163 页。

⑥ 参见赵良:《帝王的隐秘——七位中国皇帝的心理分析》,群言出版社 2001 年版,"自序"第 1～9 页。

⑦ 参见刘玉峰:《唐德宗评传》,齐鲁书社 2002 年版,第 90～99 页。

⑧ 参见刘玉峰:《唐德宗评传》,齐鲁书社 2002 年版,第 99～102 页。

个离奇的传说，得出了“据说这件事更加坚定了李克用的自负心理以及人们对他的看重”[①]这样的结论。这里，作者用了“据说”这个词，以表明对这件事真实性的怀疑，但从唐人对毗沙门天王的信仰已经非常普遍[②]的角度来看，这件事并非凭空杜撰。因此，若作者能够更加深入，当会对李克用的自负心理有更进一步的认识。

第二，学术综述中对于心理史学的集中关注。同一个学术领域里的学者在特定时间段内的学术成果，能够从学术综述中得到统一的展现，因此，学术综述也成为我们了解学术动态的窗口。综述有专题历年性综述和研讨会综合性综述，在隋唐五代史领域的这两类综述中，对于心理史学皆曾经辟专章介绍。前一类综述，如《二十世纪唐研究》中，廖孝莲、于赓哲执笔的《武周的兴灭》专辟一小节综述“从心理学的角度研究武则天的所作所为”[③]，虽然是对20世纪八九十年代的综述，但反映了21世纪初学者们对心理史学的特殊重视。后一类综述如周加胜在整理2007年11月18～21日在上海召开的“中国唐史学会第十届年会暨唐代国家与地域社会国际学术研讨会”上学者们提交的论文的过程中，专门介绍了数篇“心理史学”文章。[④] 总之，从前一类综述需要数十年的积累才能成文，到后一类综述仅仅一次学术研讨会上就能见到数篇心理史学的文章，表明了心理史学在隋唐史研究中不断得到重视。

除了上述两种动向外，随着隋唐五代史研究队伍的不断扩大，一些有志于隋唐五代史的高校学生也注意到了对心理史学的运用。如西北大学2002级历史学基地班赵珍在该系学生学术刊物上发表的《论隋炀帝的“南方情结”》[⑤]一文，从人性的层面解析了隋炀帝个人性格中“南方情结”的形成及其影响。笔者本科期间撰写的《“为国去贼，为民除害”——公元918年杨吴政权朱瑾政变事件剖析》[⑥]一文从涉及事件人物的过往经历出发，分析了他们性格因素的形成及这类性格在事件中的具体表现。当然，这些文章，只是初步的尝试，作者们也没有具体运用心理学理论。因此，还有比较大的发展空间。

结　语

以上即为笔者对近百年来两岸隋唐史学界的心理史学运用之整理。总而言之，在民国时期，心理史学只是零星地呈现，其特点为：首先，虽然是心理学方法的应用，对于原始

---

① 樊文礼：《李克用评传》，山东大学出版社2005年版，第36页。

② 关于唐人毗沙门天王信仰的普遍化问题，参见王涛：《唐宋时期城市保护神研究——以毗沙门天王和城隍神为中心》，首都师范大学博士学位论文，2007年，第54～59页。

③ 廖孝莲、于赓哲：《武周的兴灭》，载胡戟等主编《二十世纪唐研究》，第42～43页。另外，最近在对唐高宗研究情况进行综述时，也集中提到了心理史学的影响，详见王效锋、阴小宝《唐高宗研究的回顾与展望》，载樊英峰主编《乾陵文化研究》(二)，三秦出版社2006年版，第369～370页。

④ 参见周加胜：《中国唐史学会第十届年会暨唐代国家与地域社会国际学术研讨会会议综述》，载杜文玉主编《中国唐史学会会刊》2007年第26期。介绍的这几篇论文为游自勇：《怪异、书写与阐释：唐宋士人对安史之乱的“预见”》；毛蕾：《试论太子李承乾从聪敏至堕落的心理轨迹》；杨增强：《试论武则天的双重多维度人格》等，前一篇属于心态史学，后两篇属于心理史学。

⑤ 赵珍：《论隋炀帝的“南方情结”》，载《史林新苗》2004年第4期。

⑥ 胡耀飞：《“为国去贼，为民除害”——公元918年杨吴政权朱瑾政变事件剖析》，载赵昌智主编《扬州文化研究论丛》第6辑，广陵书社2011年版，第82～97页。

史料的引用,尚未有足够的可信与可靠。其次,统计学方法有时候并不一定能够涵盖全部,特殊人物缺乏个案研究。1949 年以来,台湾地区的隋唐史研究运用心理史学的特点主要有二:第一,重视对心理史学理论的直接运用,第二,重视个案研究。前一点是对民国时期的心理学家用心理学概念研究历史的继承,后一点则是在继承的基础上批判的进步。

而大陆地区直到改革开放以来才慢慢关注心理史学,其独特点为:第一,文学史家在对古代文学家的研究中,较多地注意到了研究古代文学家的心理活动及其对文学创作的影响,而史学家很少用心理分析的方法;第二,心理史学更多地向着心态史学发展,对于个人心理的研究也往往从属于对于群体心理的研究。当然,20 世纪以来也有新动向,表现在:第一,学术类隋唐五代历史人物传记中,对心理史学的运用越来越普遍,特别是在揭示传主童年和青少年经历的时候。第二,学术综述中对于心理史学的集中关注。另外,青年学子对心理史学的重视与运用也不可忽视。

作者简介:胡耀飞,陕西师范大学历史文化学院副教授。

学术综合的典范

——评析张其昀的史地学

王　瑞

张其昀[①]的史地学是其个人学术中璀璨的闪光点。"史地结合"的思想实源于对中国学术"史地一家"传统的继承，以及对近代法国地理学派治学经验的汲取，是在融通中外相关理论的基础上与实践相结合的结晶。本文通过溯源张其昀的史地学术，抽象概括出史地结合的系统方法，再结合具体的学术实践，阐释张氏史地学在学术综合上的特色与贡献。

一、史地学术溯源

（一）传统史地之学与西方新地学

中国传统地理学向为史学之一支。在中国这个有着悠久的史学传统的国度，地理学亦素极发达，史、地自古为一家之学。即以《史记》为例，张其昀认为该著对后世学者的最大启发，为"史地二学之相关性"，历代史家最富于地学精神者，首推太史公。[②] 到了近代，张氏看到地理学科性质发生的变化，认为它在中国学术体系中不再从属于史学，然介于"历史学与自然科学之间，而为联络两者之津梁"，其中人文地理与史学关系最密切。[③] 张氏治史，最初显然受到家学的影响，其父谙熟乡邦文献，对其以继承浙东"万全学派"相期许，由此植下治史的根苗。然从已有的文献资料来看，"史地结合"的观念与其家学干系不大，主要源自学校教育的陶冶与涵养。

1915 年，张氏以第一名的成绩考取宁波浙江省立第四中学，当时有两位老师的教学

---

① 张其昀（1901～1985），浙江宁波人，近现代著名学者，在史地学术、教育、哲学、国防战略、中外文化交流等多项领域，均有独到的学术贡献。自 1923 年从南京高等师范学校（暨东南大学）毕业后，曾历任上海商务印书馆编辑，中央大学讲师、副教授、教授，中国地理学会干事兼出版委员会主任，中央研究院评议会评议员，浙江大学史地学系主任、史地研究所所长、史地教育研究室主任、文学院院长、训导长，国民参政会参政员，三民主义青年团中央干事，制宪国民大会代表，考试院考试委员、国民党中央委员。1949 年 6 月，渡海赴台，长期在台湾当局多个部门担任重要职务，并创办中国文化大学。

② 参见张其昀：《张其昀先生文集》第 20 册，（台北）中国文化大学出版部 1988 年版，第 10848 页。

③ 参见张其昀：《张其昀先生文集续编》第 1 册，（台北）中国文化大学出版部 1995 年版，第 194 页。

方法给他留下了深刻印象："在第四中学教历史的是洪允祥，教地理的是蔡和铿，都是甬上名宿。洪先生后来担任北京大学史学教授。他们热心教导我们，尤讲究教学方法。空间与时间原是不可分离的，历史课须以地理为背景，地理课应以史事来印证。洪先生教我们制表，蔡先生教我们画图。不但使我们深感兴味，且有助于记忆与理解。"[①]张氏撰写此段文字之际，已迈入花甲之年，他在溯源自己坚持了一生的"史地结合"思想时，肯定了中学教育的启蒙影响。由此可知，张氏主张史地兼治，这种研究视野与方法，其实早在中学阶段，就已从洪、蔡二位老师主张时空交织、史地互证的教学方法中开始发蒙。

1919 年，张氏考入南京高等师范学校文史地部，彼时史学教授柳诒徵指导诸生"应多读地理，研习科学，并以追踪二顾之学——顾亭林的史学和顾景范的地学——相勖勉"[②]。柳氏引导学生史地兼治，这种治学路径对张氏而言既亲切又熟悉，因它与中学时期洪、蔡二位老师指导诸生学习历史、地理的方法如出一辙。不仅如此，当时该校新设地理课程，张氏还在柳氏的建议下选择主修地理学。柳诒徵作为史学教授，为什么会建议自己欣赏的弟子去学地理？事实上，柳氏为一代国学大师，谙熟传统学术与文献，须知在中国传统图书分类法中，地理一类列在史部名下。据此大略可知，柳氏在 1920 年前后对历史、地理学科独立性的意识还比较模糊。他只是根据自己对国学的涵咏体会，认为精研舆地之学不仅是学好历史的重要基础，而且史地本是一家，地理是属于史部的。因此，他建议张氏学地理，是希望学生能打好治学基础。张氏亦曾明言，其"研究中国地理"，目的乃在"为撰述国史作准备工夫"[③]。

张氏在柳氏的指点下，深究二顾之学，继承了中国学术"史地一家"的传统、史地结合的方法和精神，并接受柳氏的建议，主修地理学专业，通过对西方人地学理论的了解，进一步强化了其史地结合的观念。业师竺可桢基于强烈的科学报国思想，在治学中较为注重探究人地关系的人文地理学。张氏遂在竺氏的引导下，得以窥人地学之门径，并对此产生浓厚的兴趣，于人地学及其分支系统皆有涉猎。其在学生时代对西方人地学理论的了解，更坚定了其史地兼治的学术理念。

近代法、美二国新地学的奠基人，前者为历史学出身的维达尔·白兰士(Paul Vidal de La Blache)[④]，后者为地质学出身的戴维斯(William Morris Davis)。张氏认为，法国地理学派能长于人文地理，系文科训练的结果，"法国地理学生，于历史已有相当训练与兴

---

① 张其昀：《中华五千年史·自序》第 1 册，(台北)中国文化大学出版部 1981 年版，第 1 页。

② 张其昀：《中华五千年史·自序》第 1 册，(台北)中国文化大学出版部 1981 年版，第 3 页。

③ 张其昀：《张其昀先生文集》第 10 册，(台北)中国文化大学出版部 1988 年版，第 5068 页。

④ 维达尔·白兰士(1845～1918)，法国近代地理学的创建人。1866 年毕业于巴黎高等师范学校，1872 年获博士学位。自 1872 年起先后任教于南锡大学(1872～1877)、巴黎高等师范学校(1877～1898)、巴黎大学(1898～1918)。1891 年创办《地理年鉴》，主要著作有《法国地理学概貌》(1903)、《地理学的独特性质》(1913)、《法国的东部地区》(1917)、《人文地理学原理》(1922，由 E. de 马东整理出版)等。维达尔·白兰士致力于人文地理学和区域地理学研究，认为地理学家的特殊任务是阐述人地之间的互动关系。他反对"环境决定论"，提出"人地相关论"，认为自然环境提供了许多可能性，而环境的利用取决于人的选择。他坚持地理学研究应该集中在个别区域上，认为地理学家的主要贡献在于划出合理、有用的自然区域。维达尔·白兰士的地学思想一直受法国地理学家的推崇，被誉为"维达尔传统"。他长期任教，培养了许多地理学人才，形成具有特色的法国地理学派。

趣，故研究人地关系较易为力，其人地学至为发达，远非美国所及”[1]。要而言之，白兰士所倡导的人文地理学，其旨趣在推求人地之故，而非仅仅叙述地表上的文化现象，“盖地面上各种现象休戚相关，故凡主宰土地与生命之物质的公例，皆可施以综合的理解”[2]。在论述人地关系时，白兰士指出地理与历史不可分离，纯粹的自然环境无法直接影响人类，必须通过社会要素才能对人起作用，这种以人为主体的观点是其地学思想的精髓。又言凡治地理，首须明辨历史区域与地理区域之异同。“所谓地理区域者，其各部分之现象，皆有一共同之特点，其风土人情大都同多异少”，因此地理区域又是最简单的天然单位。历史区域却“常杂糅许多天然单位，而成一政治单位，其于地理上之天然形势，支离割裂，多不合理”，故多为“庞杂之区域”。[3] 张氏认为，白兰士深究人地之故，其“为时流所莫能及”的学术贡献，除了“批评的精神”外，尤为“历史的学识”。他盛赞白兰士“既怀地学之卓识，又能博考史乘”，疏通知远，辨析疑似，推见至隐，语必征信；“不肯以环境之故，忽略其他各种之影响”，“众理虽乖，弥相印证，万物纭纭，各复归其根，卒为人文科学上建设不朽之盛业”。[4]

在通贯史地的见解方面，西学令张氏“惊艳”的除白兰士外，还有白兰士的弟子白吕纳(Jean Brunhes)。[5] 白吕纳提出史地精神为20世纪之两大思潮，而20世纪学术上最大的贡献，就是史学精神与地学精神的结合：

> 人事之研究，如言语，如名物，如传说，自得史学精神之灌溉，其解释乃焕然一新。史学精神者，乃考察各时代不同之形式，而明其源流变迁者也。史学精神，本极肥沃，近来又有一种新精神，为异军之突起。此种精神，乃考察各地不同之型式，非为各时代之递嬗而生，而为同时代各区域之林立并存，遥相映辉。故唯有以地理环境解释其所以然之故，方能怡然理顺。[6]

要之，史地二学，一为时间的演变原则，一为空间的分布原则，两者相合，方足以明时空之真谛，识造化之本原。不仅如此，“史学精神与地学精神，演变原则与分布原则，也是任何

---

① 张其昀：《张其昀先生文集》第20册，(台北)中国文化大学出版部1988年版，第10620页。

② 张其昀：《张其昀先生文集》第3册，(台北)中国文化大学出版部1988年版，第1501页。

③ 张其昀：《张其昀先生文集》第20册，(台北)中国文化大学出版部1988年版，第10627页。

④ 张其昀：《张其昀先生文集》第3册，(台北)中国文化大学出版部1988年版，第1504页。

⑤ 白吕纳(1869～1930)，法国人文地理学家。著有《人地学原理》(1910)、《历史地理学》(1921)、《法国人文地理学》(1920～1926)等。白吕纳早年在巴黎高等师范学校学习时，师从法国近代地理学创建者维达尔·白兰士。1892年从巴黎高师毕业后，取得历史学和地理学教师资格。1892～1896年在巴黎大学继续深造。1896年在瑞士弗里堡大学任地理学教授。1907年在瑞士洛桑大学开办欧美第一个人文地理讲座。1912～1930年任巴黎法兰西学院特设的人文地理学教授。1927年被选入法国科学院。白吕纳继承和发展了维达尔·白兰士的人文地理学思想，认为人文地理学应着重研究人在地表所做的事业，并把这些事业称为人文地理学的基本事实；主张人地关系的“可能论”，认为人对人地关系的形成具有选择的可能和自由。张氏曾将白吕纳著述以“人生地理学”为题译为中文，由商务印书馆于1930年出版。《人地学原理》由张氏的学生任美锷等译为中文，于1935年出版。张氏到台湾后曾于1960年代重印此二译本。

⑥ 原文出自白吕纳著《人文地理学》(Human Geography)第九章“论地理学精神”，转引自张其昀：《张其昀先生文集》第1册，(台北)中国文化大学出版部1988年版，第226页。

其他学问所不容忽视的”[①]。

白吕纳的学说深深地影响了张氏的治学思想。张氏在《新地学》一书序文中指出，白吕纳主张史地兼治；要求区分政治区划和自然区划，并主张以自然区域来划分地理单位；认为地理学最重要的应用价值在经济和军事，以致后来出现专门的经济地理学、政治地理学等。[②] 上述种种见解，都是张氏在治学中一贯坚持的。张氏后来曾将白吕纳著述以“人生地理学”为题译为中文，由上海商务印书馆于 1930 年出版。《人地学原理》则由张氏的学生任美锷等译为中文，于 1935 年出版。张氏到台湾后，还曾于 1960 年代重印此二译本。由上述足见张氏对白著之重视，以及白著对其之深刻影响。

在主修地理学的过程中，张氏不仅深切体会到通贯史地的重要性，对史地结合的理论与方法也有了更为系统的认识。如果说，在中学时代，历史、地理老师对张氏所施加的“史地互证”影响，还只是老师个人在工作中总结出的朴素的治学经验，并没有上升到系统理论的高度，那么，迈入大学之后，张氏开始深究二顾之学与西方人地学理论，才对“史地结合”形成深刻的理论认识。这种学习体验让他开始意识到，东西方的有识之士于学术思想上多有相通之处，所谓“东海西海，心同理同”。不管是顾炎武、顾祖禹，还是白兰士、白吕纳，不管是治史学还是治地学，其中所彰显出的“史地结合”理念却是一致的。尤其法国地理学派的学说，已有科学、系统的体系，与张氏之前接触的朴素的经验之谈，不可同日而语。同一种思想理论，东方倾向于把它当作一种实践方法，西方不仅如此，还将方法本身发展为系统、专门的学问，并有科学的研究和论述。这就令张氏不得不对西学刮目相看，并进而付诸实践。

(二)在实地考察中趋于成熟

欲发挥史地互证之明效大验，除了博览群书、精通文献外，还需进行实地考察。张氏对此间道理极为清楚，尝论太史公曾“西至空桐，北过涿鹿，东渐于海，南浮江淮”，足见其深于地略，《史记》实多“得力于其游历名山大川，从事实地考察”[③]。顾炎武“哀神州之荡覆”，愤而讲求经世之学，其治学特重实地考察，曾东抵榆关，北眺大漠，遍历关塞，并以二骡二马载书同行，至厄塞即呼老兵退卒，询其曲折，有与平日所闻不合者，即发书对勘。这种实证精神令张氏极为感佩。至于顾祖禹，一部《读史方舆纪要》已充分反映出作者卓越的史地学识。张氏曾于 1933 年至无锡廊下村访顾氏故宅，于宗谱中得知其“足迹逾徐霞客”[④]，极为钦佩。不仅如此，白吕纳在讲学中，亦“常以游历探险之重要，殷殷为诸生勖”。所谓“观风问俗，躬亲实验”，即为白氏之教。[⑤] 此外，作为古代地理学名家，徐霞客亲历万水千山的实证精神，也是张氏等地理系诸生治学的楷模。因而在青年时代，张氏即已力践“读万卷书，行万里路”的明训，几次实地考察，更强化了其“史地兼治”的观念。

1927～1936 年，张氏在掌教母校中央大学的十年内，常作地理考察。最重要的有三次：

---

① 张其昀：《张其昀先生文集》第 20 册，(台北)中国文化大学出版部 1988 年版，第 10855 页。

② 参见张其昀：《张其昀先生文集》第 20 册，(台北)中国文化大学出版部 1988 年版，第 10625～10627 页。

③ 参见张其昀：《张其昀先生文集》第 1 册，(台北)中国文化大学出版部 1988 年版，第 232 页。

④ 张其昀：《张其昀先生文集》第 1 册，(台北)中国文化大学出版部 1988 年版，第 235 页。

⑤ 张其昀：《张其昀先生文集》第 20 册，(台北)中国文化大学出版部 1988 年版，第 10615～10616 页。

一为东北旅行，时在1931年6～8月，为期55天。同行有学生李鹿苹、李玉林、朱炳海、杨昌业、沙灿与袁着六人。[①] 由考察报告可知，张氏率诸生自上海乘船，航行3000多公里至东北，而后循陆路行经6000多公里返回南京，全程共1万多公里，颇有“行万里路”的豪情。[②] 此次考察以南满为中心，东至安东凤城，北至长春、吉林，可谓遍游东北各地。

二为浙江旅行，时在1934年3月24日至5月7日，历时四旬，同行有学生王维屏与任美锷二人，师生遍游全省天台、雁荡、天目、雪窦等名胜。此次考察活动系浙江省建设厅为举办展览，特邀请张氏考察浙江全境，以撰写报告备参展之用。[③] 由张氏带领的浙省考察活动与相关撰述，开现代旅游地理学之先河。[④]

三为西北旅行，时在1934年9月10日至1935年8月6日，达一年之久，同行为三位已毕业的学生林文英、李玉林与任美锷。[⑤] 此次考察以兰州为中心，“循河西走廊至敦煌，南越秦岭山脉至汉中，北上蒙古高原至绥远北部百灵庙，又曾到青海大湖边上及甘肃西南隅拉卜楞喇嘛寺，尤以乘皮筏看惊心动魄的黄河峡谷，印象深刻难忘”。当时，适逢胡宗南在甘肃天水建立训练基地。胡氏虽为一代武将，却颇向往文士之风，不喜世人以官衔相称，部属都称呼他“胡先生”。[⑥] 彼时张氏不仅已是国内的名教授，又任职国防委员会，担任人文地理组主任。且胡氏与张氏本是宁波同乡，早在1920年，胡氏参加南京高等师范的暑期学校时，即与张氏相识。[⑦] 因此，在胡氏的鼎力协助下，张氏等人有幸对西北五省（陕、甘、青、宁、绥）作广泛而深入的考察，“自北而南，横越秦岭，往返两次，并以兰州为中心，来回五次”[⑧]。此后张氏“本拟继续作西南旅行，因赴浙大任教而终止”[⑨]。翌年，即1937年，抗战全面爆发，时局混乱，国事艰难，此设想未能付诸现实。然而浙大一路辗转西迁，后暂定于贵州遵义与湄潭，张氏又主持史地系师生考察遵义山城，撰修《遵义新志》。从一定程度上可以说，流亡西南的经历，事实上以一种非正常的方式，部分地实现了其昔日之愿。

这三次实地考察活动，不仅令张氏践履了司马迁、徐霞客、顾祖禹等前辈学人“读万卷书，行万里路”的实地调查方法，丰富了他对史地学的认识，令其深感“地理学有助于史学研究”，其考察东北、西北，精研两地“山川形势、历史演变、民族风貌、经济发展以及军事国

---

① 参见宋晞：《张其昀先生传略》，（台北）中国文化大学出版部2000年版，第5页。

② 参见宋晞：《张其昀先生传略》，（台北）中国文化大学出版部2000年版，第52页。

③ 参见宋晞：《张其昀先生传略》，（台北）中国文化大学出版部2000年版，第53页。

④ 参见赵松乔：《缅怀恩师张其昀教授逝世十周年》，载张其昀先生百年诞辰纪念文集编委会主编《张其昀先生百年诞辰纪念文集》，（台北）中国文化大学出版部2000年版，第246页。

⑤ 参见宋晞：《张其昀先生传略》，（台北）中国文化大学出版部2000年版，第5～6页。

⑥ 参见张佛千：《敬悼张晓峰先生》，载私立中国文化大学张其昀先生纪念文集编辑委员会编《张其昀先生纪念文集》，（台北）中国文化大学出版部1986年版，第21页。

⑦ 参见吴相湘：《张其昀治学与兴学》，载潘维和主编《张其昀博士的生活和思想》上册，（台北）中国文化大学出版部1982年版，第644页。

⑧ 戴运轨：《我所知道的张晓峰先生》，载潘维和主编《张其昀博士的生活和思想》上册，（台北）中国文化大学出版部1982年版，第636～637页。

⑨ 张其昀：《中华五千年史》第1册，（台北）中国文化大学出版部1981年版，“自序”第4页。

防”等，更被誉为“现代中国人文地理学和边疆研究的开创”[①]。东北之行中，张氏曾应史学家、时任辽宁省教育厅长金毓黻的邀请，在沈阳报告《沈阳与新陪都的意义》。[②] 不料众人回南京仅一个月，就发生了“九一八”事变。国家遭此巨变，学术教育活动亦受影响，张氏来不及撰述系统的报告，仅鉴于东北的重要性，写下《东三省之考察》《东北之气候》《东北之黄渤二海》《榆关览胜》等几篇论文。浙省之行后，则撰有《浙游纪胜》一文，发表在《地理学报》的创刊号上。西北旅行期间，曾应甘肃省政府邀请，讲述《甘肃省利病书》；又应国民党青海省党部邀约，讲述《青海省之山川人物》；返回南京后，又应资源委员会之请，讲述《甘、宁、青三省之商业》。此外，尚撰有分省考察报告与追述见闻，如《甘肃省河西区之渠工》《洮西区域调查简报》《甘肃省夏河县志略》《拉卜楞——西陲一个宗教都会》《西北旅行记》等。

张氏将中国传统史地学术、西方新地学的“史地结合”思想，与实地考察密切结合起来，撰述了大量论文，成绩斐然，使其于1927～1936年任教中央大学期间，快速自讲师升任副教授、教授。须知此前他仅于南京高等师范学校读过四年大学，并没有做过研究生，更无硕、博学位，不仅绝无留学经历，且从未出过国门。借此又“矬”又“土”的学历背景，执教于当时堪称国内一流学府的中央大学，此种升职速度也从一个侧面反映出外界对其个人学术研究的肯定。这些论文与讲稿不仅文辞引人入胜，囊括了丰富的史地知识，还针对当时日军侵华的险恶形势发表时论，唤起国人爱国情操，对巩固国防多有建言。一经刊出，便引起学界关注，更被丁文江评为“不朽的作品”，并因此受到丁氏器重。[③] 1935年，中央研究院成立第一届评议会，评议员由全国国立大学校长选举产生。此际，张氏共发表各种论著累计181种，其中关于地理学的达100种，撰述之丰，为他人难以企及。[④] 在丁文江的大力推荐下，年仅35岁的张氏顺利当选中央研究院第一届评议员，成为其中最年轻且唯一没有海外留学背景的一位。[⑤]

综上所述，张氏史地结合的治学思想与方法，于中学时期得到发蒙；于大学时期在柳诒徵、竺可桢等名师的引导下，通过吸收中国传统的史地学术与西方人地学理论而得到进一步充实与发展；又于之后不断的实地考察活动中而趋于成熟。与其他史家相比，张氏史学的博洽，史地互证上的运用自如，委实离不开其特殊的地学背景。而地学这一“治史基础”，最初来自史学教授柳诒徵的引导，随后在地学教授竺可桢的栽培下而羽翼渐丰。张氏当初决意主修地理学，本欲“为撰述国史作准备工夫”，幸运的是，他不仅实现了这一愿望，并同时在地学领域取得了卓越成就。

---

① 赵松乔：《缅怀恩师张其昀教授逝世十周年》，载张其昀先生百年诞辰纪念文集编委会主编《张其昀先生百年诞辰纪念文集》，(台北)中国文化大学出版部2000年版，第246页。

② 宋晞：《张其昀先生传略》，(台北)中国文化大学出版部2000年版，第52页。

③ 参见戴运轨：《我所知道的张晓峰先生》，《张其昀博士的生活和思想》上册，(台北)中国文化大学出版部1982年版，第637页。

④ 参见刘盛佳：《张其昀的地理思想和学术成就》，载张其昀先生百年诞辰纪念文集编委会主编《张其昀先生百年诞辰纪念文集》，(台北)中国文化大学出版部2000年版，第219页。

⑤ 参见宋晞：《张其昀先生传略》，(台北)中国文化大学出版部1989年版，第53页。

二、史地学的系统方法

张氏称史地研究为其“毕生所从事之志业”①。在他看来，“任何事实之发生，必待时空交织相遇而后成”②，时不离空，空不离时，史地二学可称双轨。史地学中体现出的“时空合一”观念在中国自有其古老的渊源，如古人所谓“往古来今谓之宙，四方上下谓之宇”。张氏指出，宙为时间、为历史，宇为空间、为地理，宇宙二字相连，时间空间合一，这是“中国人伟大的思想”。绝对的时间与空间均不存在，“时代观念若非与地域观念相附丽，则难以想象”③，设若一幅地图如不注明制图时间，“便无真实意义可言”④。张氏治史地学，既有对传统学术“史地一家”的继承，特别是对《禹贡》等典籍中所体现出的区域地理思想的继承，尤为难得的是，他还把中国传统史地学术与法国地理学派的理论与思想进行融通，增强了史地学的科学性与应用性，并形成个人比较完整的理论系统。

(一)以地理解释历史

张氏在治学实践中，注重引入地理知识与空间观念，从地学的角度去寻根究底，阐释历史文化现象。在他看来，地势影响气候与交通，气候影响物产，物产影响民生，而交通又会影响政治。⑤ 是故，“我中华民族原合多数异族而成，凡地理之重镇，往往即为史迹之写真”⑥。从历史的眼光看，人地关系是持续互动的，“人固藉地而生养，地亦藉人而开发”⑦，正是在这种不断的改造与被改造、制约与被制约中，人类文化在不同历史时期呈现出不同的特色。要之，人的活动无法脱离具体的环境，历史文化就注定无法与自然地理条件断然割裂，历史现象背后自有其深刻的地理背景。

如张氏论北方的衰落和南方的崛起时，指出自中古以降，北方外患兵祸不绝，“五胡乱华”以后，中原屡遭蹂躏，各省水利荒废，尤以渭河平原为甚，农业经济上的致命打击成为北方衰落的根本。河洛故都迭遭伤残，典章文物多荡然无存。山海关以东虽拥有广阔平原，却鞭长莫及，久未开发。“北宋之前，华北农田水利尚多修举，南宋以降，西北水利不修，而南方围田大兴，于是南北饶瘠迥异。”⑧江南水田，中有渠，外有圩，也即围田，沿海又筑海塘加以保护。海塘这一水利工程堪称江浙崛起的经济地理基础。

张氏以地理解释历史，还表现为在具体论述中引入空间观念，架构时空结合的系统。如他以空间方位为脉络，论中国历史文化的变迁，即是显著的例证。他称中华民族大体以“华夏农耕之民”为其中坚，南方山林区域，越人分布最广；北方游牧地带，胡人势力最强。北胡南越的华化进程，构成了国史的基本轮廓。⑨ 他把国史划分为中原时期、江城时期、

① 张其昀：《张其昀先生文集》第20册，(台北)中国文化大学出版部1989年版，第10912页。

② 张其昀：《张其昀先生文集》第21册，(台北)中国文化大学出版部1988年版，第11484页。

③ 张其昀：《张其昀先生文集》第1册，(台北)中国文化大学出版部1989年版，第223页。

④ 张其昀：《张其昀先生文集》第10册，(台北)中国文化大学出版部1988年版，第5245页。

⑤ 参见张其昀：《张其昀先生文集》第1册，(台北)中国文化大学出版部1989年版，第40页。

⑥ 参见张其昀：《张其昀先生文集》第20册，(台北)中国文化大学出版部1989年版，第10633页。

⑦ 张其昀：《张其昀先生文集续编》第1册，(台北)中国文化大学出版部1995年版，第38页。

⑧ 张其昀：《张其昀先生文集》第4册，(台北)中国文化大学出版部1988年版，第1673页。

⑨ 参见张其昀：《张其昀先生文集》第20册，(台北)中国文化大学出版部1989年版，第11122页。

岭表时期与关东时期四个连贯的时期[①]，再以地标彰显文化中心，依次为“中原”“江城”“岭表”与“关东”。永嘉之乱以前为中原文化时期。此后至靖康之乱以前为江城文化时期。南宋以后，东南沿海闽、广诸省吸收南下移民，并与外国通商，文物大盛，可称为“岭表文化时期”。台湾岛的开发，即为岭表文化期的重要贡献。张氏分析指出，在前三个历史文化时期中，黄河、长江、珠江相继得到开发，数千年来，中国人文荟萃之区，自北而南，日益扩大，岭南文化遂与长江、大河形成鼎足之势。进入民国以后，随着世界政治、军事形势的发展变化，“中国文化已自黄河、淮河、扬子江与珠江而回转至辽河松花江与黑龙江”[②]。山海关以东，松花江与辽河流域，即东北诸省之地，不仅为中国的国防要域，亦为世界战略要地，“近百年来世界三次大战，莫不与我东北之存亡得失有因果关系”[③]。

时空交织，经纬贯穿的思维模式，还突出地表现在他对区域地理观念的灵活运用上。如《台湾史纲》一书将台湾历史划分为九期，每期则选定一个地标为其文化中心，如此，台湾史上的文化中心纵向连贯地承续下来，即有澎湖期、安平期、台南期、鹿港期、淡水期、台北期、台中期、基隆期与高雄期，以此呈现台湾文化是如何层层累积发展起来的。[④] 其间独特的区域地理观念、历史地理学考察视角与通论意识，与他后来撰写的《中华五千年史》一脉相承。《中华五千年史》第 1 册《远古史》中，曾将远古时代的文化中心细分为汝颍区、汶泗区、山南区、中原区、河东区、河西区、河南区、河间区、河内区共九大区域；指出自伏羲神农以至殷商晚期，“中国文化之中坚区域，大致为东起曲阜，西至西京，北起安阳，南至淮阳，在北纬三十五度左右。寒暖燥湿，季节分明。中国之名，始见于禹贡，禹都安邑，正位于北纬三十五度”[⑤]。整体言之，华夏始祖的活动舞台乃“江淮河济”四渎，具体言之，又有九大分区，这种做法对阐述远古历史文化确有提纲举目之效，便于读者领会。该书还活学活用法国地理学派的自然区域观念，首次将秦之 51 郡，分别归入陕甘盆地、山西高原、塞上、豫西丘陵、黄淮平原、山东半岛、四川盆地、长江中游、长江下游戏、岭南山地，共 12 个天然区域单位[⑥]，将当时西方的前沿地学思想与中国传统历史地理学相结合，并指出“泰山以南、淮水以北之地，自秦汉以迨宋元，常隶同一政治区域，今分属四省，致区域观念不明”[⑦]。

在张氏看来，地理环境通过物产、经济、交通等影响民生、民俗与社会发展。没有背后不受制于地理条件的人文史迹，人与社会，不是受制于先天的地理条件，就是受制于后天人为的地理条件。从这一点来说，要精研历史，考察史上人类活动，是不能剥离地理知识的。张氏喜欢研究历史，但一提治史，必讲“史地结合”或“史地兼治”，即因他在看到历史人文演进的表象的同时，又看到了掩映在表象下、来自自然的动力与约束力。总之，要“明

---

① 参见张其昀：《张其昀先生文集》第 20 册，(台北)中国文化大学出版部 1989 年版，第 11011 页。

② 张其昀：《张其昀先生文集》第 20 册，(台北)中国文化大学出版部 1989 年版，第 10982 页。

③ 张其昀：《张其昀先生文集》第 20 册，(台北)中国文化大学出版部 1989 年版，第 11011 页。

④ 参见张其昀：《台湾史纲》，(台北)革命实践研究院 1950 年版。

⑤ 张其昀：《中华五千年史》第 1 册，(台北)中国文化大学出版部 1981 年版，第 127～128 页。张氏对远古文化中心的九大区域划分，凸显了黄河流域的河洛文化，而忽视了长江流域的河姆渡文化。他于 1961 年即出版《远古史》，河姆渡遗址于 1973 年才开始发掘，此为资料上的限制，故不必因此过于苛责作者。

⑥ 参见张其昀：《中华五千年史》第 8 册，(台北)中国文化大学出版部 1981 年，第 50～58 页。

⑦ 张其昀：《中华五千年史》第 1 册，(台北)中国文化大学出版部 1981 年，第 129 页。

天人之际，通古今之变”，务须“时空交织，经纬贯串”[①]。张氏于此不仅有深刻的理论认识，亦有丰富的学术实践。无论以地证史，还是在治史中引入空间观念，均有益于充实对历史的阐释，增强历史架构的立体感和严密性。

（二）以历史解释地理

史地结合的思想反映在张氏的地学领域，则为提倡用历史眼光去考察环境系统的流变。空间环境，非“静的环境”，乃“动的环境”“变易的环境”“人类化之环境”，今日之各种地理现象，“其所以如此者，非一朝一夕之故，所从来远矣”，苟不知过去之历史，则不能彻底了解其现状。[②] 张氏提出，人类对于自然环境，“不仅为消极适应，又能积极创造，人文可以改变地文，人工亦可巧夺天工”。千万年来，以人力谋求地理条件之均平调和，“继承劳作，影响极大”，以致“时间与空间，错综变化，流转无穷”[③]。因此，欲考察当前环境，推究文化现象背后的地理因素，尤须“比较其异同，观察其作用，推求其因果，整理其系统，复须从历史方面，究明其流变之痕迹”[④]。

上述观念在其有关中国古代城市的研究中有鲜明的体现。张氏论中国平原地带的城市，多为“全国文物之集中点”，汉唐之长安，明清之北平，为其代表。[⑤] 然而，中国古代城市化虽低，但大都市的出现并不仅限于汉唐盛世，也不限于平原、丘陵、港口等精华区域，如元代蒙古高原上的大都市和林、多伦等，皆“尝为世界之中心”，元太宗窝阔台定都和林时，“万国衣冠咸会于此，各国之使臣与诸教之主教，项背相望，各国工匠亦多居和林之肆”。[⑥] 张氏曾把西部高山地区的城市分为“边界都市”与“孔道都市”。[⑦] 以孔道都市为例，甘凉一带自古即为东西交通“孔道”，故此地在史上多“商旅要驿，屯戍重镇”，如敦煌、玉门关、嘉峪关等。张氏指出，自汉唐以来，中国与欧洲在经济、文化艺术上的交流，“莫不取道于葱岭玉门”，如中古时代著名的旅行家马可·波罗即经此道而达北平；中国高僧如法显、玄奘等，亦皆由此道远赴印度求学。史上中亚大道开通之际，孔道都会皆极繁华，敦煌千佛洞与唐代寺院的古迹即为明证。由上述不难发现，张氏在研究中国城市时，既注重考察其历史整体发展的特点，又注重通过具体文化现象的历史累积，来呈现城市的地域特色。

以历史解释地理，又突出地表现在把时间观念、历史累积发展的意识引入区域地理研究中。张氏论中国南北，在“胡焕庸线”[⑧]的基础上，指出中国版图自黑河（即瑷珲）至腾冲画一直线，东南部“大抵为平原与丘陵，多水乡泽国，宜于农业”；西北部“大抵为高原与山岳，多戈壁冰岭，宜于畜牧”。南、北两大板块因受地理环境的影响和制约，其“民族、宗教、经济、人文”状况迥异，而数千年之国史，即为“西北与东南两大半壁如何团结”“农民与牧

① 张其昀：《张其昀先生文集》第20册，（台北）中国文化大学出版部1989年版，第10950页。

② 参见张其昀：《张其昀先生文集》第1册，（台北）中国文化大学出版部1989年，第42～43页。

③ 张其昀：《张其昀先生文集》第20册，（台北）中国文化大学出版部1989年版，第10613页。

④ 张其昀：《张其昀先生文集》第1册，（台北）中国文化大学出版部1989年，第41页。

⑤ 参见张其昀：《张其昀先生文集》第4册，（台北）中国文化大学出版部1989年，第1584页。

⑥ 张其昀：《张其昀先生文集》第4册，（台北）中国文化大学出版部1989年版，第1622页。

⑦ 参见张其昀：《张其昀先生文集》第4册，（台北）中国文化大学出版部1989年版，第1639页。

⑧ 即胡焕庸于1935年提出的“瑷珲一腾冲”中国人口地理分界线。1956年，以“瑷珲”二字生僻难认，改为“爱辉”。

族如何迁移融化，协力建国”的历史。[1] 他主要依据区域地理观念，又把中国疆土具体划分为华北区、华中区、华南区、云贵区、东北区、草原区、蒙新区、西藏区八大空间，以时间为经，以空间为纬，时空交织，彰显各区的发展流变。

即以华北区为例，该区主要为黄河中下游流域，为中国文化的起源地。相传陕西中部县之桥山为黄帝陵墓所在，张氏称黄帝时期的主要“建树”为开垦黄土高原，周代的农业文化起源于陕西邠县泾水上流的黄土谷地，即是农耕文化传承的印证。[2] 其论华北区地形，东部为大平原，西部有丘陵盆地及高原。就文化演进来论，该区“东部平原发达较早，除殷墟外，山东曲阜一带即空桑之地，在远古为一极重要之中心，此地土著之伊尹，用其文化所赋之智谋以事汤，遂灭夏，孔子亦此地土著，凭借时势而成为中国文化之中心人物”[3]。自秦汉以来，就有“关东出相，关西出将”之谓，盖齐鲁之间崇尚学业，关中之民勇于公战，华北区因地形差异而形成东西两大文化系统，均为我国“古代文明的柱石”[4]。不仅如此，在高原地带的历史开发方面，以华北区的山西高原为最先，而在丘陵地带的历史开发方面，除浙江外，亦以华北区的山东为最先。

张氏用历史眼光去考察地理现象乃至环境系统的流变，并将时间观念、历史累积发展的意识引入区域地理研究中。无论治历史地理，还是人文地理，张氏所考究的地理，因有历史意识的注入，便不再是一个静止的物质单位，而是一个不断发展变化的生命体。于此可知，由古至今，任一时间点上的地理现象，均非一朝一夕之故。历史意识可以帮助人类更加清晰地理解地理现象，如果脱离史学精神，地学研究就容易被局限于物质表象，难以明其所以然，更难以探索其发展变化规律。

（三）转记述为解释，成实用之学

在传统学术的近代转型中，提倡科学化的治学理念是其中一大特色。法国地理学派对张氏的重要影响，不仅在于史地结合的理念、区域地理思想，还在于科学求知的精神。张氏受此影响，认为“能究明其所以然者”，才是科学研究。其治学特别是治史中所表现出的科学实证精神，主要是通过史地结合来达成的。中国传统史地学术侧重于记载，张氏研究史地则重在解释。传统史地学术多记载了现象、过程是什么，而张氏凭借史地方面的双重学养，多去分析现象、过程背后的“为什么”。早在 1927 年，他为《战后新世界》作序时，就曾提出“历史所以解释过去，地理所以解释现在”[5]。他特别喜欢探究现象背后的各种原因，认为人文地理情状均非偶然，如果从时空结合的角度加以溯源，会发现人文地理情状不过是自然社会发展的积累与必然。因此，他能够凭借时空交织、史地结合思维方法，将传统史地学术的记述风格，转变为解释风格，力图从时空四维空间的大背景来解释人文现象，并尝试探寻合理的发展方向。

作为深受浙东学风影响的宁波籍学人，务实、经世致用的地方文化传统，被融进张氏的血液与观念中。他用史地结合的方法屡屡探讨国家海运事业，其中既有孙中山的影响，

---

① 参见张其昀：《张其昀先生文集》第 20 册，（台北）中国文化大学出版部 1989 年版，第 11240 页。

② 参见张其昀：《张其昀先生文集》第 4 册，（台北）中国文化大学出版部 1989 年版，第 1605 页。

③ 张其昀：《张其昀先生文集》第 4 册，（台北）中国文化大学出版部 1989 年版，第 1664 页。

④ 张其昀：《张其昀先生文集》第 1 册，（台北）中国文化大学出版部 1989 年版，第 467 页。

⑤ 张其昀：《战后新世界 · 译者序》，（台北）商务印书馆 1927 年版，第 3 页。

也体现了他个人对现实的忧患意识。其论中国为大陆国亦为海洋国，海道之险不可不备，海运之利不可不明[①]，指出中国远古时代海上交通本极发达。如商亡之际，箕子不愿食周粟，乃率数千人入朝鲜。中国源远流长的航海术发展到明初，"建桐园、漆园、棕园于钟山，设宝船厂于秦淮河口，又于钦天山下之国立大学训练译学人才"[②]，至永乐、宣德年间，郑和七次航海，遍历南洋与印度洋，直抵非洲东岸。当时中国的船舶水平与海员素质均居世界首位。张氏指出，明代是人类历史上"一重要之关键"。明代盛时，世界尚为大陆时代，中国却已实现海权与陆权并重，国际地位远在欧洲诸国之上。惜自明中叶以后，"既移国都于北平，而无意于海国之经营；复弃多伦于塞外，而茫然于北防之大计"[③]。海运制度渐废，倭寇乘之，流毒中国，因东南民力耗损过甚，东北边患随之蠢动，而终致明亡。[④]

张氏考究明代保守的海防政策，于1936年即提出汉、明两代长城性质不同，汉长城自张掖、酒泉之北，直至敦煌，筑城目的在于保障祁连山北麓通西域之孔道，明长城即自祁连山东麓至嘉峪关，与汉长城成直角，前者旨在向外发展，后者仅在闭关自守[⑤]，这一保守的政治心理影响了海防政策向保守方向的转变。明代中叶以后，世界开始步入海洋时代，中国反因运河通利而废弛海权。明、清两代重河轻海，终致海上利权为外国所夺，及新式海轮兴起，河工逐渐荒废，海权又失，遂沦为东西方帝国主义列强的侵略目标。到近代，良港已多为外人侵占，一些尚未开发经营的如辽东湾西岸的葫芦岛，兴工粗具规模就被日本夺取。葫芦岛开港也是九一八事变发生原因之一，"盖日人深恐此港筑成后，与大连成颉颃之势"，海权竞争愈演愈烈。[⑥] 论及于斯，张氏对孙中山才充满了敬仰之情，谓1912年国父力争建都之地，"岂惟所以谋国内之改造，抑亦所以谋海外之发展"[⑦]。要之，"近百年来不平等条约之束缚，莫非战舰威胁之结果"[⑧]。推究其中的根由，张氏认为，明代中期海运制度的转变应为治史者所深识。

总之，在继承传统史地学术的基础上，张氏积极汲取法国新地理学派的长处，重视科学精神，将史地二学由文献之学转化为实用之学，以契合其个人"学术经世"的抱负。他认为史地之学"包括人类经验至全，而又互相经纬，非常密切。诚欲辨其领域颇非易事。以大较言之，历史所主，犹戏剧也；地理所主犹舞台也。历史的陈迹，往往结晶于地理事实中。史学家应用地理以解释过去，地学家应用历史以解释现在。能见及此，则思过半矣"[⑨]。因此，欲研究世界近代史，不可忽视其背后的地理因素，而欲了解20世纪之重大问题，也"必须其有经济地理与政治地理之知识，方能明其底蕴"[⑩]。对于研究者而言，则须"一面应用科学的研究法，一面应用史学的研究法，一方以世界的眼光观察局部，一方以

---

① 参见张其昀：《张其昀先生文集》第20册，（台北）中国文化大学出版部1989年版，第10702～10703页。

② 张其昀：《张其昀先生文集》第21册，（台北）中国文化大学出版部1989年版，第11164页。

③ 张其昀：《张其昀先生文集》第21册，（台北）中国文化大学出版部1989年版，第11165页。

④ 参见张其昀：《张其昀先生文集续编》第1册，（台北）中国文化大学出版部1995年版，第214页。

⑤ 参见张其昀：《张其昀先生文集》第4册，（台北）中国文化大学出版部1989年版，第1667页。

⑥ 参见张其昀：《张其昀先生文集》第4册，（台北）中国文化大学出版部1989年版，第1601页。

⑦ 张其昀：《张其昀先生文集》第21册，（台北）中国文化大学出版部1989年版，第11165页。

⑧ 张其昀：《张其昀先生文集续编》第1册，（台北）中国文化大学出版部1995年版，第214～215页。

⑨ 张其昀：《张其昀先生文集》第1册，（台北）中国文化大学出版部1989年版，第16页。

⑩ 张其昀：《旅美见闻录》，商务印书馆1947年版，第33页。

过去的事实解释现在"[1]。张氏深受浙东学派"经世致用"传统的熏染陶冶，又生逢家国艰难的乱世，生平最厌弃著文"徒发思古之幽情"，其治学讲求能真正解决问题，所谓"正义明道"，为国家服务。"史学家应用地理以解释过去，地学家应用历史以解释现在"，两个"解释"都是为了探究真相，因应时务，以服务于社会人群。

（四）非仅限于史，亦以解释当前之现象

张氏终生服膺"广谷大川异制，民生其间者异俗，刚柔轻重迟速异齐，五味异和，器械异制，衣服异宜"之教。其考察欧洲的城市文化，论"地中海沿岸小亚细亚、希腊、意大利、西班牙诸国，居民房屋大都集中一处，无星散者，且其城市村镇率建于山坡，山巅皆有堡垒，此现在地中海沿岸普通之景象也"。究其根源，可知地中海沿岸多为山海交错地形，海滨居民遂以渔业为生，平原居民则以农业为生，山地居民又以牧业为生。古代牧业、渔业生产多不稳定，生计艰难时，生民往往流而为盗。由于山海平原地形交错，渔牧农民混杂，农民经常受到流为盗寇的部分渔牧民的侵犯，"是以农民皆聚居山崖高险之处，既便眺望，又适防御"。如此一来，山海交错的复杂地形，促使地中海沿岸早期居民迫于安全考虑而趋于聚居，进而推动了城镇的形成，由此可知西方城市的发达，"盖有自然环境之原因"[2]。

反观中国，西北之耀武功始于汉，故中国人称"汉人"；岭南之聚番舶始于唐，国人又称"唐人"[3]，且沿袭至今。至蒙古骑兵扫荡欧亚，建空前之大帝国，西方遂认蒙古族为黄种人代表。自古"蒙古为行国，回疆为居国，蒙族住毳幕，回族住砖房"的文化现象背后，自有其不容忽视的地理因素，即蒙古高原坦荡，山脉不高，而复散漫，新疆则山脉回环四合，成盆地之势，易积下高山雪水。[4] 西南开发始于汉代，然由于横断山脉南北骈列，"更有无数自北而南的河谷，尤以长江、澜沧江、怒江为突出，惊涛骇浪，不通舟楫"，再加上西南边境种族复杂、方言纷歧，为世所罕见，于是就出现了"小国寡民，老死不相往来"的文化现象。[5]

张氏提出中国南、北民性因历史推演而大不相同。如长江流域，"受水乡之陶冶，性情活泼，天资敏慧，崇文雅，爱修饰，喜繁华，尚工巧，而不免流于奢侈"。苏州园林甲于东南，其富于野趣，实合耕读民族之嗜好。太湖洞庭山如岛国，居民习知水性而长于经商，如近代洞庭帮商人在上海即颇有地位。珠江平原则因"虎门海湾之深入"，居民多有海国雄迈之风。广州自汉唐以来，久与外国通商，其民好冒险远游，南洋群岛、欧美列邦，莫不有其踪迹，故最富于民族精神与爱国爱乡之热忱。近代各大都市"纯粹以中国资本发展者"，当属广州，且"游贾四方，殖产浩博，崇栋宇，丰庖厨"，自奉之厚，亦举国无比。与南方相比，北方民性受制于环境甚深。汉族自中古以降，因游牧民族入侵，多含混血，胡汉杂处，不可复辨。农耕区水利废弛，常忧灾歉，一遇凶年，支绌立见，甚至因生计艰难，而流落为匪。在相对恶劣的生存环境下，人多潦草求生，无暇远图。一般生活皆极简单，大抵质朴敦厚而孤陋寡闻，慷慨豪爽而欠缺远虑。农耕民族本安土重迁，然迫于生计，也会流转四方。

---

① 张其昀：《张其昀先生文集》第20册，（台北）中国文化大学出版部1989年版，第10613页。

② 张其昀：《张其昀先生文集》第1册，（台北）中国文化大学出版部1989年版，第40～41页。

③ 张其昀：《张其昀先生文集》第21册，（台北）中国文化大学出版部1989年版，第11388页。

④ 参见张其昀：《张其昀先生文集》第4册，（台北）中国文化大学出版部1989年版，第1634～1635页。

⑤ 参见张其昀：《张其昀先生文集》第4册，（台北）中国文化大学出版部1989年版，第1629页。

如近代上海的苦力工人中，江北人即占大多数。山东农民则最富于进取精神，关东农业发展，实以山东移民为中坚，故东北农民整体坚忍耐劳，颇能适应环境，因其长途跋涉，饱经风霜，而“民气勃勃，极为可爱”[①]。

由上述可见，张氏坚持史地结合的治学理念，却并不局限于“史”。他的史地学术，并非仅论历史之陈迹。在他的治学实践中，“史地结合”主要被当作一种理论与方法，探究的主题可跨越历史，而囊括古今。时空交织的视野与思维模式已相当宏大，其治学纵横古今的气魄，更能充分体现史地结合这一方法应用的广度。

（五）非仅限于史地，亦以解释其他领域问题

张氏标榜“史地结合”，所论在时间的纬度上并不局限于历史之过往。不仅如此，这一理论方法在具体研究领域的应用上，也不局限于史地二学，可用于考究诸多文化现象。如他探究南京莫愁湖何以在南宋以前“绝无题咏”，就体现了这一点。南唐旧都本在“秦淮北五里”，有淮水贯城，城垣西临大江，舟楫可通清凉山即石头山，为南唐避暑胜地。[②] 张氏深谙南京历史地理，熟知隋唐以前，长江本沿南京城西流过，与秦淮河汇于石头城下，后缓缓改道北移，留下大片滩涂、沼泽与湖泊。随着地貌的变化，其中最大的湖泊逐渐被后人开发为“江南第一名湖”莫愁湖。正是由于长江改道，莫愁湖方从旧道遗存的沼泽、湖泊中化生，至陆游时尚见证石头山“峭立江中”“凡舟皆由此下至建康”[③]，就可知莫愁湖为何至南宋以后才得到文人墨客的垂青。

张氏熟练地将“史地结合”应用于移民研究，见解独到。其称云南、贵州自古为“南蛮族”所居，部落众多，语言分歧，且民风剽悍，难于治理。至诸葛亮征服西南，悉心经营，重视攻心甚于攻城，才取得部分少数民族的信任，如江心坡[④]各寨“野人”，春、秋二季均设专祠以崇奉武侯。唐代中叶以后，滇西没于南诏，于唐末屡寇四川，使中国疲于奔命。北宋鉴之，乃划大渡河为界而弃云南。此地自古极不易管理。然而自元、明二代，云南、贵州相继建省，移民不仅打破了该地多重方言壁垒，利于语言沟通，还逐渐教化出共同的文化价值观念与民族认同感。

张氏指出，明初江南民众从征滇黔者甚多，如云南昆明至曲靖一带居民，原籍多隶南京，皆自明初南下。到明末又有世家大族追随桂王朱由榔至此，“流寓渐多，教化所被”，西南区人文“遂日以盛”。而“王阳明谪居龙场驿，使贵州进于文明之域，其功尤大”。西南人文的演进深受历史移民之惠，迄至民国，西南之文化程度仍“视其距移民干线之远近而异”[⑤]。尽管“山谷间尚有蛮族数百万人尚未同化”，可文化上的交流、影响，已足以形成民

---

① 张其昀：《张其昀先生文集》第4册，（台北）中国文化大学出版部1989年版，第1583～1584页。

② 参见张其昀：《张其昀先生文集续编》第1册，（台北）中国文化大学出版部1995年版，第232～233页。

③ 载陆游《入蜀记》（景抄宋本）卷二“七月五日”条：“过龙湾，浪涌如山，望石头山不甚高，然峭立江中，缭绕如垣墙，凡舟皆由此下至建康，故江左有变，必先固守石头，真控扼要地也。”

④ 江心坡地区是位于云南高黎贡山的东恩梅开江与迈立开江之间的一个狭长地带，其北起西藏察隅县，南至缅甸尖高山，长约2000公里，宽约250公里。此地原为清朝云南腾越州所属的大塘、止那等土司所控制，当地少数民族多与汉民族有深厚渊源，如濮曼族人自称是诸葛亮平西南时所遗汉人士兵的后裔，至今仍祀奉诸葛武侯。1852～1885年间，英国发动数次侵缅战争，得以经由缅甸而染指中国西南边疆，并于1927年吞占江心坡。但民国政府始终不予承认。现此处划入缅甸版图。

⑤ 张其昀：《张其昀先生文集》第1册，（台北）中国文化大学出版部1989年版，第469页。

族间的凝聚力与认同感。近代,当英国觊觎西南江心坡一地,屡欲吞之,“各山官均守祖先遗言,世为汉朝子孙,世为汉朝山官,不敢忘背”[①]。于此可见,共同的文化信念是连接各民族的血脉津梁,是国家凝聚力的源泉,而移民有利于民族融合,进而有利于推进共同文化信念的形成。

张氏认为,史上北人南迁,尤其是文人名士的流放、贬逐,对南方文化的提升影响较大。他分析指出,中国南方的特殊处在于历史移民多,家国情结重,“复以海外侨民与国际接触之故,民族意识特强”。自南宋闽学始,该区学术终成气候,影响至于广东,及至清中叶以后,“粤学骤盛”。民族意识与学术交互作用,迭相推进,遂有“宋明之季忠臣义士皆产南方;元末与晚清之革命,亦皆自南方起义”,及至近代,长江流域及其以南成为“民族主义之中坚区域”。[②]

要之,张氏“史地结合”的思想与方法,并非仅仅局限于史、地二学,而能广泛地应用到其他研究领域,从文化现象到具体的移民问题等,体现了这一思维方法的灵活性。

三、学术综合之特色

张其昀的史地研究,在时间上涉及古今,在空间上兼论中外。如果以时间为限,张氏以史地结合的手法,若去考察历史陈迹,则多属历史地理学;若去考察当前的人文现象,则多属人文地理学。要之,其史地学之核心,实为“史地结合”的思想与方法,主要通过史地互证去研究、阐释人文现象。因此,它既不局限于过去,也不局限于现在,既不局限于历史,也不局限于地理,实难如文学、哲学、社会学、历史、地理等学科能截然划出自己的领域,即在它以人文为考察对象。

张氏史地学体现了四个方面的结合:第一,“史地一家”可谓中国学术的传统,在图书四部分类法上,“地理”隶属史部;在学术实践方面,从《禹贡》到历代各级行政单位的地方志,乃至张氏特为推崇的清初二顾史地学术,皆为明证,可知其史地结合思想有对传统学术的继承。第二,近代法国地理学派长于人文地理,系注重历史学训练的结果,是“异域”治学的成功经验。从奠基人白兰士到杰出的代表人物白吕纳,均肯定地理与历史不可分离,纯粹的自然环境无法直接影响人类,必须通过社会要素才能对人起作用,地理研究与历史研究的交汇点即在以人为本。白吕纳尤其提出20世纪学术上最大的贡献,就是史学精神与地学精神的结合。张氏对此二人亦极推崇,其史地结合思想有对西方学术的汲取。第三,张氏的生平游历,尤其是任教中央大学时期的三次实地考察活动,丰富了他的理论认识。史地结合的思想方法,是他在融通中外相关理论的基础上,与实践相结合的珍贵结晶。第四,儒家治国、平天下的入世精神,投射到学人身上,化为科学强国、学以经世的信念。这一信念使得张氏将史地结合的方法应用到多种研究领域,积极地为建国献策,为时代困境寻找出路,并将史地学术的表达方式由记述转为解释,而成实用之学。

不难看出,张氏史地学具有显著的学术综合趋向。此一特征首先体现在综合史地二

---

① 张其昀:《张其昀先生文集》第4册,(台北)中国文化大学出版部1989年版,第1630页。

② 张其昀:《张其昀先生文集》第1册,(台北)中国文化大学出版部1989年版,第468页。

学上。张氏认为，史学注重时间之绵延，地学注重空间之分布。两者经纬交织，方成宇宙。“其由时间着眼者为历史学，由空间着眼者为地理学，其所从入之途径虽有不同，但携手偕行，共同探索人间之真相，发明人事之真理，分工合作，为整体之学问而各有所贡献，精神上则完全一致。”[①]世界是一个时空合一的舞台，“因季候之变化，山海之变迁，人力之变革，无日不在演化之中，亦永无闭幕之时。而谁为扮演者，谁为观剧者，其间亦无由分别。全体人类均兼为扮演者与观剧者，无一人留于舞台之后也。其唯一之开场与收场，殆为生与死耳”[②]。张氏把地理视为人文的地缘描述，其与历史活动相结合后，时空交织，方能产生“天人之际，古今之变”的舞台全景。史学精神乃“处处追究事物制度与观念等蜕化之迹”，地学精神则为“发明各种环境与人文之反应”[③]，“历史事实，无如地理为其背景，则悬空而无着落。地理事实，如无历史为其渊源，则亦玄虚而无基础”[④]。因此，“历史与地理能联带学习，最为有益”[⑤]。

张氏还以“史地结合”的思想方法为基础，沟通不同学科，致力于学术分工层面上的综合。这一方式的达成，有赖于史学内涵丰富，与多学科存在交集，如刘咸炘就将史学视为“人事学”，称史学“以明事理为的”，“非但指纪传、编年，经亦在内”，“子之言理，乃从史出，周秦诸子亦无非史学而已。横或则谓之社会科学，纵说则谓之史学，质说、括说则谓之人事学”。[⑥] 在张氏看来，学问为一整体，而大厦非赖一木，在整个学术系统中，分工是方法，合作才是目的。而20世纪世界最大的发明，当为研究方法，即“大规模有组织的研究，亦即独立的研究和大学研究院的制度”[⑦]。大学和研究院的优点在于网罗百家，囊括大典，交光互影，多方观摩，优势远比个人单独的研究活动显著。[⑧] 学术分科愈趋精细，学科之间的联系则益臻密切。许多新发明和新发现往往得力于不同学科交光互影之处。故在专门研究之外，网罗众家晤谈，其“深入浅出之讲辞，足以浚发心智”，自有其特殊的学术意义。张氏指出，彼时“一般科学家往往对于政治、文学、艺术等失掉兴趣；就是对于科学本身，也缺乏一种足以识其大体、整个地看的方便”，然学问正如登高，攀登愈高，眼界愈广，所见才愈清晰可靠，专精中的褊狭之弊，尤其需要跨学科交流的方法来克服。[⑨] 因此之故，中国学术界的重任固在澄思渺虑，殚精于高深的研究，然仍宜“分其余力，从事于通俗化与普及工作”。

张氏所强调的学术综合，不仅在于贯通史地，会通其他不同学科，尤其要沟通中外学术。他指出，中国近代史地学的进步，与西方学术的融通不无关系。清代中叶，内外多故，道咸以降，学者多出于政治的原因，从事西北地理之研究，于是“边徼四裔”之学蔚为学术风尚。其间行役西陲、归而著书者，颇不乏人，“其所述作，多本于亲历考验，以与文献相印

① 张其昀：《张其昀先生文集》第21册，（台北）中国文化大学出版部1989年版，第11484页。

② 张其昀：《张其昀先生文集》第20册，（台北）中国文化大学出版部1989年版，第10624～10625页。

③ 张其昀：《张其昀先生文集》第1册，（台北）中国文化大学出版部1989年版，第35页。

④ 张其昀：《张其昀先生文集》第20册，（台北）中国文化大学出版部1989年版，第11484页。

⑤ 张其昀：《旅美见闻录》，商务印书馆1947年版，第33页。

⑥ 黄曙辉编校：《刘咸炘学术论集·文学讲义编》，广西师范大学出版社2007年版，356页。

⑦ 张其昀：《张其昀先生文集》第10册，（台北）中国文化大学出版部1988年版，第5204页。

⑧ 参见张其昀：《张其昀先生文集》第10册，（台北）中国文化大学出版部1988年版，第5205页。

⑨ 参见张其昀：《张其昀先生文集》第19册，（台北）中国文化大学出版部1988年版，第10025页。

证，非徒为架空之谈”。至19世纪末叶，世变益亟，西方学者亦多出于政治原因，纷纷转而关注中亚大陆。中西学人同时考究西藏、新疆、蒙古史地，制图撰文，“历史地理上国际关系之专门研究”规模越来越大，成绩也越来越多。有关中国西北边疆的研究，遂成为沟通中西学术文化之巨流。① “科学”观念逐渐在中国史地领域兴起，随着新方法与新观点的交流、沟通，传统史地学在“沿革地理”范围外，得以增益许多新材料与新问题。旧学的一些错误原则，“或观念不明，或积非成是”，均“摧陷而廓清”之。② 张氏观察到，“从来考中亚事者，仅据典籍，且因中外学者不能相互沟通，故扞格颇多”③；直到近代西方学者凭借进步的“古物学与古语学”知识，以科学求真的精神与方法，实地参与研究，中国传统史地学经此交流后，才获得极大的发展。

在会通中西学术方面，张氏可以说是身体力行。以历史地理学为例，他是中国最先使用“历史地理学”这一专业术语的学者。早在南京求学时，他不仅于柳诒徵处承续了传统的史地学术，并受校风与《学衡》影响，密切关注国外新学说，对西方历史地理学深感兴趣，还首次撰文译介了法国学者白吕纳与克米尔（Vallaux Camille）合著的《历史地理学》一书。该文于1923年发表于《史地学报》第2卷第2期，第一次将西方近代历史地理学这一学科名称及其主要研究内容介绍到中国来。④ 时年23岁的张氏在文中指出：“历史地理学者（The Geography of History），明地理在历史上所占之位置；前世学者类能道之。此门之学，其功用有二：穷源以竟委，温故而知新，由系统之研究，寻因果之线索，此其一也；现代政治经济诸大问题，皆有地理的原因，欲解明之，不得不识已然之迹，所谓彰往而察来，又其二也。”⑤张氏对该学科特点与功能的总结与认识，已超越了当时一般中国学人对此新兴学科的理解，并符合现代历史地理学的认知与实践，在中国开了科学历史地理学的先河。

张其昀不仅积极译介西方新说，并在《本国地理》《中华五千年史》等著述中汲取西方新地学理论，对人地互动论、“自然区域地理”观念等有灵活的应用，他还积极吸纳白兰士师徒的成功经验，将之应用于创建浙江大学史地系的教育实践中。当时法国地理学派擅长人文地理，培养学生均注重历史方面的训练，其学术声誉已高出美国新地学，是“史地结合”办学的成功先例，深得张氏信服。尽管浙大史地系将地理随历史一起划入文科的做法，在当时史地系内部，甚至整个浙大，都曾引起过非议，然而张氏不仅将该系逐步建设成

① 参见张其昀：《张其昀先生文集》第20册，（台北）中国文化大学出版部1989年版，第10822页。

② 张其昀：《张其昀先生文集》第1册，（台北）中国文化大学出版部1989年版，第455～456页。

③ 张其昀：《张其昀先生文集》第1册，（台北）中国文化大学出版部1989年版，第477页。

④ 在此之前，中国仅有古代地理研究。顾颉刚曾于1928年在广州中山大学开设古代地理研究课程，编纂“中国古代地理研究讲义”，然而在1960年代之前，顾氏都未曾使用过“历史地理学”这一术语。《禹贡》半月刊的英文译名初为 *The Evolution of Chinese Geography*，即“中国地理沿革”，直到1936年才更名为 *The Chinese Historical Geography*，方有“历史地理学”这一名称。参见刘盛佳：《张其昀的地理思想和学术成就》，载《张其昀先生百年诞辰纪念文集》，（台北）中国文化大学出版部2000年版，第225页。

⑤ 张其昀：《历史地理学》，载《史地学报》1923年第2卷第2期。

为国内首屈一指的史地系,并为国家培养了大批杰出人才,也是不争的历史事实。[①]

张氏屡屡强调,学术分工是方法,综合才是目的:“20 世纪学术上最大的胜利,不仅为科学与技术空前未有之进步,而尤为各种学科交光互影,融会贯通,而导致全部学术之综合与统一。《易》曰:‘一致而百虑,殊途而同归。’千岩竞秀,万壑争流,澎湃直前,汇归于海。”[②]要实现学术上的“综合”,需要凭借博通的手段,来沟通不同学科,让它们能彼此印证,迭相推进。别人考虑的多是如何在专精上继续提高,张氏考虑的是如何在分工的基础上,致力于学术综合。在中西学术的交流上,张氏主张“体用一贯”,称张之洞“中学为体,西学为用”说,把“体”“用”截然分离,远不及曾国藩倡“体用合一”之高明。他沉痛地指出,中国近百年来,内忧外患,相逼而来,“因民族自卑感的作梗,乃使国论多岐,士气难振。人才外流,滔滔不止。对于国内文化建设,往往徘徊瞻顾而莫能定。不合时宜的法令,习于故常,惮于修改”,“有些理由约束自己,实际多是倒果为因之论”。一国学术如长江大河,其导源愈远,其流势亦愈壮阔,“我们面对西学,主张体用一贯”,以主人翁的地位,来沟通中西,融贯新旧,借以壮大自己。因此,“全盘西化说”乃是反客为主,舍己芸人,实不足取。[③] 中国之复兴,必以民族文化复兴为根基,且“非基于长时期之研究成绩,复以世界眼光择善而从不为功”。[④] 至于如何振兴中国学术研究,他提出美国“宏奖民间讲学,并以嘉惠文教事业,予以适当优待的财政政策,以及政府委托研究的方式予以鼓励,振奋内外人心”,足可效法[⑤];中国应当虚心学习“先进国家之成例”,不但要藏富于民,亦当藏学于民。[⑥] 这些观点在当下的学术活动和事业中仍然值得深思。

作者简介:王瑞,上海大学文学院中国史博士后。

---

① 在张其昀随竺可桢赴浙大前,浙大还没有地学和史学教授。张氏到浙大后,浙大史地系汇聚了大批人才,地学方面集中了著名学者如叶良辅、沙学浚、黄秉维、任美锷、李春芬、严钦尚、严德一、李海晨、刘之远、赵松乔等,史学方面则有张荫麟、钱穆、陈乐素、顾谷宜、李源澄、陶元珍、方豪、向达、谭其骧、李洁非等。中华人民共和国成立后,浙大史地系停办,原史地系师生有多人当选为两院院士(学部委员),老师有竺可桢、吴定良、向达、涂长望、黄秉维、任美锷、谭其骧;学生有陈述彭、叶笃正、施雅风、谢义炳、陈吉馀、毛汉礼等。

② 张其昀:《张其昀先生文集》第 21 册,(台北)中国文化大学出版部 1989 年版,第 11321 页。

③ 张其昀:《张其昀先生文集》第 10 册,(台北)中国文化大学出版部 1989 年版,第 5204 页。

④ 张其昀:《张其昀先生文集》第 10 册,(台北)中国文化大学出版部 1989 年版,第 5207 页。

⑤ 张其昀:《张其昀先生文集》第 10 册,(台北)中国文化大学出版部 1989 年版,第 5205 页。

⑥ 张其昀:《张其昀先生文集》第 10 册,(台北)中国文化大学出版部 1989 年版,第 5207 页。

历史的叙述逻辑：一种交流叙述视角

王委艳

一、历史叙述与人类经验的建构方式

历史如何在不同文化之间获得通行密码，这是历史如何参与文化传播的重要问题。叙述无疑是一种最理想的方式。正如海登·怀特所言："叙事远非某种文化用来为经验赋予意义的诸多代码中的一种，它是一种元代码，一种人类普遍性，在此基础上有关共享实在之本质的跨文化信息能够得以传递。"①之所以如此，是因为叙述与人类经验的建构方式具有同构性，人们总是在某种时空序列中，追寻事件的意义，历史叙述为这种意义建构提供了一种很好的方法。利奥塔将人类的知识分为科学性知识和叙述性知识，"科学知识并不是全部的知识，它曾经是多余的，它总是处在与另一种知识的竞争和冲突中。……我们把后一种知识称为叙述性知识"②。利奥塔认为，在传统知识的表达中，叙述形式是主导，人们用叙述的方式记录、传达各种各样的知识，"叙事是这种知识最完美的形式"③。叙述的作用在于，可以规定能力标准，可以用这些标准评价社会实现或可能实现的性能。古代历史的叙述性表达就有这种功能。

《周礼》中记载："职丧，掌诸侯之丧及卿大夫士凡有爵者之丧，以国之丧礼莅其禁令，序其事。"这里虽然是对诸侯等丧葬的一种葬礼规制，但所谓"序其事"就是按照一定的顺序行事之意。如果按照这种顺序记录整个丧葬过程，那么就叫作叙述。由此可见，叙述既是一种时间安排，又是一种制度安排。《国语·晋语三》中记载晋国大夫郭偃论述重耳返国复位的预言，提到"纪言以叙之"，就是用言语叙述之意。可见，叙述作为一种知识建构与人类的社会实践密切相关，自然时间的不可逆给人类生存重要的经验就是以时间方向安排各种事物，在时间流程中呈现人类活动及其带来的各种变化，这正是叙述的基本思想。但有时候人类的各种行为方式并不一定带来预期结果，反思就成为另一种叙述使命。

叙述与人类生活同构性不言而喻。人类早已习惯了对生活（小到家庭琐事，大到国家

---

① ［美］海登·怀特：《形式的内容：叙事话语与历史再现》，董立河译，文津出版社 2005 年版，第 2 页。

② ［法］利奥塔：《后现代状态》，车槿山译，南京大学出版社 2011 年版，第 29 页。

③ ［法］利奥塔：《后现代状态》，车槿山译，南京大学出版社 2011 年版，第 76～77 页。

大事)进行精细的安排,尤其是一些进入历史的国家行为更是被纳入从计划、实施再到结果的整个时间规划过程,在社会生活中从来不乏时间与因果逻辑,春种、夏作、秋收、冬藏,中国农历的二十四节气不是一个简单的时间列表,更重要的是,它包含整个农业文明对基本农事行为的时间、因果安排。我们如何保存过去的经验,或者如何讲述过去的经验,一直是历史学科需要认真对待的问题之一。历史叙述作为人类对自身行为的一种保存性、反思性的经验构筑方式,也是建构经验知识的重要方式之一。正因为叙述的普适性品质,使历史叙述成为不同文化间交流既往经验的一种方式。人们总想从过去的事件中读出意义。“事件不仅必须被记录在其最初发生的编年框架内,还必须被叙述,也就是说,要被展现得像有一个结构,有一种意义顺序,这些都是仅仅作为一个序列的事件所没有的。”①

正因为叙述与人类生活的这种密切关系,对历史赋予故事的形式就显得自然而然,故事性就获得文化之间的通行密码。人类的远古记忆无一不是用故事传说的形式保存的,如对大洪水的记忆,无论在中国还是在西方,对远古大洪水的记忆绝非是一种虚构,虽然它并不精确为某时某刻,或者精确为某个人(这与远古的记录条件有关),但是,其真实性不容置疑。叙述作为一种经验保存方式,有口头、书面,当今还有数字化形式,等等。文字出现之前的古代,口耳相传是一种基本的保存方式,并且至今依然是不容忽视的方式。

正因为历史叙述可以保存记忆,保存经验,并可为经验制定标准,可为行为提供可借鉴的知识,因此,史官在古代的地位一直很高,而且历代统治者对修史都很重视。但历史研究在历经统治者垄断后,在现代、后现代语境中,历史话语逐渐多元,历史研究不再是一种垄断行业,历史逐渐从圣坛走下来,融入大众化生活。因此,历史叙述就得到前所未有的发展,央视“百家讲坛”上的历史学者,不但给大家讲故事,而且很前卫。一些叙说历史的出版物成为畅销书,如《明朝那些事儿》。笔者认为,这并非是坏事,中国老百姓爱讲历史故事,民间历史人物的故事常常成为老百姓的谈资。所谓千秋功过任人评说,无非是历史演变成人们述说的各种经验,成为他们镜鉴自己生活的一种方式而已。

二、历史的叙述选择与叙述逻辑

保存历史有两种基本的方式:实物方式和符号化方式。历史叙述就是一种用语言符号保存历史的方式。而符号表意最基础的方式就是选择,并且其排列遵循一定的逻辑。符号化作为历史的一种存在方式,从原始人在岩壁上刻画第一个符号开始,就已经进入一种选择性阶段,符号表意的最基础的品质就是选择性。雅各布森的符号双轴关系②,同样适用于历史叙述,当人们在语言符号的纵轴,即选择轴,对原始语言材料进行选择,这一过程本身已经跳脱“纯客观”的桎梏,而进入自由表达领域,历史学家对历史的符号化处理必然经过这个选择阶段,“文本的历史性”内涵即在此。同时,与选择同步进行的是材料组合,所有组合都要遵循一定的逻辑,时间、空间、经验、观念等等均可成为逻辑起点。但不

① [美]海登·怀特:《形式的内容:叙事话语与历史再现》,董立河译,文津出版社2005年版,第7页。

② Roman Jakobson, “The Metaphoric and Metonymic Poles”, in Roman Jakobson and Morris Halle, *Fundamentals of Language*, The Hague: Mouton, 1956, pp. 76-82.

同的逻辑起点对意义的建构影响力不同，比如时间逻辑，按照时间序列而罗列的年代纪，其表意能力要远逊于以经验或观念为逻辑的历史叙述。因此，叙述选择与叙述逻辑紧密相关，并影响历史的建构方式。历史叙述，正是以意义传达的最佳方式为目的来选择材料和组织经验的。因此，历史叙述在从历史神坛上走下来，回归一种大众化叙述的时候，其实已经还原到了历史的本来面目，即一种原始人在洞壁画下自己生活场景符号的那种表意自由。历史从来是一种述说方式，是以真实为底色的表意方式。

正因为历史叙述的选择性必须遵循一定的逻辑，就有许多历史学者反对用叙述的方式写作历史，他们认为，这种来自历史学家主观化的逻辑会对历史真实带来损害。金圣叹曾经这样说："某尝道《水浒》胜《史记》，人们不肯信，殊不知某却不是乱说。其实《史记》是以文运事，《水浒》是因文生事。以文运事，是先有事生成如此如此，却要算计出一篇文字来，虽是史公高才，也毕竟是吃苦事。因文生事即不然，只是顺着笔性去，削高补低都由我。"[①]这里，所谓司马迁写《史记》是"吃苦事"就是因为用叙述的方式写作历史受历史事实所限，不能任性而为。这里并非是历史学家曲解历史以适应叙述，而是叙述戴上事实的脚镣舞蹈，自然不能为所欲为。

海登·怀特曾谈到历史的文本性与文本的历史性问题。历史追求客观，但历史叙述作为一种记录方式却带有强烈的个人性或者目的性，再客观的叙述也没有历史事实本身客观。历史是人类理解过去的一种方式，我们总是试图将时间、事件赋予一定的意义，并以此作为建构我们经验的途径。因此，对材料的取舍、对建构方式的取舍直接服务于我们的目的。"鉴于语言提供了多种多样建构对象并将对象定型成某种想象或概念的方式，史学家便可以在诸种比喻形态中进行选择，用它们将一系列事件情节化以显示其不同的意义。"历史的情节化是近年来历史研究的重要范式转换，"近来的'回归叙事'表明，史学家们承认需要一种更多是'文学性'的写作来对历史现象进行具体的历史学处理"，"这意味着回归到隐喻、修辞和情节化，以之取代字面上的、概念化的和论证的规则，而充当一种恰当的史学话语的成分"，"相信某个实体曾经存在过是一回事，而将它构成为一种特定类型的知识的对象是另一回事"。[②] 由此看来，对历史"回归叙事"是一种选择结果，是构筑历史知识的一种方法，这并不代表不尊重历史事实，因为，历史事实是一方面，而如何讲述历史事实则是另一方面。这关系到对历史存在与经验存在的认识问题，前者是一种客观的、无法改变的"曾经存在过"的事实，而后者则是构建知识经验的一种方法。就如当今电视台天气预报那样，对于毫无情感内涵的自然现象，如何进行感性讲述，的确是一个方式问题，因为，无论如何讲述，比如拟人化、情节化，都必须以天气的事实状况作为不可回避的播报目的。当然，历史不是自然现象，但选择性是相同的。

叙述之所以成为表述历史的一种方法，关键在于叙述是人类建构经验的最基本方式，"叙事是我们基本的认知工具；是人类经验的基本组织原则；是我们表征和重构现实世界的重要手段。我们以叙事的形式在记忆中存储具体的经验信息，并通过它来过滤、配置、

① (明)金圣叹：《贯华堂第五才子书水浒传》，载《金圣叹全集》，江苏古籍出版社 1985 年版，第 18 页。

② [美]海登·怀特：《元史学：19 世纪欧洲的历史想象·中译本前言》，陈新译，译林出版社 2013 年版，，第 5 页。

理解新的感知经验"[①]。选择以叙述的方式记录人类历史和对历史的思考，是非常自然的事情。"叙事是一种图式，人类通过这种图式赋予他们的时间经验和个人行动以意义。"[②]

因此，历史叙述的选择性与逻辑性是对叙述的必然要求，但选择必须有据，逻辑必须合理。这就可以理解，史家比文学家的辛苦之处在于他叙述的不自由。虽然如此，选择的标准、逻辑的背景观念等都会成为"文本历史性"的痕迹：任何历史学家都无法逃脱时代带给他的经验局限，都无法超越时代。但，历史中永远有一种恒定的标准，如史公"良史"成为历代史家遵循的核心精神。

三、历史"写—读"交流的层次性

正因为历史叙述这种普适性特性，这种穿透文化屏障的能力，使其具有面向大众的交流品质。换句话说，正是历史对公众交流参与的渴望，使其采用叙述的方式述说历史。历史要想成为一种大众化知识，以叙述的方式参与大众文化交流无疑是一种最为便捷的方式。如上所述，历史在符号化过程中同步进行的选择与组合使得历史叙述的交流分别在材料和如何组织材料两个层面展开。

"故事"与"话语"是叙述学的基本概念，叙述学界对此的提法很多，语出多门，混乱不堪。赵毅衡在《广义叙述学》中提出"底本与述本"，厘清学界混乱的表述方式而统一于"底本与述本"的清晰表述，并从双轴关系的角度建构了底本与述本的关系，提出了"三层次论"：底本 1：材料集合；底本 2：再现方式集合；述本。[③] 这等于把经典叙述学以"故事"和"话语"划分叙述层次的文本封闭性打破了，底本概念的引入使文本层次具有了历史内涵，这对于民间故事、历史累积型文本，以及叙述经验的累积与传承等在述本中的表现方式等均具有意义。按照赵毅衡底本与述本理论，材料选择发生在底本 1，组合方式选择发生在底本 2，因此，交流也同样发生在这两个层面。但对于多数人来说，大家更关注底本 1、2 共同参与下的意义生成。而对于历史学者而言，对二者的分别关注，意味着他们更关心这种选择对意义生成的影响，换句话说，历史学者更关注历史叙述者的叙述原则。

因此，从交流叙述视角来看历史叙述，可以看出历史叙述在接受层面的分野。不同的接受者可以在历史叙述中找到各自的关切点。对于一般大众而言，他们了解历史，主要从历史材料方面，即底本 1，他们关心的是历史故事带给他们的愉悦。如果再上升一个层次，史家的叙述观念会对接受者产生影响，历史是最好的教科书，历史故事中的很多过去的经验可以为人们提供一种解决当下问题的方法。而历史学者更关注叙述方式对历史表达的影响，一些反对历史叙述化的学者就是因为担心叙述会减弱历史的真实底色。所谓各取所需，说的就是交流层次带来的接受层次问题。

历史的交流叙述还有一个重要问题，就是接受者的"二次叙述"。赵毅衡认为："只有

---

① 张新军：《可能世界叙事学》，苏州大学出版社 2011 年版，第 5 页。

② Donald E. Polkinghorne, *Narrative Knowing and the Human Sciences*, Albany: State University of New York Press, 1988, p. 11.

③ 参见赵毅衡：《广义叙述学》，四川大学出版社 2013 年版，第 141 页。

叙述化，只有叙述文本，而没有接收者的二次叙述化，文本就没有完成叙述传达过程，任何文本必须经过二次叙述化，才能最后成为叙述文本。这个过程并不只是理解叙述文本，也并不只是回顾情节，而是追溯出情节的意义。”①接受者对于历史叙述文本的“二次叙述”包含一种经验转化问题，即接受者把文本经验转化为自己的经验。为了更为清楚地理解，下面就历史叙述中的交流层次进行论述：

其一，交流建立在底本的基础上，也就是说，交流双方各自以底本为基础进行交流，并形成各自的述本。建立在底本基础上的交流存在两种情况，一是建立在底本1基础上的交流，即交流双方面对的是一种“材料集合”，交流的重点是哪些材料可以进入叙述文本的组合之中，哪些必须排除在外，尤其是庭辩叙述，这种情况经常发生；二是建立在底本2基础上的交流，即对于“材料集合”没有异议，但对于这些材料的“再现方式”、对于如何组织这些材料并形成叙述文本持不同立场。网络游戏叙述就面临这种状况，不同玩家组织材料的方式不同会形成不同文本。

其二，交流建立在述本基础上。就是说，叙述文本已经成型，交流以此为基础布局各自的角色、位置。但即使如此，也会出现各种情况，比如一些历史著作，叙述文本已经成型，接受者在两个层面的交流中，即在“文本—接受者”“作者—接受者”的文本内外交流中，接受者的“二度文本化”所依据的底本材料也许要大于这种成型文本，因为，能够进入接受者视野的材料，要比叙述文本多，还包括各种与这种成型叙述文本不相关的因素。当然，对不相关材料的过度引述会影响交流叙述的效果，但在具体的交流叙述中，这些都应当被考虑在内。尤其对于那些严肃的、具有现实述行效果的交流，更应当考虑各种因素对接受者“二度文本化”建构的影响。或者，应当排除不相关因素，建构具有“相关性”的二度叙述文本，使交流效果不致被不相关因素影响。

理论上讲，虽然上述交流层次的区分较为清晰，但现实状况是，在实际的交流叙述中，对于原始材料（底本1）、材料如何组合（底本2）和建构完成的叙述文本（述本），交流层次并不那么明显，是混合在一起的。也就是说，当交流双方都面对原始材料的时候，实际上也同时面对材料的组合方式。当接受者面对已经完成的叙述文本的时候，叙述文本自身的材料集合、文本的组织方式，以及文本附带的许多东西都会进入接受者视野。任何交流叙述最后都要归结于“如何”建构叙述文本，无论是作者的“一次叙述文本”还是接受者的“二度叙述文本”（即接受者文本）。叙述文本的建构是形成意义的前提条件。

站在“写—读”的层次上看，历史写作已经从神坛走向民间，历史的民间书写也逐渐从古代的稗官野史的狭隘中走出来，进入公众领域。以交流为视角，以历史的叙述性文本为研究对象，或者以叙述的方式为历史的研究方式都将成为一种常态化的研究模式，必将获得更多相关领域学者的关注。

作者简介：王委艳，四川大学中国语言文学博士后流动站博士后，信阳师范学院文学院副教授。

---

① 赵毅衡：《广义叙述学》，四川大学出版社2013年版，第106页。

战后英语世界关于“历史解释”与“历史叙述”的论争

——以曼德尔鲍姆的批判为线索

顾晓伟

在西方的史学传统中，“历史”一词通常兼有“探究”和“故事”的双重内涵。古希腊罗马时期乃至中世纪，史学始终是修辞学分支下的一种文类，叙事自然是史家表现探究结果的方式。近代理性主义史学以还，随着实验科学或自然科学成为一切科学的理想类型，计量史学自然也变成职业历史学家实现这一信念的标杆。叙事的优先性逐步让位于以“问题”为导向的分析史学，布罗代尔就曾激烈地批评传统的叙事史学是贫乏而不科学的。在经历“语言转向”的洗礼之后，人们逐渐认清历史学家所使用的语言，“定量”“脚注”这种现代史学特有的表现形式与古典史学中的“演说词”具有同样的功效，都不过是历史学家在不同时代气候中寻求确定性和表现过去的不同方式。[①]

依照英国史学家劳伦斯·斯通的诊断，从20世纪30年代，“科学历史学”借助于马克思主义的经济模式、法国的生态学/人口统计学模式(ecological/demographic model)和美国“计量的”(cliometric)方法论，意在探究社会变迁的“一致性的科学解释”(a coherent scientific explanation)，但是到了20世纪70年代，这种分析的和结构的路径遭遇到了严重的瓶颈，而作为一种潜流的叙述史学重新得到了复兴，他们结合当时的文化人类学，侧重于对事件、小人物以及过去的心态进行刻画和厚描，旨在讲述“独特的连贯故事”[②](a single coherent story)。霍布斯鲍姆大致同意斯通的论断，反对某些极端的经济还原论者将活生生的人和事消融进长时段的结构和局势中。尽管斯通宣称要避免在分析史学和叙述史学之间作出优劣的价值判断，但是在霍布斯鲍姆看来，斯通的言论有些耸人听闻，因为法国的“年鉴学派”和英国的“过去与现在学派”从没有对事件和文化失去兴趣，就如E. P. 汤普森的《英国工人阶级的形成》(1963)与《辉格党人与猎人》(1975)的关系，勒华拉杜里的《朗格多克的农民》(1966)与《蒙塔尤》(1975)之间并没有必然的冲突。[③]

如果将史学实践中的论辩，转换到抽象层面的史学理论场域，又会是一种什么样的图

---

① J. H. Hexter, “The Rhetoric of History”, *History and Theory*, Vol. 6, No. 1 (1967), pp. 3-13.

② Lawrence Stone, “The Revival of Narrative: Reflections on a New Old History”, *Past & Present*, No. 85 (Nov., 1979), pp. 3-24.

③ E. J. Hobsbawm, “The Revival of Narrative: Some Comments”, *Past & Present*, No. 86 (Feb., 1980), pp. 3-8.

景呢？大致也是从20世纪30年代开始，基于物理学、生物学与历史学的研究对象都要涉及过去发生的事件这一要素，波普尔、亨佩尔、内格尔等科学哲学家在总结科学解释的一般结构和逻辑的过程中，也试图对历史研究中的解释“说三道四”，随后激发了英美世界围绕历史知识性质的大讨论。到了60年代中期，莫顿·怀特、加利、丹托等历史哲学家在“历史解释”(historical explanation)的议题中生发出了“历史叙述”(historical narrative)的问题，认为历史叙事可以更好地贴近和分析实践史家的主要工作程序以及历史学的主要特征。从中可以看出，这与此后叙述主义历史哲学从修辞学和文学理论的视野重新阐释历史叙事和历史意义有很大的不同之处，分析的历史哲学内部关于历史叙述的论争，他们倾向于将历史叙述看作历史解释的一种替代性方案。[①] 但是，我们也应看到，叙述主义历史哲学很大程度上继承了分析派历史哲学的一些问题意识，特别是沃尔什、加利、德雷等分析的历史哲学家对历史叙述的讨论，对我们理解此后美国史学理论的变革仍有重要的启示意义。

一、历史科学所处理的研究对象是独特的或唯一的吗？

从19世纪末至20世纪初期，为了应对历史主义的危机，德国的新康德主义者尝试从认识论的角度来反思和论证历史知识的基础问题。文德尔班在《历史科学与自然科学》(*Geschichte und Naturwissenshaft*, 1894)一文中率先将历史科学与自然科学区分开来，认为前者是表意的(idographisch)的科学，研究的对象是一次性的、个别的人和事，采用的是直观或体悟的认识方式；后者则是法则的(nomothetisch)的科学，研究的对象是重复的、普遍的现象，采用的是抽象和演绎的认识方法。[②] 可以说，以文德尔班和李凯尔特为代表的历史哲学不仅继承了德国历史主义传统中“自然”与“历史”的二分，同样基于康德的批判哲学预设着有什么样的认识论就有什么样的形而上学，他们的历史哲学也总是与“价值哲学”联系在一起，认为以人的自我认识为主体的人文学科所面对和处理的是价值的世界，以此来抵制以自然世界为研究对象的自然科学在人文领域的侵蚀。

“历史解释”何以成为英美世界的历史哲学讨论的中心议题，与此背景紧密相连。但是，他们探究的路径和立场与此有着显著的差异。相对于大陆唯理论，从洛克到穆勒的经验主义传统更强调实验科学和自然科学的方法在精神科学或人文科学中的应用，到了20世纪初期，以摩尔和罗素为代表的分析哲学即是建立在对德国观念论的批判之上，尝试用

---

① 参见陈新：《论20世纪西方历史叙述研究的两个阶段》，载《史学理论研究》1999年第2期。此文主要以“历史叙述”作为讨论的中心，将分析派历史哲学家的讨论称为认识论研究阶段，而将此后以海登·怀特为代表的叙述主义历史哲学定位为本体论研究阶段。在此基础上，本文尝试以“历史解释”作为论述的主轴，以曼德尔鲍姆对分析派内部关于“历史解释”和“历史叙述”的批判为线索，以此来展示美国史学理论多样化的发展脉络：一方面，以海登·怀特为代表的叙述主义历史哲学继承了分析派历史哲学的问题域，两者之间仍有某种连续性的关联；另一方面，即便是叙述主义历史哲学成为20世纪70以来的主要形态，分析派历史哲学仍然作为一种潜在的探究路径向前发展。

② 参见何兆武主编：《历史理论与史学理论——近现代西方史学著作选》，商务印书馆1999年版，第381～400页。此后，李凯尔特在《文化科学与自然科学》(*Kulturwissenschaft und Naturwissenschaft*, 1899)和《自然科学概念构成的界限》(1896～1902)两书中进一步论证和完善了文德尔班的立场。相关讨论可参见李子健：《文德尔班的历史思想研究——以〈哲学史教程〉中的历史编纂思想为中心》(复旦大学历史学系硕士学位论文，2014年)一文。

现代的数理逻辑来改造康德以来的认识论，将方法论与带有心理主义色彩的认识论区分开来。由此可见，英美世界的历史哲学的主要特征之所以是分析的，就源于它附属于分析哲学运动之中。起初，分析哲学主要讨论和总结自然科学中的方法，基于自然科学和历史科学在研究内容上有着重叠和交叉，比如达尔文对于生物学的研究所得出的进化理论就与历史科学高度相关，所以说，分析派历史哲学所讨论的历史解释问题也即是历史中的因果关系的问题。

历史科学研究的对象是过去所发生的人与事，在这一点上，一般无疑义。但是，分析派的历史哲学则会质疑，在这一点上，人们能够在历史科学与自然科学之间画出一条截然的界限吗？[①] 基于时间的不可逆的因素，历史学家研究恺撒渡过卢比孔河这件事可以说是唯一的，不可重复的，那么，对于自然科学家而言，苹果砸到牛顿头上这件事同样是不可重复的。天文学和地质学研究的对象是天体和地球的变化，生物学研究物种的演化，同样，历史科学也是研究过去发生的人或事的发展过程。在这一点上，历史的(historical)和发生的(genetic)是同义的。如果从形式逻辑上来说，新康德主义者认为，历史科学处理的往往是单称的实然判断；自然科学的结果则是普遍的定然判断。[②] 比如，“公元前44年3月15日，布鲁图刺死了恺撒”。这一单称陈述描述的是特殊时间和地点所发生的事件，而天文学家研究的“日食现象”则是普遍的陈述，因为，天文学家不仅仅在于观察和描述一次性或唯一的日食现象，而是要概括出日食原理，以期计算和预测过去和未来所发生的日食现象，每一次的日食只不过是日食原理的一个例证。就这一点而言，分析派历史哲学内部虽然产生了巨大的分歧，但是，他们仍旧否定以此可以在历史科学与自然科学划界。在内格尔看来，历史学并非纯粹的表意的科学，“单称陈述(singular statement)在理论科学中不起作用，或者历史探究不适用全称陈述，这种观点是一个十足的错误。……虽然历史学家关心不可重复的、唯一的东西，但他必须从他致力研究的具体事件中进行选择和抽象，他对个别或单一事物的论述需要使用通名或一般的描述词项(general descriptive terms)”[③]。在此意义上，历史学家所使用的“封建社会”“资本主义”“革命”等语词或概念并非单称的陈述，而是某种意义上的抽象和概括。比如，“法国大革命”并非仅仅意指1789年巴黎人民攻占巴士底狱这一单称陈述，而是带有普遍意义上的资产阶级革命，因为革命这一术语本身就是通名。总而言之，如丹托所辩论：“当人们认为所有的历史事件都是唯一的和不可重复的，这就带来了悖论性的观点：每一个事件都是某种意义上唯一的，没有任何事件是重复的，因为没有两个事件从属于相同的类别，以及两个其他类似的

① 相关讨论参见 P. H. Nowell-Smith, “Are Historical Events Unique?” *Proceedings of the Aristotelian Society*, New Series, Vol. 57 (1956-1957), pp. 107-160; Carey B. Joynt and Nicholas Rescher, “The Problem of Uniqueness in History”, *History and Theory*, Vol. 1, No. 2 (1961), pp. 150-162.

② 参见李子健:《文德尔班的历史思想研究——以〈哲学史教程〉中的历史编纂思想为中心》，复旦大学历史学系硕士学位论文，2014年。

③ Ernest Nagel, “Some Issues in the Logic of Historical Analysis”, *The Scientific Monthly*, Vol. 74, No. 3 (Mar., 1952), pp. 162-169, also collected in Patrick Gardiner eds., *Theories of History*, The Free Press, 1959. 亦可参见[美]欧内斯特·内格尔:《科学的结构》，徐向东译，上海译文出版社2005年版，第618～686页。

事件发生在不同的时间或在不同的位置。"[①]这也即是说，分析派历史哲学家们反对这种形式的划界，这在逻辑上是矛盾的。

由此可见，分析派历史哲学继承了新康德主义者的问题意识，都试图从哲学的高度来讨论历史知识的性质及其合法性的问题，但分析派规避了新康德派的"价值世界"，站在科学统一化的立场反对将历史科学与自然科学分成两撅。这也正是分析的历史哲学与批判的历史哲学的差异性所在，他们试图将形而上学从认识论中解放出来，仅仅从方法论的角度来解决历史知识的问题。早在《历史知识问题》(1938)一书中，曼德尔鲍姆就此认为，"方法论研究不同于一般的认识论，因为这些研究既不涉及知觉问题，也不涉及对认知者和被认知者之间的关系所作的一般表述"[②]。在曼氏看来，将形而上学与认识论等同起来是历史主义导致相对主义的根本性谬误所在，即认为认知主体的道德和审美考量会影响和决定历史过程本身的结构。针对上述的历史科学处理的对象是唯一的这一问题，他认为，任何事件在一定意义上都是"唯一的"(unique)，在另一个意义上，任何事件都不是唯一的，因为绝对的唯一性即意味着不可分类、不可比较、不可认识。"历史事件的过去性以及它们没有重复发生这种性质，并没有使历史知识变得不可能，而仅仅给历史学家设置一些在他决定自己的工作程序是需要遵守的限制。"[③]虽然历史事件一旦发生，就不可重复，不可再观察，历史学家不能够像自然科学家那样，可以在实验里反复观察到，但是，历史事件一旦发生，同时也意味着可以被观察到，记录到。实际上，很多历史事件都存在于人们的记忆之中，存在于历史遗留下来的文献之中，因此，"从历史事件能被人们在许多地方发现这个事实中，从历史事件具有直接的和引人注目的重要性这个事实中，就在历史知识中产生一种类型的'同时代性证实'(contemporary verification)，它类似于自然科学中的'反复性证实' (verification repetition)"[④]。近代历史学家的实践也证实了历史知识具有自然科学家同样的确证性，许多历史学家通过收集文献、文献考证乃至考古发掘，证实了许多古代所发生的历史事件。除此之外，历史学家也试图在历史事件与历史事件之间需找某种关联，进而综合和概括出历史发生的原因。历史学家工作实践中的成就也在伯伦汉以及朗格诺瓦和瑟诺博司的"史学方法论"教科书中得到了总结。

二、历史解释中的综合和因果关系

近代以来的史学实践表明，历史学家通过文献批判等分析工作，可以建立起类似于自然科学意义上的历史事实，但是，大多数史家都没有停留在史实重建的工作上，而是在此

---

① Arthur C. Danto, "On Explanations in History", *Philosophy of Science*, Vol. 23, No. 1 (Jan., 1956), p.17.

② Maurice Mandelbaum, *The Problem of Historical Knowledge: An Answer to Relativism*, Liveright Publishing Corporation, 1938, p.1.

③ Maurice Mandelbaum, *The Problem of Historical Knowledge: An Answer to Relativism*, Liveright Publishing Corporation, pp.188-189.

④ Maurice Mandelbaum, *The Problem of Historical Knowledge: An Answer to Relativism*, Liveright Publishing Corporation, p.188.

基础上进行综合工作。“文献批判仅仅得出了孤立的事实。为了把那些事实组织成一名科学，有必要进行一系列的综合工作。”[①]对于史家如何进行概括(generalization)和综合(synthesis)工作，却有着严重的分歧。可以说，一种路径是通过先验的范畴和概念建立起解释的原则，以此将分散的历史事实聚合到一起，比如上述的“资本主义”“工业革命”等概念；另一种路径则是承继休谟和穆勒对于因果观念的分析，以期建立起事件与事件之间的因果关联。瑟诺博司在“综合工作”这一章节主要讨论的即是“分类”和“定性的和定量的描述性公式”[②]。可以说，亨佩尔在《普遍法则在历史学中的功能》(1942)一文中所提出的历史解释的“覆盖率模式”[③]，将实证主义史学的方法论原则进一步形式化，以期建立起统合自然科学、历史科学乃至社会科学的理论基础。

由波普尔、亨佩尔所提出的强健的历史解释的方法论形式在西方学术激起了持续不断的论辩，用明克的话来说，解释的覆盖率模式成为“常年的竞争者”[④](perennial contender)。美国的《哲学杂志》随后也刊发了相关的讨论文章，里斯(Lincoln Reis)和克里斯特勒(Oskar Kristeller)就此提出反驳：亨佩尔严格的解释形式可能适用于社会科学家的工作，但并不适合历史学家，因为历史学家处理的对象是特殊的、唯一的、具体的历史事件，而不是建构普遍的规律。此外，覆盖率模式预设已知的普遍规律，而对于实践中的历史学家和自然科学家来说，普遍规律是未知的，而是要探究新的发现。“历史研究与历史哲学的差别，就如同科学与科学哲学之间的差异。”他们更强调历史的方法就是历史学家在实践中的工作程序和方法，也即“发现事实(fact-finding)和解释(interpretation)”。可以看出，他们在这里使用的“解释/诠释”不同于自然科学意义上的“说明/解释”(explanation)。借用康德关于形式与内容之间的关系，他们认为“事实”与“解释”之间是互涉的，同步的。[⑤] 针对诸如莫里斯·科恩(Morris R. Cohen)和悉尼·胡克(Sidney Hook)对历史方法的批评，他们坚持认为历史是对于“事件的叙述”(narration of events)，历史的方法或发生的方法只能给予我们编年史(chronicle)，并不能给予我们解释(explanation)。莫顿·怀特通过皮朗对于资本主义社会历史的发展阶段之研究的事例，来证明历史的方法是关于“过程的理论”，是需要通过过去来“解释”现在的。不同于孔德和穆勒的静止的规律，它得出的是动态的概括(dynamic generalization)，比如达尔文和斯宾塞的社会进化理论，以及历史主义学派的经济史实践等。此外，从本体论上说，莫顿·怀特反对传统哲学上认为“只有历史(histories)是指具体的物质(substances)，只有自然(natures)是指抽象的实体(entities)”，进而指出“事物所拥有的本质并非绝对的，而是相对的，其相对性是通

---

① [法]朗格诺瓦、瑟诺博司：《史学原论》，余伟译，大象出版社 2010 年版，第 127 页。

② 参见[法]朗格诺瓦、瑟诺博司：《史学原论》，大象出版社 2010 年版，第 140～177 页。按，瑟诺博司在“综合工作”这一章节并未讨论因果观念的问题，而是采用了类似于亨佩尔“覆盖率模式”意义上的函数关系来表示。

③ Carl G. Hempel, “The Function of General Laws in History”, *The Journal of Philosophy*, Vol. 39, No. 2 (Jan. 15, 1942), pp. 35-48.

④ Louis O. Mink, “ Philosophical Analysis and Historical Understanding”, in Louis O. Mink, *Historical Understanding*, edited by, Brian Fay, Eugene O. Golob, and Richard T. Vann, Cornell University Press, 1987, p. 120.

⑤ Lincoln Reis and Paul Oskar Kristeller, “Some Remarks on the Method of History”, *The Journal of Philosophy*, Vol. 40, No. 9 (Apr. 29, 1943), pp. 229, 235, 240.

过特定的视角来获得"[1]。如此,他进一步借助杜威的观点,即"实验的方法也同样是发生的方法,它考量的方式或过程是事物如何变成所经验的存在"[2],来佐证历史的方法即是相对性的方法,我们就此才能认识事物的本性。

从莫顿·怀特的论述中可以看出,19 世纪历史学的实践不仅仅是历史学科内的工作,其中所蕴含的历史性思维已经影响到西方世界对于事物本质的看法。不仅新康德主义者对于历史知识性质的讨论承继了历史主义的问题和遗产,而且分析派历史哲学同样深受历史主义的影响,只不过,分析派历史哲学所谓的历史主义已不是黑格尔意义上的历史主义,而是达尔文意义上的历史主义。恰如柯林武德在《自传》(1939)一书中所意味深长地道出:"20 世纪的哲学的主要任务是要清理 20 世纪的史学。"[3]除了美国的《哲学杂志》、英国的《心灵》和《亚里士多德学会会刊》等杂志都在 20 世纪 30～60 年代刊发了大量的讨论历史知识性质的论文,1940 年创刊的《观念史杂志》于 1942 年也及时推出讨论历史学中的因果观念的文章。

相对于以特纳、鲁滨孙、比尔德、贝克尔等为代表的美国的"新史学",费雷德里克·J. 梯加特(Frederick J. Teggart)是不太受关注的历史学家,同时也是被遗忘的史学理论家。实际上,他在 20 世纪初期就曾将"过程"和"进化理论"引入到史学理论的讨论中来,在某种意义上可以说是分析派历史哲学的先声。[4] 在《历史事件中的因果关系》一文中,他一上来就反对历史探究只是讲述兰克意义上"实际发生的事情",历史学家需要借助于因果观念来使得叙述变得可理解,每一个叙述都要涉及因果关系的解释。"历史学家要比仅仅记录事件做更多的工作,他必须发现(discover)一个事件与另一个事件之间的关联。"[5]在梯加特看来,历史解释就是通过变化(change)的方式来解释这个世界,这里的历史意指过程中的重大变化。历史事件并非是唯一的,事件与事件之间是普遍联系的。由此,在本体论上,历史不是一元的,而是多元的,历史学家即是通过探究和比较的方法来发现过程中诸如衰落和兴盛此类的重大变化。他进一步通过史学实践来探究和比较中国和罗马的变化,以此发现历史事件之间的关联。[6] 莫里斯·科恩也在相对宽泛的意义上讨论了历史学中的因果关系,认为历史学中关于因果观念或者因果规律的讨论和论辩主要牵涉到人

---

① Morton G. White, "The Attack on the Historical Method", *The Journal of Philosophy*, Vol. 42, No. 12 (Jun. 7, 1945), p. 322.

② John Dewey, "The Evolutionary Method as Applied to Morality. I", *Philosophical Review*, Vol. XI (1902), p. 107. 转引自 Morton G. White, "The Attack on the Historical Method", pp. 328-331.

③ [英]柯林武德:《柯林武德自传》,陈静译,北京大学出版社 2005 年版,第 77 页。即便是科学哲学领域,也已不可能回避历史的方法或发生的方法,上述提到的波普尔、亨佩尔、内格尔等科学哲学家都讨论了历史知识的性质问题,而且可以说,到了库恩《科学革命的结构》(1962)一书的出版,历史性思维已完全侵入和倒置了科学哲学的问题意识。

④ 参见 Frederick J. Teggart, *The Processes of History*, Yale University Press, 1918; Frederick J. Teggart, *Theory of History*, Yale University Press, 1925.

⑤ Frederick J. Teggart, "Causation in Historical Events", *Journal of the History of Ideas*, Vol. 3, No. 1 (Jan., 1942), p. 3.

⑥ Frederick J. Teggart, "Causation in Historical Events", *Journal of the History of Ideas*, Vol. 3, No. 1 (Jan., 1942), pp. 8-10. 另可参见[美]弗雷德里克.J. 梯加特:《罗马与中国——历史事件的关系研究》,丘进译,大象出版社 2009 年版,"前言"第 8～11 页。

类自由意志的问题。他首先了梳理“原因”一词的历史用法，最早亚里士多德提出四因说，质料因、形式因、动力因和目的因；在拉丁语里，原因一词是一个社会和法律的术语，意指行动的目的及其承担的责任；近代以来，自然科学家以此来类比时空中的现象及其变化的关联，最著名的要数休谟关于因果观念的讨论；现代物理学进一步把因果关系简化到数学中的函数关系，亨佩尔的覆盖率模式即是一种约束变元的函数关系。由此，现代自然科学意义上的因果规律就将人类行动中的目的和意志消解了，同时也取消了历史与自然之别。其次，在科恩看来，历史学家作为过去发生之事件的叙述者，必须要讲述一个一致性的故事，而一致性就需要某种意义上宽松的因果概念。“绝对的唯一性，即没有任何因素是共同的，是难以名状的（indescribable），因为所有的描述和分析都必须通过预见（predicates）、分类的概念（class concepts）或可重复的关联（repeatable relations）等术语来获得。”[①]但是，就人类的自身目的以及获取过去证据的不完整性而言，历史学中的因果关系只能是宽松的，它不同于天文学、地质学、生物学等自然科学中的因果关系。

在对历史相对主义的驳论中，曼德尔鲍姆就曾提出，历史中的关联性和因果性是实际存在的，以此才能保证历史学家能够探知历史，而不是相对主义者认为的那样，是历史学家赋予了历史中的关联性和因果性。他依照当时科学的观点，将事件称之为“持续一段时间的实体”，比如，历史学中的“文艺复兴”“工业革命”等事件。这些事件又可以分为亚事件（sub-events），诸如，“工业革命”这一事件可以分为“瓦特改良蒸汽机”“议会改革”等亚事件。事件与亚事件之间是整体与部分的关系，一组亚事件即是这个事件的原因。“当我们把一个事件看作是一个持续存在的实体，它被一种特殊的统一性所渗透，同时又包括各种各样的亚事件，由此，存在性依赖关系就变成一种使事件与其亚事件连接起来的东西。这整个一组亚事件就成为那个有关事件的原因，如果没有这些亚事件，这个事件本身也就不能存在。”[②]但是，在曼德尔鲍姆看来，一个历史事件与其组成部分的亚事件并非科学规律意义上一一对应的必然联系，因为亚事件并非原子式的，而是互不依赖的单子，组成一个历史事件的亚事件都是具有不同持续时间的实体，它们可以构成另一个历史事件的亚事件。比如，“议会改革”可以成为“工业革命”的亚事件，又可以成为“英国代议制民主政治”的亚事件。就此，曼氏反对一切形式的一元论，而是提出历史多元论。“历史多元论是这样一种观点，它认为我们称之为历史过程的那一系列相继发生的事件是由众多数目不定的成分组成，这些成分并没有组成一个完全连接在一起的集合物。”[③]一元论具有多种表现形式，像历史目的论、有机体论以及时代精神论这种一元论是思辨的历史哲学家常常预设的一种前提假设，认为历史的过程是一种单一的线性联系；另一种表现形式是像物理学、天文学等自然科学意义上的决定论。比如，每当 A 与事件 B 有必然联系，B 的出现就要求 A 也必定出现。可以说，覆盖率模式即是对这种决定论的总结和说明。与此不同，

---

① Morris R. Cohen, “Causation and its Application to History”, *Journal of the History of Ideas*, Vol. 3, No. 1 (Jan., 1942), p. 21.

② Maurice Mandelbaum, *The Problem of Historical Knowledge: An Answer to Relativism*, Liveright Publishing Corporation, 1938, p. 225.

③ Maurice Mandelbaum, *The Problem of Historical Knowledge: An Answer to Relativism*, Liveright Publishing Corporation, 1938, p. 274.

“历史学家不仅无意于从对一个事例的观察中建立历史事件的规律，而且无意于把对那些使得他得以确证和否认某条所谓历史过程规律的假设性事例进行考量作为首要的任务”①。

在《历史学中的因果分析》(1942)一文中，曼德尔鲍姆延续了《历史知识问题》一书的基本思路，一方面，反对新康德主义者将人文主义与自然主义截然划分；另一面，批驳比尔德的历史相对主义观点，进而提出因果分析在历史学中的重要性。“正是基于历史学家对于因果分析的兴趣，而不是直觉的重演过去，才使得‘历史’与‘编年史’区分开来。”②接着，曼德尔鲍姆讨论了历史学中的假设(hypotheses)及其确证(verification)问题。同历史学中的因果关系类似，每一本历史著作中都或隐或现地包含假设的要素。曼氏进而指出，历史学的假设类似于历史相对主义者使用的“视角”，是将事件聚合到一起的“路径”，比如拉夫乔伊的“单元观念”(unit-ideas)。这些假设可以来源于日常经验的概括，或者诸如社会进化论这样的科学理论，但大部分是来自其他历史学家的实践工作的概括。由此，对其确证不仅在于历史遗存中的事实，还在于科学理论的权威性。

总而言之，在二战前后的英语世界里，参与“历史解释”讨论的大部分历史哲学家以及历史学家，某种程度上都反对新康德主义者将历史科学与自然科学截然划分，而是坚持一种“自然主义的经验论”③(naturalistic empiricism)，认为自然科学的方法论可以解决历史学中的问题。但是，对于大多数历史哲学家来说，也都不能认可波普尔、亨佩尔等科学哲学家提出的“覆盖率模式”。可以说，对“覆盖率模式”进行反驳最为有力的，要数德雷于1957年出版的《历史学中的规律和解释》一书中所提出的“合理行动原则”。④ 德雷主要针对以下两点提出反驳：(1)历史学中的解释并没有自然科学意义上的严格规律，历史学家在实际的工作中，首先通过梳理史料，考证文献，要回答的是“怎么样”(How)的问题，而不是“为什么”(Why)的问题。即便是史家追问历史事件发生的原因，也无需提出像自然科学家那样具有“预见”(Predict)功能的规律。这在于，历史学家使用的语言是一种日常语言，不可能使用自然科学意义上的人工语言。在德雷看来，史家使用的“因为”“所以”这些连词都具有实用主义的色彩。(2)历史学研究的对象并非自然科学意义上的“事件”，而是以人类活动为中心的“行动”。由于事件是一个纯粹外在的实体，而行动则必然包含人类的情感和目的，所以，历史学中的解释还有一个内在的层面，只能基于合乎情理的假设和原则来解释人类过往的行动。在此意义上，亨佩尔与德雷之间在形而上学层面就出现了差异，一个是外在主义的，经验论的，另一个则是内在主义的，唯理论的。

赫伯特·哈特(H. L. A. Hart)和托尼·奥诺尔(Tony Honore)于1959年出版的

---

① Maurice Mandelbaum, *The Problem of Historical Knowledge: An Answer to Relativism*, Liveright Publishing Corporation, 1938, p. 277.

② Maurice Mandelbaum, "Causal Analysis in History", *Journal of the History of Ideas*, Vol. 3, No. 1 (Jan., 1942), p. 40.

③ Philip P. Wiener, "On Methodology in the Philosophy of History", *The Journal of Philosophy*, Vol. 38, No. 12 (Jun. 5, 1941), pp. 309-324.

④ 关于亨佩尔与德雷论辩的详细讨论，可参见拙著《何谓“历史解释”？——以“亨佩尔－德雷论战”为讨论中心》，载《史学理论研究》2014年第1期。

《法律中的因果关系》(*Causation in the Law*)一书进一步呼应了德雷的观点。他们认为法学和历史学家所使用的因果关系相似,都是一种日常经验中经常出现的因果关系,这与自然科学意义上的因果关系是不同的。“在为数众多的因素中,一个重要的因素是,法律人和历史学家都主要关心对于特殊事件进行因果关系陈述,以确立某一特定场合下某种特殊事件是另一个特殊事件的结果或者后果。”[①]在他们看来,历史学家和法律人处理的是各种各样极为复杂的单称因果陈述,而它们在实验科学中仅仅作为一般性命题或原理的例证。但是,自休谟以来,西方哲学却一直把实验科学所揭示的规律看作因果关系的真正本质,对于特定事件之间联系的单称因果关系而言,也暗含着一般性。举例来说,在大多数火灾案件中,法律人以及普通人都不会认为起火的原因是因为氧气的存在,而总是把电线短路、丢烟头称为火灾的原因。当然,有氧状态是起火的必要条件,或者说无氧必然不起火是一个实验科学的通则或规律。但是,他们关心的主要不是发现这些规律,而是经常性地将已知的通则应用于特定的案件。也即是说,法律人更为关注的并不是“天灾”,而是“人祸”,后者则是单称因果陈述所特有的。“原因和条件的差别以及对原因链条在时间上前移或者后推加以限制的各种原则,正是法律人理解其所面对的原因时会碰到许多难题的根源;但在传统哲学对原因的讨论中,这些问题却很少受到注意。”[②]再举历史事件来看,对于“布鲁图刺死恺撒”这一历史事件而言,不仅涉及原因与条件的差别,同样也关涉历史分期的问题。历史学家并不会把恺撒的死亡归因于他的血液缺氧,这应是医生所要追问的原因。而史家通常会归咎于恺撒对罗马元老院权威的挑战,如果进一步向前追溯或向后推演,史家也可以归因于罗马从共和向帝制的转型。可以看出,哈特、奥诺尔和德雷一样,都尝试将自然化的因果观念转化为带有人文色彩的因果关系。“原因”一词在人文学科中,更多的是指向人类自身的“理由”或“责任”。

在《历史解释:“覆盖率”的问题》(1961)一文中,针对战后英美世界关于何谓历史解释的大讨论,曼德尔鲍姆首先对众多论者进行了区分:波普尔、亨佩尔、加登纳等学者为“覆盖率理论家”(covering-law theorists),德雷、多纳根、柏林等学者为“反动论者”(reactionists),克罗齐、柯林武德、奥克肖特等学者为“观念论者”(idealists)。虽然后两个群体都反对“覆盖率模式”,但是反动论者也不赞同观念论者的一些形而上学或认识论命题,而是起源于“分析哲学的一个新分支”,即“日常用法分析(ordinary-usage analysis)”,“不同于覆盖率理论家采用的唯科学形式的分析(sicence-oriented form of analysis)”。[③] 其次,曼氏对以亨佩尔和德雷为代表的双方观点都提出了批判。针对覆盖率理论家,曼德尔鲍姆赞同他们的基本立场,即认为历史科学与自然科学在同一条船上,他们都反对新康德主义历史哲学家将两者截然划分的立场。但是,他认为亨佩尔的“覆盖率模式”所预设的休谟意义上的“因果观念”是错误的,“我不赞同他们关于‘因果’概念的意义,‘规律’概念与‘因

① H. L. A. 哈特、托尼·奥诺尔:《法律中的因果关系》,张绍谦、孙战国译,中国政法大学出版社 2005 年版,第 10 页。

② H. L. A. 哈特、托尼·奥诺尔:《法律中的因果关系》,中国政法大学出版社 2005 年版,第 12 页。

③ Maurice Mandelbaum, “Historical Explanation: The Problem of ‘Covering Laws’ ”, *History and Theory*, Vol. 1, No. 3 (1961), p. 230.

果’观念之间的关系，以及假定原因在时间上优先于效果”[①]。正是在这一点上，他赞同德雷对亨佩尔的驳论，亨佩尔依照休谟的因果观念建立严格的“初始和边界条件”(initial and boundary conditions)，对于历史学家而言，这本身就是极其复杂的工作。“亨佩尔坚持认为因果解释将涉及对于某一规律的发现，相反，我主张，对于某人从梯子上摔下此类特定情况的因果分析，牵涉到分析此类复杂事件的构成部分的亚事件，诸如某人昏倒、放松把柄、失去重心以及摔倒到地。”[②]针对反动论者，曼德尔鲍姆重点讨论了德雷提出的“连续序列模式”(the model of the continuous series)，认为此模式类似于沃尔什所说的“总括”(colligation)。德雷举例说，当我们要解释摩托车为何出现故障的问题时，汽车修理厂的机修工告诉我们是因为油箱漏油的缘故。但从“可理解性”(intelligibility)来看，对于解释者自身要明白为何漏油就能导致发动机不能发动而言，他首先要明白发动机的功能，即汽油的燃烧带动活塞在气缸中的转动，然后进一步追踪汽油是油泵通过油管从油箱中抽到气缸中，最后发现是油管破裂导致汽油从油箱中泄露，由此解释了机器失灵的原因。对于解释者而言，他必须自己明白这一系列发生的事情。“我对于机器出现故障的理解直接源于这一事实，即我可以追踪随之发生的事件的过程。”[③]在曼氏看来，德雷依照“可理解性”(intelligibility)和史家的“判断”(judgement)完全误解了历史学中的普遍规律的功能以及归纳科学中的描述(description)的角色。当我们解释发动机出现故障时，必然要涉及关于摩擦力的普遍规律的知识；而在追踪连续关联时，同时要区分哪些与发动机故障有关联条件以及哪些没有关联。在更深层的意义上，曼德尔鲍姆认为，与他所反对的覆盖率理论家一样，德雷无意中也预设了休谟关于“因果观念”的立场。[④]

可以看出，曼德尔鲍姆在这里的讨论基本上延续了他在《历史知识问题》关于历史中关联性和因果性的观点。在《历史知识的剖析》(1977)一书中，他甚至认为接下来讨论的“历史叙述”问题同样错误地源自休谟的因果观念，用2/3的篇幅集中讨论剖析了历史知识的“因果性”(causation)和“客观性”(objectivity)问题，提出了截然不同于休谟的因果概念。

三、历史叙述作为历史解释的替代性方案

随着《历史与理论》于1960年创刊，英语世界关于历史解释的论争平台已从宽泛的哲学或思想史杂志聚焦到历史学的专有期刊上，随之也举办了多场学术研讨会，出版了大量

① Maurice Mandelbaum, “Historical Explanation: The Problem of ‘Covering Laws’ ”, *History and Theory*, Vol. 1, No. 3 (1961), p. 230.

② Maurice Mandelbaum, “Historical Explanation: The Problem of ‘Covering Laws’ ”, *History and Theory*, Vol. 1, No. 3 (1961), p. 238.

③ William Dray, *Laws and Explanation in History*, Oxford University Press, 1957, *History and Theory*, Vol. 1, No. 3 (1961), p. 68.

④ Maurice Mandelbaum, “Historical Explanation: The Problem of ‘Covering Laws’ ”, *History and Theory*, Vol. 1, No. 3 (1961), p. 240.

的关于历史哲学或史学理论的论文集。[①] 但是，参与论辩的大多还是原先一群学人，只是亨佩尔始终在《历史与理论》是缺场的。与曼德尔鲍姆的观察有些不同，明克将参与这场关于历史解释论辩的学者区分为“方法论的一元论者”（methodological monists）和“方法论多元论者”（methodological pluralists）。后者又包括“理性模式”（rational model）和“叙述模式”（narrative model）。[②] 明克这里所指的叙述模式即是莫顿·怀特、丹图和加利尝试用历史叙述作为历史解释的替代性方案，以期进一步分析史家的实际工作。

早在《历史解释》（1943）一文中，莫顿·怀特就讨论了亨佩尔的论题。人们既然在“解释”一词加上“历史的”限定词，那么“历史解释”就与物理学的解释或生物学的解释有所不同。“历史解释以指称过去的方式区别其他类型的解释……历史解释通过指涉某一时刻先前的事实来解释某一时刻的事实。”[③]可以看出，怀特在总体上是赞同亨佩尔的经验论立场的，只是尝试将“覆盖率模式”添加上具有时间性的陈述以描述历史解释所独有的特征。“假如我们成功地澄清了叙述的逻辑，我们将会开启历史知识理论的一个新时代。假如我们做到这一点了，历史哲学就不再会是哲学共同体之中贫穷的亲属。一旦叙述史学是人类话语中的独特形式，研究历史的人就有权成为独立的王国。”[④]在1962年纽约大学哲学系举办的“哲学与历史”的年会上，怀特提交了《历史叙述的逻辑》，此文后来成为其《历史知识的基础》（1965）最为核心的内容。在讨论叙述的结构这个问题时，怀特一上来就假定所有历史都是关于某些实体的历史，由此就将历史学家的叙述与小说家讲述的虚构故事区分开来。首先，历史学家的叙述（narrative）是由一个个陈述（statement）所构成的，一个个陈述的经验可证实性就指称着过去的某些实体。但是，叙述总是涉及某一“核心主题”（central subject），不同于单称的陈述。“叙述是语言上复杂和不规则地蔓生的（sprawling），不同于恺撒渡过卢比孔河这样的陈述，不同于独立的单称解释性陈述，甚至不同于思辨历史哲学中的概括。”[⑤]其次，历史叙述不同于编年史（chronicle），“某一主题的编年史是非因果单称陈述的连接（conjunction），它明确提到那一主题以及报道不同时间发生的真实情况”[⑥]。这也就是说，在怀特看来，编年史引导读者去问“接下来是什么”？（And then what），而叙述史引导读者去问“那么何以如此”（So what）？怀特通过“英国王室”这一核心主题的事例来区分编年史和历史叙述：“英国国王逝世，之后英国王后也离去，接着王子死亡，随后公主去世。”VS“英国国王逝世，随后英国王后由于悲伤也离去了。王子因母后之死，过分悲痛，自杀了；随后公主因孤寂无伴，抑郁而终。”从中可以看出，历史叙述是将单称因果陈述组合成有着逻辑关联陈述的一个核心主题。用图式来表达就是：

---

① 诸如 Hans Meyerhoff ed., *The Philosophy of History in Our Time*, Doubleday Anchor Books, 1959; Patrick Gardiner, *Theories of History*, The Free Press, 1959; Sidney Hook eds., *Philosophy and History: A Symposium*, New York University Press, 1963.

② Louis O. Mink, “Philosophical Analysis and Historical Understanding”, pp. 121-122.

③ Morton G. White, “Historical Explanation”, *Mind*, New Series, Vol. 52, No. 207 (Jul., 1943), p. 212.

④ Morton G. White, “A Plea for an Analytic Philosophy of History (1953)” in Morton G. White, *From a Philosophical Point of View: Selected Studies*, Princeton University Press, 2005, p. 39.

⑤ Morton G. White, *Foundations of Historical Knowledge*, Harper & Row, Publishers, 1965, p. 219.

⑥ Morton G. White, *Foundations of Historical Knowledge*, Harper & Row, Publishers, 1965, p. 222.

因为A在t1时是S，所以B在t2时也是S。
与此同时，因为B在t2时是S，所以C在t3时也是S，
以此类推，如此等等。[①]

可以看出，怀特在此尝试用自然科学的方法论来改造克罗齐从认识论上对于编年史（死的历史）和历史（活的历史）的区分，关于历史叙述逻辑的探讨带有鲜明的分析的历史哲学的特征。但是，怀特还试图超越亨佩尔的模式，提出历史之真虽由历史叙述中的构成要素的真实性本身来决定，而历史叙述作为整体仍有着超越单称陈述真实的维度，这正是叙述哲学的基本问题：当每一历史叙述都真实地陈述了各个事实以及它们之间的联系时，在何种条件下，历史学家能够评价各个历史叙述之间的优与劣。怀特的回答是：历史学家自身的兴趣和价值判断，而选择的标准是基于“审美主义”（Estheticism）和“道德主义”（Moralism）。[②] 在此，我们也不难看出分析派的莫顿·怀特与叙述主义的海登·怀特之间的某种亲缘，特别是我们从实用主义的立场和背景来对比两者之间关于历史叙述的观点时。

无独有偶，沃尔什明确参照克罗齐关于编年史和历史的观点，将历史叙述区分为“平淡叙述”（plain narrative）和“意蕴叙述”（significant narrative）。前者叙述过去发生的事实，仅仅牵涉到记忆判断（memory-judgment），或者从现有的材料中推论出过去的事实；后者要叙述何以发生的原因，即涉及因果性解释。而这一解释或叙述活动是思维的组织活动，史家要将他获得的事实连接到一起以成为一个融贯的整体。可以看出，意蕴叙述中的“意蕴”一词要表达的即是“可理解性”（Intelligibility），源自历史学家的“总括”（Colligation）活动。[③] 而在丹图看来，所有叙述都是意蕴叙述，并不存在平淡叙述和意蕴叙述的本质区别，其原因在于没有历史学家仅仅叙述事实，每一个历史学家都拥有居先的图式（prior scheme）以组织他们所获得的事实，而这必然涉及亨佩尔意义上的历史规律。[④] 历

---

① Morton G. White, *Foundations of Historical Knowledge*, p. 223-224. 曼德尔鲍姆认为，怀特的这一图式仅仅讨论了连续、因果的联系，从而忽略了整体与部分的联系。举例来说，“英国国王逝世了，随后英国王后由于悲伤也离去了。随后大臣为他们举行葬礼。由于葬礼的缘故，交通阻塞，我乘坐的公共汽车晚到了。因为我回家比平时晚，所以在我的朋友离开伦敦前我没有看到他”。现在假定事实性陈述都是真实的，因果性解释也是真实的。但是我们明显地看到，关于“王室的问题”和“我与朋友的关系”之间并不构成一个历史叙述，而是两个没有任何关联的历史叙述。在曼氏看来，构成核心主题之历史叙述的一个部分或一个方面，应有一个一般性或共性，由此才能保证历史叙述的真实性，这必然涉及亨佩尔意义上的规律。Maurice Mandelbaum, “Objectivism in History”, in Sidney Hook eds., *Philosophy and History: A Symposium*, New York University Press, 1963, pp. 46-47.

② Morton G. White, *Foundations of Historical Knowledge*, pp. 237-240.

③ W. H. Walsh, “The Intelligibility of History”, *Philosophy*, Volume 17, Issue 66, April 1942, pp. 128-143；另可参见[美]沃尔什：《历史哲学导论》，何兆武、张文杰译，北京大学出版社 2008 年版，第 21～39 页。在此应该注意的是，沃尔什虽然借鉴了克罗齐的观点，但是论证的思路已完全不同，前者可以说认识论的，后者则是方法论的，同属于分析派的脉络之中。

④ A. C. Danto, “Mere Chronicle and History Proper”, *The Journal of Philosophy*, Vol. 50, No. 6 (Mar. 12, 1953), pp. 173-182；另参见[美]阿瑟·丹图：《叙述与认识》，周建漳译，上海译文出版社 2007 年版，第 141～178 页。关于沃尔什的回应可参见 W. H. Walsh, “‘Plain’ and ‘Significant’ Narrative in History”, *The Journal of Philosophy*, Vol. 55, No. 11 (May 22, 1958), pp. 479-484.

史科学与自然科学同样都运用超出事实性陈述之上的组织架构，它们之间的区别是各自所运用的组织架构的种类不同。历史学所运用的组织架构就是“具时态语句”（tensed sentence）的历史叙述。

依照分析派历史哲学的家法，丹图首先讨论的是叙述语句的可证性问题。在完全运用分析哲学的路数来分析历史学家的语言时，却得出历史著作中具有时间性语言的“叙述语句”（narrative sentences）的可证实性不能还原到命题的“陈述语句”（statement sentences）的可证实性，在客观的物理时间坐标系中，“叙述语句不仅指称两个在时间上分立的事件，以及在对在前事件的描述中参照在后的事件。它在逻辑上还要求，如果它为真，这两个事件的都要发生”[①]。举例来说，历史学家对“第一次世界大战”的叙述必须参照“第二次世界大战”才是合法的，没有人在1914年的时候，说出“第一次世界大战已经发生了”这样的语句，这种叙述在认识上对于现场观察者来说是不可及的，也就是不可说的，同样也就是没有意义的。史家也不能在2015年的时候说出“第三次世界大战将要发生了”的语句，这种意在未来的语句没有指称，所以也没有认识上的真值。丹图认为史家最大尺度的史学描述，就是对过去的描述，历史叙述中的“具时态语句”是区别于科学“陈述语句”的主要特征。[②]

在此基础上，丹图总结出历史叙述的模式就是：

(1)x在t—1时为F。

(2) t—2时某一事件H对x发生。

(3) x在t—3时G。[③]

在丹图看来，(1)和(3)构成待解释项，即解释为何X由F到G的转变，(2)是解释项。提供(2)即解释了(1)～(3)。在此意义上，历史解释采取历史叙述的形式，(1)、(2)、(3)本身具有故事的结构。它有一个开始(1)、中间(2)和结尾(3)。丹图甚至认为，既然休谟意义上的因果关系具有时间上的先后关联，因果解释事实上也具有故事的形式。与怀特给出的一般图式不同，他认为历史叙述有着超越真实性陈述的内涵，只能求助于历史学家选择的兴趣和道德诉求，而丹图则认为(2)是根据普遍规律给出的，由此才能保证历史叙述的真值。“构成叙述中关键性的中段即事件H(发生在x并引起它的变化)的抉择必定是根据某些普遍概念做出的，这一点在我看来是无可置疑的。”[④]依照休谟的撞球示例，丹图构想了历史叙述的一个例子：

I. 车子在t—1没事。

II. 车子在t—2时遭y撞击。

---

① Arthur C. Danto, “Narrative Sentences,” *History and Theory*, Vol. 2, No. 2. (1962), p.165.

② 参见[美]阿瑟·丹图：《叙述与认识》，周建漳译，上海译文出版社2007年版，第44～80页。

③ [美]阿瑟·丹图：《叙述与认识》，周建漳译，上海译文出版社2007年版，第296页。

④ [美]阿瑟·丹图：《叙述与认识》，周建漳译，上海译文出版社2007年版，第298页。

III. 车子在时间 t－3 有凹痕。

在这一图式中,"在 t－2 时某物 y 以特定的力量撞击 x"即是一个带有普遍规律的描述。由此,II 表明,根据已知的普遍规律,关于特定事件的描述被嵌入之处即是具有解释力的中间,它能够使得解释纲要变成完整的叙述解释。假如史家根据文献资料给出这样三个叙述语句:

II1. 一辆卡车于 3 点 30 分撞击那辆小车。

II2. 小车司机于 3 点 20 分咳嗽。

II3. 车主于 3 点 30 分用一个磅锤砸车。①

从逻辑上看来,II1、II2、II3 三个叙述语句都属于反事实假设,都具有某种可能性,都是已知普遍规律所能够覆盖的事例。历史学家的工作要是在过去所留下的"痕迹"中找到事实 II1,或者 II1 和 II2,就不可能是 II3。在此意义上,丹图就认为历史叙述就是历史解释的一种替代性方案,比之历史解释的覆盖律模式,历史叙述的一般形式能够更好地描述历史学家的实践工作。

在分析派内部,除了莫顿·怀特和丹图之外,加利也是历史叙述的倡导者。在《历史学和发生科学中解释》(1955)一文中,加利也反对将历史研究看作一种独特的理解类型,它与自然科学有着截然的不同。虽然历史科学处理的是某些特殊情况下实际发生的特殊事实(particular facts),自然科学关注的是限定描述的任何情况下必然发生的样本或示例事实(specimen or sample facts),但是,历史科学同样在描述特殊事实的情形下涉及概括和解释。在采取何种意义上的解释时,加利提出一种温和(moderate)的立场,认为历史学中的解释不同于生物学科学上的"功能解释"(functional explanation),而是一种"典型性历史解释"(characteristically historical explanation),"(1)为了追述特定时间在先的条件以宣称某一事件被解释为必然的,典型性历史解释着重特殊事件过程中发展方向的连续性或特定因素的持续性;(2)当被解释项是某类人类行动或一系列行动时,典型性历史解释强调某些因素的连续性和持续性是为了保证被解释项变得可理解或可证明为正当的"②。正是在第二点上,历史解释中的必然性的前件(necessary antecedent)总要涉及行动主体的动机、信念或决定,它们是一些心理前件(mental antecedents),这也就需要历史研究要考量人类行动中的实践智慧(practical wisdom)。与沃尔什的讨论类似,加利也从"可理解性"的角度引申出历史叙述的议题,"跟踪某一叙述或谈话的逻辑(the logic of following a narrative or a discussion)涉及理解某一特殊陈述的情形,因为它关涉到我们对于某一单一理智行动的理解,而不同于我们理解语法学家的样本语句"③。

---

① 参见[美]阿瑟·丹图:《叙述与认识》,周建漳译,上海译文出版社 2007 年版,第 299～300 页。

② W. B. Gallie, "Explanations in History and the Genetic Sciences", *Mind*, New Series, Vol. 64, No. 254 (Apr., 1955), p. 162.

③ W. B. Gallie, "Explanations in History and the Genetic Sciences", *Mind*, New Series, Vol. 64, No. 254 (Apr., 1955), p. 172.

紧接着在《历史理解》(1963)一文中,加利认为狄尔泰、柯林武德等批判的历史哲学家都没有很好地分析“历史理解”(historical understanding),进而提出历史叙述才是历史思维(historical thinking)的基础问题,全面总结了他关于历史叙述就是“跟踪故事”(following a story)的观点。设想我们跟踪或观看一场足球比赛,首先我们要了解一些足球比赛的规则,这是使得我们能够看懂一场比赛的前件,但仅仅依照规则,我们并不能“预知”(predicate)比赛的结果,比赛过程中的惊奇和不可预测恰恰是观看一场比赛最为重要的部分。其次,我们又总是依照日常生活的经验在比赛的进程中“期盼”(looking forward)比赛的结果,人们的注意力总是受到目的性的引导,与此同时,观察者的心态又是开放的,能够接受比赛过程中的各种可能性,包括不断地出现的惊奇(surprise)和偶然(contingency)。在加利看来,历史叙述也是如此,“跟踪并不是控制和预知事件,归根到底是发现这些事件在理智上是可接受的,这也是事件所带来的震惊和惊奇能够首先引起我们关注的原因所在。在此意义上,跟踪故事提供了我们使用概括思维最为显著的地方”[①]。由此可见,历史叙述中所使用的概括与历史解释中所涉及的规律或不变条件是不同的,历史叙述首要考虑的是不可预知的“突现”(contingency)问题,针对历史事件的偶然性,好的历史叙述者总是能够将偶然性的特征匹配进我们的日常经验之中,使得整个历史叙述“在情理之中,却在意料之外”(acceptable yet unpredictable)。在此层面上,加利将历史叙述与历史理解关联起来,认为“每一个历史叙述都是自我解释的(self-explanation)”[②]。只有在历史叙述发生断裂的情况下,历史叙述者才借助自然科学意义上的历史解释,使得历史叙述变得可跟踪。在这里,历史叙述是优先的,历史解释仅是辅助性的,甚是至侵入性的。虽说加利仍在分析派历史哲学的场域中讨论了历史解释的问题,但与莫顿·怀特和丹图认为历史叙述是历史解释有着很大的不同,他明确提出“历史是故事的一种”,“历史叙述是自我解释的”,到了明克发表《历史理解的自主性》[③](1966)之后,分析派历史哲学讨论的历史解释彻底被历史叙述替代了,而且讨论的前提也彻底被置换了。

作为美国史学理论发展和变迁的重要参与者和见证者,曼德尔鲍姆敏锐地观察到,到了20世纪60年代中后期,诸多历史哲学家都在讨论叙述结构的问题。他认为主要有三个原因:(1)基于事件本身依照时间先后排列的秩序(chronological order),历史学家很自然地将他的研究结果表现为一种具有时间序列的叙述形式,但这是表面上的类似,因为历史学家在没有发现历史事实之前,他并无任何故事可以讲述,历史学的叙事形式不仅不是优先的,而且不是唯一的,比如专题论文的写作就不会用叙述的形式;(2)将历史学家的活动等同于讲故事是认为历史写作中有某种定向性的(tropistic)或目的论的(teleological)因素,以此将事件作为历史叙述中的单线链条插曲,而这种目的论的因素恰好是历史相对论的一种形式;(3)将历史中的因果连接归咎于人类行动的意图,历史也被叙述为人类理

---

① W. B. Gallie, “The Historical Understanding”, *History and Theory*, Vol. 3, No. 2 (1963), p. 156.

② W. B. Gallie, *Philosophy and the Historical Understanding*, p. 108.

③ Louis O. Mink, “The Autonomy of Historical Understanding”, *History and Theory*, Vol. 5, No. 1 (1966), pp. 24-47.

智行动的线性序列。[1] 曼德尔鲍姆承认,历史叙述主义者对于历史事件的时间性因素的考量有效地反驳了自然科学意义上的历史解释模式,但是,历史叙述者以此将历史叙述看作线性的、连续的序列:a 导致 b,b 引起 c,c 产生 d,以此类推。正如上述曼氏所指出的,其谬误在于叙述主义者与历史解释模式同样预设了休谟和穆勒意义上的因果观念,即认为事件在时间上的先后是因果关系的要素,以及在"原因"和"条件"之间划出一条清晰的界限。在曼德尔鲍姆看来,事件与事件之间的关联并不总是先后的关系,而是整体与部分的关系,"正如我曾经论述的,历史学中的事件与事件之间的基础关联是部分和整体的关系,而不是前件与后件的关系。……比如,手表是一个复杂的整体,它的每个部分都是共在的,并作为整体中的一个组成部分"[2]。曼氏以最能体现历史叙述结构的人物传记为例,由于在叙述人物的活动的时间序列的过程中必然涉及其所处的社会情境,这就是使得传记人物与他的社会之间是同时存在的,他们之间也就是整体与部分的关系。总体而言,曼德尔鲍姆对历史叙述是持否定态度的,"当前将历史看作是叙事的观点为历史学建立了一个过于简单的模式。并且……对历史学在本质上带有类似于讲故事的特征的强调,导致了在历史学家的事业中对探究作用的忽视。由于这两个原因,在我看来,目前视历史为叙事的趋势是不幸的,需要纠正"[3]。

曼氏对于历史叙述取代历史解释的反驳在历史哲学家中引起了不同的反响。[4] 理查德·伊利(Richard G. Ely)从逻辑上分析了曼氏对于莫顿·怀特、丹图、加利的误解,他虽然不赞同历史学在本质上是叙事,但是认为对于历史叙述的反思有利于丰富史学实践;罗尔夫·古纳(Rolf Gruner)赞同曼德尔鲍姆的看法,进一步论证了历史著作更多的是历史描述(historical description),而不是历史叙述,而后者也应是前者的一种类别;德雷某种程度上则持中庸之论,一方面反对把历史叙述作为历史学的基本原则,另一方面又认为叙述主义者的讨论有利于更新历史哲学的研究主题,改变分析的历史哲学的窘迫现状。德雷在《论历史学中叙事的性质和作用》(1971)一文中,特别提到明克对于历史理解的贡献,认为明克提出的"综合统一体模式"(the model of synthetic unity)超越了以往历史哲学家对于历史叙述的讨论,因为这种复合体具有不可分的属性,历史作品作为整体本身具有自主的意义。[5]

可以看出,曼德尔鲍姆对历史叙述的批评意见并没有成为主流,随着历史学的语言转向,历史学家所使用的语言而不是历史解释或因果关系成为 20 世纪 70 年代以来历史哲学家反思的主题,历史哲学已经发生了一种范式的转变。早期的历史叙述研究,"narrative 一词的核心意思仍停留在'事'而非'叙'的意义上",语言转向之后的历史叙述,"nar-

---

① Maurice Mandelbaum, "A Note on History as Narrative", *History and Theory*, Vol. 6, No. 3 (1967), pp. 413-416.

② Maurice Mandelbaum, "A Note on History as Narrative", pp. 417-418.

③ Maurice Mandelbaum, "A Note on History as Narrative", p. 419.

④ Richard G. Ely, Rolf Gruner and William H. Dray, "Mandelbaum on Historical Narrative: A Discussion", *History and Theory*, Vol. 8, No. 2 (1969), pp. 275-294.

⑤ W. H. Dray, "On the Nature and Role of Narrative in Historiography", *History and Theory*, Vol. 10, No. 2 (1971), pp. 153-171.

rative的理解有一种客观知识向叙述的行为方面转向的趋势。这种转向意义重大，它将是叙述研究从认识论领域向本体论领域的扩展，也将是历史哲学研究中的一次革命的开端”[①]。而在以海登·怀特和安克斯密特为代表的叙述主义历史哲学已成明日黄花的今天，重新梳理叙述主义历史哲学的“前史”，辨析“历史解释”转向“历史叙述”的过程，仍有着某种启示意义。正如《历史与理论》的资深编辑理查德·汪所言：“像曼德尔鲍姆这样的哲学家，他们甚至在莫顿·怀特与丹托最早的著作中就察觉到一种对相对主义敞开大门的倾向，现在他们最大的担心显然已经证实。”[②]

四、曼德尔鲍姆对于历史哲学的独特构想

随着1938年《历史知识问题》的出版，曼德尔鲍姆就对欧洲和美国流行的历史主义或历史相对主义进行了批判。随着20世纪70年代叙述主义历史哲学的兴起，曼德尔鲍姆仍然坚持批判的立场，并将其与20世纪30年代的历史相对主义关联起来。我们知道，库恩于1962年出版《科学革命的结构》一书，由此带来了科学哲学的历史主义转向，库恩提出的“范式”概念也逐渐成为人文社会科学领域的通用术语。曼德尔鲍姆敏锐地指出，库恩将科学共同体中的科学革命描述为一种范式变迁，是一个“准社会学的概念”(quasi-sociological terms)，从而提出了一个普遍的科学史编纂学的问题。但是库恩将科学革命与政治革命、艺术风格关联起来，忽视了科学本身的内在逻辑，由此会导致“概念的相对主义”(conceptual relativism)。[③] 随着海登·怀特于1973年出版《元史学》，英语世界的历史哲学也进入一个新阶段，同样带有历史主义的色彩，如同库恩在科学哲学领域所带来的变革。《历史与理论》杂志在1980年刊发了讨论《元史学》的一组专题论文，其中就包括曼德尔鲍姆的《元史学的预设》一文。曼氏采取其一贯的批判的立场，分析了元史学的基本预设，认为海登·怀特关于历史编纂史学基本结构的构思继承了加利和丹图关于历史叙述的看法。在曼德尔鲍姆看来，海登·怀特通过对于史家解释策略的讨论最终试图得出历史学家能够自由选择他的研究主题时，就接受了历史相对主义的观点，特别是怀特形式主义的、转义学的研究路径忽视了历史学家的实践，对于语言形式的分析消解了语言的内容，进一步解构了历史之真的问题。这就与欧洲历史主义传统的李凯尔特、克罗齐的论证有着类似的预设和困境，由此逼上历史相对主义的老路上去了。[④] 针对欧洲历史主义在英美世界的再次兴起，曼德尔鲍姆不仅始终将其定位为一种相对主义，即事实判断与价值判断的混为一谈；与此同时，他也进一步区分和总结了相对主义的各种形态，第一为主观相对主义，即特殊个人的信念和态度决定着事实和价值的判断；第二为客观相对主义，即

---

① 陈新：《论20世纪西方历史叙述研究的两个阶段》，载《史学理论研究》1999年第2期。

② [美]理查德·汪：《转向语言学：1960～1975年的历史与理论和〈历史与理论〉》，载陈新主编《当代西方历史哲学读本(1967～2002)》，复旦大学出版社2004年版，第54页。

③ Maurice Mandelbaum, “A Note on Thomas S. Kuhn's Structure of Science Revolutions”, *Monsit*, 60(1977), pp. 445-52.

④ Maurice Mandelbaum, “The Presuppositions of Metahistory”, *History and Theory*, Vol. 19, No. 4, Beiheft 19: Metahistory: Six Critiques (Dec., 1980), pp. 39-54.

特殊的语境或形势决定着事实与价值的判断；第三为概念相对主义，与客观相对主义类似，概念相对主义认为语境而非个人决定着事实和价值的判断，与此同时，概念相对主义认为个人的信念和态度隶属他置身其中的文化背景之中。其中以后期维特根斯坦、库恩以及罗蒂为代表，曼氏将其称为“自我排除谬误”(the self-excepting fallacy)，会导致一种自我反驳的困境。[①] 由此也可以看出，曼德尔鲍姆终其一生都坚守实在论立场，批判一切形式的相对主义。

同样，随着《历史知识问题》的出版，曼德尔鲍姆自此开启了英语世界分析派历史哲学的先河，他在其中所处理的因果性和关联性问题也是随后历史解释中的核心问题。在参与历史解释与历史叙述的论争过程中，曼氏也进一步修正和完善了此前的观点，于1977年出版的《历史知识的剖析》一书中重点讨论了因果性和客观性的问题。

首先，在曼德尔鲍姆看来，从历史解释的讨论过渡到历史叙述的讨论，论争双方都接受了一个关于因果性的共同前提：“在我看来，对于因果观念的过分简单化和扭曲的首要因素是源自这样一个传统观点：当我们讨论因果关系的时候，我们总是持有一种时间序列的关系，即先前发生的事件是随后发生事件的原因。”[②]正如上述所论，不管是亨佩尔的“覆盖率模式”，还是丹图的“叙述语句”，他们都共同接受了休谟关于因果观念的观点，认为事件与事件之间是截然分离的，在前事件则是随后事件的原因，随后事件则是在前事件的结果。而且，休谟进一步反驳因果必然性的看法，认为事件与事件之间的连接并不是事件本身的必然属性，而是来自主观的心理联想和日常习惯。虽然穆勒后来通过使用条件和原因的区分一定程度上化解了休谟的困境，但是，曼氏认为历史解释和历史叙述的讨论并未最终解决历史知识客观性的问题。在讨论因果性的感知问题时，曼德尔鲍姆提出了不同于休谟的观点。同样是撞击球体的例子，曼氏通过三边台球撞击(three-cushion billiard shot)的事例来证明我们感知和看到撞击的连续过程，而不是相继的、独立的撞击事件。正是在因果性的感知中，事件与事件是一个单个的连续过程，在前事件与随后事件在空间上构成了一个统一的整体，它们都隶属单个连续过程的一个部分。“在这些事例中，我们能够感知到因与果，原因和结果的连接存在于这样一个事实之中，即原因和结果同时看作是单一不间断过程的相位(aspects of a single ongoing process)。结果被看作是过程的终点或结果，而这个过程本身即是结果的原因。”[③]由此可以看出，一方面，曼德尔鲍姆试图要证明，事件与事件之间的连接并不是主观的心理联想，而是事件与事件之间的连接本身所具有的属性，历史学家的主观探究必须符合客观的事实，也即是说曼氏始终坚持一种真之符合论。另一方面，曼德尔鲍姆也试图论证日常生活中的因果概念与科学中概括

---

① Maurice Mandelbaum, “Subjective, Objective and Conceptual Relative”, *Monist*, 62 (1979), pp. 403-428; Maurice Mandelbaum, “Some Instances of the Self-excepting Fallacy”, *Psychologiche Forschung*, 6 (1962), pp. 383-386, also collected in Maurice Mandelbaum, *Philosophy, History and the Sciences: Selected Critical Essays*, The Johns Hopkins University Press, 1984.

② Maurice Mandelbaum, *The Anatomy of Historical Knowledge*, The Johns Hopkins University Press, 1984, p. 52.

③ Maurice Mandelbaum, *The Anatomy of Historical Knowledge*, p. 57.

和因果解释之间并没有截然的不同。[①] 正是在对照科学的这个意义上，曼氏来论证历史知识不仅是可能的，而且跟科学知识一样是客观的。

其次，与主流分析派历史哲学家处理历史知识的方式都有所不同，曼德尔鲍姆试图将历史知识中的时间问题转化为空间的问题，由此将历史的问题转化为社会的问题，事件与事件之间的时间序列就被转化为事件与事件之间的整体和部分的关系。"我在前面章节试图建立这样一种观点：历史记述(historical account)所处理的事件与事件之间最初的或首要的关系是整体和部分的关系。……给定一个研究主题，历史学家跟随材料的引导来观察那些部分是结合在一起的、那些部分是相互影响的，以及哪一些特别的事件被看作是某一特殊整体中的构成部分。"[②]正是将"历史的"转化为"社会的"层面上，曼德尔鲍姆试图把传统思辨的历史哲学讨论的内容转化为一种社会哲学，认为历史学本身就是一门社会科学(social science)，自此意义上，历史学家、社会学家和人类学家属于同一家族。早在《社会事实》(1955)和《社会律则》(1957)两文中，针对当时英美世界讨论热烈的"方法论个人主义"(methodological individualism)和"方法论整体主义"(methodological holism)，曼德尔鲍姆也提出了自己的看法，认为社会的概念不可化约为个体的概念。[③] 方法论上的实在论使得曼氏在本体论上也坚持一种社会实在论，即历史和社会都是由一种"制度性事实"(institutional fact)构成的，这与后来的塞尔对于社会哲学的建构有共同之点。"社会事实根本上是心理学上的事实，指涉一个社会的各种组织形式，不可化约为仅仅指涉特殊个体思想和行动的概念。……所有的社会事实都源自个体的行为，但是社会事实不可化约为个体行为的事实。……社会的'部分'并不是人体，而是塑造一个社会的特殊制度以及其他形式的组织。"[④]基于方法论和本体论上的实在论，在《历史知识的剖析》一书中，曼德尔鲍姆也尝试提出一套对于历史哲学的构想。他首先区分了两种历史："普遍的历史"(general history)和"特殊的历史"(special history)。其次，他借用当时社会学家和人类学家对于"社会"和"文化"的区分，认为普遍的历史处理的是"社会"，特殊的历史处理的是"文化"。[⑤] 这也就是说，普遍的历史处理的是社会的结构，诸如政治、法律或经济制度及其这些制度的变迁；特殊的历史处理的是文化层面的内容，包括人工制品、观念和其他形式的行为，诸如艺术、文化、哲学或宗教的历史之类。虽然文化不同于社会，普遍的历史与特殊的历史属于两个不同的领域，普遍的历史是历史学家通过探究制度和事件的真实关系来获得，而特殊的历史则是历史学家对于文化作品的评估来获得。但是，在曼氏看

---

① Maurice Mandelbaum, *The Anatomy of Historical Knowledge*, pp. 75-79.

② Maurice Mandelbaum, *The Anatomy of Historical Knowledge*, p. 119.

③ Maurice Mandelbaum, "Societal Facts", *The British Journal of Sociology*, Vol. 6, No. 4 (Dec., 1955), pp. 305-317; Maurice Mandelbaum, "Societal Laws", *The British Journal for the Philosophy of Science*, Vol. 8, No. 31 (Nov., 1957), pp. 211-224, also collected in Maurice Mandelbaum, *Philosophy, History and the Sciences: Selected Critical Essays*, The Johns Hopkins University Press, 1984. 对于曼氏社会哲学的讨论可参见 Christopher Lloyd, "Realism and Structurism in Historical Theory: A Discussion of the Thought of Maurice Mandelbaum", *History and Theory*, Vol. 28, No. 3 (Oct., 1989), pp. 296-325; Ian F. Verstegen ed., *Maurice Mandelbaum and American Critical Realism*, Routledge, 2010, pp. 129-162.

④ Maurice Mandelbaum, "Societal Facts", pp. 307, 313, 314.

⑤ Maurice Mandelbaum, *The Anatomy of Historical Knowledge*, pp. 11-13.

来，两者之间是相互协作和相互支撑的，特殊的历史可以从普遍的历史那里获得所要处理的材料，普遍的历史也可以从特殊的历史那里了解到不同时代的人们如何看待和认识那个社会的。① 由此而构成了曼德尔鲍姆所期望的历史研究的统一性和多样性。

总而言之，曼德尔鲍姆对于历史哲学的建构和设计是非常独特的，虽然说他的历史哲学隶属宽泛的分析派历史哲学的阵营，但是他的历史哲学又不同于大多数分析的历史哲学家。后者仅从方法论的层面来讨论历史知识的性质以及何谓历史解释和历史叙述的问题，而曼氏则试图借助于当时社会学家、人类学家的资源，来建构一种类似于传统思辨历史哲学的实质性的历史哲学。正如曼德尔鲍姆自己所总结的那样：“历史记述是通过历史学家的探究来建立起来的，其有效性源自证据和已发生的事件，而这些事件或证据关涉到某一特殊社会的性质和变迁。历史学家运用同样的方法去追寻我们定义为文化形式的某一社会中人类活动的变迁。”②

作者简介：顾晓伟，清华大学人文学院历史系博士后，北京师范大学历史学院讲师。

① Maurice Mandelbaum, *The Anatomy of Historical Knowledge*, pp. 18-23.

② Maurice Mandelbaum, *The Anatomy of Historical Knowledge*, p. 14.

西周时期的淮夷及相关族群

赵燕姣

“淮夷”作为一个凸显的族群始见于西周中期的穆王时期，此后与中原王朝间的交流相当频繁，他们叛服无常，令西周诸王费尽了心思。目前所见铭文与典籍中，与“淮夷”称名相关的还有“东夷”“南夷”“淮南夷”“南淮夷”等几个相近族群。它们之间的关系、地望至今仍是莫衷一是。故笔者不揣浅陋，将相关的文字资料、考古资料和传世文献作了梳理，以期钩稽西周时期淮夷的历史地理变迁，并就与之相关的族群略陈陋见。

一、淮夷族源辨析

淮夷的相关研究，始于一些学者对中国古代民族所作的多元划分。20世纪初，蒙文通在《古史甄微》一书中将古代民族分为“江汉民族”“河洛民族”及“海岱民族”三族。[①] 这种划分与徐旭生后来提出的“苗蛮”“华夏”“东夷”三集团说大致吻合。[②] 此外，与蒙先生三族说几乎同时，傅斯年也认为三代或三代前期，大体上有东、西两个不同系统：一个是夷、商所属的东系，一个是夏、周所属的西系。[③] 稍后学者又围绕淮夷族源、迁徙、称名及与王朝关系等方面展开了深入的探讨[④]，其中不乏精辟之见，这为我们进一步研究奠定了坚实的基础。

有关淮夷的族源，学界目前大体有三种意见：第一种观点认为淮夷乃淮河流域的土著

① 参见蒙文通：《古史甄微》，巴蜀书社1993年版，第57页。

② 参见徐旭生：《中国古史的传说时代》，广西师范大学出版社2003年版，第42～147页。

③ 参见傅斯年：《夷夏东西说——兼论鲁燕齐初封在成周东南后乃东迁》，载《庆祝蔡元培先生六十五岁论文集》下册，“中央研究院”历史语言研究所集刊外编第一种，1935年，第101～109页。

④ 参见陈梦家：《佳夷考》，载《禹贡》(半月刊)1936年第10期；顾颉刚：《徐和淮夷的迁、留——周公东征史事考证四之五》，载《文史》第32辑，中华书局1990年版，第1～28页；徐中舒：《薄姑、徐奄、淮夷、群舒考》，载《四川大学学报》1998年第3期；王玉哲：《论先秦的“戎狄”及其与华夏的关系》，载《南开大学学报》1955年第1期；黄盛璋：《淮夷新考》，载《文物研究》第5辑，黄山书社1989年版；顾孟武：《有关淮夷的几个问题》，载《中国史研究》1986年第3期；王迅：《东夷文化与淮夷文化研究》，北京大学出版社1994年版；张懋镕：《西周南淮夷称名与军事考》，载《人文杂志》1990年第4期。

居民，此观点最早见于《诗经》毛传[①]，李白凤、裘士京等同意此说。[②] 第二种观点以陈梦家为代表，陈先生结合商代的甲骨卜辞，提出"隹夷"即文献中的鸟夷，为应用弓矢缯缴以事弋射之东方民族，发源于东北，沿海南下止于徐州者为徐夷，止于淮泗者为淮夷。[③] 此观点从者甚众，更有一些学者直接将"隹夷"等同于"淮夷"，认为商代已存在东、西、南、北四方淮夷。[④] 第三种观点是顾颉刚提出的，他认为古"淮""潍"实一字，在山东与淮水皆用"淮"字为称，南边的淮夷是由"潍水"而得名的，即淮夷始居今山东潍水一带，属东夷，后南迁淮域而形成了淮夷。[⑤] 窃以为众说中以第三说较为合理，但必须予以进一步的充实论证。

下面先来讨论下其余二说的不妥之处。

第一说讲"淮夷"是在淮水流域生活之居民，就其称名产生的时代(按：成于东周后人)而言并无不妥，但由于其成说较晚，并不能真正做到追本溯源，目前学界已鲜有信从。至于陈梦家所倡"隹夷说"，其立论的依据是将《殷墟书契后编》下・36・6[⑥] 释作"乙巳卜，叀西隹夷？乙巳卜，叀北隹夷?"，进而提出卜辞"隹夷"即文献中的"鸟夷"，发源于东北，在南迁的过程中形成了众多分支，淮夷就是其中的一支。[⑦] 陈氏之误，早先已有多位学者指出。[⑧] 近来鄢国盛据许进雄相关的缀合材料(图 1)，对缀合后的整版卜辞内容详加考证后得出："乙巳日卜辞是本版的大宗，所卜内容都是令某人做某事或匕某人做某事。'匕'在这里读为'比'，是会同的意思。整版卜辞内容与淮夷问题无关。"[⑨]此说所持有据，信实可从。可见，商代究竟有无淮夷，尚不可知。至于一些学者据此条误释卜辞而对东、西、南、北四方淮夷所作的考证就更值得怀疑了。[⑩]

早年顾颉刚曾写了一系列考证周公东征这一周初重大史事的文章，在其中一篇就提出：

> 徐和淮夷在周初本来都住在今山东半岛的西部……自从和殷、奄等国一起兴兵反周，为周公所讨伐，后来又继续受到伯禽和康王的打击，徐国大概已经全部南迁……淮夷则只是迁走一部分，因此他们在淮河和潍水两流域各立了一国。迁到淮

---

① 《诗经・大雅・江汉》。毛传："淮夷，东国，在淮浦而夷行也。"

② 参见李白凤：《东夷杂考》，河南大学出版社 2008 年版，第 77 页；裘士京：《古皖方国、淮夷与夏商周王朝关系》，载赵也超等编：《周秦社会与文化研究——纪念中国先秦史学会成立 20 周年学术研讨会论文集》，陕西师范大学出版社 2002 年版，第 286 页。

③ 参见陈梦家：《隹夷考》，载《禹贡》(半月刊)1936 年第 10 期。

④ 参见童书业：《春秋左传研究》，中华书局 2006 年版，第 364 页；李修松：《淮夷探论》，载《先秦史探研》，安徽大学出版社 2006 年版，第 364～386 页；钟柏生：《殷商卜辞地理论丛》，(台湾)艺文印书馆 1989 年版，第 214 页。

⑤ 参见顾颉刚：《徐和淮夷的迁、留——周公东征史事考证四之五》，载《文史》第 32 辑，中华书局 1990 年版，第 1～28 页。

⑥ 此条卜辞现已收录在《甲骨文合集》，编号为 32906。

⑦ 参见陈梦家：《隹夷考》，载《禹贡》(半月刊)1936 年第 10 期。

⑧ 参见宋镇豪：《夏商社会生活史》，中国社会科学出版社 2005 年版，第 253 页；陈秉新、李立芳：《出土夷族史料辑考》，安徽大学出版社 2005 年版，第 4 页。

⑨ 鄢国盛：《"卜辞淮夷说"商兑》，载《中国史研究》2011 年第 2 期。

⑩ 参见李修松：《先秦史探研》，安徽大学出版社 2006 年版，第 369～376 页。

河流域的南淮夷，在西周时代常常起兵反周，到周宣王时才被平定，但这国继续存在。留在潍水流域的淮夷则到春秋时代还保存了相当强盛的武力，齐桓公虽为霸主，但对于他们的侵略杞、鄫等国则只能作些消极的抵抗。[①]

图1 《屯南》740+《合集》32906

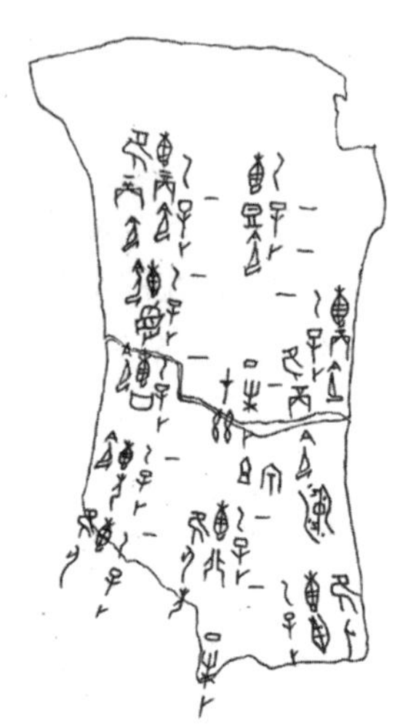

图2 鄢国盛摹补本

顾先生通过对《左传》《汉书》《日知录》等相关文献的整理，提出了以上的论断。其立论的基础是"潍""淮"二字相通，"潍水即古代的淮水，在山东半岛的西部。淮夷的最早根据地就在那里，族名和水名出于一源。至于现今的'淮河'，这个名称乃是由山东南移到江苏、安徽和河南去的。因为周代几度东征之后，有一部分淮夷被迁到那里，水名就被带过去了"[②]。后李学勤通过对无名组和黄组卜辞中征夷方的相关地名考证，也认为卜辞中"淮"不是指淮水，而是潍水，实际上直至《汉书·地理志》还有把"潍"写作"淮"的。[③]"潍""淮"二字古时虽通，但是否可据此断定西周初期已有"淮夷"，且居于山东潍河一带呢？窃以为，就目前所见材料而言或立论不实。

有关周公东征对象言及淮夷的文献（如《史记》、今本《竹书纪年》等）多成于东周之后，然较早的文献如《逸周书·作雒解》却言：

> 乃岁十二月，[武王]崩镐，肂于岐周。周公立，相天子。三叔及殷东、徐、奄及熊盈以略。周公、召公内弭父兄，外抚诸侯。元年夏六月，葬武王于毕。

---

① 顾颉刚：《徐和淮夷的迁、留——周公东征史事考证四之五》，载《文史》第32辑，中华书局1990年版，第1～28页。

② 顾颉刚：《徐和淮夷的迁、留——周公东征史事考证四之五》，载《文史》第32辑，中华书局1990年版，第1～28页。

③ 李学勤：《商代夷方的名号和地望》，载《中国史研究》2006年第4期，后收入氏著《文物中的古文明》，商务印书馆2008年版，第186～191页。

典籍所载的不一致，使我们不得不怀疑周公东征对象有无淮夷，淮夷究竟何时出现在历史舞台。有幸出土资料的问世为我们更好地解决这一问题另辟良径，鄢国盛曾将相关金文材料按时代顺序排列，做成“周代青铜器铭文所见东夷、淮夷、南夷、南淮夷分期比较表”，兹引如下：

表 1　周代青铜器铭文所见东夷、淮夷、南夷、南淮夷分期比较表①

时代	东夷	淮夷 潍戎	南夷	南淮夷 淮南夷
早期	塱鼎、小臣谜簋、雪鼎、鲁侯簋（东国）、疐鼎（东反夷）、旅鼎（反夷）、保员簋			
中期		录刻卣、刻方鼎、刻簋	競卣、无曩簋、史密簋	
晚期	禹鼎、㝬钟	师寰簋、兮甲盘、晋侯铜人	㝬钟、应侯见工簋、应侯见工鼎	敔簋、虢仲盨、翏生盨、禹鼎、应侯见工簋、兮甲盘、驹父盨、伯𢦏父簋、仲偁父鼎②
春秋		曾伯霥簠　曾侯舆钟		

各器编号说明：

早期：塱鼎（《殷周金文集成》[以下简称《集成》]2739）、小臣谜簋（《集成》4239）、雪鼎（《集成》2740）、鲁侯簋（《集成》4029）、疐鼎（《集成》2731）、旅鼎（《集成》2728）、保员簋（《新收》1142）

中期：录刻卣（《集成》5419）、刻方鼎（《集成》2824）、刻簋（《集成》4322）、競卣（《集成》5425）、无曩簋（《集成》4225）、史密簋（《新收》636）

晚期：禹鼎（《集成》2833）、㝬钟（《集成》260）、师寰簋（《集成》4313）、兮甲盘（《集成》10174）、晋侯铜人③、应侯视工簋（《首阳吉金》39）、应侯视工鼎④、敔簋（《集成》4323）、虢仲盨（《集成》4435）、翏生盨（《集成》4459）、驹父盨（《集成》4464）、伯𢦏父簋（《古文字研究》第二十七辑）、仲偁父鼎（《集成》2734）

春秋：曾伯霥簠（《集成》4631）、曾侯舆钟（《江汉考古》2014 年第 4 期）

---

① 注：此表在鄢表基础上又新增数器——晋侯铜人、应侯视工鼎、伯父簋、仲父鼎。详见鄢国盛：《西周淮夷综考》，南开大学历史学院硕士学位论文，2009 年。

② 此鼎原器已佚，仅存拓片，《集成》断为西周中期，但从宋《博古图录》所绘器形、纹饰判断，把它放在西周晚期或许更为稳妥。（详见张亚初：《周厉王所作祭器簋考——兼论与之相关的几个问题》，载《古文字研究》第 5 辑，中华书局 1981 年版，第 151～168 页；陈絜：《“仲催父鼎”补释及其相关历史问题》，载《古文字研究》第 28 辑，中华书局 2010 年版，第 212～217 页）

③ 苏芳淑、李零：《介绍一件有铭的“晋侯铜人”》，载上海博物馆编：《晋侯墓地出土青铜器国际学术研讨会论文集》，上海书画出版社 2002 年版，第 411～420 页；李学勤：《晋侯铜人考证》，载《中国古代文明研究》，华东师范大学出版社 2005 年版，第 170～172 页。

④ 李朝远：《应侯见工鼎》，载《上海博物馆集刊》2005 年第 10 期，后收入氏著《青铜器学步集》，文物出版社 2007 年版，第 282～293 页。

此表清晰地告诉我们：淮夷始见于西周中期的铜器，而先前屡屡挑战周人统治权威的东夷至此已基本消失，两者在时间上的相承，绝不仅仅是简单的巧合。我们或可作如下推测：即所谓“淮夷”并非淮河流域的土著居民，而是经周公东征和齐、鲁分封后被迫南迁至淮河流域①的东夷分支。经过数代的休养生息，他们在淮河流域不断发展壮大，至西周中、晚期终成王朝的心腹大患。这一推论同时也得到了地下考古资料的证实。王迅认为：“周代淮夷各偃姓国使用的文化，来源之一就是山东地区商代和西周时期的东夷文化。……安徽、江淮地区周代第一期文化遗存中，出现了来自今山东地区的东夷文化的传统陶器素面鬲、素面甗、折肩罐等……本地区周代第二期文化遗存中，素面鬲的数量有所增加，第三期文化遗存中，夹砂红褐陶多，出现了在周式鬲基础上发展起来的淮式鬲。”②可见淮夷族团的形成并不是一蹴而就的，而是在一个可预见的范围内不断被充实的。东夷的分支在吸收了淮域的土著文化乃至中原文化后，又经历了文化冲突、凝聚乃至融合后，终在西周中期形成了一个族群庞杂、文化多样的“淮夷族团”。

那么为何东周后人会误认为淮夷为周公东征的对象呢？有关于此，张懋镕曾有过十分精辟的解释：

> 众所周知，文献不同于金文，它不是当时的实录，而是后世的追记，或是根据一鳞半爪的原始资料整理而成，带有后人的习惯与偏见。这种整理和追记，总是舍远求近，愈是年代遥远，所记就愈是简略。③

略微遗憾的是，张先生虽已洞察了产生文献与金文记载差异的原因，却仍旧坚持周初已有淮夷，且居山东属东夷集团一支之说。稍后鄢国盛受其启发，提出：“东周以后的文献之所以错将东夷记作淮夷，是因为淮夷自西周中期以来逐渐强大，长期与周王朝对抗，这种情况甚至延续到春秋时期。因此，淮夷的事迹为人所熟知。而东夷自周初东征之后，实力大为削弱，远不如淮夷活跃，至于其至周初的情况，更是事远人湮，所以东周人追述周初东征之事时，习惯地将征伐对象看作是淮夷，认为淮夷就是周初的东夷。”④可见，典籍的滞后性是产生文献与金文记载差异的关键所在。

二、淮夷相关族群的历史地理变迁

在明晰了淮夷族源之后，我们再来考证淮夷、南夷、南淮夷⑤等数个相近族群间的关系。与淮夷出现的时间约略同时的是“南夷”，相对于前两者而言，“南淮夷”出现的时间较

---

① 顾颉刚认为现今的“淮河”之称，正是南迁的东夷分支为了不忘故土而带去命名的。详见氏著《徐和淮夷的迁、留——周公东征史事考证四之五》，载《文史》第32辑，中华书局1990年版，第1～28页。

② 王迅：《东夷文化与淮夷文化研究》，北京大学出版社1994年版，第118～119页。

③ 张懋镕：《西周南淮夷称名与军事考》，载《人文杂志》1990年第4期，后收入氏著《古文字与青铜器论集》(一)，科学出版社2002年版，第165～171页。

④ 鄢国盛：《西周淮夷综考》，南开大学历史学院硕士学位论文，2009年。

⑤ 应侯视工簋中又见“淮南夷”一称，金文中仅此一例，疑为南淮夷的倒文，暂不予讨论。

晚，目前仅见于西周晚期的金文。（详见表1）尽管彼此出现时间略异，但几乎都是作为西周王朝的征伐对象载于金文。对于他们之间的关系，目前学界存在以下三种观点：其一，以顾颉刚为代表，他认为淮夷是居于潍水的居民，南淮夷则是潍水的淮夷遭受周人重创后南迁至淮域的民族。对于南夷不很确定，认为可能是南方之夷的总称，也可能是南淮夷的简称。[①] 其二，以刘翔、张懋镕为代表，多认为至迟西周晚期在王朝的南方已存在三个部族——东夷、淮夷、南夷，南淮夷即淮夷，因其居于淮水之上，成周以南，故冠以"南"字，而南夷多指江汉流域的诸邦国。[②] 其三，徐中舒认为南夷是淮夷或南淮夷的省称，即淮夷、南淮夷、南夷都是同一部族的不同称名。[③] 学者多从此说。[④]

顾氏之误主要在于忽视了文献典籍的滞后性，仍坚持周初已有淮夷，此说上文已辨其非。支持后两说的学者多认为淮夷即南淮夷，但在淮夷与南夷是否同一的问题上仍存在分歧。尽管前人研究已取得了长足发展，但囿于文献的残阙，加之对铭文本身的不同释读，故在此问题上学界仍纷繁复杂、意见不一。

古文献中的"戎""狄""蛮""夏"四个字，常和"诸夏"和"华夏"两词对举。所谓的"夷夏之辨"，人种学上的种族之别当然是考虑在内的，但这绝非主要的，主要的却是从亲缘关系推到文化（广义的）发展水平的高低，包括生活方式的同异，才是先秦人心目中真正的所谓区分夷夏的"标准"。因之，凡是没有亲缘关系，甚至仅仅亲缘关系已经很远的，以及文化发展水平低于"我"者，或是生活方式不与"我"同者，哪怕只是衣服式样、饮食习惯、交往礼节等等上的某些差异，可以统统以"夷"视之，斥之为"戎狄"或"蛮夷"。[⑤] 从这个意义上讲，所谓的"淮夷""南夷""南淮夷"，也仅仅是与周王朝的统治集团缺乏亲缘关系，在文化礼俗、社会经济等方面略异于周王朝的异族。只不过由于"夷"字前冠上了不同的地理方位"南""淮""南淮"，使得彼此间的内涵变得含糊混乱。实则，无论是"淮夷""南夷"抑或是"南淮夷"，皆非具体的部族之称，而是在特定时期由散居杂错的"小大邦"组成的族群。或许正是由于内部成员庞杂，故不易理清彼此间异同交替。窃以为，"淮夷"乃居住在淮河两岸的夷人总称，"南淮夷"主要是指西周中期遭受周人重创后，再次南迁至淮河南岸的淮夷分支，而所谓的"南夷"，盖为南方之夷的总称，应涵括淮夷、南淮夷在内。试作分析如下：

《诗经·大雅·江汉》是一首记录召虎带兵讨伐淮夷得胜归来后接受赏赐的诗，时代约为周宣王时，故可以此为据来考证彼时淮夷的位置。毛传："淮夷，东国，在淮浦而夷行也。"清人胡渭《禹贡锥指》卷五："淮夷……今淮、扬二府近海之地皆是。"[⑥]除典籍外，"淮

---

① 参见顾颉刚：《徐和淮夷的迁、留——周公东征史事考证四之五》，载《文史》第32辑，中华书局1990年版，第1～28页。

② 参见刘翔：《周夷王经营南淮夷及其与鄂之关系》，载《江汉考古》1983年第3期；张懋镕：《西周南淮夷称名与军事考》，载《人文杂志》1990年第4期，后收入氏著《古文字与青铜器论集》（一），科学出版社2002年版，第165～171页。

③ 参见徐中舒：《禹鼎的年代及其相关问题》，载《考古学报》1959年第3期。

④ 参见黄盛璋：《淮夷新考》，载《文物研究》总第5辑；陈秉新、李立芳：《出土夷族史料辑考》，安徽大学出版社2005年版，第201页；王玉哲：《论先秦的"戎狄"及其与华夏的关系》，载《南开大学学报》1955年第1期。

⑤ 参见顾孟武：《有关淮夷的几个问题》，载《中国史研究》1986年第3期；王玉哲：《论先秦的"戎狄"及其与华夏的关系》，载《南开大学学报》1955年第1期。

⑥ （清）胡渭撰，邹逸麟整理：《禹贡锥指》卷五，上海古籍出版社1996年版，第134页。

夷”亦屡见于金文所载（详见表1）。至于其具体地望，诸家通过对诸器铭所涉地名的考证，一致认为淮夷居于淮水南北近海之地[①]，与典籍所载极为吻合。

“南夷”一称典籍屡见，《国语·晋语》六卷十二“厉公六年伐郑”曰：“楚恭王帅东夷救郑，楚半陈，公使击之。……郤至曰：不可。……夫南夷与楚来而不与陈。”考之上下文义，此处“南夷”与上文“东夷”所指如一，只是郤至是站在晋的地理位置，故称南而不称东，注曰：“南夷，据在晋南。”而《国语》的作者自楚的方位客观言之，故注曰：“东夷，楚东之夷。”《公羊传·僖公四年》：“南夷与北狄交，中国不绝若线。”注：“南夷，谓楚灭邓、谷，伐蔡、郑。”《楚辞·九章·涉江》曰：“哀南夷之莫无知兮。”王逸注：“屈原怨毒楚俗嫉害忠贞，乃曰：哀哉！南夷之人无知我贤也。”《墨子·兼爱》云：“古者禹治天下……南为江汉淮汝，东流之注五湖之处，以利荆楚干越，与南夷之民。”又《史记·平准书》记汉武帝击胡、城朔方，并通西南夷道时，“悉巴蜀租赋不足以更之，乃幕豪民田南夷”。又言“人徒之费拟于南夷”。《汉书·地理志》云：“巴、蜀，广汉本南夷。”可见文献中“南夷”的范围很广，并不独指淮河两岸之夷，也不专指南方江汉流域诸邦，而是一个涵括楚、巴、蜀、吴等地在内的泛称。分析完典籍之后，我们再来看下金文中的“南夷”：

1. 隹（惟）白（伯）犀父以成自（师）即东，命戍南尸（夷）。正月既生霸辛丑，才（在）鄆（坯）。（競卣，《集成》5425，西周中期）

2. 隹（惟）十又三年正月初吉壬寅，王征南尸（夷），王易（赐）无曩马四匹。（无曩簋，《集成》4225，西周中期）

3. 隹（惟）十又一（或二）月，王令师俗、史密曰：“东征，敆南尸（夷）。[illegible]、虎会杞尸（夷）、舟尸（夷），雚（灌）不所（悊），广伐东或（国）。”（史密簋，《新收》636，西周中期）

4. 王肇遹眚（省）文武堇（勤）彊（疆）土，南或（国）𠬝子敢臽（陷）处我土。王敦伐其至，戭扑厥都。𠬝子迺遣间来逆卲王，南尸（夷）、东尸（夷）具见，廿六又邦。（㝬钟，《集成》260，西周晚期）

5. 用南尸（夷）屰敢乍（作）非良，广伐南国。王令应侯见工曰：政（征）伐屰，□□□，[illegible]伐南尸（夷）屰，□多孚□（《应侯见工鼎》，载《上海博物馆集刊》第10期，西周晚期）

6. 隹（惟）正月初吉丁亥，王若曰：“应侯见工！[illegible]淮南尸（夷）屰，敢竱厥众鱀[②]，敢加兴乍（作）戎，广伐南或（国）。”王命应侯正（征）伐淮南尸（夷）屰，休。克[illegible]伐南尸（夷）屰，我孚（俘）戈（戎）。（应侯见工簋，《首阳吉金》39，西周晚期）

据1、2条可知，至迟西周中期王朝已派人多次征伐南夷。据第4条可知，西周晚期王朝对南战事的胜利，曾迫使南夷、东夷廿六邦来朝，此处虽未指明各自的属邦数目，但亦可

① 参见陈槃：《春秋大事表列国爵姓及存灭表撰异》，“中央研究院”历史语言研究所1986年版，第1051～1052页。

② 参见赵燕姣：《应侯见工簋铭文补释》，载朱凤瀚主编《新出金文与西周历史》（教育部人文社会科学重点研究基地重大项目），上海古籍出版社2011年版，第292～294页。

见南夷只是个泛称,其内部族属众多,难能可贵的是第3、5、6条又为我们提供了具体的族属名称。“[illegible]”即盧,古盧子国,在今安徽省庐江西南。[1] “虎”即虎方,殆即春秋时代的“夷虎”,在今安徽寿县东南四十余里。[2] [illegible]虽地望不详,然考虑到[illegible]前冠淮南夷,应在淮水流域一带。

尽管金文中的南夷多指淮、汝等水域间的“小大邦”,但与典籍所载并不吻合。愚见以为造成此现象的原因,是金文所指仅是南夷中与周王朝发生关系的部分族属,并非全部的南夷。在这里还需对第6条材料给予特别的重视,此铭中[illegible]时属淮南夷(即南淮夷),时属南夷,这一细微的归属变化也为我们进一步理清南淮夷与南夷之间的关系提供了珍贵的线索。或有学者认为这正是“南淮夷”就是“淮夷”的确证,然细绎文义,此处或可作另一种更为合理的解释,即南淮夷属南夷,但并不等于南夷,而南淮夷主要是指西周中期遭受周人重创后,再次南迁至淮河南岸的淮夷分支,故又是总名。除了上列这些明确提及南夷的材料外,检典铭文还会发现一些实属南夷的族属。传世的噩侯驭方鼎,腹内有铭曰:

> 王南征,伐角、僪。隹(惟)还自征,才[illegible]。噩侯驭方内(纳)豊(醴)于王,乃[illegible](祼)之,驭方[illegible](侑)王。王休宴,乃射……(噩侯驭方鼎,《集成》2810,西周晚期)

刘翔据競卣铭载伯屖父率成周师氏征伐“南夷”,曾在[illegible]地驻扎,而此地亦见于噩侯驭方鼎铭,从而推定噩国亦属南夷。[3] 此外,金文中亦有材料证实淮夷也应包括在南夷之中:

> A 隹(惟)十又三月既生霸丁卯,臤从师雍父戍于古𠂤(师)之年。臤蔑历,中(仲)競父易(赐)赤金。(臤尊,《集成》6008,西周中期)
>
> 隹(惟)白(伯)屖父以成𠂤(师)即东,命戍南尸(夷)。正月既生霸辛丑,才(在)[illegible](坯)。(競卣,《集成》5425,西周中期)
>
> B 隹(惟)十又一(或二)月,王令师俗、史密曰:“东征,敔南尸(夷)。[illegible]、虎会杞尸(夷)、舟尸(夷),雚(灌)不所(悊),广伐东或(国)。”……史密又(右)率(率)族人、釐(莱)白(伯)、僰眉周伐长必。(史密簋,《新收》636,西周中期)
>
> 王若曰:师寰!𠭯淮尸(夷)繇我員畮臣,今余肇令女(汝)逹(率)齐师、曩(纪)、釐(莱)、僰𡰥左右虎臣正(征)淮夷。(师寰簋,《集成》4313,西周晚期)

A组臤尊铭中“仲競父”与競卣铭中“競”同为一人,据臤尊铭可知,仲競父曾参与王朝伐淮夷的战事,而这一征伐的对象在競卣铭中又变成了南夷,二器时间、作战人物一致,所载战役当同一,只不过臤尊铭将征伐对象进一步具体化。B组二器文辞、内容(同是东征,同是由周王派出将领率齐师、莱、僰等国参战)十分相似,且作战地点都是在周王朝的

① 参见李学勤:《史密簋铭文所记西周重要史实考》,载《中国科学院研究生院学报》1991年第2期。

② 参见丁山:《甲骨文所见氏族及其制度》,中华书局1988年版,第149～151页。

③ 参见刘翔:《周夷王经营南淮夷及其与鄂之关系》,载《江汉考古》1983年第3期。

东方。只不过师寰簋的年代,由器形、字体看略晚一些,所述史实可能是史密铭载战事的进一步发展。[①] 由史密簋可知,此次战事的起因是南夷[illegible]、虎支会东夷杞、舟支"雚(灌)不阶(悊),广伐东或(国)",在师寰簋铭中王朝征伐的对象又变成了淮夷。倘若淮夷不属南夷,周王朝又怎能将战事涉及无辜的淮夷,这也从另一个侧面证实了南夷是包括淮夷在内的南国"小大邦"的泛称。

最后我们再来分析"南淮夷",此称典籍阙如,目前仅见于西周晚期的铭文。综观西周晚期的征伐铭文,西周中期势力极强的淮夷至晚期仅三见(详参表1),以前未见的南淮夷却异军突起,凡九见。李学勤曾指出"南淮夷"即"淮夷","当由其在南国,故称为南淮夷,不能认为南夷、淮夷合称或淮夷的一部分"[②]。换言之,南淮夷即淮夷,因其方位在成周之南,故以"南"冠其首,其理同于成周东部山东一带之夷称东夷。此观点目前在学界极为流行,然淮夷始见于西周中期,是时亦居王朝之南的淮河两岸,何以迟至西周晚期才冠以"南淮夷"之称,这一点在情理上是讲不通的。揆情度理,西周晚期金文习见的南淮夷,乃是西周战事演变的必然结果,原居淮水两岸的淮夷,随着西周中期数代周王不费余力的征伐,其生存空间日益恶化,不得已只得向南延宕。至西周晚期,淮夷的主要力量已不在淮北,而在淮南,故名之曰"南淮夷"。[③] 且据兮甲盘铭知,周王为了保障北伐猃狁的战略物资供应,特令甲南下监管南淮夷的粮赋征收,其间不断重申"淮夷繇(旧)我員晦人",很显然南淮夷隶属于淮夷。

从驹父盨盖铭"我乃至于淮,小大邦亡敢不敉(遂)具逆王命"获知,南淮夷也是由众多散居于淮水两岸的"小大邦"组成的族群集团。其中大多数的族属已湮没无闻,在现有的金文资料中,零星可见数邦:

1. 王征南淮尸(夷),伐角、津,伐桐、遹,翏生从。(翏生盨,《集成》4459,西周晚期)
2. 王南征,伐角、僪。隹(惟)还自征,才鄗。(噩侯驭方鼎,《集成》2810,西周晚期)
3. 隹(惟)王九月初吉庚午,王出自成周,南征,伐[illegible](孳)[illegible]、桐、[illegible](遹)。(伯[illegible]父簋,《古文字研究》第27辑,西周晚期)

上举三篇铭文所言应是指同一次战役[④],至于翏生盨和噩侯驭方鼎对于南淮夷具体族属称名的差异,黄盛璋理解为角、僪,当即角津、桐遹之省。如是,则津只是渡口之义,遹在这里也许即是《尔雅·释水》中所言:"水中可居曰洲,人所为为潏"之潏。[⑤] 马承源却认为角、津、桐、遹是四个独立的地名,翏生盨铭中角津与桐遹并称,则伐角与伐津当是有联

---

① 参见李学勤:《史密簋铭文所记西周重要史实考》,载《中国社会科学院研究生院学报》1991年第2期。

② 李学勤:《兮甲盘与驹父盨盖——论西周末年周朝与淮夷的关系》,载《人文杂志丛刊》1984年第2辑,后收入氏著《新出青铜器研究》,文物出版社1990年版,第 页。

③ 张懋镕对南淮夷之称的考证解释的十分精辟,略有遗憾的是他仍旧坚持殷代乃至周初已有淮夷,且活动范围尚在淮水北岸。详见氏著《西周南淮夷称名与军事考》,载《人文杂志》1990年第4期,后收入《古文字与青铜器论集》(一),科学出版社2002年版,第165～171页。

④ 朱凤瀚:《由伯父簋铭再论周厉王征淮夷》,载《古文字研究》第27辑,中华书局2008年版,第192～199页。

⑤ 朱凤瀚对黄先生之说进行了补充,但他并不认同此说,而是姑取后一种解释。详见氏著:《由伯父簋铭再论周厉王征淮夷》,载《古文字研究》第27辑,中华书局2008年版,第192～199页。

系的战役，而伐桐、遹又是另有联系的战役，这联系也许就是地域相近的缘故。二器所载应是同一次战争，只是盨铭更具体地记载了当时作战的地名，鼎铭只是简略了，因所记主要为觐见周王，重点不在战事。至于各邦的具体地望，角疑为《水经注·淮水》所云位于“淮泗之会，即角城也”。《太平寰宇记》曰：“角城在宿迁县东南一百一十里。”津疑即津湖就近的淮夷小邦，地理位置在宝应县南六十里。桐，偃姓，《左传》定二年“桐叛楚”，杜预注：“桐小国，卢江舒县西南有桐乡。”《孔疏》谓“世属于楚”。故地在今安徽省桐城县北，即大别山东部的北麓。遹从音假来看，可以假为雩，若以地望求之，铭文中的遹宜是雩娄，据《太平寰宇记》可知在今霍邱县西南商城县东北。[①] 而伯𢦚父簋铭“桐”前一地名（或族名）“[illegible]”，李学勤认为该字从“央”声，当即史籍里的“英”，或称“英氏”，汉石经《公羊传》作“央”，系偃姓古国，传皋陶之后，在今安徽六安西。[②] 何景成怀疑此字可能是“薦”字，读为津，并引上海博物馆藏楚竹书（二）《容成氏》证其说。[③] 李家浩近撰文称“[illegible]”即“菁”，上古音“菁”属见母侯部，“角”属见母屋部，二字声母相同，韵部阴入对转，二字可通用。[④] 若然，目前金文所见南淮夷诸邦，除“角”外，其余诸邦均位于淮河南岸，与前文推测大体吻合。

简而言之，无论是“淮夷”“南夷”抑或是“南淮夷”，仅仅是与西周王朝的统治集团缺乏亲缘关系，在文化礼俗、社会经济上略异于周王朝的异族，而这些异族的称号皆非具体部族之称，而是在特定时期散居杂错的“小大邦”组成的族群。[⑤] 随着西周早期周公东征及齐、鲁分封的推进，使得原居山东境内的东夷大规模南迁，这一举动极大地改变了王朝南方的族群分布与地域政治结构。这些南迁的东夷分支与原居淮域的土著居民在长期的物质、文化交流基础之上，为保护共同的资源（如生存资料、矿藏等）。在联合对抗周人的过程中，过去区别彼此，强调差异的记忆逐渐淡化，甚至被有意识地遗忘，而承载彼此联系与亲缘关系的记忆则不断被强化，成为联系彼此的集体记忆。随着成员间认同感与凝聚力的不断加强，他们也从周人那里获得了自身作为一个与其对抗的整体意识。这些叛服不定的位于王朝以南的异族，通称为“南夷”，而“淮夷”为南迁至淮河两岸的夷人总称，“南淮夷”主要是指西周中期遭受周人重创后，再次南迁至淮河南岸的淮夷分支。从这个意义上讲，南夷是包含淮夷、南淮夷在内的更广泛的族群集团。

作者简介：赵燕姣，山东大学历史文化学院博士后。

---

① 参见马承源：《关于翏生盨和者减钟的几点意见》，载《考古》1979 年第 1 期，后收入氏著《中国青铜器研究》，上海古籍出版社 2002 年版，第 281～288 页。

② 参见李学勤：《谈西周厉王时期伯𢦚父簋》，载《文物中的古文明》，商务印书馆 2009 年版，第 299～302 页。

③ 参见何景成：《应侯视工青铜器研究》，载《新出金文与西周历史》，上海古籍出版社 2011 年版，第 224～266 页。

④ 参见李家浩：《读金文札记二则》，载《古文字研究》第 28 辑，中华书局 2010 年版，第 246～248 页。

⑤ 人类学表明，族群是以文化亲亲性为根基，以集体记忆与结构性健忘为工具来凝聚人群，以维护、争夺群体利益的人类社会结群现象。详见王明珂：《过去的结构—关于族群本质与认同变迁的探讨》，载《新史学》1994 年第 3 期。

“汤武革命”的意义解读与古代中国政权更替的政治学诠释[①]

史常力

作为历史事件的“汤武革命”分别指的是发生在公元前16世纪的商汤灭夏以及公元前11世纪的周武王灭商。现今能够看到的最早将商汤代夏、武王灭商这两件相隔五百年的历史事件并称的记载见于《周易·革·彖传》:“天地革而四时成,汤武革命,顺乎天而应乎人。革之时大矣哉!”[②]《革卦》全卦讲的基本都是有关变化要持守大道、顺乎规律的道理,“汤武革命”这两个历史事件在这里既然被当成“顺乎天”“应乎人”的典型事例使用,可以判定《彖传》的作者对这种以武力推翻暴政的事件持肯定态度。“命”是所谓的天命,那么“革命”就是新兴势力革除旧有统治者的天命,进而取而代之,也就是改朝换代的另一种说法。但细究词义,能够体察到“革命”具有其他意义相近的词汇所不具备的倾向性:旧有王朝的天命既然能被革除,那么也就意味着天命的丧失和转移,实施“革命”的新兴势力通过使用“革命”这个词,就在昭示着其改天换地的合法性。值得注意的是,这也是“革命”这个词第一次出现在中国典籍中。[③]

“汤武革命”不仅是发生在商代夏、周代商这种易代时期的重大历史事件,更重要的是经过后代对其不断的解读和讨论,不但是各派学者关注的焦点,而且成为中国新旧政权更替时期无法回避的问题,对这个问题的解读结果在很大程度上已经关系到一个靠暴力上台的新政权是否具备合法性的根基。特别是在先秦两汉时期,“汤武革命”更是反复出现在当时第一流学者们的著作中,对于“汤武革命”的意义解读也为后代确立了典范。在这些探讨中,原有的只有一面的史实被打扮成各种样貌出现在各家的论著中以及当时的政治活动中心,本文的任务就是梳理这种装扮史实的过程并探讨其背后的思想史意义。

① 国家社科基金项目:中国早期史书叙事模式的形成及流变(13CZW055)。

② (魏)王弼注,(唐)孔颖达正义:《周易正义》,载《十三经注疏》(上册),中华书局1979年版,第48页。

③ 顾颉刚曾论:“所谓‘革命’的意义是这样:前代的君不尽其对上帝的责任,所以上帝便斩绝他的国命,教别一个敬事上帝的人出来做天子。”其后就举商汤和周武王如何顺应天命而取得政权的记载为例。(参见顾颉刚:《〈周易卦爻辞〉中的故事》,载《古史辨》第3册,上海古籍出版社1981年版,第32页)

一、先秦时期对"汤武革命"意义的探讨

关于"汤武革命"的性质认定,对于儒家创始人孔子属于非常棘手的问题。孔子一方面对当时频繁发生的篡位弑君以及僭权越礼等事件极力反对、大声痛斥,同时对他心中"守礼"的典范——周武王大加称赞。孔子在《论语·泰伯》中说:"三分天下有其二,以服事殷。周之德,可谓至德也已矣。"①孔子认为文王、武王虽然占据了天下大部分的土地,却仍恪守为臣本分;但孔子却对周王朝取得另外三分之一天下的暴力手段好像故意视而不见。孔子一方面对以周公为代表的西周统治者极为服膺,他在《论语·八佾》中声称"郁郁乎文哉,吾从周"②,但又好像忽略了周公在历史中最重要的身份却是文王之子、武王之弟,不仅是"汤武革命"的重要参与者、武装推翻商王朝统治的核心成员之一,而且还在周初时亲自率军镇压了商部族的复辟反攻。孔子既要维护"君君臣臣"的统治秩序,却又无法回避周王朝依靠暴力取得政权、以臣子身份推翻原有统治的事实。这是一个无法解开、一说就错的死结,所以孔子对"汤武革命"采取了"息声"的做法,在现有文献中找不到孔子对这一重大事件的评论。

但正如在其他问题上没有遵从孔子教诲一样③,孔子之后的儒家对这一问题不再回避,展开了直接探讨。进入战国之后,原有的社会秩序崩塌得更为迅速,这一时期学者们的关注中心在于如何重建混乱的社会秩序,"汤武革命"成为讨论的热点问题。《孟子·梁惠王下》中记载了一段孟子与齐宣王之间的对话:

> 齐宣王问曰:"汤放桀,武王伐纣,有诸?"孟子对曰:"于传有之。"曰:"臣弑其君,可乎?"曰:"贼仁者谓之贼,贼义者谓之残,残贼之人谓之一夫。闻诛一夫纣矣,未闻弑君也。"④

孟子并不认为汤、武有弑君行为,原因即在于被其推翻的桀、纣实在是"贼仁""贼义"的暴君,这样不顾道义的人已经变成失去民众支持的独夫,根本不配成为国君。孟子思想的核心之一就是明确主张"民为贵,君为轻",从这种大的政治观背景出发看待"汤武革命",必然会得出以上结论。另外,孟子在《离娄上》中说道:"桀纣之失天下也,失其民也。……为汤、武驱民者,桀与纣也。"⑤在这里孟子实际上将"汤武革命"能够获得胜利的答案引向了一个全新的角度:民意民心的向背对政治局势变化的影响。这种观点在后代得到普遍回

---

① (魏)何晏集解,(宋)邢丙疏:《论语注疏》,《十三经注疏》本,中华书局 1980 年版,第 2487 页。

② (魏)何晏集解,(宋)邢丙疏:《论语注疏》,载《十三经注疏》(下册),《十三经注疏》,中华书局 1980 年版,第 2467 页。

③ 关于后代儒家对孔子学说的各种偏离,可参见朱维铮《中国经学与中国文化》,载《中国经学史十讲》,复旦大学出版社 2008 年版,第 13～16 页。

④ (汉)赵岐注,(宋)孙奭疏:《孟子注疏》,载《十三经注疏》(下册),中华书局 1980 年版,第 2679～2680 页。

⑤ (汉)赵岐注,(宋)孙奭疏:《孟子注疏》,载《十三经注疏》(下册),中华书局 1980 年版,第 2721 页。

应：统治者的有道与否而导致的民心向背，被普遍认为是“汤武革命”能够成功的首要原因。[①]

一般被认为是当时小生产者代表的墨家学派，对“汤武革命”持拥护态度。《墨子·非命上》中说：

> 子墨子曰：古者汤封于亳，绝长继短，方地百里，与其百姓兼相爱，交相利，移则分，率其百姓以上尊天事鬼，是以天鬼富之，诸侯与之，百姓亲之，贤士归之，未殁其世而王天下，政诸侯。昔者文王封于岐周，绝长继短，方地百里，与其百姓兼相爱，交相利则。是以近者安其政，远者归其德。[②]

在这里，墨家学派充分肯定了汤、武施行的一系列“兼相爱，交相利”的仁政，可以看出，“革命”之后的政治清明、百姓富足才是墨家的关注点；而且参照墨家著名的“三表”标准[③]，从务实主义出发，“汤武革命”正符合墨家最高的政治理想。墨家格外看重“革命”后的现实效果，这与后来荀子考察此问题的角度比较接近，这很可能直接启发了汉代“逆取顺守”观点的产生。但“汤武革命”的暴力性质，与墨家的核心主张“非攻”存在着不可调和的矛盾，这个矛盾解决不了，将影响到墨家学说的基础，所以墨子在《非攻下》中专门就这个问题进行了说明：

> 子墨子曰：子未察吾言之类，未明其故者也。彼非所谓攻，谓诛也。…武王乃攻狂夫，反商之周，天赐武王黄鸟之旗，王既已克殷，成帝之来，分主诸神，祀纣先王，通维四夷，而天下莫不宾。焉袭汤之绪，此即武王之所以诛纣也。若以此三圣王者观之，则非所谓攻也，所谓诛也。[④]

墨子在这里区别了两个重要概念：“攻”和“诛”。与简单使用暴力的“攻”不同，墨子所讲的“诛”，以武王为例，既有“天赐武王黄鸟之旗”这样的天命昭示，又有在征伐之后“祀纣先王”这样的善举。在墨子看来，武王的政权正因如此，所以才有“天下莫不宾”这样民众衷心归附的结果。墨子政治观中的“诛”根植在这样的实例之上，意义就比较明确了：实施“诛”这种政治行为的一方道义上应当是正义的，取得胜利后又应当施行仁政。作为儒家

---

① 回应的例子很多，比如《淮南子·氾论训》中说：“且汤、武之所以处小弱而能以王者，以其有道也；桀、纣之所以处强大而见夺者，以其无道也。”（刘文典撰，闰逸、乔华点校：《淮南鸿烈集解》，《新编诸子集成》本，中华书局 1989 年版，第 442 页）孔颖达在《周易正义》中也说：“殷汤、周武，聪明睿智，上顺天命、下应人心……”［（魏）何晏集解，（宋）邢丙疏：《论语注疏》，《十三经注疏》本，中华书局 1980 年版，第 60 页］

② 吴毓江撰，孙启治点校：《墨子校注》，《新编诸子集成》本，中华书局 1993 年版，第 401～402 页。

③ “三表”是墨家最高的政治标准，在《墨子·非命上》中有明确表述：“何谓三表？子墨子言曰：‘有本之者，有原之者，有用之者。于何本之？上本之于古者圣王之事；于何原之？下原察百姓耳目之实；于何用之？废以为刑政，观其中国家百姓人民之利。此所谓言有三表也。’”这里所说的“三表”大意是指政治的好坏应当以历史上的古代圣王的历史经验、以普通百姓的直接感觉、以是否符合整个国家和全体民众的利益为依据。“汤武革命”无论从哪方面来看，都符合以上三条标准。参见吴毓江：《墨子校注》，中华书局 1993 年版，第 400～401 页。

④ 吴毓江撰，孙启治点校：《墨子校注》，《新编诸子集成》本，中华书局 1993 年版，第 220 页。

最大的辩敌，墨家对"诛"所负载的政治意义进行确认时却与儒家大致相合[①]，但墨子还特别强调了取得胜利后应当施行仁政这一方面，又重新回到了墨家务实主义的思想理路上来。

先秦的道家学派提倡自然、无为，到了庄子这里更进一步反对当时已经被公认为圣人的尧、舜、周公等人，对待次一等的所谓明君如汤、武，就更没有什么好感了。《盗跖》篇虚构了盗跖教训孔子的故事，其中盗跖说道："尧舜作，立群臣，汤放其主，武王杀纣。自是之后，以强凌弱，以众暴寡。汤武以来，皆乱人之徒也。"[②]道家把社会混乱的结果归结在所谓的圣人明君身上，并认为汤、武与强盗本没有区别。这一篇后半段又进一步论述说："小盗者拘，大盗者为诸侯……汤放桀，武王杀纣，贵贱有义乎？"[③]这就更是把汤、武看成了窃国的大盗。在道家看来，正是所谓的明君做出的这种恶行，对整个社会道德的败坏起到了非常坏的作用。

到了战国末年的荀子那里，又进一步发挥了孟子和墨子的看法。《荀子·正论》中说：

> 汤、武非取天下也，修其道，行其义，兴天下之同利，除天下之同害，而天下归之也。桀、纣非去天下也，反禹、汤之德，乱礼义之分，禽兽之行，积其凶，全其恶，而天下去之也。天下归之之谓王，天下去之之谓亡。故桀、纣无天下而汤、武不弑君，由此效之也。汤、武者，民之父母也；桀、纣者，民之怨贼也。今世俗之为说者，以桀、纣为君而以汤、武为弑，然则是诛民之父母而师民之怨贼也，不祥莫大焉。[④]

荀子明确把汤武定位在"民之父母"、桀纣为"民之怨贼"的位置上，在这种前提下，"汤武革命"就是"除天下之同害"，不仅不是弑君，相反只会带来"天下归之"这种民心归附的结果。在《臣道》篇中，荀子进一步论述道："夺然后义，杀然后仁，上下易位然后贞，功参天地，泽被生民，夫是之谓权险之平，汤、武是也。"[⑤]在这里，荀子使用了"夺""杀"这样的词汇，以不回避的态度承认了"汤武革命"的武装暴动性质，但强调的却是在使用武力后，给整个社会带来了"义"和"仁"这样安定平稳的政治局面，在荀子看来，这才是"功参天地"的真正善举。

身处战国末期的荀子，较之孟子，有更强烈的德政、治世愿望，也就更加明确地肯定了"汤武革命"在方式上是合理的，在道德上更是正当的。特别是其提出的"夺然后义，杀然后仁"这种更加注重结果的思考理路，直接启发了后代从结果方面来诠释"汤武革命"的意义。这种理路的最大意义在于不再回避汤、武借助暴力的事实，而对暴力革命的非议也正是反对者不认同"汤武革命"合法性的关键。将荀子与以上孟子和墨子的观点对比可以发现，他们都赞成"汤武革命"，虽然具体的论述不尽相同，但出发点则都根基于朴素的民本

---

① 在以"春秋笔法"为主要表现的儒家政治术语体系中，"诛"这种行为的内涵大致为：师出有名前提下的以有道伐无道，也就是杀有罪者。

② (清)郭庆藩，王孝鱼点校：《庄子集释》，《新编诸子集成》本，中华书局 1961 年版，第 995 页。

③ (清)郭庆藩，王孝鱼点校：《庄子集释》，《新编诸子集成》本，中华书局 1961 年版，第 1003～1005 页。

④ (清)王先谦、沈啸寰、王星贤点校：《荀子集解》，《新编诸子集成》本，中华书局 1988 年版，第 324 页。

⑤ (清)王先谦、沈啸寰、王星贤点校：《荀子集解》，《新编诸子集成》本，中华书局 1988 年版，第 257 页。

主义:孟子注意到的是革命前的民不聊生,而墨子、荀子则对革命后的政治清明给予了格外关注。而且,这两种解读都能够说明“汤武革命”的合法性:既然民不聊生,那么就有了“革命”的必要;既然“革命”后能够实现清明的统治,那么同样也就有了“革命”的必要。

但是处于荀子学说延长线上的韩非子则对这一事件持与其老师相反的意见。《韩非子·忠孝》篇中这样说道:

> 汤、武为人臣而弑其主、刑其尸,而天下誉之,此天下所以至今不治者也。……汤、武自以为义而弑其君长……人主虽不肖,臣不敢侵也。[①]

身为战国法家一派中最为强调法术刑罚的代表,韩非子对“汤武革命”考量的出发点与儒家有着根本区别。韩非子虽然指出“汤武革命”的实质是弑君,但他并不认为汤、武弑君这种行为是不义的。与儒家恪守的君臣大义恰恰相反,韩非子提出批评的出发点在于“汤、武自以为义而弑其君长”,也就是说汤、武自认为掌有所谓的道义才导致了弑君行为。韩非子理想的政治局面与道义无关,应当是“夫所谓明君者,能畜其臣者也[②]”,明确主张君主应当以权术驾驭臣子。从这种政治观出发,韩非子当然反对包括打着道义旗号的“汤武革命”在内的一切犯上作乱的行为。

需要注意的是,以上无论是荀子所说的“今世俗之为说者,以桀纣为君,而以汤武为弑”,还是韩非子说的“汤、武人臣而弑其主,刑其尸,而天下誉之”,都表明当时社会对这一问题存在着截然相反的两种看法,而且持支持或反对意见的群体都不在少数。可以看出这个问题在先秦时期受到了很多关注,也得到了比较充分的探讨,形成了两种主要的意见,即赞美支持和贬低反对。在荀子之后不久,中国就将迎来秦灭六国以及汉帝国建立这一系列从未有过的天崩地裂式的变革,对“汤武革命”的解释也因为新形势下的新需要而被“发明”出影响更广远的全新意义。

二、汉代对“汤武革命”意义的确立

秦,既然被戴上了暴政的帽子,那么也就失去了合法性,况且其统一六国的方式也是依靠暴力,并不符合传说中“禅让”制度的要求。既然灭六国的秦没有合法性,那么在其对立面的六国就拥有了合法性。[③] 但是秦汉易代之际最重要的两大武装集团——刘邦集团和项羽集团都不是六国后裔,而且他们都为楚怀王所任命,无论他们谁最终取得天下,其实都不具备合法性。汉帝国建立后,刚刚取得天下的刘邦集团迫切需要一种合法性理由

---

① (清)王先慎撰,钟哲点校:《韩非子集解》,《新编诸子集成》本,中华书局1998年版,第465～466页。

② (清)王先慎撰,钟哲点校:《韩非子集解》,《新编诸子集成》本,中华书局1998年版,第466页。

③ 例如《项羽本纪》中范增劝说项梁:“今陈胜首事,不立楚后而自立,其势不长。”项梁在其劝说下在民间找寻到楚怀王的孙子立为楚王,司马迁特意说明这样做是“从民所望也”;《张耳陈馀列传》中张耳、陈馀劝说陈胜:“今始至陈而王之,示天下私。愿将军毋王……遣人立六国后”;《留侯世家》中记载张良劝说项梁立韩国王室后裔为韩王。以上这些材料说明在秦汉之际,立六国后裔能够争取民心已成为共识,而这种共识又建立在广泛的民间意识之上。以上分别参见司马迁:《史记》,中华书局1959年版,第300、2573、2036页。

来帮助其在法理上确立统治地位。而刘邦集团武力得天下的方式又使得"汤武革命"成为一个绕不开的重要关节,如何诠释这场已经久远的事件并将其定位在大一统帝国意识形态的设计版图上,成为汉初统治者及学者们共同关注的重要话题,围绕这个话题展开的种种争论也延续了很长时间。《史记·儒林列传》中记载了一场发生在汉景帝时期极具代表性的争论:

> 黄生曰:"汤武非受命,乃弑也。"辕固生曰:"不然。夫桀纣虐乱,天下之心皆归汤武,汤武与天下之心而诛桀纣,桀纣之民不为之使而归汤武,汤武不得已而立,非受命为何?"黄生曰:"冠虽敝,必加于首;履虽新,必关于足。何者,上下之分也。今桀纣虽失道,然君上也;汤武虽圣,臣下也。夫主有失行,臣下不能正言匡过以尊天子,反因过而诛之,代立践南面,非弑而何也?"辕固生曰:"必若所云,是高帝代秦即天子之位,非邪?"于是景帝曰:"食肉不食马肝,不为不知味;言学者无言汤武受命,不为愚。"遂罢。是后学者莫敢明受命放杀者。①

辕固生在与黄生的争论中实际已处下风,因为他无法解决黄生提出的"冠与履""君与臣"这样的类比,更无法解决"主有失行,臣下……反因过而诛之"这样的指责,只好抛出"高帝代秦即天子之位"这个现实问题来难为黄生,黄生还未作答,这场争论就被汉景帝制止。其实汉景帝清楚得很,如果不当场制止这种争论,一旦黄生继续固执地坚持自己的立场,其结果就必然得出刘汉政权并不具备合法性这样的结论。汉景帝不仅明智地终止了这场争论,更是规定"言学者无言汤武受命",从而以行政命令的方式将这个敏感问题暂时搁置起来。

虽然暂时被搁置,但如此核心的问题总需要解决,解决的途径就一定要另找思路。上例中的辕固生在辩论中之所以处于下风,关键是有一个无法回避的问题,那就是桀、纣是君,汤、武则为臣,这种身份无法否认,特别是在大一统王朝建立后,统治者格外重视臣下的绝对忠诚,其时"三纲五常"观念已经明确提出,所谓的"君为臣纲"就是要求臣下无条件地服从君主。此时的政治局面和现实要求既然已经发生了变化,那么对"汤武革命"的解读也提出了新的要求:如何将这种依靠暴力取得政权的事件纳入能够被官方认可的信仰体系中。其实早在西汉建立之初,换一个角度看待这个问题的方法就已经被机敏的学者发现了。《史记·郦生陆贾列传》中记载有陆贾和刘邦的一段对话:

> 陆生时时前说称《诗》《书》。高帝骂之曰:"乃公居马上而得之,安事《诗》《书》!"陆生曰:"居马上得之,宁可以马上治之乎?且汤武逆取而以顺守之,文武并用,长久之术也。"②

这里陆贾使用了"逆取而顺守"的说法来解释"汤武革命",但是实际上,陆贾所说的"逆取

① (汉)司马迁:《史记》,中华书局1959年版,第3122~3123页。

② (汉)司马迁:《史记》,中华书局1959年版,第2699页。

而顺守”却未必是其发明。前边已经谈到，墨家和荀子已经从实用主义出发来解释这个问题，他们既不否认革命的暴力性质，但又更重视革命后的结果——即由此而来的清明统治，特别是荀子所说的“夺然后义，杀然后仁”，已经非常明确地给“汤武革命”进行了定性。另外，《商君书·开塞》篇中也有类似的话：“武王逆取而贵顺，争天下而上让。其取之以力，持之以义。”[①]这里虽然只举武王为例，但却阐明了先秦法家中较温和一派对这一类事件的立场：只要“持之以义”，也就是在取得政权后很好地治理国家，那么“取之以力”，也就是运用暴力取得政权也并没有问题。汉初的贾谊也表明了非常近似的观点，他在《新书·立后义》中说：“殷汤放桀，武王伐纣，此天下之所同闻也。为人臣而放其君，为人下而弑其上，天下之至逆也。而所以有天下者，以为天下开利除害以义继之也。”[②]贾谊在这里虽然尖锐地批判了汤、武以臣弑君的行为，但却认为汤、武“有天下”的根本原因在于他们取得政权后能够“以义继之”，也就是能够实行仁政。这种思路从荀子开始提出，一直到《商君书》中说的“逆取而贵顺”，再到陆贾提出“逆取而顺守”，再到贾谊所说的“以义继之”，主要观点可以归纳为：虽然作为君的桀、纣倒行逆施而违背天意，但作为臣的汤、武依靠暴力取得政权，这确实为“逆取”；但在取得政权后，只要做到顺应天意、听从民心，施行仁政，做到“顺守”，那么这一类使用暴力完成的改朝换代就没有问题。

虽然陆贾在汉初就提出了“逆取而顺守”这种阐释方式，但并没有引起多大的重视，直到景帝时学者还在争论这个问题就是明证。这大概与陆贾的阐述方式有关：“汤武逆取而以顺守”只是作为事例来劝导刘邦重视文化、重视儒家理念，而并没有将“汤武革命”作为讨论对象本身。虽然陆贾的阐释并没有在汉初那个政治并不稳定的年代引起多大的重视，但后代再谈到“汤武革命”这一问题，“逆取顺守”则成为了一个较为固定的阐释方式。

出现在西汉中期的《淮南子》，在对待“汤武革命”这个论题上，正是延续了陆贾等人的说法。《淮南子·氾论训》中有这样的说法：“然尧有不慈之名，舜有卑父之谤，汤、武有放弑之事，五伯有暴乱之谋。是故君子不责备于一人，方正而不以割，廉直而不以切，博通而不以訾，文武而不以责。”[③]这里也是承认汤、武通过暴力取得政权的事实，隐含的意思很明显：虽然“汤武有放弑之事”，但却可以得到谅解，除了这段话所说的不能求全责备之外，还应当有更加充分的理由来谅解这种大逆不道的行为。《泰族训》中又有这样的表述：“周公诛管叔、蔡叔，以平国弭乱，可谓忠臣也，而未可谓弟也。汤放桀，武王诛纣，以为天下去残除贼，可谓惠君，而未可谓忠臣矣。”[④]“惠君”一词又见于《诗经·大雅·桑柔》：“维此惠君，民人所瞻。”郑玄解释为：“维至德顺民之君为百姓所瞻仰者。”[⑤]也就是通常所说明君的意思。将这两处表述放在一起就比较好理解了：正因为汤、武在取得政权后又成为了“惠君”，也就是对待民众能够施以仁政，虽然“未可谓忠臣”，但也应当得到谅解。这种说法正处在“逆取顺守”的延长线上。

武帝时期的重要思想家董仲舒在《春秋繁露》中专门撰写过一篇《尧舜不擅移、汤武不

---

① 蒋礼鸿撰：《商君书锥指》，《新编诸子集成》本，中华书局 1986 年版，第 54 页。

② (汉)贾谊：《新书》，《二十二子》本，上海古籍出版社 1986 年版，第 763 页。

③ 刘文典撰，冯逸、乔华点校：《淮南鸿烈集解》，中华书局 1989 年版，第 449 页。

④ 刘文典撰，冯逸、乔华点校：《淮南鸿烈集解》，中华书局 1989 年版，第 676 页。

⑤ (汉)毛公传，郑玄笺，(唐)孔颖达正义：《毛诗正义》，《十三经注疏》本，中华书局 1979 年版，第 559 页。

专杀》的文章,文中较为全面地探讨了与"汤武革命"相关的问题,又因为董仲舒在汉代官方思想体系建立过程中的权威地位,所以这篇文章中表述的理念带有明显的总结性质,一定程度上能够代表来自官方的意见。① 现将有关表述引用如下:

> 王者亦天之子也,天以天下予尧舜,尧舜受命于天而王天下……故其德足以安乐民者,天予之;其恶足以贼害民者,天夺之。……故夏无道而殷伐之,殷无道而周伐之,周无道而秦伐之,秦无道而汉伐之。有道伐无道,此天理也,所从来久矣,宁能至汤武而然耶?夫非汤武之伐桀纣者,亦将非秦之伐周,汉之伐秦,非徒不知天理,又不明人礼。……君也者,掌令者也,令行而禁止也。今桀纣令天下而不行,禁天下而不止,安在其能臣天下也?果不能臣天下,何谓汤武弑?②

董仲舒敏锐地发现同时也直言不讳地指出:"汤武革命"看起来虽然已经年代久远,但却直接关系到汉帝国政权合法与否这个重大问题,因为如果"非汤武之伐桀纣",就必然推导出"汉之伐秦"同样为犯上作乱这样的结论。所以董仲舒明确支持"汤武革命"。在进行具体阐释时,他一方面将最高统治者定位为"天之子",将政权更替解释为"天予之""天夺之",认为"汤武革命"实际上就是天命的转移;另一方面又承认即使君权神授,但实际的统治效果,也即统治者有道与否才是决定一个政权能否存在的直接原因。最后,董仲舒又从统治术方面批驳了桀、纣:既然连对臣子做到令行禁止都无法实现,那么就怪不得臣子们推翻他们了。在支持"汤武革命"的各种理由中,这是比较罕见的,特别是这又出自儒家代表人物董仲舒,因为这既不是儒家传统的君臣大义,又不是汉代流行的君权神授论,而是明显的法家言论。③

董仲舒在解释"汤武革命"时,最大的发展就是明确将天命思想、君权神授论作为理论基础,以此作为出发点,进而认为人间政权的更迭实际上是天地宇宙意志的体现,表面上的改朝换代,背后则是天命的转移。这就能够比较圆满地回应认为汤、武为逆臣的观点:因为顺应了天命转移的要求,所以"汤武革命"不仅不是逆行,反而是"替天行道",是应当被提倡的。董仲舒的这种解释模式使得"汤武革命"一下子成为中国政治活动中的典型事件,其中负载了中国政治活动最常见的解释模式:君权神授,天命不可怀疑,但统治者如果倒行逆施却会带来天命的转换,也就到了应该改朝换代的时候了。

总体上来说,经过不同学派学者们的反复讨论,到了汉代中期,对"汤武革命"形成了三种阐释结果:一是认为这是弑君,是犯上作乱,应当反对,以韩非子的观点为代表;二是

---

① 在儒家思想发展史上,《春秋繁露》被认为是满足了"一个拥有天然合理的终极依据、涵盖一切的理论框架、解释现象的知识系统以及切合当时并可供操作的政治策略在内的庞大体系"建设要求的产物,这又是儒家理论体系向实用化转变的重要标志(参见葛兆光:《中国思想史》第1卷,复旦大学出版社2007年版,第258页)。这部作品的问世对儒家理论在武帝时期跃升为带有强大统治力的官方思想具有重大推动作用。

② 苏舆撰,钟哲点校:《春秋繁露义证》,《新编诸子集成》本,中华书局1992年版,第219～221页。

③ 这种看似矛盾之处其实又比较明确地表明董仲舒这段言论的官方色彩。汉承秦制,表面上推崇儒家,但实际统治时,却又多杂以法家理念。最典型的例子当属汉宣帝明确指出:"汉家自有制度,本以霸王道杂之,奈何纯任德教,用周政乎!"(班固:《汉书·元帝纪》,中华书局1962年版,第277页)明确揭示出汉代自开国以来,儒法兼用的事实。

称赞这是仁义之师的胜利，以孟子的阐释为代表；三是不否认汤、武以暴力取得政权，但强调的则是“逆取顺守”，更加看重“革命”后的实际效果，以荀子、陆贾的说法为代表。汉代以后持有第一种观点的人越来越少，后边两种说法成了主流。特别是在董仲舒加入了天命观的诠释方法之后，“逆取顺守”这种说法，在后代成为古代中国政治话语体系中一个重要的概念。

比如根据《晋书·段灼传》中的记载，段灼在给晋武帝的长篇上书中比较系统地总结了前代兴衰治乱的经验，其中在谈到王莽失败原因时说道：“昔汤、武之兴，亦逆取而顺守之耳。”[①]可以看出，以“逆取而顺守”来解释“汤武革命”已经成为社会上比较普遍的认识，要不然段灼也不会在此处不加解释地批评王莽在取得政权后没有“顺守”了。明代的古典小说《三国志通俗演义》中多次出现了相关言论，其中第十二卷庞统劝说刘备应当趁机进兵夺取蜀地时说：“且‘兼弱攻昧’，五伯之常；‘逆取顺守’，古人所贵。”[②]此处虽为小说家言，却可见“逆取顺守”作为改朝换代合法性的理由已在后代成为相当程度的共识。

三、建构视角下的“汤武革命”预设前提考察

其实以上无论赞同或是反对“汤武革命”的观点，都有一个相同的预设前提，那就是都承认桀、纣为暴君，“汤武革命”实质上是以暴力推翻暴政的政治事件。桀、纣为暴君，是“汤武革命”合法性的前提，而且是不可动摇的前提。这个前提预设古人早已看透，比如《吕氏春秋·孝行览》中说：“汤武虽贤，其王遇桀、纣也。遇桀、纣，天也，非汤、武之贤也。……若使汤、武不遇桀、纣，未必王也。”[③]《战国策·秦策三》中说：“汤、武虽贤，不当桀、纣，不王。”[④]《淮南子·诠言训》中也说：“汤、武之王也，遇桀、纣之暴也。”[⑤]这些说法的意思都差不多，都清醒地意识到“汤武革命”的预设前提就是“桀纣之暴”，如果桀和纣不是暴君，那么汤、武不仅做不成明君，还会一下子沦为乱臣贼子。

但这一双方都认可同意的前提，其实大有问题。早在春秋时期，孔子的得意门生子贡就对这一问题产生了深刻的怀疑，他在《论语·子张》篇中说：“纣之不善，不如是之甚也。是以君子恶居下流，天下之恶皆归焉。”[⑥]在子贡看来，千万别当失败者，因为如果“居下流”，那么很有可能就会落个“天下之恶皆归焉”的下场。后来的《吕氏春秋·孝行览》中说得更清楚：“桀、纣不亡，虽不肖，辱未必至于此。……汤、武不王，虽贤，显未至于此。”[⑦]即使在历史上桀、纣真的是暴君，汤、武真的是明君，他们这种暴虐与贤明也被后代无限放大了，而被放大强化的原因只在于“亡”或者“王”，即是否掌握权力。掌握权力的胜利者可以无限夸大其祖先的贤明事迹，而失败的一方则彻底失去了为自己辩护的话语权，这也就是

---

① （唐）房玄龄：《晋书》，中华书局1974年版，第1346页。

② （明）罗贯中：《三国志通俗演义》，上海古籍出版社1980年版，第579页。

③ 许维遹撰，梁运华整理：《吕氏春秋集释》，《新编诸子集成》本，中华书局2009年版，第332页。

④ 何建章注释：《战国策注释》，《新编诸子集成》本，中华书局1990年版，第153页。

⑤ 刘文典撰，冯逸、乔华点校：《淮南鸿烈集解》，《新编诸子集成》本，中华书局1989年版，第473页。

⑥ （魏）何晏集解，（宋）邢丙疏：《论语注疏》，《十三经注疏》本，中华书局1980年版，第2532页。

⑦ 许维遹撰，梁运华整理：《吕氏春秋集释》，《新编诸子集成》本，中华书局2009年版，第332页。

葛洪所说的“见废之主，神器去矣，下流之罪，莫不归焉”[①]的道理。

顾颉刚早有《纣恶七十事发生的次第》一文，非常详尽地梳理出了从先秦直到晋代商纣形象的演变史，并认为之所以晋代之后关于商纣的恶行没有新的发展，“这或者因为纣的暴虐说到这等地步，已经充类至尽，再也不能加上去”[②]。也就是说，商纣到了晋代就已经承担了几乎所有能够想象出来的罪行。顾先生对这个问题的考证典型地体现了他力主的“层累地造成的古史”这一学术主张。与这一学术主张非常相近的是现代西方学界受福柯影响而产生的“知识考古学”这一学术思潮，“建构”就是“知识考古学”中很重要的术语，意谓当今被大多数人认为是天经地义的、已经成为常识性的东西或者概念，其实很多都是在漫长的历史发展中被不断搭建起来的，并不是天生如此、一成不变的，但大多数人却将这些概念看成是无须考订的常识，而完全忽略了其发展变化的整个过程。以这种建构的理论作为参考，会对“汤武革命”有一个更全面的认识。

根据顾先生的梳理，能够很明显地看出商纣的“恶”大部分都是被别人泼的脏水，那么他也就很有可能并非是个暴君。这种假设将从根本上动摇“汤武革命”的合法性：桀、纣既然不是暴君，那么作为臣下的汤、武，实际上就是犯上作乱，是篡夺政权。而从距离我们年代较近的几次改朝换代的实际情况来看，无论是唐太宗亲自导演的“玄武门之变”，还是宋太祖上演的所谓“黄袍加身”以及后来发生的神秘的“斧声烛影”，或是明成祖朱棣声称的“靖难之役”，其实都是赤裸裸的政变，其中并没有丝毫道义可讲。只是这些事件发生的年代较近，我们不仅可以看到被取得政权的胜利者修改过的历史，还能通过其他材料看到这些所谓道义背后的肮脏和血腥。[③] 有了以上事件作为参照，就可以看出，子贡的怀疑其实很有可能并不仅是猜测，桀、纣的昏与暴出于被栽赃的可能性并不小。前有顾颉刚细致的梳理，所以本文并无意再重复考查桀、纣“成为”暴君的过程，只是想指出的是，从现存文献来看，这一过程虽然时间跨度很长，但决定性的步骤却只有两个，分别是《尚书》和《史记》中的相关记载。

现有文献中最早集中列数商纣罪恶的当属《尚书》中的据说是记载了周武王战前动员演说的《牧誓》，其中说道：“今商王受，惟妇人言是用，昏弃厥肆祀，弗答；昏弃厥遗王父母弟，不迪，乃惟四方之多罪逋逃，是崇是长，是信是使，是以为大夫卿士，俾暴虐百姓，以奸宄于商邑。”[④]但这里所说的商纣的罪行并非罪大恶极，最重要的是还都比较笼统。《泰誓》中则更进一步，罗列了更细致的罪责，比《牧誓》中的指责细致且具体得多，特别是其中声称商纣“樊炙忠良”“刳剔孕妇”[⑤]这些罪行，已经达到令人发指的地步。但《泰誓》早已被学者们定为后世的伪作，这些非常具体的记录很明显是后人附加上去的。

需要注意的是，《尚书》中这些对商纣的指责，与《牧誓》的文体性质有很大关系。《牧

---

① 杨明照撰：《抱朴子外篇校笺》，《新编诸子集成》本，中华书局 1991 年版，第 288 页。

② 顾颉刚：《纣恶七十事的发生次第》，载《古史辨》第 2 册，上海古籍出版社 1981 年版，第 92 页。

③ 实际上，在取得政权后，李世民等人对自己暴力夺取政权的事实，都努力掩饰过，比如李世民就对史官记载他谋杀同胞兄弟的做法很不满，进而“很暗示性地说了一个杀害兄弟而为天下的故事，要求史官修改”（葛兆光：《中国思想史》第 2 卷，复旦大学出版社 2007 年版，第 3 页注释）。

④ （汉）孔安国，（唐）孔颖达等正义：《尚书正义》，《十三经注疏》本，中华书局 1980 年版，第 183 页。

⑤ （汉）孔安国，（唐）孔颖达等正义：《尚书正义》，《十三经注疏》本，中华书局 1980 年版，第 180～182 页。

誓》实际上是战斗前的动员演说，类似于后代的檄文，这种文章当然要极力诋毁敌人，真实性就要大打折扣。比如唐代著名的《讨武曌檄》一文，且不说作者骆宾王在罗列武则天的诸多劣迹时有多少是出于虚构捏造，甚至在谈到其出身时，竟然也敢不顾清楚的事实，公然声称其“地实寒微”[①]，但实际上武则天其父武士彟为唐朝开国功臣，曾受封为应国公并出任过兵部尚书。武则天的出身丝毫不“寒微”，而是真正的贵胄之女。[②]《牧誓》中的这些指责既然同样出自敌对一方，而且又是胜利者对失败者的指责，那么其真实性理应受到怀疑。

在西周、东周时期，虽然周天子日益失去了实际的政治权力，但作为天下共主提出的对改朝换代时期史实的权威记录，尽管招致一些零星的异议，还是得到了广泛的认可。但孟子却敏锐地指出了其中的问题：“尽信《书》，则不如无《书》。吾于《武成》，取二三策而已矣。仁人无敌于天下，以至仁伐至不仁，而何其血之流杵也。”孟子察觉到了所谓的“仁义之师”与历史记载中血腥杀伐之间的深刻矛盾，这二者是无法共存的。[③] 但这种偶尔出现的质疑，改变不了社会普遍认识的发展惯性，汤、武在周代已经成为仁义之君的代名词，在他们对立面的桀、纣则固定成了暴君的典型。

到了司马迁写作《史记》时，很多夏商、商周易代之际的史实大量采自《尚书》中的相关篇章[④]，特别典型的例子是在《周本纪》中周武王誓师的一段话：

> 王曰：“古人有言‘牝鸡无晨。牝鸡之晨，惟家之索’。今殷王纣维妇人言是用，自弃其先祖肆祀不答，昏弃其家国，遗其王父母弟不用，乃维四方之多罪逋逃是崇是长，是信是使，俾暴虐于百姓，以奸轨于商国。”[⑤]

如果说这段话基本就是对前引《牧誓》相关段落的翻译而对商纣的批判并无新意的话，那么在《殷本纪》中司马迁详细列举的商纣的多种罪行，就都是《尚书》中所没有的了。商纣主要的罪行有：“好酒淫乐，嬖于妇人。爱妲己，妲己之言是从”；“以酒为池，县肉为林，使男女裸相逐其间，为长夜之饮”；“于是纣乃重刑辟，有炮格之法”；“九侯有好女，入之纣。九侯女不喜淫，纣怒，杀之，而醢九侯”；“剖比干，观其心”等数条。[⑥] 虽然无法得知司马迁是根据何种记载添加这些记录的，但是宠爱妲己、酒池肉林、举炮烙、虐杀比干这几条

---

① (唐)骆宾王著，(清)陈熙晋笺注：《骆临海集笺注》卷一〇，上海古籍出版社 1985 年版，第 330 页。

② 对武则天的身世，《新唐书 · 则天皇后纪》中有明确记载：“父士彟，官至工部尚书、荆州都督，封应国公。”[(宋)欧阳修等：《新唐书》，中华书局 1975 年版，第 81 页]

③ (汉)赵岐注，(宋)孙奭疏：《孟子注疏》，《十三经注疏》本，中华书局 1980 年版，第 2773 页。这条记录有一问题，即我们现在看到的《武成》一篇通常被认为是“伪古文尚书”，出于东晋梅赜的伪造，但从孟子的怀疑可以看出，孟子当时看到的《武成》篇即有类似“血流漂杵”的记载。今存《武成》既然为梅赜伪造，那么孟子这段话大概给了他很大启发，是其逆推出“原文”的重要线索。

④ 对于写作过程中直接取材于《尚书》，司马迁在《史记》中多次谈到，比如《殷本纪》中说：“太史公曰：‘余以《颂》次契之事，自成汤以来，采于《书》《诗》。’”《三代世表》中说：“于是以《五帝系谍》《尚书》集世纪黄帝以来讫共和为世表。”(分别参见司马迁：《史记》，中华书局 1959 年版，第 109、488 页)

⑤ (汉)司马迁：《史记》，中华书局 1959 年版，第 122 页。

⑥ (汉)司马迁：《史记》，中华书局 1959 年版，第 105～108 页。

前代所没有的、非常具体的罪行经过《史记》的书写和确认,就变成了板上钉钉的史实,在后代与商纣这个昏庸暴虐的亡国之君形象紧紧联系在一起了。

无论是《尚书》,还是《史记》,在整个中国传统文化中都具有崇高的权威地位,经过这样的强化书写,后代为商纣作翻案文章的越来越少且应者寥寥。东汉的应劭对这个问题还有清醒的认识并能提出批评:"世之毁誉,莫能得实,审形者少,随声者多,或至以无为有。故曰:'尧、舜不胜其善,桀、纣不胜其恶。'桀、纣非杀父与君也,而世有杀君父者,人皆言无道如桀、纣,此不胜其恶。"[①]应劭指出的"随声者多"是一种很普遍的现象,而这种认知方式不断累加的结果,就是人们不再对桀、纣的行为细加考察而习惯性地出现"人皆言无道如桀、纣"的现象:凡是说到暴君,就会想起桀、纣。在社会整体认知强大惯性的压力之下,桀、纣与暴君开始画上等号,甚至成为暴君的代名词,后世凡涉及暴君,必牵扯上桀、纣,已成习调,所以近代的章学诚才会说"夫是尧、舜而非桀、纣,人皆能言矣"[②]。桀、纣已经成为不再需要仔细考量的"天然"暴君了。

葛兆光在对西方学者韦伯关于一个政权合法性建构途径进行解读时提出:"每一个古代中国王朝,都经由天地宇宙神鬼的确认、历史传统与真理系统的拥有和军事政治的有效控制与管理,它才能获得合法性。"[③]"汤武革命"的意义之所以在古代中国获得广泛关注,并成为衡量以暴力方式取得权力的政权合法性的标准,其实正因为满足了上述这种合法性确认的衡量体系。首先,从董仲舒开始,学者们探讨"汤武革命"时总会涉及关于天命归属这种属于"天地宇宙神鬼确认"的问题;其次,"汤武革命"属于发生过的历史,而且是需要被恰当定性的历史,因为这将直接影响到后代相似事件的性质确定,而通过这种性质确定,历史事件在后代又变成了真理的衡量标准;最后,对"汤武革命"评价的核心内容集中在实现改朝换代的暴力方式,以及"革命"成功后的统治方式、效果等方面,这又属于军事政治方面的实践。正因为具备了这些特点,"汤武革命"才成为中国古代关于政权合法性探讨中的典型事件并因此负载了丰富的政治学意义和思想史内涵。

作者简介:史常力,东北师范大学文学院博士后。

---

① (汉)应劭撰,王利器校注:《风俗通义校注》,《新编诸子集成续编》本,中华书局1981年版,第99页。

② (清)章学诚著,叶瑛校注:《文史通义校注》,中华书局1985年版,第220页。

③ 葛兆光:《中国思想史》第2卷,复旦大学出版社2007年版,第176~177页。

金代法制变革与民族文化认同[①]

李玉君

法律作为政治和文化的重要组成部分，其变革必定要受所处历史时期的诸多社会因素的影响，甚至会反过来促进社会的发展和变迁。由北方少数民族女真族建立的金王朝，自 1115 年建立政权到 1234 年灭亡，曾先后攻灭辽和北宋，雄踞中国北方，与南宋政权形成南北朝对峙的局面长达百年。这个时期先后有南、北宋及辽、西夏、金、蒙元政权并立，是中国历史上民族融合的高潮之一。金朝曾与南宋并称华夏正统，其治下的汉、女真、契丹、渤海以及奚等各族之间在政治、经济、文化等各个方面互相影响，民族融合相对其他少数民族王朝来说也更为深入。面对这一社会状况不断变化的、以认同汉文化为主的历史潮流，金朝统治者应对以较为积极、开放的姿态，具体表现之一即因时制宜地修改法律条文；而法律制度作为社会上层建筑的重要内容，其修订和变革不可避免地要带有时代特征。

一、金代法制变革的民族融合社会背景

建立金朝的女真族是我国东北一个以渔猎为生的少数民族。从在东北一隅到入主中原建立政权，再到百余年后衰亡，金朝社会发生了巨大变化。中华人民共和国成立以前的女真社会，尚处于较原始的氏族部落时期，还过着“掘地为穴”、夏则出外“随水草以居”、冬则“入处其中”[②]的生活。特别是在金朝政权建立以后，随着社会生产的发展以及对辽和宋的战争、贸易，金朝社会的政治、经济、文化等方面都有了较大的变化，金朝甚至有底气与南宋比肩而并称正统。面对不断发展变化的社会状况，金朝统治者自然要因时制宜地对作为维护社会稳定的重要手段的法律制度进行变革。奥地利法律社会学家埃利希认为：“在当代以及其他任何时代，法律发展的中心既不在于立法，也不在于法学或者司法判

① 本文为国家社科基金项目（批准号：11CFX011），辽宁省高等学校优秀人才支持计划（资助编号：WJQ2014017），辽宁省“百千万人才工程”人选资助项目（批准号：2014921058）的阶段性成果。

② （元）脱脱：《金史》卷一《献祖纪》，中华书局 1975 年版，第 3 页。

决，而在于社会本身。”[①]因此，若想深入理解金代的法制变革，首先要对金代的社会背景，包括政治制度、经济生产和思想文化有一个全面的了解。

在政治制度方面，从1949年前简单的组织形式发展到等级森严、君权至上，金朝经历了一个不断吸纳辽、宋典章制度的由简到繁的过程。熙宗朝以前，金政权的统治决策靠的是勃极烈制度——以少数的高级核心官员来制定统治的方针政策。这种政策类似于集体领导；皇帝接受的是各勃极烈成员的辅佐，同时皇权也受到牵制，并非至高无上。君臣之间“无轻重贵贱之别”，乐则同享，财则同用。太宗继位后，“有事集议，君臣杂坐，议毕同歌合舞，携手握臂，略无猜忌”[②]。又如，“金国置库收积财货”，君臣“誓约惟发兵用之”，结果太宗自己却“私用过度”，被谙班勃极烈（皇储，相当于皇太子）完颜杲告于粘罕，“请国主违誓约之罪。于是，群臣扶下殿，杖二十毕，群臣复扶上殿。谙班、粘罕以下谢罪”[③]。可见金初的官制中还保留着部落时代朴素的平等观念，而凛然不可侵犯的君主专制体制在当时也尚未确立。历经太祖、太宗两朝，金朝政权逐渐趋于稳定。早在天会四年（1126），金朝“建尚书省，遂有三省之制”[④]。等到渴慕中原文化的熙宗继位（1135），不仅未补上谙班勃极烈这个空缺，反而迁国论忽鲁勃极烈完颜宗磐为尚书令、太师，迁国论左勃极烈完颜宗干为太傅，以及迁国论右勃极烈完颜宗翰为太保，“领三省事”，又于次年“三月壬午，以太保宗翰、太师宗磐、太傅宗幹并领三省事”[⑤]。这标志着勃极烈制度已经被废除。天眷元年（1138）八月，自幼受教于汉儒韩昉的熙宗在汉族官员韩企先等人的辅佐下，依据汉制开始了史称“天眷新制”的官制改革，“颁新官制及换官格，除拜内外官，始定勋封食邑入衔，而后其（汉官之制）制定。然大率皆循辽、宋之旧。”[⑥]又“改燕京枢密院（太祖仿辽南面官之制设立）为行台尚书省”[⑦]，并增设了新的机构——御史台。同时在礼仪方面也作了改革，如“始设仪卫将军”，始有“内廷之禁”[⑧]，又“始禁亲王以下佩刀入宫”[⑨]，这是按照中原王朝的礼仪标准严格划分了君臣界限。勃极烈制度的废止、新官制的启用，加强了中央集权制的皇权统治，开启了金王朝典章制度汉化进程的序幕。海陵王弑熙宗夺位后，又将改革进一步向前推进：天德二年（1150）废除行台尚书省，政令统一于朝廷；正隆元年（1156）废中书省和门下省，只留尚书省，为最高权力机构；又于天德三年（1151）下诏迁都燕京，将金王朝的统治中心由女真故地迁往汉人居住地区，进一步加强了中央集权。自史称“正隆官制”的改革以后，金朝“职有定位，员有常数，纪纲明，庶务举，是以终金之世守而不敢变焉”，为金朝政治制度的汉化铺平了道路，这才使得章宗能“正礼乐，修刑法，定官制，典章文物粲然成一代治规”[⑩]，达到与中原汉王朝相当的水平。

---

① ［奥］欧根·埃利希：《法社会学原理》，舒国滢译，中国大百科全书出版社2009年版，作者序。

② 曾代伟：《金律研究》，（台北）五南图书出版有限公司1995年版，第34页。

③ （宋）徐梦莘：《三朝北盟会编》卷一六五《云燕录》，上海古籍出版社1987年版，第1194页。

④ （元）脱脱：《金史》卷五五《百官志一》，中华书局1975年版，第1216页。

⑤ （元）脱脱：《金史》卷四《熙宗纪》，中华书局1975年版，第71页。

⑥ （元）脱脱：《金史》卷五《百官志一》，中华书局1975年版，第1216页。

⑦ （元）脱脱：《金史》卷四《熙宗纪》，中华书局1975年版，第73页。

⑧ （宋）宇文懋昭撰，崔文印校证：《大金国志校证》卷三三《仪卫》，中华书局1986年版，第475页。

⑨ （元）脱脱：《金史》卷四《熙宗纪》，中华书局1975年版，第73页。

⑩ （元）脱脱：《金史》卷一一《章宗纪》，中华书局1975年版，第285页。

在经济生产方面，金朝也从渔猎为主、兼有畜牧和耕作逐步转变进入精耕细作的农业文明。要发展农业生产，必须有足够的农户和生产资料（农具、耕地等）。对于农户这一必要条件，金朝是通过人口迁徙来完成的。天辅五年（1121），金太祖“以境土既拓，而旧部多瘠卤，将移其民于泰州，乃遣皇弟昱及族子宗雄按视其地。昱等苴其土以进，言可种植，遂摘诸猛安谋克中民户万余，使宗人婆卢火统之，屯种于泰州。婆卢火旧居阿注浒水，至是迁焉。其居宁江州者，遣拾得、查端、阿里徒欢、奚挞罕等四谋克，挈家属耕具，徙于泰州。仍赐婆卢火耕牛五十”[①]。天会十一年（1133）秋，“起女真国土人散居汉地。女真，一部族耳，后既广汉地，恐人见其虚实，遂尽起本国之土人棋布星列，散居四方。令下之日，比屋连村，屯结而起”[②]，“惟金主及将相亲属卫兵之家得留”[③]，这次移民的规模是空前的。天会五年（1127），金军攻破开封城后，掠“华人男女，驱而北者，无虑十余万”[④]，成为金朝向金源地区迁徙汉族人口最多的一次。由以上史料可知，金朝不仅是将女真人迁往汉地，也将汉族人口迁往金源地区。尽管这些迁徙活动的目的除了屯田外多是出于“虑中国有二三之心”[⑤]而要防范汉人或让女真人来“监视汉人”，但是在客观上也使得女真族得以接触中原汉人高度成熟的农耕文明，促进了先进农耕技术的传播。为了促进经济生产的恢复和发展，金朝统治者对汉族人口的迁徙、安置是十分重视的。太祖就曾经三令五申，要求各地军中将领切实解决好掠获人口的安置问题。天辅七年（1123），太祖下诏：“郡县今皆抚定，有逃散未降者，已释其罪，更宜诏谕之。前后起迁户民，去乡未久，岂无怀土之心？可令所在有司，深加存恤，毋辄有骚动。”[⑥]这些政策对安抚百姓、避免逃亡是有积极作用的。在农具方面，金朝承袭了北宋中叶以后的发展状况，有铧、犁碗、趟头、牵引、锄、镰、镐、锹、铲、铡刀、垛叉等，种类比北宋更为繁多。这些工具不仅用于中原汉地，而且出现在东北地区，这说明中原地区的生产工具已广泛传播到东北金源地区。而在耕地多少方面，《金史》记载，世宗大定二十三年（1183），猛安谋克“总计垦田一百六十九万三百八十顷有其奇”[⑦]，超过北宋北方垦田数三十万七千二十二顷。可以说，世宗时期是金朝农业经济的迅速转变时期，这种转变除了表现在耕地的发展上之外，还表现在生产关系向租佃制转化上。大定二十一年（1181），世宗对大臣说：“山东、大名等路猛安谋克户之民，往往骄纵，不亲稼穑，不令家人农作，尽令汉人佃莳，取租而已。”[⑧]同年又说：“近遣使阅视秋稼，闻猛安谋克人惟酒是务，往往以田租人，而预借三二年租课者。”[⑨]可见金朝经济发展的迅猛势头，不但农耕生产有了相当规模，租佃制生产关系也普遍出现了，女真族已非立国前的渔猎民族了。

在思想文化方面，金朝的巨大变化体现在奉儒家思想为正统思想上，而其具体表现就

---

① （元）脱脱：《金史》卷四六《食货志一》，中华书局 1975 年版，第 1032 页。
② （宋）宇文懋昭撰，崔文印校证：《大金国志校证》卷八《太宗文烈皇帝六》，中华书局 1986 年版，第 126 页。
③ （宋）李心传：《建炎以来系年要录》卷六八，商务印书馆 1936 年版，第 1162 页。
④ （宋）李心传：《建炎以来系年要录》卷四“建炎元年四月辛酉”，上海古籍出版社 1992 年版，第 92 页。
⑤ （宋）宇文懋昭撰，崔文印校证：《大金国志校证》卷三六《屯田》，中华书局 1986 年版，第 520 页。
⑥ （元）脱脱：《金史》卷二《太祖纪》，中华书局 1975 年版，第 40 页。
⑦ （元）脱脱：《金史》卷四七《食货志二》，中华书局 1975 年版，第 1064 页。
⑧ （元）脱脱：《金史》卷四七《食货志二》，中华书局 1975 年版，第 1046 页。
⑨ （元）脱脱：《金史》卷四七《食货志二》，中华书局 1975 年版，第 1047 页。

是尊孔和修建孔庙。天会四年(1126),金朝主要针对西京路的汉人发布了第一个改俗令:“今随处既归本朝,宜同风俗,亦仰削去头发,短巾左衽。敢有违犯,即是犹怀旧国,当正典刑。”①到天会七年(1129),强制汉族百姓改从女真之俗的措施更为严厉,乃至“下令禁民汉服及削发不如式者死”②。金朝初期的残酷统治导致了中原百姓的不断反抗,统治者急需一套行之有效的、适合于管理新占领的辽宋故地的非女真人群的统治政策,而早已被历代王朝屡试不爽的尊奉儒家思想的统治模式自然成为首选。特别是从熙宗朝起,金统治者都在不遗余力地接续中原王朝在思想文化上的统治措施。天会十五年(1137),金熙宗改变了以往的统治政策,开始尊孔子之制,“兴制度礼乐,立孔子庙于上京”③,并于天眷三年(1140)秋“以孔子四十九代孙璠袭封衍圣公”。之后又于皇统二年(1142)令官府拨钱一万四千贯用于修孔庙圣殿,皇统四年(1144)又拨钱一万四千五百贯以修缮孔庙、创盖大成殿。各地方修建的孔庙也有很多。世宗同样尊孔崇儒,修孔子庙,立宣圣庙碑。世宗于大定三年(1163)七月“以孔总为袭封衍圣公”④,大定二十三年(1183)“以尚书右丞张汝弼摄太尉,致祭于至圣文宣王庙”。从大定三年(1163)至大定二十九年(1189)间,各地重建、新建、修复孔庙十五座。⑤ 世宗还大力提倡儒家的忠孝观念,使其成为君臣上下和家庭宗族的关系准则。他曾对皇太子允恭和诸亲王说:“人之行,莫大于孝弟。孝弟无不蒙天日之祐。汝等宜尽孝于父母,友于兄弟。”⑥此外,世宗还几次广为散发《孝经》,再三强调“教而后能”。经由熙宗确立,世宗大力提倡,儒家思想终于成为金朝的正统思想观念,以儒家思想为核心的中原文化在价值取向上得到了整个金朝的认同。章宗时还曾“诏赐贵德州孝子翟巽、遂州节妇张氏各绢十匹、粟二十石”⑦,以表彰其恪守儒家伦理,至此女真族已经是“变夷狄风俗,行中国礼乐”⑧。章宗时期被袭封为衍圣公的孔元措曾说:“皇朝重道之宏规,前此所未见闻者。”⑨

二、金代立法成果中的多源性和多元性民族因素

随着金朝社会在政治制度、经济生产和思想文化方面与中原汉王朝逐渐趋同,随着涉及汉、女真、契丹、渤海、奚等各族的以汉化为主的民族融合逐步深入,金朝的法律制度也发生了巨大变革。其法律制度从不成文的民族习惯法开始,不断吸纳辽、宋、唐等王朝的相关律文,最终产生了可为后世所宗的一代成法,带有鲜明的时代烙印。

---

① (金)佚名编,金少英校补,李庆善整理:《大金吊伐录校补》一〇六条《枢密院告谕两路指挥》,中华书局 2001 年版,第 306 页。

② (宋)徐梦莘:《三朝北盟会编》卷一三二《炎兴下帙三十二》,上海古籍出版社 1987 年版,第 960 页。

③ (元)脱脱:《金史》卷一〇五《孔璠传》,中华书局 1975 年版,第 2311 页。

④ (元)脱脱:《金史》卷六《世宗纪上》,中华书局 1975 年版,第 132 页。

⑤ 参见张敏杰:《金代孔庙的修建及其在民族融合中的作用》,载《北方论丛》1998 年第 6 期。

⑥ (元)脱脱:《金史》卷七《世宗纪中》,中华书局 1975 年版,第 161 页。

⑦ (元)脱脱:《金史》卷九《章宗纪一》,中华书局 1975 年版,第 216 页。

⑧ (金)刘祁:《归潜志》卷一二《辩亡》,中华书局 1983 年版,第 136 页。

⑨ (清)张金吾编:《金文最》卷四一《孔元措:孔氏祖庭广记序》,第 595 页。

金朝立国之初“法制未定，兵革未息”[①]，太祖、太宗两朝在“一依本朝旧制”[②]和“姑宜仍旧”[③]思想指导下立法。太祖说，“吾虽处大位，未易改旧俗也”[④]。收国二年(1116)五月，“东京州县及南路系辽女直皆降。诏除辽法，省税赋，置猛安谋克一如本朝之制”[⑤]。这里针对新占领的辽地的女真人，实行的也还是女真习惯法。天辅五年(1121)太祖征辽前，立其弟吴乞买(后来的太宗)辅政，赐诏曰：“汝惟朕之母弟，义均一体，是用汝贰我国政。凡军事违者，阅实其罪，从宜处之。其余事无大小，一依本朝旧制。”[⑥]

在女真故地或者针对女真人时还可以“一切依本朝旧制”，但是对于已经被一定程度汉化的契丹族和中原地区的汉族，女真习惯法就不能完全适应统治的需要了。于是出于稳固统治的需要，“太宗虽承太祖无变旧风之训，亦稍用辽、宋法”[⑦]。金太宗天辅六年(1122)十二月，金攻占燕京，以原辽知枢密院事左企弓行枢密院与广宁，抚定燕京诸州县，始行辽南面、北面官之制。这里的“南北面官”是辽朝创立的制度。到了熙宗天眷三年(1140)，“复取河南地”，“约所用刑法皆从律文，罢狱卒酷毒刑具，以从宽恕”，这里所说的律文即辽、宋的法律条文。为安定人心，熙宗甚至于天会五年(1127)册立汉人张邦昌为“大楚皇帝”，又于天会八年(1130)册立汉人刘豫为“大齐皇帝”，用傀儡皇帝对汉地进行统治。熙宗同时制定了一些渤海人同汉人的政策，如天眷元年(1138)“诏官诰命，女直、契丹、汉人各用本字，渤海同汉人”。在这一时期，金朝尚处于因地制宜、借法代用的阶段，称得上是女真、契丹、汉的“一国三制”。

等到政权趋于稳定，熙宗罢伪齐政权，废勃极烈制度，进行了史称“天眷新制”的汉化官制改革。在统一政令后，熙宗也很快开始了系统的成文法的编纂，于皇统年间，“诏诸臣，以本朝旧制，兼采隋、唐之制，参辽、宋之法，类以成书，名曰《皇统制》，颁行中外”[⑧]。这是金朝第一部成文法典，史称《皇统新制》，内容千余条，但早已散佚。其内容“大抵依仿大宋，其间亦有创立者，如殴妻致死，非用器刃者不加刑”。这里所说的异于宋律而“创立者”，很可能源于女真习惯法。海陵王弑君自立后，于正隆年间编订了《正隆续降制书》。这部法典由“海陵虐法，率意更改”而来，其内容“伤于苛察”，故而质量不高。世宗即位后，“以正隆之乱，盗贼公行，兵甲未息，一时制旨多从时宜，遂集为军前权宜条理”[⑨]。这是一部临时性法规，内容并不完善，但对大定初年的政治局势的稳定、整顿社会秩序，起到了积极作用。后来金世宗考虑到《皇统新制》《正隆续降制书》《军前权宜条理》并用，“是非淆乱，莫知适从，奸吏因得上下其手”[⑩]，遂置局，进行法律修订，名为《大定重修制条》。大定二十八年(1188年)，为使百姓通晓，还对《大定重修制条》进行了删修。从熙宗到世宗，尽

---

① (元)脱脱:《金史》卷四六《食货志一》，中华书局1975年版，第1032页。
② (元)脱脱:《金史》卷三《太宗纪》，中华书局1975年版，第47页。
③ (元)脱脱:《金史》卷二七《河渠志》，中华书局1975年版，第675页。
④ (元)脱脱:《金史》卷七〇《撒改传》，中华书局1975年版，第1614页。
⑤ (元)脱脱:《金史》卷二《太祖纪》，中华书局1975年版，第29页。
⑥ (元)脱脱:《金史》卷三《太宗纪》，中华书局1975年版，第47页。
⑦ (元)脱脱:《金史》卷四五《刑志》，中华书局1975年版，第1014页。
⑧ (元)脱脱:《金史》卷四五《刑志》，中华书局1975年版，第1015页。
⑨ (元)脱脱:《金史》卷四五《刑志》，中华书局1975年版，第1015页。
⑩ (元)脱脱:《金史》卷四五《刑志》，中华书局1975年版，第1018页。

管修订了一系列成文法规，但是尚未出现为后世所宗的一代成法。

到了章宗时期，承平日久，宇内小康。章宗鉴于当时"礼乐刑政因辽、宋旧制，杂乱无贯"①，于明昌元年(1190)下令详定所审定律令。明昌三年(1194)，详定所"用今制条，参酌时宜，准律文修订，历采前代刑书宜于今者，以补遗阙，取《刑统》疏文以释之，著为常法，名曰《明昌律义》"②，另将榷货、边部、权宜等事集为《敕条》，虽未颁行，但为泰和制律奠定了基础。泰和二年(1202)五月，金朝修成《泰和律令敕条格式》，它是金朝最具代表性的成文法典。此法典共囊括四大部分：《泰和律义》《律令》《新定敕条》与《六部格式》。因为这一法典产生于民族融合大发展的金章宗时期，此时金朝的发展形势较为乐观，而且这一法典的诸多内容都融入了汉族文化的元素，再加上金统治者执政以来的诸多立法与执法经验，所以形成了这部相对完善的成文法典，金朝在此后相当长的一段时期内(直至其退出历史舞台)，基本上一直在沿用此法典。其制定标志着金朝法制文化汉化的高度完成，对元朝也产生了较大的影响。"元兴，其初未有法守，百司断理狱讼，循用金律"③，元世祖忽必烈在元朝正式建立之后，才宣布"禁行金泰和律。"④

回顾金代法制变革的整个过程，特别是从史籍里"兼采""参酌"等用语中，可以发现金代法律带有鲜明的时代特点，与其以汉化为主的民族融合历史环境是分不开的。在金朝立国之前，处于原始的氏族社会和部落联盟时期的女真族与历史上绝大多数其他民族一样，产生了用以处理部落之间的纠纷和调整部落内部成员相互关系的行为准则。根据记载，女真完颜部早期首领、始祖函普曾立约，"凡有杀伤人者，征其家人口一、马十偶、牸牛十、黄金六两，与所杀伤之家，即两解，不得私斗。……女直之俗，杀人偿马牛三十自此始"⑤。这可以看成是女真族最早的不成文习惯法，带有浓厚的氏族制色彩。随着社会生产的发展和私有制的出现，完颜部女真习惯法的内容不断丰富，同时不可避免地带有残酷野蛮的特征，而且这种特征一直到太宗朝还很突出。为了威慑犯罪和叛乱，"轻罪笞以柳葼，杀人及盗劫者，击其脑杀之，没其家赀……并以家人为奴婢"⑥。金太宗时规定凡是"窃盗赃一钱以上"者，"拾遗钱于市"者，"菜圃中拔葱"者，都要被处以死刑。不仅轻罪也可获死刑，施刑的方式还保存和参用了原部落时期的刑罚，如割鼻、割耳、断手足、割舌、投高崖、剥皮等等，刑罚手段极为残酷。除了这种简单粗暴的特征外，金朝法律亦有值得称道的地方，那就是女真族的传统习惯法中有朴素的平等观念。"金初，法制简易，无轻重贵贱之别。"⑦如前所述，身为皇帝的太宗也曾因为私用库金而被"群臣扶下殿，杖二十"⑧。

随着熙宗朝汉化改革的展开和儒家思想被奉为正统，金朝法律的刑罚方式趋于温和、文明。熙宗"约所用刑法皆从律文，罢狱卒酷毒刑具，以从宽恕"。在通过"正君臣之礼"⑨

① (元)脱脱：《金史》卷七三《完颜守贞传》，中华书局1975年版，第1689页。
② (元)脱脱：《金史》卷四五《刑志》，中华书局1975年版，第1022页。
③ (明)宋濂：《元史》卷一〇二《刑法一》，中华书局1973年版，第2603页。
④ (明)宋濂：《元史》卷七《世祖纪》，中华书局1973年版，第138页。
⑤ (元)脱脱：《金史》卷一《世纪·始祖本纪》，中华书局1975年版，第2页。
⑥ (元)脱脱：《金史》卷四五《刑志》，中华书局1975年版，第1014页。
⑦ (元)脱脱：《金史》卷四五《刑志》，中华书局1975年版，第1013页。
⑧ (宋)徐梦莘撰：《三朝北盟会编》卷一六五《云燕录》，上海古籍出版社1987年版，第1194页。
⑨ (元)脱脱：《金史》卷七〇《撒改传》，中华书局1975年版，第1614页。

"设仪卫将军""内廷之禁""禁亲王以下佩刀入宫"[①]来彰显皇权至上的同时,"八议"也被引入以维护贵族阶层的利益。女真族内再也不复"无轻重贵贱之别"了。

最能突出反映金朝法律这种"多元性"特征的,当属其婚姻制度。女真族"旧俗,妇女寡居,宗族接续之"[②];"父死则妻其母,兄死则妻其嫂,叔伯死,则侄亦如之。无论贵贱,人有数妻"[③]。这与儒家伦理格格不入,被中原王朝视为陋规恶俗,"妻后母,禽兽行也"[④]!实际上,将收继行为等同于"禽兽行"未免言过其实、意气用事,更何况还忽略了在古代社会中收继婚制度对保护私有财产、促进家族兴旺所具有的积极作用。女真人入主中原后,源于游牧民族的收继婚这种旧俗仍然被保留了下来,但是在中原农耕文明的熏陶和影响下,不可避免地发生了很多变化。宋人洪皓于建炎三年(1129)奉命出使金国被扣到绍兴十二年(1142)赦归,生活在金朝长达十三年的时间,其间对金朝婚俗多有观察,记载了金朝治下汉人对收继婚的看法——"汉儿则不然,知其非法也"[⑤]。从政和五年(1115)阿骨打建国号"大金"到绍兴十二年(1142),前后将近三十年,金朝治下的汉人依旧视收继婚为"非法"。然而到了第五代皇帝世宗时,大定九年(1169)正月,"丙戌,制汉人、渤海兄弟之妻,服阕归宗,以礼续婚者,听"[⑥]——朝廷立法使收继婚"基本上仅限于兄弟之间,而且必须服终归父母家之后以礼续婚"[⑦],而且是明确地针对汉人和汉化程度很深的渤海人。由于此时金朝统治者已经接受并在推行封建伦理道德,自然要对收继婚加以限制,在保持收继婚原有风俗的同时,引入了中原的"礼"制。这是女真习俗与中原礼制相融合的典型代表,使无"礼"之婚变为有"礼"续婚。从这条禁令还可以看出,当时一定数量的汉人和渤海人是接受收继婚的,否则也没必要通过法律加以规范。第六代皇帝章宗时制定的泰和律规定:"侄儿娶讫婶母,即是欺亲尊长为婚,同奸法,各离。"[⑧]这条法令并未局限于某个民族,当然包括了女真族。在这里,将同辈收继婚(兄弟之间的)与错辈收继婚(叔侄之间的)分离开来,明令禁止后者。这样既保留了收继婚,又一定程度迎合了封建伦理;既保留了女真族的传统习俗,又体现了对先进中原文化的认同。就笔者目力所及,尽管金代史籍中未见汉人收继婚的记载,但是紧接着的元代的史籍中有 30 多个案例。[⑨] 金朝治下的人口后来归于元朝,元代汉人能够接受收继婚,若没有金代的影响,恐怕不能在短短几十年里有这样大的态度转变。在中原礼教影响下,女真人思想中的儒家思想日益加深,接续婚在形式方面有了一定的变化,接续婚的对象在渐渐缩小,基本上仅限于兄弟之间,而且必须服终归父母家之后以礼续婚。金朝中后期,女真接续婚也逐渐被人们抛弃,还出现了许多贞节烈女。类似针对收继婚的折中的法规还有很多,比如世宗大定八年(1168),"二月甲

---

① (元)脱脱:《金史》卷四《熙宗纪》,中华书局 1975 年版,第 73 页。

② (元)脱脱:《金史》卷六四《后妃传下》,中华书局 1975 年版,第 1518 页。

③ (宋)宇文懋昭撰,崔文印校证:《大金国志校证》卷三九《婚姻》,中华书局 1986 年版,第 554 页。

④ (汉)班固:《汉书》卷九四上《匈奴传》,中州古籍出版社 1996 年版,第 1080 页。

⑤ 李澍田主编:《东北史料荟萃·金史辑佚》,吉林文史出版社 1986 年版,第 9 页。

⑥ (元)脱脱:《金史》卷六《世宗纪上》,中华书局 1975 年版,第 144 页。

⑦ 刘筝筝:《金代女真的婚姻形式和习俗》,载《满族研究》2009 年第 1 期。

⑧ 曾代伟:《金元法制丛考》,社会科学文献出版社 2009 年版,第 98 页。

⑨ 参见洪金富:《元代的收继婚》,载《中国近世社会文化史论文集》卷十四,"中央研究院"历史语言研究所 1992 年版,第 279～314 页。

午朔，制子为改嫁母服丧三年”[①]。这是用法令来告诫人们尽孝的重要性，以法令来强制约束。因为金朝不禁止妇女再婚，但是又受到中原忠孝观念的影响，因此改嫁母服丧为三年，正是女真人旧俗与中原思想观念结合的产物。

三、金代法制变革的指导思想与中原传统文化

毋庸置疑，金朝法制变革的根本推动力是不可逆转的民族融合历史趋势。金代统治者只是顺应了这种历史潮流，“兼采”各家法规、因时制宜地对具体条文进行修订，以此来维护社会稳定、调和各族间的关系、发展生产，力求王朝统治稳固、国家长治久安。但是不可否认的是，立法者的主观能动性也会对法制变革产生莫大的影响。毕竟在“法自君出”的君主专制社会中，法律总是要体现立法决策者的意志，并将这种意志贯彻到司法实践中去。因此，金代统治阶层特别是皇帝本人的法律思想，当然会对法制变革产生深刻的影响，故了解金代皇帝的法律思想，也是深入探讨金代法制变革的关键之一。

在法制上，以儒家思想为核心的中原文化历来都强调“外儒内法”“德主刑辅”“礼法并用”。与之相反，法家讲究“引绳墨，切事情，明是非，其极惨礉少恩”[②]，因此用法残忍、施行重法也就成了法家思想的典型特征。施行重法虽然可以在短时间内稳定社会秩序，但是，“刻薄寡恩，国祚不昌”，不利于长治久安。只有“外儒内法”“德主刑辅”“礼法并用”，也就是律教并重，才是促使社会稳定的长久之计。正如孔子所说：“道之以政，齐之以刑，民免而无耻；道之以德，齐之以礼，有耻且格。”[③]女真族统治者在接触和认知中原文化的过程中也逐渐意识到了这一点。

应该注意的是，特别是从熙宗朝起，金代宗室已经是一个儒学修养很高的群体了，在金代文学史中都能占有一席之地（笔者曾对金代宗室教育及其文学成就有专门论述）。金统治阶层大力倡导儒家思想文化，使其在金朝广为流传，上到统治者本人，下到普通百姓，均热衷学习中原王朝的儒家文化。甚至后人将金朝灭亡的原因，归结为对儒家文化的过度学习。在金朝亡国13年之后，即蒙古定宗二年（1247），藩王忽必烈召见金朝遗老张德辉，并向他提出这样一个问题：“或云‘辽以释废，金以儒亡’。有诸?”当然“辽以释废，金以儒亡”这种说法未必准确，却反映了金朝社会对儒家思想推崇之重，足见儒家思想影响之深，包括在法律方面。在此我们对金朝皇帝的法律思想作一分析，从中一窥中原文化对金朝法制变革的影响。

对于立国之初的太祖、太宗两位皇帝来说，当时国家面临的主要问题是对外征战，“文物度数，曾不遑暇”，还顾不上整顿内政和健全法制，因此他们的法律思想是“一依本朝旧制”[④]，针对新占领的辽地的女真人也“置猛安谋克一如本朝之制”[⑤]。这里面“兵革未息”固然是一方面原因，另一方面原因是守旧势力大多反对，即使变革法制阻力也太大。史

① （元）脱脱：《金史》卷六《世宗纪上》，中华书局1975年版，第141页。

② （汉）司马迁：《史记》卷六三《老子韩非列传》，中华书局1982年版，第2156页。

③ 杨伯峻译注：《论语译注》，中华书局1980年版，第12页。

④ （元）脱脱：《金史》卷三《太宗纪》，中华书局1975年版，第47页。

⑤ （元）脱脱：《金史》卷二《太祖纪》，中华书局1975年版，第29页。

载:“太祖即位后,群臣奏事,撒改等前跪,上起,泣止之曰:‘今日成功,皆诸君协辅之力,吾虽处大位,未易改旧俗也。’撒改等感激,再拜谢。凡臣下宴集,太祖尝赴之,主人拜,上亦答拜。天辅(1117～1122年)后,始正君臣之礼焉。”[①]从一个“感激”就可以看出撒改等大臣、贵族对“旧俗”的态度。这种情况并不鲜见。早在立国前,仅仅是想改动不成文的习惯法,受到的阻力就一样很大:“昭祖欲稍立条教,诸父、部人皆不悦,欲坑杀之。”由此我们也可以看到,法制变革何等艰难,若无统治者的大力推行几乎是不可能的。尽管此时未曾出现法律的根本性变革,但是太祖、太宗的法律思想已经在向中原王朝靠近了。女真族早期惯用重法,对于杀人犯和盗贼一律处以“击其脑杀之”[②]的惩罚。这种情况到了金朝立国前后已经有所改变。“康宗(太祖之前的女真首领)七年,岁不登,民多流莩,强者转而为盗。欢都等欲重其法,为盗者皆杀之。”[③]由于年成不好,流民中的强悍者为图生计干起了打家劫舍的强盗勾当,直接触及了女真统治者的统治根基,故而欢都等人提出重治其行“为盗者皆杀之”的主张,不难看出此时女真族旧俗残余犹在。但是太祖反对欢都等人的主张,认为“‘以财杀人,不可。财者,人所致也。’遂减盗贼征偿法为征三倍”[④]。在金太祖的法律意识里,已经有了施法从轻、保人性命的人文关怀。

到金熙宗时期,金朝政权趋于稳定。金熙宗本人儒学修养也很高,“通识汉语,尝受读于韩昉,知诗文,宗室大臣目为汉儿,亶亦鄙宗室大臣若异类”[⑤]。正是在熙宗朝,儒家思想被奉为正统思想。皇统元年(1141),“(二月)戊子,上亲祭孔子庙,北面再拜。退谓侍臣曰:‘朕幼年游佚,不知志学,岁月逾迈,深以为悔。孔子虽无位,其道可尊,使万世景仰。大凡为善,不可不勉。’自是颇读《尚书》《论语》及《五代》《辽史》诸书,或以夜继焉”[⑥]。这段记载充分说明熙宗深受汉文化的影响,这也是他以后着力仿效中原之制,推行汉化改革的原因。虽然“天眷新制”中还带有明显的旧制度的影响,但熙宗宣称“四海之内,皆朕臣子,若分别待之,岂能致一。谚不云乎,‘疑人勿使,使人勿疑’。自今本国及诸色人,量才通用之”[⑦]。这话并非虚言,比如他就重用了被金世宗评价为“汉人宰相惟韩企先最贤”“本朝典章制度,多出斯人之手”的韩企先为代表的一大批汉族官员。熙宗将大一统思想贯彻到他的改革里,对缓和社会矛盾、稳定社会秩序和促进经济生产都起到了积极作用,顺应了民族融合、文化认同的历史潮流。除了典章制度的改革,熙宗还大力提倡儒家的忠孝观念,使其成为君臣上下和家庭宗族的关系准则,当然这些观念也会影响到熙宗的法律思想。熙宗曾对皇太子允恭和诸亲王说:“人之行,莫大于孝弟,孝弟无不蒙天日之祐。汝等宜尽孝于父母,友于兄弟。”[⑧]熙宗之后的海陵王登位后,提出了“朕方以文治”[⑨]。他自

---

① (元)脱脱:《金史》卷七〇《撒改传》,中华书局1975年版,第1614页。

② (元)脱脱:《金史》卷四五《刑志》,中华书局1975年版,第1014页。

③ (元)脱脱:《金史》卷二《太祖纪》,中华书局1975年版,第22页。

④ (元)脱脱:《金史》卷二《太祖纪》,中华书局1975年版,第22页。

⑤ (宋)确庵、耐庵编,崔文印笺证:《靖康稗史笺证》之《呻吟语》,中华书局1988年版,第225～226页。

⑥ (元)脱脱:《金史》卷四《熙宗纪》,中华书局1975年版,第77页。

⑦ (元)脱脱:《金史》卷四《熙宗纪》,中华书局1975年版,第77页。

⑧ (元)脱脱:《金史》卷七《世宗纪中》,中华书局1975年版,第161页。

⑨ (元)脱脱:《金史》卷一二五《萧永祺传》,中华书局1975年版,第2720～2721页。

己“一咏一吟，冠绝当时”[①]，“国主嗜习经史，一阅终身不复忘。见江南衣冠文物，朝仪位著而慕之”[②]，是一位与熙宗类似的仰慕中原文化且自身的文化修养很高的皇帝。在这两朝，不仅先后有“天眷新制”和“正隆官制”的改革，还都修订了成文法。虽然所修法规远远比不上后来的《泰和律》，但也算积累了经验。

到了史称“小尧舜”的世宗时期，金源文化与中原文化进一步融合，儒家伦理观念深入人心。世宗曾对宰臣们说：“会宁乃国家兴王之地，自海陵迁都永安，女直人寖忘旧风。……今之燕饮音乐，皆习汉风，盖以备礼也。”[③]世宗的生母为辽阳渤海望族，汉化程度很深，所以世宗自幼受到儒家思想的熏陶。继位后，由于政治不稳，且鉴于熙宗、海陵皆亡于宫廷政变，为了防止暴力夺权的事件再次发生，世宗大力提倡和宣扬儒家的忠孝思想，告诫臣民“惟忠惟孝，匡救辅益，期致太平”[④]。教育皇子和诸王：“人之行，莫大于孝弟，孝弟无不蒙天日之祐。汝等宜尽孝于父母，友于兄弟。”[⑤]此外世宗还几次广为散发《孝经》，再三强调“教而后能”。早在即位之初，世宗下诏暴扬海陵王十七大罪状，其中主要就是纳被杀掉的政敌的妻子为妃，包括其婶子、嫂子、侄媳等。按照女真旧俗，这种收继行为并不能构成罪名。此时中原王朝的伦理观已经为女真族所接受，于是女真旧俗就被指为不合伦理了。世宗很注重宗室、贵族的教育，规定“猛安谋克皆先读女直字经史然后承袭”[⑥]，将习读儒家经史作为承袭猛安谋克的条件，以督促女真人学习儒家文化。另外，还在京师设立女真国子学，在诸路设置女真府学，专门负责招收女真子弟入学，授以儒家经典，既创造了女真人学习儒家文化的便利条件，也使儒家文化广为女真人所接受。世宗对儒家的尊崇，自然也反映在他的法制思想上。世宗也有减轻刑罚的思想。大定九年(1169)三月丁卯，“以尚书省定网捕走兽法，或至徒，上曰：‘以禽兽之故而抵民以徒，是重禽兽而轻民命也，岂朕意哉。自今有犯，可杖而释之’”[⑦]。早在太宗天会七年(1129)，“诏凡窃盗，但得物徒三年，十贯以上徒五年，刺字充下军，三十贯以上徒终身，仍以赃满尽命刺字于面，五十贯以上死，征偿如旧制”。这条法令规定了盗窃罪的量刑标准，虽然较之立国前的盗贼一律处死要轻得多，但是盗窃五十贯以上仍要被处以死刑。世宗在大定十五年(1175)，“诏有司曰：‘朕惟人命至重，而在制窃盗赃至五十贯者处死，自今可令至八十贯者处死’”[⑧]，又将盗窃处死的标准上升为八十贯。五十贯到八十贯处死的量刑标准的变化，正反映出世宗皇帝对人命的珍惜，也体现出“刑”不是目的，“刑而后改”才是目的。此外，世宗还主张“罪疑惟轻，慎防冤情”的思想。大定七年(1167)，“左藏库夜有盗杀都监郭良臣盗金珠，求盗不得。命点检司治之，执其可疑者八人鞫之，掠三人死，五人诬伏。上疑之，命同知大兴府事移剌道杂治。既而亲军百夫长阿思钵鬻金于市，事觉，伏诛。上闻之

---

① (宋)宇文懋昭撰，崔文印校证：《大金国志校证》卷一五《海陵炀王下》，中华书局1986年版，第212页。

② (宋)宇文懋昭撰，崔文印校证：《大金国志校证》卷一三《海陵炀王上》，中华书局1986年版，第187页。

③ (元)脱脱：《金史》卷七《世宗纪中》，中华书局1975年版，第158页。

④ (元)脱脱：《金史》卷八八《纥石烈良弼传》，中华书局1975年版，第1951页。

⑤ (元)脱脱：《金史》卷七《世宗纪中》，中华书局1975年版，第161页。

⑥ (元)脱脱：《金史》卷八《世宗纪下》，中华书局1975年版，第192页。

⑦ (元)脱脱：《金史》卷六《世宗纪上》，中华书局1975年版，第144页。

⑧ (元)脱脱：《金史》卷四五《刑志》，中华书局1975年版，第1017页。

曰:‘棰楚之下,何求不得,奈何鞫狱者不以情求之乎’”[①]。另“北京民曹贵谋反,大理议廷中,谓贵等阴谋久不能发,在法‘词理不能动众,威力不足率人’,罪止论斩。石是之。又议从坐,久不能决。石曰:‘罪疑惟轻。’入,详奏其状,上从之,缘坐皆免死”[②]。在证据不足的情况下,以刑逼人、认罪伏法,造成了冤假错案,对于官吏这种不负责任的行为,皇帝责问为何不能在证据不足的情况下,用人情事理来断案审刑。这表现了金朝皇帝在案件不明的情况下,以情夺理的人文关怀。世宗曾说:“天下大器归于有德。海陵失道,朕乃得之。但务修德,余何足虑。”[③]由此可以看出世宗对德政的重视。但是世宗也不主张帝王用法“专务宽慈”,提出“夫朝廷之政,太宽则人不知惧,太猛则小玷亦将不免于罪,惟当用中典耳”[④],意思是讲求适度,这符合儒家的中庸原则。

金朝发展到了章宗时期,民族文化认同已经趋于完备。章宗时期“承世宗治平日久,宇内小康,乃正礼乐,修刑法,定官制,典章文物粲然成一代治规”[⑤]。可见,中原文化在历经熙宗、海陵、世宗、章宗四代的数十年里经由与女真民族文化的冲突与融合之后,已经占据了主流的社会意识形态地位。章宗明昌五年(1194),谕按察司曰:“近制以镇静而知大体为称职,苛细而暗于大体为不称。由是各路按察以因循为事,莫思举刺,郡县以贪黩相尚,莫能畏戢。自今若纠察得实,民无冤滞,能使一路镇静者为称职。”[⑥]将“民无冤滞”作为官吏称职的标准,而不是晋升的标准,可以看出在章宗皇帝眼中,“民无冤滞”、秉公审案是每一位官吏都应具备的素质。到章宗泰和六年(1260)三月,“敕尚书省:‘祖父母、父母无人侍养,而子孙远游至经岁者,甚伤风化,虽旧有徒二年之罪,似涉太轻。其考前律,再议以闻’”[⑦]。中国古代自古便有“父母在,不远游”的说法,这是中国古代孝道的体现,金朝禁止祖父母、父母无人侍养而子孙远游,使其法律化和制度化,用严厉的刑法进一步制止了不孝行为,也是章宗“以礼入法”思想的体现。经由熙宗确认,海陵发展,世宗大力提倡,儒家思想终在章宗时期融入到女真民族的思想观念里,以儒家思想为核心的中原文化得到了金朝的普遍认同。这也为制订以中原王朝法律为蓝本的法律制度奠定了思想基础,终有一代成法《泰和律》。

四、金代法律的民族文化认同倾向的必然性

可以说,进入中原地区的少数民族政权最终无一例外地走上了民族融合、文化认同的道路。之所以是这种历史趋势,背后有着深刻的原因。中华大地四周为海洋、高山、沙漠所隔绝,形成了独立封闭的地理环境。在黄河、长江两大流域(主要是中原地区),土地肥沃,气候湿润,适合发展农业,先天的优越自然环境由此滋养了先进的古代农业文明。而

① (元)脱脱:《金史》卷四五《刑志》,中华书局1975年版,第1015页。
② (元)脱脱:《金史》卷八六《李石传》,中华书局1975年版,第1915页。
③ (元)脱脱:《金史》卷七《世宗纪中》,中华书局1975年版,第157页。
④ (元)脱脱:《金史》卷七《世宗纪中》,中华书局1975年版,第171页。
⑤ (元)脱脱:《金史》卷一二《章宗纪四》,中华书局1975年版,第285页。
⑥ (元)脱脱:《金史》卷一二《章宗纪四》,中华书局1975年版,第270页。
⑦ (元)脱脱:《金史》卷一二《章宗纪四》,中华书局1975年版,第274页。

在周边地区,气候或寒冷或炎热,人们主要采取游牧、渔猎等较原始的生产方式。再从地理位置上看,中原居天下之中,为八方辐辏,便于学习和吸收周边地区先进的生产技术和经验。适宜农耕的自然条件和居中的地理位置共同造就了中原地区的特殊地位。周边地区的民族想要与其他民族接触,通常要借助于中原地区。中原地区因而成为周边民族不可或缺的交流平台和联结纽带,成为向边远地区传播先进文化的中心。特殊的地理位置、发达的农业经济形成了以"开放""包容""兼收并蓄"为特征的中原文化。这些特征突出体现在儒家思想的"夷夏观"上,认为应当"从文化上而不从种族上区分'夷''夏'"[①]。这种观点非常有凝聚力,很容易为周边少数民族接受并产生文化认同心理,从理论上和思想意识上大大促进了中华民族的融合与统一。这种民族文化认同体现在各少数民族渴望以炎黄子孙自居、以中原正统王朝自居。

中国历史上确曾发生过多次的民族大融合,融合过程中各族因为迁徙而造成优势人口的汉族(先秦时期是华夏族)与各少数民族杂居的局面。杂居使得少数民族得以学习和吸收汉民族文化的精华,从而促进本民族的飞跃发展;而汉民族也对少数民族文化博采兼纳,从而使得汉文化(中原文化)得到滋养,进而成为更高水平的多元文化。汉族之所以成为全世界人数最多的民族,其原因即在长期发展过程中不断吸收、融合了周边少数民族,因而像滚雪球一样越滚越大。梁启超曾称汉族系"混血"而成,实际上也可以说,中原汉文化也是由中原的汉文化与周边的少数民族文化"混血"而成。血缘和文化上的"混血"分别由各民族之间的通婚和文化上的相互学习、融合来实施和完成,最终形成了今天中华民族内部汉民族与各少数民族你中有我、我中有你、水乳交融的中华多元一体格局。

中华民族的文化,乃是各民族共同创造的。在金朝,民族融合的主流是汉化,这种融合也是多元的。女真族汉化很突出,如世宗曾对宰臣们说:"会宁乃国家兴王之地,自海陵迁都永安,女直人寖忘旧风。……今之燕饮音乐,皆习汉风,盖以备礼也。"[②]可以看到在金源地区也都"皆习汉风"了。另一方面,由于汉族与女真族长期的杂处,使得女真人的服饰、发式对汉族也产生了影响。南宋人范成大在大定十年(1170)使金语录中有:"民已久习胡俗,态度嗜好与之俱化……最甚者衣装之类,其制尽为胡制。自过淮以北皆然,而京师尤甚。"[③]女真族有"衣布好白,衣短而左衽"[④]的习俗,宣和末年,南宋地区"京师士人行道间,犹着衫帽。至渡江戎马中,乃变为白凉衫。绍兴二十年间,士人犹是白凉衫,至后来军兴又变为紫衫,皆戎服也"[⑤]。隆兴元年(1163),曾有人称临安士庶"服饰乱常",建议严加禁止"不得左衽胡服"。女真族的饮食也对汉人产生了一定的影响。《三朝北盟会编》记载:"饮食以糜酿酒,以豆为酱,以半生米饭渍以生狗血及葱韭之属,和而食之。"从今天东北和华北地区喜食葱酱等习俗可窥见一斑。北方寒冷,火炕是女真族具有地域特色的传统习俗。受女真族的影响,当时华北或中原地区已开始使用火炕取暖。金代文人赵秉文《夜卧炕暖》一诗中有详细的描述:"京师岁苦寒,桂玉不易求。斗粟换束薪,掉臂不肯酬。

---

① 陈其泰:《清代公羊学》,上海人民出版社 2011 年版,第 313 页。

② (元)脱脱:《金史》卷七《世宗纪中》,中华书局 1975 年版,第 158 页。

③ 赵永春:《奉使辽金行程录》,载《长白丛书五集》,吉林文史出版社 1995 年版,第 277～278 页。

④ (宋)徐梦莘撰:《三朝北盟会编》卷三《政宣上帙》,上海古籍出版社 1987 年版,第 23 页。

⑤ (宋)黎靖德编,王星贤点校:《朱子语类・礼八・杂仪》,中华书局 1988 年版,第 2325 页。

日粜五升米，未有旦夕忧。近山富黑墼，百金不难谋。地炕规玲珑，火穴通深幽。"[①]另外还有不少汉人学女真语。陆游有诗云："大梁二月杏花开，锦衣公子乘传来。桐阴满地扫不得，金辔玲珑上源驿。上源驿中捶画鼓，汉使作客胡作主。舞女不记宣和妆，庐儿尽能女真语……"[②]由于各族杂居，大梁（即开封）的舞女已经不记得北宋时"宣和妆"的样子，"庐儿"（即奴仆）也学会了讲女真语。中原汉文化对女真民族文化的包容与兼收并蓄的心胸，是民族间融合的重要前提。

结 语

社会作为一个关系错综复杂但却有机结合的一个整体，其政治、经济、文化等各个方面的变化不可能是单独的、孤立的。回顾金代法制变革的历程可以看到，在民族融合的时代背景下，金代法律的创立、修订和变革，与金朝社会认同中原文化的趋势是一致的。

宋朝的包拯认为："法令者，人主之大柄，而国家治乱安危之所系焉，不可不慎。"[③]这种看法一方面说明在古代社会中，法律的优劣关系到社会秩序是否安定，另一方面也道出了法律乃是统治者借以维护其统治地位的重要手段。在金政权从部落联盟形式到君主专制的发展过程中，统治者大多渴慕中原文化，从而对中原王朝的优秀文化主动学习、积极吸纳。正是因为金朝社会的民族文化认同的价值取向，女真民族的经济、文化等各方面都得到迅速发展，金代法律也才能一步步趋于汉化，最终达到与中原王朝相当的水平。金代在法律方面的成果和尝试，不仅有利于女真族，对整个中华民族都是一笔财富。金代的法制变革是中华民族多民族统一与融合的必然发展方向的一个侧面，是各兄弟民族共同创造民族文化的一个有力见证。

作者简介：李玉君，辽宁师范大学历史文化旅游学院副教授、硕士生导师。

---

① （金）赵秉文：《闲闲老人滏水集》卷四，四部丛刊景明抄本。

② （宋）陆游：《剑南诗钞·得韩无咎书寄使虏时宴东都驿中所作小阕》，载（清）吴之振等选、管庭芬等补《宋诗钞》第二册，中华书局1986年版，第1834页。

③ （宋）包拯：《包孝肃奏议》卷一，影印文渊阁四库全书本。

金代北京路地区的军事防御[①]

——兼论北京路地区与金界壕内外的互动关系

宁　波

北京路地区是金王朝西北边境地区的军事重镇，其所辖军事镇戍力量，除猛安谋克外，还包括乣军等部族军队。诸羁縻部族虽在名义上臣属金朝，却时叛时降，归附时遵守职贡，入纳方物，反叛时寇抄边境，北京路地区的起义、战事始终未曾间断。关于金代北京路地区军事活动研究，日前学界尤以金朝中期契丹人反金战争、金朝末期在金蒙战争中契丹人的军事活动的研究成果居多，如朱子方、陈述、蔡美彪、黄时鉴及日本学者箭内亘的研究多是从乣军的任务、民族构成、军事编制以及"乣"字读音等方面进行探讨，而对女真统治者在北京路内的军事防御措施关注较少。[②] 为了防御蒙古草原各部的侵扰，女真统治者在北京路泰州域内设置东北路招讨司，负责镇抚周边游牧部族，擢选归顺金廷的契丹人以及诸部族官吏任其长，管理、镇抚女真猛安谋克及周边地区的契丹、奚等诸游牧部族。章宗时期在泰州、临潢、大定府设置了临时性行省，管理边境地方军政事务。因此要研究金朝的地方部族制度状况及女真与蒙古高原诸部关系，这一问题显然是不能忽视的。

一、金代北京路地区的军事机构

在金朝北部疆域的外围，沿袭辽代制度，以招讨司负责镇抚周边游牧部族，体现了女真本族制度与辽制交互作用的状态。[③] 在北京路泰州域内设置东北路招讨司，擢选归顺金廷的契丹人以及诸部族官吏任其长，管理、镇抚女真猛安谋克及周边地区的契丹、奚等

---

① 金朝前期于契丹、奚族聚居地设有中京大定府(今内蒙古宁城)和上京临潢府(辽上京，今内蒙古巴林左旗)。金熙宗天眷元年(1138)改上京临潢府为北京临潢府，海陵天德二年(1150)降为临潢府。海陵贞元元年(1153)改中京大定府为北京大定府。金世宗(1161～1189)以后将临潢府并入北京路。本文以《金史·地理志》记载章宗泰和八年(1208)行政建制为准。

② 朱子方:《辽金乣军考略》，载《东方杂志》第42卷，1946年第11期；陈述:《乣军考释初稿》，载《历史语言研究所集刊》1949年20册下；蔡美彪:《乣与乣军之演变》，载《元史论丛》第2辑，中华书局1983年版，第6页；黄时鉴:《木华黎国王麾下诸军考》，载《元史论丛》第1辑，中华书局1982年版，第57～71页；[日]箭内亘:《辽金乣军及金代兵制考》，陈捷、陈清泉译，商务印书馆1932年版。

③ 参见余蔚:《中国行政区划通史·辽金卷》，复旦大学出版社2012年版，第505页。

诸游牧部族。[①] 章宗时期在泰州、临潢、大定府设置了临时性行省，管理边境地方军政事务。

(一)东北路招讨司

东北路招讨司，金初为乌古敌烈统军司；海陵天德二年(1150)改为乌古敌烈招讨司；世宗大定五年(1165)改为东北路招讨司，大定二十五年(1185)一度被废止；章宗承安三年(1198)再次恢复直至金亡。

东北路招讨司辖内民事全然从属于军事，应视为军区。据《金史·兵志》载："东北路者，初置乌古迪烈部。"[②]太宗天会三年(1125)二月，"丁卯，以庞葛城地分授所徙乌虎里、迪烈底二部及契丹民"[③]。《金史·习古乃传》也记载："以庞葛城地分赐乌虎里、迪烈底二部及契丹人。"[④]金朝统治者令其本部人为节度使，设置乌古迪烈路统军司进行统治。王曾瑜认为，"此招讨司已成为北方之重要军区"[⑤]。

海陵天德二年(1150)九月，"改乌古迪烈路统军司为招讨司"[⑥]。斜野、完颜麻泼、乌林答蒲卢虎均出任过乌古迪烈招讨使。海陵王完颜亮在贞元元年(1153)闰十二月，还曾"命西京路统军挞懒、西北路招讨萧怀忠、临潢府总管马和尚、乌古迪烈司招讨斜野等北巡"[⑦]。王曾瑜认为，招讨司的设置表明，至海陵末年，"最后形成了北方三个招讨司和南方三个统军司之军区部署格局"[⑧]。

世宗大定五年，改乌古迪烈路招讨司为东北路招讨司。据《金史·兵志》记载："大定五年，复罢府，降为统军司。寻又设两招讨司，与前凡三，以镇边陲。东北路者，初置乌古迪烈部，后置于泰州(旧泰州)。泰和间，以去边尚三百里，宗浩乃命分司于金山。西北路者置于应州，西南路者置于桓州，以重臣知兵者为使，列城堡濠墙，戍守为永制。"[⑨]上述史料记载，大定五年，乌古迪烈路招讨司更名为东北路招讨司，其治所由庞葛城迁至泰州(旧泰州，今黑龙江省泰来县塔子城)。《金史·习古乃传》："泰州之边圉，黄龙之冲要，寄亦重矣。"

东北路招讨司是金世宗完颜雍统治初年，在镇压了契丹耶律撒八、移剌斡窝起义以后，调整金朝北方地区军事机构的结果。将乌古迪烈招讨司改为东北路招讨司，治所由乌古迪烈地移至泰州，意味着西北边疆第一道防线的后撤。此番调整想必是因为西北契丹人防御阵线已经削弱而且难以信任。

大定二十五年(1185)，东北路招讨司及旧泰州一度同被废止。承安三年(1198)，东北

---

① 金朝的招讨司皆置于北部边境地区，专领猛安谋克户和蕃部，不领州县民户。

② (元)脱脱：《金史》卷四四《兵志》，中华书局 1975 年版，第 1003 页。

③ (元)脱脱：《金史》卷三《太宗纪》，中华书局 1975 年版，第 52 页。

④ (元)脱脱：《金史》卷七二《习古乃传》，中华书局 1975 年版，第 1666 页。

⑤ 王曾瑜：《金朝军制》，河北大学出版社 1996 年版，第 20 页。

⑥ (元)脱脱：《金史》卷四四《兵志》，中华书局 1975 年版，第 1003 页。

⑦ (元)脱脱：《金史》卷五《海陵纪》，中华书局 1975 年版，第 101～102 页。

⑧ 王曾瑜：《金朝军制》，河北大学出版社 1996 年版，第 23 页。

⑨ (元)脱脱：《金史》卷四四《兵志》，中华书局 1975 年版，第 1003 页。按，(宋)宇文懋昭：《大金国志》卷三八"京府州军"条记载，金朝设招讨司三处：西南路丰州置司、西北路桓州置司、东北路泰州置司。[参见(宋)宇文懋昭撰，崔文印校证：《大金国志校证》卷三八《京府州军》，中华书局 1986 年版，第 538 页]

路招讨司复置于长春县，称为"新泰州"(今吉林省白城市洮安城四家子古城)。当时泰州成为女真人控制西北边境外蒙古诸部族的中心所在，遂将东北路招讨司设于此地。但是这种状态并未维持多久，由于北方诸游牧部族经常侵扰边塞，泰州距离边境达三百里之遥，"每敌入，比出兵追袭，敌已遁去"。承安四年(1199)，宗浩拜枢密使后"奏徙之金山，以据要害，设副招讨二员，分置左右，由是敌不敢犯"①。

泰和八年(1208)夏四月，金朝再次对东北路招讨司驻地进行调整，"以北边无事，敕尚书省，命东北路招讨司还治泰州，就兼节度使，其副招讨仍置于边"②。东北路招讨司于金山内迁回泰州(新泰州)，而副招讨仍然要驻防在近边的金山县地区。

贞佑二年(1213)，宣宗迁都到汴京，以"泰州残破，东北路招讨司猛安谋克人皆寓于肇州，凡征调往复甚难。乞升肇州为节度使，以招讨使兼之。置招讨副使二员，分治泰州及宜春"③。东北路招讨司的人员进一步内迁徙至肇州，此后关于东北路招讨司不复见于史载。④

东北路招讨使及其下的都监等，大都由契丹人、奚人充任。统治诸部族的部族节度使及其下属，也是诸部族出身者居多。⑤ 即使是一些女真人官僚赴任，也只是起到监督作用。世宗提到，"外官之尊，无以逾"⑥招讨使。招讨使之地位与留守都总管等同，据《金史·百官志三》"诸府镇兵马等职"条记载，"招讨司。……使一员，正三品"⑦。《金史·百官志四》"符制"条："虎符之制，承安元年制。……其符用虎，并五左一右，左者留御前，以侍臣亲密者掌之，其右付随路统军司、招讨司长官主之，阙则次官主之。"⑧

东北路招讨司，相当于府州级二级行政区划。因不领州县民户只领猛安谋克户，故亦称路。⑨ 又因其在领猛安谋克的同时，还兼领诸部族节度使、群牧所及诸乣详稳，故不置总管府、节度使⑩，是边境地区兼备游牧与农耕两种要素的特殊高层军政区。这是招讨司与女真内地都统、统军、总管、万户、节度使路的不同之处。⑪

---

① (元)脱脱：《金史》卷九三《宗浩传》，中华书局1975年版，第2074页。

② (元)脱脱：《金史》卷一二《章宗纪四》，中华书局1975年版，第283页。

③ (元)脱脱：《金史》卷一二二《乌古论德升传》，中华书局1975年版，第2658页。

④ 参见(元)脱脱：《金史》卷一〇三《完颜铁哥传》："贞祐二年，枢密使徒单度移剌以铁哥充都统，入卫中都。迁东北路招讨使，兼德昌军节度使。"(中华书局1975年版，第2282页)《金史》卷二四《地理志上》"肇州"条：招讨司迁至肇州以后，仍"以使兼州事"。(第551页)

⑤ 参见[日]外山军治：《金朝史研究》，李东源译，黑龙江朝鲜民族出版社1988年版，第60页。

⑥ (元)脱脱：《金史》卷七三《完颜守能传》，中华书局1975年版，第1691页。

⑦ (元)脱脱：《金史》卷五七《百官志三》，中华书局1975年版，第1328页。

⑧ (元)脱脱：《金史》卷五八《百官志四》，中华书局1975年版，第1336页。

⑨ (元)脱脱：《金史》卷五七《百官志三》大兴府条记载："尹一员，正三品。……同知一员，从四品。……少尹一员，正五品……女直教授一员。东京、北京……临潢、陕西统军司、西南招讨司、西北路招讨司、婆速路、曷懒路、速频、蒲与、胡里改、隆州、泰州、盖州并同此。"(元)脱脱：《金史》卷一二九《李通传》记载："(正隆)四年二月，海陵……遣使分往上京、速频路、胡里改路、曷懒路、蒲与路、泰州、咸平府、东京、婆速路、曷苏馆、临潢府、西南招讨司、西北招讨司、北京、河间府、真定府、益都府、东平府、大名府、西京路，凡年二十以上、五十以下者皆籍之。"由此可见，东北路招讨司显然实际上在北京路范围之内，不能视为与诸总管府路同类单位。(以上引文分别见第1304～1305页、第2783～2784页)

⑩ 参见谭其骧：《金代路制考》，载历史研究编辑部编：《辽金史论文集》，辽宁人民出版社1985年版，第537页。

⑪ 参见余蔚：《中国行政区划通史·辽金卷》，复旦大学出版社2012年版，第512页。

东北路招讨司所辖区域包括金代北京路全部及贝加尔湖以南、以东的草原游牧部落活动的地区，大约相当于今内蒙古自治区东部地区的赤峰市、通辽市、兴安盟、呼伦贝尔市的大部、锡林郭勒盟大部分地区及吉林省白城地区、黑龙江省齐齐哈尔地区。此外，蒙古国东方省、苏赫巴托尔省、肯特省以及俄罗斯联邦赤塔州中南部地区，也是金代东北部招讨司辖区之内。贾洲杰认为，今内蒙古锡林郭勒盟阿巴嘎旗东北部日珠尔庙西南不远处的一处金代遗址①，与达赉诺日湖西侧的克力更堡址联成一线，此线正是东北路招讨司与西北路招讨司辖区的分界，也是北京路与西京路的分界。②

（二）北京路的行省

金章宗时期，北边部族势力日渐强大，侵扰边境日益频繁。北京路地处西北边疆，女真统治者十分重视路内地方军政事务的管理，在泰州设置行省，督管修筑东北路界壕；在临潢、北京设置临时军事性行省，负责戍守指挥具体军事运作。

泰州行省　为抵御北方蒙古诸游牧部族的入侵，自天宗时开始至章宗泰和三年(1203)结束，在北京路境内修筑了东北路界壕，由东北路招讨司负责戍守监管。泰和三年，蒙古诸部再度入侵扰边，金朝派遣尚书右丞相宗浩行省泰州，主持筹备修筑东北路界壕。据《金史》卷九三《宗浩传》记载："初，朝廷置东北路招讨司泰州，去境三百里，每敌入，比出兵追袭，敌已遁去。至是，宗浩奏徙之金山，以据要害，设副招讨二员，分置左右，由是敌不敢犯。"③是年九月，东北路界壕全线贯通，宗浩回朝，行省罢。

临潢 北京行省　因北边部族势力日渐强大，侵扰边境日益频繁，据《金史·章宗纪二》记载明昌六年(1195)五月，"命左丞相夹谷清臣行省于临潢府"④，后因其处事不当，"措画乖方"，改由参知政事完颜襄代其行省事。承安元年(1196)十一月，临潢行省移至北京。承安二年(1197)五月，行省复移驻临潢府，由参知政事完颜裔代领行省事。完颜裔作战失败，九月，罢临潢行省，完颜襄再次行省北京，与胥持国共同指挥对阻卜诸部的军事行动。承安三年(1198)二月，阻卜首领斜出内附，北方边境一度恢复平静，北京行省随即撤罢。从临潢、北京行省军事活动范围看，其经略区域当在大兴安岭以东地区，大致相当于东北路招讨司管辖范围。

除上述专门军事机构外，北京路都总管府、节镇州也具有军事职能。北京路都总管府，设留守兼本路兵马都总管，执掌本路兵马事。节镇州作为军事要地，主要职责是镇抚防御、刺史诸军，统领本州兵马兼管本州政务。⑤ 州刺史还总判本镇兵马之事，拥有统兵权。⑥

---

① 参见贾洲杰：《金代的长城》，载文物编辑委员会编《中国长城遗迹调查报告集》，文物出版社1981年版，第81页。

② 参见谭其骧：《中国历史地图集》第6册，中国地图出版社1987年版，第43、50页。

③ (元)脱脱：《金史》卷九三《宗浩传》，中华书局1975年版，第2074页。

④ (元)脱脱：《金史》卷一〇《章宗纪二》，中华书局1975年版，第236页。

⑤ 参见(元)脱脱：《金史》卷五七《百官志三》，中华书局1975年版，第1311～1312页。

⑥ 参见宋德金：《中国历史·金史》，人民出版社2006年版，第190页。

二、金代北京路的军事镇戍

金朝在擒获天祚帝灭辽后，以南征伐宋为基本国策，无暇扩张西北边疆，未有余力充分经略内、外蒙古诸游牧部族。遂将契丹与诸羁縻部族安置于西北边疆，把这一地区作为防御北方游牧部族的一道屏障。北京路地处边境与游牧部族交界，其所辖军事镇戍力量，除猛安谋克外，还包括乣军等部族军队。

(一)乣军的军事镇戍

所谓乣军是指归附金朝的契丹、奚及北方其他诸游牧部族，意为“杂户”“杂类”，与汉语的番、夷、杂胡类似。[①] 金朝利用乣军戍守西北边界，使之成为抵挡觊觎金西北边诸蒙古游牧部族的一道防线。乣军民族成分很复杂，主要包括契丹人、奚人、突厥人、蒙古人和党项诸部族。乣军有三种组成形式：部族(某些部族下属也有乣)、诸乣、群牧。东北路招讨司所辖迭剌部、唐古部、助鲁部、乌鲁古部、石垒部、萌古部、计鲁部、孛特本部。[②] 从唐古、迭剌二部五乣户受到与猛安、谋克户相同的待遇来看[③]，可能就是由他们组成的北方边防军。[④]

关于诸部族与诸乣的具体情况大多失载，唯一留下记载的只有迭剌、唐古部二部五乣。据世宗大定二十三年(1183)七月统计：“迭剌、唐古二部五乣，户五千五百八十五，口十三万七千五百四十四，内正口十一万九千四百六十三，奴婢口一万八千八十一。垦田万六千二十四顷一十七亩，牛具五千六十六。”[⑤]则每部族内，有户二千七百九十三，口六万八千七百七十二，内正口五万九千七百三十二，奴婢口九千四十一。虽然乣军具体人口失载，但“其他若助鲁部族、乌鲁古部族、石垒部族、萌骨部族、计鲁部族、孛特本部族数皆称是”[⑥]。由此可推测，北京路八部族族，共有户二万二千三百四十，口五十五万一百七十六，内正口，四十七万七千八百五十二，奴婢口七万二千三百二十四。

据《金史·兵志》记载：“东北路部族乣军曰迭剌部，承安三年改为土鲁浑札石合节度使。曰唐古部，承安三年改为部鲁火札石合节度使。二部五乣，户五千五百八十五。”承安三年(1198)，迭剌部改为土鲁浑札石合节度使，唐古部改为部鲁火札石合节度使，这意味着北京路内二部五乣地位的上升。诸部族设节度使，“统制各部，镇抚诸军”；诸乣设详稳，“掌守戍边堡”；节度使、详稳，均系部族首领。[⑦] “故事，诸部族节度使及其僚属多用乣人。”[⑧]金朝后期也委任女真人。《金史》记载的唐古部族节度使的任职者有移剌毛得、完

---

① 参见蔡美彪：《乣与乣军之演变》，载《辽金元史考索》，中华书局2012年版，第213～247页。

② 参见(元)脱脱：《金史》卷四四《兵志》、卷二四《地理志上》所记族部族名称与此稍有差异。

③ 参见(元)脱脱：《金史》卷四七《食货志》牛头税条记载：“(大定)十二年，尚书省奏：‘唐古部民旧同猛安谋克定税，其后改同州县，履亩立税，颇以为重，’遂命从旧制。”复于大定二十三年(1183)八月条记载，猛安谋克户口、田亩、牛具数调查统计表中，还列举有迭剌、唐古二部五乣户的数字。(中华书局1975年版，第1063页)

④ 参见[日]外山军治：《金代女真研究》，金启孮译，黑龙江人民出版社1984年版，第415页。

⑤ (元)脱脱：《金史》卷四六《食货志一》，中华书局1975年版，第1034～1035页。

⑥ (元)脱脱：《金史》卷四四《兵志》，中华书局1975年版，第996页。

⑦ 参见(元)脱脱：《金史》卷五七《百官志三》，中华书局1975年版，第1329页。

⑧ (元)脱脱：《金史》卷九四《完颜襄传》，中华书局1975年版，第2087页。

颜宗尹、乌延吾里补、独吉义，只有移剌毛得是契丹人。[①]

明昌五年(1194)九月，“命上京等九路并诸抹及乣等处选军三万，俟来春调发，仍命诸路并北阻卜以六年夏会兵临潢”[②]。引文中所言诸抹，即诸群牧。次年三月戊戌，“以北边粮运，括群牧所、三招讨司猛安谋克、随乣及迭剌、唐古部诸抹、西京、太原官民驼五千充之”[③]。此处之迭剌、唐古部诸抹是指迭剌、唐古诸部族而言。章宗明昌年间为进军阻卜曾向北京路内迭剌、唐古诸部族征集兵马粮饷。

卫绍王大安三年(1211)，蒙古军进犯金朝西北边境，泰州刺史术虎高琪率领三千乣军屯驻中都通玄门外，后戍守镇州(河北省延庆县)。[④] 金朝将部署在西北边境抵御北方诸游牧部族的乣军用于内地战斗，这就意味着金朝兵力异常衰弱。

在贞祐二年(1214)，宣宗迁汴前夕，曾经讨论如何处置乣军问题。有的臣僚主张将乣军部署在平州(河北卢龙)地区，这项提议遭到乣军首领术虎高琪的反对。移剌福僧亦上书：“为今之计，惟先招徕乣人，选择乣人旧有宿望雄辩者，谕以恩信，彼若内附，然后中都可复，辽东可通。”[⑤]但该建议根本无法实施，遂决定南迁。南迁途中，队尾乣军叛金返回中都，金廷招抚不果，乣军归降蒙古，充当蒙古军的向导，参加了围攻中都的战斗，乣军也叛离金朝。[⑥]

(二)猛安谋克的军事镇戍

东北路招讨司的军事镇戍力量除乣军诸部族外，还包括大量猛安谋克户。这些猛安谋克户以女真人为主，杂以契丹、奚等族人户。东北路招讨司所辖驻军分为永屯军和分番屯戍军。所谓永屯军，是指“驱军则国初所免辽人之奴婢，使屯守于泰州者也”[⑦]。所谓分番屯戍军，是指一般的戍边军队，因“北边之地，不堪耕种，不能长戍，故须番戍耳”[⑧]。

金初对军事要地泰州进行大规模的集体移住猛安谋克，并派遣军户驻守。据《金史·婆卢火传》记载：“天辅五年，摘取诸路猛安中万余家，屯田于泰州，婆卢火为都统，赐耕牛五十。婆卢火旧居按出虎水，自是徙居泰州。而遣拾得、查端、阿里徒欢、奚挞罕等俱徙焉”[⑨]。《金史·宗雄传》中也有关于猛安谋克移居泰州记事，“徙万余家屯田泰州”[⑩]。世宗大定五年(1165)正月，世宗下令于泰州、临潢边界修筑70座边堡，屯兵13000名兵士。[⑪] 这些屯戍军多为女真猛安谋克。

每遇战事之时，除依赖招讨司所属军事力量外，还大规模进行签军。承安三年

① 参见程妮娜：《东北史》，吉林大学出版社2001年版，第202页。

② (元)脱脱：《金史》卷一〇《章宗纪二》，中华书局1975年版，第233页。

③ (元)脱脱：《金史》卷一〇《章宗纪二》，中华书局1975年版，第235页。

④ 据(元)脱脱《金史》卷一〇六《术虎高琪传》云：“大安三年，累官泰州刺史，以乣军三千屯通玄门外。未几，升缙山县为镇州，以高琪为防御使，权元帅右都监，所部乣军赏赉有差。”(中华书局1975年版，第2340页)

⑤ (元)脱脱：《金史》卷一〇四《移剌福僧传》，中华书局1975年版，第2297页。

⑥ 日本学者箭内亘《关于辽金时代的乣军》一文以《皇元圣武亲征录》《元史·太祖纪》《金史·兵志》《金史·术虎高琪传》为依据。

⑦ (元)脱脱：《金史》卷四四《兵志》，中华书局1975年版，第997页。

⑧ (元)脱脱：《金史》卷四四《兵志》，中华书局1975年版，第994页。

⑨ (元)脱脱：《金史》卷七一《婆卢火传》，中华书局1975年版，第1638页。

⑩ (元)脱脱：《金史》卷七三《宗雄传》，中华书局1975年版，第1679页。

⑪ 参见(元)脱脱：《金史》卷六《世宗纪》，中华书局1975年版，第135页。

(1198),“北方有警,命宗浩佩金虎符驻守泰州便宜从事”,“朝廷发上京等路军万人”[①],由东北路招讨司调遣。章宗时期,女真与阻卜发生战争。承安二年(1197)九月,章宗“遣官分诣上京、东京、北京、咸平、临潢、西京等路招募汉军,不足则签补之”[②]。由于蒙古入侵、战事频仍,不得不到临潢、北京地区募兵。

金代文献并未明确记载东北路招讨司具体包括哪些猛安谋克。见于《金史》记载的东北路招讨司下只有两个,包括乌连苦河猛安[③]和按出虎割里罕猛安。[④]

(三)北京路驻军的薪饷

东北路招讨司内所辖猛安谋克与糺军为戍守边境常备军,其薪俸高于一般世袭女真猛安谋克,相当于女真屯戍军的标准待遇。就常备军的薪饷而言,女真人享有特殊的优遇,契丹、奚及其他诸部族军士薪俸低微,民族间不平等地位显得更为突出。据《金史·兵志》记载:

> 诸屯田被差及缘边驻扎捉杀军,猛安月给钱六贯、米一石八斗、五马刍粟,谋克钱四贯、米一石二斗、三马刍粟,蒲辇钱二贯、米六斗、二马刍粟,正军钱一贯五百文、米四斗、一马刍粟,阿里喜随色人钱一贯、米四斗、一马刍粟。德顺军指挥使钱六贯、米二石八斗、绢六匹、三马刍粟,军使什将钱四贯、米一石七斗、绢五匹,给两马料,长行钱二贯、米一石五斗、绢四匹、绵十五两,给一马料,奚军谋克钱一贯五百文、米一石五斗、细绢春秋各一匹,给三马料,蒲辇钱一贯、米二石七斗、细绢同上,给二马料,长行钱一贯、米一石八斗、细绢同上,饲一马。
>
> 北边临潢等处永屯驻军,千户钱八贯、米五石二斗、绢八匹、饲马六匹,步军饲两马、地五顷,谋克钱六贯、米二石八斗、绢六匹、饲五马、地四顷,蒲辇钱四贯、米一石七斗、绢五匹、饲四马、地三顷,正军钱二贯、米一石四斗五升、绢四匹、绵十五两、饲两马、地二顷,阿里喜钱一贯五百文、米七斗、绢三匹、绵十两、地一顷,旗鼓司人与阿里喜同,交替军钱二贯、米四斗,阿里喜钱一贯五百文、米四斗。上番汉军,千户月给钱三贯、粮四石、绢八匹、饲四马,谋克钱二贯五百文、粮一石、绢六匹、饲二马,正军钱二贯、米九斗五升、绢四匹。
>
> 上京路永屯驻军所除授,千户月给钱粟十五贯石、绢十匹、绵二十两、饲三马,谋克钱六贯、米二石八斗、绢六匹、饲二马,正军月支钱二贯五百文、米一石二斗、绢四匹、绵十五两、饲一马,阿里喜随色人钱二贯、米一石二斗、绢四匹、绵十五两。

上述史料记载了北边临潢等处永屯驻军、缘边驻扎捉杀军、上京路永屯驻军等所属猛安谋克的薪饷情况。案《金史》卷四四《兵志》“兵制条”记载,大定十七年(1177)始设置北边临潢等处永屯军,由于蒙古入侵,永屯军无法继续屯驻,至卫绍王末宣宗初年废止。永

---

① (元)脱脱:《金史》卷九三《宗浩传》,中华书局 1975 年版,第 2073 页。

② (元)脱脱:《金史》卷一〇《章宗纪二》,中华书局 1975 年版,第 242 页。

③ 参见(元)脱脱:《金史》卷一〇四《移剌福僧传》,中华书局 1975 年版,第 2296 页。

④ 参见(元)脱脱:《金史》卷一二二《蒲察娄室传》,中华书局 1975 年版,第 2669 页。

屯军薪饷当是在此期间规定的。上述所引薪饷数额记于章宗承安四年(1199)条下，日本学者外山军治认为，作为常备军的猛安谋克薪俸，可能是在实行募兵法的章宗时代规定的。[①]

兹将常备军猛安谋克薪俸情况列表如下：

表 1　　北京路内临潢等永屯驻军猛安谋克薪俸

	钱	米	绢	土　地	刍　粟
猛安及押军猛安	八贯	五石二斗	八匹	五顷	六匹
谋克及押军谋克	六贯	二石八斗	六匹	四顷	五马
蒲里衍	四贯	一石七斗	五匹	三顷	四马
正军	二贯	一石四斗五升	绢四匹 绵十五两	二顷	二马
阿里喜	一贯五百	七斗	绢三匹 绵十两		

表 2　　缘边驻扎捉杀军猛安谋克薪俸

	钱	米	绢	刍　粟
猛安及押军猛安				
谋克及押军谋克	一贯五百文	一石五斗	细绢春秋各一匹	三马
蒲里衍	一贯	二石七斗	细绢春秋各一匹	二马
正军				
阿里喜	一贯	四斗		一马

表 3　　奚军猛安谋克薪俸[②]

	钱	米	绢	刍　粟
猛安及押军猛安	八贯	五石二斗	八匹	六匹
谋克及押军谋克	一贯五百文	一石五斗	细绢春秋各一匹	三马
蒲里衍	一贯	二石七斗	细绢春秋各一匹	二马
正军				
阿里喜				

---

① 参见[日]三上次男：《金代女真研究》，金启孮译，黑龙江人民出版社 1984 年版，第 411 页。

② 从列表中得知，临潢等永屯驻军、上京路永屯驻军、河南陕西山东路统军司谋克的薪饷几乎相同，据此推测奚军猛安的薪饷大致与临潢等永屯驻军、河南陕西山东路统军司相同。

表 4　　上京路永屯驻军猛安谋克薪俸

	钱	米	绢	刍　粟	
猛安及押军猛安	十五贯石	十五石	十匹	三匹	
谋克及押军谋克	六贯	二石八斗	六匹	二马	
蒲里衍					
正军	二贯五百	一石二斗	四匹	一马	
阿里喜	二贯	一石二斗	四匹		

从以上列表中可以看出，北边临潢等处永屯驻军(包括东北路招讨司所辖驻军)、缘边驻扎捉杀军(包括唐古、迭剌二部五糺边防军)与上京路永屯驻军、奚军、上番汉军在薪饷上存在级差。引文中记载："缘边驻扎捉杀军，猛安月给钱六贯……""上京路永屯驻军……月给钱粟十五贯石……"从"月给"字样可以看出，当时的薪俸规定均为月薪。

北边临潢等处永屯驻军猛安的薪饷与河南陕西山东统军司所属猛安的薪饷是钱八贯，米五石二斗，绢八匹，六马刍粟，有土地五顷。而北边临潢等处永屯驻军的任务是防卫漠北蒙古诸游牧部族，所以在薪饷方面有土地一项。钱粟 项，低于上京路永屯驻军所属猛安钱粟十五贯石。刍粟一项，高于上京路永屯驻军刍粟三马，大概是由于上京路永屯驻军需用军马数目少的缘故。另，上京路永屯驻军特别有绵二十两。

从列表中得知，临潢等永屯驻军、上京路永屯驻军的薪饷几乎相同，据此推测奚军猛安的薪饷大致与临潢等永屯驻军、河南陕西山东路统军司相同。北边临潢等处永屯驻军猛安薪饷高于缘边驻扎捉杀军，与一般世袭猛安薪饷相比较①，前者月薪八贯，后者年俸四十八贯石，折合月薪为四贯石。由此看来，戍守临潢等处边境常备军猛安的薪饷较一般猛安高二倍。上京路永屯驻军猛安薪饷甚至接近一般猛安薪俸的四倍。

北边临潢等处永屯驻军谋克薪俸与上京路永屯驻军的薪俸几乎相同。此处常备军谋克的薪俸要高于一般谋克。一般世袭谋克年俸二十贯石，折合月俸为一点六六贯石。缘边驻扎捉杀军谋克薪俸四贯。北边临潢等处永屯驻军谋克薪俸六贯，相当于一般谋克薪俸五倍强。奚军谋克薪俸最低，为一贯五百文，较接近一般谋克薪俸。

北边临潢等处永屯驻军所属蒲里衍薪俸为四贯，相当于缘边驻扎捉杀军和奚军所属蒲里衍薪俸的二倍。造成这种差异的主要原因可能在于北边临潢等处永屯驻军均由女真人组成，肩负戍守边防的重任，所以给予三顷土地，留作屯田之用。缘边驻扎捉杀军多为唐古、迭剌二部五糺组成，所以才会在待遇上存在如此大的差异。

正军在级别上不同于猛安、谋克和蒲里衍，为低级军人，其薪俸的规定一般保持在能够维持基本生活水平的范围，从整体上看几乎等同于北边临潢等处永屯驻军所属正军薪

① (元)脱脱：《金史》卷五八《百官志四》记载："猛安，钱粟四十八贯石，余皆无。乌鲁古使，同，无职田。大定二十年，诏猛安谋克俸给，令运司折支银绢。省臣议：'若估粟折支，各路运司储积多寡不均，宜令依旧支请牛头税粟。如遇凶年尽贷与民，其俸则于钱多路府支放，钱少则支银绢亦未晚也。'从之。……谋克，钱粟二十贯石，余皆无。乔家部族都钤辖，无职田。"(中华书局 1975 年版，第 1341～1342 页)

俸，均为钱二贯。缘边驻扎捉杀军与上京路永屯驻军正军薪俸相等，为钱二贯五百。其中，北边临潢等处永屯驻军所属正军薪俸有土地二顷。临潢等处永屯驻军所属阿里喜薪俸为一贯五百，低于上京路永屯驻军阿里喜薪俸五百文。北边临潢等处永屯驻军所属阿里喜薪俸有土地一顷。

总体说来，戍守边境常备军的猛安谋克薪俸高于一般世袭女真猛安谋克。北方临潢等处永屯驻军薪俸待遇，可以视为女真军士的标准待遇。唯有上京路永屯驻军所属猛安谋克薪饷最高。

三、金代北京路地区与金界壕内外的互动关系

金朝建立后，并未对原辽朝统治下诸游牧部族建立有效的统治。为巩固金朝西北边境安全，有效控制蒙古诸部，女真统治者通过征伐、招抚、设置榷场诸多举措，在一定程度上实现了控制蒙古诸部，稳定金朝西北边境的作用。

北京路地区地处西北边陲，是金朝重要的军事重镇，与蒙古诸部的交流互动较多。女真统治者为保持边防安定，经济上控制北方诸部族，以金界壕为界与北方诸部族进行榷场贸易。

《金史·地理志上》载：北京路庆州下辖朔平县，“有榷场务”[①]。《金史·百官志三》诸路总管府下，只有临潢府设有通事一人，小部落通事一人。所谓通事，是指那些能够熟悉邻近部族语言的翻译，即疏通内外关系的办事人员。庆州所辖朔平县为临潢府境内靠近边地的城镇，所以才会设置榷场和通事。[②]《金史·宗宁传》载：“其镇临潢，邻国有警，宗宁闻知乏粮，即出仓粟，令以牛易之，敌知得粟，即遁去。边人以窝斡乱后，苦无牛，宗宁复令民入粟易牛，既而民得牛而仓粟倍于旧，其经画如此。”[③]从上述引文中透露的信息表明当时在北京路边境地区可能存在榷场贸易。

《金史》中常常将金蒙间的战事含混地称为“北征”“北巡”“巡边”等等，对于所讨何部及各部落具体事宜则略而不谈。据《完颜希尹神道碑》记载，碑文(碑阴)“尚书左丞相兼侍中，加开府仪同三司，监军仍旧，萌古斯扰边，王(贞宪王完颜希尹)偕太师宗磐奉诏往征之”[④]。按《金史·熙宗纪》所载，太宗天会十三年(1135)十一月，完颜希尹被封为“尚书左丞相兼侍中”[⑤]。碑阴第6行复有希尹左迁兴中尹的记述，检阅《金史》得知，此事系于金熙宗天眷二年(1139)正月。[⑥] 由此可见，早在太宗天会十三年至熙宗天眷二年之间，金朝就派遣重兵征讨蒙古诸部。

关于熙宗时期金朝与蒙古诸部关系问题，《金史·乌林答晖传》中有这样一段记载：

---

① (元)脱脱：《金史》卷二四《地理志上》，中华书局1975年版，第562页。

② 参见贾敬颜：《从金朝的北征、界壕、榷场和宴赐看蒙古的兴起》，载《元史及北方民族史研究集刊》1985年第9期。

③ (元)脱脱：《金史》卷七三《宗宁传》，中华书局1975年版，第1677页。

④ 徐炳昶：《校金完颜希尹神道碑书后》，载《史学集刊》1936年第1期。

⑤ (元)脱脱：《金史》卷四《熙宗纪》，中华书局1975年版，第70页。

⑥ 参见(元)脱脱：《金史》卷四《熙宗纪》，中华书局1975年版，第73页。

“天眷初，充护卫，以捕宗磐、宗隽功授忠勇校尉，迁明威将军。从宗弼北征，迁广威将军。”[①]宗磐作为太宗嫡长子因未能继承大统，阴与宗隽共谋，事败伏诛，此事发生于熙宗天眷二年(1139)七月，据此可以肯定乌林答晖跟随宗弼北征蒙古诸部一事确在天眷二年之后。又《金史·完颜襄传》中提到其“父阿鲁带，皇统初北伐有功，拜参知政事”[②]。鉴于蒙古诸部大肆扰边及形势所迫，金熙宗不得不派遣宗弼、乌林答晖、阿鲁带这样的重臣武将率兵讨伐屡犯边境的蒙古诸部。

经过熙宗时期对蒙古诸部征讨后，至海陵时期北方边境虽获得了短暂的和平安宁，但蒙古诸部仍时有扰边行为。关于此事《金史·李通传》有相关记载：“宋遣使贺迁都，海陵使韩汝嘉就境上止之曰：‘朕始至此，比闻北方小警，欲复归中都，无庸来贺。’宋使乃还。”[③]为防止宋使窥探金国内情，遂以北方边患为由拒绝宋使入境朝贺。所谓“北方小警”多半是指蒙古草原诸游牧部族入侵北境一事。

金世宗统治时期，蒙古诸游牧部落仍屡有骚扰边境的现象。通过南宋人的记录似乎能够寻找到一些金、蒙间关系的信息。南宋赵珙于1221年后写成的《蒙鞑备录》载：“金虏大定间，燕京及契丹地有谣言云：‘鞑靼来，鞑靼去，赶得官家没去处。’葛酋雍宛转闻之，惊曰：‘必是鞑人为我国患’，乃下令极于穷荒，出兵剿之。每三岁遣兵向北剿杀，谓之‘减丁’。”[④]对“三年减丁”政策的真实性，学界一直存有争议。[⑤] 无论“三年减丁”真实与否，却可透漏出世宗时期金朝与蒙古之间脆弱敏感的紧张关系。

世宗统治期间阻卜(蒙古)诸部相继归附金朝，诸部首领接受金朝的封号，定期纳贡、应调出征及戍守边境。但诸蒙古部族归附金朝的时间不尽一致，其中弘吉剌、塔塔尔部最为接近边塞，归附时间自然早些，与金朝的关系也更为密切；居于阿尔泰山南北的乃蛮部直至大定十五年(1175)方归附金朝，并上交西辽颁发的牌印。[⑥] 世宗时克烈部长汪罕、汪古部白厮波、蒙古部铁木真等都被金朝册封过官爵。为了更加有效地实现对草原各游牧部落的羁縻统治，金朝在对蒙古诸部出兵征讨的同时增筑了金界壕。

1980年北京出土的《乌古论元忠墓志》记载，“(大定)十五年，达靼款□贡献，诏公往领之”[⑦]。今本《金史·世宗纪》脱去大定十五年一页，此事不见史载。[⑧]《金史·乌古论元忠传》云：“(大定)十五年，北边进献，命元忠往受之。”[⑨]墓志中的“达靼”被有意改为“北边”。这显然是元朝史官刻意回避蒙元早期历史的实证，但也从另一个侧面说明，北京路

---

① (元)脱脱：《金史》卷一二〇《乌林答晖传》，中华书局1975年版，第2620页。

② (元)脱脱：《金史》卷九四《完颜襄传》，中华书局1975年版，第2085页。

③ (元)脱脱：《金史》卷一二九《李通传》，中华书局1975年版，第2784～2785页。

④ 王国维：《蒙鞑备录笺证·征伐》，载《王国维遗书》第13册，上海古籍书店1983年版，第14页。

⑤ 正如王国维所指出的：“案此事正史绝无记载，惟《世宗纪》书大定七年(1167年)闰七月甲戌，诏遣秘书监移剌子敬经略北边。又十年八月壬申，遣参知政事宗叙北巡。十年之役既缘蒙古，则七年之役当亦相同。二役相去适三年，每三岁减丁之说，殆由此传讹。”(王国维：《萌古考》，载《辽金时代蒙古考》，内蒙古自治区文史研究馆1984年版，第29页)

⑥ 参见李桂芝：《辽金简史》，福建人民出版社1996年版，第285页。

⑦ 北京市文物工作队：《北京金墓发掘简报·附录》，载《北京文物与考古》第1辑，北京市文物研究所1983年版，第70页。

⑧ 参见(元)脱脱：《金史》卷七《世宗纪》，中华书局1975年版，第162页。

⑨ (元)脱脱：《金史》卷一二〇《乌古论元忠传》，中华书局1975年版，第2624页。

地区与金界壕外存在交流互动。

章宗以皇太孙继承帝位后，仍承袭其祖父金世宗的施政方略。针对北方蒙古诸游牧部族频频入侵扰边行径进行了有力的回击，女真统治者除主动出击兴安岭以西地区，依恃武力镇压侵扰北疆的蒙古诸部族外，不惜耗费大量的人力物力在北方边境大规模修筑界壕以抵御蒙古兵锋。

明昌三年(1192)四月戊午，章宗再度召集百官廷议，共同商讨大规模开筑界壕防御蒙古诸游牧部族入侵一事。五月"癸酉，罢北边开壕之役"。明昌五年(1194)二月癸丑，"命宣徽使移剌敏、户部主事赤盏实理哥相视北边营屯，经画长久之计……(九月)甲申，命上京等九路并诸抹及乣等处选军三万，俟来春调发，仍命诸路并北阻轐以六年夏会兵临潢"①。从章宗明昌五年九月甲申(27日)的记载来看，北阻卜能够欣然出兵与金军协同作战，表明是年北阻卜已臣属金朝，处于金朝羁縻统治之下。阻卜的归附朝贡态度并非一成不变，其背叛意味着金朝对北方游牧部羁縻政策的失败，金朝为此罢免了负有直接责任的夹谷清臣，为应付新的事态由右丞相完颜襄带领行省事。史载："时左丞相夹谷清臣北御边，措画乖方，属边事急，命襄代将其众，佩金牌，便宜从事。"②

明昌六年(1195)十一月，受命领行省事的完颜襄自中都前往临潢，在完颜襄任职期间，北京、临潢之间发生起义，"时胡里乣亦叛，啸聚北京、临潢之间。襄至，遣人招之，即降，遂屯临潢"。广吉剌部邻近大盐泊，此次出兵主要是针对广吉剌部，完颜襄很快平息了起义，率领大军屯驻于临潢，同年十二月，率领驸马都尉仆散揆等挥师进军大盐泊。

据《金史・章宗纪》承安元年(1196)正月条记载："大盐泺群牧使移剌睹等为广吉剌部兵所败，死之。"③《金史・完颜安国传》也将此事系于章宗承安元年，"承安元年，大盐泺之战，杀获甚众"④。可见西北大盐泊战事自明昌六年一直持续至承安元年初。

《金史・完颜襄传》在先记述完颜襄驻屯临潢事后，接着写道"顷之，出师大盐泺，复遣右卫将军完颜充进军斡鲁速城，欲屯守，俟隙进兵。绘图以闻，议者异同，即召面论，厚赐遣还"⑤。完颜襄取胜后随即由大盐泺班师临潢，派遣完颜充进军斡鲁速城，然后入朝请奏。《章宗纪》承安元年(1196)二月条对此事亦有记载："丁卯(17日)，右丞相襄、左丞衡至自军前。己巳(19日)，复命还军。"以上使我们详细了解了完颜襄离军入朝请奏的具体时间。承安三年(1198)二月，北阻卜部长斜出归附金朝。金朝利用斜出内附的机会，对北边进行了彻底的经略。

结　语

北京路位于金朝西北边境地区，是防御蒙古草原的军事重镇。女真统治者于临潢、泰州屯戍重兵防御蒙古高原诸部侵扰，管领边境地带诸部族，先后设置了东北路招讨司及临

---

① (元)脱脱：《金史》卷一〇《章宗纪》，中华书局1975年版，第231～233页。

② (元)脱脱：《金史》卷九四《完颜襄传》，中华书局1975年版，第2088页。

③ (元)脱脱：《金史》卷一〇《章宗纪》，中华书局1975年版，第238页。

④ (元)脱脱：《金史》卷九四《完颜安国传》，中华书局1975年版，第2094页。

⑤ (元)脱脱：《金史》卷九四《完颜襄传》，中华书局1975年版，第2088页。

时性行省等地方军事行政机构管理边境地方军政事务。东北路招讨司主要负责管理、镇抚女真猛安谋克及周边地区的契丹、奚等诸游牧部族。章宗时期在泰州、临潢、大定府地区设置临时军事性行省,负责戍守指挥具体军事运作。金代北京路地处边境与游牧族交界,其所辖军事镇戍力量,除猛安谋克外,还包括乣军等部族军队。女真统治者在北京路实施的军事防御举措在镇守西北边陲、保障边防安全、开发北疆等方面发挥了重要作用。女真统治者为在政治上保持边防安定,经济上控制北方诸部族,在金界壕边界地区与北方诸部族进行交流互动实行榷场贸易,一定程度上起到了控制蒙古诸部,稳定金朝北部边疆的作用。

作者简介:宁波,中国社会科学院历史所博士后,主要从事辽金史研究、中国区域史研究。

家族之道：江北东昌钱氏建构的历史人类学研究

周　嘉

在聊城市及其周边县市，生活着一支五代时期吴越国王钱镠的后裔，被族人视为东昌始迁祖的钱成与其子孙三代武将，曾征战沙场御敌安邦。钱成自明初随军北征落籍东昌繁衍生息，通过家族自身建设后遂为一巨族。在长时段的家族发展史上，钱族的生计模式和发展策略，经历了一个由"武"到"文"的转型过程。历代先祖修谱实践是钱族建构自身"正统"的重要方式，保证了家族祖脉之清晰传承。自有明以来钱族发展历程的那段岁月，绝非静态的"过去式"，历史是活在"当下"的。当下钱族重新整合的凝聚力，是由他们共享的祖先记忆、族谱墓志、仪式活动和民间组织等交叉建构起来的。

一、地方文类：资料发现及使用说明

有关东昌钱氏的族谱宗图、墓志碑文等物质资料，为本项研究提供了丰富的史料支持。《钱氏世传宗谱》是一部由族人小心收藏的族谱，民间称之为"老谱"①，谱首页有"宁曳堂藏板"②字样，编成于乾隆三十九年（1774），共分 3 卷：卷一记始祖少典至八十世钱宽；卷二记吴越一世祖钱镠至二十四世钱恭；卷三记东昌始迁祖一世钱成至十世。是谱记述钱族源流、世系繁衍、人口变迁、居地迁徙、婚姻网络与科举仕宦等方面。考察民国十四年（1925）钱文选所撰《钱氏家乘》一书，收录百余支系，内容浩瀚，资料翔实，唯独没有江北东昌一脉③，足见上述老谱是钱族与区域社会研究极为珍贵的史料。历史时期流传下来三份世系图卷轴④，较早的两份作于乾隆年间，记吴越一世至三十四世。第三份时间比较晚近，先是作于清末，记少典一世至一百一十九世，后在此基础上又补作于 1964 年，续接

---

① 在大陆民间，所谓"老谱"一般指建国以前纂修的谱牒。参见饶伟新主编：《族谱研究》，社会科学文献出版社 2013 年版，第 292 页。

② 堂号是家族文化的重要内容，是族人支脉的一种特殊标志。不同支派为加以区分，用所居厅堂或祭祀宗祠之号来命名本支，从而形成堂号。一般嵌入谱名或镌于谱首页，同时在每两页对折的骑缝处显示堂号。钱氏堂号数量众多，分布广泛，有钱氏宗祠的普遍都有堂号。（参见钱大方、钱学新：《钱氏郡望与堂号》，载《钱镠研究》2014 年第 1 期）东昌钱族使用的堂号为"宁曳堂"。

③ 关于钱氏支脉分布情况，具体可参阅钱文选：《钱氏家乘》卷一三《支派》，世纪出版集团、上海书店出版社 1996 年版，第 234～278 页。

④ 一份保存在聊城大学运河学研究院，另外两份为钱氏族人收藏。

一百二十世至一百二十一世。

新近编修的族谱有两部,分别成书于2006年和2012年。钱成生有四子,长通、次聚、三玉、四义,在江北分为四大支系。2012年版《钱氏族谱》由通支后裔主编,共分四卷,前三卷影印老谱,第四卷续接东昌十一世至二十四世。2006年版《钱氏族谱》由聚支后裔主编,内容除了记载世系外,还涉及谱序、家训、百字派、后裔分布、修谱资助名单等。

在碑刻资料方面,适逢聊城市城区建设与冠县贾镇新农村建设,近三年出土了一批数量可观的明朝时期钱族墓碑,共计近二十通。东昌始迁祖钱成墓碑在"文化大革命"初期被推倒后埋于地下,于2013年出土时已断裂为三节,不过碑文仍清晰可辨。2014年,在市区昌润路改造的施工现场,又相继出土了五世钱杰及其配夫人、六世钱济时墓志铭。早在2012年修建聊冠路之时,冠县贾镇沿路两旁挖掘出土了七世钱继先与钱继志、八世钱楷、九世钱允灿、十世钱基墓志铭。

当然,本项研究并不仅仅关注历史时期里的族群实践,更要落脚在"当下",关注历史对"当下"产生的影响。因为,历史活在"当下","当下"也富有历史的厚重感。[①] 在对钱族情况获得一个概括性认识后,笔者便开始进行田野考察,先后在一些由族人举办的仪式活动中进行参与观察,同时,对族人自发成立的"江北钱氏宗族联谊会"相关成员进行深入访谈,获得了较为丰富的口述资料。

二、落籍模式:东昌钱氏族源及迁徙考释

关于东昌钱族的来历问题,族人中年长者认为:"聊城这边很多姓氏是从山西洪洞县迁来的,现在有好多年轻人还不知道我们钱家是怎么来的,我就教育村里的年轻人,一定要记住我们不是从山西迁来的,而是从浙江迁来的。"[②]东昌钱氏追溯吴越王钱镠为远谱第一世,碑铭中多次提及吴越之源:"钱氏先世,脉分吴越"[③];"钱之先代有闻人吴越,而后其族益显"[④]。宋端平元年(1234)赐进士第工部侍郎钱滕懋所作《编纂钱氏族谱序》中曰:"至唐中叶始自沛祖,谥洪胜王,娶宣氏生宙祖,谥建初王,娶李氏生宽祖,谥英显王,娶郑氏生武肃王,为始祖一脉支也。"[⑤]

据族人介绍,"钱氏"可以从两个方面进行考察:一是由钱镠传承下来的为"吴越钱氏";二是当无可考证是否传自钱镠,可直接追溯"中华钱氏"[⑥]。从少典始历八十世为大宗谱,《钱氏世传宗谱》载"自此以上至少典,凡八十世皆武肃王大宗谱所纪"[⑦]。其中,第十世篯铿封彭城为商伯,仕夏、商、周三代,其子钱孚被周文王拜为师,在西周都城(今陕西

---

① 参见张佩国:《历史活在当下——"历史的民族志"实践及其方法论》,载《东方论坛》2011年第5期。

② 笔者对钱聚堂的访谈。时间:2015年2月4日。地点:冠县贾镇村。

③ 隆庆六年(1572)《明故文林郎阳溪先生钱公墓志铭》,碑存冠县贾镇村钱氏祠堂。

④ 隆庆二年(1568)《明故友斋先生钱公墓志铭》,碑存冠县贾镇村钱氏祠堂。

⑤ 乾隆三十九年(1774)《钱氏世传宗谱》卷二《编纂钱氏族谱序》,宗谱藏于聊城市钱庄村。

⑥ 笔者对钱书勤、钱书宪等人的访谈。时间:2015年2月4日。地点:冠县贾镇村。

⑦ 乾隆三十九年(1774)《钱氏世传宗谱》卷一。

西安)任泉府上士[①]，因去“篯”之“竹”而封“钱”，成为钱氏定姓之祖，这便是中华钱氏之渊源。钱镠“捍海筑塘，兴利除害，保障东南，民生百年不知兵革。三世五王，七朝忠孝，允文允武，代有明贤，故子孙至今而兴盛，岂偶然哉”[②]。钱镠祖孙三代出了五位国君，在家族早期发展史上占有重要地位，正是他们的积功累行与良好的家训族规造就了后代兴旺发达、人才辈出、枝繁叶茂。钱镠生有五子，长子元玙、次子元瓘、三子元琳、四子元瑶、五子元瑞，“至三代五王之后，子孙星散四方”[③]。(见表1)

表1　吴越钱氏大宗庆裔世系简表

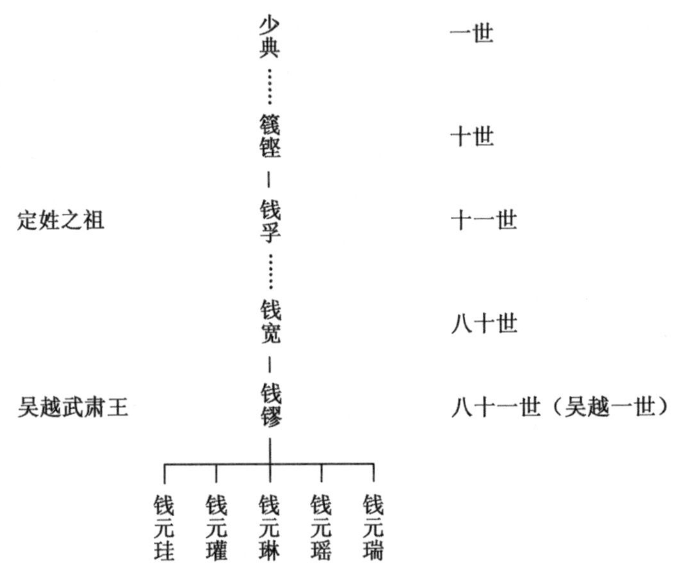

“大明北来从军祖，昭勇将军钱成为我祖。”[④]这句话在族人中耳熟能详，他们视钱成为东昌始迁祖，赋予其“正统”祖源的合法身份。钱成之父为吴越二十四世钱恭，属钱镠次子钱元瓘支脉。在钱成落籍东昌之前，这一支系曾几经迁徙。钱镠“唐僖宗间破黄巢克董昌，功封为吴越王，镠薨传子元瓘，瓘薨传长子洪佐，佐薨传弟洪倧，倧立未及一载，其弟洪俶以胡进思废倧，遂袭王位”[⑤]。这样，失去王位的钱洪倧无奈逃离，他的两个儿子钱惟昆与钱惟易迫不得已逃亡江西南安府南康县居住。在此处繁衍了四代人，至第八世钱孔昭，恰逢饥荒举家北上，“就食于汴梁遂家焉”[⑥]，在河南汴梁(今河南开封)又繁衍了几代人。后来“值金人之乱，徽钦北狩，高宗南迁”[⑦]，钱氏亦随之南迁至江苏淮安定居，十三世钱和

① 泉府上士为官职名，古篆字“泉”“钱”通用。

② 钱文选:《钱氏家乘》卷一《序言》，上海书店出版社1996年。

③ 乾隆三十九年《钱氏世传宗谱》卷二《编纂钱氏族谱序》。

④ 笔者对钱书勤、钱广芝、钱广宽等人的访谈。时间:2015年1月27日。地点:聊城市东钱村。

⑤ 乾隆三十九年(1774)《钱氏世传宗谱》卷二。

⑥ 乾隆三十九年(1774)《钱氏世传宗谱》卷二。

⑦ 乾隆三十九年(1774)《钱氏世传宗谱》卷二。

德生景仁、景义,“仁、义二子俱为商于淮安府山阳县,因入籍焉”[①],子孙后代便一直居此繁衍。(见表 2)

表 2　　东昌钱氏族源世系简表

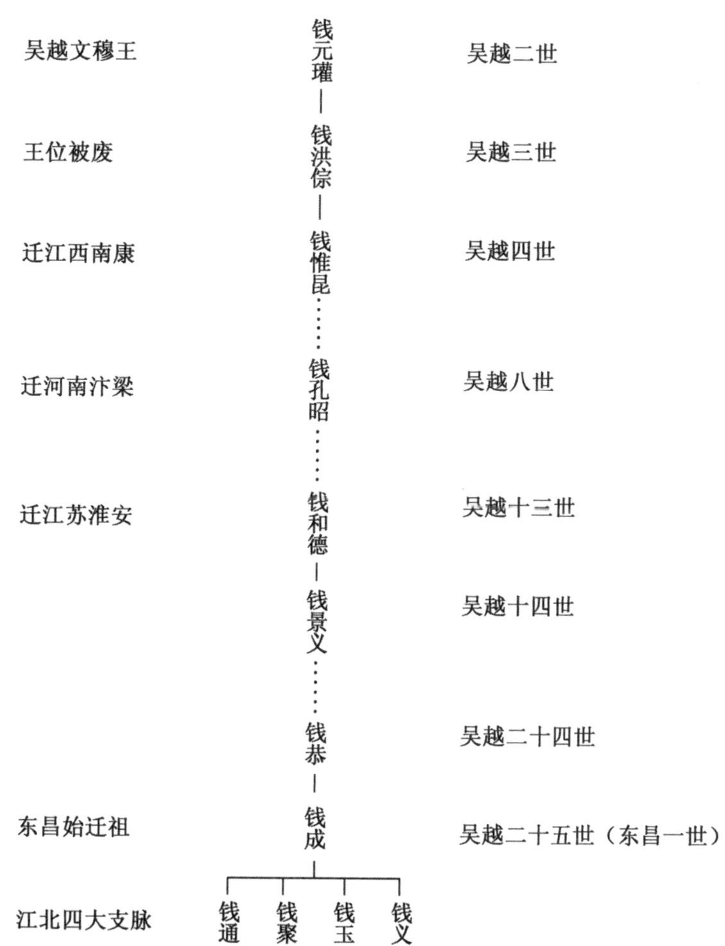

钱成因“体貌雄伟,志气方刚,勇敢有为,谋略出众”[②],被元顺帝选为民兵以征讨不轨,后投奔明太祖朱元璋,任其麾下大将随军征战,以军籍定居东昌。族谱详细地记载了钱成由元至明随军北行征伐过程:

> 吴元年十一月内,跟青州叶指挥归明太祖从军。吴元年,克北平,拨永清左卫后所马军。吴二年,跟常国公克全宁上都。三年,克应昌,追赶驴儿国公马军有功。四年,征进迤北山西等处有功。五年,征和林省。六年正月内,调大兴右卫。七年,征大石崖有功。洪武十三年,为封燕王改设燕山右护卫,右所百户,扬贵旗下马军。洪武

① 乾隆三十九年(1774)《钱氏世传宗谱》卷二。

② 乾隆三十九年(1774)《钱氏世传宗谱》卷三。

二十年四月内，征进金山一迷河回卫。祖老疾告退，准子代役。[①]

钱成戎马一生，“从太祖高皇帝开基，燮伐有功，中原既定，授平山卫指挥使”[②]，明永乐五年(1407)卒后诰赠“昭勇将军”，葬于东昌府城西南十里堤口。钱成随军征战的光辉历程，成为族人世代相传的历史记忆。有学者指出：“有关移民的历史叙述，应该是被研究的对象，而不是研究所得的结论。”[③]按照这样的研究思路，族人对先祖的历史记忆及叙述，既包括他们对历史事件真实性的认同，也是一种记忆在现世生活中的延展。在此脉络下，子孙后代能够找寻到其在区域社会脉络中的价值与家族建设的动力。

三、武略文治：祖功宗德与家族发展转型

钱氏族人中普遍流传着一则“始迁祖钱成保燕王扫北”的故事，关于“靖难之役”在史书上有所记载，兹不赘述，而使他们引以为傲的便是钱成参与是役，“以军功封燕山右护卫，右所百户”[④]。虽然族谱中清晰地记载了钱成明初率军征战的过程，但尚未找到他“保燕王扫北”的直接证据。不过，在某些重要场合如祭祖仪式，族人仍乐此不疲地相互谈论着这段辉煌历史，建构出一种“祖荫下”的光环。这样的先祖功德在族群认同过程中，成为“一代又一代共享记忆和经验的沉淀”[⑤]。

钱成“老疾告退，准子代役”[⑥]，长子钱通“赋性弘毅，秉气刚勇，谋略超众，武艺过人，心存立功，志期报主”[⑦]，于洪武二十年(1387)十一月代父从军。自洪武二十三年(1390)至永乐十二年(1414)，先后跟随明太祖朱元璋、明成祖朱棣征战，历经大小战役达二十余次，因屡立奇功，先后擢升本所总旗、本所实授百户、本卫指挥佥事、燕山左卫世袭指挥同知、昭勇将军燕山左卫世袭指挥使。[⑧] 钱通生三子，长福、次兴、三昱。长子钱福容貌秀丽，举止儒雅，武功超人，深受永乐皇帝青睐，亦被封为世袭指挥使，随驾北征：

永乐二十年三月内，随驾迤北征进，七月内至哈喇哈，九月内回卫。永乐二十一年七月，迤北征进天城等处，十一月回卫。宣德三年八月内，随驾迤北征进至会州，九月回卫。宣德六年十二月二十三日，调山东都司平山卫世袭指挥使，七年二月十八日到任管事。[⑨]

---

① 乾隆三十九年(1774)《钱氏世传宗谱》卷三。

② 嘉靖三十一年(1552)《明故迪功郎北村钱公墓志铭》，碑存聊城大学运河学研究院。

③ 刘志伟：《地域社会与文化的结构过程——珠江三角洲研究的历史学与人类学对话》，载《历史研究》2003年第1期。

④ 永乐五年(1407)《明故诰赠昭勇将军钱公墓志铭》，碑存聊城市东钱村。

⑤ 吴欣：《宗族与乡村社会“自治性”研究——以明清时期苫山村落为中心》，载《民俗研究》2010年第1期。

⑥ 乾隆三十九年(1774)《钱氏世传宗谱》卷三。

⑦ 乾隆三十九年(1774)《钱氏世传宗谱》卷三。

⑧ 参见乾隆三十九年(1774)《钱氏世传宗谱》卷三。

⑨ 乾隆三十九年(1774)《钱氏世传宗谱》卷三。

可见,钱成祖孙三代,一门忠勇,保驾明朝帝王,捍卫大明疆土。继先辈功绩,钱福长子钱能、钱能长孙钱镗、钱能曾孙钱汉与钱沂、钱沂之子钱廷植等均为世袭指挥使。

东昌钱族在早期发展史上,关键在于钱成祖孙三代,以征战军功为家族发展创造了有利的政治条件。钱氏裔孙因"武"而兴又因"文"而盛——武能御敌安邦,文能治国扶社稷。如果说东昌钱族前三世在明初只是"力武起家"的土豪式人物,那么,"越四世武弁"[①],自明中叶以后各支脉就逐渐发展为"耕读传家"的士绅族群,开始注重利用文化资源来提高家族在区域社会中的地位。(见表3)

表3　东昌钱氏家族发展与转型过程中的主要世系

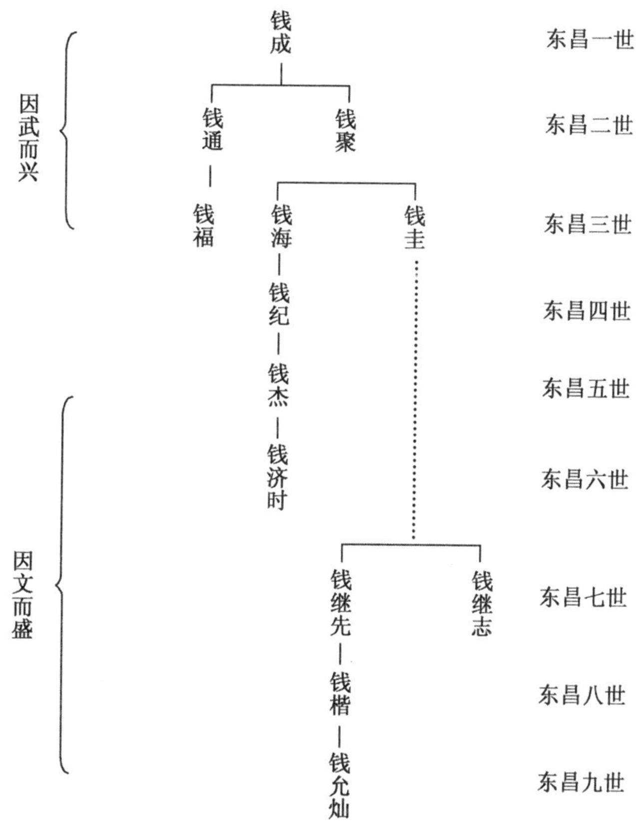

钱杰为钱成五世孙,属钱成次子钱聚一支,为人正直,勤学上进,始入仕途,在家族文脉转型中具有重要意义。时庚子乡进士陈守义为其所撰墓志铭曰:"成生聚,聚生海,海生纪,纪生公,越四世武弁,而公独慨然有志于文学,家声丕振。"[②]赐进士中宪大夫王应璧为其配夫人所撰墓志铭亦云:"钱为平山簪缨世胄,至翁始奋科举之学。"[③]钱杰"幼而颖异,长而勤学,游郡庠,时丁内艰,遂就外舍,不避苦辛,精研理致,经籍淹贯,尤邃于诗,一时游

① 嘉靖三十一年(1552)《明故迪功郎北村钱公墓志铭》。

② 嘉靖三十一年(1552)《明故迪功郎北村钱公墓志铭》。

③ 嘉靖四十五年(1566)《明故钱母黄孺人祔葬墓志铭》,碑存聊城大学运河学研究院。

门下者甚众,咸为名彦”[1]。虽在求学之路上孤独贫困一时,但他意志坚定,夙志高远,后来领岁荐游太学,曾先后出任山西壶关县督储贰尹、直隶密云县司牧贰尹,在外从政期间,政事之善者尤多:

> 筮仕山西壶关县督储贰尹,厥县连年荒歉,百姓流亡者半,公下车劳心招抚,因而还籍者数千人。且多方催课,以充边储,当道频加奖励。邑人赵美疑狱,岁久不决,自分必死,公鞫得情因而全活,美家感激,图像以祀。后任直隶密云县司牧贰尹,县多积弊,马政废弛,公痛抑强梗崔兰等,马遂壮健,甲于诸县,白马、紫荆关军士咸以密云为上。[2]

继钱杰之后,其长子钱济时“早承父教,果第科场”[3],不负族望,于嘉靖二十六年(1540)中过举人。钱济时自小天资聪慧,“七岁时,顾老谢公以麦谷豆对戏之,郎以松竹梅应,其不假沉虑类如此”[4]。后谨遵父亲之严命,“习举子业,五经淹贯,尤长于诗,诸子百家,衍义博义,信口如涌,当时督学者,俱试优等,咸以异才奇之,后果登嘉靖庚子乡试第三十六名”[5]。

钱杰、钱济时均为钱聚长子钱海一支中的“家器”人物,钱聚三子钱圭一支录科考、登仕宦者,亦代不乏人。钱继先为钱成七世孙、钱圭五世孙,其人生实践在家族文脉层累过程中具有“承上启下”的作用。通过时任山西按察司佥事丰台丘文学为其所撰墓志铭可窥一斑:“钱之来东,宅此冠州;植源既深,庆泽自流;翩翩侍御,文大厥家;中仆而微,公振其率。”[6]碑刻墓志较为详细地记载了他作为家族“中枢”人物的人生史:

> 岁十余始从师学,举子业,即动息异常。童后,授《易》于穆文简公之门人思玄中先生。弱冠,游邑庠,益博极载籍,试多前列,同志每推服焉。继后再赴省试,厄数奇弗,偶岁乙巳试三等。……总家政,粟帛一无所私,益敦友让,家处雍睦,同居者凡五世。郡邑皆表其闾,以风故人,称公曰“友斋”。友斋云居,尝课责子弟,节行劝业,严而有法,率多成立,一时游郡邑庠者彬彬然。人有不善,面谕之,其言恻怛剀切,能使人感动。……公好施与,尤喜读书,士游学者至,必馆之,业生熏贫甚力。学刍薪或不给,延于家塾,衣食与子弟,共其他亲识之贫而子弟美者,养而教之,补弟子员且数人。……钱之先代有闻人吴越,而后其族益显。自迁冠氏,侍御公始以文大厥,家中少伏,蹶公即业儒绩学,诲弟子辈。其后,弟继志领嘉靖戊午北畿乡荐,授直隶吴桥令;子楷以嘉靖甲子山东乡试第二名登乙丑进士,授安邑令,皆自公启之。[7]

① 嘉靖三十一年(1552)《明故迪功郎北村钱公墓志铭》。

② 嘉靖三十一年(1552)《明故迪功郎北村钱公墓志铭》。

③ 万历十一年(1583)《皇明乡进士葵洲钱公墓志铭》,碑存聊城大学运河学研究院。

④ 万历十一年(1583)《皇明乡进士葵洲钱公墓志铭》。

⑤ 万历十一年(1583)《皇明乡进士葵洲钱公墓志铭》。

⑥ 隆庆二年(1568)《明故友斋先生钱公墓志铭》。

⑦ 隆庆二年(1568)《明故友斋先生钱公墓志铭》。

除了忠孝仁义、乐善好施等人格魅力之外,钱继先最为重要的家族文化功绩在于“业儒绩学,诲弟子辈”。他虽为县学生员,未曾入仕,但是,正如丘文学所撰铭文曾引孔子之言“是亦为政,奚其为为政”[①]以赞誉其功,训导并培养出三位官宦之人,即弟钱继志、子钱楷与孙钱允灿。其中,钱继志为中试举人,后两位为父子二进士,遂使钱氏成为东昌望族。由此可见钱继先人生实践之意义:“矧子弟复奉公之训而出,以成公志,遐奉远到,盖未可量。然则公之泽,其未艾乎”[②]?

钱楷幼年由父亲钱继先教诲读书,年十四补弟子员,逢试必“冠齐鲁”,成年后“钻研谈洽,蔚然齐鲁间大师矣”[③]。嘉靖四十三年(1564)举乡试第二名,次年考中进士。初授安邑知县,复补临颍上官,后历户、工、刑三部主事郎中,出任河间府知府,升陕西按察司副使。在任期间,除积弊,倡新政,常忤权相而不惧。其子钱允灿,自幼发奋读书,秉承家学,于万历二十六年(1598)成为进士,授任丘令,调繁舒城,复除武清,所至以“循良”称。

东昌钱族具有地望之优势,自明初以来的发展壮大离不开历代祖辈们的功德与丰迹。钱族的发展轨迹可以分为两大渐进式过程:先是钱成、钱通与钱福祖孙三代的护驾征伐之功,为家族在东昌一地的落籍繁衍创造了一个潜在的政治氛围;后经五世至九世共五代人科举入仕的文治努力,钱族“遂为一巨族焉”,族中多名族人在朝为官奠定了其仕宦族群的地位。至有清一代,更是人才辈出。笔者据族谱、墓志以及地方志记载,将明清两朝钱氏家族各类功名之人数量与身份列表比较(见表4),能够看到这一族群在区域社会场景中所建构的文化空间——如此连续的文脉积累,为钱氏赢得大族之名显见矣。

表4　明清时期东昌钱族各类功名之人身份与数量

类型	职官		国学监生		府州县学诸生		地方武科生员		乡饮酒礼		奉祀生		总计
朝代	明	清	明	清	明	清	明	清	明	清	明	清	
数量	7	16	12	59	21	69	0	9	0	3	0	1	197

四、自身建设:族谱编修实践与钱族的建构

当一个地域族群的祖功宗德得到国家与社会的认可之后,除了需要有一种不断向上攀升,通过封荫抑或其他方式来提高整个家族地位与价值的长期打算外,尚需所做之事便是进行家族自身建设,例如编修族谱、购置族田,甚至在符合制度要求的情况下修建祠堂,等等。东昌钱族较早地拥有了对土地、文化、身份、地望等资源的占有优势,并且随着家族人口繁衍的增加以及其他移民族群的落籍,又进一步增强了钱族自身建设的动力。正如

① 隆庆二年(1568)《明故友斋先生钱公墓志铭》。

② 隆庆二年(1568)《明故友斋先生钱公墓志铭》。

③ 万历三十四年(1606)《明中宪大夫陕西按察司副使恪庵钱公暨配诰封恭人王氏合葬墓志铭》,碑存冠县贾镇村钱氏祠堂。

有的学者认为，“对祖先认同的建构是随着人口结构重建而发生的地方社会重构的关键之一”①，在这个建构过程中，各种收族方式的运用和变迁是其核心要旨。

编修族谱是钱氏自身建构的重要方式，是家族强调父系继嗣关系的重要手段，亦是家族组织建构的重要资料库。祖脉之清晰传承离不开历代续谱先祖的艰辛努力，本节尝试以《钱氏世传宗谱》为基本线索，探讨钱氏世系群在明清时期的形成过程，更重要的是挖掘编修者在不同的社会场景和历史脉络下作谱的具体原因，以进一步彰显建构钱氏脉络的努力。

《钱氏世传宗谱》由钱镠三十五世、钱成十世钱福绥，于清乾隆三十九年(1774)最终修完全谱。实际上，早在乾隆三十二年(1767)，钱福绥即已将第二、三卷修纂完毕，而第一卷则由于偶然机遇才后续追修。他在重修家谱过程中，曾有疑惑，“见旧谱中甚可疑者有二焉，一在吴越国王以前，一在江西迁汴以后，此余所固结于心而不得释者也”②。“吴越国王以前”即钱镠以上的家族谱续情况，由于受当时交通与资料条件所限，他认为这段历史难以考证，而“江西迁汴以后”的来龙去脉也不甚明晰，故于乾隆三十二年所修宗谱以钱镠为一世祖进行世系追溯的起始。后来，在宗谱刻修告成颁谱之日，他才得以找到追溯镠祖之前八十世的线索：

> 迨至三十三年春刻修告成，族众颁谱之日，幸有傅中堂曾孙号九升者，启我愚衷，言其叔现任浙江温州府永嘉县知县，其弟随任，可乘便投书杭州，同族庶得其详，愚依此言而行。于乾隆三十五年秋，傅公自杭州带谱一部，问其所由原，自同族致仕大司寇讳陈群家抄录。自少典以至吴越国王，上下八十世，了若指掌。既得之，阖族喜不自胜，咸曰万代之本源始清而支脉尽析矣。③

自少典至吴越国王钱镠共历八十世，这便是钱福绥补作的第一卷，解决了当初疑团之一。只是疑团之二仍未得释，“犹有汴梁疑团尚未豁然，以致余心惓惓，岂能再得傅公贤叔侄兄弟而为之哉”④，不过这并不影响族谱的编纂。

钱福绥之所以能修成全谱，还得益于前人续谱奠定的良好基础。钱氏家族有通过修谱来绍续家风的传统，在他之前已有四次修谱实践。钱镠十世钱象最早于宋端平年间(1234～1236)开始修谱，宋理宗皇帝所作《敕题钱氏祖谱序》中是这样评价钱氏家族以及钱象修谱功劳的：

> 钱氏自黄帝凡九世而至孚，此受姓之源流也；至孚凡七十世而至吴越王镠，此建国之始也；自镠历二世而至洪俶，此传国之统也；自洪俶历七世而至象祖，此传世之序也。……今乃建极宇内，有赫庙功忠于我也，赏延于世祀承先王，不亦孝乎。左丞相

---

① 麻国庆:《走进他者的世界:文化人类学》，学苑出版社2001年版，第104页。

② 乾隆三十九年(1774)《钱氏世传宗谱》卷一《钱氏族谱序》。

③ 乾隆三十九年(1774)《钱氏世传宗谱》卷一《钱氏族谱序》。

④ 乾隆三十九年(1774)《钱氏世传宗谱》卷一《钱氏族谱序》。

使虏致述先孝,修世德也。故凡敬祖睦宗作谱之常,至若忠君孝亲,则当求之斯谱。钱氏之子孙尚其钦哉,永保厥家与国同休焉可也。[①]

钱象所修为自钱镠始至第六世,因是首次修谱,所以被视为"传世之序"。七世至二十世则为钱镠十七世钱文华所续。第三次修谱者为钱镠二十世钱承徵,接续自二十一世至二十四世。在以上三次修谱的基础上,东昌七世钱一选又将家谱续至钱镠三十一世。所以,钱氏族谱在历史时期里的修纂实践共历五次。

族谱是时代的产物,不同时期的修谱实践反映了社会的变迁,还可以进一步揭示家族发展的阶段性特点。关于历次修纂的具体原因,应当回到族谱中去寻找,在序、跋以及世系中,我们约略能够看到修谱、续谱者的心路历程。作为"传世之序"的钱象最早修谱,通过他人所作序言能发现一些线索。《钱氏世传宗谱》卷二记载了两篇序言:一为赐进士第工部侍郎钱滕懋所作,一为宋理宗所作。前序曾言:

余考钱氏宗谱源流名行出处,年久世远屡遭多变,人易物换不知几千百载矣,奈祖系之遗九宗五服,弥难稽考,诚恐疑传疑讹,以欺后人,不敢妄录。……至三代五王之后,子孙星散四方,上录其祖,下续将来,源流支派灿然明备,载诸谱者宛然如在日中矣,岂不美哉![②]

后序则言:

致仕太师左丞相钱象祖上疏略曰,先臣驸马钱景臻叨承庙眷遇,当为御制钱氏谱序,建炎南迁仓卒失去,悼惜无已伏冀殊恩,重修宸翰庶几枯骨复荣,免使为臣赍志以役也。……象祖,此传世之序也……今乃建极宇内,有赫庙功忠于我也,赏延于世祀承先王,不亦孝乎。左丞相使虏致述先孝,修世德也。故凡敬祖睦宗作谱之常,至若忠君孝亲,则当求之斯谱。钱氏之子孙尚其钦哉,永保厥家与国同休焉可也。[③]

在钱滕懋看来,此时修谱在于年代久远且子孙后代已广为繁衍他处,有必要通过修谱来承上启下,以使源流支派清晰明朗。而通过宋理宗的序,我们能够看到相对稳定的社会大背景也是修谱之时机,同时,也突显官至左丞相的钱象之修谱实践对于后世的影响以及修谱者的时代担当。

身为庠生的钱文华,"学尚深邃,远慕祖德,近尊父训,勤俭不愧,前修光裕,能成巳志,诵蓼莪每念劬劳难报,游泮水常歉,举业未成,坚志修谱,以承父命之业,诚有功于祖先也"[④]。钱文华之父钱自诚早已有修谱之志,他"立心端平,行事方正,待族人有恩,处乡里

---

① 乾隆三十九年(1774)《钱氏世传宗谱》卷二《敕题钱氏族谱序》。
② 乾隆三十九年(1774)《钱氏世传宗谱》卷二《编纂钱氏族谱序》。
③ 乾隆三十九年(1774)《钱氏世传宗谱》卷二《敕题钱氏族谱序》。
④ 乾隆三十九年(1774)《钱氏世传宗谱》卷二。

多情，策励游泮屡被首选，乡科列名未得出仕，有志修家谱”，只是“久病不能成，每每歉于心也”[①]。所以，钱文华修谱的直接动机在于完成其父之未竟心愿，间接原因是“值金人之乱，徽钦北狩，高宗南迁，因兵燹之害，而谱遂失焉”[②]。而作为钱文华之曾孙的钱承徵，其修谱动因也是“继曾祖之遗训以续家谱，诚有功于宗族者”[③]。从现有资料看，钱一选的修谱原因不详，不过他在族谱中有段自叙，从中可体察其动机：

> 身品庸常，面貌古雅，资性愚鲁，学识浅陋，当家业凋零，值严亲早逝，苦楚万状，坚志读书，黉宫备数少副先人之望，科业未成，卒怀辱亲之忧，假庙赞为小补，训蒙童以活生，追父恩之未报，愧养母之未丰，罔生罪大，难见九泉矣。[④]

作为古人，自谦是一方面，能够有所作为恐是其修谱的深层原因。钱福绥是东昌府儒学生员，出名后才修纂族谱。在他看来，“后世无庙无宗而宗族不散不怂者，赖有谱之力也”，而“我东昌始祖讳成……此功业所由建家谱所由来也”[⑤]，所以，联络族姓、传承世系以及追述祖宗功德是其修纂族谱的主要原因。

上述族谱编修实践反映了钱族自身建设的具体情况。《钱氏世传宗谱》的最终完善，得益于入清以来族谱编修在民间的推广。综观钱族修谱实践，很明显是要通过对祖先的追溯与皇朝正统建立某种关系，以巩固家族在地方上的名声和地位。事实上，编修族谱不仅可以确立一族的历史地位，亦可在心理上团结族人，并证明其在地方上所拥有的一切权利，它在族群整合过程中的确扮演了重要的角色。

五、历史活在当下：家族意识与凝聚力的当代建构

明朝初年始迁祖钱成以军籍定居东昌，经过祖孙三代的“武略”之功，钱族的势力得到扩展。自明中叶以后，钱氏又历经五代人的“文治”努力，不但在生计模式上拥有不俗的发展，亦在地方社会中树立了相当显赫的名声，而清代《钱氏世传宗谱》的编纂实践，更是在族群意识上将扩展与分散的家族成员组织起来，践行着族群的自身建设。对这段历史的追溯与尊崇，成为当下族人自我认知、自我管理与自我建构的资本和手段。本节以族人近年来的修谱实践、年度祭祖庆典和民间团体为线索，探讨族群意识与凝聚力的当下建构。

钱氏族人分别于2006年和2012年先后编纂了两部《钱氏族谱》：前者为钱聚一支，由冠县贾镇村钱聚堂等人所修；后者为钱通一支，由聊城市钱庄村钱书勤等人所修。“盛世修谱”是他们时常挂在嘴边的一句话，通过深入访谈，笔者发现其修谱实践各有所衷。据钱聚堂回忆：

---

① 乾隆三十九年(1774)《钱氏世传宗谱》卷二。

② 乾隆三十九年(1774)《钱氏世传宗谱》卷二。

③ 乾隆三十九年(1774)《钱氏世传宗谱》卷二。

④ 乾隆三十九年(1774)《钱氏世传宗谱》卷三。

⑤ 乾隆三十九年(1774)《钱氏世传宗谱》卷二《编纂钱氏族谱序》。

自六七十年代以后,钱氏后人曾多次商量修谱,心里头一直想着敬祖嘛。可那个时候温饱问题还在解决着,光有想法没有精力啊,这个事就这么放下了。近年来生活逐渐好起来,比较富裕了,我们又一次商量修谱,决定之后就开始行动了。①

早在20世纪80年代,钱书勤已将系谱资料整理好,但由于忙于其他事务,暂时搁置了修谱一事。后来越发觉得自己手中的乾隆时期老谱比较重要,加上旁人的点拨,编修族谱便提上了日程。关于这段心路及实践历程,他回忆道:

我原来认为老谱家家都有,应该都明白这个事。我在80年代的时候就把本支的续完了。我爷爷弟兄六个,叔伯兄弟12个,我当时都续那老谱上了。我这辈的堂兄弟24个。我把这些资料整理好后就放在一边了。那时候,我的想法就是把本支的续起来,等老人走了后,好有个记载。那时候生活困难,一家人都住一起,烟熏火燎地做饭,就给以前的谱毁了,也就我这本保存了下来。村里的老大队会计对我讲,你做吧,这个谱再没人做了。我就想把这个谱续起来。以老谱资料为基础,我先后到了钱楼、拐王、李堂、沙镇等地找有年纪的寻访,说明来意,之前我跟他们都不认识,也就是通过作谱才联系起来的。他们都很高兴。我就将所有资料整合起来,从2010年开始,用了三年时间作完谱。②

他们的修谱实践有一个共同之处,即都不约而同地觉得需要编纂、维护和接续家谱,而家谱所示世系之所以能够接续,是因为很多人尤其是老人都知道他们的家族有族谱,或至少相信他们曾经有过族谱。钱聚堂与钱书勤二人在修谱过程中,并不了解对方,两支族人之间也未曾有过密切往来。后来,由于偶然的原因,他们才取得联系,而这又最终促使江北四大支系真正联系起来:

这个谱作完之后,我寻思没事了。到冠县钱聚堂处,听他说,范县和红船还有两支。之前,他们三家早就联系好了。当年,也知道聊城有通祖这一支,他们也到聊城来了,但没找到我,找别人都说不上。到后来,我用老谱跟冠县一对,根就在我这里,找到老根了。③

族谱编修在现今都市化、资讯发达的地区具有重要的意义,有助于联络身处不同地域的族人,可以把他们团结在一起。正是通过修谱实践,江北钱氏四大支脉才得以重新凝聚在一起,而全族年度祭祀庆典与民间组织的成立更是将族人的热情推向了高潮。

实际上,族人对于祖先的祭祀活动除了“文化大革命”时期中断了几年外,一直得以延续。上了年纪的几位族人回忆道:

---

① 笔者对钱聚堂的访谈。时间:2015年2月4日。地点:冠县贾镇村。
② 笔者对钱书勤的访谈。时间:2015年5月7日。地点:聊城市钱庄村。
③ 笔者对钱书勤的访谈。时间:2015年5月7日。地点:聊城市钱庄村。

原来“文革”以前，包括钱楼、东钱、潘屯、钱庄、李堂，老人们都上坟祭祀，就在齐南老祖坟那里。时间在每年清明、十月一、春节等日子。周边这些人都去。“文革”一起，一乱，那会儿兴“破四旧”，就把这个坟给平了，把碑给拉歪了。到了80年代以后，尤其清明节的时候，还是有很多人都到老坟那儿祭祀。①

20世纪80年代以来钱族祭祀的复兴，其动因是社会大环境的变化，支撑它复兴的是家族制度及其关系在地方社会经济和人际网络中的重要作用。不过，祭祀活动仍然以各家各户分开的“私人祭祀”为主，很少有全族的“公共祭祀”。2014年4月3日的祭祖大典是近30年来规模最大的一次，江北钱氏四大支共计400多人齐聚东钱村参加祭祀活动。这可以视为全族更高层次的一次公共祭祀，不仅因为仪式程序繁复，章程较为完备（见表5），更在于族人借此之机成立了一个民间组织即“江北钱氏宗族联谊会”。

表5　2014年东昌钱族祭祖庆典仪式程序及内容

仪式程序	仪式内容	备　注
敲　锣		
第一项	开场，主持人钱书勤介绍来宾，宣布江北钱氏祭祖大典暨江北钱氏联谊会成立大会现在开始	
鸣　炮		
第二项	由成祖十六世孙钱少银先生、十八世孙钱世海先生揭碑	音乐合奏
第三项	敬献供品	音乐合奏
第四项	两位男孩敬献花篮	音乐合奏
第五项	由成祖十九世孙钱广芝先生、二十一世孙钱守洪先生讲话	奏乐停止
第六项	由成祖二十世孙钱品辉先生恭读祭文	
第七项	由成祖二十世孙钱聚堂先生、二十世孙钱金凤先生、二十二世孙钱建华先生、二十四世孙钱重选先生敬香	主祭人敬香
第八项	行礼，所有人员先下跪，待击鼓二十下后再叩首	音乐合奏
第九项	由武肃王二十一世孙钱书宪恭读《钱氏家训》	
第十项	由成祖二十二世孙钱守连先生宣读“江北钱氏宗族联谊会”人员名单，由十九世孙钱广宽宣读捐资人员名单	
第十一项	恭谒武肃王二十五世孙昭勇将军东昌始迁祖钱成墓碑，所有人员绕墓碑慢行一圈	音乐合奏
结　束	主持人宣布祭祖仪式活动圆满结束	

根据笔者的观察，促使四大支联合祭祖以及宗族联谊会的成立，直接原因在于东昌始迁祖钱成墓碑的发现。据族人回忆，钱成墓碑在“文化大革命”时期被破坏后，就逐渐淡出

① 笔者对钱广芝、钱书宪、钱西彦等人的访谈。时间：2015年4月27日。地点：聊城市东钱村。

了人们的记忆,不过墓碑所在的大体位置还是依稀记得。2012 年,在冠县钱氏祠堂落成典礼时,族人曾举行过一次小规模的祭祀。因该祠堂供奉的是冠县始迁祖钱聚,族人不约而同地相互议论是否能够找到钱聚之父钱成的墓碑。由老者提供线索,全族人共同协商行动,利用半年多时间最终找到了钱成墓碑。① 墓碑的重现不仅给族人带来了失而复得的喜悦,更在于赋予了钱氏当下实践活动以某种象征性权力。

继而,祭祀共同祖先钱成的问题又触发了"江北钱氏宗族联谊会"这一民间团体的成立。根据会长和秘书长的解释,该组织的成立并无特别意图,只是族人觉得有必要成立一个组织以方便管理。② 联谊会经费来源于族人自发捐资,实际上,所有参与捐款的族人都被纳入到该组织中,成为其中合法一员。笔者对联谊会主要成员如顾问、会长、副会长、秘书长、副秘书长等作了身份统计,发现除了顾问为族人中年长者外,其余成员大都拥有一定的社会地位,涉及村庄与地方干部、学校领导、商界精英等。(见表 6)这反映了当下钱族在自身建构过程中,努力寻求合适的组织形式,以配合现实的社会环境。为了使地缘上分散的族群成员凝聚成一个在他们看来属于"高层次的家族",他们选择了以具有影响力的身份地位为标志而达成联合之目的,这样历史时期延续下来的东昌钱族在当下实践中被重新定义。

表 6　　江北钱氏宗族联谊会成员及身份

职　务	成　员	主要社会地位或文化角色
顾　问	钱兴臣、钱聚堂、钱百灵、钱重选	江北钱氏四大支脉中有威望的年长者
会　长	钱品辉	高校学院院长
副会长	钱西彦	城区办事处刑警队
副会长	钱广芝	东钱村支部书记
副会长	钱培贤	钱楼支部书记
副会长	钱孟旭	钱庄原支部书记
副会长	钱金凤	钱楼原支部书记
副会长	钱品昌	安庄原支部书记
副会长	钱广东	郓城乡镇干部
副会长	钱行太	李堂民间文化爱好者
副会长	钱书宪	贾镇退休职工
副会长	钱绍俊	红船民间文化爱好者
副会长	钱道仟	红船民间文化爱好者
副会长	钱守利	范县城建局干部
副会长	钱红旗	冠县民间文化爱好者

① 笔者对钱广芝、钱广宽、钱金凤、钱书勤等人的访谈。时间:2015 年 5 月 10 日。地点:聊城市东钱村。

② 笔者对钱品辉、钱书勤的访谈。时间:2015 年 5 月 10 日。地点:聊城市东钱村。

续表

职　务	成　员	主要社会地位或文化角色
副会长	钱德锋	贾镇商人
副会长	钱俊祥	范县民间文化爱好者
副会长	钱明亮	郓城民间文化爱好者
副会长	钱春生	莘县温庄原支部书记
副会长	钱国聚	莘县温庄民间文化爱好者
副会长	钱振峰	柳扒庄原支部书记
副会长	钱文友	莘县观城管理区书记
秘书长	钱书勤	钱庄退休职工，2012 年版《钱氏族谱》编修者
副秘书长	钱世明	郓城民间文化爱好者
副秘书长	钱广宽	东钱村民间文化爱好者
副秘书长	钱行范	李堂民间文化爱好者
副秘书长	钱行安	市小学校长
副秘书长	钱建华	红船乡镇干部
副秘书长	钱守连	范县退休职工
副秘书长	钱先广	居住台湾的书法家
理　事	联谊会其余人员	钱氏族人，农民

七、余　论

在面对信史资料有限，但地方文类较为丰富的研究对象时，首要的便是如何将其视为有效的、可以解释历史的一个方法论上的问题。东昌钱族保留了较为完整的家谱、碑刻等资料，如此众多的地方文类被完整地保留下来，这在北方社会中尚不多见。它们之间形成了一个可以相互佐证的资料链，为区域社会中的族群实践研究提供了弥足珍贵的资料。我们对这些连续累积下来的档案史料进行钩沉，能够发现钱族历史发展过程中某种结构性的问题。

萨林斯(Marshall Sahlins)曾以"文化界定历史"的进路，企图从土著社会的思维中去有类似性理解他们的历史是什么："一方面，实践行动的情境是通过传统的智慧，通过业已给定的行动者、事物及其关系的范畴来被再度占有的。……另一方面，实践环境的特殊性、人们与它们的不同关系以及随之而来的那套特定的安排(关联结构)，都在旧范畴中积淀下新的功能性价值。"[①]他用结构的历史视角来说明文化他者如何在既定的符号系统中

① [美]马歇尔·萨林斯：《历史之岛》，蓝达居、张宏明等译，上海人民出版社 2003 年版，第 325～326 页。

选取相对应的意义,进而如何表达历史的变化。萨林斯的研究颇具启发性,即通过对地方文类的解读,我们可以在其间看到钱族集体社会心智与行为实践的逻辑。福柯(Michel Foucault)更是指出各种"史料"作为"文本"的重要意义:历史研究的首要任务已不再是解释文献的意义,或是鉴别它的真伪及表现价值,而是从事文献内缘的考察并发展其意义。[①] 应当将文献视为"文本"史料,并将其置放于特定的地域社会秩序场景中加以解读,成为我们研究区域社会文化发展脉络的一种密码。本文正是以地方文类为基础,结合时代、区域背景和田野调查的历史现场感,再现钱族自身的历史及其背后的社会历史过程。

作为一个共同体的东昌钱族之形成,既是"自然之物",有其族群繁衍的生命韵律;也是"文化之物",有其"社会生命"与主体建构的意涵。根据弗里德曼(Maurice Freedman)的研究,家族是一个自然派生的过程,其组成原则由上而下,并且具有特定的结构。[②] 在组织形态的呈现方面,这是一个以始祖为中心,并由该始祖经过自然繁衍而形成的社会组织。如果仅仅把家族主要视为一种自然繁衍机制,那就可能限制了研究者的视野。家族形成更是一个建构的过程,钱族之建构正是在时空性、知识性与策略性的不同意义场域中进行实践的,而进一步强化家族在地方社会中的影响,既是自身建设的手段,又是其结果。因此,作为实质性社会实体的家族在历史与当下维度中,因应社会环境变化而通过文化的手段不断地建构着己身所认可的"历史"与"当下"。

作者简介:周嘉,山东大学历史文化学院博士后,聊城大学运河学研究院讲师,主要研究方向为历史人类学。

① 参见[法]米歇·福柯:《知识的考掘》,王德威译,(台北)麦田出版有限公司1993年版,第74页。

② 参见[英]莫里斯·弗里德曼:《中国东南的宗族组织》,刘晓春译,上海人民出版社2000年版,第104~114页。

“舍豆结缘”考[①]

尹　雁

明人刘侗《帝京景物略》载：“八日，舍豆儿，曰结缘，十八日亦舍。先是拈豆念佛，一豆佛号一声，有念豆至石者。至日熟豆，人遍舍之，其人亦一念佛，啖一豆也。”[②]拈豆时念佛，吃豆时亦念佛。清人富察敦崇《燕京岁时记》也记：“四月八日，都人之好善者，取青黄豆数升，宣佛号而拈之。拈毕煮熟，散之市人，谓之舍缘豆。”[③]四月八日是佛诞日，在这一天，舍青黄豆数升，是为了结来世之缘，这与佛教教义中的“此有故彼有，此生故彼生”[④]的思想相契合。可以看出，明清时期，北京城内有“舍豆结缘”之习俗，而且，该习俗还与佛教有关，是佛诞日的重要活动。

关于佛诞日，又称“浴佛节”，是佛教的重要节日。佛教起自印度，创始人是乔达摩·悉达多，后被尊称为释迦牟尼。释迦牟尼是古印度净饭王的太子，据传他降生的时候，脚踩莲花。在没有旁人扶持的情况下，他自行七步，举起右手说：“我于一切天人之中最尊最胜，无量生死，于今尽矣，此生利益一切人天。”[⑤]意思是他将为众生竭尽全力，成就大我。他刚说完，有龙王于空中吐清净水，“一温一凉，灌太子身”。而后现黄金色三十二相，光照大千世界。此时，天龙八部在空中奏起音乐，歌颂声响起，香花、天雨、璎珞等缤纷坠落，不计其数。后来，佛教徒将这一场景纳入纪念佛诞辰的活动中，故佛诞日又称“浴佛节”。浴佛是一种社会风俗，在古印度非常流行。《南海寄归内法传》载：“西国诸寺，灌沐尊仪，每于禺中之时，授事便鸣健稚，寺庭张施宝盖，殿侧罗列香瓶。取金、银、铜、石之像，置以铜、金、木、石盘。内令诸妓女奏其音乐，涂以磨香灌以香水，以净白叠而揩拭之，然后安置殿中，布诸花彩。此乃寺众之仪……至于铜像无问小大。须细灰砖末揩拭光明，清水灌之澄华若镜，大者月半月尽合众共为，小者随己所能每须洗沐。斯则所费虽少。而福利尤多。

---

① 2012年国家社科基金重大项目“元代北方金石碑刻遗存资料的抢救，发掘及整理研究”（项目编：12&ZD142）的阶段性成果。

② （明）刘侗、于奕正：《帝京景物略》卷二，载《春场》，明崇祯八年（1635）本。

③ （清）富察敦崇：《燕京岁时记》，北京古籍出版社1981年版，第61页。

④ ［印度］求那跋陀罗译：《杂阿含经》卷十，载《大正藏》第2册，（台北）新文丰出版公司1983年版。

⑤ ［印度］求那跋陀罗译：《过去现在因果经》卷一，载《大正藏》第3册，（台北）新文丰出版公司1983年版。

其浴像之水。即举以两指，沥自顶上，斯谓吉祥之水，冀求胜利。”[①]香汤、宝盖、音乐、花彩，仪式庄严而隆重。可见，在古印度佛寺，对浴佛非常重视。两汉之际，佛教传入我国。东汉末年，我国历史上就出现了“浴佛”的记载，丹阳笮融，曾在下邳大修佛寺，“每浴佛，多设酒饭，布席于路，经数十里，民人来观及就食且万人，费以巨亿计”[②]。后赵石勒，笃信佛教，“每至四月八日，勒躬自诣寺灌佛为儿发愿”[③]。灌佛即浴佛也，石勒曾亲自到寺院举办浴佛。“浴佛”可以“得福”。《佛说灌洗佛形像经》云：“诸善男子善女人，于佛灭后当至心念佛无量功德之力。浴佛形像如佛在时，得福无量，不可称数。”[④]从此，浴佛这一仪式在中国逐渐流传开来。在浴佛节这天，僧俗信众聚集寺院，除了浴佛外，还从事其他的一些相关的活动，如斋会。《东京梦华录》载：“四月八日佛生日，十大禅院各有浴沸斋会。煎香药糖水相遗，名曰‘浴佛水’。”[⑤]放生，战国时期我国就有在正旦日放生的事迹，佛教传入后，渐成习俗。宋代时，浴佛节放生成为传统。《武林旧事》载：“四月八日为佛诞日……是日西湖作放生会，舟楫甚盛，略如春时小舟，竞买龟鱼螺蚌放生。”[⑥]随着佛教的发展，其逐渐植根于中国传统文化的土壤，为满足社会各阶层的需要，佛事活动更加丰富多样。明代，在浴佛节活动中，出现了舍缘豆的内容，清代时渐趋流行，“京师僧俗念佛号者，辄以豆识其数。至四月八日佛诞生之辰，煮豆微撒以盐，邀人于路，请食之，以为结缘也”[⑦]。佛教讲究因缘，认为“未曾有一法，不从因缘生，是故一切法，无不是空者”[⑧]。凡事万物都和因缘有关。舍今世豆，可以结来世缘，“凡妇不见答于夫姑婉若者，婢妾摈于主及姥者，则自咎曰：身前世不舍豆儿，不结得人缘也”[⑨]。今世的受苦，是因为前世没有舍豆儿的原因。可见，浴佛节舍豆事关来世的幸福与否，是人生中的大事。不仅普通百姓，达官贵族对舍豆儿也非常重视。清人孙枟说：“京都浴佛日，内城庙宇及满洲宅第，多煮杂色豆，微漉盐豉，以豆萝列于户外，往来人撮食之，名‘结缘豆’。”[⑩]舍豆儿不仅可以结来世的福缘，也可以结现世的人缘，其蕴含的哲理比较容易被人接受，于是，“舍豆结缘”渐渐流行，并成为浴佛节的重要内容。

浴佛节是佛教的重要节日，其发展过程也是佛教中国化的过程，应该说，“舍豆结缘”就是这一过程的产物。佛教虽然讲究因果，有结缘之说，但“豆”类在其中发挥的作用，不仅仅是佛教信仰那么简单，笔者以为，这里面有多层次的原因。

首先，“豆”在佛教中的特殊地位。印度地处南亚次大陆，气候湿润，土壤肥沃，农业发

---

① (唐)义净译：《南海寄归内法传》卷四，载《大正藏》第 54 册，(台北)新文丰出版公司 1983 年版。

② (西晋)陈寿：《三国志》卷四九《刘繇传》，中华书局 2006 年版。

③ (梁)释慧皎：《高僧传》卷九，载《大正藏》第 50 册，(台北)新文丰出版公司 1983 年版。

④ (西晋)法炬译：《佛说灌洗佛形像经》，载《大正藏》第 16 册，(台北)新文丰出版公司 1983 年版。

⑤ (宋)孟元老撰，王永宽注译：《东京梦华录》卷八《四月八日》，中州古籍出版社 2010 年版，第 145 页。

⑥ (宋)四水潜夫辑：《武林旧事》卷三《浴佛》，西湖书社 1981 年版，第 41 页。

⑦ (明)陆启浤：《北京岁华记》，影印四库全书本。

⑧ (后秦)鸠摩罗什译：《中论》卷四，载《大正藏》第 30 册，(台北)新文丰出版公司 1983 年版。

⑨ (明)刘侗、于奕正：《帝京景物略》卷二《春场》，明崇祯八年(1635)本。

⑩ (清)孙枟：《余墨谈节录结缘豆》，载《丛书集成续编》第 216 册，(台北)新文丰出版公司 1989 年版。

达，古印度人很早就培植出了麦、稻、豆、胡麻等农作物。作为食物，豆子很早就进入了人们的视野，这也是佛教经典中经常出现“豆”字的原因。据笔者统计，在佛教经典中，“豆”字的出现频率是相当高的。在《中阿含经》中，“豆”字出现了65次，在《杂阿含经》中，“豆”字出现了27次，在《大般涅槃经》中，“豆”字出现了24次，在《大宝积经》中，“豆”字出现了7次……由于豆类为日常生活用品，在宣扬佛教的时候，以豆作比喻较易为人所理解，可以使佛经通俗易懂，更好地广布佛教义理。所以，在佛经中有许多以豆为比喻的例子，如《佛说长阿含经》中以煮豆为例说明“罪人在鍑，随汤上下”[①]的苦处，以警示世人。《百喻经》讲述了猕猴把豆的故事：“昔有一猕猴，持一把豆，误落一豆在地，便舍手中豆欲觅其一，未得一豆。先所舍者，鸡鸭食尽。凡夫出家亦复如是，初毁一戒而不能悔，以不悔故放逸滋蔓一切都舍，如彼猕猴失其一豆一切都弃。”[②]在此，以豆为喻，说明遵守戒律的重要性。佛教提倡众生平等，认为众生皆有佛性，是故五戒中有不杀生戒，“若有欲杀我者。我不喜。我若所不喜。他亦如是。云何杀彼。作是觉已。受不杀生”[③]。并且，食肉是不允许的，僧人“不得食一切众生肉，食肉得无量罪”[④]，主张吃素。大豆蛋白质含量高，营养全面，是倡导素食的佛教僧侣的理想食品，所以在佛经中以豆为食的例子有很多，“时有商主名曰广作，见于如来巡行乞食胜相稀有，发清净心持少绿豆，掷置钵内以奉世尊”[⑤]。名为广作的商人向佛陀敬献了绿豆。《佛本行集经》曾言，世间沙门，“制限食故，而建立行，各守清净”。为求活命，可以“食小豆，或食大豆，乃至或食纯大豆饭，或大豆汁，或大豆屑，或以大豆作种种食”[⑥]。指明豆子可以作为修行之人的重要食物。中国流行大乘佛教，“六道轮回”的观念深入人心，“千百年来碗里羹，怨深如海恨难平，欲知世间刀兵劫，但听屠门夜半声”[⑦]。愿云禅师的话道出了中国佛教僧侣对不杀生、吃素食观点的重视。而豆子是素食的重要材料，因此成为中国佛教徒最为钟爱的食物。

其次，中国饮食文化传统中对豆子的重视。和印度一样，中国也是文明古国，农作物栽培历史悠久，早在新石器时代，我国先民就培育出了大豆。“菽者，众豆之总名”[⑧]，豆子古称“菽”，种类繁多，主要有黄豆、绿豆、黑豆、赤小豆、青豆、豌豆等。“凡区种大豆，令相去一尺二寸。一行容九株。一亩凡六千四百八十株。禾一斗，有五万一千余粒。黍亦少此少许。大豆一斗，一万五千余粒也。”[⑨]南北朝时期，其种植经验已被总结。豆子的生长期短，“四月种豆，七月成熟矣”[⑩]。而且，“大豆之黑者，食而充饥可备凶年，丰年可供牛马

① （后秦）耶舍共竺佛念译：《长阿含经》卷一九《大正藏》第1册，（台北）新文丰出版公司1983年版。

② （南朝齐）求那昆地译：《百喻经》卷四，载《大正藏》第4册，（台北）新文丰出版公司1983年版。

③ （宋）求那跋陀罗译：《杂阿含经》卷三七，载《大正藏》第2册，（台北）新文丰出版公司1983年版。

④ （后秦）鸠摩罗什译：《梵网经》卷一〇《大正藏》第24册，（台北）新文丰出版公司1983年版。

⑤ （西晋）竺法护译：《顶生王因缘经》卷六，载《大正藏》第3册，（台北）新文丰出版公司1983年版。

⑥ （隋）阇那崛多译：《佛本行集经》卷二四，载《大正藏》第3册，（台北）新文丰出版公司1983年版。

⑦ （明）愿云禅师：《戒杀诗》。引用来自地藏论坛，即 http://www.bskk.com/thread-98380-1-1.html。

⑧ （北魏）贾思勰：《齐民要术》卷一《收种二》，明抄本。

⑨ （北魏）贾思勰：《齐民要术》卷一《种谷三》，明抄本。

⑩ （宋）陈敷：《农书》卷上，清知不足斋丛书本。

料食。黄豆可做豆腐,可做酱料。白豆粥饭皆可拌食。白黑黄三豆,色异而用别,皆济世之谷也"①。豆子耐储存,功用多,具有多种价值,其"甘、温、无毒",可以治疗多种疾病。《名医别录》说,豆子"主治五脏胃气结积,益气,止毒,去黑皯"②。我国先民很早就认识到了豆类的药用价值,并将之制成多种食品,如豆汁、豆豉、豆黄、豆干、豆花、豆腐。李时珍指出,豆豉可以解烦热热毒,寒热虚劳,调中发汗,通关节,杀腥气,伤寒鼻塞,豆黄能够壮气力,润肌肤,益颜色,填骨髓,补虚损,豆腐宽中益气,和脾胃,消胀满,下大肠浊气。《武林旧事》是元初周密写的一部追忆南宋临安城风貌的书籍,书中记述了节日、仪式、勾栏、酒楼等场景,在市食、果子一节,有制作的各色食品,其中就有大量的豆制品,如豆团、糖豆、豆粥、豆汤、豆儿水和豆糕等,可见,早在南宋时期,我国的豆制食品就已经非常丰富,充分反映了我国人民对此类食品的喜爱。明清时期,随着种植技术的提高,人们需求量的增多,大豆种植面积进一步扩大,产量倍增,豆子的价格降低,成为人们日常饮食中最物美价廉的物品。

其三,豆子的象征意义。豆的形状是圆形的,所谓大菽则圆,小菽则团。"团圆"的形状使豆子受到人们的喜爱,成为"团圆"文化的载体。在中国传统文化中,"圆"是一种宇宙观,所谓"天圆地方"即是;圆有圆润、圆通之意,是一种处世态度;"圆"还代表着智慧,有知识渊博之意,如"智圆行方"之谓。在佛教方面,无漏即为"圆",漏尽心明解,可致圆寂道。佛法认为一切都是圆满的,成道亦无得,本性圆满故。觉悟圆满是修佛的最高境界。可以看出,圆圆的豆子既象征了世俗社会的美好,也体现了佛家的理想。"圆"通"缘",佛教有"四缘"之说,以概述世间一切事物的因果,于是,"圆豆"渐演化成"缘豆",也就是说,在浴佛节舍"缘豆"既可以结人缘,也可以结佛缘。明清时期,随着佛教世俗化进程的加快,"舍缘豆"渐成一种民俗活动。

"舍豆结缘"是佛教中国化的产物,而佛教是文化的一部分。文化从来就不是孤立存在的,它在发展的过程中,总是受到这样或那样因素的影响。佛教亦然,它是人民生活条件的直接反映,在特定区域中,它总是受到人们的生活方式、文化传统和自然条件的影响,并与这些元素相互作用,从而加速自身的地方化、区域化。"舍豆结缘"是浴佛节的内容,其分布范围必然受到佛教发展程度的影响,换言之,佛教传播不到的地方,也就不会有"舍缘豆"的习俗。明朝时期,政治稳定,经济繁荣,这一时期的佛教,有"庶民佛教"之称。"所谓'庶民佛教',或指流布社会底部,广受信仰之佛教而言,足见所指为非正统之佛教,是含迷信化、低俗化意识之佛教……彼虽属外来宗教,实已同化于中国内部,呈后世所见之佛教实态。"③说明明代佛教的世俗化程度进一步加深,为此,太祖朱元璋曾发布"申明佛教榜册",云"今天下之僧,多与俗混淆,尤不如俗者甚多,是等其教而败其行,理当清其事而成其宗。令一出,禅者禅,讲者讲,瑜伽者瑜伽,各承宗派,集众为寺。有妻室愿还俗者听,

---

① (元)王桢:《农书》卷二八《谷谱二》,清乾隆武英殿刻本。

② (南朝)陶弘景:《名医别录》中品卷二《大豆黄卷》,人民卫生出版社 1986 年版,第 203 页。

③ [日]中村元主编:《中国佛教发展史》,余万居译,(台北)天华出版事业股份有限公司 1984 年版,第 476 页;[日]牧田谛亮:《明代の庶民佛教》,载日本《历史教育》第 17 卷第 3 号,1969 年。

愿弃离者听”。要求僧侣专事佛教，提高佛学修养。尽管如此，明代佛教仍然继续发展，“近男女出家累千百万……营构寺宇，遍满京邑，所费不可胜纪”[①]。“舍豆结缘”就是在这一背景下出现并相沿成俗的。作为佛教节日，凡是有佛寺的地方，就有浴佛节大会，但是，举办浴佛节大会的地方，并不一定会有“舍豆结缘”的内容。据史料记载，“舍豆结缘”主要流行于北方地区，《永平府志》载，清中期，浴佛节这天，“僧尼各建道场，宣经偈。男妇结会持斋，诣佛寺礼拜，或以黄豆置盘盂，而念佛悉如豆数，以分众食，谓之结缘”[②]。永平府府治在今天的河北卢龙县，与北京相距不远。另外，河南的郑州、开封等地，也有“结缘”之俗。“八日，是日为如来出世日。名刹禅院，祈禳甚众，有以熟大豆贮柈中，听人手拈，谓之‘结缘’。”[③]南方地区，浴佛节大会以造乌饭、青精饭为主，不过，江苏的南部地区如江阴、常州、无锡等地，有以“糖豆遍馈于人者”[④]，还有“老年男妇携果物相赠，不必相识，也曰‘结缘’”[⑤]之俗。综合来看，“舍豆结缘”的习俗以华北地区的北京、天津、河北为最盛。这是因为，以上诸地，在元明清时期，都是由中央直接管辖的地区。元代，这里被称为腹里，是中书省的辖地，由于奉佛教为国教，时称为大都的北京，佛教昌盛，“精蓝胜刹，庄严宝界，金碧相望，有佛国大乘气象”[⑥]，寺院巍峨耸立，装饰富丽堂皇。据《大元大一统志》载，腹里地区有佛寺 209 所。至元二十五年(1288)，忽必烈敕建的万安寺，“佛像及窗壁皆金饰之，凡费金五百四十两有奇、水银二百四十斤”[⑦]。明清时期，北京仍为都城，这里既是政治中心，也是商业中心，经济发达，文化繁荣，为佛教的继续发展奠定了雄厚的基础。《清稗类钞》载，浴佛节这天，“宫中煮青豆，分赐宫女内监及内廷大臣，谓之吃缘豆。以为有缘者方得啖之也”[⑧]。“舍豆结缘”从民间传入宫廷，并得到了统治阶层的认同。不过，并不是所有佛教盛行之地就一定会有“舍豆结缘”的风俗。以山东为例，元朝时期，这里也属于中书省直辖，明清时期，虽设省分治，但是，由于地接直隶，仍然受到朝廷的重视。从佛教方面，这里有四大名刹之一的泰山灵岩寺，青州更是“益之寺观，较房舍十之二”[⑨]。高丽僧人满空曾在此驻锡讲学，翻译佛经。可见，明清时期的山东，佛教发展水平还是很高的。但是，由于该地区文化的多样性，这里是儒家学说的发源地，全真道的诞生地，另外，山东还有众多的民间神信仰，如碧霞元君、东岳神等，所以，浴佛节大会，人们去礼佛的同时，也要参拜自己心中的神祇，最终，“舍豆结缘”的习俗没有在这里形成。

---

① (清)张廷玉等:《明史》卷一六四《单宇传》,中华书局 1974 年版,第 4457 页。
② (清)李奉翰等:《永平府志》卷五《风俗》,清乾隆三十九年(1774)刻本。
③ (清)李煦等:《荥阳县志·岁时民俗》,清乾隆十二年(1747)刻本。
④ (清)于琨:《常州府志》卷九《风俗》,清康熙三十四年(1695)刻本。
⑤ (清)张鸿等:《昆新两县志》,清道光六年(1826)刻本。
⑥ (元)王恽:《秋涧集》卷五七《大元国大都创建天庆寺碑铭》,影印文渊阁四库全书本。
⑦ (明)宋濂等:《元史》卷一五《世祖纪》,中华书局 1976 年版,第 311 页。
⑧ (清)徐珂编撰:《清稗类钞·时令类》,中华书局 1984 年版,第 29 页。
⑨ (明)陆釴等:《山东通志》(下),明嘉靖十二年(1533)刻本。

结　语

“舍豆结缘”是佛教中国化的产物，作为浴佛节的重要内容，其形成是佛教世俗化程度进一步加深的体现。另外，“舍豆结缘”所具有的区域性特征也反映了所在地区佛教发展的程度，体现了该地区的文化特色、风俗习惯、宗教信仰情况。

作者简介：尹雁，山东财经大学讲师，山东大学历史文化学院博士后，主要研究领域为佛教史、元史。

清代直隶抚宁县祈雨事考述①

董劭伟

传统典籍中关于秦皇岛历史的记载较为有限，相关出土考古资料亦不是很多，因此进行地域历史文化研究尤其是古史研究每每缺乏基本史料，不过有限的传世文献及石碑文字中亦有一些颇具地域色彩的记载，可以展开颇具特色的研究。本文为近期考察相关资料的一个尝试性书写。② 本文拟对此进行探讨，不当之处，就正于学界诸贤。

一、龙潭祈雨事迹碑文

秦皇岛市抚宁县北部山区中有一处水面不小的自然深水潭，称为“龙潭”③，是抚宁境内古已有名的一个场所，为现存较为原生态且有一些历史典故的水域，光绪《抚宁县志》载有一篇文字，涉及龙潭。迁安李成性《游背牛顶记》：“以九月十四日，发白衣庵，抵燕河，过

---

① 2015 年河北省教育厅项目，秦港民国时期外文降水、冰冻气象档案（1923～1949）研究。

② 参见李楠：《清代山西祈雨研究》（陕西师范大学硕士学位论文，2009 年）在绪论中总结相关研究成果认为：“关于祈雨问题的研究，并不算很多。”实际上关于祈雨的研究，还是较为充足的，相关论文有：冯尔康：《乾隆帝祈雨祈晴的多民族性》，载《紫禁城》2011 年第 5 期。郭宏珍：《古代官方祈雨考述》，载《广西大学学报》2012 年第 1 期。国光红：《关于古代的祈雨——兼释有关的几个古文字》，载《四川大学学报》1994 年第 3 期。高晓凤：《从〈祈雨感应碑记〉看元代大同地区的祈雨风俗》，载《山西大同大学学报》2007 年第 2 期。焦宁：《清及民国时期华北地区祈雨仪式——以邯郸为中心的研究》，陕西师范大学硕士学位论文，2010 年。苑利：《华北地区祈雨活动中取水仪式研究》，载《民族艺术》2001 年第 2 期。其中，苑利问对华北地区的祈雨的情形作了梳理，比如何以去龙潭祈雨、祈雨的程序，等等。该文概括较为全面，总体而言，就祈雨而言，在传统农耕时代，是一个具有普遍性，且具有悠久的传统，清代的统治者在建立统治者后，从皇帝到地方官吏都启动了严密的祈雨程序，而民间的祈雨也有类似性。比如本文提及的在龙潭祈雨，很大程度上就受官方在此祈雨而灵应的影响。

③ 在多山的中国，对于“龙”的图腾膜拜，使得处处可见“龙潭”的场地。史乐为编：《中国历史地名大辞典》（中国社会科学出版社 2005 年版）里边专有“龙潭”条，不过未提及河北抚宁的这处水域，但亦可见这作为一种名称，实际上具有了一种普遍性的代表名称，当然也不否认其作为特定地区名称的实际意义。在中国的地名文化中，其他一些固定性的名号也是处处可见，如“八景”“五峰山”“莲花山”等等，有共性的名称，却也有各地的不同。这些名称的形成固然有地域性的特征，但实际上也有中国传统文化中的美学因素，如对于“八景”文化的形成的历史渊源，周琼《“八景”文化的起源及其在边疆民族地区的发展——以云南“八景”文化为中心》（《清华大学学报》2009 年第 1 期）认为：是汉文化与传统自然审美融合的典型表现。“八景”文化发源于先秦，萌芽于魏晋，成熟于两宋，繁荣于明清。明清以降，随中央集权统治的拓展，边疆民族地区发生了普遍的内地化现象，涌现了大量以生态景观为主的“八景”，并因地理、自然生态及经济文化的差异而独具民族和地域特点。

台头，入猩猩峪。两山夹道，愈转遇幽。一水成蹊，旋涉旋行，又三里许，见瀑流一派，飞涛骤雪，下注深潭，水色正绿，方可半亩。两崖草树，紫翠苍黄，秋容如绘。南壁磨石一片，镌'龙泉'两字。后题缺一字'村'，金灿书。王子语予曰：'此所谓'龙潭'也'。"[①]这里提及有瀑布深潭，水面有半亩，植被不少，景色优美，就是此处之"龙潭"，曾有过祈雨成功的事迹，并留下了相应记载其事的碑刻文字，其文字地方志不载，但其碑刻尚存，是秦皇岛地区具有代表性的石碑，为今天进行秦皇岛区域社会史研究提供了可资参考的重要文字。[②]

光绪丁丑年重修《抚宁县志》，"龙潭"附录收入《猩猩峪龙潭祷雨灵应碑记》与《永垂不朽》两篇碑文。[③] 为详考祈雨之事，兹迻录两文。

猩猩峪龙潭祷雨灵应碑记

猩猩峪龙潭，自古祷雨灵应第一潭，在半山之间，广可数亩，其□(水)黝然而黑，深□(不)见底。其后□□(峭壁)万仞，□□(飞瀑)悬流，冲激其中，震荡惊骇，声闻十余里。盖龙所据以为宅，而出云降雨，以润泽一方者也，以故龙潭灵雨，邑乘既详载其实。而前明邑令赵公(赵之彦)祷雨至此，见潭后石危壁立，因书"龙潭(龙泉)"二字于上，命工镌之以□(鋕)其灵，□字□□□(葺)昭不磨。迨国朝至今，远近居民一遇亢旱，莫不祷于此。祷时务致诚哀吁，所陈祭□(祀)食物投于潭□(内)，□□之百灵秘怪，惶忽毕出，蜿蜿虵虵争食，而云即虽之以起，不□□(旬日)而雨洒遍一方。祷雨者，盖往□(往)亲□□，不意于乾隆□□□年潭忽自闭，怪石榛莽，横置其中，过而望之，□□□异。至五十五年初夏，天旱□□(不雨)，官庄来祷雨，□□见荒凉寂寞，莫不悲哀嚎痛，因约峪中父老□□□□□诚呼号，且投以猪一□□□□于□，龙潭复开，□□□霖雨一邑苍生。讫六月二十八日，雷雨忽□□□□，□(龙)潭复开，澄澈依旧，灵应一如从前，至今岁复祷□(焉)。噫，当潭之无故自闭也，莫不谓吾侪必有所以得罪者，今后恐不能再披鸿恩矣，乃竭诚以求，而潭复开则甚矣，龙潭之神之灵应异常也。峪中父老因共商勒石以鋕其异，遣人走官庄，请文于嵩乔贯公。公以属愚，且曰龙潭之神之恩，夫人亦验知之矣。兹所以述之者，因以鋕其与雨，即以见天地之道不过一诚□(耳)！□□□□祷雨者，果以诚感诚，而龙潭之神且愈显其灵而沛鸿恩也，而又何异哉？既以受于公，因而为之。

举人 李仑

---

① (清)张上和等编：《抚宁县志》，中国文史出版社 2007 年版，第 347 页。本文提及《抚宁县志》皆出自李利峰点校本。

② 2015 年春夏之际，笔者实地考察了今龙潭所在地，水面虽无数亩之阔，但龙潭水面附近有容更多水的地方，在今年春夏当属较为干旱的时节，能有一处水面，可见其水源充足，另确实可听见瀑布之声震荡石壁之后，又水中有鱼，而深不知底。在龙潭旁有一龙王庙，庙前左、右各有两块石碑，分别为"乾隆五十七年(1792)十月二十一日吉日立"《猩猩峪龙潭祷雨灵应碑记》、"大清道光十二年(1832)季秋"立《永垂不朽》碑。在李利峰校注《抚宁县志》全文收录两篇碑文(第 361～363 页)。经过风吹日晒，今碑石风化严重，很多文字已不可细辨。该龙王庙，看建筑材料应是后来修建，地方志并无记载，抚宁境内龙王庙，光绪三年(1877)《抚宁县志》(李利峰校注，第 472 页)载："一在卢各庄，一在台头营东关北，一在深河东门外，一在傅家庄，一在成百庄东，一在燕河庄。"龙潭处龙王庙前栏杆题写 1985 年重修，或修建于清末民国时期。

③ (清)张上和等编：《抚宁县志》，中国文史出版社 2007 年版，第 361～363 页。

庠生 贾栋 撰文

生员 王永清

乾隆五十七年(1792)十月二十一日 吉日立[①]

(李利锋:据抚宁县文物管理所文物资料整理,括号中为编者推断之字)

笔者按,该碑文所谓"自古祷雨灵应第一潭",可从两个角度理解:其一,"龙潭"处祈雨非常灵应,除却非科学因素,但从当时人的朴素认识而言,"龙潭"此点是非常被认可的。其二,"龙潭"祈雨至少为抚宁县境内"灵应第一潭"。因为其"灵应",所以清朝一有亢旱迹象便于此祈雨,"迨国朝至今,远近居民一遇亢旱,莫不祷于此"。

该碑文原县志不载,康熙二十一年(1682)《抚宁县志》:龙潭,"在猩猩峪北,石镌'龙泉',金灿书。泉深不可测,上有瀑布,飞涛溅沫。每旱,士民斋戒取水,雨随水至。邑侯谭公以其灵异,拟建祠祀未果,有《祈祷灵应记》"。光绪《抚宁县志》仅对"龙潭"如此介绍:"在猩猩峪北,深不可测,上有瀑布,每祷雨立应"。此前的"灵应"记载涉及官方行为者则最早在前朝,碑文所谓"前明邑令赵公(赵之彦)祷雨来此"。赵之彦,"陕西泾阳人,举人,廉明仁恕,待士有礼,治邑三年,百废俱举,行取监察御史"[②],可知明抚宁县令曾于此祈雨,体现其治理一县尽职尽责之一面。自其祷雨并镌刻"龙泉"字后,"龙潭"便成为一处重要的祈雨场所。清朝时期官方涉及"龙潭"祈雨的则为康熙年间县令谭琳。《祈祷灵应记》[③]:"古者有求必祷,然祷之有应、有不应者,即应矣,或需之时日,未必其灵而应且速也。康熙十有一年,自春徂夏,亢旱不雨,四野一望皆赤,民方以无求为忧。而我邑侯谭公忧民之忧,精诚步祷,卜日择士,取水于深山之龙潭,仰天而望雨焉。时天气清明,水至而云兴,大雨如注。我侯率绅衿耆庶人等冒雨拖泥,自郊徂宫,未尝敢惮劳也。一时黄童白叟,欢呼载道,不旬日而赤地变为青野矣!民始有西成之望。是岁,又有蝗蝻来自西南,民患之,复于公。公令人收取一瓶,瘗之地中,复斋戒沐浴,祷于蜡庙,而蝗灾以消,其感应之灵异若此。《语》云:'传信不传疑'。璨目睹其事,因志之以告后之不及见闻者。"[④]这是史志所载清朝第一次在龙潭祈雨的官方行为,也是唯一的一次,但这次祈雨的成功,连带前明县令赵之彦的那次事例,对于猩猩峪"龙潭"灵应的形成当有重要的推动作用。

《永垂不朽》

猩猩峪东山之中,旧有深潭,□□□(石壁上)镌"龙泉"二字,以誌其异,势则双峰并峙,卧石嵌□(空),□□(瀑布)悬流,涛鸣谷应,潭内水色黝黑,□□(广可)数亩。时或兴云作雨,润泽八方;时或究旱济民,霑霈一隅。此岂潭之能出云雨哉?夫乃龙之为灵,昭昭也。故当年逢亢旱,余□□(闻而)即来哭祷于潭,但见潭之百灵毕现,鱼

① 李利锋编:《抚宁史料集》,中国文史出版社2006年版,第234页。

② (清)张上和等编:《抚宁县志》,中国文史出版社2007年版,第51~52页。

③ (清)张上和等编:《抚宁县志》,中国文史出版社2007年版,第265~266页。

④ (清)张上和等编:《抚宁县志》,中国文史出版社2007年版,第151页。

则锣而□(上),人则供以争食,蔼然香烟云结,俄□(而)□□(涛响)雷鸣,不移时而苏我枯槁者,神灵之惠何普哉?孰意嘉庆年间潭忽自闭,细沙填满,巨石横堆,形堪浅隘,水同一勺,见而与闻之者深以为忧。因询父老,言乾隆年间潭曾自闭塞,□(祷)祭顿开。于是虔其牲醴,以祭于潭,意必湏洞渊深,宏复旧势,奈诚难达神。数十年来掩闭□□,及逢旱祈祷,又未尝不泽被青畴,恩覆绿野矣,盖潭虽闭而灵犹存也。今夏六月亢旱,于□(二)十日哭祷,雨亦复然,则龙神之惠我无已知,灵潭无终闭之势矣。隔月余,适人从峪来者则曰:“潭自汝庄祷雨后,日日云笼雾罩,响彻数里。至七月初三,大雨倾注而重开矣!”谓龙之为灵昭昭,不诚昭昭也;当其闭也,非无故自闭;及其开也,非无自而开。其显藏变化者,人虽莫测而灵应昭著,悬垂无穷矣!兹勒石誌事,遂为之记。

主持僧　登珠

生员 刘守正 撰文 宋清儒 书丹

大清道光十二年(1832)季秋

猩猩峪 见驾坡 官庄 龙腰 万家庄 合会仝立[①]

(据抚宁县文物管理所文物档案资料整理)

前一碑文所记亢旱事在乾隆五十五年(1790)初夏,官庄人来祷雨后,于六月二十八降雨。碑文成于两年后乾隆五十七年(1792)十月二十一日。后一碑文为道光十二年季秋(1832)所立,记述当年六月亢旱,而祈雨成功,所以立碑石。两碑文刻石时间相隔40年,在此期间,方志不见载有抚宁其他地方祈雨之事。两文都有官庄村的出现,而官庄人两次于此祈雨,可见前一碑文所言“远近居民一遇亢旱,莫不祷于此”,确非虚言。据前一碑文所载可知官庄人祈雨的时间为乾隆五十五年(1790)的初夏,由现存各地方志可以确定该时间永平府或抚宁范围内并无干旱记载,当然或许因为祈雨成功,该年度的干旱最终因随之而来的天降甘霖而得到相当缓解。后一碑文所载的时间,则是“(道光)十二年六月,大旱。七月初六、七日,洋河大水,损田禾”[②]。两个时间之间,有“(嘉庆)十六年夏,旱,谷贵。……道光元年三月三十日酉时,地震。六月旱,二十七日得雨。七、八月,瘟疫大行”[③]。仅出现两次旱情,且在相邻两年里,第二次还很快因降雨而缓解了。

两碑文作者及碑刻者除李仑外[④],地方志皆无记录,应该是当地有些文化素养的基层人士。两碑文在《抚宁县志》与《永平县志》里都未收录,而地方志收录的原创文字,如学记、碑文、墓志等等,是其重要内容之一。这两篇可谓与民生相关的碑文未收入其中,当有其原因,笔者以为,碑文撰者身份不高或撰述内容不涉及官方是其可能未收入地方志的原因。如所周知,地方志修撰为官方主导,对于这两块明显为民间祈雨行为而树碑的情形,

① 李利锋编:《抚宁史料集》,中国文史出版社2006年版,第235页。

② (清)张上和等编:《抚宁县志》,中国文史出版社2007年版,第411页。

③ (清)张上和等编:《抚宁县志》,中国文史出版社2007年版,第410页。

④ 《抚宁县志》卷一一载:“李仑,丁酉,武邑县教谕,恩赐国子监学正,朱建坨人。”

不在官方关注范围，如前引《祈祷灵应记》涉及官方行政长官政绩，收入地方志则在情理之中。另一祈雨的碑文如《邑侯赵公祷雨灵应记》谈及行政长官为民祷雨事，亦收入县志。清代徐廷璨《祈祷灵应记》记载抚宁县行政长官即“邑侯”谭琳祈雨之事迹。还有清代李成性（进士，迁安人）《游背牛顶》，明代山海兵部分司主事吴光义《天然洞记》，清代孔得孟《白云山自然碑记》，等等。这些收入地方志的原创文字，作者都是具有一定出身或官职的。其他一些文字，如《抚宁史料集》所载《天然洞增修大殿三间碑记》，作者为布衣；《天然洞增修正殿三间碑文》，作者为生员吴廷玺；清代抚宁知县李僡《重修书院碑记》在光绪三年（1877）修《抚宁县志》中无记载。《驻操营镇半壁山村清代护秋公约》，该碑文在地方志亦无收录。大概类似纯地方性碑刻较多，从政治角度而言，与一县之大政关涉不甚紧密，纯属地方之行为，不会收入官方主修的地方志。

二、其他祈雨行为与河北抚宁降水简况

在抚宁，明清地方志里记载的关于祈雨的事例也有一些。比如光绪《抚宁县志》载：石佛峪，“泉从佛顶上出，下有井，深黝不测，祁雨多应”①。这是一个与“龙潭”有别的“井”状之地，也是祈雨的场所，《县志》该处下文还收录了抚宁人徐某撰写的《邑侯赵公祈祷灵应记》，在这篇文字里，透露了官方祈雨的一个步骤，“岁癸亥，旱魃为虐。邑侯赵公步祷郊坛，雨澍而未遍，我侯忧之。六月望，复发牒于本境城隍，却舆盖，冒暑行二十里许，取水于石佛岩之龙潭，斋宿禅舍。是夕，雷雨骤至。明朝，侯自山中还。阖城士庶，相与欢迎于洋河之浒，扶老携弱，坡野为满，侯亦载色载笑，炁我髦士而慰之。璨老惫不能出，因忆前任谭侯曾取水于东北龙潭，水至而雨倾，犹以为偶然耳！今我侯取西南龙潭之水，水未至而雨已霑足。夫龙之为灵，昭昭也，非独灵于二公，实二公之诚，感有以致龙之灵也”②。这里有几个信息，如祈雨步骤，由县令主持，先去“郊坛”，不成功后，又“发牒于本境城隍”，最后还是去“龙潭”方成。大致程序是这样。

从抚宁县令这个严格的符合当时官方祈雨程序的行为而言，地方官祈雨一般是按照特定或固定程序来进行，与官庄人去猩猩峪龙潭祈雨的行为比较，后者更具有朴素的祈祷性质。另据此可知“龙潭”虽是猩猩峪处水域名称，但却非某一水潭之专有名称，很多当时人认为居有龙的水潭或水井都被称为“龙潭”，当然还有一个前提就是能够灵应，如前揭明赵之彦祈雨成功便以“龙潭”名之。这篇文字还有一个信息就是，祈雨是官方的一项重要职责，“水旱、兵荒，亦一邑安危所由系”③。当然这关系民生及社会稳定，牵涉面很广，另外，祈雨也有被视为偶然的因素，比如谭琳任县令时曾祈雨成功，便被视为偶然。

清朝抚宁情况。据县志所载光有顺治十一年（1654）与十五年“饥”，康熙十一年（1672）、康熙十二年（1673）、康熙四十九年（1710）“旱”，其中康熙四十九年虽旱，但该年“秋，大有年”。嘉庆十六年（1811）“夏，旱，谷贵”，道光十二年（1832）“六月，大旱。七月初

---

① （清）张上和等编：《抚宁县志》，中国文史出版社 2007 年版，第 342 页。

② （清）张上和等编：《抚宁县志》，中国文史出版社 2007 年版，第 342～343 页。

③ （清）张上和等编：《抚宁县志》，中国文史出版社 2007 年版，第 404 页。

六、七日，洋河大水，损田禾”，道光十三年(1833)“赈饥”。同治三年(1864)“六月，旱。”光绪元年，“夏，旱。三冬，无雪。二年夏，旱，幸不成灾”。从这个情况来看，清朝抚宁历年并非多旱灾，有限的几年似乎灾难也不是很严重，官庄的一次祈雨刻石记载，也折射了在前工业的农业生产中，稍一干旱便祈雨，或许是因为当时百姓并无多少余粮，一年歉收便可能导致生活之不堪。另外，《猩猩峪祷雨灵应记》提到初夏干旱便祈雨，其原因可以从当时当地的农业生产状况进行解释，距离抚宁不远的昌黎县的农业情况与抚宁当相近，其县域亦有祷雨情况。《癸丑岁祷雨文》：“今者冬既无雪，春夏亢旸，二麦未布，谷种及期，杲杲出日，密云不雨，嗷嗷万姓，赤地堪忧。夫一岁之计在于春，春时未种，秋何所获？终岁之需在于食，民食艰矣，民命何存！”[①]春天或初夏是农作物种植和生长的重要时节，这时期的雨水情况，很大程度上决定了秋天的收获与否。这在一定程度上也说明当地主要靠降雨来维持农作物的生长。当然也不排除，降雨多，会导致附近的河流有水，在可能的情况下，能借助河水灌溉，当然这对于临近河湾的田地可能更为便利。当代小说作家陈忠实在《白鹿原》开篇所描写的“白家”和“鹿家”用旱田交换水田的情形，也反映了靠天降雨以维持无河水之便的农田的基本生产状况，若雨水充足，旱田也能保障生产，但这个几率性的事件并不能保证旱田的生产，所以靠近河水的田地更是一个农民家庭的富庶的财产。对于官庄而言，不靠近洋河等河流，稍有干旱很可能产生歉收的结果，所以在县志记载中有康熙四十九年(1710)旱情，这可能是一个庆幸的事迹。

三、祈雨“龙潭”原因蠡测

本文探析的是龙潭祈雨及其碑刻之历史问题。在抚宁县境祈雨的案例并非仅仅有龙潭一处，就县志所载，龙潭祈雨有其典型性或代表性，其他自然形成的祈雨场所还有“淘龙洞”，“每逢岁旱，近洞诸村淘之辄应雨，后以豕酬之。相传洞有龙居，故名”[②]。祈雨都与“龙”有关，这是因为龙在传统社会的传说中是司雨之神。同属永平府的抚宁县临县昌黎亦有“龙潭”：“仙台山畔。潭在洞中，水自石壁流出，清冷彻底。时有云雾，祷雨有应。石乳，达摩峰左。其石如乳垂者数。水沥沥若乳落，久旱不竭，隆冬不冻，多题咏。”[③]清康熙九年(1670)《山海关志》亦载有一处“龙潭”：“在尖山下，水清，深不可测。相传有龙居之，遇旱取水祷雨。今砂石湮塞。”[④]在地方志中具有权威性的《永平府志》亦谓抚宁之“龙潭，在猩猩峪北，深不可测。上有瀑布，每旱祷雨立应”[⑤]，而不提及永平境内其他“龙潭”，可见位于抚宁猩猩峪的“龙潭”影响力最大。

关照本文主题之“龙潭”，首先思考并探析的第一个问题是，在相对平坦的地域出现干旱去祈雨，为什么祈雨选在龙潭，而不是其他地方？结合地方志可知，龙潭在深山之中，在抚宁地区，虽然现在有洋河水库(天马湖)、桃林口水库、燕塞湖(石河水库)等这些建国后

---

① 何志利主编：《昌黎县清代志书校注》，台海出版社 2009 年版，第 174 页。

② (清)张上和等编：《抚宁县志》，中国文史出版社 2007 年版，第 350 页。

③ 何志利主编：《昌黎县清代志书校注》，台海出版社 2009 年版，第 227 页。

④ 董耀会主编：《秦皇岛历代志书校注》第 2 册，中国审计出版社 2001 年版，第 9 页。

⑤ 董耀会主编：《秦皇岛历代志书校注》第 12 册，中国审计出版社 2001 年版，第 893 页。

修建的大型水库及各小型水库，但历史上，该地除所临海之外并无成规模的自然水面，秦皇岛地区也几乎没有这样的自然淡水湖，更古之时在昌黎的“七里海”相传是淡水湖。但明清时已成与海互通的水面，“七里滩，县南三十里。有菱，可渔。即今七里海。府志云：即古漠溟海。旧闻可煮盐。自饮马河入，化为淡水，海潮游沙可为沙坨，与大海不通。旧谓纵七里。今广袤几倍之矣。至咸丰八九年，忽竭。民皆种麦。十二年复潴水如故”[①]。那么祈雨一般会求助于何处？据地方志记载，官方祈雨一般会在龙王庙等固定场所。“龙王庙，在西门外，路南。明知县徐汝孝建，后废，仅存基址。康熙七年五月，知县王文衡祷雨感应，捐资重建。”[②]或玉皇庙：“光绪丙子，春夏亢旱，四野皆赤。吾邑侯张公深以为忧。闻城之西南隅旧有玉皇庙，每遇酷旱，邑人祈祷罔不验。”[③]查诸县志可见有关官方祈雨的记载并不多，结合相关灾异情况可见，抚宁县境整体虽不可说年年岁岁能风调雨顺，但大灾难并不多，在永平境内干旱记录也不多见。

龙潭，以“龙”名之，其潭又在山中，则成了求雨的一个选择，恰巧几次求雨成功，增加了其神秘性或权威性。其中一次成功的祈雨是抚宁县官庄村人不畏路途遥远而去龙潭祈雨，结果灵验。这里引申一下，从官庄到龙潭，就今天而言，也不算短途，何况在没有机动车的年代，需要跨越河流、山川，抵达龙潭。为什么官庄人会如此不舍辛苦去山里祈雨呢？这里有两个可能原因：其一，官庄距离洋河下游较近，实际上官庄附近在古代也是有一些河流的，既然大旱，则这些河流就出现断流的情况，河流若断流，自然会想起其源头无水，而龙潭正好处于河流的上流，在洋河的发源地附近。其二，如前文所提，官庄的这次祈雨当是民间行为，而民间行为是否不允许去官方祈雨场所呢？这不清楚。但民间有民间的思维方式，在干旱时节还能保留足够水量的“龙潭”，显然会成为一个值得膜拜的地方，“山不在高，有仙则名；水不在深，有龙则灵”，此以祈雨灵验而出名的龙潭便成了民间行为的绝佳场所。会对人口户数在当时抚宁来说位居前列的官庄[④]，这里相对平坦的区域适合农耕，滋养了众多百姓，对于农田的认识更为深刻，在别无更多选择的时候，面对干旱或可能的干旱，祈雨是一种能动的行为。

综合以上可见，求雨一般除了官方规定的场所外，会选择深水之地进行。在某地发生需要祈雨的情况时，具体的祈雨者似乎只在该地所在的行政辖区内去寻求“资源”，而一般不去该辖区之外的行政区去祈雨，这一方面有行政的原因；另一方面，祈雨在古时当属一种“一厢情愿”的作为，以今天的科学眼光来看，自然是一种迷信行为。在古代传统社会，虽然有“愚公移山”之类人定胜天的传说或故事，也有官方组织的运河或其他沟渠等水利设施的修建。但这样的水利工程并不广泛存在于所有行政区划内，尤其是偏安一隅的抚宁等区域，该地域多山地少平原而并不是富庶的产粮要地，在落后生产力的状况下，普通百姓最朴素的愿望多是靠“听天由命”，如果要发挥一下主观能动性的话，就是希望“天”能给予一些眷顾，带着真诚的祈求而去“龙潭”，这也许是能做到的最好的主动行为了。在传

---

① 何志利主编：《昌黎县清代志书校注》，台海出版社2009年版，第361页。

② （清）张上和等编：《抚宁县志》，中国文史出版社2007年版，第472页。

③ （清）张上和等编：《抚宁县志》，中国文史出版社2007年版，第474页。

④ 参见（清）张上和等编：《抚宁县志》，中国文史出版社2007年版，第527页。

统农业社会,祈雨是由来已久的文化传统,官方对此的高度肯定或视为国家典礼之一,即便清政府是由东北满族人建立的政权,在稳定统治后便启动了原来中原王朝实行的祭祀之事。① 而官方祈雨有相应的程序。这些官方的行为,自然会给予普通百姓以直接的启示,即在干旱时,祈雨是具有其独特作用的。而猩猩峪龙潭此前有两次县令于此祈雨灵应,这些从官方的系统中以及现实的体验中,都给予当地百姓一个最为直接的说明,成功的先例往往会成为后人模仿或学习的对象。

余　论

古代传统社会,祈雨作为一种行为,无论从上至皇帝的官方系统,还是普通民众,一直是一种与传统农业社会相始终的重要事项,降水与否、降水量多寡等等天气现象与当年的农业生产、农作物收成有直接的关系,在近代科技出现之前,虽然中国传统社会有"愚公移山"的励志传说,也不乏大型或中小型的水利改造工程,但从整体量而言,人类在与大自然的斗争中还是处于相对弱势的一面,或者说传统农业社会取得了显著的成绩,但这个要从长时段来看。自然不能以现在的成绩或科技力来否认古代的文明发展,没有那个漫长岁月的累计,人类社会也不可能到达今天,科技也难以到达现在的水平,只能说,随着近代科技、近代工业的发展,人类认识大自然的能力以加速度的水平在提高。单从水利而言,如果把整个古代改造江河湖海、开挖沟渠运河等等的土方量整合来算,也许还比不过中华人民共和国成立后改革开放前的土方量,这里不计算技术的因素,实际上建国初期机械化普及很少,很多大型水利设施的修建恰恰看得出铺天盖地的人海战术在发挥主要作用,不过这个时候毕竟已然有了机械化的因素,另外这一时期组织人员进行系列工程的社会因素与传统社会已有完全不同。这里略作说明,传统社会不乏官方组织的大量人力进行很多庞大的工程,与中华人民共和国成立后的相比,同样是人力,但社会结构已经发生了显著变化,中华人民共和国去除了封建枷锁和剥削束缚的"站起来"的中国劳动者,是以主人公的身份建设自己的家园,这点恐怕是以往社会难以比拟的。② 这里想表达一个意思:在传统农业社会改造自然界方面,也取得了很大的成就,其时的水利技术也有一定程度甚至可以说是令人感慨的③,但依靠自然降雨也一直是重要的方面,甚至应该说是主要的方面,毕竟改造江河湖海等是需要劳费很多劳动力的,这不是一件很容易的事情。既然不可能完全靠"人定胜天"来解决生产问题,更多的时候或许就要靠"听天由命"的理念来面对大自然的不测风云,而为了让"天命"垂青,祈求上天就成了一个很好的解决办法。其一,频繁的祈雨,或许涵盖着概率的意味,因为除非是沙漠,十年九旱,否则总会有降雨的情况,

---

① 参见(清)赵尔巽:《清史稿》卷八三《礼二》相关记载。相关研究参见吴十洲:《帝国之雩——18世纪中国的干旱与祈雨》,紫禁城出版社2010年版。

② 关于中华人民共和国水利建设的空前成就及详情,参见王瑞芳《当代中国水利史》,中国社会科学出版社2014年版。

③ 郭涛在《中国古代水利科学技术史》(中国建筑工业出版社2013年版)一书中对中国古代水利科学的发展作了全面的介绍,从中可见中国古代辉煌的成就。

或多或少而已。其二，官方有责任为民做事，这是为吏之道，否则何来财政收入[①]，所以官方的祈雨也涵盖着在其他任何事情无法实施的情况下的一种能动性作为，至少体现了官方的姿态所在，有助于安抚百姓。其三，民间的祈雨可能涵盖着朴素的诉求，在其他办法无法解决的前提下，寄希望于此，至少是一种自我心理安慰，毕竟农业生产关系一年的主要收入，是“养家糊口”的大计，不得不给予最充分的重视。

图 1 镌刻“龙泉”二字的石壁

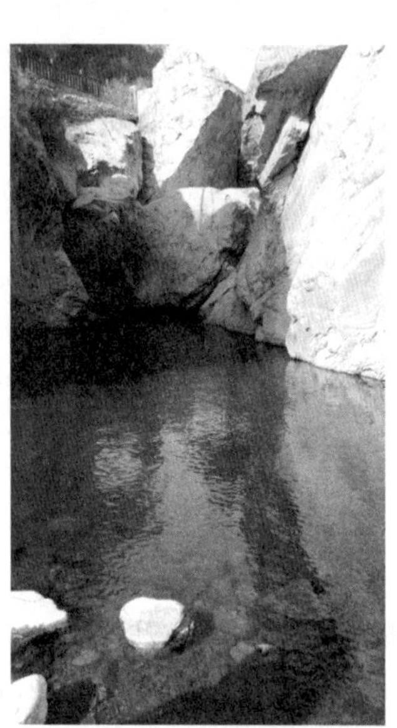

图 2 龙潭水面

作者简介：董劭伟，东北大学秦皇岛分校社会科学研究院教授。

① 前揭谭徐明主编《清代干旱档案史料》所载的各地干旱方面的资料，往往伴随着该地降水量多寡，而与之相伴的就是政府采取的优抚措施，这些传统记录降水的情况，一个不证自明的原因就是降水多少与粮食收成，是当地的 GDP 所在，进而与政府的财政收入有直接关系。

抗战时期南京的人口变迁和市民生活[①]

李沛霖

抗战时期中国沦陷区的城市人口变迁和市民生活状况，一直是研究的薄弱环节，甚至是空白点，但同时也是具有重要研究意义的课题，因为只有深入研究了这个课题，才能深入了解日本侵华战争与殖民主义统治给中国带来的深重灾难与广泛影响，才能了解中国城乡人民不屈反抗斗争的原动力，才能了解日本侵华战争与殖民主义统治失败的必然性。南京是中国具有悠久历史的大城市，1927 年 4 月成为中华民国国民政府的首都，市面繁荣、人口激增；日本全面侵华战争后，1937 年 12 月，这里成了日军实施惨绝人寰的血腥大屠杀的屠场，此后八年，南京又是日本“中国派遣军”总司令部及其所扶植的汪伪中央政府所在地，是日伪统治的核心地区。因而，研究抗战时期南京的城市人口变迁和市民生活状况，更具有典型的意义。

一、战前南京的人口激增与市民生活状况

1927 年 4 月 14 日，国民革命军北伐占领南京，蒋介石任命国民革命军总司令部审计处处长刘纪文为南京市市长，筹组市政府。4 月 24 日，南京市政厅成立，地址在夫子庙贡院旧址。此为南京设置市级行政建制之始。

1927 年 6 月 1 日，南京市政厅改称为南京市政府。6 月 6 日，国民政府颁布《南京特别市暂行条例》，定南京为特别市，直属国民政府，划定原江宁县城区及郊区一部为南京特别市范围，即包括原明代应天府城——南京城外廓以内地域及浦口之地。外廓以外为江宁县，隶属江苏省政府。1929 年 4 月，国民政府改南京特别市为首都特别市。1930 年 7 月，又改首都特别市为南京市，直属行政院。

1934 年 9 月，南京市与江苏省重新划界。[②] 南京市辖区面积扩大，“四郊之地，尽入市区”[③]。新的南京市界大致为：东以乌龙山、尧化门、仙鹤门、麒麟门、沧波门、高桥门为界；

---

① 本文为教育部人文社会科学研究青年基金项目“公共交通与南京城市嬗变研究”(编号:13YJCZH085)、南京邮电大学引进人才基金项目(NYS212007)阶段性成果。

② 参见南京市市长石瑛:《南京市政府关于本市与江苏省划界的布告》(1934 年 9 月 8 日)，国民政府行政院档案，藏中国第二历史档案馆(南京)，档案号:二—1—9444。

③ 叶楚伧、柳诒徵主编:《首都志》上册，正中书局 1935 年版，第 12 页。

南以铁心桥、西善桥、大胜关为界，毗邻江宁县；西以长江、浦口界江浦县；北以长江界六合县(长江中的江心洲、八卦洲属南京市辖区)。其总面积大约465.9平方公里。[①] 比明代南京外廓面积扩大了50%。1935年，省、市交割。南京市的这一划界范围与疆域面积，一直保持到1937年12月南京沦陷时未作变动。

南京自成为中华民国国民政府的首都以后，就成为全国的政治、军事与文化中心。各种军政机关、社会团体与各类学校迅速增加；各国驻华使、领馆与其他外事机构纷纷来南京觅址开馆；全国各种会议在南京召开。来南京访问的外国贵宾与友人不绝如缕。经济发展、商业兴盛、市面繁荣，文化教育事业获得极大的发展，服务行业如雨后春笋涌现。南京在全国的地位空前提高。各方面人士都大量涌向南京。由是，南京人口迅速增加：从1927年建都前的不足27万人，到1927年建市后增为36万人；1929年达54万人；1932年达65.9万人；1934年省、市划界时为79.5万人；到1935年底更猛增至100万人以上。据1936年5月20日南京市市长马超俊致内政部咨文，“兹据各区报告，本市城乡各区户总数，计户数为19793七户，口数男女合计1019148口”。又据1937年11月26日南京市政府训令，1937年5月南京人口为1016814人，1937年6月为1015450人。[②]

全面抗战前的南京，由于经济迅速发展，市场繁荣，文教昌盛，因之也给日益增多的南京广大市民带来了各种就业机会与收入的逐步增加、生活的一定改善。据金陵大学社会学系美籍教授史迈士(Lewis S.C. smythe)的一份调查报告就可以略见一斑。在1938年3～6月，史迈士带领20多个助手与学生，对当时留驻南京的市民22.1万人，按照美国人口普查(The United States Census)的分类法，进行了社会调查。应该说，这个人口数是与日军大屠杀后南京在1938年上半年的市民总人口数十分接近的。这个人口数约是战前南京人口数100万的1/5，而且这些留驻人口多是战时无法逃离南京的比较贫苦的南京市民。

调查的结果是，在这被调查的22.1万人中，有26%，即约5.8万人(男子约5.3万人，妇女约5000人)在战前曾参加过工作。这说明，在战前南京的总人口中，就业率较高，达26%。去除老、幼、病、残，则有劳动力的成年人在战前的南京基本上都是有工作的。

这些被调查的在战前有工作的5.8万南京市民的职业情况如下：

> (战争)以前参加工作的人中，百分之三十四的人(二万人)从事商业工作，百分之十八的人(一万零五百人)从事制造业和机械工业，百分之十二的人(六千五百人)从事家庭和私人服务(帮佣等)，百分之十的人(五千五百人)从事农业，百分之七的人(四千人)从事一般劳动，百分之六的人(三千五百人)是搬运工，百分之五的人(三千人)在“合成商店”工作(这种商店既制造、又出售商品，既不能算制造业，也不能算商业)，从事公共服务的人和自由职业者各占百分之三(二千人)，又有百分之二的人(一千人)从事文职工作。

---

① 参见南京市地方志编纂委员会办公室：《南京简志》，江苏古籍出版社1986年版，第8页。

② 参见中央档案馆、中国第二历史档案馆、吉林省社科院合编：《日本帝国主义侵华档案资料选编——南京大屠杀》，中华书局1995年版，第1081～1083页。

这些市民的工资收入情况如下：

总的来说，人们的平均日工资是一点零一元。根据调查，商业的工资平均一点二零元，制造业和机械工业是一点零八元，家庭和私人服务零点九六元，农业零点七三元，一般劳务零点三四元。平均起来，每家每天收入一点二三元。[①]

史迈士将上述调查情况列表如下：

被调查市民战前的就业和收入状况

职　业	人　数			占就业总人数的百分比	每个就业人员的日平均收入 元
	男	女	合　计		
农业和采矿	5500	100	5600	10	0.73
制造业和机械工业	9650	800	10450	18	1.08
商业	18200	1700	19900	34	1.20
运输	3500	150	3650	6	1.14
文职工作	900	—	900	2	0.86
家庭和私人服务	6000	700	6700	12	0.96
以上各项以外的公共服务	1800	100	1900	3	1.03
自由职业	1600	150	1750	3	1.05
一般劳务	3050	1150	4200	7	0.34
合成商店	2700	150	2850	5	0.91
总计和平均	52950	4950	57900	100	1.01

资料来源：[美]史迈士：《南京战祸写真》，载该书编委会、南京图书馆合编：《侵华日军南京大屠杀史料》，江苏古籍出版社 1997 年版，第 332 页。有删节。

从以上资料可以看出，战前南京有劳动力的普通市民，不仅就业率较高，而且都有较稳定的收入，收入虽不丰厚，但考虑到当时较低的物价等因素，一般都能维持温饱，一部分市民还能过上较好的生活。这一方面是由于当时中国社会经济有了一定的发展，同时也由于南京是中国的首都，社会长期较稳定，又地处江南鱼米之乡，是南北交通枢纽，因而成为全国居民就业率较高、生活水平提升较快的地区之一。

二、沦陷时期南京的人口清查与人口变迁

1937 年 7 月 7 日，日本发动全面侵华战争。在日本当局对中国实施的武力征服与战争恐怖威慑政策中，攻占与摧毁南京被认为具有特殊重要的意义：因为南京不仅是中国历

① [美]史迈士：《南京战祸写真》，载该书编委会、南京图书馆合编《侵华日军南京大屠杀史料》，江苏古籍出版社 1997 年版，第 280～281 页。

史上最有影响的古都之一，而且滨江近海，具有极重要的军事战略地位与经济价值；更重要的是，它是中华民国的首都，是中国的政治、军事中心，是国际观瞻所在地，因而攻占南京必将在中国国内与国际上产生极大的震撼力与极大的政治、军事影响，对中国广大军民与中国政府的心理产生巨大的冲击与压力，使他们放弃抗战，向日本求和乞降。

日军于 1937 年 8 月 15 日开始对南京进行空袭，历时约 4 个月，造成南京人民的重大伤亡。1937 年 11 月 12 日日军占领上海后，立即向南京实施凶猛的包抄进攻。南京国民政府自 1937 年 11 月中旬起，一边疏散撤退南京各政府机关与工厂、学校等，一边调配兵力准备防守南京。南京的城市人口迅速减少，但有许多最穷困的南京市民无法撤离，滞留在危城中，再加上从上海、苏南各地逃来的难民，到南京沦陷时，总人口仍有 50 余万。

1937 年 12 月 13 日，日军占领南京后，立即对已放下武器的中国战俘与手无寸铁的平民实施血腥的大屠杀，历时 40 多天，屠杀中国军民达 30 万人，使南京变成了血海尸山的人间活地狱。南京的人口锐减，其具体数字可从当时的有关史料中搜寻与分析。

日军在南京施行大屠杀的同时，就对南京难民进行了普遍的人口清查、登记与颁发"安居证"的工作。其目的，一是清查出混杂在百姓中的中国军队便衣官兵，加以捕杀；二是对南京全城的中国民众实施严密的控制与管理，确立起日本殖民统治的社会秩序。开始，这种普遍的人口清查、登记工作由日军办理。日军在进行"良民"登记中，所谓"分别良莠"："合格"的，由日军特务机关发给"安居证"，"安居证"上贴有持有人的一寸近照，一旁写明持有人的姓名、年龄、性别、职业、住址等，作为该居民的合法身份证明；不"合格"的，立即被日军逮捕杀害。日军在 1938 年 1 月 1 日伪"南京市自治委员会"成立后，就将居民登记工作移交给伪政权出面进行，日方当局派员在旁监督与弹压。1938 年 2 月，南京形势逐步趋向平缓，"安全区"解散后，大多数难民回到原居住地；战前逃往外地的人也有部分陆续回到南京家中。南京的人口有所增加。据日军"南京特务班"在 1938 年 3 月底的一份报告，在 1938 年 2～3 月间，南京市城内各区及下关区登记的人口情况如下：

1938 年 2～3 月间南京市城内各区及下关区登记人口情况表

区　别	年　月末登记人口	年　月末登记人口
第一区	69067	78639
第二区	65222	77694
第三区	19206	36036
第四区	12007	32473
下关区	7000	10214
总计	172502	235056

资料来源：辽宁省档案馆藏：《满铁档案中有关南京大屠杀的一组史料》，载《民国档案》1994 年第 3 期。

从上表可知，在 1938 年 2 月末，南京城区登记人口是 172502 人，3 月末增至 235056 人，还不足战前南京人口的 1/4，不足 1937 年 12 月 13 日南京沦陷时人口的 1/2。

此后，在日本统治南京的近八年期间，日方当局继续通过各届伪政府，对南京居民多次进行户口普查与登记，始终抓紧对南京的户籍管理。

1938年三四月间,伪“维新政府”暨伪“督办南京市政公署”建立后,由于南京人口不断增加,为了加强对南京市民的控制与强化对南京的治安管理,日伪当局从1938年8月开始准备,历经数月,到11月8日实施了一次对全南京市人口拉网式的普查——所谓“第一次户口总复查”。据伪“南京市政公署秘书处”在1939年初出版之《南京市政概况》记载,此次南京户口总复查情形大略如下:

户口调查,关系市政推行及社会安宁甚巨。事变以后,室家流离,奸宄溷迹,此项要政,益不可忽。曾于八月间,既作推动全市户口总调查之举。嗣为益求精密起见,复经订定本市户口总复查办法,并各种表式,于十一月八日分段分组挨户详查,尽一日办理完竣。是日所有市署各处局厅、各附属机关及各中小学校,除警察厅酌留半数员警值勤,各小学低年级学生休假一日外,其余一律出动,分别携带各该地段管辖区公所及警察局队,原有户口调查表册,挨户复查。①

1938年11月8日南京市的“户口总复查”,所得城区各区户口数目,统计列表如下:

1938年11月8日南京市户口总复查表

区别	户数	人口数		合计
		男	女	
第一区	19992	43355	38210	81565
第二区	29446	63762	56692	120454
第三区	11113	24091	19034	43125
第四区	10175	18033	18931	36964
第五区	2939	7774	4873	12647
总计	73665	157018	137737	294755

资料来源:伪“督办南京市政公署秘书处”:《南京市政概况——1938年度》,该处1939年3月版,第21页。

接着,日伪当局又对南京近郊四个乡区进行户口普查登记,并对五个城区户口复查。1938年12月复查所得结果,统计列表如下:

1938年12月南京市户口普查表

区别	户数	男人	女人	人口数合计 人
第一区	22462	48451	41571	90022
第二区	32337	72305	61294	133599
第三区	19270	35455	29748	65203

① 伪“督办南京市政公署秘书处”:《南京市政概况——1938年度》,该处1939年3月版,第21页。

续表

区　别	户　数	男　人	女　人	人口数合计 人
第四区	10429	19063	19155	38218
第五区	3725	9513	6210	15723
上新河区	9612	26060	23894	49954
燕子矶区	9418	22510	19136	41646
孝陵卫区	2923	10405	6101	16506
安德门区	7503	12773	9767	22540
总计	117679	256541	216870	473411

资料来源：伪"督办南京市政公署秘书处"：《南京市政概况——1938 年度》，该处 1939 年 3 月版，第 22 页。

由上列资料，可知在 1938 年年底，南京城区与郊区共有人口 47.34 万多人。

经过这次拉网式的严密复查后，日伪当局已基本上掌握和控制了南京地区中国居民的人口与户籍情况；然后在此基础上，由伪政权向"合格"的居民重新统一颁发"市民证"，或称"居住证"。1938 年年底，伪"督办南京市政公署"针对南京居户房屋因战火毁坏遗缺门牌甚多的情况，结合户籍复查，恢复居户房屋的门牌，又补订正门门牌 5789 块，棚户门牌 6786 块。[①]

1938 年 12 月 27 日，上海租界的《申报》刊登报道《沦陷一年来之首都》，揭露道："南京成立'督署'后，以整顿市面为名，图增加'督署'收入，遂发行安居证，藉此一可刮削金钱，一可防止游击队活跃，此证每月更换一次。最近安居证已改为良民证，证上须贴有本人二寸照相，书明年岁户籍职业。凡经过日兵岗哨，须取出良民证给日军检验，稍有不合，即被日军掴颊，甚至有被当作游击队之生命危险。"[②]

1939 年 3 月，伪"督办南京市政公署"改组为伪"南京特别市政府"后，又在南京全市进行重新统一颁发"市民证"的工作。伪"南京特别市政府"发布《南京特别市政府发给市民证办法》，通令"各区晓谕人民"，"本府……会同（日军）特务机关发给市民证以资证验"，取代以前临时颁发的"安居证"。发证办法规定：凡属住居本市的全体市民，6 岁以上的，"任何人均须照章领证"；在居民证上，须填明户籍项目，张贴照片，统按十指指纹，并实行 5 户联保；关于贴照，规定除 12 岁以下无须粘贴照片外，"即便残疾人，但若能行动者，虽瞎一目跛一足亦须粘贴相片"；市民相片由伪市府指定照相馆前往市内各坊摄制；摄影时，由保长依户籍调查底册，核对市民姓名、年岁、住所及职业；市民证由各区公所办理，依户口调查表，查得各坊保甲人口数目分配之；市民入出城关、外出旅行、投宿旅舍，必须持"市民证"，以及由伪"市政公署"核发的通行证，随时由警特机关检查；各居户有不具结或户口

① 参见南京市地方志编纂委员会：《南京市志丛书·南京公安志》，海天出版社 1994 年版，第 94 页。

② 《沦陷一年来之首都——汉奸献媚借烟妓以繁荣　游击宣威杀哨兵于不觉》，载 1938 年 12 月 27 日《申报》（上海租界版）。

异动不报者，处以吊销或扣发市民证，重者送警察机关治罪。[①] 到1939年年底，南京城内五区办证手续完成。城外四区的办证手续直到1940年3月汪精卫政府成立后才陆续完成。南京全市合计发证58万张。

现收藏于台湾"国史馆"中的一张日伪时期的南京市民证，是在1940年2月1日颁发的。市民证上贴着证件持有人的肖像照，旁边的文字是中、日文混用，显示日本殖民统治的特色。其中的中文文字是："市民证　第17321号　姓名　章君质　年龄　三十二岁　住所　门东边营十一号　职业　教育　昭和十五年、民国二十九年二月一日　南京特务机关、南京特别市政府。"日文的大意是："此证为南京居住市民的身份证，此证所持者可作通行证使用。"下面还盖着"南京特务机关"与"南京特别市政府"的两枚公章。"南京特务机关"是驻南京日军司令部的一个下属机构，专门负责对伪"南京特别市政府"的扶植、指导与监管，甚至连南京居民的身份证的发放也要插手，更遑论其他。它是南京实际上的真正统治者，是伪政府的太上皇。

到1940年3月30日汪伪政府在南京成立后，因南京成为伪政府的"首都"，社会环境相对安定，工商业恢复，人口逐年增加，但日伪当局对居民户籍管理更加严格。1940年8月，伪首都警察厅重新查编全市门牌；至10月，又补订门牌6815块，其中正门门牌2745块，后门门牌128块，旁门门牌42块，棚户门牌3778块，船户门牌122块。[②] 1940年10月，伪南京市长蔡培特地举办了一期"南京市户籍员训练班"，招收与培训专职户籍员，以加强南京的户籍管理。训练班历时3个月，于1941年1月结业。全体学员都被分配到南京城内或城郊各区区公所任户籍员。在南京城区，每个户籍员一般管理2个坊的户籍。

户口普查与居民登记办证结束后，日伪当局则以之为基础，对南京全体市民进行常年严格的户籍管理。其管理机构，一个是各区公所的行政组；另一个是伪"首都警察厅"与各区警察分局的户籍管理机构。各区公所的行政组，负责本区居民的户口登记、物资配给以及坊、保、甲长管理和任免事宜，并"按旬按月将本管境内户口实有数目分别填报"，将户籍员上报的户口变更情况和有关统计数字汇齐后，转报伪市政府。伪首都警察厅设行政科户籍股，专司户政工作，掌握南京全市人口的调查统计；户籍股由一个主任科员负责，设有科员、办事员若干人，分管户籍档案。在各区警察分局，则设有户籍员两人、户籍警若干人，专管居民户籍变更、申请、注册、登记事宜，如迁移、来住、地住、出生、死亡等等。居户婚丧大事要事先申报；有人死亡，要领"运柩证"；若开办特种行业，如旅社、饭馆、茶社、浴室、旧货(包括挑高箩)、戏院、剧场以及鸦片售吸所、妓院等，除分别呈报工商局、禁烟局等外，还得向各区警察分局和警察分驻所申报、交费、领证，接受其管理。各区警察局、所的户籍员与户籍警必须经常到居民住户家中与公共场所去巡查与核对户口，每月将经管的户籍变更情况与有关数字进行统计，由区公所行政组收齐后上报伪市府。

1943年1月，伪"南京特别市政府"规定所属各区公所与各区伪警察局共同办理户口移动管理，统一发给各居户一张纸质门牌贴于门首，以备军警随时查对。12月28日，伪"南京特别市政府"的"保甲委员会"统一换发全市居户的户籍门牌，改纸质门牌为木质门

① 参见伪"南京市政府秘书处"：《南京市政概况——1939年度》，该处1940年3月版，第16页。

② 参见南京市地方志编纂委员会：《南京市志丛书·南京公安志》，海天出版社1994年版，第94页。

牌，上面写明每户的简况，如人口数、户长、户内每个成员的性别、年龄、职业、变动情况以及5户联保人姓名等，钉在每家的大门上。以便于警察与保甲人员随时对各户居民进行检查与核对，抓捕“非法”居住者与隐匿的抗日分子。每户木质门牌收费5元。

汪伪政府规定，各区公所的户籍员，除负责居民的户籍变更注册登记与户籍检查等事宜外，还负责给登记过的“合法居民”发放物资配给证。当时日伪当局实施严格的物资统制。居民的生活必需品，如食米、食盐、食面等等，都必须凭户籍员颁发的配给证，才能购到有限的定量配给物品。居民申报户籍变动时，须同时申报物资配给变动。日伪当局将户籍制度与居民生活品的配给紧密结合起来。警察与保甲人员每月抽查居民户籍1次，若发现居民不及时申报户口移动，则吊销该户物资配给，并追究房主与联保人。

据伪“南京特别市政府”的户籍统计资料，南京的人口逐年增加情况如下：

1939年年底，有135809户，580445人；

1940年年底，有140080户，615972人；

1941年年底，有141024户，629380人；

1942年年底，有133973户，638464人；

1943年年底，有141787户，689725人；

1944年年底，有143013户，692825人。[①]

在1945年8月日本投降前夕，南京约有70万人口，不及战前南京人口的70%。

三、日伪统治下的南京市民生活状况

日本的侵华战争与殖民统治给南京人民带来了巨大的灾难：日军的疯狂大屠杀几乎给每一个南京市民的家庭都带来了亲人的伤亡与房屋财产的巨大损失，而经历过战火与屠杀得以侥幸活下来的南京市民，在此后日伪统治的近八年期间，不仅政治上沦为亡国奴，在经济上也陷入失业、破产、贫困之中。

日军对南京的战争破坏与经济掠夺，造成了南京经济的严重衰败与畸形发展。受害最烈的是南京广大的普通市民，特别是那些靠出卖劳动谋生的工人、职员与农民。

在日军攻城与大屠杀的近两个月期间，那些在战前无力、无钱、无法逃离南京的数十万贫苦市民，大部分拖儿带女，扶老携幼，离开居住地，匆忙地逃进了设于南京城西北角的“安全区”内避难，而未及逃离居住地的居民，以及未能及时逃进“安全区”的居民，成千上万地被日军屠杀。逃进“安全区”的难民，失去了工作，失去了居屋与财产，甚至失去了维持生活与生命的最基本的生活物资，由“安全区国际委员会”暂时安排在各难民收容所，在寒冬腊月中寻觅得一个栖身之地，靠“国际委员会”发放的米粥度日，过着凄惶痛苦的生活。数十天过去了，南京的社会秩序稍稍安定，日伪当局强令解散“安全区”，驱赶他们回到原居处。他们世代居住的房屋与财产都早已被日军抢掠一空、烧成灰烬，而南京各工厂歇业，商店关门，百业萧条，又使他们失去了一切赖以谋生的职业。这些成千上万的难民居无房，食无粮，毫无经济收入，只能出售掉身边仅剩下的一点衣物以换取米食；有许多人

① 转引自南京市地方志编纂委员会：《南京市志丛书·南京公安志》，海天出版社1994年版，第48页。

只能靠亲友的资助以及继续向“国际救济委员会”求助；还有的人不得不去寻找那些因主人逃离南京而空关着的房屋进行偷盗，然后再到马路边市场上出售……

1938 年 3 月 13 日，伪“南京市自治委员会”总务课在《兴办市政需要各项事业计划书》中承认：“查本市临近江北，失业工人，本极甚伙，加以百业停顿，无以为生者，尤属不可胜数；谋生为难者，束手待毙；游手好闲者，与匪为伍，窘迫状态，不可言宣……”[①]

日方当局为了恢复南京的社会秩序，建立殖民统治，也为了给日军军事运输等提供所急需的劳动力，从 1938 年 1 月上旬开始，由日军特务机关出面，配合新成立的伪“南京市自治委员会”，解散“安全区”，给一些南京难民介绍工作，进行职业安排。日方当局将之视为对南京市民的“宣抚”工作之一。

但是，在经历过战争与大屠杀后的南京，对难民的职业安排“难度相当大”。日方当局承认，“这种情况与物资不足相伴，在资金匮乏、没有金融渠道的今天，阻碍了城内商民的商业复兴。城外的农民由于丧失了农具和家畜，对春耕怀有很大的不安”[②]。在这种情况下，日方当局采取了以下几项“应急措施”：

一是日方当局招用战前从事电灯、自来水等城市公益事业并有经验的难民，让他们恢复工作。日军进入南京后，一直由军方掌握着电灯、自来水等公益事业，因为这首先关系到驻防日军的生活与战争需要，同时也关系到恢复南京社会秩序与社会治安，因而必须迅速修复被战争破坏的水、电等公益事业。日军当局开始是通过“安全区国际委员会”的拉贝等人招用中国熟练工人，后来通过伪“市自治委员会”来招募。据日方特务机关资料，截至 1938 年 2 月末，招用的电气工人 160 名，自来水工人 60 名，共计 220 名；到 3 月底，电气方面大约安排了 200 人，自来水方面大约安排 100 人，汽车驾驶员 100 人，开办邮局大约安排 30 人，共 430 人。

二是日军军事单位招用南京难民去做“军用苦力”。在 1938 年 1 月，全部由日军特务机关直接负责招募，然后“介绍”到日军各军事单位。如日军军事管制的南京港与铁路上从事装卸劳动等。截至 2 月底，经日军特务机关协助介绍就业的包刮长工、日工在内的军用苦力，总数达 1 万人次，而从 1938 年 2 月上旬开始，日军特务机关通过伪“南京市自治委员会”及各区公所设置“苦力收容所”，对失业的难民进行“动员”与招用，“以满足军队的需要”，至 1938 年 3 月，军队每天需要约 30000 苦力。

三是日方当局在各区内开设零售市场。让“持有少量营业资金的人”，“就地开设了简单的小卖店，主要销售食品、杂货。这种小卖店随着交通限制的缓和、物资供给的渐增而与日俱增”[③]。

从上述日军特务机关的报告中可知，在 1938 年上半年，南京 20 多万中国难民，除了有约 400 名曾从事水、电的工人被招去复工，有 1 万至 3 万人为日军做“军用苦力”，还有一些人做小商贩，其余的大量难民则始终处在失业中。居民就业率只有 9%。失业难民

① 《南京市自治委员会总务课兴办市政需要各项事业计划书》(1938 年 3 月 13 日)，藏南京市档案馆，档案号：1002-19-9。

② 辽宁省档案馆藏：《满铁档案中有关南京大屠杀的一组史料》，载《民国档案》1994 年第 3 期。

③ 辽宁省档案馆藏：《满铁档案中有关南京大屠杀的一组史料》，载《民国档案》1994 年第 3 期。

固然毫无经济收入，就是那些做水电工、做苦力、做小商贩的难民，收入也是少得可怜。

史迈士教授在他当时所作的社会调查《南京战祸写真》中，对 1938 年 3 月间约 22.1 万南京居民的就业与工资收入情况所作调查的结果是：

> 在同样的人中，同以往状况（按：指战前）报告情况相比，目前三月份就业和工资状况呈现一片凄凉的图景。就业的总人数是二万零五百人，其中九百五十人（不到百分之五）是妇女。这二万零五百人只占人口总数的百分之九，其中十岁出头的占百分之十二，十五岁上下的占百分之十四。
>
> 在全部就业人员中，百分之六十七的人（一万三千五百人）从事商业（史迈士按：大部分是小贩和在路边叫卖自己和别人残余物品的人），农业为百分之十二（二千五百人），制造业和机械工业为百分之五（一千人），家庭和私人服务占百分之五（一千人），搬运工占百分之四（一千人），“合成商店”和一般杂务各占百分之三（五百人），公共服务和自由职业者各占百分之一不到。按总人数平均日工资是零点三二元，其中商业零点三一元，农业零点二零元，制造业和机械工业为零点四五元，“合成商店”为零点二二元，一般劳务只有零点二五元。①

以上被调查居民的就业与收入情况，史迈士列表如下：

1938 年 3 月南京被调查市民的就业与收入状况

职　业	人　数			约占就业总人数的百分比	每个就业人员日平均工资收入 元
	男	女	合计		
农业和采矿	2450	50	2500	12	0.20
制造业和机械工业	650	300	950	5	0.38
商业	13150	500	13650	67	0.30
运输	900	—	900	4	0.42
文职工作	—	—	—	—	—
家庭和私人服务	750	200	950	5	0.45
以上各项以外的公共服务	150	—	150	不及 1%	1.00
自由职业	—	100	100	不及 1%	0.55
一般劳务	400	100	500	3	0.25
合成商店	650	—	650	3	0.22
总计和平均	19400	950	20350	100	0.32

资料来源：[美]史迈士：《南京战祸写真》，载该书编委会、南京图书馆合编《侵华日军南京大屠杀史料》，江苏古籍出版社 1997 年版，第 334～335 页。有删节。

---

① [美]史迈士：《南京战祸写真》，载编委会、南京图书馆合编《侵华日军南京大屠杀史料》，江苏古籍出版社 1997 年版，第 281 页。

从以上资料可以看出,在日军占领后的南京,居民就业率只有9%,比战前的就业率26%下降了17个百分点,且从事的“职业”多半是“军事苦力”与路边小贩,而就业人员的日平均工资只有0.32元,比战前就业人员的日平均工资1.01元降低了约2/3。

史迈士教授在调查报告中,就当时南京市民的收入降低与生活贫穷写道:

> 据报告没有工资收入的人家有三万七千零五十户,相当于这个城市总户数的百分之七十八;收入不足以维持生活的有四万四千六百五十户,占总户数的百分之九十四。我们的观察和这样的现状完全一致。他将日伪统治下南京市民的就业与收入情况同战前作出比较:“据调查,在常住人口中,三月份的就业人数是过去就业人数的百分之三十五,这些就业人数的收入是过去收入的百分之三十二。这两个因素表明,所有常住人口的总收入等于过去总收入的百分之十一,这个悲观的数字正和那些知情人的观察是一致的。”①

南京的形势逐步稳定以后,虽然随着一些工商企业的恢复,南京市民的就业机会有所增加,但就业的工资收入却始终很低,而且日伪当局在各行业组织了由把头、工头把持的伪工会,工人要找工作必须通过他们,工人要维持自己的工作也必须通过他们,这就必须要缴费、要送礼。工人们艰难地找到一份工作,不仅要遭受日伪当局的欺压克扣,还要遭受这些把头、工头的盘剥。工薪本来就少,能拿回家供全家度日的就更加可怜。德国侨民拉贝在1938年1月25日的日记中,记录了一位中国工人悲惨而屈辱的生活:“一名中国工人给日本人干了整整一天的活,没有领米而是领了钱回到家中。他疲惫地和全家人坐在桌旁,家庭主妇端上了几碗稀粥。一个六口之家只有这么可怜的一顿饭。饭刚端上来,一个路过的日本兵寻开心地向这几只半满的碗里撒了一泡尿,随后笑着扬长而去,未受到任何惩罚。”②

1939年11月9日,这是日军占领南京近两年以后,金陵女子文理学院的美籍女教授魏特琳(Minnie Vautrin)在日记中记录了她当日亲眼看到的南京的军用苦力被日军威逼侮辱与生活痛苦的情形:“路边有大约100个苦力在排着队,被日本兵反复搜身。一个日本兵端着上了刺刀的枪,那架势无疑让每个苦力都能感受到一种威胁。我听说,这些苦力每天才能挣0.48美元,另外0.02美元必须交给为他们提供担保的工会等组织。”③

充当日军“军用苦力”的南京市民在日军刺刀的监督下干活,相当于奴隶,就是受雇于日本侨民经营的工商企业,工作状况与劳动收入也是极为悲惨的。金陵大学史德蔚(Albert Newton Steward)教授在1939年7月5日日记中记录,一名受雇于日侨商店的中国职工,刚工作一天,无端被日商怀疑偷窃了店里丢失的物品,就被抓进日军宪兵队,遭受毒

① [美]史迈士:《南京战祸写真》,载编委会、南京图书馆合编:《侵华日军南京大屠杀史料》,江苏古籍出版社1997年版,第282～283页。

② [德]约翰·拉贝:《拉贝日记》,本书翻译组译,江苏人民出版社1999年版,第504页。

③ [美]明妮·魏特琳:《魏特琳日记》,南京师范大学南京大屠杀史研究中心译,江苏人民出版社2000年版,第697～698页。

打与电刑,使神经遭受永久性的破坏,送进医院等死。① 这是无数南京市民在日本殖民统治下受盘剥、受屈辱的悲惨故事中的一个,也是对当时南京市民工作状况与生存状况的典型写照。

南京市民还要受到日伪特务、警察与地痞流氓的敲诈勒索。魏特琳教授在1938年11月7日的日记里,记述了在金陵女子文理学院附近一家菜农胡大妈家的不幸遭遇:"一些人看到她3个儿子辛勤地工作,卖了许多蔬菜,这些人就想办法试图从他们身上榨钱。他们从新政府请来了几个侦探,当面控告她儿子卖了7支枪给游击队员,并私藏20美金的金银珠宝。这两点极为荒谬。他们只好支付11美金以摆脱这群恶棍。这些是当地勤劳的平民们面临的情况。"②

就业率低、收入少甚至没有工作、毫无经济收入的广大南京市民,在市场上面临的却是短缺的商品与不断高涨的物价,甚至连生存必需的粮、燃料都买不起。贫苦市民们在饥寒交迫、走投无路的威胁下,只得想尽一切可能的办法艰难地生活下去:买不起粮食与燃料的贫苦市民冒险出城,到秋后收获过的田地里去拾薮割草。1938年11月8日,魏特琳看到,"从西门来的穷人外出割草作为冬天的燃料,而最穷的人在拾薮。他们告诉我,现在草是每担1美元,他们买不起。有些市民被迫去砍树,以得到一点微薄的报酬"。魏在当日的日记中写道:"到处在砍树,我开始感到难过,但我后来又想,也许是种树人在砍树,因为人们太穷了,这样一想,心里就好受些。"还有许多穷苦市民去拆掉一些无主的公、私房屋,然后以极低的价格卖掉这些房屋的砖、木,以换得一些可怜的收入。魏特琳在日记里多次记载了这类事情。她在1939年11月9日日记里再写道:"我们路过一些尚未完工的房子的旁边,看到有人正在拆房卖砖,一幢价值万元的房子,卖砖所得也不过数百美元。在我们校园的南边,有一幢很漂亮的房子,其价值不下万元,已经被拆毁,砖头也被拖走了,不应该责备那些拆毁别人房子的老百姓,因为他们也要生存。"③

历史证明,日本军国主义发动的侵华战争,不仅制造了血腥的南京大屠杀,而且给南京等沦陷区人民带来了长久的苦难。在日本战争灾害与殖民统治下的广大南京人民,在政治上被奴役、被歧视,在经济上则是被盘剥、被压榨,生活在水深火热之中。哪里有侵略、有压迫,哪里就必然有反抗。经历过大屠杀、过着亡国奴生活的南京人民从沦陷之日起就开展了自发的抗日斗争,而重庆国民政府与延安中共中央也不断地派遣各类人员进入南京,组织民众进行各种形式的斗争。关于这些内容,笔者将另著文论述。

作者简介:李沛霖,复旦大学历史学系博士后,南京邮电大学马克思主义学院副教授。

---

① 参见章开沅编译:《天理难容——美国传教士眼中的南京大屠杀(1937~1938)》,南京大学出版社1999年版,第361页。

② [美]明妮·魏特琳:《魏特琳日记》,南京师范大学南京大屠杀史研究中心译,江苏人民出版社2000年版,第498页。

③ [美]明妮·魏特琳:《魏特琳日记》,南京师范大学南京大屠杀史研究中心译,江苏人民出版社2000年版,第697页。

从文明戏到电影看民国初期第一次服制变革

刘亚玉

服制的变革是时代变革重要的标志之一。辛亥革命之后，民国成立初期中国的服制进入了一个混乱的时期，关于“未来国民应该穿什么”的讨论随之而来，“易服”被提及到重要的国民形象的高度。在特定的时代节点上，着装意味着每个人自身的文化选择，也代表着整个社会思想运动的发展方向。在西方工业文明影响之下，都市流行文化的入侵与传播，给国人带来了新的生活方式，人们对时尚的追求也各趋不同，服饰被赋予了特殊的文化意味。

文明戏和电影皆为当时最时兴的市民文化形态，它们之间有着重要的传承关系。文明戏是西方话剧与中国传统戏剧结合改良而衍生出的新型戏剧舞台艺术形式，也是中国电影的前身，中国最早的电影人大多数都曾从事过文明戏的创作。与传统戏剧相比，文明戏与电影共同的特征是更具现实主义精神，不限于演绎旧时的戏码，而开始从社会当下时事中寻找题材，服装、道具、舞台、化妆等表现形式也更为写实。而中国电影除了诞生之初的京剧舞台纪录片形态，当它开始表现当下社会的故事时，就具有了强烈的现实主义精神。因此，从文明戏到电影展现的服饰时尚，可以反映出同时代人的面貌，也能看到民国初期服制变革的轨迹。

一、两种服制改革方案的较量

民国筹备成立之初，两种服饰改革的方案一直在社会和政府中酝酿，即全盘西化还是保留旧制。两股势力的较量背后代表着不同的政治观念，也将影响中国纺织轻工业的未来经济形态的发展走向。

第一种方案：变更清朝的马褂长袍和马甲旗袍为代表的男女服式，全部采用西装。

其倡导者中不乏辛亥革命的功臣们，他们认为不彻底改变国民面貌，不足以昭示政治改革之决心，与世界发达国家的先进文化接轨。这些人当中大多有留学外国的经历，接受过西方文明的洗礼，也养成了西式着装的习惯。1912 年 1 月 19 日，上海商务总长致沪都督书中称：“中央政府成立而冠服尚无定制，现担任行政职务者与外宾交接仅服旧时章，殊不庄重，拟请转陈大总统早日宣布，反须于外宾晋接者之冠服于中外一律，以表大同。”①中华民国筹备建立之时，服制定案被提升到日益重要的位置，主张西化观点者认为，在中外官方接洽中，中国传统的服饰装扮在西方人猎奇的眼光中是东方奇观，似乎略显保守陈旧，不够平等也不够庄重。

革命者们纷纷剪辫易服，以西式服装示人，一班跟潮流、趋时髦者，以学习他们的西装革履装束为荣。自清末派遣至欧美、日本的留学生，在此时已经纷纷进入政坛，他们受到西方文化的洗礼，也将西方的服制着装习惯带回中国并加以推广，“革命巨子，多由海外归来，革冠革履，呢服羽衣……政界中人，相互效法，以为非此不能厕身新人物之列”②。青年们从着装来标榜自己对新思想和新的社会风气的向往。1912 年 6 月 1 日《大公报》上刊登着，当时激进的青年学生，多为“洋帽洋衣洋式鞋”，甚至“器必洋式，食必西餐无论矣，其少有优裕者亦必备洋服数袭，以示维新”。革命者成为穿着西装最早的时尚先锋。他们以全新的姿态面对公众，宣扬西方科学与民主的思想，青年们纷纷穿上西装表明自己与旧制度决裂的态度，跟随他们走上革命之路。

西服的传播与经济开放也直接相关。五口通商以来，由于商业经济的逐步兴旺，在西人的带动及富商、财阀、买办的跟风效仿下，一种奢侈之风在市民中滋生暗长并流行起来，他们纷纷以穿洋装为时尚。事实上，早在清末的官宦商人中间，西装西服的打扮已经成为时髦。广州因为在中国近现代开埠最早，所以说洋话、穿洋服也是最早的。在其带动下，天津、上海也步其后尘，出现非常时髦的打扮。特别是上海工人们已经争先恐后地买西装、穿西装，忙得不亦乐乎。③

另一种方案则针锋相对，主张日常服式基本照旧，礼服则纯用丝棉织品，专以国货为主。

主张这一论调者担心全盘西化会引起国货滞销，出于对民族传统纺织工业保护的目的，提出保留部分服饰旧制。另有一些知识分子也出于对崇洋媚外者的不屑，以及对推翻传统、全盘西化的反抗，警惕西方工业物质文明和精神文明全部入侵带来的经济冲击和价值观混乱。

“力倡此说的多系纺织和丝绸业主，因为改用西式服饰，势必要大量进口厚实坚挺的外国呢绒，会导致绸缎纱罗和布匹的滞销。”④事实上，通商之后洋布在国内的倾销已经对中国纺织业造成了一定的影响。受服饰西化风尚的影响，民国初年，上海各种西化的服装公司鳞次栉比，新装一到，各大衣庄的竞争就非常激烈。如上海冠华、惠罗等各大衣帽公司争相在《申报》上发广告招徕顾客。“盱衡世变，冠服一端，倾向大同”，因此有大量进口西式衣帽服饰兜售。⑤ 洋货的倾销在很大程度上抢占了国产纺织品的市场份额，更极大地冲击着作坊式的传统纺织工业形态。

从保全本行业的利益和维护中国工商业发展的目的出发，工商界人士发起成立了跨

---

① 1912 年 1 月 19 日《申报》。

② 1912 年 6 月 1 日《大公报》。

③ 参见张繁文、韩雪松：《中国时尚文化史——清民国新中国卷》，山东画报出版社 2011 年版，第 14～15 页。

④ 仲富兰：《上海街头弄口》，上海辞书出版社 2006 年版，第 13 页。

⑤ 参见张繁文、韩雪松：《中国时尚文化史——清民国新中国卷》，山东画报出版社 2011 年版，第 118 页。

地区、跨行业的组织——中国国货维持会，利用一切机会和形式，向国人宣传务以挽回利权为心，勿以追求时髦为念。[①]《大公报》于 1912 年 1 月 12 日刊发的《易服以保存国货为要义》中要求“易服而不易料”——“我国人民半恃丝绸以为生存也，安可弃其料而不用哉?”有鉴于此，临时大总统孙中山在 1912 年 2 月 4 日《复中华国货维持会函》中提出，“礼服在所必更，常服听民自便，此为一定办法，可无疑虑”[②]。

在参议政治的人员中，赞成西式礼服的仍占据大多数，反对者几经抗争。1912 年 6 月临时参议院提议的《服制草案》中，将男子礼服定为西式，女子礼服为中式。[③] 草案公布之后引起强烈反响，尤其工商界人士认为，如果规定西式礼服用呢料，令进口洋货得益，实不利国货发展，于是，7 月临时参议院把草案略作修改，列旧式长袍马褂为男子礼服之一。[④]

在舆论的积极影响下，基本确立男装为西服和长袍马褂；女装则是上衣下裙的结构，即清代汉族女服的延续。1912 年 10 月 3 日，民国政府颁布《男女礼服服制》，在洋货和国货的使用上作了均衡：在男子礼服方面，大礼服料用本国丝织品；常礼服的甲种西式料用本国丝织品或棉丝品或麻织品，乙种褂袍式则向来不会用西式布料制作，自然是用国货丝绵料；女子礼服，基本上还是传统服制，不存在用洋布料的问题。[⑤] 为了尊重人们自由选择中装或西装的权利，也为维护传统工商业的利益不受到洋货太强烈的冲击，政府最后采取了折中的服制方案。然而，事实上，官方颁布的服制规章并没有阻止市民风尚不断地自行演变，男装继续西化，从中上层阶级衍生到下层人群，而女装传统的“两截穿衣”也开始出现了一些形制上的变化，演变为一袭长袍。

二、男装的改良与西化

追溯至晚清，男装主要为长袍马褂。马褂身长及脐，有袖，袖短至肘或长过手，分为大襟、对襟及琵琶襟，男装大多数是深色或黑色暗织花。长袍大多风格素净、色调淡雅，分为单、夹、棉及皮等，不同季节穿着不同质地，镶边款式平实，不及女装的镶边华丽。头戴瓜皮帽、鞋履多为尖头式，早期的鞋底均厚，多用通草做成，后来才改为薄底。[⑥]

民国建立初期，普通民众中男性着装仍以长袍马褂为主，戴瓜皮帽，在早期文明戏中穿西服者甚少。文明戏也称“新剧”，主要题材包括结合时事新闻编排成的时装戏，根据清宫的稗官野史加以演绎排演的古装戏，以及根据国外文学戏剧改编的洋装剧。

在反映现实的时装剧中，男装以长袍马褂为主。图 1 中是 1910 年的文明戏《黑籍冤

---

① 参见仲富兰:《上海街头弄口》，上海辞书出版社 2006 年版，第 13～14 页。

② 周松芳:《民国衣裳——旧制度与新时尚》，南方日报出版社 2014 年版，第 8～9 页。

③ “兹定礼服为公服常服两种，而西式则同其并用，女子礼服纯不采用西式料，均用绸缎或呢，所以寓维持国货之意也。除深衣(中式长袍)外，色均用黑，亦以从各国所尚之同也。”(《服制草案理由》，载 1912 年 2 月 6 日《香港华字日报》)

④ 参见吴昊:《中国妇女服饰与身体革命(1911～1935)》，东方出版中心 2008 年版，第 15 页。

⑤ 参见《中国大纪事》，载《东方杂志》1912 年第 9 卷第 5 号。

⑥ 参考陈美怡:《时裳:图说中国百年服饰历史》，中国青年出版社 2013 年版，第 36～39 页。

魂》,其中舞台中央的男主角穿长袍,其他几位劳动阶层的男性则穿短褂、束脚裤和传统布鞋,最左边的一位甚至还留着清朝的长发辫。图2是早期戏剧家郑正秋于1916年演出的剧目《义丐武七》①的剧照,照片中的两位演员郑正秋与朱双云,都身着长袍、戴瓜皮帽,但布料质地不同,显示了主仆不同阶层的身份:右边的老爷的服装为材质较好的真丝绸缎,左下角的下人则是粗布大褂。从这两张文明戏照片中便可看出,此时话剧舞台上演员的扮相和穿着,与传统戏曲的着装已经大不相同,不需勾脸,服装也接近日常装扮。不仅仅是服装趋于写实,舞台布置陈设也不同于传统戏剧中简约写意的形式,而用了模拟现实的话剧舞台陈设。

图1　1910年新舞台演出的文明戏《黑籍冤魂》剧照

图2　文明戏《义丐武七》(1916年)剧照(郑正秋、朱双云)

① 1916年11月下旬,郑正秋饰演了《义丐武七》中的武七。(见胡非玄:《郑正秋新剧活动编年稽述》,载《戏剧文学》2013年第7期)

到了1920年代的电影中,男性服饰装扮已经开始出现一些西式元素。如图3中,从1922年张石川、郑正秋导演的短片《劳工之爱情》之剧照来看,人物装扮与早期文明戏中的男子服装有些相似,仍以长袍为主,但是戴老式瓜皮帽的人少了,只有照片中两位蓄须的老者戴着。照片中其他的年轻男性都梳理着不同的西式发型,左一男子梳着剪辫初期十分流行的"马子盖"发型,右三的男子则是与他不同的"铲青"发饰。墙上挂着他们的平顶扩边帽,这种帽子款式为19世纪末20世纪初学堂的学生帽,也有平民以此作平时之用,这种西式礼帽与中式马褂的中西合璧搭配也是辛亥革命之后男装时尚的一部分。

图3 电影《劳工之爱情》(1922)剧照

剪辫剃发,是清末民国初期男性改变形象的第一次大变化,文明戏和电影中都有颇多佐证。上海作为一个开埠城市,英、法、美的租界地,最早最快接受西方思想、文化和时尚的影响,对于摒弃旧思想、接受新观念早有向往,理发成了一种摆脱落后追求新文化的体现。辛亥革命后,上海的剃头店一律改为理发店,剃头师傅改称"理发师"。随着男子理发的越来越多,理发店也就因市场需求而雨后春笋般地增多。一份20世纪初期的档案记载:当时街市巷里到处都开设理发店,其中注册登记、装潢精美、理发师技术娴熟的高级理发店有26户。[①] 在北京、天津、广州等城市的风尚也大抵如此,理发店随着剪辫风潮日益兴盛,出现了各种不同的男士发型。图4中的胡适和中国早期戏剧家、电影家郑正秋(图5)都是短发,却略为不同,胡适是平头装,而郑正秋则是侧界向后梳的发型。他们穿着斜襟的长袍,佩戴着圆框的西洋眼镜,看起来精神风貌颇有几分相似。

① 参见孙孟英:《老上海理发师》,上海辞书出版社2010年版,第29页。

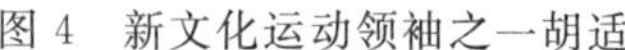

图 4 新文化运动领袖之一胡适

图 5 早期文明戏、电影编剧、导演郑正秋

除了上文提到的，革命巨子与他们的追随者以穿西装为荣，电影界人士也是最早穿着西服的时尚先锋。图 6 是导演张石川 1913 年于亚西亚中国活动影戏公司拍戏时的一张照片，他戴着鸭舌帽，身穿圆角领型衬衣，外搭浅色马甲与修身明袋西装礼服，显得更加精明干练。从图 7 中可看到当时被拍摄的演员包括现场的摄影师、布景师等工作人员都是旧派装扮，男性是以长袍马褂瓜皮帽为主，女性着上袄下裙，穿着一身西服的张石川显得十分扎眼，此时他的西式装扮似乎也成为一种文化宣言。

图 6 1931 年张石川西装照片（上海图书馆藏）

图 7 1913 年，亚西亚中国活动影戏公司全体办事摄影

从 1912～1920 年代，西装首先在西方留学或新式学堂接受教育的知识分子、宣扬西方艺术思想的文艺圈人士中普及。倡导新文化的领袖瞿秋白（图 8），中国最早的电影编

剧之一洪深(图 9),两人穿着西服样式颇为相似,且都梳“铲青”发式,戴圆框眼镜,呈现出新一代“洋派”知识分子的风貌。图 10 为 20 世纪 20 年代曾入巴黎影戏美术专门学校学习电影和化装术的徐琥,他的装扮和气质更成为 1920 年代电影人典型的派头。

图 8 新文化运动领袖之一瞿秋白

图 9 早期电影编剧、导演洪深(上海图书馆藏)

图 10 演员徐琥(《影戏春秋》1925 年第 3 期封面)

西装与电影都是西方舶来品,早期的电影人大多是到西方学习电影,与西方人合作经营影院或电影公司,通过欣赏西方电影学习如何拍电影,因此,他们必须融入一个以西洋文化为主的电影圈子,自然而然受到了西方审美时尚的影响。

1920 年代的男演员造型大多模仿好莱坞男星,带来银幕上男装西化的风潮。图 11 中的哈罗德·劳埃德(Harold Lloyd)(当时被译作“罗克”或“鲁克”,也有被叫作“陆克”“哈洛劳爱”“哈劳罗德”等,港译“神经六”,混名“绿豆粥”)是 1920 年代前后与查理·卓别林齐名的男演员,也是在早期中国电影银幕、电影杂志中出现最多的外国明星之一。自 1919 年他主演的电影《穷开心》《罗克艳史》《罗克死里逃生》等在中国上映之后,他就成为最受电影观众熟知喜爱的好莱坞演员之一,不只一次登上当时电影杂志的封面。图 11 与图 12 是 1920 年《影戏杂志》第 1 期与 1925 年《影戏春秋》第 6 期的封面,在这两期杂志中都有对他的演艺之路的评述,以及关于他主演影片的推介。

20 世纪二三十年代,好莱坞的电影在中国几乎可以与美国同步上映,因此中国电影也深受好莱坞的影响。因为劳埃德既幽默又不失风度,所以当时中国的男演员纷纷效仿他。图 13、14 中长城画片公司的男演员刘继群,模仿劳埃德的装扮,包括服装、发式都与他如出一辙。不仅如此,擅长演喜剧角色的刘继群其表演风格与劳埃德亦十分相似。1920 年代,上海的时装紧跟国际时尚潮流,图 13 是他与雷夏电(右上角男演员)在 1926 年长城画片公司拍摄的影片《苦乐鸳鸯》,刘继群与雷夏电穿着的男士贴身、修窄的小晚礼服搭配领结和纤细裤管的白色西裤,正是 1919～1923 年因爵士乐的流行带起的爵士套装(Jazz Suit)。[①] 图 14 中刘继群穿着的套装衫型宽松,不修腰,左胸和下半部缝有左右明

① 参见陈美怡:《时裳:图说中国百年服饰历史》,中国青年出版社 2013 年版,第 153 页。

袋，也是 1920 年代、1930 年代欧美流行的孖襟夹克(Blazer Jacket)①——将运动休闲元素与西装结合的休闲西装。

图 11　哈罗德 · 劳埃德，杂志上称“鲁克”

(《影戏杂志》1920 年 1 月第 1 期封面)

图 12　哈罗德 · 劳埃德，杂志上称“罗克”

(《影戏春秋》1925 年第 6 期封面)

图 13　刘继群主演长城画片公司电影《苦乐鸳鸯》剧照

(《银星》杂志 1926 年 10 月第 2 期)

图 14　长城画片公司演员刘继群

(《银星》杂志 1927 年 9 月第 2 期)

① 参见陈美怡：《时裳：图说中国百年服饰历史》，中国青年出版社 2013 年版，第 156 页。

从长袍马褂到西服的流行，除了作为文化身份的象征，也是由于西装的实用性，如梁实秋所言“中国的四季衣裳，恐怕要比西装更麻烦些”[①]。即使平民阶层一两件长袍也能够度日，但中装比较起标准配套的西装来说，花样更多，不如西装，一年四季都可穿着，且便于行动。受到西方文化影响最早的沿海都市，市民皆以西装为时尚，以貌取人的例子比比皆是。鲁迅在《上海的少女》[②]一文中曾说过这样一段话：“在上海生活，穿时髦衣服的比土气的便宜。如果一身旧衣服，公共电车的车掌会不照你的话停车，公园看守会格外认真地检查入门券，大宅子或大客寓的门丁会不许你走正门。所以，有些人宁可居斗室，喂臭虫，一条洋服裤子却每晚必须压在枕头下，使两面裤脚上的折痕天天有棱角。”[③]西装在上海大都市已然成为了身份的第一象征，同时这段文字也表明了在市民阶层中“平价”西装的普及，在“只认衣衫不认人”的上海等一些发达城市，新兴的市民阶层对西装趋之若鹜。

民国时期西装曾一度在大都市各阶层中非常普及，一些颇有见地的知识分子仍却不愿跟风，因各自坚守的文化理念反对崇洋媚外，对西装表示出厌弃与不屑，林语堂在《论西装》中曾经说过自己对中西式着装选择的看法：

图 15 郑正秋早期穿西装照片
(《电通》1935 年 9 月第 7 期)

图 16 郑正秋、张石川、洪深(右起)
(上海图书馆藏)

图 17 美国诙谐大明星惠尔·罗吉士参观明星公司之留影
(右二为导演张石川)(上海图书馆藏)

① 梁实秋:《衣裳》,载邹婧编著《长衫旗袍里的民国》,中央广播电视大学出版社 2014 年版,第 5 页。

② 鲁迅:《上海的少女》,载 1933 年 9 月 15 日《申报月刊》第二卷第九号,署名洛文。

③ 曹靖华:《忆当年,穿着细事且莫等闲看》,首载于 1961 年 9 月 9 日《人民日报》。又见邹婧编著《长衫旗袍里的民国》,中央广播电视大学出版社 2014 年版,第 151 页。

许多朋友问我为何不穿西装。这问题虽小,却已经可以看出一人的贤愚与雅俗了。倘是一人不是俗人,又能用点天赋的聪明,兼又不染季常癖,总没有肯穿西装的,我想。①

不知怎样,中装中服,暗中是与中国人之性格相合的,有时也从此可以看出一人中文之进步。满口英语,中文说得不通的人必西装。或是外国骗得洋博士,羽毛未丰,念了三两本文学批评,到处横冲直撞,谈文学,盯女人者,亦必西装。然一人的年事渐长,素养渐深,事理渐达,心气渐平,也必断然弃其洋装,还我初服无疑。或是社会上已经取得相当身份,事业上已经有相当成就的人,不必再服洋装以掩饰其不通英语及其童骀之气时,也必断然卸了他的一身洋服。②

有趣的是,在电影界两位最早的开创者郑正秋与张石川都曾追随西装的潮流,进入电影业之后却穿回了中装,并从此不再以西装示人。前文图6中,年轻时刚进入新剧界的张石川还时常穿西装,而成为明星公司老板之后的所有照片中,再也没有出现过他穿西装的身影。即使是在美国大明星惠尔·罗吉士来参观明星公司之时,随行的男性几乎都着西装,他作为东道主仍然穿中式马褂接待客人。除了这张照片,在多次好莱坞影人探访明星公司的合影中,张石川也始终穿着中装接待外国宾客。郑正秋从文明戏到电影创作过程中,一直坚守着传统的道德和审美观念,明星公司成立伊始,他就开始宣扬要以"教化国人"之思想理念开始电影事业,在1922年2月19日《申报》刊登的一则明星影片有限公司的招股启事中也提到了要用电影"补家庭教育、社会教育和学校教育的不足"、在充斥着"外国影戏"的电影市场上为"中国人争回一点儿体面"。这两位电影人着装代表了他们的文化自信,呼应了他们创作中对传统道德伦理的坚守。

三、女装的时尚由繁至简

尽管第一次服制改革中并无对女装变化的具体要求,但女士们追逐时尚的步伐却从未停止。从舞台上的文明戏到模拟现实的电影,戏剧中的女装经过了"由繁至简"的演变,在现实中同样如此。张爱玲说:"我们的时装的历史,一言以蔽之,就是这些点缀品的逐渐减去。"③而孙伏园在《辛亥革命时代的青年服饰》一文中也谈及在辛亥革命前后十年间,青年服饰由繁至简的演化,从"包裹在何等五光十色的锦绣之中"到"一天一天的由红绿变成黑白","从前或绸或绉或缎,这时完全不用了。最普通的是蓝竹布长袍、黑呢马褂,斜纹布直角裤、白线织袜、黑羽缎面单红皮底鞋"。④

---

① 林语堂:《论西装》,写于1930年代,1934年收入林语堂杂文集《我的话》,载邹婧编著《长衫旗袍里的民国》,中央广播电视大学出版社2014年版,第81页。

② 林语堂:《论西装》,写于1930年代,1934年收入林语堂杂文集《我的话》,载邹婧编著《长衫旗袍里的民国》,中央广播电视大学出版社2014年版,第82~83页。

③ 张爱玲:《更衣记》,首发表于1943年12月刊《古今》杂志,后收录入散文集《流言》,载邹婧编著《长衫旗袍里的民国》,中央广播电视大学出版社2014年版,第15页。

④ 孙伏园:《辛亥革命之后的青年服饰》,1936年10月《越风》第1卷第20期,载邹婧编著《长衫旗袍里的民国》,中央广播电视大学出版社2014年版,第125~126页。

在封建制度的旧中国，上层阶级被豢养的女性引领着审美的走向，她们用无数的闲暇时光为服饰设计添加了一层层繁复的装饰。张爱玲在《更衣记》中提及清代早期的女装中过分且完全无意义的装饰细节，与功能性无任何关系，就像是“袄子有‘三镶三滚’、‘五镶五滚’、‘七镶七滚’之别，镶滚之外，下摆与大襟上还闪烁着水银盆的梅花、菊花。袖上另钉着名唤‘阑干’的丝质花边，宽约七寸，挖空镂出福寿字样”①。繁复华丽的设计和手工艺彰显了古代上等阶层的生活态度，“惟有世上最清闲的国家里最闲的人，方才能够领略到这些细节的妙处。制造一百种相仿而不犯重的图案，固然需要艺术和时间；欣赏它，也同样地烦难”②。因此张爱玲说，那个年代女性“本身是不存在的，不过是一个衣架子罢了”，女装多半是为了彰显家庭的财力与地位，女性的身体作为展示架，陈列着服饰的工艺和价值。

晚清时期，不同身份的女性分别着满服与汉装，满服以满族长袍、旗装为主，上衣、下裳合为一体，从里到外分为“小袄”“中袄”“大袄”，一层罩着一层，有时大袄外加坎肩、背心或马甲，头梳二把头，或带大拉翅，脚穿船式鞋或花盆底的鞋。汉装的女服则是上袄下裙或上袄下裤，沿袭了明代的旧款式，发型多为平头圆髻，脚因缠足而需穿弓鞋(即缠足绣花鞋)。到了民国初年，被禁止多年的“汉人着旗袍”随着清政府的灭亡被废除了，旗袍经过汉人多处改良后，在街头巷尾流行起来；而旗人一早对旗装厌倦，妇女“大板头”的风气逐渐绝迹，开始模仿汉人妇女的发式甚至衣着鞋履。在改朝换代的乱世，衣着时尚成了女性思想解放的外化象征。

图 18　张石川新剧照片

图 19　黎民伟新剧照片

---

① 张爱玲:《更衣记》，首发表于 1943 年 12 月刊《古今》杂志，后收录入散文集《流言》，载邹婧编著《长衫旗袍里的民国》，中央广播电视大学出版社 2014 年版，第 15 页。

② 张爱玲:《更衣记》，首发表于 1943 年 12 月刊《古今》杂志，后收录入散文集《流言》，载邹婧编著《长衫旗袍里的民国》，中央广播电视大学出版社 2014 年版，第 15 页。

图 20 欧阳予倩在新剧《双星泪》中之荷花造型(上海图书馆藏)

早期文明戏中多为男性演员扮女装,民国初年新舞台上男性扮演的女装已经大不同于传统古典戏剧中的女性服饰。文明戏舞台上的时装戏,演绎社会当下的故事,服饰也反映了清末民国初年现实中女装的一些特征。

图 18 中照片上"小姐"的衣饰是典型的清末富贵家庭中女性的装扮,头上戴着装饰花纹图样的"勒子",身着波点图案的七分袖紧袖上袄,高立领(又称"元宝领")领高至耳朵,将脸型修饰得更显鹅蛋,佩戴着夸张的银饰项链,下身搭配的是牡丹纹饰滚边的鱼鳞百褶裙,遮住了一双不合时宜的大脚,完全一副传统旧派女性的模样。在她旁边的是青年戏剧家张石川,当时已经是一幅新潮的摩登派头,"铲青"发式,一身深色明袋西装(Sack Suit)和大头皮鞋,他的"新派"与旁边"女演员"的"旧派"产生鲜明的对比,似乎也可以看出男装的西化比女装更早。

图 19 中同样是新剧中小姐装扮,由黎民伟反串,衣服的色彩样式就已经简化许多,同色的上袄下裙和黑色暗花纹的旗袍马甲,无过多装饰。

图 20 中是早期的戏剧家欧阳予倩在新剧《双星泪》中的造型,从事电影编剧、导演之前,欧阳予倩在民国初期也一直活跃于戏剧舞台,他在京剧与新剧表演方面都有颇高的造诣。图中欧阳予倩饰演的女性与图 19 黎民伟的扮演的女性,女装朴素的风格相似,但角色身份不同,后者是一位下层劳动妇女,穿着大襟衫,到脚踝的长裤,系着素色围裙,整个颜色朴素,显出身形。

辛亥革命之后,女性衣饰在一定程度上打破了阶级之分,不同阶层女性穿着的服装样式都趋于简化,只是在衣料材质上有贵贱之分。女性放足后,中国女服史也经历了一次妇女解放运动,女性于社会中转趋活跃,服装转变为瘦贴平直,镶边绣花纹饰减少了,衫身、袖型修窄了,与服装窄小的形态更为配合。上身可以是长袖或中袖,下裙型也变成直筒形了，后期更改配直身裤子。[①] 不似图 18 中女装的装饰繁多，色彩鲜艳，图 19、图 20 中女装也开始采取色调简单和谐的搭配，或衣裤同色、衣裙同色，呼应了女装"由繁至简"的风尚。

图 18、图 19、图 20 早期新剧照片上的女装都有一个共同的特征，即元宝领，这是辛亥革命之后女装的一个重要设计。原先不管是汉人装束还是旗袍，一般都是圆领，刚跨进 20 世纪大门时，低领斜襟大衫还在盛行，稍稍过了数年，高领窄袖袄便取而代之。这种高领，最早是四马路长三堂中的倌人发明的，领衬很硬，高达四五寸乃至六七寸，几乎与鼻尖持平。不仅把脖子裹得严严实实，而且遮住了人的半边脸颊，正面看上去形似元宝，所以俗称"元宝领"。[②]

张爱玲的《更衣记》曾这样解释元宝领与时代精神的呼应，其中亦提及"文明戏"等一切新的艺术、娱乐形式，市民文化传播媒介的声音构成互相交杂的历史时空：

> 那又是一个各趋极端的时代。政治与家庭制度的缺点突然被揭穿。年青的知识阶层仇视着传统的一切，甚至于中国的一切。保守性的方面也因为惊恐的缘故而增加了压力。神经质的论争无日不进行着，在家庭里，在报纸上，在娱乐场所。连涂脂抹粉的文明戏演员，姨太太们的理想恋人，也在戏台上向他的未婚妻借题发挥，讨论时事，声泪俱下。
>
> 一向心平气和的古国从来没有如此骚动过。在那歇斯底里的气氛里，"元宝领"这东西诞生了——高得与鼻尖平行的硬领，像缅甸的一层层叠至尺来高的金属项圈一般，逼迫女人们伸长了脖子。这吓人的衣服与下面的一捻柳腰完全不相称。头重脚轻，无均衡的性质正象征了那个时代。[③]

进入电影之后，女装夸张的元宝领逐渐消失了，根据故事题材的需要，服饰变得更加写实与平民化。中国最早的几部电影皆是根据文明戏改编的，其中包括影片《黑籍冤魂》(1916)和《阎瑞生》(1921)等，都展现了普通市民的着装，通过(图 21、图 22)照片作一个跨时空的交叉对比，1910 年舞台上的文明戏《黑籍冤魂》中的装扮和 1921 年电影《阎瑞生》[④]中的女性服饰，其风貌已大为不同了。

---

① 参见陈美怡：《时裳：图说中国百年服饰历史》，中国青年出版社 2013 年版，第 58 页。

② 参见张繁文、韩雪松：《中国时尚文化史——清民国新中国卷》，山东画报出版社 2011 年版，第 109 页。

③ 张爱玲：《更衣记》，首发表于 1943 年 12 月刊《古今》杂志，后收录入散文集《流言》，载邹婧编著《长衫旗袍里的民国》，中央广播电视大学出版社 2014 年版，第 16 页。

④ 《阎瑞生》根据当时沪上一则骇人听闻的案件改编，讲述银行买办阎瑞生为还赌债对妓女题红馆谋财害命的故事。上海新舞台的夏月珊、夏月润兄弟甚知此事件的炒作价值，他们摸准观众心理，迅速将此命案改编成文明戏《阎瑞生》上演，卖座空前，竟历时半年而不衰。在文明戏取得轰动之后，陈寿芝、施彬元、邵鹏、徐欣夫、顾肯夫、陆洁等早期的电影人认为《阎瑞生》同样是不错的电影题材，于是很快成立了中国影戏研究社，与商务印书馆活动影戏部合作，由"商务"的杨小仲、任鹏年、廖恩担任影片的编剧、导演、摄影，在 1921 年春夏之交拍摄了电影《阎瑞生》。影片于 1921 年 7 月 1 日在夏令配克影戏院上映，片长 10 本，放映时间 2 个小时左右，影片的放映受到观众热烈欢迎，结果连续放映一周。2014 年姜文的电影《一步之遥》也是根据《阎瑞生》改编，其中王志文饰演的文明戏演员即对这一文明戏史实的再现。

图 21　1910 年新舞台演出的文明戏《黑籍冤魂》舞台剧照

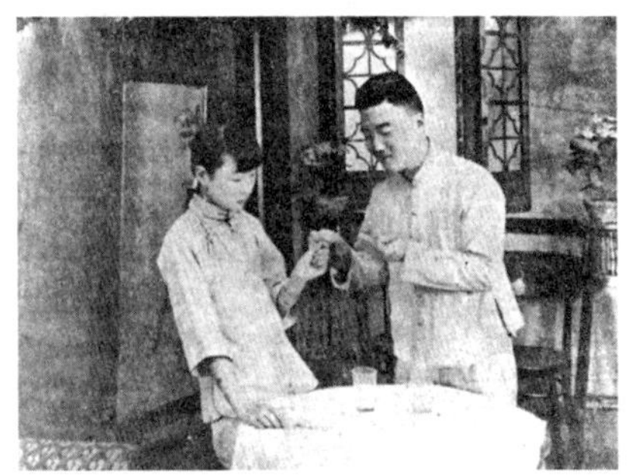

图 22　电影《阎瑞生》(1921)剧照（图片提供：崔永元）

从文明戏到电影，美术、服装设计更加写实了。电影《阎瑞生》中演员的服装以生活中的便装为主，不像文明戏舞台上的服装正式、夸张，真正的女演员登上了大银幕，展示女性生活的日常装扮，比男性扮的女装更接近现实。事实上，《阎瑞生》整部影片的拍摄都力图把握真实性的原则，内景与外景都用实景，就连演员也用了接近剧中人物身份的非职业演员来担任，扮演王莲英的便是一位妓女出身但已赎身从良的妇女王彩云。图中可见这位青楼女子并非妖艳的装扮，而是穿着同色素雅的上袄下裤，袄子的衣领放低了，袖子和裤腿都是七分且有些宽松的，显得活泼而不拘谨，梳着当时流行的弧月式刘海和长发辫，更显清纯，似乎有刻意模仿女学生装扮之意。只是她佩戴的过多装饰项链、手镯、耳坠透露了她的身份。

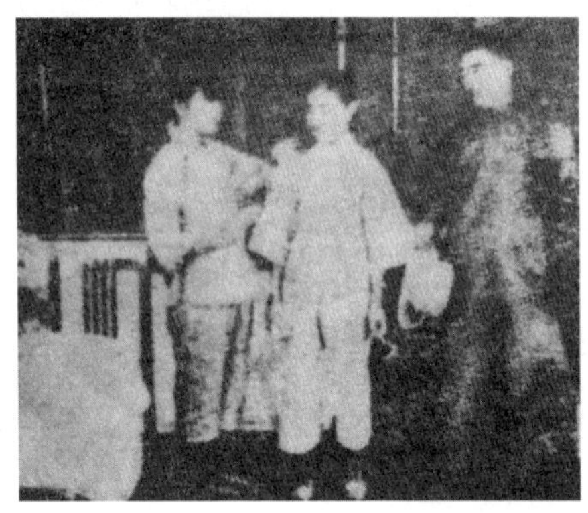

图 23　电影《阎瑞生》剧照（图片提供：崔永元）

图 24　电影《阎瑞生》剧照（图片提供：崔永元）

从“上袄下裙”到“上袄下裤”是女性服装的又一重大变化，这在早期文明戏和电影《阎瑞生》中都有所体现。关于女性裤装的变革，当代学者张晶说道：“到了 20 年代，裤子的脚管开始变宽变短，穿短裤成为大胆革新的时髦举动，女子争相为之，不管是大家闺秀还是小家碧玉，不管是已出阁的少妇还是未出嫁的姑娘，都穿起了裤子。裤子的变迁正是经历了这样一个由内穿到外穿，由家中穿到走上街头，由最初的妓女穿到妇女人人喜爱的过程。在这个过程中，变化的看来不仅是裤子的形制，更多的还是妇女心理上的自我认知和社会的价值观。"[①]然而，男性对女性着裤装一直颇有微词，一直到1924年，批判女性着裤装不雅观的文章还在频频出现，民国著名的美学家、哲学家张竞生于1924年发表的《美的人生观》中也明确提道："女子穿裤极不雅观，这个或者因女子是奴隶须做工，所以演用这样便于工作的服制也未可知。至于妓女因其衣短裤窄以便显出屁股与阴户的私处，使人或者于隐约间触起性欲以达伊们'吊膀子'的目的。现在我们家庭的女子，既不用做苦工，又不想做妓女，自然无穿外裤之必要。"[②]

事实上，袖子和裤管长短的变化不仅关乎时尚，也意味着在女性思想解放运动的引导之下，逐渐从家庭走向社会，着装不再以取悦异性为主旨，而更加注重舒适性和实用性。王汉伦在《一个小工人》(图25)中饰演了性格截然不同的一对姐妹万如华、万如玉，一个不服从父亲对她婚姻的安排，追求自由恋爱，与爱人私奔，而另一个逆来顺受，接受了家中的安排。剧照中右边叛逆的万如华穿着改良版的窄袖上袄下裤、剪短发，一脸倔强的表情；左边是妹妹万如玉，则穿深色倒大袖旗袍，留着传统的发饰。两人的穿着代表了各自的内心世界和精神追求。

图25 王汉伦《一个小工人》(1926)剧照，她一人饰演了两个角色

另外，图26、27中展示裤装时尚的两位早期的女明星殷明珠与杨爱立都出身名门，接受过西式教育，殷明珠从小上洋学堂——女子英文学校，杨爱立则生在美国，就读教会学校，两人都崇尚男女平等的民主思想，也是早期女明星中着装颇大胆的时尚先锋。殷明珠上穿喇叭袖圆脚型上袄，阔腿长裤，摆着"S"型身段；杨爱立穿着上袄、下裤，动作更加大胆，露出了整个小腿部分，而且她还穿着高跟鞋，烫着卷发。两人的上袄、下裤都是同色系材质的套装。

---

① 张晶：《民国时装人物画瓷器中的妇女服饰》，载张朋川、张晶《瓷绘霓裳：民国早期时装人物画瓷器》，文物出版社2002年版，第97页。

② 张竞生：《美的人生观：张竞生美学文选》，三联书店2009年版，第21页。

图 26 女明星殷明珠《邻家女》(1925)剧照

图 27 女明星杨爱立的裤装照

“由繁至简”最具有代表性的产物是女学生的“文明新装”。辛亥革命之后，推动妇女解放的知识分子积极兴办女校，推动女子教育，新一代的知识女性选择更加简单轻快的服装。由于民主思想的传播，女性要求平权的呼声逐渐高涨，思想激烈的知识女性提倡放弃华美浮夸的服装饰品，拒绝做男子的玩物，于是“文明新装”因其样式简约、颜色朴素、材质经久耐穿，在女学生和女性知识分子中流行开来。“在留日学生的影响下，不少年轻女子穿用窄而修长的高领衫袄，衣衫非常朴素，短袄的袖长一般至肘部，袖口一般为七寸，当时成为‘倒大袖’或‘喇叭袖’。下穿黑色长裙，裙上不施绣纹，长及脚踝。簪钗、手镯、耳环、戒指等一概不用，显得朴素清纯、淡雅大方，故时称‘文明新装’。”[①]图 28、29 中的邓颖超、冰心女士年轻学生时代的照片都展示了文明新装的风采，图 30 中是明星公司初期当家花旦杨耐梅学生时期的照片，剪着短发，身穿装饰有精美盘扣的文明新装。

对于其他时髦女郎来说，文明新装似乎太过素雅了，为了显露华丽时尚又成熟的气质，各种上短下长的女装样式出现了，挑战传统服饰对女性身体的束缚。同样是上袄下裙，袄子越来越短，越来越修身，“喇叭管袖子”飘飘欲仙，露出一大截玉腕。上层阶级的女人出门系裙，在家里只穿一条齐膝的短裤，丝袜也只到膝为止，裤与袜的交界处偶然也有大胆地暴露了膝盖，存心不良的女人往往葱袄低垂下挑拨性的长而宽的淡色丝质的袴带，带端飘着排穗。[②]

① 刘瑜编著:《中西形象设计史》,上海人民美术出版社 2010 年版,第 130 页。

② 参见张爱玲:《更衣记》,首发表于 1943 年 12 月刊《古今》杂志,后收录入散文集《流言》,载邹婧编著《长衫旗袍里的民国》,中央广播电视大学出版社 2014 年版,第 16～17 页。

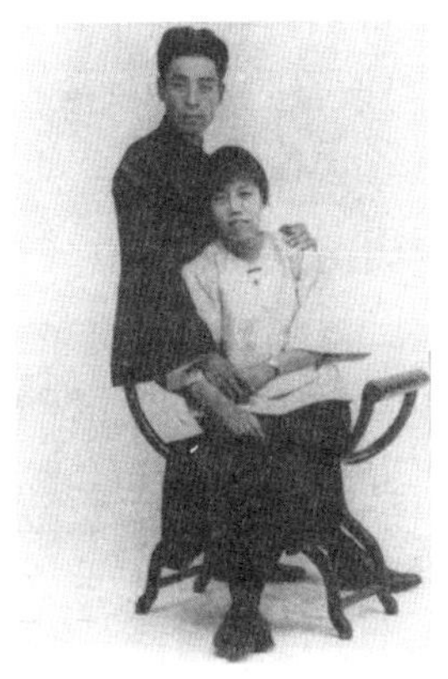

图 28　求学时代的邓颖超和周恩来

图 29　求学时代的作家冰心

图 30　女明星杨耐梅在求学时代的照片（上海图书馆藏）

如图 31、图 32 中电影剧照中的新潮女装，到了 1920 年代中期，传统的“上袄”根据实用性和美观性对传统服饰进行了改良，这时期最流行的“上海装”将上身的袄子愈变愈短，衣摆开小圆角，显露身体腰部和臀部的曲线，甚至露出一角内衣；下身的裙子却愈变愈长，这一点不同于 1925 年之前女性要求缩短过去裙、裤长度的诉求，而流行起又长又阔的裙和裤，究其缘由，“1925 年之后，跳舞之风甚盛，女孩子拖着曼妙的长裙，配着紧窄的短衣，一定很有韵味”①。女装时尚的千变万化标志着女性已经从家庭走进了学校、跳舞场等多样化的社交场所。

图 31　商务新片《好兄弟》剧照（《电影杂志》第 1 期 1924 年 5 月刊）

图 32　商务新片《民国春秋》剧照（《电影杂志》第 2 期 1924 年 6 月刊）

进入民国，旗袍又重新流行起来，自古汉族女性“两截穿衣”的繁琐简化为一袭长袍。曹聚仁说：着旗袍的风气在 1914～1915 年兴起，风会的中心就在上海，最初的旗袍是以旗袍马甲的形式出现的。即马甲伸长及足背，以代替原来的裙子，加在短袄上。② 如图 33、

① 吴昊：《中国妇女服饰与身体革命（1911～1935）》，东方出版中心 2008 年版，第 142 页。

② 参见周松芳：《民国衣裳——旧制度与新时尚》，南方日报出版社 2014 年版，第 22 页。

图 34、图 35 中，在《紫罗兰・电影号》《银星》等早期电影杂志中都可以看到女明星和名媛身着马甲旗袍的身影，这种改良其实是传统满族妇女的褂襕马甲与改良过后的汉族女服倒大袖上袄的结合体。事实上，这种旗袍马甲的形式很快就有了各式各样的演变，包括“一截穿衣”的倒大袖旗袍，以及上倒大袖短袄、短背心，下长裙的装扮。

图 33　潘雪艳女士《拈花》（1926～1930《紫罗兰・电影号》，具体日期不详）

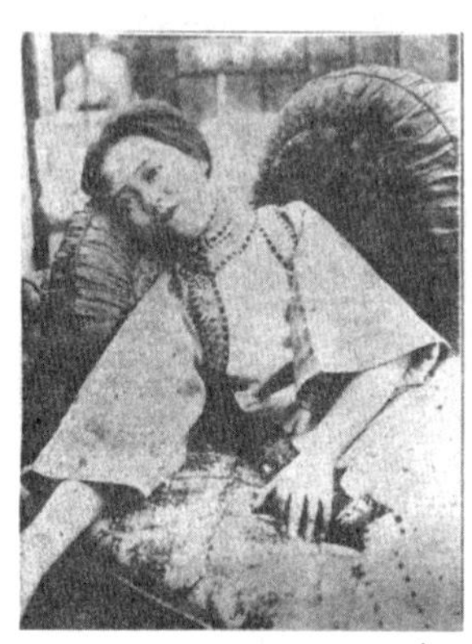

图 34　徐琴芳女士《含怨》（1926～1930《紫罗兰・电影号》，具体日期不详）

图 35　大中华百合新片《探亲家》剧照（《银星》杂志第 3 期 1926 年 11 月 1 日）

张爱玲在《更衣记》中写道：“一九二一年，女人穿上了长袍。”在 1922 年的电影《劳工之爱情》中，身为郎中女儿的绣娘穿着的白色的长旗袍与马甲，似乎从某种程度上说明旗袍的风尚已经在市井中流行起来。在中国古代汉族女性向来是上衣下裳，1920 年前后女子着长衫旗袍的风气逐渐兴盛，改变了这一传统，在朱荣泉的《女子着长衫的好处》中对旗袍的功用作了很好的总结：一是便利（上衣下裳，太不便当；长衫一件便够，省时省力）；二是卫生（冬天上下都暖，夏天比裙凉）；三是美观（比衣裙好看）；四是省钱（省布省钱）。[①]同时，旗袍也体现了女性效仿男装，要求性别平等的精神诉求。因为近似男装，最初只有一些时髦女郎敢于尝试，而至 1929 年《服制条例》将旗袍列为女性礼服之后，旗袍成为了大众普遍接受的服装样式。

图 36　《劳工之爱情》(1922)剧照

图 37　《劳工之爱情》(1922)剧照

① 参见朱荣泉：《女子着长衫的好处》，载 1920 年 3 月 30 日《民国日报》。

女装的演变，一方面是传统服饰逐渐由繁至简；另一方面，随着好莱坞电影的传播流行，着西式洋装的女性也越来越多，一些摩登女郎更是大胆地将中西式服装混搭，造就了新的流行时尚。五口通商后，女子服饰受西方影响则更为显著，特别是在沿海城市。比如当时西方妇女流行扇面形高领，漫步街市，威风八面。结果此风相沿，无论南北，很多妇女仿效，成为时尚。[①] 胡蝶女士(图 38)就曾穿这样的扇面形高领裙装，搭配黑色搭扣高跟皮鞋。除了衣领，这件连衣裙的波浪形滚边修长喇叭袖，花朵装饰，布穗拼贴不规则防鱼尾型裙摆，都借鉴了西式女装的元素，甚有欧洲色彩。

图 38　胡蝶女士照片(《银星》杂志 1928 年 3 月第 18 期)

至 1920 年代末，女装服饰欧化倾向日益明显，从图 39、图 40 两幅 1929 年的电影海报能够看到，女演员韩云珍和阮玲玉都穿轻薄面料修身的连衣裙和丝绒高跟鞋(当时又称“跳舞鞋”)，发型、妆容都模仿好莱坞女性。“近今新式衣服，窄几缠身，长能履足，袖仅容臂，形不掩臂，偶然一蹲，动至绽裂，或谓是慕西服而为此者。”[②]受西洋影响，对身段的展示也逐渐为中国女子所热衷，服装以“轻”“紧”“短”为尚，“轻”更舒适且便于行动，“紧”可以展现女性线条轮廓，“短”裸露胳膊或小腿的部分皮肤，从视觉上显得女性身材更加修长。

① 参见张繁文、韩雪松:《中国时尚文化史——清民国新中国卷》，山东画报出版社 2011 年版，第 15 页。

② 参见李家瑞编:《北平风俗类征》，北京出版社 2010 年版，第 372 页。

图 39 电影《忏悔》(1929)海报

图 40 电影《情欲宝鉴》(1929)海报

1920 年代中后期，电影已经成为都市主要的文化消费娱乐项目之一，电影中明星代替“五四”之后的女学生，成为了引领时尚潮流的先锋。时装成为电影中一个重要的看点，引领着都市的流行趋势，也引起了知识分子对于都市时尚文化研究的兴趣。林淇在 1926 年 7 月 3 日上海《民国日报》上发表《女演员服装问题》，批评电影服装只注重“翻新”，而忽略了服饰刻画剧中角色的社会身份的作用，并批判了电影中的服装和日常服装差距太大。电影评论家已经意识到电影写实功能的重要性，而服装成为一部电影写实与否重要的评判标准，通过服装来真实反映时代面貌的中国电影此时处在悄悄孕育的过程中。从 1927 年开始，知识分子开始带着审视和批判的视角针对服饰文化——“翻新”(fashion)和“摩登”(modern)等观念在上海的报章中讨论起来。这一时期的服饰彰显出女性自我意识的崛起，时装(fashion，当时译为“翻新”)的观念逐渐确立。[①]

通过文明戏到电影所呈现出人们的服饰装扮来看，在第一次服制变革之后的很长一段时期里，中国人的着装经历着中西文化相互较量、风格混搭的复杂面貌。到 1920 年代末至 1930 年代初，传统服饰的改良又加入了现代的元素，中山装在孙中山的倡导之下得以推广，妇女的旗袍脱离了传统清朝传统旗袍的厚重呆板，吸收了欧美女服讲究线条修体的裁剪特点开始重新流行起来。北伐成功之后，中国进入第二次服制变革时期，国民党政府希望通过制定服制促进中国的文化统一，并且通过服饰的改良在国际上重塑中国人的形象，1929 年 4 月 16 日公布了《服制条例》，将中山装规定为男公务员制服，旗袍列为女子礼服。同一时期教育部也公布学生制服的规程。[②] 自此，中山装和旗袍成为代表国人形象的新的标志性服装。

作者简介：刘亚玉，苏州大学艺术学院设计学博士后。

---

① 参见《翻新小识》，载 1929 年 11 月 14 日《民国日报》。

② 《服制条例》中规定：男子中山装应为“齐领方角，对襟长过腹，左前襟缀暗袋二，右前襟下端缀暗袋一，袖长至手脉，质用朴素之丝麻棉毛织品，色冬黑夏白，纽扣五”；女子旗袍为“齐领，前襟右掩，长至膝与踝之中点，与裤下端齐，袖长过肘，与手脉之中点，质用丝麻棉毛织品，色蓝，纽扣六”；高级小学及中等以上学校女生之制服“衣分长袍及短衫式两种(短衫需用裙)，但须全校一致”，而长袍式则“长达膝与踝之中点，裤长与衣齐。”吴昊：《中国妇女服饰与身体革命(1911～1935)》，东方出版中心 2008 年版，第 264～266 页。

近代初期英国人对教育旅行的论争[①]

付有强

16、17世纪，英国人为学习外国语言，观察外国的文化、礼仪和社会，纷纷涌向海外，前往欧洲大陆学习、游历。海外旅行逐渐被看作教育过程必不可少的组成部分，成为深受英国绅士欢迎的一种教育实践。17世纪后期至18世纪，"大旅行"(Grand Tour)则发展成为该实践的典型形式，被时人称作"幼熊"的青年人教育的顶点和"成年礼"。近年来，"Grand Tour"一词所指称的现象逐渐引起国内学者的兴趣，该现象在英国社会所产生的积极影响也得到了学者们普遍的认可。[②] 然而，就当时的英国人而言，他们对自己同胞的做法却有着不同的看法。其中，践履教育旅行观念、为其提供理论支持和辩护的人虽然比比皆是，但心存质疑、甚至反对的人也不在少数。为还原该现象的本来面目，本文通过考察早期英文文献，力图再现时人就教育旅行展开讨论的具体情况，并揭示其中所蕴藏的社会动因。

一、旅行之利：支持、辩护之声

近代初期，欧洲大陆、特别是意大利典雅的文明极大地吸引着英国人。为学习大陆诸国的语言，观察其文化、礼仪和社会，胸怀抱负的英国人相继来到欧洲大陆，在意大利和法

① 本文是教育部人文社会科学研究青年基金项目《"大旅行"与近代西欧地区的文化交流与互动》(项目批准号：11YJC770011)成果之一。本文同时得到国家社科基金后期资助项目《英国人的"大旅行"研究》(批准号：13FSS011)资助。

② 在国内学界，对英文"Grand Tour"一词所指称的现象，西方旅游史或外国旅游史著作。例如，罗明义的《国际旅游发展导论》(南开大学出版社2002年版)、王永忠的《西方旅游史》(东南大学出版社2004年版)、邹树梅的《旅游史话》(百花文艺出版社2005年版)、彭顺生的《世界旅游发展史》(中国旅游出版社2006年版)，多有提及。阎照祥教授在《英国贵族史》(人民出版社2000年版)中，将该现象称为"大陆游学"，并进行了简略的论述。陶军的硕士论文《18世纪英国大陆游学及其原因和影响》(武汉大学硕士学位论文，2005年)首先对Grand Tour进行了专题研究。笔者本人也先后在一系列文章中对"大旅行"观念的产生，"大旅行"的国外研究状况，英国人"大旅行"的特征，英国人的教育旅行传统等进行了研究和介绍，参见拙文：《"大旅行"观念的起源——理查德拉塞尔斯的〈意大利之旅行〉评介》(《史学理论研究》2009年第2期)、《"大旅行"研究述评》(《西华师范大学学报》[哲学社会科学版]2010年第4期)；《17～19世纪英国人"大旅行"的特征分析》(《贵州社会科学》2012年第3期)、《英国人的教育旅行传统》(2013年3月19日《光明日报》理论版)。最近，阎照祥教授再次撰文对欧陆游学进行了更为深入的探讨，参见阎照祥：《17～19世纪初英国贵族欧陆游学探要》，载《世界历史》2012年第6期。

兰西等国的大学和文化中心学习、游历。伍斯特伯爵约翰·蒂普托夫特(Earl of Worcester, John Tiptoft,1427～1470)、约翰·冈索罗普(John Gunthrope)、罗伯特·弗莱明(Robert Flemming, ～1483)、威廉·格雷(William Grey, ～1478)、约翰·弗里(John Free)、威廉·席林(William Selling,1430～1494)、威廉·哈德利(William Hadley)、威廉·格罗辛(William Grocyn, 1446～1519)、休·拉蒂默(Hugh Latimer)、克里斯托弗·厄斯维克(Christopher Urswick, 1448～1522)、托马斯·林纳克(Thomas Linacre, 1460～1524)、威廉·李利(William Lilye, 1468～1522)、约翰·柯列特(John Colet, 1467～1519)、卡斯伯特·汤斯托(Cuthbert Tunstall, 1474～1559)等牛津学子便是其中的代表。[①] 就学术而言,他们在学成归来后向英格兰介绍了在国外学习到的人类思想的精华并赋予其本土特色。他们以实际行动推动了教育旅行的发展。

相对于牛津学者和其他一些人的实践而言,对旅行进行理论辩护的作品问世较晚。这和英国其他许多领域的情况一样,实践先于理论的发展。只有在"旅行是教育必要的最后一站"的观念逐渐被接受之后,人们才开始寻求对进其行理论辩解,有关"如何从旅行中获得最大的好处"的各种建议才相继问世。在英国,托马斯·威尔逊首先对旅行的必要性进行了阐释。在威尔逊看来,前往海外学习语言和获取他国经历的旅行是必要的,其原因在于:首先,旅行是有利可图的。它能让人学到知识,学会趋利避害;它有益于身体,能够增加力量、增强健康、增加美感;它能增长才智,让人得到经验并因此而获得财富、荣誉和朋友。其次,旅行能让人得到快乐。他国语言的亲切,空气的怡人,绅士思想的深邃,建筑的奇特古老,遗迹的美妙,学者的博学多才,能够让旅行者从中得到快乐。再次,旅行是容易的。旅行的容易在于,健全的法律确保了所有外地人和旅人的自由通行。人生其实就是一次旅行,人们犹如徜徉于各地的朝圣者。视此为艰辛的人是愚蠢的,因为造物主已使其变得轻松而愉快。有谁能够比那些在各国旅行过的人更健康、更精力充沛、更愉快、更身强体壮呢?一言以蔽之,旅行是必需的。如果一个人不希望无知而少见识,他就必须旅行。由于无知是一个巨大的耻辱,希望避免耻辱的人就需要去旅行。

16 世纪 70 年代是英国教育旅行理论发展的一个重要时期。1575 年前后,一批显赫的朝臣,如爱德华·戴尔(Edward Dyer)、吉尔伯特·塔尔博特(Gilbert Talbot)、赫特福德伯爵(the Earl of Hertford)、克里斯多夫·哈顿爵士(Sir Christopher Hatton)与菲利普·西德尼爵士(Sir Philip Sidney)等,在国外游历后返回英格兰。他们的事迹在宫廷中引起了震动,并在上层青年中掀起了出国游历的热潮,为意欲旅行的年轻人提供建议的需求明显增长,而出版商们也不失时机地刊印各种探讨旅行问题的书籍。当时经常出现的情况是,一名年轻人在出外旅行前,往往会向某位有经验或年长的朋友求教,请他们帮助规划行程。而这些长者对年轻朋友私下的忠告,如塞西尔(Cecil)写给拉特兰(Rutland)的书信,逐渐演变成为供所有旅行者使用的普遍性论述。

---

① 参见[英]刘易斯·爱因斯坦:《英格兰的意大利文艺复兴研究》(Lewis Einstein, *The Italian Renaissence in England: Studies*, London: MacMillian Company & Co., LTD),1902 年版,第 17～28 页;[英]克莱尔·霍华德:《文艺复兴时期的英国旅行者》(Clare Howard, *English Traveller of the Renaissance*, New York: Jone Lane Company), 1914 年,第 9～10 页。

在论述旅行问题的早期著述中,相当一部分是外国(特别是德意志)作家作品的译本。其中,杰罗姆·特勒的《旅行家杰罗姆·特勒》(无名氏译,1575),贾斯特斯·李普西乌斯论述旅行价值和意义的精彩通信(约翰·斯特拉德林译,1592),丹麦地理学家和历史学家阿尔伯特·梅耶(Albrecht Meyer)的《方法》(菲利普·琼斯译,1589),赫曼·科钦纳(Hermann Kirchner)之《称颂旅行的演讲》(*Oration in Praise of Travel*,托马斯·柯雅特译,1611年),便是其中的代表。① 这些外国作家的作品成为英国旅行训诫手册写作传统的滥觞。除源自外国的旅行指南外,英格兰本土也出现了许多类似的著作,它们都试图对旅行的教育价值或必要性进行阐释。

近代初期,英国开始受到市民人文主义理念的影响。市民人文主义试图将追求个人的完善与实现社会的福祉统一起来。人文主义者对市民生活(vita civilis)的赞扬,首先就是为了在"冥思式的生活"(vita contempliva)与"积极的生活"(vita activa)之间架起桥梁,他们希望将自我实现的反思生活与服务于家国的生活结合起来。② 在他们看来,绅士的教育就应当让他为社会、君主及国家服务做好准备,而教育旅行显然与这种理念暗相吻合。在16世纪,尽管有许多人在私下的通信中对"旅行有益于社会、君主和国家"的思想进行了回应,但威廉·伯恩却是少数几位在著作中明确阐述该思想的作家之一。1578年,伯恩在《旅行宝典》一书中争辩说:"前往其他国家的旅行者能够让自己的国家在各个方面受益,因为他让自己的国家得以了解外国,了解他们对国家的管理、执行贸易法规的方式、城镇和乡村居民的习性……"③

到17世纪上半叶,旅行有益于国家的论调更常见于出版物之中。1607年,詹姆斯·克利兰德在《英雄教育:造就青年贵族》中更是明确指出:"旅行是贵族青年和其他人等藉以让君主、国家和自己受益的主要和最佳途径。"④1628年,欧文·费尔森在《双重世纪中决心要做的各种事情》中对这一观点进行了扩充:"在一个国家之中,总是有一定数量优秀的贵族和乡绅青年,在其接近成熟的日子里,被送到国外接受教育,(这)是一件极好的事情……他们可能会对国家极其有用。如果他们在归来的时候深谙世务,精通外语,且人情

---

① 参见无名氏:《旅行家杰罗姆·特勒》(Anon, *The Traveler of Jerome Turler*, London),1575年版;约翰·斯特拉德林:《旅行指导》(John Stradling, *A Direction for Travelers, Taken Out of Justus Lipsius and Enlarged for the behalf of the Right Honorable Lord, the Young Earl of Bedford, being now ready to Travel*, London),1592年版;阿尔伯特·梅耶《简短而特别的指导》(Albrecht Meyer, *Certain Brief and Special Instructions for Gentlemen, Merchants, Students, Soldiers, Mariners, & C. Employed in Services Abroad or Any Way Occassioned to Converse in the Kingdom and Governments of Foreign Princes*, London, 1589);托马斯·柯雅特:《柯雅特之糙米粗饭》(Thomas Coyat, *Coyat's Crudities hastely gobled up in five months travel in France, Savoy, Italy, Rhetia commonly called the Grisons country, Heluetia alias Switzerland, some parts of high Germany, and the Netherlands, newly digested in the hungry air of Odcombe in the countey of Somerset, and now dispersed to the nourishment of the travelling members of this kingdom*, London),1611年版。

② 参见[美]约翰·阿索斯:《市民人文主义和博雅教育的诠释学阐释》(John Arthos, *A Hermeneutic Interpretation of Civic Humanism and Liberal Education*),《哲学与修辞学》(*Philosophy & Rhetoric*)第40卷2007年第2期。

③ 威廉·博恩:《旅行宝典》(William Bourne, *A Book Called The Treasure for Travelers*, London),1578年版,致读者的前言。

④ 詹姆斯·克利兰德:《英雄教育:造就青年贵族》(James Cleland, *Hero-Paideia, or The Institution of a Young Noble Man*, Oxford),1607年版,第251页。

练达，对于内政和外交而言，这些比任何书本知识都更为有用。”[①]

弗朗西斯·培根在宣传正式旅行的教育价值方面也做出了自己的贡献。1625 年，培根发表了他的短文《论旅行》。在文中，培根写道：“在青年人来说，旅行是教育的一部分；而在年长一些的人来说，旅行则是人生经历的一部分。”[②]不过，对培根来说，要实现国外旅行的教育功能，旅行就必须目标明确，并经过认真准备：旅行者应该研究人、人的生活和文学，观察人们的各种成就，包括教堂、图书馆、学院、要塞、港口、废墟，并“拜访国外声名显赫的各类杰出人物”[③]。弗朗西斯·培根的训诫为英国人所从事的教育旅行提供了哲学基础，并为它赢得了王室无条件的支持。

理查德·拉塞尔斯的《意大利之旅》(1670)是论述旅行教育价值的另外一部重要著作。[④] 该书开篇的“就旅行致读者前言”可谓是一份独到而重要的理论宣言书。通过强调旅行给人们带来的益处，拉塞尔斯为“在法国进行‘大旅行’和在意大利‘周游’(Giro)”提供了充足的理由。拉塞尔斯认为，旅行的教育功能主要体现在思想文化、社会、伦理道德和政治等四个方面。首先，从思想文化方面来讲，旅行可以消除因安土重迁而造成的无知。通过旅行，人们可以了解“各地的风俗”，“学会各种外国语言，与各国居民自由交谈”。其次，从社会的角度来讲，旅行的社会教育功能与当时英格兰社会时尚的“面向世界之绅士”的观念密切相关。在继承源自卡斯蒂廖内《廷臣论》一书思想的基础上，拉塞尔斯强调，仅旅行本身就足以让旅行者建立“足够的自信”、培养出“端庄的仪态”，最终“随心所欲而不违”。简言之，只有进行过大旅行的青年人才可能充分获得“基本的教养”，没有这些“基本的教养”，“他虽然内心良善无比，但却是白丁一个”。再次，旅行在伦理道德方面所起到的教育功能则体现在，它可以让旅行者的内心世界犹如外表一样华美。通过旅行的教育，人们去除了自负和骄傲之心，变得谦虚而有礼貌。通过体验旅途的艰辛和无助，人们可以培养出坚毅的品格和自助的精神，从而“虽漂泊流离而怡然自得，虽客处他乡却宾至如归”。此外，旅行最重要的教育功能体现在政治教育方面，它可以让旅行者掌握专业的政治知识。如果方法得当，大旅行可以发挥治国术培训学校的功能，让进行旅行的贵族获取治理国家的能力。[⑤]

约翰·洛克在《对教育的一些思考》(1693)一书中也对旅行的功能和价值进行了阐述。在这位辉格派哲学家看来，大陆旅行的目的在于“完成学习，成就绅士”[⑥]。“进入外国旅行”，“通过见识各种人物，与各种性情的人交谈”对提高智慧和增强审时度势的能力

---

① 欧文·费尔森：《双重世纪中决心要做的各种事情》(Owen Feltham, *Resolves, A Duple Century*, London), 1628 年版，第 271 页。

② 梅尔维尔·B. 安德森编：《弗朗西斯·培根之文明和道德忠告或论集》(Melville B. Anderson, ed., *The Essays or Counsel Civil and Moral of Francis Bacon*, Chicago: A. C. McClurg and Company), 1890 年版，第 108 页。

③ 参见梅尔维尔·B. 安德森编：《弗朗西斯·培根之文明和道德忠告或论集》，第 109 页。

④ 有关理查德·拉塞尔斯《意大利之旅》以及拉塞尔斯本人的情况，参见拙文《大旅行观念的起源——理查德·拉塞尔斯〈意大利之旅〉评介》，载《史学理论研究》2009 年第 2 期。

⑤ 参见理查德·拉塞尔斯：《意大利之旅》(Richard Lassels, *The Voyage of Italy or a Compleat Journey through Italy*, Paris), 1670 年版，第 aiii-e 页。

⑥ R. H. 奎克：《约翰·洛克之教育思考》(R. H. Quick, *Some Thoughts Concerning Education by John Locke*, Cambridge: Cambridge University Press), 1902 年版，第 184 页。

“有巨大的好处”。不过，在洛克看来，大陆旅行的最佳年龄不是英格兰人通常认为的 16 到 21 岁，而应该早几年，或者晚几年。但无论年龄多大，社会地位如何，目的地是哪里，旅行者的首要目的都应该是“提高自己”，增强身体，提高智力，改善举止，提高教养、谈吐和自制的能力。[①] 18 世纪中期，托玛斯·纽金特在编著《大旅行》一书时，同样也称赞旅行是“一种明显旨在以知识丰富头脑、订正判断、去除教育偏见、控制外部仪态……成就完美绅士的习俗”[②]。所有这些关于旅行之价值和功能的论述，无疑都对教育旅行的必要性进行了辩护。

二、众害之首：质疑、反对之声

近代时期，尽管教育旅行的践履者为数众多，教育旅行的益处和功效也得到了广泛的宣传，但教育旅行的做法还是频频受到质疑、否定乃至反对，在各种出版物和大众娱乐中，旅行者，特别是教育旅行者不仅时常受到揶揄、嘲笑，他们甚至拥有了某些相当负面的公共形象。

首先，理论家的批评。

欧洲人富有怀疑的传统。事实上，尚在朝圣盛行的时代，彼特拉克就已表达了自己的担忧，他唯恐罗马世俗文化的魅力妨碍朝圣者本来目的的实现。乔叟在《坎特伯雷故事集》中对满身俗气的巴斯之妻的描述，则体现了他对朝圣的反感。[③] 伊拉斯莫则对当时仍然盛行的巴斯之妻综合征耿耿于怀，他不仅对哲罗姆有关朝圣可有可无的观点进行重申，还提醒读者青年男女离家远游蕴藏着道德危险。[④] 到 16、17 世纪，旅行的年轻人能否抵制欧洲大陆潜在的种种诱惑，仍然是各个家庭主要关心的问题之一。实际上，对朝圣者的种种担忧及负面描述，如撒谎的旅行者、道德败坏的旅行者，一直困扰着旅行者的家人。英国人有旅行的传统，他们一直在旅行，而且总会找到借口出外旅行。在很大程度上讲，正是这一传统的意识，激起了英国人对教育旅行的关注和批评。

在英国，罗杰·阿什克姆可谓批评教育旅行做法的第一人。阿什克姆是 16 世纪时期的学者和教育理论家，做过爱德华六世及伊丽莎白一世的私人教师，担任过玛丽一世的拉丁文秘书。1563～1568 年间，阿什克姆写下了《男教师》(1570)一书。在书中，阿什克姆反对“将年轻人打发到世界上，让他们从经历中学习”。他认为，花一年的时间学习，要比

---

① 参见 R. H. 奎克：《约翰·洛克之教育思考》，(R. H. Quick, *Some Thoughts Concerning Education by John Locke*, Cambridge: Cambridge University Press)，1902 年版，第 184～187 页。

② 托玛斯·纽金特：《大旅行，或穿越尼德兰、德意志、意大利或法兰西的一次旅程》(Thomas Nugent, *The Grand Tour, or a Journey through Netherlands, Germany, Italy and France*, London)，1756 年版，第 1 卷，序言，第 11 页。

③ 参见爱德华·钱尼：《大旅行的演变：文艺复兴以来的英－意文化关系》(Edward Chaney, *The Evolution of the Grand Tour: Anglo-Italian Cultural Relations since the Renaissance*, London: Frank Cass Publishers)，1998 年版，第 59 页。

④ 参见[英]克莱尔·霍华德：《文艺复兴时期的英国旅行者》(Clare Howard, *English Traveller of the Renaissance*, New York: Jone Lane Company)，1914 年，第 6 页。

花20年的时间进行体验收获更大。[①] 这一看法完全否定了支撑16世纪教育旅行的基本假设,即:国外旅行让年轻人得以体验外部世界,并让他成长为一个有益于共同体的男人。另外,阿什克姆对英国人前往意大利旅行的做法也提出了尖刻的批评。他声称,花一年时间勤奋阅读卡斯蒂廖内的《廷臣》,"给年轻人带来的好处……要比在意大利旅行三年的收获都还要多"[②]。阿什克姆之所以贬低意大利旅行,不是因为他不喜欢意大利的语言知识,也不是因为他对意大利有任何嫌隙,而是因为该国"耽于玩乐,陋习盛行"。尽管他对古罗马充满敬意,但那段时光却一去不复返,虽然"德行曾让那个国家曾是世界的女主人,但现在,恶习却让它反主为仆"。由于意大利已经"无异于恶习的渊薮",人们不应再将它视为一个"适宜于将年轻人送去获取智慧和诚实"的地方。[③]

继阿什克姆之后,其他一些理论家也就教育旅行提出了自己的不同看法。例如,伊丽莎白时期的教育家理查德·马尔卡斯特在其论著《孩童教育应持之立场》中便认为,英国人不必像古人(如索伦、毕达哥拉斯及柏拉图等人)那样为寻求知识而出国旅行,这是因为:第一,英国人有了书写的工具(鹅毛)笔及印刷术,可以借此获得大量的知识;第二,富有的青年绅士或富家子弟可以聘请优秀的老师,雇用能干的陪读,购置大量的图书,因而待在家中反倒可以更好地学到知识;第三,大量的事例表明,即便是出身卑微的人们在国内也可以获得渊博的学识。[④] 又如,被誉为"英格兰人的塞涅卡(Seneca)"的约瑟夫·霍尔用了整本书来论证海外旅行既不必要又大为有害。霍尔是埃克塞特和诺威奇的主教,他利用斯多葛学派及教会教父的主张,借以谴责英格兰上层阶级的教育旅行,并将其斥为"私人和公众的不幸"。他认为,在海外旅行的绅士面临着"宗教的堕落,修养的倒退"等诸多的危险。为了国家和个人之福利,年轻人应当完全避免进行教育旅行。[⑤] 10多年后,班布蒂斯特·古德沃在谈到旅行之害时则不无夸张地说:"旅行是万害之首,利用不当,它瞬间便可造成人毁国亡;而且,事实表明,它是最为不幸的一条道路……不是每个凡夫俗子都能对旅行善加利用。"[⑥]另外一部完全否认教育旅行具有任何救赎价值的著作便是纽卡斯尔公爵夫人的《各类演说》。在公爵夫人看来,诸多旅行返乡的英国绅士除带回腐蚀整个国家的种种陋习和花里胡哨的东西外,则一无所获。[⑦]

---

① 参见罗杰·阿什克姆:《男教师》(Roger Ascham, *The Schoolmaster*, edited by Edward Arber, London),1903年版,第61页。

② 罗杰·阿什克姆:《男教师》(Roger Ascham, *The Schoolmaster*, edited by Edward Arber, London),1903年版,第66页。

③ 参见罗杰·阿什克姆:《男教师》(Roger Ascham, *The Schoolmaster*, edited by Edward Arber, London),1903年版,第72页。

④ 参见理查德·马尔卡斯特:《立场》(Richard Mulcaster, *Positions, Wherein Those Primitive Circumstances Be Examined, Which Are Necessary for the Training up of Children, either for skill in their book, or health in their body*, London),1887年版,第208页。

⑤ 参见约翰·霍尔:《何处去? 对我国绅士普遍理解的旅行的公正评判》(John Hall, *Quo vadis? A Just Censure of Travel As It Is Commonly Undersood by the Gentlemen of Our Nation*, London),1617年版,第44页。

⑥ 巴布蒂斯特·古德沃:《旅行的考验》(Baptist Goodall, *The Trial of Travel*, London),1630年版,sig. G反面。

⑦ 参见马格丽特·卡文迪什:《适用于不种场所的各类演说》(Margaret Cavendish, *Orations of divers sorts, Accomodated to Divers Places*, London),1662年版,第73～74页。

其次，当局的担忧。

近代时期，英国的官方档案中有许多关于教育旅行者的记录。在这些记录中，当权者往往忧心忡忡，担心前往海外游历的英国人会危及国内政治稳定和信仰同一的局面。在宗教改革后的很长一段时间里，反对天主教成为英国意识形态方面的首要立场。许多英国人为同时期天主教教会的做法、渴求及其采用的方法所震惊，他们将天主教等同于专制统治，认为它源于轻信和迷信，是痛苦、贫困、教士当权及压迫的根源。光荣革命后，王党势力与天主教教会之间的密切联系，英国的主要对手西班牙和法国都是天主教国家，所有这些源于想象中的天主教的威胁更是起着推波助澜的作用。尽管英国偶尔也与天主教国家，如奥地利、法国、葡萄牙、萨伏伊－皮德蒙特结盟，但这却并不能动摇有关想象的根基。[①] 故此，无论是英国国王还是枢密院和上、下两院，都担心前往欧洲大陆的旅行者皈依天主教并因此削弱他们的政治忠诚。为此，无论是在政府发放给旅行者的许可证，港口官员的委任状，议会两院的辩论，还是对旅行者、各式信函及训示的审查，无一不体现出官方对旅行者宗教和政治节操的关注。

再次，大众传媒的负面描述。

在近代初期英国的大众文学中，愚蠢的旅行者、撒谎的旅行者、意大利化的旅行者等形象相继得到了淋漓尽致的描绘和刻画。16 世纪晚期，阿什克姆呈现的“邪恶而意大利化的旅行者”的形象，迅速吸引了诗人、剧作家、小册子作家及评论家，诗歌和散文很快便将意大利化的英国人描绘成“恶魔的化身”。1594 年，托马斯·纳什在《不幸的旅行者》中将意大利化的旅行者描绘为一种荒唐的角色。[②] 各种诡计多端有时甚至心怀恶意的人物，如莎士比亚《皆大欢喜》中的杰奎斯(Jacques)、塞缪尔·丹尼尔(Samuel Daniel)《女王之世外桃源》(*The Queen's Arcadia*)中的克拉克斯(Colax)、乔治·查普曼(George Chapman)《两个聪明人和众傻子》(*Two Wise Men and All the rest Fool*)的安东尼奥(Antonio)，都例证了这些假意大利人日渐呈现出的危险。在 17 世纪最初的 20 年之后，假意大利人逐渐丧失了马基雅维利的弦外之音，成为愚蠢而非危险人物的代名词。约翰·库克《格林的口头禅》(*Greene's Tu Guoque*)中的人物斯登斯(Stains)、詹姆斯·雪莉(James Shirley)《舞会》(*The Ball*)中的人物弗雷西沃特(Freshwater)便是两个愚蠢的假意大利人的典型例子。[③] 当然，大众文学通常是将道德堕落的旅行者与假意大利人和愚蠢的旅行者联系在一起，而不是将他们作为不同类型的人物而加以描述。

到 18 世纪，随着前往欧陆游历的英国人数量的增长，旅行带来的一系列问题，如财富的流失、外国文化的消极影响、天主教的蛊惑、性病等，引起了人们进一步的关注。1731 年 8 月 7 日，《绅士杂志》上刊登的一篇文章，便明显地体现出了批评者的担忧。在文章的作者看来，17、18 岁的年轻人在学问没有任何进步，或根本不了解本国国情的情况下便被

---

① 参见杰里米·布莱克:《海外的英国人:18 世纪的大旅行》(Jeremy Black, *The British Abroad: the Grand Tour in the Eighteenth Century*, Stroud, Gloucestershire: Sutton Publishing Limited),2004 年版,第 261～262 页。

② 参见托马斯·纳什:《不幸的旅行者,或杰克·威尔顿生平》(Thomas Nash, *The Unfortunate Traveller, or The Life of Jack Wilton*, London: Charles Whittingham & Co),1892 年版。

③ 参见萨拉·沃尼克:《近代初期英格兰教育旅行者的形象》(Sara Warneke, *Images of the Educational Traveller in Early Modern England*, Leiden, New York: E. J. Brill),1994 年版,第 60 页。

打发到海外，其结果只能是，他们沉浸于各种下流放荡的事物，为簇拥在罗马天主教国家中的爱尔兰神甫和其他人员的阴谋所腐蚀。一旦他们背弃自己的宗教，就会对新教君主及自己国家的治理形式产生反感。与此同时，在外国逗留致使许多家庭将财产和收入浪费在国外，这不仅是自己国家的一种损失，还会打击本国的商人和制造者。此外，旅行的初衷虽然是为了熟悉外国的语言、风俗、礼仪、法律和癖好，了解各国的物产、生计，知道他们城镇的情况和力量之所在，然而，旅行者带回来的却是法式的发型，女人的睡衣，男人的假发和纸牌游戏，跳舞、赌博和假面舞会，等等。因此，为了本国的利益，必须阻止贵妇被带到国外；而为了本国的荣誉，也必须阻止向国外输出傻子。[①] 有鉴于欧陆之旅引发的种种担忧，后来曾做过乔治三世之子威尔士王子和约克公爵的家庭教师的理查德·赫德便明确地反对英国绅士前往欧洲旅行。[②]

三、对论争的一些思考

近代教育旅行出现在英国社会经历巨大变迁的时代，英国人围绕教育旅行展开的论争则揭示了变动社会中的英国人、特别是英国下层绅士的种种顾虑和担心。英国人对外国人固有的仇视，对多数欧洲国家(特别是意大利和法国)所持的偏见，对天主教徒敌意的担心，以及对外国文化消极影响的顾虑等等，则成为他们批评教育旅行的动因之所在。

近代初期，英国社会发生着翻天覆地的变化。随着新世界的发现，美洲、爱尔兰种植园的开拓，随着宗教改革迫使天主教徒或新教徒流亡欧洲大陆，随着英国与欧陆及地中海诸国贸易关系的发展，英格兰人远离故土的现象越来越频繁。在主权国家的概念变得日益清晰、明确并具有强制性之际，英国人却开始向世界各地流散。[③] 同时，随着文艺复兴成就的传播，英国人开始对旅行产生新的兴趣。崇尚古典文化的人文主义思想运动成为文化生活的中心，意大利不仅成为人们获取古典思想的灵感之源，而且成为文艺复兴期间人们重新诠释的主要对象。哲学和科学思想的发展也强化了人们旅行的愿望。新的天文学向中世纪经院哲学所主张的静态宇宙观提出了挑战。外向的思想及探索和理解世界的冲动激发了人们运动不息的新精神。一些人甚至将旅行与人类思维的扩张明确地联系起来。1578 年，贾斯特斯·李普西乌斯就这样写道："低下而愚钝的人们，满足于对自己国家的了解，他们如蜗牛那样囿于自己的一片狭小天地，凡到一地，都会带上自己全部的家

---

① 参见伊丽莎白·A. 博尔斯和伊恩·邓肯编：《1700～1800 年旅行著述选集》(Elizabeth A. Bohls and Ian Duncan, ed., *Travel Writing 1700-1830*, Anthology, Oxford: Oxford University Press)，2005 年版，第 13～14 页。

② 参见理查德·赫德：《关于国外旅行效用的对话》(Richard Hurd, *Dialogues on the Uses of Foreign Travel, Considered as a Part of an English Gentleman's Education between Lord Shaftesbury and Mr. Locke*, London)，1764 年版，第 159 页。

③ 参见约翰·斯托伊：《1604 年至 1667 年间海外的英国旅行者及其对英国社会和政治的影响》(John Stoye, *English Travellers Abroad* 1604-1667, *Their Influence in English Society and Politics*, New Haven and London: Yale University Press)，1989 年版，第 4～5 页。

当……相反,更接近神灵的人们则以运动(movement)为乐;他们犹如诸天那般运动不息。”①

除了古典文化的魅力和文艺复兴的成就之外,探求科学知识也成为旅行的动力之一。在17世纪,培根和笛卡尔等哲学家论证了搜集证据和运用理性的重要性,这对旅行者前往欧洲各地旅行,起到了推波助澜的作用。对那些倡导“人类意识是白板一张”的概念并认为所有知识都产生于五种感官所获取的印象的人们来说,约翰·洛克《论人类理解》成为经典。如果知识源于经验而非其他,旅行便是重要的,也是人们所需要的。随着殖民探险与扩张的时代的到来,得到明确而系统表达的经验主义,使得前往世界各地旅行并观察新鲜而不同的事物“成为一个自觉发展心智、收集知识的人的一种责任”②。到18世纪,启蒙哲学——基于人类理性的共同思想和观念体系——进一步将欧洲社会精英阶层团结起来。欧洲范围的社会和文化联系网络使人们可以他乡遇知音,而亲戚网络和恩主的经济资助让人们可以轻易地与其他社会接触,所有这些都为上层阶级进行旅行营造了舒适的环境,而理论家们的辩护则发挥着推波助澜的作用。

然而,随着英国社会与外国文化接触的增多,都铎王朝和斯图亚特王朝治下的英国青年绅士乃至整个社会的价值观念和评判标准发生了极大的变化,这引起了整个社会、特别是下层士绅的担忧。围绕教育旅行而展开的争论正是这些担忧的体现。尽管旅行者的数量在整个英国社会中所占比例甚微,他们在返乡后能够对本国社会产生的实际影响也相当有限,对教育旅行的担忧似乎显得有点杞人忧天。然而,由于能够前往海外游历的年轻人多出身于社会中有影响的阶层,他们一旦返乡,往往会在社会中占据有影响的职位。因此,对教育旅行所表达的忧虑,不仅体现了整个社会对英格兰社会、政治和文化面貌迅速发生变化的担忧,也体现了他们对未来的担忧。在未来社会的领导人和塑造者还是没有定力的年轻人之际,便打发他们到国外,让他们接触欧洲的各种恶习和文化,显然引起了一些人的担心。

此外,论争过程对教育旅行的批评针对的往往是外国文化入侵或外国文化的引进以及旅行者带回来的礼仪和习俗,这是英国人不安全感的体现。1066年以前,不列颠岛曾屡遭外族入侵,岛上的居民对外国文化影响往往比较敏感。在16、17世纪,英国人虽然不再面对入侵军队带来自己文化的局面,但他们却需要面对自己的孩子。这些孩子前往欧陆学习、游历,将外国的文化和影响带回到乐于接受新奇外国事物和时尚的人群之中。对处于守势的爱国乡绅来说,这无疑是一种背叛行为,因而遭到他们的强烈反对。另外,英国人对外国人固有的仇视,对大多数欧洲国家所持的偏见,对天主教徒敌意的担心,以及对欧洲文化引入可能给英国传统遗产带来困境的顾虑,都增加了时人在派送年轻人到海外镀金时的忧虑。在民族意识日渐兴起的背景下,各个民族都被认为拥有某些独特的民族特征(或缺点):西班牙人过于骄傲,荷兰人太喜欢喝酒,意大利人过于欺诈和嫉妒,英格

---

① 贾斯特斯·李普西乌斯:《旅行指导》(Justus Lipsius, *A Direction for Trauailer, taken out of Justus Lipsius, and enlarged for the behoofe of the right honorable Lord, the Yong Earl of Bedford, being now ready to Trauell*),1592年版,A. 3。

② 彼得·哈勒姆和提姆·扬斯编:《剑桥旅行著作指南》(Peter Hulme and Tim Youngs, *The Cambridge Companion To Travel Writing*, Cambridge: Cambridge University Press),2002年版,第37页。

兰人太没信仰或过于反复无常。[①] 在批评者看来，正是英国人自身所拥有的缺陷让旅行者处于十分危险的境地，因为，他们的反复无常将让他们背叛自我，并最终背叛自己的祖国。对教育旅行的担忧是对英国本身及年轻一代的贵族和乡绅标准和价值观念变化的担忧，它关注的是"有缺陷的"个人和国家在面临有侵略性的外国影响时是否具有保持自身完整性的能力。

不过，围绕教育旅行而展开的辩论在18世纪时已不再像早期那样激情四射，也不再如早期那般恶言相向。与都铎王朝和斯图亚特王朝时期崇尚理想主义不同，18世纪的英国社会更为重视通过旅行打磨年轻人的社会属性，完善教育不再受到重视。实际上，"通过经验而完善自我以最终有益于国家"的早期理想已经烟消云散。虽然对英格兰文化完整性的担忧仍然不绝于耳，但教育旅行却仅仅被当做是英国在外国事物侵袭下无法捍卫其民族完整性的一个例子而已。事实上，在18世纪，"大旅行"得到强调的一个好处就在于，游历让年轻绅士在比较中认识到本国的优越性，从而最终让他们更加依恋自己的祖国，民族缺陷不再得到讨论。年轻旅行者的道德修养可能受到损伤，他可能会自甘堕落，但在18世纪，旅行的批评者却认为，旅行者的脆弱主要是因为他的年轻，而不是因为他的民族特性。

作者简介：付有强，南京大学历史学系博士后，西华师范大学历史文化学院副教授，主要从事欧洲文化史和英国史的教学与研究。

---

① 安德鲁·博德在他的那本类似于"欧洲各国概览"的论著中首先对欧洲各国的民族特征进行了描述和概括，参见安德鲁·博德：《知识入门》第一卷（Andrew Borde, *The First Book of Introduction of Knowledge*, London），1555年版，第1章，第3章，第9章等。

清末官员海外游历游学研究

徐保安

清末，提高统治阶层的素质成为政府因应变局的众多举措之一。为提高官员素质，清政府设立了进士馆、仕学馆、课吏馆等专门教育机构，并提倡官员在衙署内读书、研讨，同时，选派官员出洋学习也是重要方式之一。出洋学习又可分为游学与游历两种。

游学、游历本指传统士大夫外出寻师求学、加强历练的文化活动，原不分国内国外。近代以来，随着"师夷长技"思想的传播与国家局势的日益危殆，向西方学习逐渐成为知识分子寻求救国道路的主要途径。游学、游历渐被理解为出国学习的教育过程，游学是入外国学堂接受正规的教育学习，游历则是对国外情形进行专题或普遍考察。清末，政府除派遣普通学生出国学习外，还制定并大力推行了官员的游历游学制度。既往学界对官员游历游学问题的研究，主要集中在史料的收集整理与某一具体问题的探讨上，尚缺乏对晚清官员游历游学的整体系统研究。① 本文拟以官员游历游学为例，对晚清政府试图改造官员群体以挽救危局的努力作一探讨。

一、从交涉需要到开启官智：清末官员出洋学习的背景

鸦片战争后，清政府在对外交涉中吃尽苦头，遂逐渐产生了认识、了解"夷情"的主观诉求。1866 年 2 月 20 日，总理各国事务衙门大臣奕䜣在奏折中称："查自各国换约以来，洋人往来中国，于各省一切情形，日臻熟悉。而外国情形，中国未能周知。于办理交涉事

① 就史料整理而言，代表性成果有：钟叔河主编《走向世界丛书》（岳麓书社 1985 年版，共 10 册），王宝平主编《晚清中国人日本考察记集成》之吕顺长编著《教育考察记》（杭州大学出版社 1999 年版，上下册），王宝平主编《晚清东游日记汇编》之刘雨珍、孙雪梅编《日本政法考察记》（上海古籍出版社 2002 年版）等。就具体问题的探讨而言，董守义、王彦静《论清政府关于出国考察的决策》（人大复印资料《中国近代史》1991 年第 9 期），贺跃夫《清末士大夫留学日本热透视——论法政大学中国留学生速成科》（《近代史研究》1993 年第 1 期），杨雨青《20 世纪初中国人对日本的考察》（《近代史研究》1993 年第 6 期），吕顺长著《清末浙江与日本》（上海古籍出版社 2001 年版），孙雪梅著《清末民初中国人的日本观——以直隶省为中心》（天津人民出版社 2001 年版），王晓秋《三次集体出洋之比较：晚清官员走向世界的轨迹》（《学术月刊》2007 年 6 月号）等成果。这些成果对于清政府相关决策、派员赴日学习以及清末新政前的海外游历事件进行了分析。

件，终虞隔膜。臣等久拟奏请派员前往各国，探其利弊，以期稍识端倪，藉资筹计。”[①]时值总税务司赫德请假回国，奕䜣便请派曾任山西襄陵县知县斌椿，携子率同文馆学生随赫德赴欧游历，遂有近代中国官员首次出海。

两年以后，总理各国事务衙门章京志刚、孙家谷，与受聘为中国政府服务的美国人蒲安臣，三位“办理中外交涉事务大臣”，组成了清政府向西方国家派出的第一个外交使团。该使团于1868～1870年期间，历访美、英、法、普、俄及其他一些欧洲国家。志刚所著《初使泰西纪》记下了对当时社会政治的观感，“给我们留下了一点‘可以深长思’的东西”[②]。1870年，兵部左侍郎、三口通商大臣崇厚，被委任为出使法国钦差大臣，为天津教案事赴法国“道歉”。时值巴黎公社革命时期，内乱使之长达一年无法完成任务。期间，崇厚曾带人赴英、美小游。游览之余，考察学习成为顺理成章之事，《崇厚使法日记》成为“中国人目击巴黎公社起义的珍贵记录”[③]。

1870年代以后，曾国藩、李鸿章、王凯泰等洋务派官员多次奏请遣使外洋。在李鸿章看来，派使臣出洋，不仅对交涉有利，同时可对“各国兵制、船政、军火、器械……探赜索隐，若能深窥其曲折要领，从而学之，归而求之，我增一长，彼失一恃，足为自强根基”[④]。这里，李赋予使臣两大任务：办理交涉之外，还要学习外人之长，以求知己知彼，皇朝强盛。此后，政府派往东西洋的外交官们大多在日常工作之外，承担了游历考察之责任。如第一任驻外公使郭嵩焘在驻英法期间曾游历考察英、法、德、瑞士等国，1878年刊刻《使西纪程》。此外，驻日公使何如璋《使东述略》、驻日参赞黄遵宪《日本国志》则为中国人提供了大量的日本信息。

19世纪70年代末80年代初，除了交涉使臣出洋以外，一些普通官员也开始涉足海外。1879年底，时任道员的王之春赴日游历一月，作《谈瀛录》三卷。次年，江西省吉安府莲花厅同知李筱圃赴日观光。[⑤] 两人赴日，表面上似乎并未带有明确的政治任务，但此时随着国际局势的紧张，一些时人已察觉到了日本的潜在威胁：“防俄必先防日……顾欲防日而不先悉其形势要害、风俗美恶、政治得失，则无由攻瑕击隙，以制其死命。而又虑临之以师旅则易启事端，重之以使节则反遭猜忌也。思期得一不动声色，直探巢穴，密访周览，洞悉虏情于胸臆者，久之难其选，王爵堂观察闻命奋袂请行。”[⑥]王爵堂观察即王之春。“直探巢穴，密访周览”，颇有些深入虎穴、刺探敌情之意。李筱圃对东京博物院故意陈列中国鸦片烟具与旧式兵器，刻意贬低中国的做法极为“愤懑”，认为日本“居心已显然可见”，不值得与其谈论邦交之事。[⑦]

随着洋务运动的不断推进，“师夷长技”的思想与实践得以发展。为进一步认识西方

---

① 宝鋆等修：《筹办夷务始末》(同治朝)第39卷，载沈云龙编《近代中国史料丛刊正编》第62辑，第611册，(台北)文海出版社1971年版，第3669页。

② 志刚：《初使泰西记》，载钟叔河主编《走向世界丛书》第1册，岳麓书社1985年版，第242页。

③ 郭素芝：《目睹巴黎公社起义的中国人——〈崇厚使法日记〉发现始末》，载《瞭望》1987年第45期。

④ 宝鋆等修：《筹办夷务始末》(同治朝)第55卷，载沈云龙编《近代中国史料丛刊正编》第62辑，第611册，(台北)文海出版社1971年版，第5156页。

⑤ 参见王晓秋、[日]大庭修主编：《中日文化交流史大系：历史卷》，浙江人民出版社1996年版，第292～297页。

⑥ 彭玉麟：《谈瀛录序》，载王之春《谈瀛录》，上洋文艺斋新刊光绪六年(1880)本，第1～2页。

⑦ 参见李筱圃：《日本纪游》，载钟叔河主编《走向世界丛书》，岳麓书社1985年版，第173页。

世界，拓展官员视野，有人提出了派官员专门考察游历的主张。如 1884 年御史谢祖源上折建议，为训练洋务人才，改变士大夫“限于方域，囿于见闻”的状况，可令出使大臣带翰詹部属出洋游历。此建议先后得到了总理衙门与皇帝的认可，但由于当时官员多视海外为畏途，故具体实施一直拖到了 1887 年，经光绪严旨催促，六部方开始陆续保荐本部官员。6 月 12～13 日，总理衙门通过考试，共选拔出傅云龙等 12 名游历官员。根据总理衙门拟定的《出洋游历章程》，游历人员“应将各处地形之要隘、防守之大势，以及远近里数、风俗政治、水师炮台、制造厂局、火轮舟车、水雷炮弹详细记载，以备考查”，并要留意“各国语言文字、天文算学、化学重学光学及一切测量之学、格致之学”等，将所写手册录交总理衙门“以备参考”。[①]

将游历游学与开启官智真正联系起来是在甲午战后。面对瓜分豆剖、亡国灭种之危机，朝野提出的种种救国方策中，政治精英的改造被重点强调，如梁启超就于 1898 年提出了“开官智，又为万事之起点”[②]的思想。王公大臣、公卿督抚、文武官员出洋学习，即在此背景下受到重视。李鸿章 1895 年接见李提摩太时曾提出中国可派十位亲贵，同百位翰林考察西国政治的意见。[③] 7 月，张之洞鉴于中日之战的恶劣后果，上折奏请“修备储才”，提出九条建议，其中多次提到派员出洋学习。如练陆军派遣员弁“出洋学习”：“无论文武、官阶大小，遴选年力精壮、明敏有志者百余人令赴外洋，附入学堂营局，将武备、营垒、炮台等事分途肄习。”治海军则学英国，其余修铁路、设枪炮厂、开学堂、讲商务、求工政等等，都需要派员出国学习。除此类专门学习外，张还专门强调了文武官员出洋游历的重要意义。张认为洋务运动数十年成效不著的原因是文武大臣“不知外洋各国之所长，遂不知外洋各国之可患，拘执者狃于成见，昏庸者乐于因循”，要打破积习，“惟有多派文武员弁出洋游历一策”。游历人选需要多派“翰林、部属及各项正途出身之京外官”，因为“以科目进者，平日诵法圣贤，讲明义理，本源固已清明，不过见闻未广、世事未练”而已，因此派他们出洋即可增加阅历，“增长才识”，“切于实用多矣”。[④] 对于“本源”是否清明的强调，说明张之洞的开官智思想并未突破“中体西用”之框架。1898 年，张之洞发表《劝学篇》，又提出了官员入外国学堂“游学”的建议，认为：“入外国学堂一年，胜于中国学堂三年”，同时强调“游学之益，幼童不如通人，庶僚不如亲贵。”[⑤]同年 6 月，康有为亦提出让“枢译大臣，近支王公，公卿督抚”“游历外国，博地球之大观，使知变或可存，不变则削，全变乃存，小变仍削，深通其故，显豁无疑，而后推行新政，可无滞碍”[⑥]。侍郎荣惠、御史杨深秀等人亦上折请派宗室亲贵游历。这种言论也得到了舆论界的支持与呼应，比如《知新报》就载文指出：

---

① (清)王彦威纂辑，王亮编，王敬立校：《清季外交史料》第 2 册卷七一，书目文献出版社 1987 年版，第 1286 页。

② 梁启超著，陈书良选编：《梁启超文集》，北京燕山出版社 1997 年版，第 54 页。

③ 参见清华大学历史系编：《戊戌变法文献资料系日》，上海书店出版社 1998 年版，第 133 页。

④ 张之洞：《吁请修备储才折》，载苑书义等编《张之洞全集》第 2 册，河北人民出版社 1998 年版，第 991～1000 页。

⑤ 张之洞：《游学第二》，载张之洞著，李忠兴评注《劝学篇》，中州古籍出版社 1998 年版，第 116 页。

⑥ 康有为：《请讲明国是正定方针折》(代宋伯鲁拟)，载汤志钧编《康有为政论集》上册，中华书局 1981 年版，第 261 页。

以周召之亲，任国家之重，总枢垣，操政柄，维彼懿亲，比比皆是，不知中外之情，而日与之言新政，是万变而万不得其当也。……是亲王游历，为近日之第一急务也。①

官员的提倡与舆论的吁请令光绪帝大受鼓舞，其遂于1898年6月14日颁布上谕，督促宗人府保荐王公贝勒选派游历。虽然游历政令未能付诸实施维新即告失败，但让政治人物出洋游历游学以开启智识的信念已经萌芽，并在某些官员群体中生长开来，一遇到合适环境即会成长壮大。

二、“欲求急救之方”与官员游历之风的渐开

庚子之变后，清廷立誓新政。1901年7月，张之洞、刘坤一联衔会奏《遵旨筹议变法谨拟采用西法十一条折》（以下简称《十一条》），其第一条举措即“广派游历”。该折最引人瞩目之处是其不断提及的“欲求急救之方”的说法。

时清廷遭逢大变，几遭灭顶，故此时清廷的改革的确是以“急救”为目的。因此，《十一条》注重游历，认为游学诚然最为有效，但“费繁年久，其数不能过多”，因此“欲求急救之方，唯有广派游历之一法”。在游历方向上强调“以先游日本为急务”。虽然游历实效“以遍游欧、美、日本为全功”，但由于日本风俗文字与中国相近，“便于游览询问，受益较速”，且日本对西法多有据国情改易者，“与中国采用尤为相宜”。游历人员“王公、大臣以及宗室后进、大员子弟、翰、詹、科、道、部属各项京官”为主，因为这些人“所任皆重要之职事，所识皆在朝之达官”，故“其传述启发，尤为得力”。在学习内容上，游历之员要“观其实政，睹其实效，见其新器，求其新书，凡吏治、财政、学制、兵备一一考询记录，携之回华，以供我之采择而仿行”。《江楚会奏变法三折》（以下简称《三折》）所提游历考察内容涉及西方政治、经济、军事、教育各个层面，充分体现了清政府急欲富强的心态。褒奖升职是鼓励官员游历的最好办法。游历人员归国时若“实有进益”，京官“游历一年”者酌奖，“游历三年”者优奖，各省“实缺官愿往者，免开其缺，游历一年者外奖，三年者奏请内奖”，又提出“以后新派总署堂官、章京、海关道员、出使大臣及随员，必选诸曾经出洋之员”。从当时起三年以后“凡官阶、资序、才品可以开坊缺、送御史、升京卿、放道员者，必须曾经出洋游历一次，或三年或一年均可”，否则“不得开坊缺，送御史、升京卿、放道员”。②

张、刘《十一条》为清廷所采纳，10月2日得上谕要求“按照所陈，随时设法择要举办。各省疆吏，亦应一律通筹，切实举行”③。故将此段内容作为清末新政时清政府制定的官员游历的第一个章程，当是可以的。《十一条》的拟定与推行充分体现了当局对官员出洋学习的期许。次年2月1日，清廷再次颁谕认为“现在振兴庶政，尤应博采所长”，因而要

① 《论中国变政并无过激》，载郑大华、任菁编选《强学——戊戌时论选》，辽宁人民出版社1994年版，第295～296页。

② 以上内容均见张之洞：《遵旨筹议变法谨拟采用西法十一条折》，载苑书义等编《张之洞全集》第2册，河北人民出版社1998年版，第1430～1431页。

③ 商务印书馆编：《大清光绪新法令·上谕》第1册，商务印书馆清宣统元年铅印本，第5页。

求"出洋游历人员,若能于各国政治工艺,潜心考究,切实讲求,庶几蔚为通才,足备国家任使"①。最高统治者对游历已愈发重视。

但是,《十一条》虽得到上谕推行,但其约束效力却值得怀疑。比如,《十一条》曾提出实缺官游历可免其开缺。1903 年,驻藏大臣裕刚奏边缺同知自备资斧游历可否按"江楚成案"免其开缺时,外务部答复认为《十一条》"并未明奉谕旨未便援引"。这说明在当时很多官员眼里,即使《三折》总体上得上谕批准推行,但具体事项的规定各官仍可有自己的理解。这或许也可以解释为什么《三折》之后,截至 1903 年底,全国出洋学习之官员依然寥寥之原因。

在为数不多的游历人员中,亲贵游历比较值得注意。前文已述,戊戌前后亲贵游历屡被提及,但未能落实。1902 年 1 月 21 日,载振作为"专使英国头等大臣"前往英国致贺英王加冕。载振认为"此行固为典礼所关,亦藉以恢扩见闻,增长学识",考求英国"政治学术,且游法美诸国,咨询咨度以备国家采择"。光绪二十八年(1902)五月参加英君主加冕仪式后,载振开始游历。② 载振与唐文治合写的《英轺日记》详细记述了出洋后的所见所闻。1903 年 4 月 20 日,载振等又赴日本大阪参加博览会,"并考察商政"③。是年 1 月 5 日,贝子溥伦亦曾被派赴美国散鲁伊斯城赛会(博览会),为正监督。④

此外,戊戌时期即已开端的赴日学务考察在新政初期得以继续。光绪二十七年(1901)九月,浙江派营务处候补道程恩培赴日考察军事演习,但其却把大量时间花在了考察教育上。1902 年 3 月 9 日,张之洞要求派员赴日考察学务,尤其强调"管学之员宜赴东学习"⑤。不久京师大学堂总教习吴汝伦,奉命赴日考察学务,为时三月。同年,翰林院编修严修率两子自费赴日游历考察教育,历时两月余。光绪二十九年(1903)正月,翰林院编修缪荃孙以江南高等学堂总教习身份赴日考察教育,著有《日游汇编》一册。另外,道员张柢,户部主事华实甫,内阁中书王寅阶,直隶学校司督办胡景桂、参议丁惟鲁、随办高淑琦、补用同知宴宗慈,直隶学校司普通教育处编译处总办王景禧,直隶候补道杨澧等,受袁世凯所派赴日考察学务。

教育之外,花翎二品顶戴、直隶农务局总办黄璟于 1902 年赴日考察农务;前直隶晋州知州刘绅璠被派往日本考察陆军情形;湖北派出补用知县廷启盐、知事石沅等人赴日学习警察。1903 年,张謇赴日重点考察了实业与教育;成都府知府沈秉堃赴东洋考察商务事宜;驻藏大臣裕刚奏实缺同知罗香豫自备资斧赴英属新加坡一带及日本游历;天津府知府凌福彭赴日考察大阪府监狱习艺等事宜。⑥ 也有官员不限定目标任务而泛为观览。如光绪二十九年(1903)冬,曾任河南学政的编修林贻书呈请自备资斧赴东西洋游历。⑦

---

① 朱寿朋编:《光绪朝东华录》(四),中华书局 1958 年版,第 4808 页。

② 参见载振著,吴仰湘校点:《英轺日记》卷一,岳麓书社 2016 年版,第 12 页。

③ 章开沅主编:《清通鉴》第四册,岳麓书社 2000 年版,第 958 页。

④ 参见章开沅主编:《清通鉴》第四册,岳麓书社 2000 年版,第 955 页。

⑤ 苑书义等编:《张之洞全集》第 11 册,河北人民出版社 1998 年版,第 8744 页。

⑥ 参见(清)颜世清辑:《约章成案汇览》乙篇卷三三下《外务部奏遵议同知自备资斧出洋游历准免开缺折》,载《续修四库全书》第 876 册,上海古籍出版社 2002 年版,第 290 页。

⑦ 参见《各省游学汇志·河南》,载《东方杂志》第一年(1904)第七期,"教育"第 173 页。

游历之外，1903 年京师大学堂派余棨昌、曾仪进、黄德章、史锡倬、屠振鹏、朱献文、范熙壬七名仕学馆员入日本法科大学游学，所学以政法为主。[①] 宗室良弼于光绪二十七年(1901)六月成为日本陆军士官学校第一期留学生，光绪二十八年十一月毕业。[②]

总之，在 1904 年 1 月《奖励职官游历游学片》奏准之前，出洋之员并不算多。但毕竟风气已逐渐开化，尤其是王公大臣出洋更推动了普通官员赴外的热情，与新政前多视海外为畏途(如 1887 年派遣海外游历使时的拖沓[③])，诬出洋为卖国(如第一任驻外公使郭嵩焘之遭遇)相比，已有很大进步。

三、清廷奖励章程、日本法政速成科与袁世凯"官绅出洋办法"

1903 年，张之洞奉旨会同管学大臣张百熙、荣庆重新拟订大学堂章程。慈禧曾面嘱张之洞："已为职官者，皆读书明理深知法度之人，令其出洋游历最为有益无弊，翰林尤宜多派出洋，满汉皆应选派。"[④]于是，1904 年 1 月 13 日，管学大臣等在上折奏明学堂章程时，附片奏请奖励职官游学游历(以下简称《奖励章程》)。

《奖励章程》改变了《十一条》为"求急救之方"而大力提倡游历的做法，指出"游学较游历为尤有实际，最为成就人才之要端"，于是格外奖励游学，规定若"得有彼国学堂毕业凭照者，回国后尤宜破格奖励，立予擢用"，对游历人员的奖励则要比游学减一等。最后，为解除出洋职官的后顾之忧，章程明确规定"凡出洋游历游学人员并准一概免扣资俸"，以示鼓励。

由于新政在在需款，清政府财政紧张，为节省费用，减轻财政负担，章程提出两条措施：一是提倡官员游历不讲排场，"虽一品大员亦只可酌带翻译一二员，随从二三人。此外游历职官止可酌带翻译一人，随从尤须简少。游学者毋庸随带翻译"。二是优奖自费游历人员。"无论京外大小官员，凡能自备资斧出洋游历游学者，分别从优奖励以劝之。"鼓励官员自费出洋。

出洋学习内容讲究实效。"除一二品大员兼综博览……务其远者大者外"，庶司百职应有选择性地学习与考察，以"能得其实际为要义"，不可贪多。游历人员要详细、清晰地记载游历考察的内容，回国后呈送御览或呈送政务处及各部院、督抚衙门以备考核，并规定若毫无记录虽年限多仍不给奖。在奖励层次上改变了片面强调东游的做法。规定：能游历游学东西洋各国且往返在三年以上者为最优等；游历欧美之一二国或二三国，时间在两年以上者次之；只游欧美之一国时间在一年以上者又次之，仅至东洋游历，时在一年以上者又次之；时间在一年以内无论东西洋均不给奖。

---

① 参见《派遣游学类志·东方杂志》第一年第二期，"教育"，第 46 页。

② 参见《日本陆军士官学校中国留学生名录》，载中国社会科学院近代史研究所、近代史资料编辑组《近代史资料》(总 80 号)，社会科学出版社 1992 年版，第 52 页。

③ 详参见王晓秋：《晚清中国人走向世界的一次盛举——1887 年海外游历使初探》，载《北京大学学报》(哲学社会科学版)2003 年第 5 期。

④ 苑书义等编：《张之洞全集》第 3 册，河北人民出版社 1998 年版，第 1593 页。(本节所引《奖励章程》内容均见此出处 1593～1594 页，下不再详注)

就在《奖励章程》出台前后，日本法政大学特设的法政速成科得以成立。日本法政大学法政速成科（以下简称“速成科”）是清末时期海外成立的第一所（应该也是唯一一所）专门培养中国游学官绅的机构。关于速成科的学员来源问题，《日本法政速成科规则》明确规定：“入该科者须具备两项条件：一、清国在官者及候补官员。二、清国地方之士绅年龄已 20 岁之有志者”，且强调汉文“须有根底者方许入学”[①]。这一点得到了贺跃夫的证实，贺在对速成科学生来源作出大量统计分析之后，认为“法政速成科的学生几乎都是有传统功名的士绅，而且进士之多尤其令人注目”[②]。从 1904 年开班至 1908 年结束，速成科共招收中国留学生 1885 人，毕业 1215 人。贺先生的验证与《日本法政速成科规则》之规定及后来的进士馆游学方向正相一致。

1905 年 11 月，速成科已开过四班。1906 年，速成教育遭到了很多人的批评与抵制。是年 10 月，梅谦次郎与中国官方达成协议，当年第五班招生后即不再招生，同时又为速成科毕业学员及其他有一定程度学员开办补修科。同年，学部根据进士馆之实际情况奏准派甲辰进士内班入法政大学补修科，外班有志游学者送入速成科。1908 年 4 月，第五班毕业，速成科结束。

速成科的成立与《奖励章程》一起促成了 1904～1905 年各省官员游学的大发展，其情况详见下表：

1904～1905 年各省官员游学情况表

派出时间	派出省份	派出人员	方　向	学习内容	资料来源	备　注
1904 年 1 月	四川	道员章世恩携带官员等 20 名	欧美	机器制造	（清）颜世清辑：《约章成案汇览》乙篇卷三二下	
1904 年 10 月	湖北	湖北候补人员州县佐杂等 31 名	日本各学校		《大公报》1904-11-28	
1904 年底	湖北	湖北仕学院学员 20 余人及候补官员 10 余人	日本		《东方杂志》第一年第十二期“各省游学汇志”	
1905 年初	湖北	湖北候补佐杂各班 92 名	日本	48 人习警察，44 人习翻译	《东方杂志》第二年第二期《各省教育汇志》	
1904 年 6 月 9 日	湖南	湘省候补人员	日本	政治法律	《东方杂志》第一年第六期《各省游学汇志》	
1905 年初	湖南	安福县令赵从嘉、靖州知州沈赞飏、桂阳州同樊锦元等人	日本		《东方杂志》第二年第二期《各省教育汇志》	自费

① 《日本法政速成科规则》，载《东方杂志》第一年第五期，“教育”，第 119 页。

② 贺跃夫：《清末士大夫留学日本热透视——论法政大学中国留学生速成科》，载《近代史研究》1993 年第 1 期。

续表

派出时间	派出身份	派出人员	方　向	学习内容	资料来源	备　注
1905 年	湖南	候补道但旭旦	日本	法政兼银行事宜	《东方杂志》第二年第六期《各省教育汇志》	
1905 年	湖南	候补道文富	日本	警察	《东方杂志》第二年第六期《各省教育汇志》	
1905 年	湖南	候补知府王寿龄	日本	法政兼警察	《东方杂志》第二年第六期《各省教育汇志》	
1905 年	湖南	汤原铣等 11 人	日本		《东方杂志》第二年第九期《各省游学汇志》	
1904 年 9 月	直隶	知县 30 名	东京法律学校		《大公报》1904 年 9 月 28 日	
1905 年初	直隶	从到省佐贰捐班人员中考选文理通顺者	日本	分习地方交涉专门知识	《东方杂志》第二年第二期《各省教育汇志》	
1904 年	江苏	官绅 40 人	速成科		《大公报》1904 年 9 月 26 日	
1904 年	江苏	即用知县王绍曾、知县朱筱云	日本		《东方杂志》第一年第九期《各省游学汇志》	自费
1905 年	江苏	官绅 20 人	速成科		《东方杂志》第一年第十二期《各省游学汇志》	
1905 年	江苏	试用同知陈文起	日本		《东方杂志》第二年第二期《各省游学汇志》	自费
1905 年	广东	官绅 56 人	速成科		《东方杂志》第一年第九期《各省游学汇志》	
1905 年	浙江	官员 8 人	速成科		《东方杂志》第一年第九期《各省游学汇志》	
1905 年	江西	候补道周光桀、魏敏修	日本		《东方杂志》第二年第十一期《各省游学汇志》	自费
1905 年	山东	道员刘先登	速成科		《大公报》1905 年 9 月 1 日时事	
1905 年	云南	试用布经历谭令光	日本		《东方杂志》第二年第二期《各省游学汇志》	自费

此表统计人数并不完备，据资料显示，截至光绪三十一年(1905)正月，已有“京师学务处暨直隶、江苏、安徽、福建、浙江、湖南、广东等省”[①]派赴速成科学习之官绅300余人。福建、安徽及其他省份出洋官员资料尚付阙如，另外，此时期游学官员多分布于各省，京师尚不多见。

游学当然有其优越性，但也有“费重时长，暂难普及”[②]之缺点，所以官员游历得以继续发展。光绪三十年(1904)初有编修施愚[③]、修撰夏同龢[④]呈请自备资斧出洋，受到学务大臣嘉许。同年贝子溥伦再次奉命前往美国，于4月26日觐见美国总统，12月30日其奏称奉命“历考列邦强国之基”，认为要“以海陆军为要政，拟请广兴渔业，复定土药新章，集款归复海军，并募捐出洋华商，以助经费”[⑤]。

与大多省份的官员赴日本游历不同，1904年1月，四川总督锡良选派江西议叙知县刘钟琳为监督，率领官员士子13名赴比利时考察学习路矿。[⑥]

1905年初，湖北有麻城县令藤松自备资斧出洋游历；年中，张之洞派已补实缺尚未到任之州县12人赴日本游历以资历练。[⑦]

1905年7月，直督袁世凯拟定了“遣派官绅出洋游历办法”，提出直隶省新选新补之实缺州县人员在未到任以前须先赴日游历3月，参观行政司法各署及学校实业大概情形，期满回国再赴新任并责令其验呈日记。[⑧] 1905～1907年，以知县名义赴日的直隶省官员，在日本外务省外交史料馆所藏《外国官民本邦及鲜满视察杂件》(清国之部)中，有名可查者就有40多人，“一时间竟成相拥于途之势”[⑨]。1905年6月之后，在四个月时间里，直隶省先后派了4批共计200余官绅赴日游历。[⑩] 1905年，河南省受直督袁世凯影响，规定分发河南省官员未经游历不得到任。是年12月9日，巡抚林绍年选派知府吴嘉瑞等14人赴日考察学务。同年，云南试用同知陈文起。试用布经历谭令光自备资斧赴日本游历。

四、中央政府的四次集中派遣及其影响

1905～1907年，清廷发起约四次集中派遣行动(五大臣、翰林院、进士馆与十六提学

① (清)朱寿朋编：《光绪朝东华录》第五册，中华书局1958年版，第5287页。

② 天津图书馆、天津社科院历史研究所编：《袁世凯奏议》下册，天津古籍出版社1987年版，第1161页。

③ 据秦国经主编：《中国第一历史档案馆藏·清代官员履历档案全编8》，华东师范大学出版社1997年版，第580页。

④ “游学汇志”，《东方杂志》第一年(1904)第六期，“教育”，第147页。

⑤ 章开沅主编：《清通鉴》第四册，岳麓书社2000年版，第989、1006页。

⑥ 参见(清)颜世清辑：《约章成案汇览》乙篇卷三二下，《川督锡奏选募官员士子分赴欧美各国学习路矿制造专门实业》，载《续修四库全书》第876册，上海古籍出版社2002年版，第277页。

⑦ 参见《东方杂志》第二年第六期，“各省游学汇志”。

⑧ 参见袁世凯：《遣派官绅出洋游历办法片》，载天津图书馆、天津社科院历史研究所编：《袁世凯奏议》下册，天津古籍出版社1987年版，第1161页。

⑨ 刘雨珍、孙雪梅：《日本政法考察记》，上海古籍出版社2002年版，“前言”第7页。

⑩ 参见孙雪梅：《清末民初中国人的日本观——以直隶省为中心》，天津人民出版社2001年版，第40页。关于清末直隶赴日考察情况可参见氏著附表一与附表二(第207～251页)，附表二列出的约650人赴日名单中，有官员身份职务者约为109人。

使),标志着清末官员游历游学高潮的到来。

日俄战争中,小国日本战胜了大国俄国让很多中国人相信是立宪战胜了专制,于是立宪改革的呼声日益高涨。1905 年 7 月 16 日,在各界人士的吁请之下,清廷颁谕认为:"方今时局艰难,百端待理,朝廷屡下明诏,力图变法,锐意振兴。"但数年以来,实效不大,原因在于"承办人员向无讲求,未能洞达原委,似此因循敷衍,何由起衰振弱而救颠危"? 于是特派载泽等五大臣"分赴东西洋各国考求一切政治,以期择善而从"[①]。作为清中央政府最高级别的海外考察团,要"考求一切政治",并"随事诹询,悉心体察"。12 月 7 日,五大臣兵分两路,端方、戴鸿慈一路主要考察美、德、俄、意、奥等国;载泽、尚其亨、李盛铎一路主要考察日、英、法、比等国。

这次出洋对这些高官的思想冲击极大。

> 历史上,中国政府或官员向外邦学习从没出现过这种马不停蹄排日奔波的情形,也没出现过这种环球穷搜全面引进的景象。端方一行开其端,正反映了以端方为代表的改革派官员急于学到西方新政真经的迫切心情。[②]

载、端等人归国后竭力鼓吹实行立宪:"国势不振,实由于上下相睽,内外隔阂,官不知所以保民,民不知所以卫国,而各国之所以富强者,实由于实行宪法。"正是出洋大臣的呼吁使得处于政治改革十字路口的清政府毅然决定"仿行宪政"。[③]

翰林院为"储材重地"[④],翰林历来是开官智的重点关注对象。但 1906 年前,大多数翰林不愿出洋,甚至有人乘机行骗,如《大公报》就报道过某太史请咨向日本游学却在汉口藏了起来的新闻,被传为笑谈。[⑤] 光绪三十二年(1906)二月,袁世凯上折认为"目前科举既停,考校学堂,最关紧要",故请旨派读、讲、编、检诸翰林出洋考察外国学堂科目程度及教授管理之法。[⑥] 学部于 4 月 25 日议复时认为"应如所请",并要求翰林院掌院学士于翰林中选择"志趣正大、学问优长有志出洋考察者四、五十人咨明学部",分为游学、游历两项出洋,游学者发给学费,游历者发给川资,经费于考察政治经费项下支取,"随时提用"。游学翰林毕业后须呈交文凭,游历翰林回国后应呈交答记,皆由掌院学士考核。二者奖励也有所区别,游学者"请旨录用",游历"确有心得者咨明学部以京外学务官员奏请简用"[⑦]。掌院学士遵章择派翰林,但未能凑足 50 人,只选派修撰骆成骧等 10 人随同进士馆外班学员于八月间赴日,入法政大学速成科第五班学习。[⑧] 翰林游历则直到 1907 年 5 月 4 日,学部拟将进士馆旧班毕业学员送往日本游历时,允准翰林院"愿偕同出洋游历者"编修李哲

---

① 《派载泽等分赴东西洋考察政治谕》(光绪三十一年[1905]六月十四日),载故宫博物院档案部编《清末筹备立宪档案史料》上册,中华书局 1979 年版,第 1 页。

② 张海林:《端方与清末新政》,南京大学出版社 2007 年版,第 126 页。

③ 《宣示预备立宪先行厘定官制谕》,载《清末筹备立宪档案史料》上册,中华书局 1979 年版,第 43~44 页。

④ 商务印书馆编:《大清光绪新法令》第一册,商务印书馆 2011 年版,"谕旨"第 2 页。

⑤ 参见《游学特色》,载 1905 年 12 月 3 日《大公报》,"时事""北京"。

⑥ 参见天津图书馆编:《袁世凯奏议》下册,天津古籍出版社 1987 年版,第 1252 页。

⑦ 《议奏选派翰林出洋游学游历片》,载《学部官报》第 1 期"本部章奏",第 11 页。

⑧ 《咨驻日杨大臣修撰骆成骧等送入日本法政速成科肄业文》,载《学部官报》第 6 期"文牍",第 51 页。

明等9人，赴日游历。[①] 7月，学部又派翰林院编检余炳文等17名前往日本考察政治及学务事宜。[②]

进士馆"以教成初登仕版者皆有实用为宗旨，以明澈今日中外大局并于法律、交涉、学校、理财、农、工、商、兵八项政事皆能知其大要为成效"[③]，1904年5月开学，仕学馆随即并入。1905年，科举废除，故进士馆共招收癸卯科与甲辰恩科进士两批学生。1906年，学部奏准将进士馆甲辰科内班(即新班)派赴日本东京政法大学补修科学习，外班学员与未入馆学习的癸卯甲辰科进士派到速成科学习。另外因故未到馆学习的内班学员，由学部通知各省催促来京与外班各员入速成科学习。9月21日，学部公布83名赴日游学名单，并向驻日大臣杨枢发文"请照单分别送学"，其中38名送入法政大学补修科，45名送入速成科。[④] 同年，赴东游学的还有沈家彝、唐宗愈、吉祥、蒋棻、梁载熊等五名仕学馆员[⑤]，另有仕学馆员李文权由学部批准赴各国游历。

1907年初，进士馆旧班(即癸卯科内班)毕业。学部认为各学员可以派赴东西各国游历以资考镜，毕业学员亦"先后禀请学部出洋游历"[⑥]。6月10日，学部咨送旧班朱寿朋等67名学员赴东游历。[⑦] 出洋游学进士回国后经过考验得到了不同程度的奖励。自1907年12月至1910年11月，学部会同相关衙门共组织了八次考试。限于篇幅，本文对此不拟展开论述。

1906年，官员游历还包括16省提学使的出洋考察。是年，各省学政改称"提学使"，学部要求各提学使除前经出洋及办理学务资劳久著者外，均须赴日考察学务三个月，归国后再行赴任。[⑧] 光绪三十二年五月新任命的各省提学使共23名，其中尚无海外游历体验的有16人，分别为：湖北黄绍箕(考察团长)、浙江支恒荣、山西锡嘏、湖南吴庆坻、黑龙江张建勋、甘肃陈曾佑、吉林吴鲁、福建姚文倬、辽宁陈伯陶、江西汪诒书、新疆杜彤、云南叶尔恺、广西李翰芬、陕西刘廷琛、山东连甲、安徽沈曾植。[⑨] 提学使一行自8月4日从上海出发赴日游历。同时，学部还派右参议林灏深等六人参加提学使考察团共赴日考察学务。[⑩]

在五大臣、翰林、进士、提学使出洋的影响与带动下，清末官员游学、游历出现了高潮。光绪三十二年(1906)四月，政务处提出"各衙门举办要政必须出洋者"[⑪]可由该衙门筹资

---

① 《咨驻日大臣翰林院编修李哲明等赴东游历文》，载《学部官报》第24期"文牍"，第132页。

② 参见秦国经主编：《中国第一历史档案馆藏·清代官员履历档案全编8》，华东师范大学出版社1997年版，第631页。

③ 《进士馆章程》，载《大清光绪新法令》第12册，商务印书馆2011年版，第59页。

④ 参见《咨驻日本杨大臣进士馆学员游学请照清单分别送学文》，载《学部官报》第5期"文牍"，第44页。

⑤ 参见《咨进士馆仕学毕业学员唐宗愈等五名派赴日本游学查照饬知见复文》，载《学部官报》第4期"文牍"，第35页。

⑥ 1907年6月20日《大公报》"时事"。

⑦ 参见《咨驻日大臣进士馆学员朱寿朋等赴东游历请饬员照料文》，载《学部官报》第25期"文牍"，第133页。

⑧ 参见《附奏提学使司人员先派赴日本考察学校制度及教育行政事宜片》，载《学部官报》第3期"本部章奏"，第40页。《新民丛报》第四年第九号"中国大事月表""丙午四月念五日"(1906年5月18日)。

⑨ 关于提学使赴东考察情况详见吕顺长：《清末浙江与日本》，上海古籍出版社2001年版，第169～180页。

⑩ 参见《附奏派员出洋考察学务片》，载《学部官报》第3期"本部章奏"，第43页。

⑪ 《咨在京各衙门政务处议复给事中陈庆桂奏准推广游学游历文》，载《学部官报》第2期"文牍"，第17页。

遴选派往。此折获准，各衙门着手派员游历游学。4～8 月，巡警部员外郎舒鸿仪与同事章兰荪赴日考察警政，并参观监狱、军队、学堂、工厂等；8 月，巡警部又派雷延寿赴日考察警政。是年，修订法律大臣沈家本奏派刑部候补郎中董康、主事麦秩严、员外郎王仪通等人赴日考察政法，同行者还有自备资斧游历的刑部候补员外郎熙桢与四川綦江县知县区天相。3 月 22 日，户部主事刘应霖、沈承烈赴英国游历，并声明学满六年回国。外务部于 5 月拣派司员数名前往外洋游学。7 月，户部拟考取计学馆馆员 50 人出洋学习财政[①]，同时还计划计学馆学员毕业后均要派赴日本游历，定每班为 12 员，回国时实缺人员量为擢用，候补人员按原班尽先补用。吏部员外郎保如等人自费赴日本学习财政，1906 年 11 月 30 日毕业回到京师。地方上，湖广总督张之洞于 1906 年奏请湘、鄂两省新选新补州县，须自费赴日游历六个月方可赴任，赴西洋者可宽至一年或九个月，“凡属有关政治交涉之事，如学校、警察、监狱、道路、水利、财政、武备及一切农、工、商、渔等实业，均令随时随地悉心考察”。有自愿在国外入学堂学习者也加以鼓励，学成后“奏明奖励”[②]。1906 年，两江总督端方奏派新授广东潮州府遗缺知府吴荫培赴日考察学校、司法机构、银行、工厂等。同年，山西就该省候补州县佐贰各员遴选品行端正、文理明通者 5 人送往日本警监学校学习，长期者有 2 人，学期两年，短期者有 3 人，半年即可毕业。[③]

五、普通官员赴外的衰落与贵胄出洋

随着风气的日益开化及政策鼓励的带动，呈请出洋学习的官员愈来愈多，这就难免鱼龙混杂，“有名无实”[④]。为解决此一问题，学部于 1906 年 9 月 8 日制定了新的《京内外官绅出洋游历简章》(以下简称《简章》)。[⑤]

《简章》内容具有两大特征：

第一，追求实效。《简章》认为游历职官须具备两个条件：(1)平日于各项政学夙有研究方可以资印证。(2)必久于其地分类考求，才能窥见实际。因此，章程规定，不论是选派还是自请游历官员，均须其所在衙门或各将军督抚详加考察，对“确系性行端谨、学有根底、年力富强、不染嗜好、平日于各项政治学术实业留心考察者”方可给咨出洋。出洋考察者不可茫无宗旨，要将游历之国及所欲考察之事项预先呈明。游历时间不能太短，游历日本须满三个月，游历西洋各国须满六个月，以期“确有心得”，否则“概不给咨”。游历人员

---

① “计学员出洋纪闻”，《大公报》，1906 年 7 月 15 日“时事”“北京”。又据《新民丛报》第四年(1906)第十一号“中国大事月表”“丙午五月十二日”(1906 年 7 月 3 日)。但尚未能找到其具体实施情况的史料，姑录之备考。

② 张之洞：《两湖新选新补各州县拟令出洋游历折》，载苑书义等编《张之洞全集》第三册，河北人民出版社 1998 年版，第 1734 页。

③ 参见《东方杂志》第三年第十一期，“各省游学汇志”。

④ 《通行京外各衙门给咨出洋游历简章文》，载《学部官报》第 4 期“文牍”，第 37 页。

⑤ 查《学部奏咨辑要》卷二，学部上《新定京内外官绅出洋游历简章》时间为光绪三十二年七月二十日(1906 年 9 月 8 日)，另《学部官报》(第 4 期“文牍”，第 37 页)所记时间亦为此，登载此章程的《东方杂志》第三年第 13 期，出版时间为光绪三十二年(1906)十二月二十五日亦可证上折时间。故《大清光绪新法令》(第 13 册，第 99 页)所附时间光绪二十九(1903)年应是错误的。杨雨青的《20 世纪初中国人对日本的考察》(《近代史研究》1993 年第 6 期)一文用《新法令》时间，误。

应将游历情形、考察事项逐日笔记，归国时咨明学部以备考核。

第二，加强了对游历人员的管理与控制。首先，要求游历人员应亲具“愿书”，写明姓名、籍贯、年岁、履历、拟往何国游历、游历目的及游历年月等项，官员所在衙门、学部与清驻所游历国大臣各执一份，以便于管理游历官员。其次，规定游历人员从此国到彼国须由出使大臣允可。再次，严惩在外国“品行不端玷损名誉”之游历人员。① 最后还要求出使各国大臣要按季度将游历人员的情况汇咨学部。

就内容本身而言，《简章》有许多值得肯定的东西。第一，由原来要求全部官员出洋到根据一定条件选送，说明清政府在一定程度上已摆脱了一味追求数量与规模的误区，开始注意实际效果。第二，游历人员在出国前要确定游历目的与游历年限，这就纠正了毫无目标、走马观花式游历的不良风气。第三，从请咨到给咨，从一国到另一国，有了一套固定的程序，标志着官员游历逐步走向了规范化与制度化。

即便如此，各报仍时有游历官员“在外贻笑情事”的报道，这使学部尚书荣庆大为恼火。荣于 1907 年 4 月再次咨行各省，要求选派游历官员必须考验合格方准派遣，否则一概不准。② 5 月，因各省官员自请出洋游历者太多，学部又强调要认真考选免致外人之讥笑：“官员游历，国体攸关，嗣后凡有出洋游历者务须严加考验，果能合格方可派往，毋得漫不加察即行选派，致启外人之讥笑。”③在学部三令五申之下，一些官员的游历梦破灭。比如《大公报》就记载府经历何庆荣认为自己学习东文一月，向学部呈请出洋，学部“以该员于各项政学毫无门径，与游历定章不符，毋庸给咨前往”④。在清政府控制措施日益严格的情况下，出洋游历的官员越来越少了。

就在一般官员游历游学陷入低谷的时候，王公贵胄游学却被提上了日程。

早在 1902 年 2 月 1 日，上谕要求宗人府、八旗都统遴选宗室八旗子弟，由军机处派员考核挑选后“给咨遣赴各国游学，藉资历练而广见闻”⑤。这是目前发现的清政府要求宗室游学的最早记录。宗人府接旨后立即上奏《宗室子弟分别出洋游历游学折》，在折中，宗人府仍将游历、游学并提：“宗室子弟如有愿赴各国游学或游历者无论已否授职当差，应准随时报名，酌量遣往。”但奏折并未制定具体的选派办法，也没有提出详细的激励措施，仅轻描淡写地提到学成归国人员由宗人府“奏请酌给奖叙以励勤劳”⑥。所以该折并未能在多大程度上推动宗室贵胄赴海外学习的进程。正式提出让宗室贵胄游学接受学校正规教育主张的，是 1902 年 12 月 27 日外务部所奏《议复派赴出洋游学办法章程折》，该折将游学生分为三项，其第一项就是“贵胄学生”，并将其定义为“王公大臣子弟”。⑦

---

① 参见《学部新定京内外官绅出洋游历简章》，载《东方杂志》第三年第 13 期“教育”，第 406～407 页。

② 参见《慎选游历官》，载 1907 年 4 月 17 日《大公报》“要闻”。

③ 《通饬慎选游历人员》，载 1907 年 5 月 21 日《大公报》“时事”“北京”。

④ 《批驳游历》，载 1907 年 6 月 27 日《大公报》“时事”“北京”。

⑤ 朱寿朋编：《光绪朝东华录》（四），中华书局 1958 年版，第 4808 页。有学者曾认为此上谕颁布于 1901 年 2 月（王秀丽：《晚清贵胄留学述略》，载《齐鲁学刊》2008 年第 1 期），不知有何依据。

⑥ （清）颜世清辑：《约章成案汇览》乙篇卷三二下，《宗人府奏宗室子弟分别出洋游历游学折》，载《续修四库全书》第 876 册，上海古籍出版社 2002 年版，第 266 页。

⑦ （清）颜世清辑：《约章成案汇览》乙篇卷三二上《外务部奏议复派赴出洋游学办法章程折》，载《续修四库全书》第 876 册，上海古籍出版社 2002 年版，第 239 页。

然而，从现有的资料来看，宗室贵胄大规模出洋游学从1907年12月5日《贵胄游学章程》颁行后才开始。《贵胄游学章程》首先规定游学生"由王公子弟及贵胄学堂高材生中选取"。方向为英、美、德三国，学习内容"一政法一陆军"，年限为三年。与贵胄游学生同时前往的除译员以外，还有一位精于汉文的经史教员，可见清政府时刻不忘对继承人的经史正统教育。章程还规定，贵胄游学生、译员、教员皆由出使大臣节制。

从章程上看，对于贵胄游学生的管理还是很严格的。由出使大臣选定学堂上课，平日由使臣稽查，"每届学期按其功课品行造册报告外务部"。若贵胄游学生"有品行不端学业无望者"，由出使大臣"随时报告外务部调回，其尤甚者并请从严惩戒"。① 游历贵胄若能学业有成，回国即予擢用。有学者统计，清末贵胄游学人数"约在百人左右"，"已经形成一定规模"，大部分为1907年尤其是《贵胄游学章程》颁布后出洋游学。②

新政后期赴海外游历的宗室有：溥伦于1907年再度赴日游历，1908年初回国。③1910年，贝勒载涛出洋考察各国军政。是年7月，载洵、萨镇冰往日本、美国考察海军，周自齐、周汝城等随行，于9月1日抵大阪，9月4日赴美，10月23日自美抵东京，11月3日离日回国。④

综上，人们对宗室游学的吁请虽然很早，但宗室贵胄真正游学却是在预备仿行立宪以后。从贵胄出洋所学的内容为陆军与政法来看，清廷是想把军事以及实行立宪后的人才储备都掌控在皇族宗室之手。联系到预备仿行立宪宣布后清廷先后创建的贵胄陆军学堂与贵胄法政学堂，统治者的居心更是昭然若揭。由此推想，皇族内阁的出现当不是偶然的。

贵胄游学生在清末的最后几年大多未来得及施展才能，而早期游学归来者如铁良、良弼等则得以大展拳脚，成为与袁世凯争权、抵抗革命党、维护清朝统治的重要力量。铁良于1903年入练兵处，1906年出任陆军部尚书，良弼等士官势力则是铁良依赖的重要力量。铁、良等亲贵加强集权的意图使本已分崩离析的清王朝进一步离心离德，汉族精英的离去使亲贵直面革命党人，不久，良弼被炸死，铁良等被迫藏隐，清王朝丧钟敲响之期已为时不远。

六、结　论

通过对清末官员海外学习的梳理，我们可以看出清政府对于官员出洋是极为重视的。从最高层的上谕，到相关衙门的政策章程；从宗室王公主动出洋，到中下层官员汹涌赴外，都可以看出清末政府企图以游历游学等方式，改变官员群体智识低下，"不知外洋各国之所长，遂不知外洋各国之可患，拘执者狃于成见，昏庸者乐于因循"⑤现状的决心与努力。

---

① 《学部奏咨辑要》，载沈云龙：《近代中国史料丛刊》第三编第十辑，（台湾）文海出版社1986年版，第325～326页。

② 参见王秀丽：《晚清贵胄留学述略》，载《齐鲁学刊》2008年第1期。

③ 参见《伦贝子东游佳话》，载1908年1月4日《大公报》"要闻"。

④ 章开沅主编：《清通鉴》第4册，岳麓书社2000年版，第1177页。

⑤ 张之洞：《吁请修备储才折》，载苑书义等编《张之洞全集》第2册，河北人民出版社1998年版，第999页。

从群体规模上看,上至宗室王公、极品大臣,下至新进进士、候补候选,出洋官员遍及全国,波及各衙门。

晚清官员出洋学习自洋务时期发端,甲午后开始摆脱天朝心态主动出海,从零散的、临时性的游历考察,到出使大臣办理外交同时的附带任务,再到清末新政时期几乎无官不出洋的汹涌情势,构成了晚清官员游历游学的壮阔图景。

清末官员海外学习有如下几个特点:

从方向上看,赴东洋人数远多于赴西洋人数,原因已如前述。

从内容上看,不同时间与不同群体有着不同的学习特点。大约 1904 年以前多以学习西方所有知识为主,如《三折》规定"凡吏治、财政、学制、兵备,一一考询纪录"①,全面吸取西学。而在 1904 年下半年以后,尤其日本法政速成科成立、国内立宪呼声高涨之后,游历则多以学习政法为主了。不同群体游历内容也不一样,如前之分析,各部多为专门性游历,各省则多为一般性考察。

从经费来源上看,自费远多于官费。这主要是由于政府财政支绌又强迫官员出洋造成的。

从考核方式上看,对于游学人员的考核是要呈验所在学校的毕业证书,同时要进行考验,进士馆学员游学归来时还要进行再次考试以验其等第。而游历官员归国时则须要呈验"劄记",政府要求游历官员详细记录所见所闻,归国后交各衙门堂官或各省督抚考验,查其实有心得者方能给予优奖。

清末官员的海外学习意义重大。

首先,海外学习促生了赴外官员思想的变化。如胡玉缙曾引薛福成的话说:"昔郭筠仙侍郎每叹羡西洋国政民风之美,至为清议之士所触排。余亦稍讶其言之过当。尝询之陈荔秋、黎莼斋,皆谓其说不诬。此次来游欧洲,由巴黎至伦敦,始信侍郎之说。当于议院学堂监狱医院街道徵之。"并加评论道:"然则叔耘苟非出洋,亦必终疑郭说。"②意即当郭嵩焘赞美西方政治美善之时,薛福成与其他官员一样对其说法不能认可,即使问过陈兰彬、黎庶昌之后仍将信将疑,直到其亲抵欧洲游历一番,始知郭说不谬。另外,五大臣出洋后的震撼、归国后对立宪的竭力鼓吹亦可证明海外学习对官员本人思想巨变所产生的重大作用。

其次,学习官员留下了一批海外见闻笔录,不仅大大影响了当时社会各界对于西方的观感,也"给我们留下了一点'可以深长思'的东西"③。游历官员留下了一批游览记录,其内容在当时以至今天都有很大的借鉴意义。早期,志刚《初使泰西记》、王韬《漫游随录》等书在当时产生了重大的影响。清末,直隶晋州知州赴日考察军务后就军事改革发表过较有见地的建议,1906 年初,候补员外郎欧阳颖留日归国后,向法部堂官上书就设立司法学堂提出了具体建议,得到首肯。这些文字都在一定程度上推动了新政的进行。

再次,海外学习造就了一批人才,促进了新政的发展。如仕学馆员欧阳弁元于 1903

① 张之洞:《江楚会奏变法三折》,苑书义等编《张之洞全集》第 2 册,河北人民出版社 1998 年版,第 1431 页。

② 李宝洤:《日游琐识》,清光绪三十二年(1906)铅印本,第 1~2 页。

③ 志刚:《初使泰西记》,载钟叔河主编:《走向世界丛书》第 1 册,岳麓书社 1986 年版,第 242 页。

年暑假赴日游历，眼界大开，归国后曾创办小学。欧阳在开学致词时讲道："暑假游历日本，觇各地小学制度，笔之于日记，采而用之，以有今日本校之规模。"①1905 年，欧阳又在直隶创办臬署法政学堂与藩署法政学堂，成为全国楷模。进士馆员邵章出洋归国后，曾任湖北法政学堂监督，民国成立后任北京法政专门学校第一任校长，产生重大影响。清末大规模学务考察也推动了中国近代教育的发展，比如吴汝伦赴日考察后写成的《东游丛录》，"对清末学制设立无疑产生了直接影响"②。清末立宪改革启动后，在各省咨议局及中央资政院选举中，海归官员占了相当比重。在全国二十一局中，由海归官员充当议长、副议长的有十一局。③ 资政院总裁溥伦亦有赴外游历记录。这一方面说明这些海归官员握有丰富的政治资源，同时也说明其对于立宪的认同，并在立宪改革中发挥了较大的作用。

总之，相对于学堂教育、衙署学习等其他开官智方式而言，官员游历游学对新政的推动作用是显而易见的。作为开官智形式之一，让官员出洋是最直接接触西方近代文明的方式。因此，单从感受西方文明，打破陈旧观念上看，"出洋学习功夫为最实，益处为最广"④。

但清末游历游学亦有不尽如人意之处。

其一，经费问题严重制约了规模的扩大。由于财政紧张，官派出洋数量越来越少。清末官员尤其候补官员大多贫穷，其自费出洋多则六月，少则三月，大致为匆匆观览，效果很难保证。公费出洋由于经费限制很难保证，比如户部计学馆原本打算于 1905 年挑选学习司员送往日本留学，但因"一时筹无的款"，于是只好推到次年"再为选派"⑤。

其二，仕途冗滥影响了出洋归国官员作用的发挥。如极欲重用游学官员的袁世凯也感叹"惟以限于成例，补缺綦难，实非鼓舞人才之道"⑥，大才如袁者面对体制所限亦是毫无办法。

其三，清政府对游历游学制约重重也限制了官员海外学习的进一步发展。尤其是 1906 年学部新章出台后，对官员的控制骤然变紧，官员游历、游学开始衰落。

其四，对官员游历游学效果的考察存在制度缺陷。游学归来除进士馆员须考试外，其余只要呈递毕业证书即可，但政府并未详细规定检验毕业凭照的具体措施与办法。⑦ 对于游历官员的要求仅是呈验答记，这为当时提供了大批海外游览记录的同时，却也为编凑造假提供了市场。胡玉缙就曾讲过一个故事，谓"某君赴东考察学务，镇日在旅馆，请人代草笔记以塞责，至今为留学生诟病。而代作者踵相接，遂为留学生入款一大宗。则其人之

---

① 《欧阳叙德观察弁元开校第一段祝词》，载 1903 年 11 月 24 日《大公报》"专件"。

② 赵建民：《吴汝纶赴日考察与中国学制近代化》，载《档案与史学》1999 年第 5 期。

③ 据张朋园《中国民主政治的困境 1909～1949》"附录一：咨议局及资政院议员名录"（吉林出版集团 2008 年版，第 230～316 页）统计。这些省为奉天、直隶、江苏、江西、浙江、湖北、山东、河南、山西、四川、广西 11 省，均为立宪派比较活跃的省份。其中，山东议长杨毓泗曾赴日游学，为张先生所漏记。

④ 张之洞：《吁请修备储才折》，载苑书义等编《张之洞全集》第 2 册，河北人民出版社 1998 年版，第 992 页。

⑤ 《计学馆将派员》，载 1905 年 12 月 18 日《大公报》"要闻"。

⑥ 参见《游学日本法政速成科毕业各官不论班次尽先请补片》，载天津图书馆编《袁世凯奏议》下册，天津古籍出版社 1987 年版，第 1469 页。

⑦ 目前虽未能找到游学官员证书造假的史料，但政策设计的失误为此现象的产生提供了方便却是事实，提出清末有无方鸿渐般案例的问题或许不是毫无意义。

于见闻,殆并无所得”[1]。为官员代写游历笔记竟成为留学生捞取外快的捷径,其作用也就可想而知了。

作者简介:徐保安,山东师范大学马克思主义学院副教授,山东大学历史文化学院博士后。

① 李宝淦:《日游琐识》,清光绪三十二年(1906)铅印本,胡玉缙:“序”第1页。

“难女”与近代女国民形象的生成①

[韩]李贞玉

近代女国民形象涉及民族意识与文化认同的博弈，知识分子对女性角色的重估以及对社会责任感的强调等关乎民族生存与发展的重要问题。这与革命话语对古典资源的“动员”与“收编”有着深刻的内在联系，曲折投射了“改铸女魂”的时代呼声所隐含的过渡性焦虑。同时，拥有文化资本的精英也擅长在意识形态的框架内进一步勘定殉死的道德边界和政治正确性，两者的合力使得传统的妇德观在儒家文化的整体格局中占据了一席之地。晚清文人对中国江山易代之际的难女（女性难民）、妓女的指认方式大多与政治宣传的需要密切关联，她们被纳入到以民族意识为核心的象征体系中，微妙地改变了难女/妓女身份的历史定位和情感走向。

一、抗志不辱：“难女”身体的多重面向

围绕着女性身体的隐喻叠嶂，往往一些虽琐碎细小，但或系身殉故国，或戮力新邦之事，受到男性作家的关注，成为人们反复宣传言说的对象。她们之中，除了道咸年间的女诗人汪端②，于乾隆年间起义的白莲教领袖齐王氏，太平天国天王洪秀全妻徐氏，以及被清军捉获杀害的广西会党党魁某氏之外，余者均为生活在明清之际的女性。如李成栋妾、湖南女子某氏、秦淮女子宋蕙湘、吴中女子赵雪华、福州女子邵（柳误作“赵”）飞飞、章钦臣妻金氏、庐陵女子刘淑英、云南女子杨娥等八人。柳亚子在《女雄谈屑》一文中，以笔记体的方式凭吊了明清之际的义烈女子。他对上述女子的叙述，在陈去病、高燮、师南、大我、庞树柏的传记文中均得以延续，表现出统一的叙述惯性。描摹事实只是传记的一面，这一类人物形象其实都具有一定的隐喻性，作家在形诸笔墨时，倾向于视“难女”为民族/民族文化主体。这是男性作家挖掘、阐释“难女”，并大加褒扬的症结所在。上述女子一鳞半爪的行迹，亦得到更为丰富的阐释，从中展露出作家的情感姿态与文化立场。所以，我们有必要对此予以适当的梳理与分析。结合具体绝命诗以及现实语境对“难女”的文化主体因素展开考察，可以从一个侧面呈现“民族身体”的独特处境。柳亚子全录了一名“难女”令

① 国家社科青年项目“中日韩女性的战年体验叙述与历史认知研究”，17CZW048。

② 以诗凭吊南明鲁下政权重臣张煌言之墓。

人"惭愧不如"的行迹：

> 永历甲午秋，虏兵掠湖南。女子某氏，抗志不屈，行至鹦鹉渚。伺间投江死，浮尸于黄鹤渚。遗民义而瘗之，得绝命诗于衣裾间，诗曰：
>
> 其一
>
> 家乡一别即春更，此日含羞别汉城。忽下胡儿搜括令，教人尚敢惜余生。
>
> 其二
>
> 征帆已见过双姑，眼泪声声却夜乌。葬入江渔波底没，不留青塚在单于。
>
> 其三
>
> 骨肉亲辞弟与兄，依人千里梦长惊。归魂欲返家园路，报到双亲已不生。
>
> 其四
>
> 遮身犹是旧罗衣，梦到潇湘何日归。远涉风涛谁作伴，深深遥祝两灵妃。
>
> 其五
>
> 厌听胡儿带笑歌，几回肠断岭猿多。青鸾有意随王母，空教人间设网罗。
>
> 其六
>
> 生小伶仃画阁时，读书曾拜母兄师。涛声夜夜悲何极，犹记挑灯读楚辞。
>
> 其七
>
> 闲时闺阁惜如珍，何事牵裾逐水滨。寄语双亲休眷恋，入江犹是女儿身。
>
> 其八
>
> 生平犹是未簪笄，身没江澜欸不齐。河伯有心怜薄命，东流直绕洞庭西。
>
> 其九
>
> 影照江干可胜悲，永辞鸾镜敛双眉。朱门空许成秦晋，死去相逢总不知。
>
> 其十
>
> 图史当年强解亲，杀身自古欲成仁。簪缨虽愧奇男子，犹胜王朝共事臣。
>
> 词意慷慨激昂，彼觋颜事仇者，不羞死其亦愧死。①

上述无名女子的绝命诗或同诗异名，或同名异地，或同名异事流传至今。它留给后人的启示和含义不只是"以往印象的微弱映象或摹本"，更是"包含着一个创造性和构造性的过程"②。从不同历史时空的文化立场，回忆和纪念这些特定女性群体的不幸遭遇和迷思时，当前的意识形态和文化规范自然会汇入其中。不同时代/时期的人们不可能对同一段"过去"形成同样的想法。人们如何构建和叙述过去在很大程度上取决于他们当下的理念、利益和期待。无名"难女"的无名诗，同样为后人提供了可资提取和阐释的文化资源。

如计六奇《明季南略》题作《贞女诗十首》记载这组诗，并略记她抗志不辱，投江以死，尸体浮现后，藩司怜而命瘗之，乃于衣裾间得绝命诗十首。计六奇后记云："顺治辛丑

① 柳亚子：《女雄谈屑》，载《女子世界》1904 年第 9、10 期。

② [德]恩斯特·卡西尔：《人论》，甘阳译，上海译文出版社 2003 年版，第 80 页。

(1661)仲秋十日,予始得此。读前九章,想见贞节女子。读至卒章杀身犹胜等语,则非闺秀口角,俨与文山争烈矣。惜乎失其氏里。辛亥(1671)十一月三十日书。”[①]计六奇肯定了原诗由私达公,因守身而殉国的政治意义。除此之外,陈维崧《妇人集》有洞庭烈女的记载:“洞庭女子遭乱,自投汉阳江。流至寿昌。土人悯而瘗之。获寸帛于衵衣,油楮密固。展视为绝句十首,闻者争传诵焉。”[②]陈维崧引述第二首诗[③],并通过其中壮烈殉节的宣言,责难推托身不由己的失节女子:“结响悲楚,运格端好,讵在班婕妤下。令千古以下王嫱蔡炎(琰)花蕊夫人流辈读之,能无愧赧欲死。”

由此可见,无名女子的绝命诗具有极富弹性的象征意义。无名女子虽死犹生,作为深厚的历史记忆被反复提及。特别是在无名女子与花蕊夫人“君王城上竖降旗,妾在深宫那得知”[④]的对照下,无名女子坚贞不屈的气节成为文人积极赋义的焦点,这也是叙述的落脚点。

值得注意的是,男性文人对于“难女”的死亡即使痛悼逾恒,也仍然可以引此自慰。女性身体在民族国家话语中承载着特殊的政治意义和价值,失贞的现实仇恨与亡国的历史伤痛联系在一起,承担了民族受辱的“国耻”重负。也即是说,被掳掠的女子既是亡国劫难与耻辱的表征,同时也是报偿国恨的公共形象,不甘遭瑕被玷而守贞尽节的高贵形象为受辱的国家赢得了道德、节气上的心理补偿。保全德性和人格的完美,以抵消亡国之耻,与那些“失节”的女子羞与为伍的心理机制,将耻感视为逻辑起点,怀着国破人亡的心头之恨,对这些女子赋予由私而公的崇高寓意。

在不同时代,文人对无名女子故事的接受与转化不约而同地指向为之述志的代言主旨,其“尽节殉国”的话语转换为之铺垫了一种道德情绪。而这正是晚清文人所热衷于阐释、发扬的亮点,对那些不能救国家于危亡的男性予以耻感的鞭笞。

柳亚子紧接着提到秦淮女子宋蕙湘、吴中女子赵雪华、福州女子邵(柳误作“赵”)飞飞的题壁诗,并感慨道:“彼三女子以被难之身,犹能发愤愁怨,形诸笔墨,百世下亡国之民,其亦所以报仇雪耻哉!”然而细究起来不难发现,柳亚子对绝命诗的引用与评议是“是在现在的基础上被重新建构的”[⑤]。因为,事实上柳亚子引用的题壁诗是乱世流离、涉笔家难的自伤薄命之作,与诗中女子为国报仇雪耻的立论点有一定隔阂。即使是赵雪华“日日牛车道路赊,遍身尘土向天涯。不因薄命生多恨,青冢啼鹃怨汉家”“惊传县吏点名频,一一分明汉语真。世上无如男子好,看他髡发也骄人”的诗句,仍表现出哀愤多于立志复仇的果决与坚毅。又如,“风动江空羯鼓催,降旗飘飐凤城开。将军战死君王系,薄命红颜马上来”(宋蕙湘),“哮声狺语听多般,翻道他人鴃舌蛮。怅望夕阳芳树外,娇莺嘹呖语家山”,“北地风高凛冽严,漫天风雪压前檐。炕头不是金炉火,马粪如香细细添”(邵飞飞)的诗

---

① (清)计六奇:《明季南略》卷十五《贞女绝命诗》,清抄本。

② (清)陈维崧:《妇人集》,载(清)虫天子《香艳丛书》第1集卷二,上海书店出版社1991年版,第141～142页。

③ 此诗与上引诗稍有出入。“孤”作“姑”,“却”作“怯”,“渔”作“鱼”,“波密去”作“沉底后”。

④ 前蜀王孟昶妃子花蕊夫人诗句。后蜀灭亡,花蕊夫人被宋太祖纳入后宫。太祖久闻她擅长写诗,召令她作诗陈述国亡的原因。花蕊夫人便写下了这首诗。诗名一作《口占答宋太祖》,参见谭正璧《中国女性文学史》,百花文艺出版社2001年版,第197页。

⑤ [法]莫里斯·哈布瓦赫:《论集体记忆》,毕然、郭金华译,上海人民出版社2002年版,第71页。

句,寄寓着漂泊命运的无依无奈与乱世红颜的哀怨。同样,刊载于《女子世界》"传记·史传"的《女魂》(大我),所记"明季三吴良家子"赵雪华、"明季秦淮缙绅女"宋蕙湘两条[①],主要看点也是几首哀感顽艳的诗歌。或许正因为此,清初广为传诵赓和连篇的是富有离情闺怨诗情的宋蕙湘诗。[②]

晚清文人对绝命诗的偏好,主要是由对时局的关注所形塑的。他们有意使过去的"难女"形象适合于时人的文化立场与政治诉求。难女"以身殉贞"的行迹与革命烈士的"以身殉国"画等号的叙述方式,在一定程度上将因不甘受辱而选择自绝于世的女子提炼为成仁取义的文化符号。事实上,"难女"的绝命诗之所以流传下来,也是得益于这一特殊的政治色彩。由贞洁到殉国的意义转换是其中的一个重要因素。

二、杀身明志:民族耻感的"兼容性"

乱世中沦落天涯的无名女子,以其忠贞不屈的典型形象屡屡被援引。苏曼殊在《秋瑾遗诗》序中摘录了一首无名女子的绝命诗(其中字句亦稍有差异),并感言道:"悲愤缠绵,不忍卒读。盖被虏不屈,投身黄鹤渚而死者。善哉,善男子,善女人,谛思之,视死如归,欷献盛哉!香山苏予谷扶病云尔。"[③]尽管"盖被虏不屈"的难女形象结合以国家兴亡系于女子之贞节的言论,放到吊念秋瑾就义的文章中未免显得穿凿附会,但从侧面反映出男性自身情感的表达与殉节的无名女子们之间有着广阔的互补空间和千丝万缕的情感联系。而且社会动荡、百变丛生的晚清社会,通过"且奇、且节、且艳的文化趣味"来表现"忠臣不事二主"的政治美德,不啻是一种切合时宜的话语实践。

"难女"形象是晚清文人以文学想象方式建构民族认同的一条"捷径"。这些文本的建构无疑是以民族认同为内在支撑的,化去国离家之痛为一种张扬和激发民族情感的表征,这从耻感的渲染和传递中表现出来。

原诗中的凄怆和沉痛作为激起人们良知良能的表征意义被加以引用和阐释。这些忠贞不屈的女子与"降志辱身"的男子形成鲜明的反差,便成为近代文人谈论女国民话题特有的思路。"彼觋颜事仇者"笼罩在无名女子的崇高形象下,耻感的震慑力得以最大化,以达到警策国人的文本效果。对耻感的渲染和强调作为动员政治新成员的号召方式,推导出"不羞死其亦愧死"的结论。

《广韵》曰:"耻,慚也。"耻感的张力有机地融合与衔接了"贞"与"忠"之间无法逾越的屏障。即化"贞烈"为"殉国"的意义转换是一种基于集体性的荣誉准则。它从亡国的难女群体出发,且与时人的国家想象相连,体现出以共同的道德意识为基础的善恶观念,勾起

---

① 《女子世界》第2年第6期,1907年7月。其实,这两则纪事若要溯源,至少可以上推到《板桥杂记》当中(参阅余怀《板桥杂记·附录一》,第72~73页)。而宋蕙湘的诗作似乎影响更大,《明季南略》卷四、《明诗综》卷八二,陈维崧《妇人集》中都有记载。丁传靖《甲乙之际宫闺录》卷四更曾考证,《众香词》所载之"吴芳华诗"即所谓宋蕙湘诗。"盖传抄之讹也"。

② 参见宋蕙湘,或曰弘光宫女(《明季南略》《名媛诗纬》),或曰秦淮女子(《板桥杂记》《妇人集》《明诗综》《续本事诗》),题诗卫辉府驿壁(一说郏城,一说汲县)。还有一说收在宋蕙湘名下的绝命诗原属钱塘女子吴芳华所作。

③ 苏蔓殊著,柳亚子编订:《苏曼殊全集》,哈尔滨出版社2011年版,第45页。原载1907年8月10日《天义报》。

一段令“汉种”痛心疾首的集体记忆,无异于为渲染爱国情愫奠定了感情基础。

如果说无名女子基于对自身命运的哀怜所表现出的“节烈”,影射着以耻感为重要目的的道德自律,那么耻感涵育成了有利于励精图治的叙述策略,铺垫了视贞节为善、视失节为恶的道德政治情愫。道德心理与政治诉求以“扬善”为主要内驱力,择取了中国传统道德文化中“为政以德”的德治思想。所谓“政者,正也”[①],“正”的含义就是“使之正”,即纠正或者校正。耻感的情感自律为女子“正名”提供了某种心力,妇德被置换为“使之正”的政德,从而顺利打破了“女子不宜”的传统窠臼。这又与时人男降女不降的思维趋势不谋而合,名正言顺地将女子纳入到政治新成员的队伍当中来。将这些无名女子尊为理想人格的圭臬,警醒国人“知耻而后正”。某种意义上,这些无名女子的“善”作为终古长存的典型形象,涵盖了以道德上的“失贞”视为耻感的逻辑起点,诸多类似的描述使得“贞”“烈”与“民族”“国家”呈现出互涉同构的存在状态。

这些被反复记忆的内容和难女形象,不仅是被历史、文化、政治等外部力量所“形塑”的产物,同时,也是记忆主体“能动性”的“建构”结果。“贞”“烈”品性于塑造女魂的重要性不言而喻。柳亚子在《聂隐娘传》一文中,颇为露骨地表达了要求女子具备费宫人、烈女李三那样的贞烈品性。看似只言片语,却胜过千言万语,这种点到即止的叙议方式,反倒能说明已被定型的文化立场。柳亚子谈道:

> 中国二万万男子,其能追从虬髯客者,和人其能接迹要离聂政荆轲者,何人即不然,而继身张汶祥者,抑又何人,呜呼。耗矣,死矣。吾言过矣,吾今乃知上而至于欧美之政党社会党下而至于日本之剑客浪士皆有不可及者也。男子如此,吾何望女子?虽然吾犹记有明末叶之有费宫人也。吾又记满清中叶之有烈女李三也。嗟!……吾合母而思见有红妆佩剑之女子,立于吾前夫,非斯巴达女子之魂耶。[②]

在此,柳亚子重提“费宫人”“烈女李三”唤醒读者借今喻昔的历史想象,遂使传记体的书写成了男性作家表达民族抵抗意志和感时忧国情怀的合理方式。从中揉进了浓重的现实政治寓意和爱国情愫,并将侠女优越于斯巴达女子之魂的质素归结于节烈的品性。柳亚子提及在明末的历史大事变中费宫人不惜冒名顶替长平公主,被李自成赏给其猛将韩虎后与之成婚,随即在新婚之夜刺死韩虎并自缢身亡的故事,旨在激发女性的爱国情怀。而将这些爱国女性提高到关乎民族国家兴亡的重要角色,显示了一种颠覆文学传统中男性本位的叙事框架。女性玉石俱焚,为国谋利的事迹以虚显实,凸显出女性在历史维度上的重要意义。

柳氏在立论时摭拾故事,铺设了某种“言外之意”。烈女李三为报父仇不辞艰险,多次上告,最后终于使谋害其父的恶豪伏法受命,而自己也杀身明志的事迹,体现了弱女子抗暴复仇的正义斗争及其英烈精神。鉴于当时对“弱女”气质的表述,李三为父报仇的故事虽带有一定迂回性,但足以挥散东亚病夫论的阴影。忧道者渴望仗剑戡乱、重整河山的民

---

① 《礼记·哀公问》。

② 柳亚子:《中国女剑侠红线、聂隐娘传》,载《女子世界》1904 年第 4 期。

族英雄出现,费宫人、李三的故事使读者可以在较大的自由度上,与其坚韧不屈的艺术形象产生内在的共鸣,勾起补天救世的救国想象,尽管她们只是被一笔带过。李三在父仇既报、母亲亡故之后,毅然上吊并举火自焚,这一悲壮的结局在胡天游《烈女李三行》中被描述为善恶之争。胡天游咏赞李三"耿死安能翳",意指宁死也要坚守节操,不肯入他人的罗网,"萧芝泣蕙草""萧芝"比喻美与恶,指李三自焚,等于与仇人同归于尽。由于他过于追求古朴本色,其中的典故特别是冷僻字很多,这在客观上无疑限制了它的流传,但从中可以看出爱国卫家的女性与道德完善必然联系的"小传统"。这种审美意识经历了复杂的熔合与重塑,唤起人们的反省与良知,给人以善的启示,从而影响与规范其思想及行为。由真及美,由美及善,终达于德行净化。

"费宫人""李三"如影影绰绰的文学符号,借以她们的道德感化力量呈示女性在政治话语中的位置。而在具体的文学形象塑造中,女性的道德/政治主体位置是通过自我牺牲而获得的。近代文人自觉利用这一优势的文化符号,求得生命个体对社会伦理政治的心悦诚服,以缓解人们向现代过渡这一过程中产生的普遍焦虑。所以,尽管蜻蜓点水般点拨"原型形象",也不加以演述,但此处"无声胜于有声",融合于集体记忆里的原型形象作为传播的主题要素,浓缩了施诸女性身体的文化心理。近代文论中对经典女性形象的文化借重,体现了这种承上启下的思想脉络,对原型形象的沿用与作者感时忧国的急切心境交叉互融,呈现出异质同构的叙述模式。

三、"虽死犹生":英雄想象的话语成规

在晚清以"贞烈"或"名节"来类比、指涉革命与文明的表达方式很普遍,但有着隐而不显的前提——于国有利。"难女"的绝命诗之所以被传诵,显然是想以此寄寓作家对民族的"守节"之意。在这种意义上说,"难女"是"象征复合体",是国家、民族、群体命运的表征。当国家危难之时,"难女"受辱的意义不仅仅是性别压迫,而更是承担了民族受辱的"国耻"。"难女"身体在民族国家话语中承载着特殊的政治意义和价值。晚清文人借助"难女"的苦难境遇,将她们的性别符码成功地挪用为传播爱国情怀和献身精神的最佳例证。这种倾向可以通过将"妓女"收编为爱国志士的形象塑造管窥一二。

在晚清爱国话语中,"守身如玉""辱身救国"的兼容,或多或少折射着思想资源的庞杂与话语方式的含混,也体现了民族意识之张扬于女性身体。它不是一个既定的概念,而是一个社会建构的过程。

这一点从赛金花自祸国殃民的"红颜祸水"到巾帼英雄的形象改造中也得到印证。1900年八国联军一举攻入北京,为了报复义和团,在北京城中烧杀抢掠。这一时期(1874～1936)赛金花[①]利用与瓦德西的个人关系,借机劝阻联军的野蛮行径,并确实收到了成效。但赛金花在当时以及此后的声名都极为不堪,以"身"劝谕瓦德西并使百姓受惠的"功

① 清末名士樊增祥的古体诗前后《彩云曲》是最早以赛金花人生经历为创作素材的作品,先后写于1900年和1904年。前后《彩云曲》对赛金花作了侮辱性的猥亵描写,此外还有詹垲《花史·赛金花传》、吴趼人《赛金花传》、高树《金銮琐记》等作品。这些作品无一例外地"都将她写成一个逾越常规的淫娃荡妇和'一泓祸水'"。

绩”，一时间传遍大街小巷，成为大众茶余饭后的娱乐谈资。同时代有关赛金花的不少作品将她描绘成了一个“妖孽”。在《梵天庐丛录》中，她被列入“北京四人妖”；吴趼人在《胡宝玉》中称赛金花为“二怪物”之一。然而在抗日战争时期及20世纪末，赛金花的文学形象迎来了改头换面的新气象。对于那些身处“国防文学”这一旗帜下的作者而言，赛金花是“可塑性”很强的象征符码。不同时期，对赛金花形象的塑造，除涉及“战争与女性”等议题所具有的独特价值，也体现了国家/民族话语对女性身份的建构。

相比赛金花形象在1930年代才有了明显的“改观”，蒋维乔于1904年刊登文章对异域妓女加以正面描写与宣传可以算是激进的。他对爱国妓女这一身份的指认也折射着对“二万万女子”的希冀与期待。一向强调“教育救国”的他将时代最先进思想的发生与传播寄托在女子身上，推扬“年幼女子之锐敏于学，远过于男学生；而其感觉之灵捷，爱力之团结，则又非男子之性情涣散、各私其私之可比”[①]。将女子的素志置于男子之上，不断暗示和强调女子优于男子的品质，这在当时是非常普遍的话语策略。这又与“女尚且如此，男何以滞后”的“男降女不降”之说一脉相承，传达着“妓女尚且如此，二万万女子何以滞后”的质问和鼓励。文章中，“其愧死矣”的耻感层层递进，透露出爱国不分高低贵贱的民族身份认同。

在文学话语层面上，对女性身份的构造虽然取材于祖国历史上民族代兴、江山易手的危机存亡之秋，但立论的重心多不在民族冲突本身，而更侧重对民族危机背景下不同文化身份所体现的道德观照，着力表彰那些矢志不移的难女和辱身救国的妓女。行文中对耻感的渲染，不仅映衬了“天下兴亡、匹夫有责”的民族意识，也消解了守节即爱国的象征边界，女性身体在民族与爱国话语的合力作用下，被重新设计与改造，而且可以灵活地变迁，以符合不同时代的社会风尚和文化价值的需要。难女的绝命诗之所以激发文人的传诵兴致，是因为这一群体是否能够“守贞”不仅关系到个人的道德操守，更关系到汉种是征服异族还是被征服这一关键的象征；对爱国妓女的礼赞，焦点不是自然性别意义上的节操与守贞，而是通过社会身份做出的实际性成绩。所以，妓女这一职业身份所代表的“失贞”被顺利涂抹，取而代之的是某种功大于过的推扬。如果换一个角度看，这一话语背后暗藏着只要于“救国”有利，“辱身”亦无碍节操的思维定势。在男性文人的笔下，女性始终是以与国家荣辱与共的形象出现，但暗含其中的性别意蕴和文化立场，需要读者仔细辨析、审慎对待。

作者简介：[韩]李贞玉，南开大学历史学院博士后，天津外国语大学讲师。

① 竹庄(蒋维乔)：《论中国女学不兴之害》，载《女子世界》1904年第3期。

近代西洋军火运输来华路线考[①]

费志杰

19 世纪 60 年代，为了镇压太平军，清政府借师助剿，太平军战士与洋枪队手中的西式武器，给清军留下了深刻的印象。同期，装备先进的英法联军杀进北京，如入无人之境。曾经一度被讥为“奇技淫巧”的西洋军火，一下子给了同时担负平内患、御外侮多重任务的清政府以最强烈的感观刺激。近代华洋军火贸易也逐渐走上了历史舞台，成为中西贸易中的重要内容。从西洋军火的对华出口国来看，主要包括德国、日本、英国、俄国、美国、法国、比利士、瑞典、荷兰、葡萄牙、丹麦等列强国家，其中尤以德国、英国为主。从西洋军火接收地点来看，随着牛庄、烟台、镇江、吴淞、上海、宁波、福州等口岸的不断开辟，日趋多样化。罗兹曼指出：“中国军队技术上和组织上的改造是从条约口岸这个基地上传到全国去的。在中国船坞和兵工厂里生产的现代武器（开始是在外国人指导下），对于 19 世纪最后几十年里中国军队部分成功的现代化发展具有关键的意义。”[②]西洋军火运输来华路线[③]，是在旧有“海上丝绸之路”的基础上发展和演变过来的。“海上丝绸之路”是古代中国与外国交通贸易和文化交往的海上通道，形成于秦汉时期，发展于三国隋朝时期，繁荣于唐宋时期，转变于明清时期，是中西之间最为古老的海上航线。[④] 本文主要关注中德、中英路线，兼讨论中国与美国、日本、法国、丹麦、奥匈帝国、智利、阿根廷等国路线情况。

---

① 本文为 2015 年度国家社科基金课题 15BZS097 阶段性成果。

② ［美］吉尔伯特·罗兹曼主编：《中国的现代化》，江苏人民出版社 1988 年版，第 134 页。

③ 目前学术界对与此相关的问题有一定研究，李德霞在《明末清初中外海上丝绸贸易及其影响》（《国家航海》2014 年第 1 期）中，讨论了中国到菲律宾再到拉美的中国丝绸最畅销的路线。刘明金在《中国陆海两条丝绸之路比较》（《湛江海洋大学学报》2003 年第 2 期）中认为，海上丝绸之路的影响远远高于陆路丝绸之路。陈潮在《重新审视海上丝路的开拓》（《复旦学报》［社会科学版］2003 年第 1 期）中认为，海上丝绸之路是古代东西方世界双向开拓的结果。许永璋在《古代洛阳与南海丝绸之路》（《史学月刊》2000 年第 1 期）中关注古代中国与南亚的海上交通。美国学者罗兹·墨菲在《上海——现代中国的钥匙》（中译本，上海人民出版社 1986 年版）一书中探讨过上海作为重要的运输港口，“通过外洋航线，跟西欧、北美、日本、东南亚诸重要港口联系”。近代中国进口西洋军火持续时间之长、规模之大、牵涉国家之多，在世界军事史上是罕见的。然而，学界对如此大规模的军火进口贸易，缺乏足够的重视。近代西洋军火运输来华路线的具体情形，涉及运费高低、运输风险大小、交货时间长短等与近代军火购买直接相关的众多因素，值得认真进行梳理与研究。

④ 参见孙占鳌：《丝绸之路的历史演变》（下），载《发展》2014 年第 6 期。

一、中德路线

19世纪70年代后期，由于台湾发生“牡丹社”事件，中国打算向英国购买铁甲舰，却遭到总税务司赫德的反对，李鸿章等人通过驻德公使李凤苞与德国方面联系，德国伏尔铿厂开始为中国订造铁甲舰。此后中德之间的军火贸易额逐渐增大，德国甚至不惜破坏军火禁运规则，向中国输送武器。德国公使巴兰德曾经声言，他希望看到中国同不论哪一个国家打仗，而德国都能够从中分一杯羹。[①] 随着铁甲舰的订造，德国很快超过英国成为近代中国第一大军火贸易伙伴。从德国赴华运送军火主要为海运，出发地点有：汉堡、不来梅、伏尔铿船厂（波兰奥得河沿岸的什切青）、斯旦丁港等处。如1872年德国航业局以三条船每隔两个月从汉堡到香港和上海各一次，1886年北德意志轮船公司开辟了不来梅至上海的航线。[②] 1887年8月11日，许景澄、林永升、余思诒等人在德国斯旦丁港接收“经远”“来远”二舰。[③] 中国接收德国军火的地点主要有香港、上海、天津、胶州、旅顺、厦门、大沽等港口。如1875年2月11日江苏巡抚吴元炳赴上海验收所购克虏伯炮，认为后膛钢炮极为精利。[④] “炮位包运胶州上岸”[⑤]。此外还有陆运，如1899年6月，伊犁将军长庚（次年任兵部尚书）在德国购买克虏伯炮二尊，经俄国运华，至塔什干地区因大雪阻隔延误[⑥]，直到1906年始运回伊犁[⑦]，但由于德国军火到华较少采用陆运，本文不作进一步讨论。1867年，中国就开始从与德国军火走私商做交易，购买克虏伯小火炮[⑧]。总体来看，近代中国向德国订购军火繁多，下面以1885年“定远”“镇远”“济远”三舰，1887年德制“经远”“来远”以及英制“致远”“靖远”会合回华旅程、到华验收等情形详加讨论。

“定远”舰于1880年12月2日由驻德公使李凤苞按照德国海军部标准与德国坦特伯雷度（该地二战后划归波兰，现名什切青 Szczecin）的伏尔铿（Vulcan）造船厂签订订造合同，次年的5月23日仍由李凤苞与伏尔铿船厂签订了“镇远”舰的订造合同。两艘军舰为同级，主要由伏尔铿船厂总工程师鲁道夫·哈克（Rudolph Haack）设计，母型为德国的“萨克森”（Sachsen）级铁甲舰。“定远”舰于1881年12月18日下水，次年11月28日“镇远”舰下水。由于发生中法战争，德国推迟交付，1884年9月27日，两舰由李凤苞等人在德国溪尔海口勘验，“铁甲经海部派员验剔船底外板等件，经监工郑清濂等抽验扯试，李凤苞随时复查，悉与合同相符坚固可恃等因。臣复检查海部验收铁甲信函、郑清濂等验铁甲单，就以上三处工料参互考核尚可凭信，又合同载每船实马力六千匹、每小时速率行十四海里半，据李凤苞面述曾经亲试驾驶速率有赢，演试炮位并无震损之弊，现在北滨已冻，该

---

① 参见[英]季南：《英国对华外交（1880～1885年）》，许步曾译，商务印书馆1984年版，第62页。

② 参见王垂芳主编：《洋商史——上海：1843～1956》，上海社会科学出版社2007年版，第168页。

③ 参见[德]乔伟：《德国克虏伯与中国的近代化》，李喜所等译，天津古籍出版社2001年版，第338页。

④ 参见[德]乔伟：《德国克虏伯与中国的近代化》，李喜所等译，天津古籍出版社2001年版，第328页。

⑤ 《席步天、胡琪致盛宣怀函》，盛宣怀全宗档案033308-1，上海图书馆藏。

⑥ 参见[德]乔伟：《德国克虏伯与中国的近代化》，李喜所等译，天津古籍出版社2001年版，第352页。

⑦ 参见[德]乔伟：《德国克虏伯与中国的近代化》，李喜所等译，天津古籍出版社2001年版，第355页。

⑧ 参见[德]乔伟：《德国克虏伯与中国的近代化》，李喜所等译，天津古籍出版社2001年版，第325页。

船水勇不齐未能出海，应请俟将来开行时再加复验。臣旋与李凤苞商定，以该两船现停无事，酌减洋管驾等薪水，于已减水手人数复加裁遣，以节经费。勘验既毕，臣与李凤苞于二十日驰回柏林，旋准移交文牍、卷宗、保险单及两船另购器件账册，当将在船购件，饬管驾洋员点明收管”①。“定远”“镇远”与后期订造的“济远”号巡洋舰一起于 1885 年 10 月驶抵大沽口。光绪十一年(1885)十月十八日，李鸿章上奏验收三舰情形，“窃前在德国伏尔铿厂订造定远、镇远铁甲船二只，济远钢甲快船一只，雇用德国弁役驾驶来华，陆续到沽，臣饬统领北洋水师天津镇总兵丁汝昌、津海关道周馥，随带洋文凭单并原订合同前往验收，认真查勘。该镇道等督同华洋员弁分诣各船，按照合同逐细勘验。……该镇道等查得三舰各件，悉与原订合同相符，遂将验收凭单，亲书收到字样，交还镇远管驾麦兰、定远管驾福士、济远管驾恩诺尔等寄回德国伏尔铿厂。……而三船经过印度洋面，风浪险恶，轮轴屡经挫损，尚能照常迅驶，则其机器之精坚可知”②。“镇远”于 10 月 28 日、“定远”于 10 月 29 日分别换挂中国龙旗，加入北洋水师。③

“经远”“来远”1885 年 9 月 18 日由驻德公使许景澄与德国伏尔铿(Vulkan)造船厂签订合同定造，其中“经远”于 1887 年 1 月 3 日下水，“来远”于 1887 年 3 月 25 日下水。同年 9 月 12 日两舰到达英国与“致远”“靖远”“左一”等会合，“左一”号鱼雷艇自身载煤量小，由“来远”舰用钢索拖曳。清廷方面由海军顾问英国人琅威理领队，邓世昌、叶祖珪、林永升、邱宝仁等率官兵 400 余人随行前往接舰。1887 年 11 月 2 日，由五艘西洋舰艇组成的中国舰队离开锡兰(锡兰岛之哥伦坡，之巴德夹)，“辰鸣炮十五响敬美国水师提督也，督船有令起右锚，巳初三十分令起左锚，午初二十分单鱼雷、贯阵出口，船向东宕甚。……3 日……铁差偏东九度气差偏东一度三十分，船向东偏南行，午刻行印度洋东一百七十九海里，英东八十二度二十九分，纬北五度三十二分。……4 日午正行印度洋东一百九十五海里，东八十五度四十三分，纬北五度二十六分。……5 日午正行印度洋东一百六十海里，英东八十八度二十四分，纬北五度四十三分。……(7 日)出印度洋入苏门达腊峡又名马六甲湾，船行稍速向东偏南行。……(8 日)午正行印度洋东一百六十六海里，英东九十三度五十四分，纬北六度四分。……(10 日)午正行马六甲湾二百三十二海里，英东一百零三度三十二分，纬北一度十二分。……停轮下栈新嘉坡。……11 日琅威理接丁军门电，奉北洋大臣李谕，新船至厦门与北洋水师同阵过冬。……新嘉坡距广州五千里，民船遇顺风不半月可到，若英法公司船七日必到。……(17 日)督船有令起锚，午初开行双雁行阵，船微宕向东行，午正行五海里英东一百零三度，纬北一度十六分。……(20 日)午正行七洲洋二百十五海里，英东一百十三度二十四分，纬北五度十三分。……(24 日)午正行南洋一百七十七海里英东一百十九度二十八分，纬北十六度三十五分，下午风狂船行宕甚，有仆人至前舱小解被浪打倒卧于炮架下，半刻始起。……(28 日)近晚抵香港口外九龙关下下锭。……(12 月月 8 日)寄锭香港十日矣，佥云总理原定自锡兰七天至新嘉坡，息四天又七天至香港，息五天，应二十三天。今自锡兰开行至今已四十日，若各国公司船不过

---

① 《遵旨勘验定远、镇远两船工料并接管情形折》http://www.beiyang.org/bybq/dyky.htm

② 《光绪十一年十月十八日直隶总督李鸿章奏》http://www.beiyang.org/bybq/dyzz.htm

③ 参见陈悦:《定远、镇远》http://www.beiyang.org/bybq/zheny.htm

二七期耳,人怀归志不无怨嗟,然印度洋、七洲洋,其不能速行者,拖鱼雷艇故也,势也,住香港不能速开者,总理以厦门采买不便一冬应用之物,必在香港备齐,故而徐徐亦情也。……(10日)酉初三十分进金门岸上鸣炮三响,金门口内接任鸣三响知将抵厦门,遥见北洋各船满挂彩旗继闻定远舰中军乐迭奏,是时停泊在厦门者,定远、镇远、济远、超勇、扬威、康济、威远七舰又南洋之琛航一艘,时交酉正下锭各舰之后"[①]。

除了舰船必须顺水行驶外,从德国订购的枪炮等军火则往往通过陆地运输到埃及等地,然后启程运华,由德陆运至埃及情形不详,但后半程即自苏伊士运河至华应该是固定的。光绪十年(1884)六月初五日,上海泰来洋行福克致函时任布政使衔前署津海关道直隶候补道盛宣怀,涉及光绪十年(1884)九月盛宣怀定购德国克虏伯八个生的密达陆路后膛钢炮四十八尊及炮弹等项,该批军火因法国阻挠至光绪十一年(1885)年中启运中国交货事宜,"前承委办之四十八尊炮,现到新加坡……仅三四个礼拜运至沪上"[②]。八月初七,盛宣怀与泰来洋行订立合同,"署津海关盛道定购克虏伯九生的密达后膛陆路钢炮一百零二尊……俟到旅顺时付规银五万三千二十两"[③]。十一月十一日,上海泰来洋行满德因德炮运华事致函盛宣怀,"九生定银难划于八生上,因九生实定起运时被阻,除定银又付多金,小行银根甚紧因里枪已交价未付,另有别款亦未付……十八尊黄浦交可否"[④]。十一月十九日,盛宣怀致函李鸿章,谈及中法开战情况下购德军火转运事宜,"德商泰来洋行八个生的密达后膛钢炮并子弹……查合同第八款载明,此项炮弹到香港时候如不宣战,即可运到上海。倘中国又须解往天津或广东等处,泰来如可出力设法代运。……第十款载明此项炮弹泰来洋行订明期内运到旅顺口交卸,所有自外国至日本与旅顺最近之长崎海口地方,如有水火兵险不测等事,均系泰来认赔,自过长崎海面地方至旅顺口并不保险,如有水火兵险不测等事,均系中国认赔"[⑤]。十一月二十二日,盛宣怀致函李鸿章、吴大澂:"职道于九月十六日经手与德国泰来洋行定购克虏伯所造八个生的密达后膛陆路钢炮四十八尊,连普子药车开花子子母弹等件,禀奉宪台面谕,归北洋购办三十尊,又奉两广督宪张电谕,归广东购办十八尊,均限定三个月运来,兹于十一月二十一日接该行满德电称,四十八尊装德国约尽西耶船,期内包到等语。所有北洋应收钢炮三十尊,已另行详请宪示,按照合同等八款,在于上海派员验收,广东应收钢炮十八尊,已奉两广督宪张电谕,即饬该行由香港经送黄浦交收,似广东待用亦属孔亟,势难拨借,除详会办北洋事宜都察院副宪吴查核办理。"[⑥]同日,前定四十八尊九生的钢炮被法国拦阻后,再向德国订购十八尊八生的钢炮,盛宣怀向李鸿章、吴大澂呈报关于该批军火订购事宜,"九月三十日接泰来洋行电称,前炮已由德附火车往埃及国,后再搭格玲来恩轮船来华。又于十月二十五日接该行电称,九生的在埃及起运时法国着其扣留,现经驻德国汉浦克厂东牯里纪告在德外务衙门,各律司均饬告埃及,必可劝其向法偿价,因曾与埃及立有包出口之约,如不信,请致电许钦

① 余思诒:《楼船日记》,载《历代日记丛钞》第125册,学苑出版社2006年版,第81～144页。

② 《福克致盛宣怀函》,盛宣怀全宗档案033390,上海图书馆藏。

③ 《津海关定购炮清折》,盛宣怀全宗档案033530,上海图书馆藏。

④ 《满德致盛宣怀电》,盛宣怀全宗档案033542,上海图书馆藏。

⑤ 《盛宣怀详李鸿章文》,盛宣怀全宗档案033526,上海图书馆藏。

⑥ 《盛宣怀详李鸿章、吴大澂文》,盛宣怀全宗档案033549,上海图书馆藏。

使传牯里纪一问等语"[①]。光绪二十一年二月初一日，盛宣怀致电莱州抚宪："军械所代购枪(毛瑟)三千枝，宜购一千二百枝。据泰来云，均到香港。已催令设法运沪。"[②]

光绪二十年瑞生洋行致函盛宣怀开单英国阿摩士庄厂现货陆路车炮十八尊[③]

炮位弹药种类	数 量	规 格	总价 单位 英镑
三寸口径后堂炮	6尊	每尊重826磅，炮车药箱车零件全	7203
弹子	1200个	每个重12.5磅	
二寸六口径前堂炮	6尊	每尊重504磅，炮车药箱车零件全	4010
弹子	1200个	每个重9磅	
二寸半口径两节前堂炮	6尊	每尊重360磅，过山专用炮车马鞍零件全	3890
弹子	1200个	每个重7.75磅	
备注	前两种炮下月可装船运华，另有哈乞开斯炮不久就可交货，近来法国圣丹尼斯哈乞开斯厂甚忙，宪定枪一千枝至少三个月装船，须四个半月运到上海。前定七号铅线二百吨已装德国公司船西十月十号已在德开船，约十一月底可到申		

除了直接水运、先陆运再水运的方式之外，中德之间尚有通过俄国经由恰克图，由陆路运输货物抵达中国北方地区的路线，但德对华陆路贸易线几经废止。1845年，中德之间建立了正式的海上航线，每年有十多艘货轮往来。[④]

二、中英路线

自乾隆年间开始，中国从西欧各国输入商品总值中仅英国就为120万两白银，占总进口额的63%。[⑤] 随着中外局势缓和，清政府开始谋求向外洋购买武器。而西洋列强则希望借此扶持清政府，使列强逐渐蚕食中国的大格局不致改变。各列强甚至主动派遣军官来华帮助清军训练，个别国家也想借此介入清朝的军事大权。最初，美国、法国、英国都想向清朝出售战舰，不过，得益于清政府对英国战舰的直观感受加上英国驻华税务司的帮助，英国显然比其他国家更有竞争优势。"阿思本舰队"事件并没有过多地影响清朝与英国的军火贸易。阿姆斯特朗厂在英国纽卡所毗邻泰恩河便于运输，英国赴华军火贸易的出发点主要有利物浦、普利茅斯、纽喀斯尔泰因等港口。当时国际间旅行最快的交通工具是客轮。1876年12月2日，郭嵩焘自上海启程，于1877年1月21日抵达伦敦，用时51

① 《盛宣怀详李鸿章、吴大澂文》，盛宣怀全宗档案033537，上海图书馆藏。

② 陈旭麓等主编：《甲午中日战争》下，上海人民出版社1982年版，第618页。

③ 《瑞生洋行禀盛宣怀函》，盛宣怀全宗档案033363，上海图书馆藏。

④ 参见吴景平：《从胶澳被占到科尔访华——中德关系》(1861～1992)，福建人民出版社1993年版，第6页。

⑤ 参见徐鞠：《海上丝绸之路》(清代)，载《椰城》2008年第9期。

天;1878 年 11 月 22 日自上海启程,于 1879 年 1 月 25 日抵达伦敦,用时 62 天。取平均值可算为 57 天。[①] 军火运送比客轮要慢,还要中途加燃料等。光绪二十年(1894)七月,李鸿章通过中国驻英公使龚照瑗购得阿姆斯特朗厂造猎雷舰一艘,船价 5 万余镑,运费却需 10 万镑。[②] 可见路途之遥远。

利物浦港出发抵华路线以阿思本舰队的驶华途径为典型。1863 年 4 月 4 日,这支“英中联合海军舰队”由 6 艘驱逐舰、1 艘炮艇、1 艘供应船组成,分别为“中国”号、“江苏”号、“北京”号、“广东”号、“厦门”号、“天津”号、“遐荒”号、“巴拉莱特”号,它们从英国利物浦港启碇,驶过当时还需绕道好望角的漫长的欧亚航线,到达了上海。1863 年 8 月 24 日起,阿思本舰队陆续抵达,9 月 30 日到齐于上海,18 日抵天津。英国《泰晤士报》发表社论:这支中国英裔舰队的首要任务,是建立帝国的权威——如果太平军有生命力,南京也许会成为新帝国的首都。但十年的经验证明,南京是一个“强盗”的大本营。因此,阿思本上校收复南京,对起义军会是一个沉重的打击,而对诚实的商人是很有利的。第二个任务,是重新打通大运河的航道并勘探内河,在主要通道上建立电报网,教中国人使用蒸汽和电。第三个任务,是镇压流窜在通商口岸的“强盗”。1875 年,中国向英国购买第一批四艘蚊子船,为阿思本舰队以后最大的一笔军购。正是这批军购的合同订定、付款、验收、运华方式,成为以后中国购买外洋舰船的基本模式。

普利茅斯及其他港口出发的情况,由于资料缺乏,我们可以从后续订造舰船来华的情况推测其军贸线路。光绪元年,李鸿章通过赫德在阿姆斯特朗厂订造了“策电”“飞霆”“龙骧”“虎威”四艘蚊炮船。光绪二年八月十一日,赫德由上海致函天津,“本总税司代中堂办得炮船两只,所装煤炭但可供十日之用,所以该船于六月十四日到伊垫(伊甸,疑为亚丁),从伊垫出口必须行十二日方可到印度南边海道之口,必须在伊垫待即顺风至七月十八日方出口,至八月初二日始至印度南口”[③]。光绪三年(1877)三月一日,38 吨炮船“飞霆”“策电”离开英国军港普里茅斯(Plymouth),于六月二十五日抵达福州。[④] 26 吨半炮船“龙骧”“虎威”,于六月十九日离开英国纽喀斯尔泰因(Newcastleon Tyne),经过 5 个月航行,十二月二十日抵达天津。[⑤] 1948 年 5 月 26 日,英国赠送给中国海军的“重庆”舰与免费借用五年的“灵甫”舰来华,首先始离英国朴资茅斯港(Portsmouth),途经地中海、红海、锡兰、新加坡、中国香港,7 月 28 日抵达香港。原定 8 月 3 日赴沪,因舰船修护,至 8 月 10 日离港,桂永清在沪迎接后会同两舰于 14 日抵达南京。[⑥]

除大型舰船必须顺水航驶外,枪炮、物料等其他军火可以先陆运,后就近由轮船装运。在相当长的时间内,沪欧远洋航线被三家轮船公司垄断,大英轮船公司、法兰西火轮公司、

① 参见郭嵩焘:《郭嵩焘日记》第 3 册,湖南人民出版社 1982 年版,第 65、139 页;曾纪泽:《出使英法俄日记》,岳麓书社 1985 年版,第 134、157 页。

② 参见光绪二十年七月十二日《寄译署》,载顾廷龙等主编《李鸿章全集(二)·电稿二》,上海人民出版社 1986 年版,第 873~874 页。

③ 天津市档案馆、天津海关:《津海关秘档解译》,中国海关出版社 2006 年版,第 176~177 页。

④ 参见[英]魏尔德:《赫德与中国海关》,厦门大学出版社 1997 年版,第 473 页。

⑤ 参见[英]魏尔德:《赫德与中国海关》,厦门大学出版社 1997 年版,第 473 页。

⑥ 参见马幼垣:《靖海澄疆——中国近代海军史新诠》,(台北)联经出版社 2009 年版,第 452~453 页。

英国海洋轮船公司。光绪十年(1884)十一月十三日,德璀琳为北洋水师订购炮位物料需银两等事禀李鸿章,“北洋水师向阿摩士庄厂订购炮位物料,共银三千三百九磅,除已领银二千二百六磅,尚应领银一千一百三磅。又订购通管轮轴,共银一千七百磅,除已领五百七十六磅,尚应领银一千一百二十四磅。以上两项共应领二千二百二十七磅,合行平银八千七百六十二两,电报费在内。税务司查八月二十八日准金税司文称:订购炮位物料共一百八十九件,已于七月初八日在英全数装船运华,请电汇银来英等语。又九月十二日准金税司电称,通管轮轴均已制齐,请电汇银等语。理合禀请中堂垂鉴,即饬支应局遵照,将两次应领银二千二百二十七磅照数核发,以便税务司遵当祗领,交汇丰银行汇往英京金税司查收,转交该厂,俾得结筹,实蒙公便”[①]。十一月二十二日,李鸿章为北洋水师定购阿摩士庄厂通管等领运事札德璀琳,“北洋水师订购阿摩士庄厂之通管轮轴,现已到沪,当饬运往烟台,听候查收等语。税务司禀报中堂,钧核此项轮轴等件,应由何人在烟台承领,札饬照办,并望一面谕知税务司,以便赶即函致东海关税务司遵照办理,实蒙公便等情。到本阁爵大臣,据此,查前项轮轴等项,系超勇、扬威两快船购备之件,现既经好税司(赫德)饬运赴烟,应饬旅顺口鱼雷营刘道含芳,遇有往烟便船,即令其向东海关税务司处领运回旅,存备拨用”[②]。“超勇”“扬威”两舰由中国派员接收,从英国出发,由大西洋,经地中海、苏伊士运河,越印度洋,进入南海,1881 年 11 月抵达天津大沽。[③] 光绪十三年(1887),张席珍致函盛宣怀、“昨由怡和定办威大头批大炮,因炮数稍多,由该行专船径送设防海口,办法较便费,亦再三考校核减(批注:包送到岸,一切在内,不过二十分,均是大炮),比搭运上海者仍省。”[④]

三、中美路线

常胜军统带华尔(Frederick Townsend Ward)之弟亨利华尔(亨楞华尔),1862 年代沪向美购舰是一场赤裸裸的骗局。虽然中国并未真正获得此批军舰,但从中我们还是可以分析出当时中美军贸路线与这场骗局的直接关联。1860 年 5 月,华尔、亨利兄弟俩抵沪,华尔由上海捕盗局被官绅选中统带常胜军,因屡屡与太平军勇敢作战而逐渐赢得李鸿章的信任,亨利则担负起常胜军武器、弹药、船舶的供应。当时上海地区的外洋军火交易量非常巨大,亨利则通过其自设的华尔洋行(又称“会乐洋行”,Ward and Company)招揽生意,成为上海地方当局购买外洋军火的主要代理人。[⑤] 在太平军对上海的威胁不断加剧之际,华尔声言:“遣妥人赴美国,购买轮船及枪炮炸弹等军火。一俟到齐,即可深入内地,力图恢复。”[⑥]“若在中国各港口新近买来旧船,价昂而船不坚,难收实效。必须赴外国

① 天津市档案馆、天津海关:《津海关秘档解译》,中国海关出版社 2006 年版,第 182～183 页。

② 天津市档案馆、天津海关:《津海关秘档解译》,中国海关出版社 2006 年版,第 183 页。

③ 参见海军司令部:《近代中国海军》,海潮出版社 1994 年版,第 148 页。

④ 王尔敏等:《盛宣怀实业朋僚函稿》,(台北)“中央研究院近代史研究所”1997 年版,第 9～11 页。

⑤ 参见 1863 年 1 月 31 日《北华捷报》;于醒民:《一八六二年亨利华尔购买炮舰案》,载《史林》1986 年第 2 期。

⑥ 太平天国历史博物馆编:《吴煦档案选编》第 3 辑,江苏人民出版社 1983 年版,第 84 页。

购办新船,始可结实利用。”[①]亨利利用沪方非常想购买快轮之心理,宣称购买“新造大小兵轮船五只,内大号兵轮船一只,小号炮船四只,连工价水脚,约计尽估银二十万两。据云,工价间有涨落,俟至彼与船厂各工匠酌议,定办船数,或有多寡,俟办定另报准数。又购铜炮、车炮、洋枪、炸弹、铜帽、药卷等项,未定准数,亦尽估银二十万两,二共银四十万两”[②]。40 万两的超低报价,实系诱清廷上钩之举。急于购船的沪当局连合同都未签订,就请亨利于 1862 年 3 月携款取道中国香港、英国赴美采购。实际上,亨利、华尔在与沪当局议定购舰之初就有了私吞之念,不仅在赴美途中大肆挥霍,而且抛弃双方约定,仅在美订造三艘舰船,且所订三舰吨位过小。[③] 1863 年“大清”“浙江”“江苏”等舰相继建成,亨利也仅以三艘舰的中文命名向中国交差,这三舰随即被亨利擅自售卖并侵吞所有款项。据马幼垣考证,自巴拿马运河于 1914 年启用之前,自美国东岸航赴中国上海,一般有两条途径:其一为东向横越大西洋后,再依次穿过地中海、苏伊士运河、红海、印度洋、南中国海而来;其二为南赴南美洲尽头,穿过南美洲与南极洲之间航道,其中包括麦哲伦海峡(Magellan),抵达太平洋南端,再斜向西北横越太平洋而来。[④] 这说明亨利在美为中国订造舰只不可能平安交付,就算吨位最大的“大清”号,平均速度只有 4 海里,即便沿途没有任何气象风险并在补给和维修都完全顺利的情况下,从美国东部抵达上海最少半年之久[⑤],从时间上看,也绝不可能再用来对付太平军。

四、其他路线

1892 年以后,近代华洋军火贸易的对象国从欧洲的英国、法国、德国扩展到了日本、意大利、巴西、奥匈帝国、智利等国。

中国与日本 义和团运动之后,中国又从师法德国转而学习日本,不少地方的军队纷纷请日本教官教练军队,同时日本武器开始大量进入中国。光绪三十四年(1908),赵尔巽档案中记载,日本川崎船厂三支(楚观、湖隼、湖鹰炮艇)同时来鄂,由日本至上海,又由上海至武昌。[⑥] 沪川崎船厂四本万二君来电,“敝厂所造水雷艇四支,鄂省欲移归南洋水师萨军门管辖之说,如果属实可否湖隼、湖燕(湖鹰)两支在沪接收,藉省往复周折,请转询电复,如其不确亦请速复,以使该水雷艇从速上驶”[⑦]。宣统三年(1911)五月十二日,东三省总督赵尔巽电称,“辽阳长春各小学校生徒因须习操,在日本购村田式军枪一百五十杆,并刺刀娟插弹药盒皮带各一百五十个,指挥刀三把,拟由大连进口,请发护照等情,请大部核

---

① 《海防档·甲·购买船炮》,(台北)“中央研究院”1957 年版,第 58 页。

② 太平天国历史博物馆编:《吴煦档案选编》第 3 辑,江苏人民出版社 1983 年版,第 84～85 页。

③ 从美国东部平安航抵中国,即便圆满解决补给和维修问题,也至少要千吨以上舰只才有可能。这种小舰艇体积不容放在货轮上托运,又无法依靠其本身动力远涉重洋,大船拖运风险极大。用组件办法分单位造好抵华拼装,当时中国造船能力尚无法有效配合。

④ 参见马幼垣:《靖海澄疆——中国近代海军史新诠》,(台北)联经出版社 2009 年版,第 42～43 页。

⑤ 参见马幼垣:《亨利华尔代沪购美制舰考》,载《九州学林》2004 年第 4 期。

⑥ 赵尔巽全宗档案 543-40-6,中国第一历史档案馆藏。

⑦ 赵尔巽全宗档案 543-40-6,中国第一历史档案馆藏。

准知照税务处饬关验放并复"[①]。袁世凯曾说道:"近来日本考求日进,固亦未肯多让(西方各国军械价格),而工贱道近,价值较廉。"[②]到民国时期,日本又成为中国军械最大的来源国。

中国与奥匈帝国 光绪二十一年(1895)闰五月,招商局沈能虎致电盛宣怀:"吴清帅饬拨奥枪两千枝,应交何处仍请示遵。"[③]宣统三年(1911)七月二十九日,贵阳沈中丞致电盛宣怀:"哈尔开斯新出机关炮一分钟可出数百弹,内地办匪一尊可抵一军队之用,且轻便,一二人可携仓卒,防军无多,此个可以保险。中东之役日人以此制胜,项城在山东以此抵团匪无能南下者,鄙人在江西亦购六尊,萍乡之役即以二尊防护矿厂,甚为得力,其口径饬照鄂厂所制七密里九三批,弹不必外购,赣合合。系奥国人柏兰台经手,其人闻尚在京,问奥使饬便知。已饬小儿告其再定六尊解黔为新军队之用,望公为军咨府陆军部论予通饬各省照办,可省却无数徵照费,管见由经验而得者幸购采择。"[④]

中国与智利 光绪二十年(1894),清廷先后决定购买驻外公使龚照瑗所推荐的英国一艘猎雷舰和智利二快船,从来华途径上判断,"一艘自英国东航来华,经过一连串交通繁忙的海港,两舰则西越太平洋而来"[⑤]。大型轮船从公海上航行抵华过程中,一般都要经停大型海港以补充燃煤,否则就要随行煤船,不仅费用更昂,且装煤技术较为复杂,较少采用。在英国政府对中国全面军火禁运的情况下,中国决定向智利购买军舰,驻英公使龚照瑗在光绪二十年(1894)七月二十三日电告李鸿章,小克锡(James Johnstone Keswick)已议购智利二舰,合约画押付款后十天内自智利启程,二十天经菲律宾抵达威海卫或旅顺。[⑥] 然而,仅仅次日智利在日本的外交压力之下,便决定毁约拒售舰船给中国。[⑦]

中国与阿根廷 在智利拒售中国舰艇之后,驻外公使龚照瑗又询到南美五大快船可售,初时仅要价 95000 镑,后即提价至 150000 镑,个舰在英国,可能面临军火禁运之例。至于自阿根廷运驾来华途径主要有两个选择:"其一为硬闯南美洲南端和南极洲之间地球上最险恶之航道,其中包括几如鬼门关的麦哲伦海峡。舰船吨位较轻,或船呀航海技术稍差,都休想有平安通过这航道的机会。其二为先横渡大西洋,然后或沿自欧来华航道东来,或取道南非南端航道东驶。"[⑧]

中国与法国 曾纪泽日记中对中国与英、法之间的航路有着详尽的记载。光绪四年(1878)八月初四日,其上任伊始友人劝之,"过地中海后宜由马塞尔登陆,不宜绕行葡萄牙,险远之境"[⑨]。十月二十九日,曾纪泽由上海出发前往法国,十一月十二到达新加坡,

---

① 《赵尚书奏议》,上海图书馆藏古籍电子文献 T28072-142,第 7673 页。

② 天津图书馆、天津社科院历史研究所:《袁世凯奏议》,天津古籍出版社 1987 年版,第 900 页。

③ 《南洋租船催给租价电报》,盛宣怀全宗档案 031369-16,上海图书馆藏。

④ 《沈瑜庆致盛宣怀电》,盛宣怀全宗档案 040596,上海图书馆藏。

⑤ 马幼垣:《靖海澄疆——中国近代海军史新诠》,台北联经出版社 2009 年版,第 270 页。

⑥ 参见光绪二十年(1894)七月二十三日《寄译署》,载顾廷龙等主编《李鸿章全集(二)·电稿二》,上海人民出版社 1986 年版,第 916 页。

⑦ 参见光绪二十年(1894)七月二十四日《寄译署》,载顾廷龙等主编《李鸿章全集(二)·电稿二》,上海人民出版社 1986 年版,第 917 页。

⑧ 马幼垣:《靖海澄疆——中国近代海军史新诠》,台北联经出版社 2009 年版,第 276~277 页。

⑨ (清)曾纪泽:《曾惠敏公日记》,载《历代日记丛钞》第 91 册,学苑出版社 2006 年版,第 399 页。

十八日抵锡兰岛之巴德夹，停泊在船面及楼舱，后到达哥伦坡。新加坡至巴德夹有5372里，巴德夹至科郎埠234里，二十四日见南岸群山盖阿非利加洲，尾舟已入红海矣。二十五日抵亚丁，科伦埠至亚丁共7332里。三十日至苏爱斯停泊。十二月初一日启碇，行入新开河，法国人雷赛布斯鉴通欧罗巴阿非利加两洲，相连处为河以通舟楫者也，自亚细亚至欧罗巴省却水程20000余里。初二日至（拿波利）波利寨停泊，是为新开河北口入地中海处，地属埃及国。初六日过米新卡纳尔峡中北为意大利，南为昔昔利。初八日至马赛尔口。十二日坐车抵巴黎。[①] 光绪十二年（1886），曾纪泽返回国内，九月十二日正轮启碇，十八日入苏爱斯河，二十四日抵亚宁（丁），十月初四日泊哥龙埠，初九日抵新加坡，十三日入西贡澜沧江口泊而候潮潮至舟行，十八日抵香港，二十三日抵上海。[②]

中国内陆与香港 中国沿海港口开埠之后，远洋轮船抵沪卸货较多。但对于天津港来说，"远洋来船直航天津不能像在上海和福州那样容易获得足够的回程货，因而难以获利"[③]。一般采取先运至香港再由经营中国沿海航运业务的轮船公司，同载其他北销商品运至天津卸货，再开往牛庄和烟台装载回程货物。[④] 香港至新加坡有四到六日水程。[⑤] 光绪十年（1884）六月至十一月，清政府通过洋行及委派人员，赴香港共购买洋枪64408支，各种大炮555尊，水雷、鱼雷等1268枚，鱼雷艇9艘。盛宣怀档案中记载光绪十八年（1892）十月初三日，"沪聶仲翁，瑞生代办小铜帽二百万，由香港运来，已咨总处照汇该行，先照会英领事转照港督"[⑥]。光绪十八年（1892）十月初三日，盛宣怀致电江海关聂道台："瑞生代办小铜帽二百万，由香港运来已咨尊处，恐迟误，祈先照会英领事转照港督。"[⑦] 十月十二日，天津瑞生洋行补海斯德、朱锡康致函盛宣怀，谈及从香港运输铜帽事，"前向卑行购定之大铜帽五百万颗，小铜帽二百万颗，已咨上海道聂观察发专照放行，迄今尚未运到，封河指日勿得延误等因，卑行奉此即又发电至申，赶将现存香港之小铜帽二百万颗及存沪之现货大铜帽二百万颗，先行迅速于封河前装运来津，其余大铜帽二百万颗一俟外洋运到再行禀明宪听也"[⑧]。

五、结　语

近代西洋军火运输来华，受制于当时的地理条件，往往路途遥远，大多经受恶劣的海况考验，不仅运费奇昂，常被中途拦截，损失为巨，且退换货也很难做到。早在元朝时期，中国与南洋和波斯湾地区就有六条定期航线，其中最著名的一条航线叫"广州通海夷道"，

---

① （清）曾纪泽：《曾惠敏公日记》，载《历代日记丛钞》第91册，学苑出版社2006年版，第444～463页。

② （清）曾纪泽：《曾惠敏公日记》，载《历代日记丛钞》第91册，学苑出版社2006年版，第558～559页。

③ Trade Reports，1866年，天津。见吴弘明等译编：《津海关年报档案汇编》（1865～1911）（上），天津社会科学院内部资料，第32页。

④ Trade Reports，1873年，厦门。见厦门市志编纂委员会：《近代厦门社会经济概况》，鹭江出版社1990年版，第110页。

⑤ 参见马幼垣：《靖海澄疆：中国近代海军史事新诠》，（台北）联经出版社2009年版，第213页。

⑥ 《盛宣怀来电存稿》（第三十册），盛宣怀全宗档案003630，上海图书馆藏，第96页。

⑦ 《上游去电》，盛宣怀全宗档案027180，上海图书馆藏。

⑧ 《补海师岱、朱锡康致盛宣怀函》，盛宣怀全宗档案078467，上海图书馆藏。

广州起航，越南海、印度洋、波斯湾、东非和欧洲，途经100多个国家和地区，全长共14000公里，已成为当时世界上最长的国际航线。[①] 仅以距离最短的中日海路为例，足见运输经费之多。光绪三十四年（1908），赵尔巽档案中记载，"据日员四本万二函称，此次川崎船厂三支（炮艇）同时来鄂，所有经费十分浩繁，应请补给停泊费银四万三千五百元，驾驶不足费银一万八千二百八十四元二角四分，余剩煤炭物料价银五千五百四十五元六角五分，开具清单前来，据言实系按照原订合同第三、第四、第五、第七各条办理"[②]。"（职道）详加核算除余剩煤炭物料一项尚不吃亏，查合同第三条内载驾驶各费虽有不足补给之言，然每船原订除保险费外，由日本至上海各费不过五千六百元，又由上海至武昌加费二千九百元，今三船请补不足费每支至七千余元，较原订运费几至一倍，且兵舰此次来鄂接收稍迟，实因选派接收员弁十分慎重，并非无故迟延，其驾驶水手人等除留用外，陆续回日本者十去七八，支销亦不至如此之多，似难援照合同第四第五两条，按日补给停泊费用磋磨至再，四本初允将停泊费一项作为义让，其余则概须全领，统计二项需银二万三千八百二十九元。"[③]"（职道）愚昧，窃不愿承其义让之名，且恐此后炮艇来鄂如期接收，既无所谓停泊之费而补给，驾驶各费属于消耗品类为多，任彼随意开销，转至无从置喙，故拟三项统给二万四千元，暗寓核减三分之二，以为后此磋商地步，此原索六万七千三百余元减为二万四千元之情形也。"[④]"以后三支兵轮，分次驾驶来鄂以资省费，是所两便各情，自是系为彼此有益起见，拟恳俯如所请，并请毋庸派员赴川崎船厂守候验收，炮艇分期到鄂时，随到随收，庶免借口而省靡费，是否有当，伏候。"[⑤]

从军火来源地看，除了前文所述，尚有丹麦、比利时、意大利、荷兰、瑞典等国。从军火接收地看，上海、天津、广州为主要的军火验收转运中心。不仅如此，上海还成为亚细亚地区的军火转运中心。光绪二十一年（1895）二月初十日，总理衙门收到总税务司赫德呈江海关光绪二十年分各结转运军火清册，"窃查上海军火过载一事，所有光绪十九年（1893）分之四结清折业于光绪十九年（1893）十二月二十五日申送在案，嗣据江海关税务司将光绪二十年（1894）分之第一百三十四、三十五、三十六、三十七，四结即自光绪十九年（1893）十一月二十五日起至三十年十二月初五日止，上海转运军火按结造册陆续申报前来。……查上海军火过载，自光绪十九年（1893）十一月二十五日起至二十年十二月初五日止，共有此数"[⑥]。

江海关光绪二十年（1894）分各结转运军火清册[⑦]

结　目	种　类	数　量	出始地	运达地
第134结	洋枪	1箱	中国香港	中国香港

① 参见孙占鳌：《丝绸之路的历史演变》（下），载《发展》2014年第6期。

② 赵尔巽全宗档案543-40-6，中国第一历史档案馆藏。

③ 赵尔巽全宗档案543-40-6，中国第一历史档案馆藏。

④ 赵尔巽全宗档案543-40-6，中国第一历史档案馆藏。

⑤ 赵尔巽全宗档案543-40-6，中国第一历史档案馆藏。

⑥ 《清季中日韩关系史料》第7卷，（台北）"中央研究院近代史研究所"1972年版，第4138～4140页。

⑦ 《清季中日韩关系史料》第7卷，（台北）"中央研究院近代史研究所"1972年版，第4138～4140页。

续表

结　目	种　类	数　量	出始地	运达地
	日本刀	2 把	日本	日本海口
	洋枪	32 支	德国	俄国海口
第 135 结	硫黄	2 箱	中国香港	俄国海口
	枪子	3 箱	德国	俄国海口
	弹子	14 箱	英国	俄国海口
	鎈刀	2 箱	英国	俄国海口
	杂货	3 箱	英国	俄国海口
	洋枪	7 箱	美国	日本海口
	弹子	23 箱	美国	日本海口
	空枪子	1 箱	英国	日本海口
	铜帽	2 箱	中国香港	俄国海口
	枪子	2 箱	中国香港	俄国海口
	洋枪零件	1 箱	日本	日本海口
	猎枪	1 箱	德国	中国香港
	枪子	1 箱	英国	俄国海口
	枪垫	1 箱	英国	俄国海口
第 136 结	枪子	1 箱	英国	中国香港
	鸭绿养	1060 箱	英国	中国香港
	洋枪	2 箱零 1 杆	德国	中国香港
	枪子	1 箱	德国	中国香港
	洋枪	3 杆并零件	美国	俄国海口
第 137 结	白铅	2120 块	英国	中国香港

1873 年轮船招商局由官办改为官督商办之后，经过几年的发展，“不仅拥有了长江和沿海航运的大部分市场，还在菲律宾、泰国设立分局，拓展了南洋运输业务，同时远航英国、日本、新加坡、夏威夷和美国本土”[①]。中国人自己可以远航到世界各地采购军火，尽可能节省了资费。大量西洋军火来华，使中国军队的现代化水平在较短时间内得到了跨越式发展，为有效提升抗御外敌的能力打下了一定基础。不过，最根本的还是要发展本国的军工产业，全靠外购不仅战时受制于人且缓不济急，也不可能采购到最新产品，还对本国军工产业造成无形的压制。甲午战败，时人坦言，大清“皆知识未开，食息无赀，遂至随

① 汤黎：《钦商盛宣怀》，崇文书局 2009 年版，第 61 页。

波逐流,一倡百和,上者深闭固拒,下者铤而走险,充此不治,虽兵精械利,外观有耀而物朽虫生,内患将大,诚可惧也"[①]。中外历史发展的事实告诉人们,不顺应社会发展,做相应的包括军事制度在内的全面变革,而仅着眼在先进武器上,是舍本逐末的行为。最后,先进的外洋军火反而会成为自我埋葬的最佳武器。

作者简介:费志杰,南京政治学院上海校区讲师,中校。

① 《赵尔巽奏稿》,古籍刻本85689,上海图书馆藏,第1页下。

薪火相传:北美中国基督教史研究的学统述评

王德硕

当今学界梳理中国基督教史的学术史大多运用“范式”这个概念。[①] 毋庸置疑,“范式”概念具有很强的解释力,它很好地分析了学术发展的“内在理路”,但“范式”这个概念依然有一定的局限。首先,“范式”概念主要是针对“问题”的研究,而忽视对提出问题的“人”的研究。其次,“人文领域像福柯讲的,常常要回到起点,因为这个领域是不断需要‘脉络化’的,历史一旦‘脉络化’久了,就得去‘脉络化’,因为以前那个‘脉络’是经由某种观念的系统化和条理化,所以就得要你用新的资料、新的观念、把它重新打散,再度组合”[②]。有鉴于此,本文尝试运用“学统”这个概念重新梳理美国的中国基督教史研究。本文主要分为四部分,第一部分尝试建构“学统”这个概念;第二、三部分则运用“学统”概念爬梳美国的中国基督教史研究学术史,分别介绍“哈佛学统”和“耶鲁学统”这两大学统;第四部分是余论,对其他一些“学统”略作介绍。

一、学　统

“学统”这一概念起源于“道统”。“道统”是韩愈仿效禅宗所创,其目的是“排斥佛老,匡救政俗之弊害”。[③] 韩愈的“道统”的谱系是“尧以是传之舜,舜以是传之禹,禹以是传之汤,汤以是传之文、武、周公,文、武、周公传之孔子,孔子传之孟轲。轲之死,不得其传焉”[④]。余英时认为,“道统”一词最早是朱熹的弟子黄幹使用的,他才是后世“道统”观念的正式建立者。[⑤] “学统”概念的出现是由朱熹对“道统”和“道学”进行区分开始的。周公之前,政统和道统是合而为一的,周公之后,二者开始剥离,于是孔子就开创了“道学”来传承“道体”。孟子继承孔子的道学,之后两千多年未得其传,直到宋代周敦颐、二程、张载才

---

① 参见[比]钟鸣旦:《基督教在华传播史研究的新趋势》,马琳译,载《基督教文化学刊》第2辑,人民日报出版社1999年版,第243～284页;王立新:《超越现代化:基督教在华传播史研究的主要范式述评》,载王立新《美国传教士与晚清中国现代化》,天津人民出版社2008年版,第301～318页。

② 葛兆光:《思想史研究课堂讲录续编》,三联书店2012年版,第6～7页。

③ 陈寅恪:《论韩愈》,载陈氏《金明馆丛稿初编》,三联书店2001年版,第321、323页。

④ 韩愈:《原道》,载屈守元、常思春主编《韩愈全集校注》,四川大学出版社1996年版,第2665页。

⑤ 参见余英时:《朱熹的历史世界》,三联书店2011年版,第15页。

重新继续传承道学,朱熹又接续了他们的道学。这就是朱熹和他的弟子所建构的"道学统"。朱熹等人并没有使用"道学统"这一概念,但是朱熹对道学的谱系进行了学术史的书写,这就是《伊洛渊源录》。到了元代,《宋史·道学传》从官方角度将"道学统"的谱系确立下来。直到明代的黄光升才首次使用"道学统"这一概念:

> 伏羲、神农、黄帝,号称三皇,盛德大业被于万世,使天下后世三纲、正九法叙,三圣人之功莫大焉。故尧、舜、禹、汤、文、武相承而为道统,孔子、颜、曾、思、孟相传而为道学统以续其业。[①]

黄光升明确区分了"道统"和"道学统"这两个概念。"学统"的概念也就呼之欲出了。清代熊赐履首次运用了"学统"这个概念,其著有《学统》一书。该书将自先秦到明代的学者按照正统、翼统、附统、杂统和异统进行分类,以确立程朱理学的正统地位。熊赐履没有从尧舜开始排列道统的谱系,而是直接从孔子开始,而后是按照颜子、曾子、子思、孟子、周敦颐、二程、朱熹的谱系进行学统排列。熊赐履的"学统"指的就是"道学统",也就是程朱理学的学统。[②]

到了近代,新儒家也论及"学统",其中的代表人物是牟宗三。牟宗三所讲的"学统"乃是"知识之学",即科学之学统,所以他把中国学统追溯到掌管历法的羲和之官,"学统之成是心灵之智用之转为知性形态以成系统的知识(此即学之为学)所发展成",而道统是"德性之学",就是这个"心灵之智用",所以说,道统开出学统。牟宗三的"政统"一词,意指"政治形态"或政体发展之统绪。[③] 他认为,道统开出政统和学统,政统对应民主,学统对应科学,这两者都是由"道"而来,而"道统"则在中国。牟宗三的"学统"之"学"是更指整个"知识之学"。

邢福增也使用过"学统"这个概念。他说:"中国近代基督教研究的指导中心,不应单纯聚焦于'中国',而应以'基督教'为核心。中国基督教史的研究主体,不仅是西方差会及传教士,也不仅是中西教会人士如何回应中国的冲击,也应该包括基督教会内部的条件和发展因素。笔者暂称之为'中国基督教史学统'。"[④]邢文这里的"学统"概念指的不是"学术统绪",而是"学术旨趣",是指中国特色的基督教史研究方向和方法。2011 年 6 月,在香港浸会大学举办的第七届中国基督教史研讨会上,邢福增在《章开沅教授对中国基督教史研究的贡献》的发言中,再次使用了"学统"这个概念。他认为,某一研究领域之所以受到重视,离不开"学统"的开创,"学派"的建立及"学风"的弘扬。章开沅在"学统""学派"和"学风"三个方面揭开了中国基督教史研究的新章。在学统方面,章开沅首先推动了 1990 年的中国教会大学史研究、基督教的本土化研究和中国基督教史的史料整理研究。[⑤] 此

---

① 黄光升:《昭代典则》卷七,北京大学出版社 1993 年版,第 688 页。

② 参见(清)熊赐履撰,徐公喜、郭翠丽点校:《学统》,凤凰出版社 2011 年版,第 17 页。

③ 参见牟宗三:《略论道统、学统、政统》,载牟宗三《生命的学问》,广西师范大学出版社 2005 年版,第 50～60 页。

④ 邢福增:《近代中国基督教史的研究趋向——以美国及台湾地区为例》,载任继愈《国际汉学》第 12 辑,大象出版社 2005 年版,第 221 页。

⑤ 参见黄文江、郭伟联、刘义章:《法流十道:近代中国基督教区域史研究》,(香港)建道神学院 2013 年版,第 814～815 页。

时，邢福增的“学统”概念开始具有“学术统绪”的意思。

本文的“学统”不是讲某一学说或者某一学派，既非熊赐履所讲的“道学”，也非牟宗三所讲的“科学”，而是一个相对抽象的概念，是指任何一种学问起源及传承而产生的统绪，这个统绪就是一个系谱，从中可以窥见其流变。“统”有“起源”和“传承”两层含义。“学统”就要追寻学术是如何产生的，哪些学者起了重要的作用，然后追寻他们的学术是如何流传下去的，在流传中有什么变化等等问题。

运用“学统”概念，首先就要追根溯源，要探究是什么因素导致了学术的发生，是哪些人首先开始的。一种学术的开端，往往不是一个人之力，而是一个群体，这个群体之中往往有一两个重要人物。例如，对于中国学术的起源，就有一种说法是“诸子出于王官”。对于北美的中国基督教史研究，这个源头就是传教士群体，传教士关于自身的记录和思考就成为研究的滥觞。其次，学术是讲究传承的。学统就是学术传承的谱系。学术传承有两种现象，一种笔者称之为“双重传承”，就是不但有师承关系，就在学术思想和方法上也传承了其师。比如说，从卫三畏(Samuel Wells Williams)到毕海澜(Harlan Page Beach)再到赖德烈(Kenneth S. Latourette)之间的传承，他们不但有师承关系，而且他们的治学方法也是一以贯之的。另一种笔者称之为“单重传承”，其中又分为两种情况，第一种情况笔者称之为“祖述现象”和“私淑现象”。

“祖述”出自《中庸》“仲尼祖述尧、舜，宪章文、武”，朱熹注曰“祖述者，远宗其道”①。所以祖述就是述祖，比如说道统说，其谱系是“尧—舜—禹—汤—文王—武王—周公—孔子—子思—孟子—周敦颐—二程……”，周公和孔子隔了五百年，宋代的二程与孟子更是没有任何的师承关系，但是宋代的大儒认为自己在精神内核上直承“思孟”。

“私淑”出自《孟子・尽心上》：“君子之所以教者五：有如时雨化之者，有成德者，有达财者，有答问者，有私淑艾者。”朱熹注曰：“私，窃也。淑，善也。艾，治也。人或不能及门受业，但闻君子之道于人，而窃以善治其身，是亦君子教诲之所及。”②《辞源》中说：“未得身受其教而宗仰其人为私淑。”因此，我们把那种未亲自受业的学生称为“私淑弟子”。孟子也说：“予未得为孔子徒也，予私淑诸人也。”③私淑就是指没有严格的师承关系，但是在治学理念上有所继承。

祖述现象和私淑现象的出现说明学统的传承并非是连续的，往往是间断的。

第二种情况就是有师承关系，但是在治学方法上进行了发展，当然是在继承中发展的。比如柯文是费正清的弟子，但是在治学理念上发展了费正清的理论体系。这种现象笔者称之为“代际转向”。

“代际”这个概念被广泛运用在心理学、社会学和环境科学之中。所谓的“代”指的是一定社会中具有大致相同年龄和类似社会特征的人群，具有自然和社会两重性。在学术史领域，学者也往往按照自然性形成不同的“代”。每一代也往往因为不同的内在理路和外在语境的制约而具有自己的特征，从而具有社会性。学者的代际之间会有传承，也会有

① (宋)朱熹撰，徐德明校点：《四书章句集注》，上海古籍出版社2001年版，第43页。

② (宋)朱熹撰，徐德明校点：《四书章句集注》，上海古籍出版社2001年版，第427～428页。

③ (宋)朱熹撰，徐德明校点：《四书章句集注》，上海古籍出版社2001年版，第348页。

转向。学统也就是由不同的代际所形成的谱系。哈佛学统的传承的一个重要特征就是"代际转向"。所谓的"代际转向"是指后一代的研究旨趣、研究方法和理论范式等与前一代相比发生了明显的变化,也是后一代学者突破前一代学者而进行的创新过程。美国的中国史研究领域,这个转向就是由"西方中心观"到"中国中心观"再到"以人中心"的过程。代际转向涵盖了范式转移这个概念,是融合学统和范式转移而产生的概念。

二、耶鲁学统

自1830年美国传教士利亚·科尔曼·布里奇曼(Elijah Coleman Bridgman)和雅裨理(David Abeel)抵达中国,从某种意义上来说,美国对中国基督教史的研究就已经开始了。最初研究中国基督教史的大都是在华传教士和外交官。直到1877年,卫三畏被聘为耶鲁大学首任汉学教授,中国基督教史的研究才开始进入学院研究的范畴。在美国的学院研究体系下,中国基督教史的研究主要形成了耶鲁学统和哈佛学统这两大系谱。

耶鲁学统由卫三畏开启帷幕,至今已历七代。卫三畏是一个传教士,后来做外交官,最后成为耶鲁大学的第一任汉学教授。耶鲁学统就是以卫三畏身份转型的形式开端的。卫三畏之后,其子卫斐列(Frederick Wells Williams)和学生毕海澜成为耶鲁学统的第二代学人。卫斐列和毕海澜有一位共同的弟子是赖德烈。赖德烈是耶鲁学统的第三代学人,他对中国基督教史的研究达到一个高峰。赖德烈所培养的众多弟子成为耶鲁学统的第四代群体,其中代表人物是贝德士(Miner Searle Bates)、林德贝克(Jonh M. H. Lindbeck)和莫菲特(Samuel Hugh Moffett)。耶鲁学统从第五代开始式微。1959年,受教于哈佛大学的芮玛丽开始执教耶鲁大学,其弟子史景迁(Jonathan Spence)延续了耶鲁学统,成为第五代传人。史景迁的弟子唐日安(Ryan Dunch)是耶鲁学统第六代的传人,唐日安的学生鲁大伟(David Nanson Luesink)则可以视为正在成长的第七代学人。下面笔者将介绍每一代学人对中国基督教史研究的贡献,并总结耶鲁学统的特征。

(一)第一代

卫三畏对中国基督教史研究的主要贡献在《中国总论》的第十九章《中国人之中的基督教会》。这是一部关于中国基督教的通史。卫三畏借鉴娄理华在《秦国之地》中的分期方法把中国基督教史按照教派分为三期。第一期是景教在华的历史(505～845),卫三畏考证了景教入华的时间,介绍了景教碑和武宗灭佛后景教的余绪;第二期是天主教在华的历史(1246～1881)。这又分为三个阶段:第一阶段是元代天主教入华(1246～1368),主要记述了孟高维诺及继任者在中国传播的景况①。第二个阶段是明末清初天主教来华(1582～1736),从利玛窦在肇庆有了立足之地开始算起直到雍正皇帝之死为止。按照利玛窦—龙华民—汤若望—南怀仁的谱系进行叙述,着墨最多的是礼仪之争。第三阶段是雍正皇帝的禁教谕旨到出版该书的年份(1724～1881),这一阶段清政府对天主教的政策是从禁教到被迫弛禁。最后,卫三畏论述了天主教传播的第二、三阶段的传教方法和传教特点。第三期是新教入华

① 参见 Samuel Wells Williams, *The Middle Kingdom*, vol. ii, New York: Charles Scribner's Sons, 1883, p. 289; [美]卫三畏:《中国总论》,陈俱译,上海古籍出版社 2005 年版,第 786 页。

的历史(1807～1881),主要记述了从马礼逊来华到1881年新教在华的活动,其中医疗、教育、圣经的翻译和清政府对基督教的政策是其重点。卫三畏的这部作品是对娄理华的著作的继承和发展,卫三畏对娄理华的分期法作了修正,同时也开创了耶鲁学统的通史传统。其后,毕海澜、赖德烈、贝德士和莫菲特都写过中国基督教通史。

(二)第二代

毕海澜1878年毕业于耶鲁大学,曾受教于卫三畏学习汉语。1883年,毕海澜夫妇作为传教士来华,在通州传教,1890年回国。1901年,他获得耶鲁大学荣誉硕士学位。1905年,毕海澜成为耶鲁大学神学院首个宣教学教授,任此职位直到1921年。[①]

毕海澜关于中国基督教史的著作是《"唐山"的黎明——在华传教事业》。该书共有八章,前四章介绍了中国的地理、历史和中国人的性格等方面。从第五章开始介绍中国的宗教,后半部分开始提到基督教在中国的历史,第六章介绍了新教在中国的传播情况,第七章介绍了新教在中国的事工,第八章展望了基督教在中国的未来。关于基督教在华史的篇幅大约有70页,是全书内容(全书正文151页)的一半。

毕海澜的中国基督教史研究继承和发展了卫三畏的研究。首先,在分期问题上,毕海澜与卫三畏的分期方法是一致的,但是也有所调整。毕海澜将天主教在华的历史分为两期:第一期是元代孟高维诺开启的传教时期;第二期是明代沙勿略开启的传教时期,直到当下。[②] 其次,毕海澜的研究中加入了东正教在华的历史,虽然仅仅有半页的篇幅,但这是首次把东正教纳入基督教在华的通史叙述中。[③] 第三,毕海澜对新教在华的历史提出了一系列的问题意识,这与卫三畏评论式的叙述是不同的。毕海澜提出的问题有:战争与宣教的关系,传教士的传教策略,传教士的地理分布状况,传教士在华从事的事工及功效,等等。第四,毕海澜注意到了中国本土教会的兴起。他认为,本土教会的出现是福音传播的必然结果,但是它们的正统性和活动则依赖基督教在中国的未来。[④]

卫斐列是卫三畏的儿子,1879年毕业于耶鲁大学,从1893年开始,卫斐列开始在耶鲁大学教授历史。1900年,卫斐列成为耶鲁大学的近代东方史助理教授,这是美国的第一个东方史教授职位。卫斐列的研究重点在于东亚的政治史和外交史,而非在中国基督教史研究领域。在远东的历史研究刚刚进入美国学院研究的视野之时,政治史和外交史首当其冲也是不足为怪的。卫斐列虽是雅礼协会的主席,但他本人并未成为来华传教士,所以他对基督教在中国的历史不感兴趣也是能够理解的。代表卫斐列研究中国基督教史的著作是《卫三畏的生平与书信》,该书不过是其为乃父编纂的传记,其中大部分的内容是卫三畏和其友人之间的来往书信,所以该书具有很高的史料价值。

耶鲁学统第二代的代表人物是卫斐列和毕海澜。他们对中国基督教史的研究虽然没有取得很辉煌的成果,但也是耶鲁学统中极为重要的一环,起到承上启下的作用。

---

① Gerald H. Anderson ed., *Biographical Dictionary of Christian Missions*, Macmillan Reference USA, 1998, pp. 49-50; Martha Lund Smalley, *Guide to the Beach Family Papers*, Yale University Library, 2010, p. 4.

② Harlan Page Betch, *Dawn on the Hills of T'ang, or Missions in China*, New York: Student Volunteer Movement For Foreign Missions, 1898, pp. 84-85.

③ Ibid., pp. 93-94.

④ Ibid., pp. 127.

(三)第三代

赖德烈 1905 年入读耶鲁大学,受教于卫斐列。1906 年,赖德烈从耶鲁毕业,获得文学学士学位,主修历史。1907 年,赖德烈又获得硕士学位。1909 年,赖德烈在卫斐列的指导下完成博士论文《中美早期关系史》(1784~1844)。1910 年,赖德烈作为雅礼会的传教士来华,1912 年因为身体原因回国休养。1921 年,毕海澜退休,赖德烈到耶鲁大学接替他的宣教学教席。1927 年,赖德烈又接替卫斐列的东方史教席。

赖德烈研究中国基督教史的代表著作就是《基督教在华传教史》,这是一部关于中国基督宗教的通史。在该书中,赖德烈提出了自己独特的基督教在华史的分期法——以基督教对中国文化的冲击度为中心。这个分期法的主要观点如下:元代及之前,基督教对中国文化影响甚微,自 16 世纪以来,基督教的影响慢慢增大,直到 19 世纪中国文化尚能保持一个完整的状态,但是到 19 世纪最后几年,中国文化在基督教的冲击下开始瓦解并重整。[①]《基督教在华传教史》是中国基督教史研究学术史上的第一座高峰。

(四)第四代

赖德烈在耶鲁任教 40 多年,培养了一大批学生,这些学生构成了耶鲁学统的第四代群体。其中以林德贝克、莫菲特和贝德士为主要代表人物。

林德贝克,1915 年出生于中国河南,其父母是在华传教士。后来到美国接受教育,先后在哈佛大学和密歇根大学学习,1948 年,林德贝克在耶鲁大学获得博士学位,其博士论文的题目是《美国传教士与美国对华政策》(1898~1901)。1949~1952 年,林德贝克在耶鲁大学任远东研究助理教授。1952~1958 年,他在美国政府任中国事务顾问。1959 年,林德贝克受费正清邀请到哈佛东亚研究中心任副主任,他主要与基金会和学界广泛联系,对东亚研究中心厥功甚伟。1967 年,林德贝克离开哈佛到任哥伦比亚大学东亚研究所主任,直到 1971 年 1 月 9 日去世。[②]

莫菲特,1916 年生于朝鲜平壤,其父是美国长老会派驻平壤的美国传教士,莫菲特 18 岁后在美国接受大学教育,1945 年在耶鲁大学获得博士学位,师从赖德烈。毕业后应邀前往燕京大学任教,直到 1951 年离开中国。1955 年,他作为传教士重返亚洲,在韩城长老会神学院担任教务长,凡 26 年之久。1981 年任普林斯顿神学院亨利·鲁斯讲座教授,直到 1987 年退休。晚年写作两卷本的《亚洲基督教史》,承续了耶鲁的通史传统。[③]

贝德士也是赖德烈的学生。1933 年,贝德士到耶鲁大学攻读博士学位,曾获得赖德烈的指导。不过贝德士此时研究的方向并不是中国基督教史,而是中国秦汉史。1935 年,贝德士完成其博士论文《B. C. 221-B. C. 88 的中国历史》。1950 年之前,贝德士发表的

---

① 参见拙文《英语学界对中国基督史分期问题考述》,载《基督教学术》第 13 辑,上海三联书店 2015 年版,第 294~305 页。

② A. Doak Barnett, "John Lindbeck: A Memorial," in *The China Quarterly*, vol. 45,(March 1971), pp. 155-156; [美]薛龙:《哈佛大学费正清中心 50 年史》,路克利译,新星出版社 2012 年版,第 13~14 页。

③ 参见[美]莫菲特:《亚洲基督教史》上卷,中国神学研究院中国文化研究中心译,(香港)基督教文艺出版社 2000 年版;《亚洲基督教史》(下卷),2012;Robert Benedetto, New Korea Collection Dedicated, *Luce Libraly Bulletin* News of Special Collections, Princeton Theological Seminary Libraries, vol. 2, no. 2,(Fall 2005),p1; Alan Neely, "Moffett, Samuel Austin," in Gerald H. Anderson ed., *Biographical Dictionary of Christian Missions*, p. 465.

中国基督教史的著作和论文并不多，而且篇幅不大。主要有《基督教与共产主义》(该书在1933年被翻译成中文，由基督教广学会出版)、《差会与远东文化的关系》(1942)、《教会事业分布资料》(1943)、《中国教会和世界教会》(1945)。[①] 这些成果基本上还处于业余研究的阶段。贝德士当然是学院派的学者，他曾在牛津、耶鲁受过专门的史学训练，但是他当时的史学研究方向不在中国基督教史。1920～1950年间，他在中国的主要身份是教育传教士，以上这些成果不是专门的学术研究，而是类似工作报告。1950年，贝德士离开中国金陵大学返回美国，此后一直在纽约协和神学院担任教会史等课程的教授，并开始研究与讲授中国基督教史，直到1965年退休。在纽约神学院的这15年，弥补了贝德士在神学素养方面的缺陷，同时他参加了哥伦比亚大学东亚研究所的讨论课程，深化了对中国社会、历史和文化的系统理解，可以认为，这两方面的进步使贝德士成为当时少数最优秀的中国基督教史的专家之一。[②] 1965年退休后，贝德士开始撰写《基督徒奋进在中国社会》(1900～1950)，可惜天不假年，直到1978年秋猝然病逝也未完成，成为"巨大的流产"。[③] 这部未竟的著作其实是接续赖德烈的中国基督教通史，并代表了贝德士研究中国基督教史最高水平，也是他承续耶鲁学统的明证。

贝德士没有写完的通史著作有很大的象征意义。首先，它预示了一个时代的结束，由于史料的剧增，系统而详细的通史著作不可能由一个人来完成。贝德士反对的小题目研究成为后来研究的主流。其次，它也预示了耶鲁学统的式微。贝德士之后，耶鲁学统后继乏人。从卫三畏开始，耶鲁学统一直有从非学院研究向学院研究转型的基因。卫三畏、毕海澜、赖德烈、林德贝克、莫菲特、贝德士等都有在中国传教的经历，然后再回到美国的学院任教。从贝德士这一代起，到中国宣教的时代已经结束了，耶鲁学统的式微与此也有关系。

(五)第五代

从第五代开始，耶鲁学统走向式微。此时哈佛学统开始形成，并且逐渐成为中国基督教史研究的重镇。1959年，受教于哈佛大学的芮玛丽开始执教耶鲁大学，其弟子史景迁继续延续了耶鲁学统。

史景迁的著述很多，是一位中国学大家。但是在中国基督教史研究领域，史景迁是一位边缘人物，他的《利玛窦的记忆之宫——当西方遇到东方》(1984)和《胡若望的困惑——18世纪中国天主教徒法国蒙难记》(1987)这两本著作涉及这一领域。[④] 这两本书的问题意识是一致的，都是探讨东西方的相遇问题。

《利玛窦的记忆之宫》以全球史的视角来建构利玛窦这个西方人眼中的"东方"。《胡若望的困惑之旅》则展示了东方人眼中的"西方"。后来，史景迁又写了一篇《黄嘉略的巴黎岁月》[⑤]，也是基于这个问题意识。史景迁接续了耶鲁学统，现在成为耶鲁大学汉学研

---

① 参见章开沅：《贝德士文献研究》，广西师范大学出版社2011年版，第54～81页。

② 参见章开沅：《贝德士文献研究》，广西师范大学出版社2011年版，第83页。

③ 参见章开沅：《贝德士文献研究》，广西师范大学出版社2011年版，第3～4、85页。

④ 参见[美]史景迁：《利玛窦的记忆之宫——当西方遇到东方》，陈恒、梅义征译，上海远东出版社2005年版；[美]史景迁：《胡若望的困惑——18世纪中国天主教徒法国蒙难记》，吕玉新译，上海远东出版社2006年版。

⑤ 参见[美]史景迁：《中国纵横：一个汉学家的学术探索之旅》，夏俊霞等译，上海远东出版社2005年版，第3～20页。

究的掌门人。史景迁的学术基因里还是有耶鲁学统的通史传统,这表现在他的《追寻现代中国》,该书是一部关于中国从明末到现代四百年的通史。史景迁也受教于芮玛丽,其学术上也带着哈佛学统的基因。在他的作品里,也能找到"冲击一回应论"的影子。史景迁可以算是耶鲁学统的第五代学者,他对耶鲁学统的另一大贡献就是培养了下一代的学者,其中最有影响力的是唐日安。

(六)第六代

唐日安1987年毕业于澳大利亚国立大学,获得学士学位,从事的方向是亚洲研究。同年,他在加拿大的卑诗大学获得硕士学位。1996年在耶鲁大学获得博士学位,其导师就是史景迁。唐日安现在是加拿大阿尔伯特大学的副教授。2001年,唐日安获得加拿大社会科学和人类学委员会的资助,开展了一项"阅读晚清传教士的现代性"的研究,目前他已经整理了1800～1911年中文的传教士著作的数据库。

唐日安是专门从事中国基督教史研究的学者,也是当代北美学界中国基督教史研究的中坚力量。唐日安关于中国基督教史的代表作是《福州新教徒与现代中国的形成》(1857～1927)。[①] 据笔者不完全统计,迄2012年,唐日安共发表11篇论文,分别是《今天中国的新教:脆落、碎片和蓬勃发展》《教会学校和现代性:福州的英华书院》《超越文化帝国主义:文化理论、基督教差会和全球现代件》《1901～1911年福建的基督教派革命者》(中英文)、《关于中国和基督教》《基督教及其对社会主义的适应》《1920年之前基督教高等教育中的科学、宗教和经典》《基督教化的儒家规训:为女性出版的新教出版物》《自治教会和宗教自由问题》《祖国母亲:中国女性基督徒的皈依、教育和观念》(1870～1930)《中国基督教》。[②] 唐日安在学统系谱上属于耶鲁学统的第六代的传人,但是他其实受到哈佛学

---

① Ryan Dunch, *Fuzhou Protestants and the Making of a Modern China, 1857-1927*, New Haven: Yale University Press, 2001.

② "Protestant Christianity in China Today: Fragile, Fragmented, Flourishing," in *China and Christianity: Burdened Past, Hopeful Future*, edited Stephen Uhalley, Jr. and Xiaoxin Wu (Armonk, NY: M. E. Sharpe, 2000), 195-216;"Mission Schools and Modernity: The Anglo-Chinese College, Fuzhou," in *Education, Culture, and Identity in 20th Century China*, edited Glen Peterson, Ruth Hayhoe, and Yongling Lu (Ann Arbor: University of Michigan Press, 2001), 109-136;"Beyond Cultural Imperialism: Cultural Theory, Christian Missions, and Global Modernity," *History and Theory* 39:3 (2002), 301-325;"Protestant Revolutionaries in Fujian, 1901-1911," Asian Profile 31:5 (2003), 361-373;《1901至1911年福建的基督教派革命者》,林启彦、李金强、鲍绍霖:《有志竟成:孙中山、辛亥革命与近代中国》,香港浸会大学人文中国学报编辑委员会,2005, pp. 221-235;"On China and Christianity." Special Forum: Reflections on Paul A. Cohen's Contributions to Chinese Historical Studies, The Chinese Historical Review 14. 2 (Fall 2007);"Chapter Six: Christianity and 'Adaptation to Socialism'." In *Chinese Religiosities: Afflictions of Modernity and State Formation*, edited Mayfair Yang, 155-178. Berkeley: University of California Press, 2008;"Christianizing Confucian Didacticism: Protestant Publications for Women, 1831-1911." Nan Nü: Men, *Women and Gender in China* 11:1 (2009), 65-101;"Science, Religion, and the Classics in Christian Higher Education to 1920." In *China's Christian Colleges: Cross-Cultural Connections, 1900-1950*, edited Daniel H. Bays and Ellen Widmer, 57-82. Stanford: Stanford University Press, 2009;"Autonomous Churches and the Question of Religious Freedom." In *Handbook of Oriental Studies: Christianity in China, Volume Two, 1800-present*, edited R. G. Tiedemann, 882-829. Leiden: Brill, 2010;"'Mothers to Our Country': Conversion, Education and Ideology among Chinese Protestant Women, 1870-1930." In *Gender and Christianity in China*, edited Jessie G. Lutz, 324-350. Bethlehem, Pennsylvania: Lehigh University Press, 2010;"Chinese Christianity." In *The Wiley-Blackwell Companion to Chinese Religions*, edited Randall L. Nadeau. Oxford: Blackwell, 2012.

统的影响更深。他的博士论文的选题也深受中国中心观的影响，研究的是中国本土基督教徒，这属于哈佛学统第二代学人开创的研究领域。唐日安对中国基督教史研究的另一个贡献是在《超越文化帝国主义：文化理论、基督教差会和全球现代性》一文中提出了“全球现代性(Global Modernity)”这个概念。文化帝国主义是帝国主义话语的一个变种，成为解释近代基督教传教运动的一个有影响力的概念，其根源还是西方冲击论。唐日安在该文中首先分析了文化帝国主义这个概念在不同学科中的使用及对其的批评，然后讨论了文化帝国主义在传教史领域的运用情况，并探讨了“殖民意识”这个概念。第三部分将目光转入中国，指出文化帝国主义这个概念如何深深地影响了中国基督教史的书写。由于中国史学界长期将传教运动视为帝国主义的文化侵略，所以民族主义的目的论叙事成为中国基督教史书写的显著标志。在结论部分，唐日安提出了“全球现代性”。他认为，传教运动是“全球现代性”的一个元素，而全球现代性既改变了西方社会也改变了非西方社会。这样他就将传教运动置于全球化的视野之中，既没有以西方为中心，也没有以中国为中心，体现了一种“去中心化”的特征。

(七)第七代

唐日安的弟子可以视为耶鲁学统第七代的传人，其中一位是鲁大伟。鲁大伟研究的主要方向是医学史。其硕士论文题目是《中国的基督徒医生：齐鲁大学医学院毕业生的专业主义和奉献精神》(1917～1980)。[①] 该文主要的问题意识是探讨道德力量和专业精神对教会大学毕业生的形塑作用。该文的问题意识深受中国中心观的影响，也深受医疗社会史兴起的影响。鲁大伟的博士论文题目是《解剖的现代性：中国医疗语言中的解剖学和权力》。[②] 该文的核心问题意识是以解剖学为例探讨科学现代性是如何在20世纪初的中国被确立为一种新的正统的世界观的。解剖学术语之争在传教士医生和中国本土精英医生之间展开，而居中调停的是江苏教育协会的成员以及青年会的领袖余日章，其中最出色的是汤尔和，他是留日的医生，也是政府议员。他的主要贡献是推动解剖法规的颁布、规范解剖学术语、与商务印书馆合作翻译编著教科书等。该书展示了解剖学术语之争背后的权力之争。

以上简要爬梳了耶鲁学统的谱系。耶鲁学统是最早形成的研究中国基督教史的学统，并且它一直传承至今。耶鲁学统可以分为两个阶段，第一代到第四代为第一阶段。在第一阶段，耶鲁学统具有两个明显的特征：第一，在治学方法上耶鲁学统具有明显的通史传统；此时，耶鲁学统是研究中国基督教史的中心。第二，在学者身份上，耶鲁学统的学人大多是由在华传教士转型而来。从第五代至今是耶鲁学统的第二阶段。在第二阶段，耶鲁学统的两大特征开始变得不明显，一是因为中国基督教史料剧增，以一己之力难以完成大部头的通史著作，二是因为1950年代之后，对华宣教运动结束。在这一阶段，耶鲁学统开始受到哈佛学统的影响。

---

① David Luesink, "*Christian physicians for China: The professionalism and self-sacrifice of Cheeloo medical graduates, 1917-1980*," University of Alberta (M. A.), 2004.

② David Luesink, "*Dissecting Modernity: Anatomy and Power in the Language of Science in China*," The University of British Columbia (Ph. D), 2012.

三、哈佛学统

哈佛学统是费正清开创的,其标志就是1955年哈佛大学东亚研究中心的创立。在费正清之前,哈佛学统就开始奠基。20世纪50～60年代是哈佛学统的开创时期。20世纪60～80年代是哈佛学统的鼎盛时期。20世纪80年代之后,哈佛学统开始进入转型时期。下文将爬梳哈佛学统的系谱并总结哈佛学统的特点。

(一)奠基时期

当耶鲁学统形成并开始成为中国基督教史研究的主流之时,哈佛学统处于奠基阶段。费正清,1907年出生于美国南达科它州,1927年进入哈佛大学,1929年获得罗德奖学金,赴英国牛津大学进行汉学研究。苏慧廉(William E. Soothill)成为费正清的导师,开始教授费正清汉语。由于费正清的研究方向是中国的海关史,苏慧廉便介绍费正清认识马士(Hosea Ballou Morse)。马士对费正清的影响很大,费正清说马士是“一位精神上的父亲,或者可以说是精神上的祖父”①。苏慧廉和马士就成为哈佛学统的奠基人。

苏慧廉是一位英国来华传教士,1882年到温州宣教。1907年应李提摩太之邀赴山西大学任西斋总教习。从1920年开始,苏慧廉被聘为牛津大学第三任汉学教授,直到1935年去世。苏慧廉的汉学著作宏丰,但是关于中国基督教史的却只有《李提摩太在中国》(*Timothy Richard of China*)和《晚清温州记事》(*A mission in china*)这两本传记性质的书。

马士,1874年毕业于哈佛大学,随后进入中国海关任职,直到1909年退休。马士退休后,开始写作《中华帝国对外关系史》,1918年写成。该书是一部晚清的外交史。马士在该书中带有极强的“西方中心观”,这主要表现在两个方面:第一,马士认为,从鸦片战争到辛亥革命的历史都是在西方的冲击下发生的,中国的历史不过是西方历史在中国的延伸;第二,马士在该书中使用了大量的英文材料,包括英国外交部的档案,但是没有使用任何中文材料。这一方面是因为他没有机会看到中国的官方档案,另一方面也是由于其“西方中心论”的傲慢使然。他说:“我们可以假想即使我们能够看到原档,也未必能使我们对于所研究的问题增加多少新的了解。”②这种观点可以称为“西方冲击论”,费正清继承了马士的观点,并加以修正,提出了著名的“冲击—回应论”。

(二)开创时期

1955年,哈佛大学成立东亚研究中心,费正清担任中心主任。更为重要的一点是哈佛大学东亚研究中心有博士项目,这样就培养了大批的研究中国学的人才。开创时期主要的代表人物是费正清及其早期的弟子刘广京,他们也就成为哈佛学统的第一代。

费正清和刘广京对中国基督教史研究的主要贡献有以下几个方面:

第一,将基督教在华传教史内容纳入中国学研究的范畴。费正清发展了马士提出的

① [美]费正清:《费正清对华回忆录》,陆惠勤等译,上海知识出版社1991年版,第22页。

② [美]马士:《中华帝国对外关系史》第1卷,张汇文等译,商务印书馆1963年版,原序第1页;Morse, Hosea Ballou. *The International Relations of the Chinese Empire*. *vol.* 1. Longmans, Green, and Company, 1910, p. viii.

"西方冲击论",提出了"冲击—回应论",西方的冲击不仅仅局限于军事、政治和经济领域,文化领域的冲击也是显而易见的,承载文化冲击的就是西方传教士。这样,关于在华传教士及其在华开创的教育、医疗、慈善等等事业的研究就被纳入研究视野。1968 年,费正清在当选美国历史学会主席时的演讲《七十年代的任务》中也极力呼吁加强对传教史的研究。

第二,编辑资料。1950 年,费正清和刘广京以哈佛燕京学社的中日文图书馆馆藏为依托,整理了 1067 部著作的详细目录之后,合编了《近代中国:中文著作书目指南,1898~1937》[①],1963 年,刘广京又独自编写了一本《美国人和中国人:历史论文和参考书目》[②]。这两本书成为西方学者研究中中国基督教史不可或缺的参考书。

第三,组织会议。从 1970 年开始,费正清和刘广京开始筹备关于中国基督教史研究的首次学术研讨会,经过两年的筹备工作,1972 年,这次会议在墨西哥的库埃纳瓦卡召开。1974 年,该会的会议论文集《在华传教事业与美国》出版。

第四,培养学生,开创学统。东亚研究中心培养了许多这方面的博士,他们就构成了哈佛学统的第二代。费正清对中国近代史研究的方向有比较全盘的构想,因此他往往向他的研究生建议具体的博士论文题目,而且在论文撰写的各阶段,他也很尽心地提示意见。[③] 费正清的弟子和再传弟子中从事过中国基督教史研究的有柯文、菲利普斯、韦斯特、小海亚特、傅沙士(Sidney Alexander Forsythe)、龙夫威、瓦伦丁、邵玉铭(Shaw Yu-ming)、白威淑珍(Suzanne Wilson Barnett)、裴士丹(Daniel Bays)等人,他们构成了哈佛学统的第二代,也使得哈佛学统进入鼎盛时期。

(三)鼎盛时期

20 世纪 60~70 年代是哈佛学统的鼎盛时期。第二代的学者群体中有的继续沿着费正清开创的研究框架深入研究,是为"传承"。有的开始扩展这个研究框架,提出了"冲击—回应论"的理论变种,是为"变化"。有的开始反思西方中心观的合理性,抛弃了这一框架,提出了"中国中心观",这运用在中国基督教领域,就是重视本土教会和信徒的研究,重视草根阶层传教士和基督徒的研究,重视区域基督教研究,是为"转向"。"传承—变化—转向"就构成了哈佛学统代际转向的内在理路。

1. 传承

在"冲击—回应论"的框架之下,哈佛大学的研究生首先研究的领域是在华差会、传教士和他们的在华设立的事业、传教士和外交政策等问题。在评价传教士的事业对中国的影响时,他们认为西方的冲击成为中国传统发展的动力,西方促进了中国的现代化,这就是"传统—现代"的解释模式。

属于传承层面的研究论文有杜斯(Peter Duus)发表于 1956 年的《科学与拯救:丁韪

---

① John K. Fairbank and Kwang-ching Liu, *Modern China: A Bibliographical Guide to Chinese Works*, 1898-1937, Cambridge, Mass.: Harvard University Press, 1950.

② Kwang Ching Liu, *American and Chinese: A Historical Essay and A Bibliography*, Harvard University Press, 1963.

③ 参见余英时:《费正清与中国》,载[美]费正清著,黎鸣、贾玉文等译《费正清自传》,天津人民出版社 1993 年版,第 599 页。

良的生平与工作》(1827～1916)、罗伯特·佩特发表于1960年的《谢卫楼和华北协和大学的成立》[①]、陈祉云(Chen Chi-yun)发表《梁启超与"传教士教育":一项传教士对改革者影响的个案研究》[②]、玛丽莲·布拉特(Marilyn Blatt)的《在华传教士问题——卢公明》和石约翰(John Schrecker)的《皮瓦特:一个在华传教士》(1907～1926)。[③] 属于传承层面的博士论文和著作有菲利普斯的《清教美国和异教世界:美国公理会的前五十年》(1810～1860)[④]、韦斯特的《燕京大学的中西关系》(1916～1952)[⑤]和白威淑珍的《实用福音:新教差会和西方文明引进中国》。[⑥]

2. 变化

费正清的"冲击—回应"理论是对马士的"西方冲击论"发展。"冲击—回应论"又成为为下一次代际转向的逻辑起点。

第一种变化是从冲击回应的主体着眼的。这就是不但看到西方冲击、中国回应的一面,也看到中国冲击、西方回应的一面,这就是双向"冲击—回应"论。中国对传教士的冲击主要表现三个方面:中国文化、中国的民族主义和中国的共产主义运动。属于这种变化的研究成果有1960年芮韦斯(William Reeves,Jr)的《中美医学合作:湘雅的起源》(1902～1914)[⑦]、1961年路康乐(Edward J. M. Rhoads)的《岭南对中国民族主义的回应:沙基事件》(1925)、[⑧]1961年巴特菲尔德(Fox Butterfield)的《传教士眼中的中国共产党》(1936～1939)[⑨]和1976年小海亚特的《我们命定的忏悔生活:19世纪山东东部的三个美国传教士》。[⑩]

第二种变化是从西方冲击的作用着眼的。其认为西方冲击是中国近代社会崩溃,难以发展的主因,这就是"帝国主义模式",这个模式首先是从经济史角度切入的,其受到共产主义阵营史学思想的影响。帝国主义模式在后现代主义的影响下继续发展成为"文化

---

① Liu Kwang-Ching, *American Missionaries in China: Papers from Harvard Seminars*, Cambridge, Mass: Harvard University Press., 1970, pp. 11-35, 42-84.

② Chen Chi-yun,"Liang Ch'i-Ch'ao, Missionary Education: A Case Study of Missionary Influence on The Reformers," *Papers on China*, vol. 16,1962.

③ Marilyn Blatt,"Problems of A China Missionary—Justus Doolittle", *Papers on China*, vol. 12, 1958; John Schrecker, Watts O. Pye,"Missionary to china,1907-1926," *Papers on China*, vol. 13,1959.

④ Clifton Jackson Phillips, *Protestant America and the Pagan World: The First Half Century of the American Board of Commissioners for Foreign Missions, 1810-1860*, Cambridge: Harvard University Press, 1969.

⑤ Philip West, *Yenching University and Sino-Western Relations, 1916-1952*, Cambridge: Harvard University Press,1976.

⑥ Suzanne Wilson Barnett, *Practical Evangelism: Protestant Missions and the Introduction of Western Civilization into China, 1820-1850*, Harvard University (Ph. D.), 1973.

⑦ William Reeves,Jr,"Sino-Amrican Cooperation in Medicine: The Origins of Hsiang-Ya, "in Liu Kwang-Ching, *American Missionaries in China: Papers from Harvard Seminars*, p. 129-175.

⑧ Edward J. M. Rhoads, "Lingnan's Response to the Rise of Chinese Nationalism: The Shakee Incident(1925)," in Liu Kwang-Ching, *American Missionaries in China: Papers from Harvard Seminars*, pp. 183-206.

⑨ Fox Butterfield,"A Missionary View of the Chinese Communists," in Liu Kwang-Ching, *American and Missionaries in China: Papers from Harvard Seminars*, pp. 249-293.

⑩ Irwin T. Hyatt, Jr, *Our Ordered Lives Confess: Three Nineteenth-Century American Missionaries in East Shantung*, Cambridge, Mass., and London: Harvard University Press, 1976.

帝国主义”,成为解释中国基督教史的新模式。运用文化帝国主义研究中国基督教史的作品有斯图尔特·米勒(Stuart C. Miller)的《目的和意义:对19世纪中国侵略的传教正义》和施莱辛格(Arthur Schlesinger)的《传教事业与帝国主义理论》。[①]

3. 转向

“冲击—回应论”的第三种变化也是从西方冲击的作用着眼的。其认为西方的冲击对中国发展的作用很小,中国自身的因素才是主因。这种变化超越了“冲击—回应论”框架的界限,成为一种新的理论框架。这就是由费正清的学生柯文(Paul A Cohen)完成并进行总结的“中国中心观”,但是柯文之后没有继续中国基督教史的研究,完成中国基督教史代际转向的是裴士丹,其标志就是1996年出版的裴士丹主编的论文集《基督教在中国:从18世纪至今》。

柯文是哈佛学统代际转向的一个样本。1957年,柯文发表《戴德生与李提摩太传教方式之比较》,这篇文章的问题意识属于宣教学范畴,但是研究视角确是新颖的,其实是探讨传教士对中国的回应的,属于双向“冲击—回应”论的范畴。[②] 1958年,柯文又发表了《1862年湖南江西的反传教士运动》[③]。该文虽然是研究反教运动,但是其视角与其他人不同,其他人研究的着眼点还是在传教士身上,研究的视角是中国冲击、传教士回应,但是柯文的研究的着眼点是在中国人身上,其视角是典型的西方冲击、中国回应。1963年,柯文出版其博士论文《中国和基督教:传教运动和中国的排外主义的成长》(1860~1870)。该文的视角依然是西方冲击、中国回应。

在《中国与基督教》的最后一章,柯文预告了他下一步的计划:用批判的眼光检阅“西方冲击—中国回应”的研究取向。他这样写道:

> 当代研究中国历史的学生,往往过于重视西方冲击与中国回应的过程,而忽略了从另一个方向审视中国冲击—西方回应的过程。传教士到达中国时,碰到不少沮丧的遭遇与仇恨的眼光,这是他们来中国之前难以想象的。结果是他们不知不觉地被转化成一个“外国”传教士。他们警觉到这种蜕变,加上他们对中国的情况本来就不满意……都深刻地影响着他们在中国的情景中怎样作出回应。[④]

柯文明确地提出了双向“冲击—回应”论,更重要的是他自觉反思“冲击—回应论”的态度。1971年,柯文在为傅沙士的书写序时指出:“西方人作为回应者的身份是目前研究

---

① Stuart C. Miller, "Ends and Means: Missionary Justification of Force in Nineteenth Century China", in John K. Fairbank ed., *The Missionary Enterprise in China and America*, pp. 249-282; Arthur Schlessinger, Jr., "Missionary Enterprise and Theories of Imperialism", in John K. Fairbank ed., *The Missionary Enterprise in China and America*, pp. 336-373.

② Paul A. Cohen, "Missionary Approaches: Hudson Taglor and Timothy Richard," *Papers on China*, vol. 11, (1957).

③ Paul A. Cohen, "The Hunan-Kiangsi Anti-Missionary Incidents of 1862," *Papers on China*, vol. 12, (1958).

④ Paul A. Cohen, *China and Christianity: the Missionary Movement and the Growth of Chinese Antiforeignism, 1860-1870*, Cambridge, MA: Harvard University Press, 1963, pp. 264-265.

的中心主题。"[①]此后,柯文的研究的兴趣不再是中国基督教史,而是转而研究王韬与晚清的改革,1974 年出版了《在传统和现代之间:王韬与晚清改革》。正如王韬具有"之间"性一样,这部著作也具有"之间"性,是代际转向之间的一部著作。1984 年,柯文出版《在中国发现历史——中国中心观在美国兴起》一书,标志着代际转向的最终完成。

由于柯文没有继续研究中国基督教史,所以在此领域完成代际转向的是裴士丹。裴士丹,1971 年在密歇根大学获得历史学博士学位,其博士生导师是费维恺(Albert Feuerwerker)和杨格(Ernest P. Yong),两人都是费正清的学生。从 1970 年代开始,裴士丹认为关于晚清的政治史,美国学界已经研究的很多了,但是中国基督教史的研究则相对薄弱。正好此时,费正清在推动这方面的研究。因此,费正清选中了裴士丹。1984 年,费正清写信给裴士丹,鼓励他领导一个中国基督教史的研究计划,然后把亨利·鲁斯基金会推动的一个为期六年的研究的计划"基督教在中国的历史"(History of Christianity in China)交给裴士丹主持。[②] 这计划的目的是要鼓励学者"以中国为中心"的研究取向出发去看中国基督教。[③] 裴士丹说,他从费正清那里"继承"了开展传教士和中国研究的想法,但他对这个领域的研究重点有自己的理解。这个理解就是"以中国为中心"的研究取向,研究的重点转向中国本土教会和信徒。

(四)转型时期

从 20 世纪 80 年代之后,哈佛学统开始进入转型时期。由于美国大学的防范"学术近亲繁殖"的学术体制,哈佛学统的第二代学者大都没有留任哈佛,有的则没有继续研究中国基督教史,这致使哈佛学统第三代后继乏人。哈佛学统进入转型时期。这一时期在哈佛大学承续哈佛学统的第三代学人是沈艾娣。她培养的学生也就成为哈佛学统第四代的传人。

沈艾娣是英国人,1989 年毕业于剑桥大学,1992 年在哈佛大学获得东亚研究硕士学位,1996 年在牛津大学获东方研究博士学位。1996～1998 年在牛津大学圣安学院做研究员。从 1999 年开始在利兹大学东亚研究系任教,直到 2006 年。从 2006 年开始到哈佛大学历史系任中国近现代史教授,直到今天。

沈艾娣目前从事的中国基督教史的研究主要是 2008 年以来对山西一个天主教村庄的研究。她的这方面的著作还没有出版,我们只能从她发表的一些文章和演讲中一见端倪。2007 年,她发表了《村庄政治和国家政治:山西中部的义和拳》一文,收在狄德满主编的《义和团,中国和世界》中。《英国帝国主义、法国慈善和意大利方济各传教士在华行为的转变》(1800～1850)发表在《现代意大利研究》上。2012 年,她在《亚洲研究》上发表了

---

① Paul Cohen, *Perface*, Sidney Alexander Forsythe, *An American Missionary Community in China, 1895-1905*, Harvard University Press, 1971.

② 参见[美]柯文、戈德曼主编:《费正清的中国世界——同时代人的回忆》,朱政惠等译,东方出版中心 2000 年版,第 137～138 页。

③ 参见吴梓明:《西方中国基督教史研究述评》,载任继愈主编《国际汉学》第 12 辑,大象出版社 2005 年版,第 194 页;*Henry Luce Foundation*, *Announcement of 1988-1989*, p. 1.

《反思传教士和中国的医疗:雅松大修女的神迹》。[①] 2008 年 11 月 7 日,她在罗马的宗座传信大学演讲《18 世纪山西的天主教》。2009 年 3 月 28 日,她在亚洲学会年会上宣读了《马戛尔尼的翻译官:李子彪和 19 世纪初知识的跨国网络》一文。2009 年 4 月 16 日,她在普林斯顿大学演讲《山西的一个天主教村庄:血统、寺庙崇拜、民族主义和跨国身份》(1700~2000),2012 年她又在亚洲学会年会上宣读《传教士、金钱、权力与暴力:太原教区神父的信件》(1901~1949)一文。

沈艾娣对于中国基督教史的研究视野既是全球性的,也是地域性的。她研究的区域是山西的天主教,但却关注跨国网络。她的视角是全球地域化的,研究的路径属于全球史范畴。而且她研究的都是一些微小的、边缘的人物,问题意识在医疗、权力、仪式等方面,这都具有新文化史的特征。

哈佛学统的第四代尚在形成中。沈艾娣的学生廖慧清(Melissa Wei-Tsing Inouye)可以视为哈佛学统第四代的学人。2003 年,她以优异的成绩毕业于哈佛大学,专业是东亚研究。2006~2008 年,她曾在洛约拉马利蒙特大学和加州大学洛杉矶校区教授历史。2011 年,她从哈佛大学东亚研究中心博士毕业,其博士论文题目是《神迹世俗:真耶稣教会和 20 世纪的中国基督教》。[②]

以上简要爬梳了哈佛学统的谱系。哈佛学统是以哈佛大学费正清研究中心为依托的,其核心人物是费正清。哈佛学统具有两个特征:第一,哈佛学统注重理论阐释。与耶鲁学统注重写作中国基督教通史不同,哈佛学统的学人更注重运用理论框架去阐释具体的问题。这个特征与汉学到中国学的转型、区域研究的兴起、社会学人类学的方法介入历史学研究史分不开的。第二,哈佛学统的"代际转向"非常明显。费正清发展了马士的"西方冲击论",费正清的弟子又拓展了费正清的"冲击一回应论",并且柯文提出了新的"中国中心观"。哈佛学统的第三代又开始具有全球化的视角,开始"去中心论"。

四、余 论

除了耶鲁学统和哈佛学统这两大学统之外,北美的中国基督教史研究还形成了一些小学统,比如宓亨利和瓦格师徒传承的芝加哥学统,宓亨利对远东的国际关系很有研究,远东的国际关系中一个绕不过的问题就是传教士的因素,瓦格对此问题进行了深入的研究。1958 年,瓦格出版了《传教士、中国人和外交官:美国新教在华传教运动》(1890~1952)。[③] 芝加哥学统的主要特征就是从外交史的领域切入中国基督教史研究,而且非常重视文化因素。又比如孟德卫和梅欧金形成的加州学统。加州学统的突出特点就是重点研究中国的天主教史。孟德卫是从中西文化相遇这个问题意识切入中国基督教史研究领

---

① Henrietta Harrison, "Rethinking Missionaries and Medicine in China: The Miracles of Assunta Pallotta, 1905-2005," *The Journal of Asian Studies*, vol. 71, Issue 01, (February 2012), pp. 127-148.

② Melissa Wei-Tsing Inouye, *Miraculous Mundane: The True Jesus Church and Chinese Christianity in the Twentieth Century*, Harvard University (Ph. D.), 2011.

③ Paul Varg, *Missionaries, Chinese, and Diplomats: The American Protestant Missionary Movement in China, 1890-1952*, Princeton University Press, 1958.

域的。2009 年,梅欧金出版了《祖先、处女和修士:明清时期作为本土宗教的基督教》。[①]此外,在神学院系统还有美南浸信会神学院的美南浸信会学统和富勒神学院的富勒学统,等等。美南浸信会神学院是神学教育改革的先行者,早在 1892 年就建立了第一个博士项目,在 1902 年成立了宣教系,1925 年最早开设了宗教教育课程[②],1950 年之前就有 8 篇关于中国基督教史的博士论文。富勒神学院(Fuller Theological Seminary)的世界宣教学院(The school of world missions),成立于 1970 年,主要研究教会的本土化过程和教会增长运动。马盖文(Donald McGavran)和他的学生们对中国台湾的教会进行了不间断的研究。

本文是以中国人的视角书写美国学术史的著作的尝试,借鉴了中国传统的学术史的书写方法——学案。中国基督教的历史还在继续,北美对中国基督教史的研究也还在继续,学术薪火的传承也从未止息,学统的系谱也将继续被书写下去。

作者简介:王德硕,山东师范大学历史与社会发展学院讲师。

① Eugenio Menegon, *Ancestors, Virgins, and Friars: Christianity as a Local Religion in Late Imperial China*, Harvard University Asia Center and Harvard University Press, 2009.

② http://en.wikipedia.org/wiki/Southern_Baptist_Theological_Seminary,(2013 年 12 月 10 日)。

史学研究对生态学研究的支撑意义探讨

王连芳

研究一门科学，首先要熟悉这门科学的专业历史，仅针对社会现实去探讨，做一些“去历史化”的研究，往往出现研究成果不全面、不深入甚至出现某些结论错误的现象。从理论和概念的表象出发去研究社会现实问题，尤其是一些国际上的理论和概念与中国的社会历史大体上呈现脱节状态，即便针对社会现实能够提出一些实用性意见，也并非完全适合中国的社会实际，容易出现实践过程中无法破解的难题。故而，在生态学的研究过程中，相关史学的研究成为支撑整个生态学研究的基础和前提。历史是不断发展和前进的，生态系统是不断演变和变迁的，生态现状也是经历了长时期的转折和重组而形成的，也就是说，当前整个地球所面临的生态危机是一个长期积累的复杂历史过程，并非短时间内简单问题罗列而成。如果仅仅针对当下社会存在的生态问题去研究生态学，显然缺乏通过对于历史的系统考察和分析得出相关的理论基础，所得出的结论也可能出现值得商榷的地方。考察历史对于生态学研究具有重要的意义，不但能够追溯生态现象的成因和过程，而且可以通过分析成因和过程来探讨生态发展的未来动向，并可以针对生态问题提出更为准确与合理的解决对策。

一、历史是一个人类汲取自然、破坏自然、适应自然的生态发展过程

任何一个生态系统都是由生物环境和非生物环境两个部分构成，如果仅有其中一个部分的活动，是不可能构成生态系统的。非生物环境是构成生物生存和发展的场所与条件，资源促就了人类在自然界中的能量流动和自身发展，环境谱写了人类生存的基础和美丽家园。无论是资源消耗还是环境破坏，都是人类向自然界索取的过程，也是人类活动于自然界并对自然界造成影响的历史过程。在人类社会发展的历史长河中，人与自然的关系变化成为社会进步与生态变迁的见证，意味着历史并非仅仅是人和人类社会的变化过程，也包含了人类汲取自然、破坏自然和适应自然的生态发展过程。从人类历史的发展整体看来，人类社会的进步与发展和人类对于自然的利用、改造和破坏的强度是成正比的，社会越发展，人类对自然界的破坏与改造范围越大，改造程度越严重，改造频率越频繁。可见，历史伴随着人与自然之间关系的变化而变迁着，而且人类对自然的影响在历史发展

中占据了极其重要的地位。

细数人类产生的历史，从原始社会时期，人类便开始了在自然界中汲取所需能量和物质、获取生存场所和空间的自觉利用自然界的行为。囿于对自然规律和自然现象的不了解，人类起初对于自然界的影响可谓微乎其微，更多表现为对自然界的敬畏和依赖。此时，人类是自然界的一部分，人与自然界万物和谐相处的特点明显体现出来。但人类的智力是不断开发的，人的实践能力是不断增强的，工具的利用和改进意味着人类在自然界中的地位必然越来越凸显，人类与自然界其他生物变得逐渐不平等起来。逐渐地，人类在顺利利用各种自然规律的同时，能够对自然界进行一些微小的改造了，一座座房屋、村庄、城镇在原有的自然生态系统中赫然出现，不知不觉中自然界成为人类社会发展的陪衬和背景。

或许，人类在漫长的社会历史发展中，只是去关注人和人类社会所取得的辉煌成就，并没有意识到人与自然之间关系的变化其实同时也在影响着人类历史的变迁。因为人在自然界中具有其自身的适应性，自然环境的变化能够在一定程度上影响人类的体质和生存状态。如沙漠生态环境虽然并非完全由人类在自然界中的活动而形成，但是人类在其中的活动也起到了不小的作用。通过生态学对沙漠生境中的人进行研究，在“风大沙多，干燥少雨，光照强烈，冷热剧变，土质贫瘠”的沙漠生境特点下，人也会发生一系列适应性的变化，如“沙漠居民的特点是新陈代谢活性降低和身体蒸发性比面积增加”，“在昼夜温差强烈的环境里，还形成了对热量损耗特有的血管舒缩神经调节”①。可见，任何一个生态系统都是其前期历史的变迁而形成，即便始终在历史中处于主导地位的人类，也是逐渐适应自然生态系统的过程，自然界的生态发生变化也必然会影响着人类本身和人类社会发生变化，甚至成为人类社会发生转折的关键性因素。

工业革命以来，人类凭借自己手中所掌握的高科技工具对自然界施加的影响愈发严重，人与自然之间的关系变得格外不和谐。此时，化石能源的利用及物理、化学和生物等技术的投入在给人类带来无数财富的同时，环境污染、资源匮乏、生态恶化等问题随着人类社会的快速发展而出现，人类开始面临有史以来最严重的生态危机。此时的人类能够汲取自然、破坏自然，但在适应自然的角度上显得有些吃力，由于多种自然生态问题的出现，人类的适应能力已经难以跟上自然界的生态变化。不能够适应自然，那就意味着人类开始受到自然界反馈到人类自身的威胁，无论从生存环境还是从资源利用上都成为人类社会能否继续维持下去的严重威胁。

纵观人类历史，可以看出当下整个地球所面临的生态危机是在经历长时间的积累和演化才形成的，是人类在漫长的历史中对于自然界的利用和破坏，尤其是近年来人类利用先进的科技手段对自然界毫无节制的利用和破坏而形成的。故而，生态危机的形成和特点在每一个区域都是不尽相同的，需要通过分析其历史过程和区域特征来准确提出应对之策。只针对眼下的现状来研究，必然出现“头痛医头，脚痛医脚”的弊端，或直接拿国际上的一些经验和理念来用，也必然出现不同区域的特征采用同一应对方案的问题，难免造成无法正确处理矛盾的结果。这就需要生态学的研究过程中，首先考察人类社会发展的

---

① 周鸿编著:《人类生态学》，高等教育出版社 2001 年版，第 34 页。

过程以及造成生态问题的历史原因，沿着人类汲取自然、破坏自然和适应自然的历史足迹，使史学与生态学的深入结合，才能起到处理问题“治标又治本”的作用。

二、历史是一个文化与自然对话、社会与生态联系的系统演变过程

狭义的历史研究中，往往将自然生态作为一成不变的社会背景或者基本条件，生态变迁与发展基本不计入历史的演变过程中。自然、环境、生态与社会中存在的经济、政治、文化等领域在历史研究中的地位是不同的，均属于被历史研究排除在外的领域，作为社会研究的陪衬来存在。伴随着历史学研究的不断发展，历史学的不同学科分支逐渐出现，如生态史、环境史、历史地理学、城市生态史等，这些学科将生态提升了较高权重、纳入到了历史学的研究中，形成了不但有社会文化，同时还有自然生态的研究格局。从这些研究来看，历史学研究已经摆脱了只关注人文、弃自然而不顾的传统研究弊端，形成了一个文化与自然对话、社会与生态联系的共生与竞争的系统演变过程。

文化，体现了人类在社会实践过程中所积累的物质财富和精神财富的总和，而人类的实践却离不开人类所赖以生存和发展的自然界。也就是说，文化是人类在不断地利用和改造自然界的过程当中逐渐创造出来的，并在历史的发展中逐步丰富。人类社会发展的“每个文化阶段的标志是与人类对自然环境的认识和改造密切相关的”，在“人类和自然环境的对立统一关系中，产生和发展了文化”①。人类文化的发展并非孤立存在，它的每一个进步都包含着深厚的自然生态因素，并且自然界在其中起到了无法替代、无法抹去的作用。历史学的研究当中，虽然较多地探讨了人类的文化，较少涉及作为文化发展基础和条件的自然界，但在探讨人类文化的同时，对自然界的提及是必不可少的。虽然人类社会的不同时期都具有不同的主流文化层次，成为这个时期固有的文化特征，但无论哪一个时期的文化体系都是建立在自然文化、民族文化和科学文化三个层次的基础之上，也就是说，文化与自然是不可分割的整体系统。

自然文化是整个人类社会文化的基础和前提。人类是源自于自然界的生物，不同的人种、不同的体质、不同的形态源自于不同的环境，也造就了不同的文化。在整个地球上，不同的人种在不同的生境中创造了各种各样的文化，这些文化成为能够区分人类与自然界中其他生物的重要标志。人类生存于自然界中，其中的环境对人类的文化影响是巨大的。漫长的历史发展中，人类与自然界进行各种严酷斗争，创造出了建筑、语言、文字、民族、服饰、风俗习惯等多种多样的适应人类衣、食、住、行等一系列问题需要的文化瑰宝。但研究发现，不同的环境下生存的人，其文化具有相当大的差异，即便是同一血缘关系、同一心理素质的民族，往往因为生境的变化而导致了不同文化的产生。如同为蒙古族，元朝时随蒙古都元帅阿喇帖木耳征战来到云南的蒙古族分支后因定居在云南杞麓湖畔，其传统的游牧文化转变成了农业和渔业的文化。② 自然界在文化中的作用在不知不觉中就体

---

① 周鸿编著：《人类生态学》，高等教育出版社2001年版，第41页。

② 参见周鸿编著：《人类生态学》，高等教育出版社2001年版，第43页。

现了出来,各种文化的发展历史也无不打上了自然生态的烙印。

人类社会的发展造就了人类的文明史,文明史中体现绝大多数是人类社会所取得的辉煌成就以及相应的文化发展。每一个时期的人类社会发展阶段都具有其明显的文明史特征,亦即文化在此时的发展程度,但往往被人类历史所忽略记载的荒野地区,也就是自然生态在这一时期的状态,较难在人类的文明史中体现出来。正如当前社会中所面临的人类对于自然界毫无节制的开发和改造,到底是在创造更辉煌的人类文明史还是将其付诸毁灭?文明告诉人类,不能仅关注人类自身的物质和精神发展,更应该将目光置于自然界这个人类赖以生存和发展的基础之上,平等对待自然界中的一切生物,才能够真正做到文明的发展。生态危机愈发严重的今天,人类的文明史与自然发展的历史完全可以相互对话,如果文明要发展,那么自然界还能够承受多久人类如此肆无忌惮的破坏与改造?文化与自然的对话,将社会生态系统与自然生态系统之间紧密联系起来,形成了整个历史演变的系统过程,而整个系统的变迁过程无疑需要对历史的考证和探索,来支撑生态学科的进一步建设。

三、历史是一个由“平衡—失衡—平衡”的生态系统发展过程

从生态系统生态学的角度来看,任何一个生态系统都是自身整体逐渐演化的过程,不管是自然生态系统还是社会生态系统都是长期发展形成的。也就是说,今天由昨天发展而来,明天又是今天的发展,在不断的发展过程中,生态系统演变的过程就形成了历史。但是,生态系统具有内部的复杂性和外部的多样性特征,系统内部各种各样相互联系、相互制约的信息与系统外部多种作用于生态系统的环境因素共同作用,使得生态系统在平衡与失衡的状态下不停运转、逐步发展。因此,在生态系统的运转过程中,生态系统内部经历了复杂的变化,生态系统与外部的环境之间也在发生着复杂的物质和信息的交换,变化与交换中促就了整个生态系统在量上的变化,并且在一定条件下产生了质的飞跃,在量变与质变的交互演变中,形成了整个历史的变迁。

历史是一个生态系统整体发展的过程。亦即,整体性是生态系统的显著特征,生态系统在运转和演化过程中,其中的各种结构、机能、目标都体现为一个统一的整体,虽然由多个组分构成,但每个组分都在有条不紊地完成本身所担负的任务和目标,最终构成一个整体的功能。“生态系统的整体性越强,就越像一个无结构的整体。在一定条件下,可以以一个要素的身份参加到更大的系统运动的过程之中。这种整体性正是生态系统的实质和核心。”[①]从整体角度来看,无论何种层次的生态系统都能够明显地体现出其本身的特征,其在更高一层的生态系统中所扮演的角色就显而易见。如果仅针对生态系统中的某些因素和某一组分来考察,往往这些特征不能够明确地显现出来,但正是这些组分和因素之间的相互作用和相互协调,在平衡与失衡之间造就了整个生态系统的总体功能。人类的社会生态系统、自然生态系统甚至整个地球生态系统都具有同样的特征。

生态系统的不平衡是绝对的,平衡只是相对的。由于每一个生态系统的组成结构和

---

① 蔡晓明编著:《生态系统生态学》,科学出版社2000年版,第22页。

要素都不尽相同，因此都体现出生态系统自身所具备的不同功能，即便是组成生态系统的要素相同，但其中的结构不同，系统的功能也不同。因此，一个生态系统在千变万化的结构组成和要素构成中，所呈现的功能也多种多样，经常变化的不同功能就造成了高一层生态系统中的内部因素的共生、竞争、协调、适应等过程，也就是生态系统的平衡—失衡—平衡的发展过程。正如人类社会的发展一般，每一个时期的民众、经济、政治、社会等状态构成此时的社会生态系统，一旦其中一个因素发生变化，如民众的整体素质提高，开始对社会制度不满等，就容易造成整个社会生态系统的失衡。在社会生态系统在经历了经济、政治等因素与民众要求的协调以后，社会又将重新步入平衡的状态，但这种平衡又非永恒，依然会伴随着社会的进步而出现某一局域因素的功能凸显或改变，使社会生态系统再次步入失衡状态。同理，自然生态系统也是这样的一个过程，整个人类历史发展就是自然生态系统与社会生态系统在平衡与不平衡之间运转的过程。因此，历史的发展也是一个大生态系统，这个生态系统中时刻上演着平衡与不平衡的交替，在交替过程中获取了自身的提升与进步。

社会的不断发展和进步，促使着每个人都无法脱离的社会生态系统也在时刻发生着变化。人类除了能够适应自然界中的环境和条件的变化以外，也在不停地适应着社会生态系统中的各种生物和环境的变化。当人类创造了一个社会文明，取得了巨大的物质和精神进步的同时，往往也造成了对整个自然生态系统的破坏，此时的人类不得不考虑，人类赖以生存和发展的基础是不是已经影响到了整个人类社会的继续进步。正如全人类所面临的生态危机，为什么将人类社会的发展送入了死胡同，无法持续发展下去，就需要从历史的整体角度来探讨解除危机所要求的人与自然关系的转变。历史是一个系统，并非割裂开来相互不联系的片段，每一个现状都与历史有着千丝万缕的关系，从系统和历史的角度去探讨眼下的生态问题，成为能够解决生态危机的一个重要途径。

四、小　结

历史是认识现实社会、取得社会进步的重要途径，同时也是生态学得以发展的基础和前提。虽然在生态学的研究领域中，各种先进理论和尖端技术在国际上发展迅猛，但生态学的发展是无法脱离社会历史而单独存在的。既然生态学研究的是当下社会中的各种生态问题，这些生态问题的成因和分析就离不开相关历史学研究提供帮助。从历史的系统角度探讨生态问题，将这个系统能够真正理解为不断演化的生态过程，能够为生态学发展从整体视角完善其理论系统和实践工作。从历史的人文与自然相结合的角度探讨生态问题，能够真正找出造成生态问题现状的一系列历史原因，从而为解决生态问题提出对策、提供历史依据。从历史上人与自然之间关系发展变化的角度来看待生态问题，能够发现当下的生态问题在未来的发展趋势，从而遏制即将发生的严重的生态危机，促进整个人类社会生态系统的可持续发展。这样，我们方有可能以一种更为全面深刻的方式回应今天整个人类社会所面临的日益复杂的生态问题。

作者简介：王连芳，山东大学历史文化学院博士后，龙岩学院思政部讲师。

中国环境史若干学理问题探讨的回顾与思考[①]

杨文春

环境史是继政治史、经济史、社会/文化史后的第四个史学新领域。中国环境史的研究起步于20世纪八九十年代,21世纪以来受到越来越多的关注,被誉为“当代中国历史学发展最富有活力的新兴领域”,呈蒸蒸日上之势。相关学术成果迭出,其中既有学理方面的深入探讨,也不乏出色的个案研究。[②] 但无论是作为一个新兴的学科领域,还是作为重新考察中国历史进程尤其是古代史的新方法、新视角,学界在诸多方面仍然存在争议与分歧。本文主要以国内学者的相关研究为中心,对中国环境史研究若干学理问题的学术史进行梳理,并为其进一步的发展略陈管窥之见。

一、概念界定

20世纪末,环境史作为一个新的研究范式逐渐为国内学界接受后,相关学者基于自身的学科背景、学术理念纷纷对其进行学理上的概念界定。这是开展环境史研究首先要进行探讨并试图取得共识的工作。只有在对其研究对象、范围、目的乃至学科定位这些基本问题作出清晰的界定,进而建立一套完整的学术体系和理论方法,相关研究工作才能稳步推进、有的放矢。事实证明,这个期许为时尚早。就环境史的定义而言,国内与国外有极相似的境遇,即学界对其莫衷一是、各持己见。或者可以说每个人心中都有一个环境史的定义。

20世纪六七十年代首先在美国兴起的环境史研究能够渐为国内学界所识,一些世界史学科学者(如侯文蕙、包茂红、梅雪芹、高国荣等)的译介工作有开拓之功。他们同时对

---

① 基金项目:国家社科基金重大项目“多卷本《中国生态环境史》”(13ZD080)。

② 已有多人对上世纪以来中国环境史的研究撰有述评,如陈新立:《中国环境史研究的回顾与展望》,载《史学理论研究》2008年第2期;梅雪芹:《中国环境史研究的过去、现在和未来》,载《史学月刊》2009年第6期。夏明方的《历史的生态学解释——21世纪中国史学的新革命》(收入夏明方主编《新史学》第6卷,中华书局2012年版,导论第1~43页)侧重于学理学术史的述评,同时最具批判性。

包括中国环境史在内的环境史学理问题进行了初步探讨。[①]

2000年,包茂红从全球视野对环境史的兴起、发展、理论、方法及其存在的问题进行了初步分析。在引述众多国外学者关于环境史的理解和界定后,他给出自己的定义:环境史是以建立在环境科学和生态学基础上的当代环境主义为指导,利用跨学科的方法,研究历史上人类及其社会与环境之相互作用的关系;通过反对环境决定论、反思人类中心主义文明观来为濒临失衡的地球和人类文明寻找一条新路,即生态中心主义文明观。[②] 该文在中国环境史研究的学术史上具有重要地位。景爱据此归纳包文之旨意为"要构建全新的历史体系,即以生态环境为中心的历史体系,可以简称为生态环境中心论",并认为包氏"这种意见的提出,是基于对传统史学的不满和抗议,不过仔细考虑这种意见,发现有些有些矫枉过正……生态中心论很明显是忽视了人类的主动性和创造性,将人降低为一般的生物"[③]。梅雪芹在"全面而完整地理解包茂红对环境史下的定义以及他对环境史之阶段的梳理和生态中心主义文明观之主旨的分析"后,指出"景爱归纳的所谓'即以生态环境为中心的历史体系,可以简称为生态环境中心论'的意见,并不符合包茂红的原意"[④]。仔细比对包、景二文后,可知梅氏之说为是。

王利华引入"人类生态系统"概念来界定:环境史运用现代生态学思想理论,并借鉴多学科方法处理史料,考察一定时空条件下人类生态系统产生、成长和演变的过程。它将人类社会和自然环境视为一个相互依存的动态整体,致力于揭示两者之间双向互动(彼此作用、互相反馈)和协同演变的历史关系和动力机制。[⑤] 夏明方认为:"王利华的这一表述最能概括国内学者的共识……但是……已经将环境史或生态史的研究视野大大窄化了。"[⑥] 焦润明在分析国内外若干有代表性的定义后,认为在中国学者中,王利华对环境史学概念的界定最有代表性,并给出自己的环境史定义。[⑦] 周琼围绕环境史研究对象的界定,指出学界在环境史定义方面存在和应注意的若干问题。她认为,梅雪芹对环境史定义及研究

---

① 实际上,海外中国环境史研究的先驱学者伊懋可(Mark Elvin)已先于他们有对环境史概念的界定,参见伊懋可:《积渐所至:中国环境史论文集》(刘翠溶、伊懋可主编)"导论",中央研究院经济研究所1995年版,第8页。伊懋可后又有完善的阐释,参见 Mark Elvin, *the Retreat of Elephants: An Environmental History of China*, New Haven and London: Yale University Press, 2004, p. xx. 中译本《大象的退却:一部中国环境史》(梅雪芹、毛利霞、王玉山译),江苏人民出版社2014年版,序言第5页。

② 参见包茂红:《环境史:历史、理论和方法》,载《史学理论研究》2000年第4期。如包氏所言,环境史的概念仍在发展变化之中。他自己对环境史概念的界定也在不断的"发展变化之中"。可参见袁立峰:《环境史与历史新思维——包茂红访谈》,载《首都师范大学学报》(社科版)2007年第5期;包茂红:《森林与发展:菲律宾森林滥伐研究》(1946~1995),中国环境科学出版社2008年版,第141~142页;《环境史学的起源和发展》,北京大学出版社2012年版,第6页。

③ 景爱:《环境史续论》,载《中国历史地理论丛》2005年第4期。

④ 梅雪芹:《中国环境史研究的过去、现在和未来》,载《史学月刊》2009年第6期。

⑤ 参见王利华:《生态环境史的学术界域和学科定位》,载《学术研究》2006年第5期。王氏又在《天地生民——关于中国环境史学理、架构的几点思考》一文中将环境史的基本概念精练如下:运用生态学思想理论以及多学科知识和方法处理史料,考察人类生态系统生成、发展和演变的过程。收入戴建兵主编《环境史研究》第2辑,天津古籍出版社2013年版,第215页。

⑥ 夏明方主编:《新史学》第6卷《历史的生态学解释:世界与中国》,中华书局2012年版,第32页。

⑦ 参见焦润明:《环境史学论要》,载《辽宁大学学报》(哲社版)2014年第1期。

对象的阐述最为全面、深入，进而在此基础上从广义、狭义两个层面界定环境史的定义。①

国内环境史研究的拓荒者侯文蕙曾言：要明确环境史的定义，尚需更长的时间。② 笔者以为，环境史定义的多样性不会影响其健康发展。

多数学者将生态学视为环境史的理论基础，对“环境史”名称的不同看法起因于此。王利华认为环境史研究的基本理论框架应是生态学，因此更愿采用“生态史”一词。“环境史”仍有将社会文化与生态环境人为分割的嫌疑。③ 不久，王氏进一步阐述此观点：从这种新史学的学术目标和理论基础来说，“生态史”的叫法更合理；“环境史”不仅仍明显保留了“人类”与“自然”二元分离的思想痕迹，并在字面上很容易被人误解为一种仅以人类社会之外的自然事物为研究对象的学术。在王利华之前，已有学者将生态史（观）一词运用于相关研究，兹不赘举。夏明方认为：“之所以倾向于将这样一个新兴领域称之为生态史，而非环境史，就在于我们对各个学科历史与生态化的强调，对变化、时间、相依共存、共同演化的文化与自然的关系的强调。”④

二、学术渊源

首先兴起于美国的环境史学被引介到中国后，为使之落地生根，成为一个具有完整学科理论体系的专门之学，已有多位学者在进行这方面的努力和尝试。中国环境史的学术渊源和学科属性问题是他们无法回避并且首先需要得到廓清的两个方面，也就是要解决环境史是什么和立足于什么的问题。由于环境史这一术语的“舶来”性和学科交叉性，学界在这一问题上争议颇多，亦是讨论的热点。

相比较而言，世界史出身的学者既强调国外环境史学理论方法和研究模式的影响，又重视中国本土固有的学术积累；中国史出身的学者则更为看重本国的学术基础。前者如包茂红：“环境史的诞生本身就是多种学科研究发展和深化的结果”⑤；“中国的环境史研究是中外知识融合的产物”⑥；“环境史……大致在 1990 年代传入中国。在此之前，中国已有非常丰富的历史地理学研究成果，其中也包括许多环境史的研究内容”⑦。朱士光据

---

① 参见周琼：《定义、对象与案例：环境史基础性问题再探讨》，载《云南社会科学》2015 年第 3 期。周琼所言梅雪芹的界定，见梅氏《从环境的历史到环境史——关于环境史研究的一种认识》，载《学术研究》2006 年第 9 期。

② 参见侯文蕙：《环境史和环境史研究的生态学意识》，载《世界历史》2004 年第 3 期。

③ 参见王利华：《中国生态史学的思想框架和研究理路》，载《南开学报》（社科版）2006 年第 2 期；《生态环境史的学术界域和学科定位》，载《学术研究》2006 年第 5 期。此据氏著：《徘徊在人与自然之间——中国生态环境史探索》，天津古籍出版社 2012 年版，第 6、38 页。

④ 《生态史：历史的生态学畅想》，载 2012 年 8 月 26 日《光明日报》。夏明方《历史的生态学解释》对此的解释是：与欧美国家不同，在中国，鉴于长期以来“斯大林路线”所造成的影响，建议在学术研究的场合，应该对两者作严格的区分，并采用“生态史”的说法。（第 24 页）

⑤ 包茂红：《环境史：历史、理论和方法》，载《史学理论研究》2000 年第 4 期。

⑥ Bao Maohong, “Environmental History in China”, *Environment and History*, Vol. 10, No. 4, 2004. 又见包茂红《环境史学的起源和发展》，北京大学出版社 2012 年版，第 160 页。

⑦ 包茂红：《解释中国历史的新思维：环境史——评述伊懋可教授的新著〈象之隐退：中国环境史〉》，载《中国历史地理论丛》2004 年第 3 期。

此语认为包茂红“关于中国的环境史研究是上世纪90年代由美国传入的论断却值得商榷”[①]。梅雪芹在概括了包茂红《中国的环境史研究》(*Environmental History in China*)一文有关中国环境史的兴起和阶段性发展的论述后,认为朱士光的“商榷”意见实际上并不存在于包文中。梅氏之辨析为是,朱士光对包文确实存在一定的误读。随后,梅氏对中国环境史的学术渊源问题给出自己的看法:国外环境史在我们面前展示了一幅构建环境史学科框架的蓝图;中国自身的相关研究为我们提供了建设中国环境史学科的基石和砖瓦。[②] 梅氏又具体指出:“上个世纪90年代以前,中国学界与环境史相关的研究成果很丰富,它们在知识、方法和理论等方面的积累,是我们向中国环境史领域进发的起点和基石……上个世纪90年代以来……中国学者纷纷对与环境史相关的本土学术资源自觉地挖掘,并有意识地向着环境史的方向加以整合。”[③]梅氏所指的“中国学者”主要是中国史出身的环境史学者和历史地理学者,他们在探寻中国环境史的学术渊源时将目光主要投向了本土的学术积累。

钞晓鸿等认为,生态与生态环境史研究是中国学术在继承的基础上进行革新、交流、学科整合的产物。中国的历史地理学、气候学等领域数十年来几代人的研究成果构成了中国生态环境史研究在本土的学术基础。[④] 王利华直接指出,中国的生态环境史研究在思想理论和技术方法上并未受到欧美环境史学的显著影响,主要是依凭本国的学术基础。可从20世纪前期的考古学、古生物学、历史地理学、气候史、灾荒史和农牧林业史上寻找生态环境史的本土渊源,其中又与历史地理学的关系最为密切。如果说中国生态环境史研究主要是从历史地理学中生长出来的,也不算言过其实。[⑤] 此前,景爱亦从历史地理学、农史林史水利史、考古学追溯学术渊源,并指出历史地理学家是最早涉足环境史研究的人,他们为环境史研究做出了巨大的贡献。[⑥] 朱士光明确指出,中国环境史的渊源在于中国自身蕴涵的丰厚的史学以及20世纪30年代兴起并发展成熟的历史地理学的激发。[⑦] 一些学者梳理的环境史研究学术史,即从20世纪历史地理学的成果中追溯[⑧],当然

---

① 朱士光:《关于中国环境史研究的几个问题之管见》,载《山西大学学报》(哲社版)2006年第3期。

② 参见梅雪芹:《中国环境史的兴起和学术渊源问题》,载《南开学报》(哲社版)2009年第2期。

③ 梅雪芹:《中国环境史研究的过去、现在和未来》,载《史学月刊》2009年第6期。

④ 参见钞晓鸿、佳宏伟:《世纪之交的中国生态环境史——以近年来大陆生态环境史研究为中心》,收入钞晓鸿《生态环境与明清社会经济》,黄山书社2004年版,第6页。钞晓鸿《环境史:学科交融与侧重》(《读书》2011年第11期)又有详细陈述:若从实际操作的层面来看,中国没有率先提出环境史学科,并不等于中国此前没有环境史的相关研究,这些研究的一部分出自历史地理学者之手;若单从学术的角度来讲,环境史是学界对以往历史研究视角、领域的反思与完善中汲取其他学科的给养提出来的。

⑤ 参见王利华:《中国生态史学的思想框架与研究理路》,载《南开学报》(哲社版)2006年第2期。

⑥ 参见景爱:《环境史续论》,载《中国历史地理论丛》2005年第4期。

⑦ 参见朱士光:《关于中国环境史研究的几个问题之管见》,载《山西大学学报》(哲社版)2006年第3期。焦润明《环境史学论要》(《辽宁大学学报》[哲社版]2014年第1期)在肯定朱士光的观点后,主张还应该从更广阔的学科背景去思考:即中国环境史学的兴起并结出硕果是建立在本土学者共同的努力基础之上,最早由从事历史地理学的一批学者转向历史环境问题的研究与从事灾荒史的学者一起共同构成了研究历史环境问题的基本力量。

⑧ 参见张国旺:《近年来中国环境史研究综述》,载《中国史研究动态》2003年第3期。韩昭庆在《历史地理学与环境史研究》(《江汉论坛》2014年第5期)中则针对指出:“与其说该文是环境史的综述,还不如说是一篇历史地理的综述更合适。”类似综述甚多,不一一列举。

也包括考古学、气候史等领域的成果。[①] 戴建兵列举十几篇民国时期探讨历史自然地理的论文,对现在一些学者总是认为环境史的研究渊源来自两个方面(一是国外的引进,二是由历史地理学引发)之说提出辩驳:"实际上,从民国学术史的角度来看,对环境史研究的来源,人们使用的原理和方法要丰富得多。"[②]戴氏罗列之民国时期的学术成果,实际上也可归属历史地理学。不过,在若干关于 20 世纪以来环境史学术史梳理的文章中,鲜有注意到戴氏所列之成果的。曾华璧认为,在评定研究是否属于"环境史"领域的思考上,"最重要的质素,不是这个研究的时间,是古代时期或当代议题的区别,而是在于它的研究,是否呈现历史时间和变迁的意义。我以为这是环境史研究,最须厘清的观念"[③]。侯甬坚的观点与众不同:"环境史研究兴起后,传入我国较晚,要将此前其他学科的论著判断为环境史研究是困难的,因其依赖于研究内容的相似性或重叠现象,而主要不是从研究理路出发予以解读和把握,得出的结论很难成立。"[④]

王利华将 20 世纪 30、40 年代徐中舒、德日进、杨钟健、刘东生等人关于殷墟大象等动物遗骸所反映出环境变迁的研究视为中国生态环境史研究的先声。[⑤] 伊懋可(Mark Elvin)认为,很难准确说出"中国环境史"研究开始于何时何地,但他倾向于把 1936 年出版的冀朝鼎《从公共水利工程的发展看中国历史上的关键经济区》一书看成是用"现代"风格写成的最早的中国环境史的重要著作。[⑥] 夏明方认为上世纪 90 年代中期出版的《中国历史时期的人口变迁与环境保护》《中国生态环境变迁与人口压力》《中国环境保护史稿》是国内公开出版的第一批严格意义上的环境史著作。[⑦]

作为一种典型的交叉学科,中国环境史学在这些交叉学科中都能找到它正式"亮相"于学界前的踪迹。众多学科中,历史地理学与之关系最为密切已成共识。而由于历史地理学的学科特性及其十分成熟的发展程度,欲明了它与环境史之间的差异,殊非易事。这首先是环境史学者亟须解决的问题,不如此,环境史就不能以一独立的新兴学科面世立命并得到认可,反之则只会以一"时髦"称号附庸于其他学科。实际上,一些历史地理学学者确实对环境史不以为然,认为"历史地理不折不扣地就包括一部环境史"[⑧]。王琳硕士论文《紧张与亲密:环境史与历史地理学》(山东大学,2006 年)的主标题十分贴切地说明了二者在现阶段的关系状态。

已有多位学者在辨明环境史与历史地理学二者异同方面进行了深入的讨论,并已取得一些共识。海外中国环境史学者伊懋可认为,"从原则上讲,二者之间没有明显的分界

---

① 王利华在《环境史将给我们带来些什么》亦指出:学人综述所列举的那些"环境史"或"生态史"论著,其实主要是考古学、历史地理学、农林生物史、气象史等领域的成果。见王利华《徘徊在人与自然之间——中国生态环境史探索》,天津古籍出版社 2012 年版,第 75 页。

② 戴建兵:《也谈中国环境史研究的学术史》,收入戴建兵主编《环境史研究》第 1 辑,地质出版社 2011 年版,第 76~81 页。

③ 曾华璧:《论环境史研究的源起、意义与迷思:以美国的论著为例之探讨》,载《台大历史学报》1999 年第 23 期。

④ 侯甬坚:《历史地理学、环境史学科之异同辨析》,载《天津社会科学》2011 年第 1 期。

⑤ 参见王利华:《中国生态史学的思想框架与研究理路》,载《南开学报》(哲社版)2006 年第 2 期。

⑥ 参见包茂红:《中国环境史研究:伊懋可教授访谈》,载《中国历史地理论丛》2004 年第 1 期。

⑦ 参见夏明方:《历史的生态学解释:世界与中国》,载《新史学》第 6 卷,中华书局 2012 年版,第 17 页。

⑧ 张伟然:《环境史研究的核心价值》,载 2012 年 6 月 20 日《中华读书报》。

线。唯一的区分就是由不同的学术文化产生的界限”,又以陈桥驿、史念海二人的研究为例来表明“在同一个人身上这两个学科能多么有效地结合在一起”[①]。朱士光表示对此难以认同,因为二者在研究的切入点和落脚点均有所不同。[②] 包茂红指出二者在学科归属、研究方法和目标上的不同。[③] 王利华认为“要想特别标立一种与历史地理学相区别的生态史学,必须从学理上进行认真辨别,对两者的理路方法和学术指向作出必要的判分”。王氏先后在数篇论文中对此二者的差别与关联进行阐释[④],其基本观点大致如下:(1)理论基础不同:环境史的理论基础是生态学;历史地理学的理论基础是地理学。(2)研究路径和学术目标不同:环境史将历史视为人类与非人类因素相互作用的生态过程,致力于揭示人类历史演进的生态机制,它是一种强调生命系统过程的历史;历史地理学的主要着眼点是历史现象的空间逻辑,着重对“地景”“外观”和“布局”进行时空描述和分析。历史地理学并不能包办环境史学的研究工作,但这两个领域的具体研究仍将有很多重合交叉和相互渗透,只是目标定位和职责分工各有侧重。[⑤] 侯甬坚在肯定王利华的阐释在“相当程度上已经表达清楚了二者本质上的不同”后,指出“历史地理学、环境史研究如两株不同农作物穗上的子实,相互之间不存在渊源关系,而是自行发展,各有其道”,并分别从四个方面叙述历史地理与环境史研究的不同。[⑥] 韩昭庆在侯文的基础上又指出历史地理学与环境史在兴起背景和研究目的、时段、内容等方面的差异。[⑦] 夏明方认为侯氏的观点“大有商榷的余地”,“以某一特定时期的历史地理学定义作为比较的出发点,显然有失公允”,无视两者的区别显然不妥,忽视两者的交融与叠合同样有问题,实际应该看成一种超越与包容的关系。[⑧]

三、学科定位

作为学术热点的中国环境史,主要基于两个层面:一是将其视为考察中国历史与社会的新视角、新方法,乃至重新构建一套新的历史解释体系;二是以一种专门之学的姿态进入史学研究领域。前者作为一个新的研究路径,较容易为人所接受,虽然仍有些许质疑之

---

① 包茂红:《中国环境史研究:伊懋可教授访谈》,载《中国历史地理论丛》2004 年第 1 期。

② 参见朱士光:《关于中国环境史研究的几个问题之管见》,载《山西大学学报》(哲社版)2006 年第 3 期。

③ 参见袁立峰:《环境史与历史新思维》,载《首都师范大学学报》(社科版)2007 年第 5 期。

④ 参见王利华:《中国生态史学的思想框架与研究理路》,载《南开学报》(哲社版)2006 年第 2 期;《生态环境史的学术界域和学科定位》,载《学术研究》2006 年第 5 期;《浅谈中国环境史学建构》,载《历史研究》2010 年第 1 期。

⑤ 参见王利华:《中国生态史学的思想框架与研究理路》一文以王建革为例说明一些历史地理学者的研究采用了生态学而非历史地理学的理论方法,与传统的历史地理学研究大异其趣。朱士光《论历史地理学的学科交叉性及其学术价值》(《史学集刊》2015 年第 1 期)认为,王氏此说乃因其“未能认识历史地理学在发展途程中一些学者不断吸收采纳相关学科之理论方法,从而促进了历史地理学获得新的更为强劲的发展这一传承创新精神所带来的积极效果”。王、朱二人对同一问题认识上的差异乃是由于各自所处立场、角度的不同。

⑥ 参见侯甬坚:《历史地理学、环境史学科之异同辨析》,载《天津社会科学》2011 年第 1 期。

⑦ 参见韩昭庆:《历史地理学与环境史研究》,载《江汉论坛》2014 年第 5 期。

⑧ 参见夏明方:《新史学》第 6 卷《历史的生态学解释:世界与中国》,中华书局 2012 年版,第 26～27 页。

声;后者则直接对固有的史学学科体系(秩序)形成冲击,欲得到认可并非一朝一夕之事。[①] 自身原因则是环境史学学科体系(架构)的建构尚未成熟,在一些核心命题上,其内部依旧未能形成统一认识。

一般认为,学科交叉性极强的环境史是历史学的分支。如包茂红:环境史跨学科研究的落脚点一定是历史学[②];景爱:环境史研究是历史研究的一部分,研究对象和研究目的的特殊性,决定了环境史是一个集知识之大成、属于社会科学与自然科学之间的边缘学科[③];朱士光:历史地理学与环境史分属地理学和历史学两大学科门类[④];王玉德:环境史是介于历史学与环境学之间的分支学科[⑤];梅雪芹:环境史完全有资格成为历史科学中的一门独立学科和一个独立研究领域。[⑥] 满志敏认为,如果仅把研究对象作为考察的内容,环境史是多学科交叉的研究,但不能仅从研究对象来判断学科归属,而应当从其依据的基本资料来源出发,环境史是从属历史学的环境变迁研究。[⑦] 满氏所言之环境变迁研究更多还是属于历史地理学范畴。[⑧] 笔者以为,就研究对象和内容而言,环境变迁乃历史地理学与环境史两个领域重合或相似性最大的一部分。

王利华有多篇论文谈及环境史学科定位问题,并逐渐系统化[⑨],其基本观点大致如下:"新史学"之环境史学作为一个史学专门分支,按照现行的学科分类习惯,可以列入"专门史"一栏,但它更具有"整体史"的特征,是有史以来涵盖最全面、视野最辽阔的一种历史研究,是一种新的历史认知方式和解释体系。王氏进一步指出,将环境史建立成为一种专门之学并具有中国特色的新型学科体系需要面对和解决的若干问题。焦润明对此表示质疑:"如果按其(王利华)所说,那么历史研究就全变成环境史研究了,也就没有其他的分支学科了……大有将环境史学作为历史学在新时代的科学历史主义代名词的倾向,而不是把它作为历史学的一个边缘交叉学科来考量的。这种认识……极易引起学术争议。"[⑩]焦氏的质疑不无道理,不过,王利华在为将环境史这门新兴学术跻身于主流史学高庙大堂而

---

① 参见赵九洲:《中国环境史研究的认识误区与应对方法》(《学术研究》2011年第8期)关于"国内不少学者对环境史并不完全认同"的原因分析颇有见地:他们一则以疑,一则以惧。疑的是环境史能否在史学中站稳脚跟,惧的是环境史是否会给传统史学带来致命的冲击。

② 参见包茂红:《环境史:历史、理论和方法》,载《史学理论研究》2000年第4期。又见包茂红:《环境史学的起源和发展》,北京大学出版社2012年版,第16页。

③ 参见景爱:《环境史:定义、内容与方法》,载《史学月刊》2004年第3期。

④ 参见朱士光:《关于中国环境史研究的几个问题之管见》,载《山西大学学报》(哲社版)2006年第3期。

⑤ 参见王玉德:《试析环境史研究热的缘由与走向——兼论环境史研究的学科属性》,载《江西社会科学》2007年第7期。

⑥ 参见梅雪芹:《中国环境史研究的过去、现在和未来》,载《史学月刊》2009年第6期。

⑦ 参见满志敏:《全球环境变化视角下环境史研究的几个问题》,载《思想战线》2012年第2期。

⑧ 参见侯甬坚:《环境史研究异于环境变迁领域的研究》(2010年9月9日《中国社会科学报》)指出:在关于人类社会与自然环境关系的研究中,固然会有环境变迁方面的内容,体现人类因素的独特影响和作用,但这的确不是环境史研究的初衷和目的,而是其产生的一项内容和一种结果。

⑨ 参见王利华:《生态环境史的学术界域和学科定位》,载《学术研究》2006年第5期;《作为一种新史学的环境史》,载《清华大学学报》(哲社版)2008年第1期;《浅谈中国环境史学建构》,载《历史研究》2010年第1期;《环境史将给我们带来些什么》,收入《新世纪南开社会史文集》,天津人民出版社2010年版;《从中华民族生命历程中认识人与自然关系的本质——再探中国环境史的学理建构问题》,载2011年1月6日《中国社会科学报》。

⑩ 焦润明:《环境史学论要》,载《辽宁大学学报》(哲社版)2014年第1期。

付诸学理建构努力的同时，并没有轻视其他史学分支的地位。如其所言：经济、社会、文化甚至政治等方面的历史问题都可能成为更具“整体史”特征的环境史的重要研究对象，“但它并不能替代经济史、社会史、文化史和政治史等方面的专门研究，因为环境史的立足之处始终在人类活动与自然环境彼此联系和交相作用的界面”[①]。类似表述还散见于王氏其他相关论文。

将环境史置于至高地位的可能要首推生态学马克思主义者詹姆斯·奥康纳(Jmaes O'connor)。他认为，“与政治、经济、社会及文化史的研究相比，环境史的研究无论在方法上还是在研究主题上都要广泛得多”，“从理论上说，环境史就是对政治、经济、社会与文化的历史的兼容(和扬弃)……从总体上说，环境史是一个整体性的历史，同时也是唯一真正的‘普遍的’或总体的历史”，“在一定意义上，环境史是资本主义时代所有历史书写模式的一个顶峰”[②]。高国荣在批评他“过分夸大环境史的价值”后指出，“环境史是对新史学其他分支的有益补充，这一定位可能更符合实际，也更容易为人接受”[③]。

鲁奇、李恩军对当下环境史学的主流观点多有异议。关于学科定位，他们认为：“跨学科性、综合性、系统性是环境史学的本质特点……环境史学完全可以作为一门与历史学平行存在的独立学科，如果把它作为历史学分支归属在历史学……会阻碍环境史学本身的复兴和发展。”[④]方万鹏认为，鲁奇等人的担忧正是因为没有将其列为历史学的分支学科。[⑤] 将环境史“作为一门与历史学平行存在的独立学科”也许能代表一些环境史学研究者的良好企愿。在此之前，历史学的某些其他分支学科亦有类似愿景。在目前国家的学科体系制度下，虽然交叉边缘学科的出现与壮大是将来学科发展的一个基本趋势，环境史学等历史学分支学科欲成为一级学科，恐难成真。

还有一些学者认为不能拘泥于环境史的学科归属。如尹绍亭：生态环境史属于历史学范畴，然而“人类与自然环境的关系”又非史学研究的“专利”，乃是诸多学科相关联的公共研究领域。[⑥] 梅雪芹：不要将环境史当成什么专门之学，而是首先要将它视为一种整体的通识的观念；环境史的创见主要在于更新了认识人及其活动的视角。[⑦] 夏明方：我们不应该把生态史仅仅看成是历史学的分支，而应视为一个公共学术平台。[⑧]

---

① 王利华：《作为一种新史学的环境史》，载《清华大学学报》(哲社版)2008年第1期。

② [美]詹姆斯·奥康纳：《自然的理由：生态学马克思主义研究》，唐正东、臧佩洪译，南京大学出版社2003年版，第90～91、92、111页。

③ 高国荣：《环境史及其对自然的重新书写》，载《中国历史地理论丛》2007年第1期。

④ 鲁奇、李恩军：《环境史研究的指导思想与学科归属及其主要研究内容初论》，载唐大为主编《中国环境史研究》第1辑，中国环境科学出版社2009年版，第105页。

⑤ 参见方万鹏：《自然科学方法运用于历史研究的可能与限度——以环境史为中心的几点思考》，载《学术研究》2011年第8期。

⑥ 参见尹绍亭：《人类学生态环境史研究初探》，收入尹绍亭、[日]秋道智弥主编《人类学生态环境史研究》，中国社会科学出版社2006年版，第3页。

⑦ 分别参见梅雪芹：《关于环境史研究的意义及其他——给一位研究生朋友的信》，学术批评网，2006年6月13日，见 http://www.acriticism.org/article.asp? Newsid=8050&type=1002；《中国环境史研究的过去、现在和未来》，载《史学月刊》2009年第6期。

⑧ 参见《生态史：历史的生态学畅想》，载2012年8月26日《光明日报》。

四、理论与方法

理论与方法是环境史一系列学理问题的核心。在学科创始阶段,尤其是对于交叉边缘学科而言,具有专属性的核心理念和行之有效的研究方法才能使之获得一席之地。从事和关注中国环境史研究的学者一直在付诸建构性的努力,并已取得重要进展。在主张、商榷、批评与反批评的学术研讨氛围里,相关理论框架和路径方法渐趋明朗。

一些学者颇为强调理论建构在环境史学发展中的重要作用。包茂红指出,没有强大的理论指导,中国环境史就很难得到质的飞跃;急需在实证研究和先进理论结合、进行新的探索、不断总结和归纳的基础上建设中国特色的环境史理论。[①] 王利华认为,只有对环境史的学术体系和理论方法建构等问题作出明确的回答,并形成相当程度的共识,中国生态环境史才有可能走上稳步健康发展的道路。[②] 邹逸麟则同时将实证研究作为学科理论体系形成的重要一环:环境史是一门多学科综合的系统学科,需要多学科的交叉和合作,经过一系列的实证研究,最后才能建成一门理论体系完整的独立学科。[③]

人地关系理论是历史地理学的核心。朱士光认为,环境史的理论基础与历史地理学一样,也应当是人地关系理论。[④] 陈新立同样认为,人地关系是环境史研究的核心。[⑤] 包茂红认为20世纪80年代以后,历史地理学发展起来的人地关系研究与环境史的研究内容基本上重合。[⑥] 王利华则认为,厘清历史地理学的人地关系研究与环境史研究之间的区别,是环境史能否取得独立学术地位的一个关键。[⑦] 赵九洲以为,人地关系应该是环境史的重要研究内容,但不应被视为全部,更不应将其理解为环境的变迁。[⑧] 此前,梅雪芹已指出,当下中国环境史研究不仅要继承人地关系的传统,还要加以创新和发展。创新和发展的关键在于真正发挥马克思主义历史观的指导作用,要以马克思主义关于地理条件与人类社会关系的辩证思想作为环境史研究的基本理论和指导思想。中国环境史学科的建设和发展,应旗帜鲜明地坚持唯物辩证法的指导,以形成马克思主义环境史学派。[⑨] 李根蟠赞同梅氏之说,并指出环境史研究完全可以从马克思主义(辩证唯物主义的世界观和方法论)那里获得理论的支持和指导。[⑩] 张秋升强烈要求环境史以马克思主义唯物辩证

---

① Bao Maohong, "Environmental History in China", Environment and History, Vol. 10, No. 4, 2004. 此据氏著《环境史学的起源和发展》,北京大学出版社2012年版,第182页。

② 参见王利华:《生态环境史的学术界域与学科定位》,载《学术研究》2006年第5期。

③ 参见邹逸麟:《有关环境史研究的几个问题》,载《历史研究》2010年第1期。

④ 参见朱士光:《关于中国环境史研究的几个问题之管见》,载《山西大学学报》(哲社版)2006年第3期;《遵循"人地关系"理念,深入开展生态环境史研究》,载《历史研究》2010年第1期。

⑤ 参见陈新立:《中国环境史研究的回顾与展望》,载《史学理论研究》2008年第2期。

⑥ 参见袁立峰:《环境史与历史新思维》,载《首都师范大学学报》(社科版)2007年第5期。又见包茂红:《环境史学的起源和发展》,北京大学出版社2012年版,第15页。该文中,包茂红提出环境史的两大理论基础是整体论和有机论。

⑦ 参见王利华:《浅谈中国环境史学建构》,载《历史研究》2010年第1期。

⑧ 参见赵九洲:《中国环境史研究的认识误区与应对方法》,载《学术研究》2011年第8期。

⑨ 参见梅雪芹:《马克思主义环境史论纲》,载《史学月刊》2004年第3期。

⑩ 参见李根蟠:《环境史视野与经济史研究——以农史为中心的思考》,载《南开学报》2006年第2期。

法为理论指导，以普遍联系为主导思维方式。[①] 鲁奇、李恩军在从马克思《关于费尔巴哈的提纲》一文寻找环境史的学科基础和指导思想的同时，认为生态学不是环境史学的学科基础。[②] 焦润明亦不主张把生态学理论作为环境史的理论，他认为生态学理论与环境史理论两者不应简单地等同或重叠。环境史学的核心理论是作为历史唯物史观重要组成部分的“生态文明史观”。[③] 鲁奇、焦润明等人之说在目前环境史学界居于少数，从国外到国内，多数学者都认可生态学是环境史学的理论基础；生态学的研究方法是环境史研究的重要工具，是故环境史又有“生态史”“生态环境史”之称。2012 年 6 月 28 日《光明日报》刊登的《生态史：历史的生态学畅想》，是国内外几位环境史专家就生态生态史的若干问题进行讨论，诸家观点亦不尽一致。[④]

在将生态学运用于环境史研究方面，王利华的学术建构渐成系统，兹述之。上文已言，王利华在辨析环境史与历史地理学之异同和定义环境史时，直接指出环境史的理论基础是生态学。其后，王氏引进入“人类生态系统”作为环境史的核心概念，以之对环境史进行系统的学术建构和研究界域的界定。在此基础上，王氏又提出环境史学的四点思想主张（生命中心论、生命共同体论、物质能量基础论和因应—协同论）和具体研究中尤应注重的四个方面（生命支持系统、生命护卫系统、生态认知系统和生态—社会组织）的历史，并撰文专门对生态认知系统进行阐释。[⑤] 期间，王氏注意到现有的生态学理论方法在观察社会历史问题方面解释力的不足，需要创建“中国的”环境史学理论方法体系。在此之前，包茂红、高国荣等人已对当代生态学理论的转向影响到环境史学的现象进行反思。[⑥] 夏明方的反思则更进一步，他从后现代主义史学理论角度出发，认为对生态史的探讨不能仅停留在一个拓展了的研究对象上，而应该把史学或者史学理论本身彻底生态化，进而将这一有关历史认知生态系统的理论探讨称为“生态史观”。[⑦]

关于环境史的研究方法与路径，很多学者已有探讨，在一些方面也已形成共识。梅雪芹《中国环境史研究的过去、现在和未来》对 2009 年以前的相关成果已作梳理，这里仅及此后的探讨。《历史研究》分别于 2010 年第 1 期、2013 年第 3 期关于环境史研究的组稿文章中，朱士光《遵循“人地关系”理念，深入开展生态环境史研究》、邹逸麟《有关环境史研究的几个问题》、钞晓鸿《深化环境史研究刍议》、王利华《生态史的事实发掘和事实判断》等多就如何进一步开展环境史研究提出了方法、取向、路径等方面的建议。兹不赘述。

方万鹏论述了将自然科学方法运用跨学科之环境史研究的必要性和需要注意的若干

---

① 参见张秋升：《普遍联系思维与环境史研究》，载《廊坊师范学院学报》（社科版）2015 年第 2 期。

② 马克思和恩格斯概括的这两句话，兹不赘引，可见鲁奇、李恩军《环境史研究的指导思想与学科归属及其主要研究内容初论》，载唐大为《中国环境史研究》第 1 辑，中国环境科学出版社 2009 年版，第 99～100 页。

③ 焦润明：《环境史学论要》，载《辽宁大学学报》（哲社版）2014 年第 1 期。

④ 参见《生态史：历史的生态学畅想》，载 2012 年 8 月 26 日《光明日报》。

⑤ 参见王利华：《徘徊在人与自然之间——中国生态环境史探索》（天津古籍出版社 2012 年版）的相关部分。

⑥ 以上参见方万鹏：《自然科学方法运用于历史研究的可能与限度——以环境史为中心的几点思考》，载《学术研究》2011 年第 8 期。

⑦ 参见夏明方：《生态史观发凡——从沟口雄三〈中国的冲击〉看史学的生态化》，载《中国人民大学学报》2013 年第 3 期。

问题。[①] 从传统社会农业特征明显的生产生活方式上来看，生态系统可特指为农业生态系统，方氏认为中国传统社会的生态史研究应当围绕农业生态系统来展开。[②] 赵九洲认为，目前的环境变迁研究大多未能彰显环境史的特色和学术理念，建议从拓展领域和转换视角（“准静态视角”）两个方面来突破环境变迁史一统天下的格局。[③] 赵氏又将影响人类之环境分为常态环境和变态环境，其中常态环境最能彰显环境史的魅力，并建议从六个方面进行常态环境研究。[④] 焦润明认为环境史应以历史学的研究方法为主，并列举出四种基本研究方法：史实综合互证法、实地调查法、口述访谈法、计量统计法。[⑤] 后三种方法的适用范围有限，主要是针对现当代环境史而言。钞晓鸿以运用生态学知识为主谈论环境史的研究方法。[⑥] 特别需要提及的是周琼《环境史多学科研究法探微——以瘴气研究为例》一文。多学科交叉研究在环境史领域既是共识，亦有“空识”之嫌，在目前实证研究之规模尚不成气候的现状下，采用多学科交叉研究者更是少之又少。周琼以瘴气为例探讨多学科交叉研究的可行性确实如其所言可谓“典型案例”。[⑦]

五、余　语

环境史是继政治史、经济史、社会/文化史后的第四个史学新领域，亦是“当代中国历史学发展最富有活力的新兴领域”。除上文梳理的几个方面之外，学界对于中国环境史研究的对象、内容、文献材料、学科规划、学术旨归、现实功用、发展趋势以及存在的不足等方面都有程度深浅不一的探讨，限于篇幅，本文不作一一梳理。

自“环境史”这个概念被引入国内已近30载，依然没有一个为学界普遍接受的定义。之所以会有这种局面，一是环境史学者各自的学科背景、学术理念或立场不同，对学理层面核心理念或核心命题的理解不完全一致；二是对“定义”应包括的内容与范围的理解与使用因人而异，诸家没有在内涵与外延上取得一致；三是作为先行者的欧美学界亦各执一义之影响。虽然现状是几乎每人心中都有一个环境史的定义，亦有人相信将来会形成统一的定义。笔者以为，环境史学与生俱来的交叉性和开放性，很难将其定义在统一语境下，亦不必苛求于此。在目前相对开放的学术环境下，环境史研究又是一个非常开放性的领域，对于研究者的学科出身、学术旨归和具体的理论方法与概念界定也可以持开放性态度。

现今兴起的任何一个新学科几乎都是交叉学科，此即表明它都能从其他学科的学术积累中找到学术渊源，环境史亦不例外。笔者以为，一些学者认为历史地理学本就包括环

① 参见方万鹏：《自然科学方法运用于历史研究的可能与限度——以环境史为中心的几点思考》，载《学术研究》2011年第8期。

② 参见方万鹏：《生态史视野下的地域社会研究——评王建革〈传统社会末期华北的生态与社会〉》，载《中国农史》2010年第2期。

③ 参见赵九洲：《中国环境史研究的认识误区与应对方法》，载《学术研究》2011年第8期。

④ 参见赵九洲：《环境史的“环境”问题》，载《鄱阳湖学刊》2012年第1期。

⑤ 参见焦润明：《环境史学论要》，载《辽宁大学学报》（哲社版）2014年第1期。

⑥ 参见钞晓鸿：《中国环境史研究前沿与展望》，载《历史研究》2014年第6期。

⑦ 参见周琼：《环境史多学科研究法探微——以瘴气研究为例》，载《思想战线》2012年第2期。

境史在内,或视为其分支学科之一,皆无可厚非,毕竟二者之间渊源太深,但环境史发展迅速,实力在不断壮大,而且前景广阔,完全可以而且应该“独立门户”。新兴学科起初一般都会遭受质疑甚至不屑,这是因为它本身的学科体系、理论方法不完备,甚至模糊。这是新生事物难以避免的阶段,环境史学者亦需直面一些旁观者或不认可者的质疑之声。就现状而言,还需要更多的争鸣,并形成良性竞争的学术生态。

环境史学者一直在探索与之相宜的理论方法,既是为之能独立于学林,亦是为能更好地开展实证研究。相关理论方法虽然不能取得完全一致的认同,但大致能区别于他者。一个新兴学科能够最终立足并得到认可,实证研究成果不仅最有说服力,还能进一步完善学理的界定,而这又是目前环境史学界尚有所欠缺的。当下期待更多的是具体个案研究的佳作不断涌现。

作者简介:杨文春,信阳师范学院历史文化学院讲师。

从龙王庙到水管所

——明清以来河西走廊水利活动中的国家与信仰

张景平

一、"拆庙建所":一个国家与信仰的隐喻

公元1962年初春,正在酒泉南干渠工地劳动的酒泉县文殊公社社员邢玉同被不远处隐隐传来的硿硿锤凿之声所吸引,这声音在以土方开挖为主的沉闷工地上显得十分清脆。不一会儿便有消息传到:废弃多年的讨赖河南龙王庙,正被人拆下屋梁。由于父亲曾经是这座庙宇的看守人,童年时代的邢玉同就生活在庙中,正殿中一般农家所罕见的粗壮梁柱给他留下了深刻的印象。对于主持这场拆除活动的水利干部老郑,邢玉同也并不陌生。这位南干渠水管所所长曾和其他水利工作人员一起长期在南龙王庙居住办公,同处一个屋檐下的经历,让彼此之间十分熟悉。当新建中的南干渠水管所急需木料时,南龙王庙的粗壮梁柱自然浮现于老郑的脑海之中。将近50年后,已过古稀之年的邢玉同老人仍然能清晰地指出,经过几度改建的水管所中仍然有一座凉亭保留了南龙王庙的材料,其中至少两根略带棱角的柱子是用正殿主梁改造而成。①

以上场景是20世纪五六十年代之交河西走廊龙王庙拆除过程中的典型一幕。中华人民共和国成立之初,干旱少雨而灌溉农业发达的河西走廊地区曾密布着数百座龙王庙。在此后不到10年的时间中,这些庙宇迅速消失,取而代之的是一座座隶属各级政府部门的水利管理所;这些水管所大多离龙王庙不远甚至就在原址重建,龙王庙的建筑材料普遍为第一代水管所建筑所利用。如果单就"拆庙"这一点而言,将其放在特定的意识形态背景中似乎并不难理解,毕竟中国历史上政权向神权宣战的例子屡见不鲜。但一个有趣的现象在于,当改革开放后河西走廊的各种宗教与民间信仰蓬勃复兴之时,龙王庙以及龙王信仰却逐渐被这片土地上的人们遗忘,类似近30年来山西"四社五村"祭祀体系与晋祠"河会"组织的恢复性发展并没有在这里出现。② 另一方面,"拆庙"后建立的水管所则成

---

① 本段引自邢玉同访谈材料。邢玉同,1940年生,嘉峪关市文殊乡河口村农民;采访人:张景平、王炳文;采访时间:2010年11月27日下午。

② 关于山西民间水利信仰的当代复兴,参见董晓萍、[法]蓝克利:《不灌而治:山西四社五村水利文献与民俗》,中华书局2000年版;李红武:《晋水记忆:一个水利社区建设的历史与当下》,中国社会出版社2011年版。

为当地最有权威的基层政府部门之一，其地位并未因从计划经济到市场经济的转型而稍有改变，水利人员至今仍受到河西走廊一般民众的普遍尊敬。因此我们有理由认为，半个世纪前的“拆庙建所”运动绝不仅仅是特定时代的国家意志的投影，而是河西走廊水利发展史上具有象征意义的重大事件；它以一种略显粗暴的方式标志着旧时代的终结，也宣示着新时代不可逆转的到来。

众所周知，龙王信仰是中国传统民间信仰的重要组成部分，龙王庙在水利活动中发挥着重要功能。当前学术界对于龙王信仰与龙王庙问题的研究主要在三个方面展开。首先是从宗教学角度探讨龙王信仰的渊源、形成、流变，重点是其中的佛教要素以及相关神仙谱系的问题①；其二是从民俗学、人类学的角度探讨龙王信仰的具体形态，包括龙王庙的形制、仪式与祭祀组织②；其三是水利社会史角度的考察，即将龙王信仰作为多元水利信仰的一部分，重点探讨这些信仰背后的社会权力结构。③ 以上三个方面的研究都很注重对当代龙王信仰与龙王庙问题的研究，因为即使重点关注历史问题的学者也需依赖深入的田野调查才能帮助解读或直接补充历史文献的相关信息。大多数研究者都认为，包括龙王信仰在内的水神崇拜今天仍然“活着”，尽管其影响力大不如前并在现代化浪潮中发生着种种变异，20 世纪 50～60 年代政府对于民间信仰的激进态度并未将其根除。

这一认识在不同学科研究中的重要性不尽相同，主要是基于华北特别是山西的个案研究得出，但却在中国北方具有相当的普遍意义。它吸引着研究者去探讨中国民间社会某些更为本质、稳定的社会与文化要素。这种要素深藏在地方社会内部，并始终具有强大的生命力。河西走廊龙王信仰在当代的近乎绝迹这一现象虽与山西不同，基于山西经验的思维方法却同样适用。笔者认为，龙王庙的被推倒绝不仅仅是外力作用的结果，其社会基础的松动或许在政治力量介入之前就已经存在，应该从传统区域社会内部及其现代化进程去探讨这一问题。本文将“水管所”与“龙王庙”相提并论，不仅因为二者在时间上的相承、空间上的相邻甚至材料上的相袭，更因为这两类建筑在各自时代的水利活动中，始终处于不可忽视的核心地位。

二、从祈雨圣地到配套工程：明初至清中叶河西龙王庙的修建

一般意义上的河西走廊，系指甘肃省西部介于祁连山与走廊北山之间的狭长区域，整体呈东南—西北走向，长约 1000 公里，宽度从数公里到 100 公里不等。河西走廊是丝绸

① 此类研究成果颇多，多散见于中国龙文化相关的研究中，难以备举。近年来杜文玉、王颜《中印文明与龙王信仰》（《文史哲》2006 年第 2 期）一文对各家观点梳理甚细，影响较大，可参看。

② 此类研究成果亦多，张亚辉《水德配天：一个晋中水利社会的历史与道德》（民族出版社 2008 年版）一书用力甚勤，其中对于龙王谱系的研究综述总结甚详，可参看。

③ 此类研究成果亦多，代表作可参见赵世瑜：《分水之争：公共资源与乡土社会的权力和象征——以明清山西汾水流域的若干案例为中心》，载《中国社会科学》2005 年第 2 期；行龙：《多村庄祭奠中的国家与社会：晋水流域 36 村水利祭祀系统个案研究》，载《史林》2005 年第 8 期。此两篇文献具有标志意义。前引《不灌而治：山西四社五村水利文献与民俗》亦有极大影响。

之路上的咽喉路段,亦是我国著名的灌溉农业区,自东至西分属石羊河、黑河、讨赖河、疏勒河、党河五大内流河流域。[①] 关于河西龙王庙的史料比较稀薄,相关研究成果不多。[②] 目前可以确定的河西走廊最早的龙王庙,是位于走廊中部黑河流域的甘州三庙,即始建于西夏时期的上、中、下龙王庙。此外,修建于明代中期的酒泉洪水坝龙王庙也是营建时间较早的龙王庙。[③] 不过细读文献发现,这些庙宇在修建之初,其供奉的对象是广义的山川之神,修庙动机也不一定专门指向灌溉活动。[④] 这种对山川之神的供奉祭祀位列官方认可的地方祭祀体系之中,表达对自然的敬意是其主要目的。[⑤] 直到明代中后期开始,"龙王庙"这一名称才开始出现在河西大地上。

河西走廊内陆河概况一览

水　系	流　域	古　称	主要城市	在走廊位置
石羊河	石羊河	白亭水	武威市、金昌市、民勤县、古浪县、永昌县	东部
黑河	黑河	弱水、张掖河	张掖市、山丹县、民乐县、临泽县、高台县	中部
	讨赖河	多乐水、金河	酒泉市、嘉峪关市、金塔县	中部
疏勒河	疏勒河	藉端水、冥水	玉门市、瓜州县	西部
	党河	氐置水、甘泉水	敦煌市	西部

虽然河西走廊的水利开发历史可追溯至汉代,但该地区的水利发展并未呈现出一种线性演化的趋势。受到各种复杂因素尤其是宏观军政格局的影响,河西走廊的水利开发几度兴衰,至明代初期,主要灌区仅局限于中东部地区凉州卫(今武威市凉州区)、甘州卫(张掖市甘州区)与肃州卫(今酒泉市肃州区)附近,即石羊河流域以及黑河、讨赖河中游地区。曾经密布汉唐灌区的走廊西部疏勒河、党河全流域以及走廊中部的黑河、讨赖河下游地区皆被弃置边外,农业开发基本终止,水利建设无从谈起。此种格局持续至清康熙末年方告改观。明代与清初,中央政府控制下的河西走廊中东部地区逐渐形成了今日灌溉系统的基本骨架,时至今日仍然是河西走廊灌溉条件最好、农业最为发达、人口最为密集的地区。河西走廊中东部龙王庙在这一时期开始陆续出现,我们姑且把这些龙王庙称为第一期龙王庙。

从方志与所存碑刻来观察,明代与清初河西龙王庙的兴建或重修与政府官员的"祈雨"有重大关联。凉州南龙王庙、民乐峡口龙王庙的修建,都源于清初地方官员祈雨的成

---

① 讨赖河实际为黑河支流,党河实际为疏勒河支流,但因两河灌溉面积巨大在水利上自成体系,一般将其视为独立流域。

② 目前所见,谢继忠《明清以来张掖龙王信仰研究》(《河西学院学报》2013 年第 6 期)为唯一专门研究之论文。此外,李艳《近代河西走廊的水利、水权与乡村社会》(兰州大学硕士学位论文,2009 年)一文对于龙王庙在水利活动中的功能有所论述。

③ 分别参见乾隆《甘州府志》卷二《营建 · 坛庙》、万历《肃镇华夷志》卷二《水利》。

④ 如《甘州府志》载,张掖上龙王庙旧称"河渎神庙";《肃镇华夷志》载,洪水坝龙王庙为本道岁祭"山川之神"之处,只是"俗呼为龙王庙"。

⑤ 参见李媛《明代国际祭祀体系研究》,东北师范大学博士论文,2009 年。

功，遂修庙祭祀。[①] 张掖附近的中龙王庙在康熙初年已圮毁多年，适逢康熙五年(1666)张掖大旱，阖城绅士军民吁请甘肃提督张勇往庙址祈雨，居然灵验，遂由张勇本人倡议集资予以修复。[②] 虽然河西走廊在整体上都属于降水量远远小于蒸发量的干旱区，但其降水量绝对值存在较大的空间差异，自东向西存在一个明显的减少过程。根据现代气象记录，走廊东端的武威绿洲年降水量可以达到200毫米以上，西端的敦煌绿洲则减少至50毫米以下。在1949年之前，河西走廊中东部地区存在大量无灌溉条件的旱地，被称为"撞田"，其中走廊东端地区的石羊河流域的"撞田"比例可以达到耕地总面积的四成。这一比例自东向西呈现出较明显的递减，到酒泉讨赖河流域只有零星"撞田"存在，更西则不能存在。[③] 与水浇地相比，"撞田"的产量十分低下，从来不构成河西走廊粮食的主体；但在灌溉能力不足的前现代技术条件下，靠天吃饭的"撞田"是农业生产的重要补充。尤其明代、清初河西走廊主要灌溉系统的修建是一个渐进过程，很多地区行政建制的出现远远早于骨干工程的建设年份，"撞田"必然在某些时期内具有更加重要的地位。因此，从"祈雨"这一建设初衷来看，河西走廊中东部龙王庙与华北地区无甚区别，并构成了其日常功能的主要部分。如甘州三庙中存有大量清代地方官员的祈雨碑刻，万历《重修甘镇志》、乾隆《甘州府志》、民国《张掖县志》等地方志皆有记载，并一再强调各种"灵验"事迹。

由于史料的缺乏，我们对河西走廊第一期龙王庙的相关细节所知不多，但兴衰不常似乎是其共同特点，故各地方志都有多次修复的记录，这应与祈雨不会经常进行有关。[④] 此外，第一期龙王庙还时常在佛、道二教祠庙之间摇摆，有的甚至还有藏传佛教僧人入住。[⑤] 不过，由于龙王并非唯一司雨的神祇，如果单就"祈雨"这一功能而言，雷神系列可能会具有更加突出的地位。在河西走廊中东部地区的石羊河与黑河流域，雷神庙与第一期龙王庙同时具有极强的影响力。在高台县，龙王庙与雷祖庙同时被认为具有祈雨的功能，方志皆记载其神迹。[⑥] 在武威，出土中国旅游标志"马踏飞燕"而闻名的武威雷台，实为一座供奉雷祖的巨大道观。在整个石羊河流域，龙王庙自始至终都没有在规模上超越雷台，围绕雷台举行的盛大庙会活动也是龙王庙所不能比拟的。因此，侧重于"祈雨"的第一期龙王庙虽然已具有专门水利祠庙的性质，但显然并未获得独尊地位。

从康熙五十四年(1715)开始直至乾隆二十四年(1759)，清王朝为用兵西域，开始在河西走廊大兴屯田，在近40多年的时间中，河西走廊迎来了一个水利建设的高潮。清廷突破了以明代边墙与嘉峪关为界的格局，将行政机构的设置覆盖到河西走廊全境，西部的疏

---

① 参见乾隆《五凉全志》卷一《地理志·凉州府》、民国《创修东乐县志》卷二《水利》。

② 参见(清)袁州佐:《重修中龙王庙合祀碑记》，乾隆《甘州府志》卷一四《艺文中》。

③ 相关统计数据分别参见中华民国水利部河西水利工程总队《石羊河流域灌溉共工程计划书》《临水河流域灌溉工程计划书》，甘肃省图书馆西北文献部藏1948年油印版。

④ 以甘州中龙王庙为例，综合万历《重修甘镇志》、乾隆《甘州府志》、民国《张掖县志》记载，其在明代重修4次，清代顺、康年间各修1次，平均70余年修一次。

⑤ 龙王庙转换为道教祠庙的例子，如嘉庆三年《山丹河上六坝水则》中提道："三官庙地当头、二坝分水处，即前明达千总龙王庙也。"参见双营志编委会:《双营志·附录》，2006年编印，第356页。又中华民国水利部河西水利工程总队1948年编印的《张掖大满渠工程计划书》中提道："(中龙王庙)创于西夏，清县令王廷赞重建，后毁于兵火。当前建筑为宣统时重建，有青海藏僧二人驻锡，云其人五百年前即来此募化。"

⑥ 参见民国《新纂高台县志》卷三《祀事》，民国十四年(1925)铅印本。

勒河、党河流域以及中部黑河、讨赖河下游地区都展开了规模巨大的移民屯田运动，石羊河下游垦区亦迅速扩大。与明代老垦区的水利建设经历较长时间不同，这些新开发地区的水利建设一般由政府在短时间内一次建成。在这个过程中，一批新龙王庙随之建设起来，我们姑且将其称为第二期龙王庙。讨赖河下游的王子庄龙王庙、疏勒河中游的玉门上下龙王庙、疏勒河下游的安西北大桥龙王庙以及党河流域的敦煌西河口龙王庙是其中的代表。①

第二期龙王庙在修建之初就表现出与第一期龙王庙的两点不同。从空间分布方面观察，第一期龙王庙多集中于县城、村镇等聚落周边，如张掖中龙王庙、酒泉洪水坝龙王庙分别位于甘州、肃州府城附近的人烟稠密之处，这应当与方便祭祀与求雨活动的展开有关。但第二期龙王庙则建设于灌溉系统的重要节点，主要指干渠渠首与干渠分水处，因此往往远离聚落，如位于安西、玉门第一道分水口的上龙王庙坐落在戈壁滩深处，距离最近的乡镇也有16华里的距离。从修建时间观察，第一期龙王庙是在数百年的时间中逐渐修成，往往滞后于干渠系统的建设，且并非所有灌区都有龙王庙；第二期龙王庙则是与新灌区建设同时进行，每个灌区必有自己的龙王庙。套用今天的工程术语，第二期龙王庙似乎更像是灌区建设的一种"配套工程"。那么，政府坚持修建这一"配套工程"的目的究竟是什么呢？下节将通过对第二期龙王庙日常功能的分析来说明这个问题。

三、"庙"的凸显与"龙王"的淡出：清中叶河西龙王庙系统的变化

雍正十三年(1735)，位于讨赖河支流马营河上的九家窑屯田区建设完毕，其核心工程是一条叫作千人坝的引水干渠。为获得有利的引水工程，千人坝干渠的上游穿行于深山峡谷之中，工程艰巨。以戴罪之身主持工程的绍兴人童华捐资修建了千人坝龙王庙，并撰文纪念。这篇祭文首先抒写国家开设屯田的意义，接着续写自己对水利事业的感情，其后以大篇幅深情回顾了施工中的种种艰难，最后称颂总督、知州等各级官员的亲切关怀与大力支持。祭文虽名为龙王而作，但提到龙王与其他神祇的只有两处。一是在谈及开凿引水隧道屡遭失败时"祈求祷祀，念靡神之不宗"，是"病急乱投医"的真实写照，并不专"念"龙王；二是在结尾处说"人事既臧，神庥斯降"，在描述水利工程带来的丰收场面后感谢"神力之成全"。②

这篇500余字的祭文可以称得上河西走廊新垦区龙王庙修建动机的一个珍贵样本。在这篇祭文中，龙王虽然仍得到尊敬，但其"功德"实际上被置于一种微不足道的地位，结尾处的称颂更像是一种作者推己功于神灵的谦逊态度。相反，称颂国家屯田政策的英明并借此凸显执事者的功绩才是这篇文章的真正主旨。童华的这篇文章是否被当场刻成石碑尚不明确，但可以肯定的是，在其离任后当地居民所立的《大清乾隆丙申童华去思碑》则

① 分别参见乾隆《肃镇华夷志》之《肃州册·祠庙》、乾隆《敦煌杂钞》卷上《水利》、民国《安西县志》卷五《坛庙》、乾隆《敦煌县志》卷二《水利》。

② 参见(清)童华：《童氏杂著·工上杂成·祭千人坝龙神文》，乾隆四年(1739)刻本。

基本参考了相关内容，有些句子甚至是直接引用。① 更为有趣的是，这块《去思碑》就树立在童华主持新建的龙王庙中。至此，童华以称颂龙王为名所做的文字在此终于回归其本旨，借民众之口成为国家与官员的颂歌。从这个事例可以看出，以龙王庙的修建作为宣示国家意志与官员政绩的契机，并以庙宇本身作为国家意志的象征物与纪念地，是第二期龙王庙成为屯田水利"配套工程"的重要原因。之所以选择龙王庙而非其他载体，很可能只是因为彼时龙王信仰已在中国北方大多数地区甚为流行的缘故，但推广这一信仰本身并不是官方首要出发点。

对于更多的新垦区而言，通过建立龙王庙彰显国家意志与官员功德并不仅仅是供后人缅怀，而是有更为重要的实际用途：确定水利秩序。许多新垦区自开发伊始，便面临着水资源空间分配不均的严重挑战。康熙五十四年(1715)，疏勒河流域开始屯田；至康熙五十八年(1719)，灌区建设尚未最终完工，下游柳沟所(今瓜州县三道沟镇)与上游靖逆卫(今玉门市)之间的用水矛盾已经爆发。官方遂制订两地的"三七"分水方案，并在分水节点修建龙王庙，并将镌刻有相关规定的石碑树立其中。② 此后疏勒河流域安西、玉门两县的水利纠纷时有发生，于是龙王庙便成为此后历次水案的博弈中心，官府往往于庙中召集纠纷双方协商调停、画押有关文书，并将有约束力的文件刻石保存于此。③ 这些碑刻原件虽已无存，但从方志所载的碑文来看，一般是详细叙明原委后，地方官员或根据方志、旧案等维护既有秩序权威，或根据一般的道德原则进行水权的调整，但并未有片字提到"龙王"；即便是篇末的礼仪性套语，如"永远遵守无违"之类也并不需要请龙王"作证"，而是多用"感天恩之溥惠、思牧守之劬劳""义存推让、利在均沾"之类的"人事"话语作为争端双方达成一致的思想基础。④ 可见龙王信仰本身作为一种文化要素已不参与到水利纠纷的调处中，我们只能看到"龙王庙"这一特殊空间在水利事务中发挥着作用，整个纠纷解决的过程完全没有超自然力量的介入。

与第一期龙王庙相比较，河西走廊第二期龙王庙的建设无疑体现了国家对于水利事务更为直接与深入的干预，但龙王的实际重要性反而有所降低。这并非代表着国家信仰与水利政策的刻意调整，而是由特殊区域屯田活动的基本性质所决定。屯田活动本身即是国家意志直接主导下的活动，国家在其中保持着强势的存在，其地位为任何神明不能替代。另一方面，清代河西走廊屯田区特殊的气候与水文条件也决定了龙王的超自然力量难以发挥作用。首先，新垦区的有效降雨稀少，农业完全依靠灌溉，因此龙王行云布雨的神奇能力对这里没有意义。其次，河西走廊诸内陆河的径流补给，自东向西呈现出降雨补给比例减少、冰川融雪补给比例增加的趋势，这导致走廊西部诸河在每年 5～6 月灌溉关

---

① 《大清乾隆丙申童华去思碑》今不存，系从《酒泉马营河查勘报告书》辑出。参见甘肃水利林牧公司酒泉工作总站《酒泉马营河查勘报告书》，1943 年缮写，酒泉档案馆未编目档案。

② 民国二年(1913)《安西县水志》曾提道："(安玉水案)碑原在睡佛洞口，及(康熙五十九年)仲春上龙王庙告竣，两造军民共移于廊下。" 参见佚名《安西县水志・水案》，酒泉市档案馆藏档案 0-1-25，第 5 页。

③ 《安西县水志・水案》载："迤后一切处分条例并执照等事勒石于(龙王)庙者，今(按：指民国二年)历历具在。" 参见《安西县水志・水案》，酒泉市档案馆藏档案 0-1-25，第 7 页。

④ 碑文俱在民国《安西县志》卷四《水利》。

键期的径流较之走廊东部更加稳定[①]。因此，西部诸河的龙王似乎远比东部更为“和善”，不会随意“动怒”而减少水源，所以不需民众隆重祭奠以示“恳求”。由于自然要素带给走廊西部新垦区民众的不确定性要比东部小很多，因此民众对龙王的敬畏度降低，龙王在日常水利活动实际作用的淡化不可避免。

当新垦区的第二期龙王庙建设如火如荼的时候，老垦区的龙王庙系统也在发生变化，最为显著的现象是流域性大龙王庙的出现。第一期龙王庙与“祈雨”活动关系密切，虽然某些龙王庙作为地方长官的固定祈雨地而具有较高的地位，但这种地位相对模糊，未能通过一套稳定的仪式加以确认。随着河西走廊屯田活动的大规模展开，水资源的利用率大幅提高，流域内上下游、左右岸之间的用水关系呈现出复杂化的趋势，覆盖面积更大、规定更为精密的水源分配法则开始在老垦区出现。讨赖河中游酒泉盆地在明代就形成了右岸“南三渠”、左岸“北四渠”的灌溉格局，七渠原本各自顺河取水、互无联系，但至清中叶时，七渠合并为左、右岸两个总口、共用一道拦河坝，并按照各自承担的田赋分配水源。与此同时，在讨赖河南、北两个总口分别出现了隔河相对的南龙王庙与北龙王庙，并列为酒泉盆地水利活动的中心，其中又以本文开头提到的南龙王庙为大。每年立夏这一天，讨赖河“南三渠”“北四渠”的负责人都云集南龙王庙举行年度开河分水大典，其中的核心包括向龙王献祭、赠匾、当众丈量各渠渠口以及唱戏等，有时也会宣布重大水利规则改动，俨然为流域一大盛事，而肃州知州的出席则表明了这一仪式得到官方支持。南龙王庙位于讨赖河出山口，距离肃州州城将近40华里。每年立夏，当地方长官率领七渠水利领袖不辞辛苦、风雨无阻地在龙王庙俯身祭拜时，南龙王庙就因此获得了凌驾于其他龙王庙之上的地位，明白无误地居于整个讨赖河中游水利共同体的顶点。[②]

同样的情形也在黑河流域出现。甘州三庙中离城较近的中龙王庙在清代中叶以后继续保持着祈雨的功能，但远在黑河出山口、庙宇狭隘的上龙王庙则于乾隆时期异军突起，经张掖知县王廷赞大规模扩建并获题“甘民衣食源”的匾额后成为流域水利活动的中心，其仪式内容略同于讨赖河南龙王庙，为官民一体祭拜。与第一期龙王庙相比，这些新建或扩建的大龙王庙规模宏大，且普遍拥有受到政府特别保护的香火田、草湖等庙产。虽然目前尚不清楚大庙的日常管理办法，但其显然与佛、道二教划清了界限。[③] 张掖上龙王庙、高台县镇彝五堡龙王庙等大龙王庙的日常运作都由政府直接监管、民间水利领袖商议决定，不涉及任何宗教团体。至于文章开头提到的邢玉同老人，其父亲原是因饥荒而流落到肃州的难民，经七渠水利领袖首肯后受雇看守讨赖河南龙王庙，其本身不具有任何宗教背景。

通过流域性的水利仪式的举办以及地方官员的支持，黑河、讨赖河老垦区大龙王庙中的龙王普遍获得地方水利最高神祇的独尊地位，完全压倒雷神等其他水利神祇，成为地方

---

① 参见张景平、王忠静：《“旱”何以成“灾”？——河西走廊西部地区水利现代化进程中“旱灾”观念演变研究》，2013年5月在德国慕尼黑大学、中国人民大学合办之“旱暵水溢：世界历史上的河流、洪涝与旱灾国际学术研讨会”宣读。

② 参见张景平：《干旱区近代水利危机中的技术、制度与国家介入——以河西走廊讨赖河流域为个案的研究》，载《中国经济史研究》2016年第6期。

③ 参见《黑河龙王庙田执照》，收入乾隆《甘州府志》卷一四《艺文中》，清乾隆四十四年(1779)刻本。

水利活动的守护神。清中叶以后，地方官绅在每年规定的日子到大龙王庙行礼如仪，自然比遭逢旱灾时才有的祈雨更加常态与正式；但祭拜者内心对龙王的诚悫之心，恐怕远远不能与祈雨时"大旱望云霓"般的诚惶诚恐相提并论。大龙王庙内举行的年度流域性水利仪式，就其本质而言是为了重申水资源分配秩序。但这种秩序的形成却与龙王信仰无关，其核心是"按粮分水"，国家赋役的保证征收既是水资源分配的目的也是标准。与新垦区为明确水利秩序而新建的龙王庙一样，老垦区的理性博弈借助大龙王庙这一特定空间来体现并捍卫其成果，不同之处在于前者主要为地方当局直接推动，后者则表现为国家与社会的合谋。

四、"龙神其寝"到"毛主席就是活龙王"：龙王庙的近代命运

自清康熙朝后期开启的河西走廊水利开发浪潮，直接造就了河西走廊100多年间的持续发展。这一进程因为19世纪60～70年代的陕甘回民大起义而戛然终止。左宗棠攻取回民起义的最后堡垒肃州时，曾云讨赖河流域"民人存者不过十之三四，地亩荒废，居其大半"①，而疏勒河流域的玉门一带"其遗黎能自耕者不过十之一二"②。这样大比例的人口损耗，直到1949年时仍未完全恢复。地方水利秩序在战争期间基本瓦解，除碑刻外的大多数水利文书遗落无存，第二期龙王庙在此次战乱中遭到普遍破坏。不过这种破坏大部分并非由直接的交战造成，而是因为坚壁自守的民众无法随时樵采，只得在战斗间隙外出拆毁各种祠庙以作为薪爨储备之用。③ 各类神像多为木质，较之梁柱大木更适宜首先分解为柴薪，故无一幸免。就龙王而言，这位平日里专司水利的神祇以化作烈焰的形式继续保障着非常时期的民生，无疑说明一个朴素的道理：生存受到威胁时，信仰的物质形态难以存在下去。

大劫过后，河西走廊各地龙王庙的开始陆续修复，我们可以姑且将此称为第三期龙王庙。此时国家多故，中央政府无暇西顾，协饷断绝又导致地方政府财政拮据，第三期龙王庙多由元气大伤的地方社会集资重建，故其规模普遍没有达到政府主导的第二期的水准。始建于明代的酒泉洪水坝大龙王庙曾与讨赖河南、北龙王庙并列为酒泉盆地三大龙王庙，酒泉市博物馆原馆长冯明义回忆其民国后期的所见时谈到，"首先是院子里空地太多，其次是正殿台基宽阔，但上面的建筑却只有普通民房那么大，其三是整体建筑风格过于朴素，没有斗拱、彩头"④。乾隆时期的张掖上龙王庙实际由相对高差约10米的两组建筑构

---

① （清）左宗棠：《官军次第分起次第行走折》，收入《左文襄公奏疏》卷五四，同治十二年（1873）十二月初十日。

② （清）左宗棠：《嵩武军开抵玉门片》，收入《左文襄公奏疏》卷五四，同治十三年（1874）二月十六日。

③ 其典型事例参见民国《新纂高台县志》卷三《祀事》，其中所记载了战乱期间镇彝龙王庙为堡民拆毁作薪事，可为一明显例证。

④ 冯明义口述材料。冯明义，1929年生，酒泉博物馆原馆长；采访人：清华大学张景平、王炳文；采访时间：2010年11月23日。

成，但清末民国仅有较低位置的一组建筑被修复，且只重建了正殿、山门，没有东西两厢。[①] 第二期龙王庙的修建正值清代国力鼎盛之时，第三期龙王庙则重建于近代风雨飘摇之日。上节既已指出，龙王作为水利神的独尊实为国家意志的体现，国家由盛转衰，龙王的境遇也大不如前。虽然第三期龙王庙中仍然可见政府官员的身影，但整个龙王庙系统在水利组织中作用的发挥却逐渐偏离第二期的轨道，呈现出种种畸变之态，其中折射出国家在水利活动中地位的变化。

前文指出，第二期龙王庙体现出秩序井然的理性博弈特征，但在清末民国则出现了某些非理性、反秩序的要素。酒泉洪水坝大龙王庙的例子很有代表性。这一区域的水利领袖原本由各渠代表按渠道顺序轮流担任，规则清晰且得到政府的认可。[②] 但到民国时期出现了各渠争当水利领袖的现象。为了解决这个问题，争当领袖的各方发明了在龙王庙“打刍牛”的方法。所谓“刍牛”，系用细木头扎成松散骨架，中填亚麻草，争当水利领袖的人各执一棍棒上去敲打，谁最后一棒把刍牛打散、使牛腹中的亚麻草散在地上，谁就是水利领袖。在龙王面前以类似抽签的方法进行权力的分配，似乎是争议双方都把龙王当作一种权威，从而为偶然的结果赋予神圣性，使之为民众普遍接受。但事实上，经常有多个争议方同时宣布最后打散刍牛并争执不下，最终大打出手并酿成命案。[③] 这说明，龙王的权威并未真正参与到这种具有明显缺陷的博弈方式中来，而“打刍牛”中棍棒交加的过程本身似乎更加是好勇斗狠的丛林法则的演绎与呈现。

毋庸置疑，水利博弈中天然就带有暴力色彩，有的还相当残忍，山西地区著名的“油锅捞钱”就是一例。河西地区早期的水利活动可能也有这种暴力色彩，例如张掖洞子渠在乾隆时期初建，有吴姓族长杀了同族的哑子祭龙王，因此获得世袭农官。然而，这种杀人论述是在民国才作为维护吴姓水权的要素而出现，清代碑刻《洞子渠龙王庙神功碑》只说吴姓家族因多位族人在工地上因公遇难而获得政府褒奖，由此获得世袭农官一职。[④]《神功碑》的行文方式表明，即便当时确有杀人祭龙王其事，也是清代地方当局不愿承认的，当局并不希望这种暴力元素进入官方主导的水利文化体系。而在民国公开散布的暴力传说中，龙王被塑造成一尊残暴的神祇，安然享受人血的供奉而不显灵惩戒这种行径。在清末民国的现实历史中，河西走廊龙王庙也见证了太多的血腥场面，“打刍牛”及其纷争实属其中较为微末者。酒泉、金塔两县民众因争水发生长期纠纷，由甘肃省政府下令裁决，每年由金塔民众定期到酒泉掘毁拦河坝以实现“均水”。1940 年 6 月，酒泉民众在讨赖河南龙王庙设下埋伏，重伤金塔民众多人，现场惨不忍睹。地方政府对此事的处理相当不力，最终不了了之，金塔方面的损失未能赔偿，所谓“均水”亦未能实现。南龙王庙从地方官绅的

---

① 乾隆时甘州上龙王庙况的直观反映参见乾隆《甘州府志》卷首《上龙王庙图》，民国庙况参见民国《张掖县志》卷二《水利》相关记载。

② 参见《光绪十二年红水坝下四闸水规》，中华民国农林部《甘肃河西荒地区域调查报告》，甘肃省图书馆西北文献部藏 1932 年版。

③ 参见上引冯明义口述材料。

④ 分别参见张掖专区文化局编《河西志》，甘肃省图书馆西北文献部藏 1958 年油印本，第六章《水利》，第 45～46 页；《张掖洞子渠渠民代表会议记录》，1944 年，张掖市档案局为编目档案；《洞子渠龙王庙神功碑》，甘州区文化馆拓片。

馨香祷祀之区变为血雨腥风之地，后世阅之，仍不免感慨唏嘘。[①]

无论带有几分荒诞色彩的打刍牛，还是南龙王庙中的残酷殴斗，国家或者视而不见，或者无可奈何。在充满暴力色彩的仪式与传说中，龙王或为默默的旁观者，或为面目可怖的同谋。清末民国时期，河西走廊进入水案的高发期，一场全面的水利危机席卷走廊。关于这场危机的原因尚在研究中，但国家在危机处理中的地位，如同曾强势独尊的龙王一样急剧衰微，地方社会开始在国家角色弱化的条件下重新塑造着龙王庙，从建筑本身到游戏规则都是如此，但往往并不成功。如果说第三期龙王庙还有什么与第二期龙王庙相似的地方，那就是地方社会仍然看重龙王庙这一特殊空间的特殊意义，故一般没有选择迁建而是就地重修。但对于官方极力独尊的龙王信仰本身，地方社会有时已经表现出了怠慢之态。金塔县王子庄六坪龙王庙的消失以及高台县镇彝龙王庙与阎如岳祠的主从易位，是其中两个较突出的例子。

金塔县王子庄六坪是雍正、乾隆年间集中开发的新灌区，位于讨赖河最下游，“六坪”即放射状分布的六条干渠之意。乾隆四年(1739)编写的《重修肃州新志》明确记载了该处有一处作为配套工程修建的大龙王庙，彼时其上游的南、北龙王庙还没有兴建。但该庙被毁后并未重建，取而代之的是六坪各自兴建自己的龙王庙，在大龙王庙的故址出现了六庙并立的局面。大龙王庙的消失，标志着官方塑造、流域共同尊奉的龙王已不复存在。六小庙自身对龙王的供奉已日益淡化，不再塑像，只在墙上画龙王牌位，其功能已从象征水利秩序转为各渠水利人员的临时栖身之所，甚至连“龙王庙”之名也逐渐被淡忘，民众改称其为“石庙子”。[②] 高台县镇彝龙王庙是黑河中游最末梢灌区五个屯堡的总庙，其修建历史可追溯到明代。自乾隆年间开始，当地民众将一位水利英雄阎如岳的排位供奉于龙王庙东厢，将其作为阎如岳祠加以供奉。[③] 阎如岳的主要功绩在于推动了黑河流域灌溉水源的较公平分配，这种分配主要通过流域性轮灌并确定每个灌区的独占灌溉时间来实现，凡有违背者都需缴纳罚款，其中相当一部分充当镇彝龙王庙与阎如岳祠的香火钱，晚清时期镇彝龙王庙与阎如岳祠都得到重建，方志明确记载均水罚款交至“龙王庙阎如岳祠前”，庙在前、祠在后，显示主从关系。但一份民国档案显示，1943 年的四笔均水罚款直接缴纳至“阎如岳祠前”，其中一笔专门注明“充为龙王庙香火钱”[④]。此间的主从易位十分明显，当地民众已经将阎如岳视为第一水利神祇。

将龙王与国家相联系，并非笔者出于“后见之明”所作的比附，当时人的思想中已经有这样明确的认识。1913 年，由于疏勒河流域的安西、玉门水案迟迟得不到解决，安西三道沟民众在龙王庙悬挂“龙王其寝”的匾额，以之表达对政府的不满。[⑤] 由于该龙王庙紧邻兰新大道，此举显然造成了一定的影响。各级政府对其反应如何不得而知，不过从流域局

① 此次事件详见甘肃省第七区公署《关于西河口均水时酒泉民众持械殴伤金塔民众事给酒泉金塔两县的训令》，1940 年，酒泉市档案馆藏档案历 1-2-688。

② 参见民国《创修金塔县志》卷三《庙宇》。

③ 阎如岳事迹考辨，可参见崔云胜：《从均水到调水——黑河均水制度的产生与演变》，载《河西学院学报》2005 年第 3 期。

④ 临泽县政府：《均水罚款四柱清册》，1943 年，张掖市档案馆未编目民国档案。

⑤ 参见前引《安西县水志·水案》，酒泉市档案馆藏档案 0-1-25。

势的后续发展来看，龙王显然没有“醒来”。与河西走廊大多数水利问题一样，疏勒河流域水案的彻底解决是 1949 年以后的事情。

中华人民共和国成立之后，一场“破除封建水规运动”蓬勃展开，龙王庙首当其冲。1951 年，河西走廊各级政府明确不许干部参加在龙王庙举行的各种祭祀活动；1952 年，事实取缔了龙王庙各种仪式；1953 年，由政府控制、自上而下深入乡村的水利管理体制开始建立。至此，龙王庙已失去在水利事务中的实际作用。但由于龙王庙多位于水利节点的客观事实，新成立的水利管理机构往往首先借用龙王庙办公，随后逐渐借用其原料修建新房舍，于是就出现了本文开头的一幕场景。在龙王庙被终止其功能的同时，国家再次主动介入了水利事务，这让我们联想到清代中期屯田活动。

不过，中华人民共和国在三个方面显示出了与历代的根本不同。其一，宣布废除以赋役为标准的水资源分配模式，改以耕地面积为标准分配水资源，这一原则上的重大变化一如昔年“按粮分水”的全面推广。其二，发挥中国共产党的干部优势，让干部深入到水利活动的一线去，而不再如清代国家依赖民间水利共同体来完成日常灌溉活动。其三，系统引入现代化水利技术，通过水库与渠系的修建，大为提升了水资源利用率，使得开辟更多耕地成为可能。① 经过 30 年的努力，至改革开放初期，河西走廊所有核心农田已经完全实现了现代灌溉网络覆盖，绝大多数实现了旱涝保收。

理解以上三点，便可以明白龙王庙何以迅速结束其历史使命。国家实际掌控了从水利工程建设到分水入户的全部过程，水利矛盾已可以在政府系统内部予以解决，无需再人为制造带有博弈功能与一定自治性质的水利共同体，更无需龙王庙这一特定空间及其相关仪式来维持共同体的存在。无神论国家在水利活动中的意志与权威，可以通过一系列富于效率的行政措施与技术手段施予以实现与保证，不能允许也不再需要通过龙王庙这种象征资源予以体现。河西走廊特别是其中西部的自然条件，使地方社会对龙王本来就缺少天然的敬畏，且围绕第二期龙王庙形成的一套空间与仪式崇拜本来就是一种理性选择的结果；在遭遇了第三期龙王庙“龙王其寝”的不成功运行后，现实暴力要素的弥漫摧残了龙王与龙王庙的神圣性，地方社会维持或振兴龙王庙的动力明显不足。1949 年后，政府全面控制水利活动并促使现实水利问题逐渐解决，此时让民众放弃对龙王与龙王庙的尊崇并未使他们感到不适。1956 年，张掖地区临泽县农民刘攀桂因为自家田地平生第一次浇足了三遍水，喊出了“毛主席就是活龙王”的口号。② 去掉特定时代的政治诠释，我们似乎可以这样理解这句话的标志性意义：龙王的实际功能已完全为政府所取代，无论在现实与精神层面都是如此。

五、余论：河西龙王庙选址的景观美学考量

在梳理明清以来河西走廊龙王庙的历史变迁时，笔者不止一次注意到，很多流域内最

---

① 参见前引张景平、王忠静：《干旱区近代水利危机中的技术、制度与国家介入——以河西走廊讨赖河流域为个案的研究》。

② 参见佚名：《灌好三水，争取丰收》，收入张掖专区水利局编《张掖专区灌溉手册》，1956 年 7 月油印本，第 20～22 页。

有影响的龙王庙都经历了一种自下游向上游的移动过程。以最著名的甘州三庙为例，初建时地位最高的是下龙王庙，庙址位于甘州府城以西的戈壁之中。笔者经实地踏勘，见此段黑河河床宽阔，水流缓慢，汛期颇有浩浩荡荡之感。乾隆以后，位于黑河出山口的上龙王庙成为甘州最大龙王庙。笔者实地踏勘庙址，黑河从狭窄山口奔涌而出，急湍之声数里可闻。由于地形较高，北望甘州城则成俯瞰之势，百里沃野尽收眼底。讨赖河的情形也与此类似，明代酒泉盆地最有影响力的是洪水坝龙王庙位于平地之上，清代中叶以后最有影响的南、北龙王庙同样上移至出山口。

从工程角度考虑，随着水土资源开发要求的提高，各渠势必要不断提升引水工程。因此，各地大龙王庙追随最上游干渠的渠首不断向上游移动似是情理之中，只有这样才容易从直观上确立大龙王庙为流域水利渊薮的象征地位。但事实上，大龙王庙移动到山口就止步不前，很多渠首则继续深入到峡谷深处，通过隧道的方式引出山谷。因此笔者认为，仅从工程角度不能解释这一问题，大龙王庙伫立于出山口应该有其他考量。只有在出山口的位置，才能既看到幽深的峡谷又看到平旷的沃野，故20世纪上半叶的外国探险家与考察者常常选取龙王庙作为同时拍摄峡谷河床与平原河床的摄影点。[①] 出山口本身见证了河流的两种形态，即传统技术条件下无法利用的高山激流与可以润泽桑梓的汗漫安流，在这一地点修建大龙王庙无疑很好地象征了水利的本质，即通过人为的努力驯化河流。同时，出山口较高的工程也使龙王庙具有雄视一域之感，凸显出水利活动在干旱区的先决性。这或许就是河西龙王庙选址于出山口的景观美学考量。

作者简介：张景平，清华大学水利系博士后，主要从事中国水利史的相关研究。

① 布林1929年在酒泉南龙王庙拍摄的讨赖河河道照片两帧最为著名。参见B. Bohlin：*Notes on the Hydrography of Western Kansu*，Stockholm：*Tryckeri aktiebolaget Thule*，1940，彩图第47、48。

基层政区变动视角下的民国江南城镇化水平

——以吴江、平湖两县为例

江伟涛

在以往关于江南市镇的研究中，研究目标十分明确，即史料中的“市”或“镇”，大多数时候，“市镇”是作为研究的区域范围。如果以市镇作为一个衡量诸如经济发展水平、城镇化水平等的指标来进行研究[①]，就必须对其含义进行科学定义。事实上，传统文献中的“市”或“镇”与“乡”“村”等称谓在本质上并无区别，很多时候可能仅指代不同的区域范围，具有相当的随意性。因此，在江南城镇化水平研究中，简单地将“市镇”当作“城镇”进行研究固然不妥，而将“市镇”等同于“城镇”，再剔除某些人口规模过小的市镇的做法，也会出现不小的偏差。[②] 考察“市镇”的非农业人口比重是否达到“城镇”的标准(即超过50%)或许才是较为合理的做法。[③]

明清时期，方志、文集等资料中关于某市镇“烟火万家”的记载并非仅指该市镇的人口数量，而是指包括镇区及邻近村落在内的居民总数。[④] 清末民国时期，调查资料中的某镇

---

① 关于历史时期江南城镇化水平的研究主要集中于明清时期，如 Gilbert Rozman: *Urban Networks in Ch'ing China and Tokugawa Japan*, Princeton University Press, 1973；[美]施坚雅(G. William Skinner)：《十九世纪中国的地区城镇化》，载施坚雅主编：《中华帝国晚期的城市》，叶光庭等译，中华书局 2000 年版；刘石吉：《明清时代江南市镇研究》，中国社会科学出版社 1987 年版；曹树基：《中国移民史》第 6 卷(清时期)，福建人民出版社 1997 年版；李伯重：《江南的早期工业化(1550～1850)》，社会科学文献出版社 2000 年版；曹树基：《中国人口史》第 5 卷(清时期)，复旦大学出版社 2001 年版；李伯重：《工业发展与城市变化：明中叶至清中叶的苏州》，载《多视角看江南经济史(1250～1850)》，三联书店 2005 年版；赵冈：《中国城市发展史论集》，新星出版社 2006 年版；李伯重：《19 世纪初期华亭——娄县地区的城市化水平》，载《中国经济史研究》2008 年第 2 期。明清之外的民国及 1950 年代的研究较少，仅有陈晓燕《近代江南市镇人口与城镇化水平变迁》，载《浙江学刊》1996 年第 3 期；游欢孙、曹树基：《清中叶以来的江南市镇人口——以吴江县为例》，载《中国经济史研究》2006 年第 3 期；游欢孙：《近代江南的市镇人口——以吴兴县为例》，载《中国农史》2007 年第 4 期。

② 以往研究基本以人口规模作为市镇是否为城镇的标准，具体则有较大的分歧，大体有 500 人、1500 人、2000 人及模糊的人口规模(此为李伯重提出，即以农村人口规模作为参照，只要市镇的人口多于农村人口，即可认为此市镇为城镇)等标准。(关于此点的详细论述参见江伟涛：《论中国江南经济史研究中“城镇”的界定——以 1927～1933 年江苏句容城市化水平为中心》，载《中国经济史研究》2010 年第 3 期)

③ 参见江伟涛：《论中国江南经济史研究中“城镇”的界定——以 1927～1933 年江苏句容城市化水平为中心》，载《中国经济史研究》2010 年第 3 期。

④ 参见范毅军基于市镇的地理范围界定首先提出此种可能性(见范毅军：《明清江南市场聚落史研究的回顾与展望》，载《新史学》[台北]第 9 卷 1998 年第 3 期)，游欢孙则以吴兴县传统公认的乌青、南浔、双林三个巨镇为例对此进行了论证(见游欢孙：《近代江南的市镇人口——以吴兴县为例》，载《中国农史》2007 年第 4 期)。

有人口若干，亦是包括周边乡村在内的人口数字，因为此时的“镇”已是正式的行政区划单位。[①] 而且，民国以来乡镇区划时有变动，不同时期调查资料所反映的乡镇情况，其内涵也有所不同，这愈发增添了问题的复杂性。[②] 从江南存在大量中小市镇的实际情况以及各时期乡镇区划的规模来看，这些市镇在1927～1934年乡镇的“百户”标准下更容易保持独立地位，即以其市镇镇区形成相应的乡或镇，甚至某些较大的市镇会被拆分成若干镇，因而依据这个时期形成的调查资料所获得的城镇化水平也就更接近于真实情况。1934年，江南各县开始一轮以扩大乡镇区域范围为主线的区划调整，从而形成1934～1937年的乡镇格局，以这一时期的调查资料所获得的城镇化水平，则需要进一步考察和分析，以剔除统计口径变化（即行政区划调整）的影响。

本文的分析正是基于此种思路进行，以分别形成于1934年和1936年的吴江县和平湖县的调查资料为中心，考察1934～1937年的乡镇区划格局下两县的城镇数量和城镇化水平，同时依据乡镇区划的调整状况，逆推这两个县在1927～1934年的乡镇区划格局下的城镇化水平，以求更接近于真实情况。

一、1934～1937年的乡镇区划格局下吴江、平湖的城镇化水平

1. 吴江县

1934年，江苏省进行整理自治区域，省民政厅要求各县将各乡镇的划并情形及划并后的闾邻户口等内容填具表格交该厅初核。[③]《吴江县政》（第2卷第2、3期合刊）中刊有该县此次整理自治区域的调查资料，但对于调查方法、过程等并无详细说明，仅将乡镇划并情况及其闾邻户口以《江苏省吴江县改划乡镇区域调查表》为题载于该资料的“调查”栏目中。此次区划调整，吴江县将原10区33镇247乡调整为8区26镇134乡，共有人口442332人。游欢孙认为，该调查结果在总体上有所低估，但幅度并不大，人口数据基本可信。[④] 其中26个镇的人口数如表1所示：

表1　　吴江县的镇及其人口

名　称	人　口	名　称	人　口	名　称	人　口	名　称	人　口
震泽镇	8767	黎西镇	4478	吴溇镇	3456	莘塔镇	2476
盛中镇	8696	盛北镇	4365	流虹镇	3420	越溪镇	2438
盛东镇	6293	卢墟镇	3855	盛南镇	3222	南库镇	2377

① 参见游欢孙：《地方自治与近代江南县以下行政区划的演变——兼论商业市镇的政区实体化》，载《中国历史地理论丛》2011年第26卷第2辑，第52页。

② 对此问题目前学界尚无专门讨论，在已有的关于民国句容县城镇化水平的研究中，虽然考虑了行政区划的因素，但并未涉及乡镇区划调整的问题（见江伟涛：《论中国江南经济史研究中“城镇”的界定——以1927～1933年江苏句容城市化水平为中心》，载《中国经济史研究》2010年第3期）。

③ 《整理自治区域报告》，载《吴江县政》第2卷第2、3期合刊，1935年7月，“报告”第1页。

④ 参见游欢孙、曹树基：《清中叶以来的江南市镇人口——以吴江县为例》，载《中国经济史研究》2006年第3期。

续表

名　称	人　口	名　称	人　口	名　称	人　口	名　称	人　口
平望镇	5262	东溪镇	3794	盛西镇	3220	北库镇	2355
松陵镇	4990	梅堰镇	3787	庙港镇	3028	小 计	102425
横扇镇	4748	黎东镇	3645	西津镇	2857	八坼镇	1881
严墓镇	4596	溪港镇	3636	周庄镇	2664	合 计	104306

资料来源：据《江苏省吴江县改划乡镇区域调查表》(《吴江县政》第2卷第2、3期合刊，1935年7月，"调查"第5～26页)整理。

表1各镇是按人口数量从大到小排序，其中需要注意的是，当时的盛泽镇分为东、南、西、北、中5个镇，黎里镇分为东、西两镇，同里镇分为东溪、西津两镇。所有26个镇的人口总数为104306人，占全县总人口的23.6%，其中仅八坼镇在2000人以下。

由于吴江县此次调查的主要目的是弄清楚区域调整后各乡镇的情形，故调查内容并无诸如人口年龄分布、教育婚姻状况等项目，于居民职业亦仅有一概数估计，或仅列出主要从事职业，但其中有关于各乡镇的商店数量，可作为参考。将所有商店在10家以上的乡镇的居民职业情况整理成表2。

表2　吴江县各乡镇居民职业情况及商店数量

乡　镇	人 口	商 店	居民职业情况	乡　镇	人 口	商 店	居民职业情况
第一区				黎西镇	4478	129	农10、工10、商30、其他50
松陵镇	4990	224	商70、其余30	第五区			
南库镇	2377	28	农、商	震泽镇	8767	562	商业最多
越溪镇	2438	37	农、商	八都乡	2864	11	农
八坼镇	1881	185	商、农	双杨乡	3570	18	农
第二区				庙港镇	3028	43	农
东溪镇	3794	213	农3、工15、商35、学2、其他45	吴溇镇	3456	35	农
西津镇	2857	153	农10、工14、商32、学5、其他39	西五乡	2639	16	农
流虹镇	3420	17	农71、工1、商1、学2、其他25	隐读乡	2681	12	农
屯浦乡	3525	37	农80、工2、商2、其他16	第六区			
第三区				莘塔镇	2476	85	农50、商20、工14、其他16
红梨乡	2708	29	农、机织	芦墟镇	3855	236	农25、商42、工11、其他22

续表

乡镇	人口	商店	居民职业情况	乡镇	人口	商店	居民职业情况
娄下乡	3227	14	农、机织	北库镇	2355	88	农 58、商 19、工 8、其他 15
桃源乡	1735	36	农、机织	周庄镇	2664	13	农 76、商 9、工 10、其他 5
北王乡	2352	25	农、机织	第七区			
茅塔乡	2113	12	农、机织	严墓镇	4596	279	商 20、农 80
溪南乡	3084	23	农、机织	坛坵乡	3780	41	商 10、农 90
盛东镇	6293	87	农、工、学、商、机织	南麻乡	3368	61	商 10、农 90
盛南镇	3222	188	农、工、学、商、机织	北麻乡	1966	24	商 5、农 95
盛西镇	3220	54	农、工、学、商、机织	第八区			
盛北镇	4365	215	农、工、学、商、机织	平望镇	5262	351	商、工、农
盛中镇	8696	592	农、工、学、商、机织	梅堰镇	3787	85	商、工、农
第四区				横扇镇	4748	140	商、工、农
黎东镇	3645	174	农 10、工 10、商 30、其他 50	溪港镇	3636	100	农、商

资料来源：据《江苏省吴江县改划乡镇区域调查表》(《吴江县政》第 2 卷第 2、3 期合刊，1935 年 7 月，“调查”第 5～26 页）整理。

注：“乡镇”一列，粗体表示该乡镇为城镇。

结合各乡镇居民职业的描述及其商店数量，可将松陵镇等 17 个镇确定为城镇，在表 2中将此 17 个镇以粗体标识。这 17 个城镇共有人口 78456 人，对应的城镇化水平为 17.7%。其中松陵、同里 2 镇、盛泽 5 镇、黎里 2 镇、震泽、平望等镇，只需从表 2 中即可明确其为城镇，并不需要作特别解释说明，以下对部分无法直接确定的镇进行简要说明：

第一区的八坼镇有商店 185 家，其居民职业情况的描述为“商农”而不是与南库镇、越溪镇一样的“农商”，应表示从事商业的人口多于从事农业的人口，故八坼镇为城镇，此外第八区的溪港镇，其居民职业情况描述亦与此类似，为“农商”，表示农业人口多于商业人口，加之其商店数量为 100 家，并不算特别多，故将其作为非城镇处理；第六区的莘塔镇、北库镇，第八区的梅堰镇，其商店数量均为 80 多家，其中北库镇的农业人口为 58%，为非城镇，莘塔镇农业人口恰好在 50%，处于本文所使用的城镇标准的临界点，结合其商店数量仅为 80 多家的情况，不将其作为城镇，而梅堰镇的居民职业情况描述为“商工农”，与平望镇、横扇镇的描述相同，故将其作为城镇；第七区的严墓镇，其农业人口占到 80%，但考虑到其拥有多达 279 家商店，此处还是将其作为城镇处理。

2. 平湖县

1936 年，平湖县政府与国民党中央政治学校地政学院合作对该县进行了一次土地经济调查，结果刊于 1937 年 1 月出版的《平湖之土地经济》上，统计口径为当时的 4 区 9 镇

34乡的区划[①],本研究主要利用的调查内容为“人民”(各乡镇户数、农户数、人口数、农业人口数、各业从业户数等)[②]和“土地利用与农产”(各乡镇土地面积、耕地面积等)两项。据此次调查,全县54622户,247996人,其中男性人口128293人,女性人口119703人,户均4.5人,性别比107,这一比例较江宁县更为合理,但从其1935年保甲户口数据278823人[③],及1953年人口普查数据261465人来看[④],此数可能仍然有所低估,但幅度亦不大。

根据此次调查,平湖县的9个镇中(除表3所列7镇外,尚有汉塘、全公两镇,人口数量分别为5360与5458人),人口最少的为新埭镇的3491人,人口总数为57230,占全县人口总数的23.1%。

根据资料中各乡镇的总户数、农户数、总人口数及农家人口数,可以直接计算出每个乡镇的农户比重和农业人口比重,其中永丰、当湖、启元、乍浦、新埭5镇的这两项数据均在50%以下,而东湖与新仓2镇略高于50%(具体见表3),其他乡镇的这两项数据都在70%以上。

表3　永丰等7镇的农户比重及农业人口比重

乡　镇	总户数	农户数	农户比重	总人口	农业人口	农业人口比重
永丰镇	1868	7	0.004	8022	22	0.003
当湖镇	915	0	0	3735	0	0
启元镇	1307	241	0.184	5517	1092	0.198
乍浦镇	2755	1258	0.457	12180	5847	0.480
新埭镇	873	272	0.312	3491	1309	0.375
东湖镇	1504	770	0.512	6242	3447	0.552
新仓镇	1619	861	0.532	7225	4014	0.556

资料来源:据《平湖之土地经济》第八表整理。

据此,永丰、当湖、启元、乍浦、新埭等5镇可界定为城镇,而东湖与新仓2镇,虽然数据仅略高于50%的标准,而且两镇的工商户并不在少数,分别为654、599户,占总户数的43.5%和37%,并不亚于乍浦镇(工商户1176,比重42.7%),但由于两项数据高度统一,故按照严格的居民职业标准,不把这2个镇纳入到城镇的范畴内。5个城镇的总人口为32945,对应的城镇化水平为13.3%。

---

① 其内容包括人民、土地利用与农产、地权分配、租佃制度、地价、田赋、农业经营、农村金融、农民生活状况等方面。

② 关于人口的统计虽未直接言明是现住人口还是常住人口,但从资料中关于该县民国年间的几次人口调查的描述可以判断,此次调查是对现住人口的调查:“……今年春间举行全县农户及住户普查,发见(现)农户有因谋生而举家迁移者颇多,因之人口数更较二十三年调查时为减少……”(国民党中央政治学校地政学院、平湖县政府编印:《平湖之土地经济》,1937年,第19页)

③ 参见内政部统计司:《全国各选举区户口统计》,载《内政统计季刊》1936年第1期。

④ 参见《中华人民共和国一九五三年人口调查统计汇编》,国家统计局人口统计司翻印,1986年,北京大学社会学研究所图书资料室藏,第51页。

二、乡镇区划变动影响的剔除

在江南各县乡镇区划调整的各阶段中，1927～1934 年“百户”标准的小乡镇格局，相对而言能保留更多的中小市镇，故而根据以 1927～1934 年乡镇区划为口径的调查资料，所得结论更接近于真实。之后的乡镇合并，会使大量的中小市镇湮没在有限的乡镇区划中，难以在以乡镇区划为统计口径的调查资料中体现出来。鉴于此，吴江县与平湖县的城镇化水平还需再讨论，尽量将其还原到 1927～1934 年乡镇区划中，以剔除统计口径变动的影响。

实际上，在乡镇区划扩、并调整后，那些原来符合“城镇”标准的市镇，由于并入了以农业人口为主的乡镇，从而拉高了其农业人口所占的比重，而这可能会造成两种完全相反的影响：若这一被拉高的农业人口比重没有超过 50%，其将继续被纳入到城镇的范畴中，并入的新人口将全部作为城镇人口，此城镇化水平将会偏高；若这一被拉高的农业人口比重超过了 50%，其将不被纳入到城镇的范畴中，其人口也将被完全排除在城镇人口之外，则此城镇化水平将会偏低。

1. 1927～1934 年吴江县的城镇化水平

1927～1934 年，吴江县的乡镇区划格局为 10 区 33 镇 247 乡，1934 年奉江苏省民政厅关于整理自治区域的命令，对乡镇区划进行以合并扩大为主的调整，调整结果为 8 区 26 镇 134 乡。在该县的调查资料中，不但记载有调整后各乡镇的人口数量、居民职业情况及商店数量，对于每个乡镇的调整情况亦有详细记载，同时在《吴江县政》卷首的“地图”中，以《吴江县并区前各区分图》(附说明)为名载有区划调整前 10 区的区划简图，并附有相关说明文字，内记有调整前各乡镇的人口数量。虽然也没有调整前各乡镇的居民职业情况，但是根据调整后各乡镇的居民职业情况及商店数量，再结合乡镇调整的具体情况，亦可直接对吴江县 1927～1934 年乡镇区划下的城镇化水平进行讨论。

在调整后的 160 个乡镇中，直接合并以及保持不变的乡镇共有 103 个，其余 57 个则以某一个或两个乡镇为主，再并入一部分经过拆分的乡镇。在上文的研究中，吴江县共有松陵等 17 个城镇，城镇化水平为 17.7%，以下按照高估与低估两种可能性的分析思路对吴江县 1927～1934 年乡镇区划下的城镇化水平进行讨论。

首先看可能的高估情况：在确定为城镇的 17 个镇中，参与乡镇调整的只有 6 个，其余 11 个均保持不变，将这 6 个镇的乡镇调整情况、人口数量、职业情况、商店数量等信息整理成表 4。

表 4　松陵等 6 镇的乡镇调整情况

名　称	人　口	职业情况	商　店	乡镇调整情况 数字为人口
松陵镇	4990	商 70、其余 30	224	松陵镇(1565)、笠泽镇(1953)、盛库镇(1357)
东溪镇	3794	农 3、工商学 52	213	南阳镇(2660)全部、东溪镇(1906)一部

续表

名　称	人　口	职业情况	商　店	乡镇调整情况 数字为人口
西津镇	2857	农 10、工商学 51	153	西津镇(2517)大部、北辰镇(2045)一部
严墓镇	4596	商 20、农 80	279	严墓镇(4216)、南院乡(3799)一部
梅堰镇	3787	商、工、农	85	梅堰镇(1620)、开基港乡(1629)及下脚浜(1687)北
横扇镇	4748	商、工、农	140	横扇镇(1535)、上日月乡(591)及库港(1529)东北

资料来源:据《吴江县并区前各区分图》(附说明)《江苏省吴江县改划乡镇区域调查表》(《吴江县政》第 2 卷第 2、3 期合刊,1935 年 7 月,"地图""调查"第 5～26 页)整理。

从表 4 可以看到,合并后的松陵、东溪、西津等 3 镇的农业人口均极少,可见并入的各镇亦均以非农业人口为主;严墓镇并入了部分农村地区(南院乡),但人口数量并不多,以调整前严墓镇的 4216 人作为其城镇人口,则高估 380 人;梅堰、横扇两镇合并前的主体梅堰镇和横扇镇分别有人口 1620 人和 1535 人,其余均为农村地区人口,此两镇高估 5380 人。则总计高估 5760 人,高估 1.3 个百分点。

再来看可能低估的情况:这实际上涉及对原乡镇进行是否属于"城镇"的界定,由于没有原来乡镇的相关数据,我们无法直接按照居民职业标准进行判断,只能根据乡镇区划调整后的数据进行推断。首先,调整后的乡镇,其居民职业情况中农业人口的比重越小,则其合并主体为城镇的可能性越大,据此将农业人口比重在 80%以内的乡镇确定为重点考察对象;其次,商店数量较多以及名称为"镇",但在上文中被判定为非城镇的乡镇亦在重点考察之列。将这些考察对象的乡镇调整情况、人口、居民职业、商店等信息整理成表 5。

表 5　　南库等 11 个乡镇的乡镇调整情况

名　称	人　口	职业情况	商　店	乡镇调整情况 数字为人口
南库镇	2377	农、商	28	南库镇(1598)、集胃乡(614)
流虹镇	3420	农 71、工商学 4	17	流虹乡(700)大部、守真(1011)、东溪、西津、北辰
屯浦乡	3525	农 80、工商 4	37	南新(670)、屯浦(1181)、廉谷(645)及罗里一部
庙港镇	3028	农	43	庙港镇(2069)、南庄乡(880)
吴溇镇	3456	农	35	吴溇镇(2557)及隐读(1669)、沈家湾(2138)小部
莘塔镇	2476	农 50、工商 34	85	莘塔镇(1516)、莘南乡(960)
北库镇	2355	农 58、工商 27	88	北库镇(1071)、库东乡(1289)

续表

名　称	人 口	职业情况	商 店	乡镇调整情况 数字为人口
周庄镇	2664	农 76、工商 19	13	周庄镇(415)、周南乡(1015)、周西乡(1234)
坛坵乡	3780	商 10、农 90	41	坛坵镇(2511)、安乐乡(1269)一部
南麻乡	3368	商 10、农 90	61	南麻镇(2677)、子来乡(1404)一部
溪港镇	3636	农、商	100	溪港镇(1876)、店前(1487)及唐塔庙(1486)北

资料来源:同表 4。

根据表 5,乡镇合并后流虹镇与屯浦乡的农业人口分别为 71%与 80%,但其工商人口均极少,因此其合并主体中存在非农业人口为主乡镇的可能性不大[①],故这两个乡镇不存在低估的情况。合并后的周庄镇农业人口为 76%,虽然其商店数量并不多,但工商业人口比重却有 19%,即有工商业人口约 500 人,而合并前的周庄镇人口仅 415 人,其以非农业人口为主应可肯定,则此处周庄镇低估人口 415 人,但是考虑到城镇的人口规模标准,即使是笔者相对较为认同的宽泛标准,恐怕也无法将如此小规模的市镇称为城镇,故此处亦无低估;乡镇合并后农业人口在 60%以内的莘塔镇和北库镇,其商店数量均在 80 家以上,工商业人口亦有 30%左右,因此合并前的莘塔镇与北库镇可作为城镇处理,则此处低估人口 2587 人;合并后的溪港镇虽然没有具体的农业人口与工商业人口比重,但从其拥有 100 家商店的情况来看,合并前的溪港镇为城镇的可能性极大,故此处低估人口 1876 人。则低估人口总数为 4463 人,低估 1 个百分点。

总体而言,以扩、并后的乡镇区划为统计口径,计算出的吴江县的城镇化水平,比以调整前的乡镇为口径的计算结果要高估,高估人口数量为 1297 人,高估程度仅为 0.3 个百分点。则经过校正后,吴江县的城镇化水平为 17.4%。

2. 1927～1934 年平湖县的城镇化水平

1928 年 5 月浙江省颁行村里制时,以市集区域为里,村落区域为村,平湖形成 8 区 12 里 79 村;1929 年夏重新调整,仍为 4 区;1930 年将里改为镇,村改为乡,形成 4 区 12 镇 79 乡;1934 年调整自治区域,至 1935 年形成 4 区 9 镇 34 乡的区划格局。

由于资料限制,目前尚无法将 91 乡镇的区划在地图上确切地绘出。然而就本文主题而言,只需要对少数几个关系到城镇界定的乡镇进行讨论即可,并不需要涉及所有乡镇,故仅重点讨论 1935 年 43 个乡镇的由来。

将 43 个乡镇按名称是否变化分成 2 组,仍保留原来名称的乡镇共有 16 个(包括衙前镇改为衙前乡),其余 27 个乡镇名称发生了变化。其中有 26 个乡镇以 2 个或 3 个乡分别取一个字组合成新的乡名,例如清溪乡、司庄乡合成清司乡;虹霓乡、杨墅乡合成虹墅乡,只有东泗乡例外,从名称上看不出其与调整前的哪个或哪几个乡镇有关系。这样,在调整

① 参与合并成流虹镇的东溪、西津、北辰 3 镇,其主体均已并入新的东溪与西津镇,并入流虹镇的这部分居民的职业情况虽然不是特别清楚,但可以肯定不是以工商业人口为主。

前的 91 个乡镇中,共有 72 个是可以从名称上找到其与调整后乡镇的对应关系,另外 19 个乡镇则毫无线索可循,可能整体或部分并入到其他乡镇中,且在名称上没有体现出来,当然,如果处于县界附近,也可能划归邻县。

以上仅从调整前后乡镇名称上进行乡镇合并的判断,是否合理还需要进一步确认,如果能够证明所判断的参与合并乡镇在地域上是相邻的,则基本上能够确认这种判断是合理的:首先,此次乡镇扩、并调整也伴随着区界的调整,许多乡镇在合并成新的乡镇后,所在区也发生了变化,因此应确认区界的调整情况与参与合并的乡镇所在的区是否相吻合。例如调整后的骑军乡属于乍浦区,而参与合并的骑塘乡与将军乡在原区划中属于城区,而且在县境的西南角,那么从骑军乡往东北直到县城方向的乡镇,若其在调整后也属于乍浦区,则其合并前的乡镇应该属于城区,如果不是则表明判断有误。其次则是根据参与合并乡镇的相关地名,在地图上证明参与合并的乡镇均是直接相邻的,如是,则这种合并是完全可能的,如否,则表明判断有误。具体如图 1 所示。

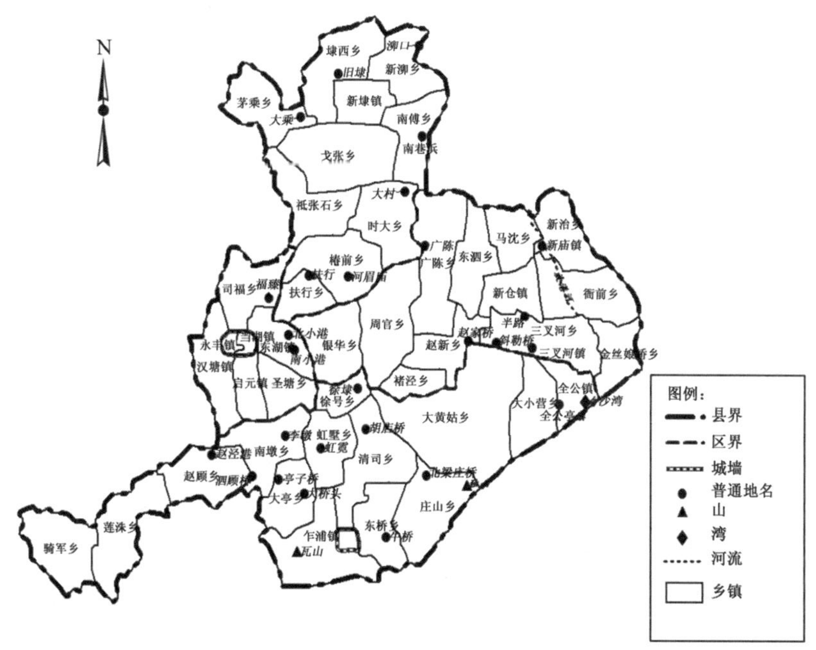

图 1　平湖县乡镇区划调整情况图

资料来源:据《浙江省平湖县地名志》所附平湖县政区图配准,乡镇区划底图为《平湖之土地经济》所附平湖县全图,地名底图为《浙江省平湖县地名志》所附平湖县政区图及各乡镇详细图。

通过这一步,可以进一步确认乍南镇等 11 个乡镇的可能合并情况,最终剩下属于城区的西黄街及属于新仓区的草创、棣雨、尹圩、南新、东阙圩、调圩、西阙圩等 8 个乡无法获知调整情况。具体的考证较为繁琐,本文仅将最终的判断结果绘制成图 1 与整理成表 6。

表 6　　1935 年平湖县乡镇区划调整情况复原

类别	年 乡镇	可能的调整	类别	年 乡镇	可能的调整
名称未变	当湖镇	当湖镇	名称改变	清司乡	清溪乡、司庄乡、乍北乡(部分)、胡店乡(部分)
	启元镇	启元镇		虹墅乡	虹霓乡、杨墅乡、胡店乡(部分)
	东湖镇	东湖镇、小港乡		徐号乡	徐埭乡、号圩乡
	汉塘镇	汉塘镇、外永凝乡		大亭乡	大桥乡、亭子乡
	乍浦镇	乍浦镇、乍南镇、乍北乡(部分)、乍西乡、瓦山乡		南墩乡	外南门乡、李墩乡
	全公镇	全公镇、白沙乡(部分)		赵顾乡	赵泾乡、四顾乡
	大小营	大小营乡		莲洙乡	青莲乡、洙港乡
	新仓镇	新仓镇、半路乡(部分)		骑军乡	骑塘乡、将军乡
	衙前乡	东旧衙乡、衙前镇		赵新乡	赵家桥乡、新港乡
	三叉河乡	三叉河乡、斜勒乡(部分)、半路乡(部分)		周官乡	周圩乡、官田乡
	金丝娘桥乡	金丝娘桥乡、白沙乡(部分)		银华乡	银杏乡、华村乡
	新治乡	新治乡、放港乡(部分)		埭西乡	旧埭乡、新西乡
	马沈乡	马沈乡、放港乡(部分)		茅乘乡	大茅乡、大乘乡
	褚泾乡	褚泾乡		新泖乡	新东乡、泖口乡
	广陈乡	广陈乡		祇张石	祇园乡、石泏乡、南张斗乡
	新埭镇	新埭镇		戈张乡	戈溪乡、北张斗乡
名称改变	永丰镇	永凝镇、毓丰镇		南傅乡	南巷乡、傅子乡
	圣塘乡	西圣塘乡、东圣塘乡		时大乡	时村乡、大村乡
	司福乡	外西司福、福臻乡		椿前乡	椿树乡、前眉乡
	大黄姑乡	大堰乡、东黄姑乡、西黄姑乡、斜勒乡(部分)		扶行乡	南扶行乡、北扶行乡
	庄山乡	梁庄乡、独山乡、长山乡		东泗乡	
	东桥乡	乍东乡、牛桥乡	总计	43	83

资料来源:《平湖之土地经济》《平湖县政概况》《浙江省平湖县地名志》。

根据上文,乡镇区划调整后平湖县的城镇化水平为 13.3%,以下根据乡镇区划调整情况,同样按照高估与低估两种可能性的分析思路对平湖县 1927～1934 年乡镇区划下的城镇化水平进行讨论。

首先看可能高估的情况。5 个被界定为"城镇"的镇中,永丰与当湖均在县城内,并没有并入农业人口居多的乡镇;新埭镇亦未并入其他乡镇。所以,我们只要讨论乍浦镇的情况即可；位于城区的启元镇则无法完全确定是否有将外黄街乡部分地区并入，但其5517的总人口中只有1092的农业人口，即使发生了合并也没有将很多的农业人口并入，故亦可忽略不计。

乍浦镇总人口12180人，农业人口有5847人，如表7所示，由原乍浦镇、乍南镇、乍西乡、瓦山乡以及乍北乡的一部分合并而成。原乍浦镇即是乍浦城的范围，按照电子化的1936年图，县城（永丰镇与当湖镇）与乍浦城的面积比为1.7∶1[①]。依此比例，乍浦城的面积为5平方市里，并入的面积为82平方市里。

如表7所示，与乍浦镇相邻的大亭等5乡，每平方市里有人口107人。以此为标准，并入乍浦城内的乡村人口约有8774人（107×82）。据此估计，乍浦镇有8774人被多计入城镇化水平中，即高估3.5个百分点。另外，乍浦城内有人口3406人，人口密度为每方市里681.2人。这一人口密度略低于当湖镇，远高于其他乡镇，也较为合理。

表7　　乍浦镇及其相邻5乡与乍浦区、县城的人口密度

乡　镇	人口数量	面　积	人口密度	乡镇名	人口数量	面　积	人口密度
大亭乡	4611	45.8	100.7	乍浦镇	12180	87.0	140.0
虹墅乡	5128	45.8	112.0	永丰镇	8022	4.7	1706.8
清司乡	7619	61.0	124.9	当湖镇	3735	3.8	982.9
东桥乡	4654	47.0	99.0	乍浦区	92995	903.2	103.0
庄山乡	8389	84.6	99.2	5乡合计	30401	284.2	107.0

资料来源：据《平湖之土地经济》第三表整理。

注：面积单位为"方市里"，人口密度单位为"人/方市里"。

再来看可能低估的情况。与吴江县一样，调整后乡镇的"农户比重""农业人口比重"等指标越小，则调整前参与合并的若干个乡镇中越可能存在我们所界定的城镇。在这两项指标超过50%以上的所有38个乡镇中，两项指标均在60%以内的有2个镇，均在80%以内的有3个乡镇，其余33个乡均在90%以内或以上。据此，同样将"农户比重"与"农业人口比重"均在80%以内的5个乡镇确定为重点考察对象，详见表8。

从这些指标数据上看，尤其是金丝娘桥乡、汉塘镇与全公镇，很难说哪个乡镇在调整前一定属于城镇，好在这样的乡镇并不多，即使认为这3个乡镇在调整前都属于城镇，那么就算误判1个或者2个，对最终结论产生的影响尚在可以接受的范围内。但是如此一来，在这一环节的判断中就存在高估的风险，因此，以下估计这3个乡镇调整前的人口数量时，将采取最低限度的估计，一来可以降低这一环节可能存在的高估风险，二来如此估计的可操作性较强。

---

① 在GIS软件中计算，县城的面积为2.153平方千米，乍浦城的面积为1.263平方千米。县城的面积单位折合成亩为3229.5亩，与资料中永丰、当湖两镇的面积之和仅相差42亩，故按照软件中县城与乍浦城面积的比例关系及资料中永丰、当湖两镇的面积之和来计算乍浦城的面积。

表 8 东湖等 5 乡镇的农户比、农业人口比及工商户比

乡 镇	总户数	农户数	农户比	总人口	农业人口	农业人口比	工商户数	工商户比
东湖镇	1504	770	0.512	6242	3447	0.552	654	0.435
新仓镇	1619	861	0.532	7225	4014	0.556	599	0.370
金丝娘桥乡	934	627	0.671	4704	3453	0.734	269	0.288
汉塘镇	1223	876	0.716	5360	3985	0.743	268	0.219
全公镇	1082	822	0.760	5458	4338	0.795	207	0.191

资料来源：据《平湖之土地经济》第八表、第九表整理。

按照一般的理解以及这几个乡镇的实际情况，其人口的非农比例不可能是 100%，如何设定这一比例就成为关键。如果设定得过高，恐怕不符合这几个乡镇的情况，而如果过低，则意味着此乡镇带入的农业人口越多，又存在高估的风险。基于这种考虑，对东湖与新仓这两个基本上可以确定在调整前为城镇的镇，采取设定一个相应的农业人口比例，以及设定一个并入区域的农业人口比例，然后通过计算估计其人口数量的方法进行。

根据表 6，在乡镇区划调整后，东湖镇并入了小港乡，新仓镇至少并入了半路乡的部分地区。另外无法复原的 8 个乡有 7 个属于新仓镇所在的新仓区，也有可能还并入了其他农村地区。从表 8 可知，调整后东湖镇与新仓镇在农户比重、农业人口比重等方面都极为接近，可以认为这 2 个镇在调整前这些情况也接近。而无论是调整前还是调整后，新仓镇与新埭镇都是各自所在区的区公所所在，调整前此二镇的农户比重、农业人口比重的情况亦应该相近。据上文的分析，新埭镇在此次的调整中并没有并入其他乡，可以用其 37%的农业人口比重来代表东湖与新仓两镇调整前的农业人口比重。至于并入区域的农业人口比重，则可以用同样没有参与乡镇调整的大小营乡 83%的农业人口比重来代表。[①] 则经过计算后，估计调整前东湖镇人口数量为 3769 人，新仓镇为 4310 人，当与实际情况相去不远。

而对于金丝娘桥乡、汉塘镇与全公镇，则最低限度地估计其人口数量，以平衡上一环节判断中可能存在的高估误差：假定这 3 个乡镇调整前所有人口均为非农业人口，数量为调整后这 3 个乡镇的非农业人口数，即表 8 中这 3 个乡镇的总人口与其农业人口之差，分别为 1251 人、1375 人、1120 人。

此外上文估计剥离出来的并入乍浦镇的区域总人口为 8774 人，这里还必须进一步考察：即使我们假定乍浦城的 3406 人全部为非农业人口，那么这 8774 的人口中，仍只有 68.6%的农业人口（5847 人），与上述金丝娘桥等 3 个乡镇的情况一样，调整前仍极有可能存在城镇。故同样采取最低限度的人口估计，数量为 8774－5847＝2927 人。将所有可能低估的情况汇总起来，共有人口 14752 人，低估 5.9 个百分点。

则总体而言，以扩、并后的乡镇区划为统计口径，计算出的平湖县的城镇化水平，比以

① 当时在进行乡镇扩、并时，最初大小营乡并入全公镇，只是后来由于全公镇“地广户繁，政令推行甚缓”，故“经呈准恢复大小营乡”（《平湖之土地经济》，正中书局 1937 年版，第 7 页），而此时的乡镇调整工作已经完成，恢复大小营乡当是直接恢复到调整前的状态。

调整前的乡镇为口径的计算结果要低估，低估人口数量为 5978 人，低估程度为 2.4 个百分点。那么，经过校正后，平湖县的城镇化水平为 15.7%。

三、结　论

通过以上分析可以看到，将行政区划的因素纳入到城镇化水平的研究中，乡镇区划的调整变动对吴江、平湖两县的影响不尽相同，对吴江县影响微乎其微，仅仅为高估 0.3 个百分点，而对平湖县，则低估了 2.4 个百分点，在全县城镇化水平仅 15.7%的情况下，不可谓不大。产生这种差异的原因主要在于：

吴江县的市镇向来以规模较大著称，盛泽、震泽、同里、黎里等均为江南著名大镇，在 1927～1934 年的“百户”标准乡镇格局下，这些市镇的人口规模均远大于规定的乡镇规模标准而被拆开划分为多个乡镇，即使经过 1934 年以扩大乡镇区域为主的调整后，盛泽镇仍被一分为五，同里、黎里亦被拆为 2 镇，其余调整也多是镇与镇之间的合并，几乎没有并入农村地区的情况，故而乡镇区划变动的总体影响极小。而平湖县除县城规模较大外，其余市镇的规模难称大镇，规模尚可的乍浦镇在乡镇区划调整中发生了较大的扩、并情况，故而所产生的影响就较为显著。

乡镇区划变动的影响方向也不可一概而论，必须具体问题具体分析。在平湖县的案例中，笔者发现，在“城镇”界定环节中若采取较为宽松的处理方式，参考工商户比重，东湖、新仓两镇可以界定为城镇，则平湖县在 1934～1937 年乡镇区划格局下的城镇化水平为 18.7%，经过剔除乡镇区划变动的影响后，结果仍为 15.7%，只是影响将由低估 2.4 个百分点变为高估 3 个百分点。

另外需要指出的是，统计口径是城镇化水平研究的基础性前提，尤其是涉及比较时，由于可资利用资料的不合理想，以及城市人口统计口径的古今中外不一致，有学者认为城镇化水平的中外及时期比较均无法进行。① 此论或许过于绝对，本研究提供了一种可能的分析路径：首先，明确是何种因素导致了双方统计口径的差异；其次，寻求这种因素的影响机制；最后则是剔除这种影响，校正比较结果。对本研究而言，如果意识到统计口径变动是由行政区划的调整所引起，其误差则完全可以通过对区划调整的分析来完成。

作者简介：江伟涛，上海交通大学历史系博士后，广东省社会科学院历史研究所助理研究员。

---

① 侯杨方：《20 世纪上半期中国的城市人口：定义及估计》，载《上海师范大学学报》（哲学社会科学版）2010 年第 39 卷第 1 期。

论中国传统社会土地关系及其对当代中国的影响

——兼及与英国土地制度的比较

彭　波

在中国传统社会中，土地、田地及田业是彼此关系非常密切却又在性质上有根本差异的三个不同事物，运动规律各不相同。

对于上述三个概念，最简单扼要的区分就是：

"土地"的本质特征是非人力创造，而是自然所赋予我们的资源，是我们一切生产生活所立足的物质基础和空间基础。

"田地"是人立足于土地所创造的资本，可以有效扩大土地在人所需要的维度的价值及效用，在经典经济学著作及马克思原典中常被称之为"土地资本"。它可以被看作"土地"与"资本"的混合物，但是在中国传统社会及地权关系中，资本的性质更加突出。

"田业"则与土地及田地有直接关系的一组织权利关系，反映了人与自然、人与人、人与社会之间的联系及相对地位。通过这样一组权利关系，建立起生产与生活所必须依赖的社会结构。

厘清了这三者之间的关系，大致就可以理解中国传统社会的基本运作规律了。

一、关于"土地"和"田地"的辨析

（一）概念的辨析

经济学中所说的"土地"及一般人所认为的"土地"，其实是存在很大差距的。经济学中所说的土地，其实是指土地没有经过人类改造的自然属性。

马歇尔总结说："我们通常说生产要素有土地、劳动和资本三类，凡是依靠人类劳动而成为有用的有形物都归入资本这一类，而不依靠人类劳动就成为有用的有形物则归入土地这一类。……'土地'这个术语的含义已被经济学家扩大使用，包括这种效用的永久源泉在内，不论这效用是出现在土地这个词的通常用法上，还是出现在海洋与河流、日光与雨水以及风力和瀑布等词的用法当中。"[①]美国著名的土地经济学家莫尔豪斯也认为："现代西方经济学把可以人为地进行再生产的物质称为资本，而把那些非人为因素的自然赋

① [英]马歇尔：《经济学原理》，廉运杰译，华夏出版社2005年版，第126页。

予称为土地。"[①]马克思也承认:"经济学上所说的土地是指未经人的协助而自然存在的一切劳动对象。"[②]

马歇尔进一步认为:"土壤肥沃程度主要依据的那些化学性质和物理性质可以由人力来增进,而在极端的情况下,可以由人力完全改变。"[③]"在紧挨着地表的所有土壤里,有很大的资本因素——人类过去的劳动的产物。"[④]在人类日常工作于之上的耕地而言,其实是凝结了人类不断投入所形成的资本在内的。马克思也意识到这一点,他同样认为:"……人们只要对已经变成生产资料的土地进行新的投资,也就是在不增加土地的物质即土地面积的情况下增加土地资本。"[⑤]马克思在这里其实已经把"土地"与"土地资本"这样两个概念作了一个区分。

中国传统社会的"田"和"田地",究竟是什么性质?是自然赋予我们的吗?无可否认,田地中必定具有自然赋予的成分。但是,人工所投入与改造的成分也是相当重要的。那么,"田"和"田地"的生产力及其价值完全来源于自然界吗?答案当然是否定的。"田"及"田地"中所蕴涵的生产力和价值,绝大部分都是人工所创造和积累的,而且是有意创造。所以,我们可以把"田"看作"土地资本",或者是土地+资本。我们应该能够意识:田地既然不等于土地,它的来源不同,则其性质及运动规律,也当然与土地截然不同。

(二)土地与田地在权益方面的区别

在中国传统社会中,人们早就意识到:土地与田地是有根本不同的。土地的性质是天然的,是自然的给予。而田地的性质则是人工所创造的,田地在本质上其实是一种资本,而非自然界的给予物。田地的确是附着在土地之上,所以具有自然性质,但是其产量的高低,毕竟在根本上取决于人工和各种资料的投入与改造。

基于这种认识,在有关权利方面,虽然中国古人没有在概念上进行清晰的划分,但是似乎在实践中社会各个阶层都对此有清楚的认识。国家理所当然地认为自己应该拥有土地的最高所有权,而且民间也同样承认这一点。但是我们也必须要意识到:在传统观念中,却不认为国家或者政府可以随便占有民间的劳动及投资成果,国家、政府、皇帝等,在拥有土地的所有权的同时,却不能同时拥有田地的最高所有权。对于未开垦的土地和荒地,或者无主之地,国家可以毫不犹豫地任意进行分配,这是国家的当然权利。但是对于处于一般农民掌握之中,并正在耕作状态下的熟地,国家却不可能这么做。[⑥]

清朝时江苏巡抚陶澍奏:沿江沿海,新涨沙洲,查照新例,召佃收租,拨充公用。自然新产生的土地(生产力)是由国家来配置的,这是国家的权利。但是对于已经被民间占有的生产力,或者是民间私人所创造的生产力,国家就不能这样做。《困学纪闻》:"至唐,承

① 刘厚俊编著:《现代西方经济学原理》(第四版),南京大学出版社2005年版,第190页。

② 《马克思恩格斯全集》第23卷,人民出版社1970年版,第668页。

③ [英]马歇尔:《经济学原理》,廉运杰译,华夏出版社2005年版,第496页。

④ [英]马歇尔:《经济学原理》,廉运杰译,华夏出版社2005年版,第128页。

⑤ 《马克思恩格斯选集》第1卷,人民出版社1995年版,第152页。

⑥ 藐视私人资本所有权,尤其是土地资本所有权的思想,在后世知识分子的心目中可以相当普遍,但是传统观念中,却是相当边缘化的,是主流社会所不能接受的。即使具有这方面思想的一些官员,也在实践中意识到:藐视私人对土地的投资结果,是行不通的,后果是严重的。

平日久，丁口滋众，官无闲田，不复给授，故田制为空文。……”[①]国家没有闲田，就不可能实行均田，国家没有权利任意收回和分配私人田产。

> 壬午。谕内阁，曾国荃奏：胪陈山西目前要务一折。山西值兹大祲之后，闾阎疮痍难复，亟应将应办事宜，妥为经画，以培民气而救时艰。该省荒地甚多，应即详细清查，招来开垦。曾国荃现拟酌给贫民籽种，至无人地亩，准其族邻或客民承种，分别办理。如本户归来，俟次年播种之时，方许认回。傥五年后本户不回，即由佃种之人，承为永业等语。即着督饬地方官，实心筹办，务臻妥善。[②]

在中国传统社会中，国家虽然拥有土地的所有权，也有配置土地的权利，但是并不能任意分配，因为土地被田（土地资本）所覆盖。中国民间对于田地的占有，固然是私有，但也是分层的。对于无主荒地，人工所创造的资本已经丧失，而且民间对其权利关系已经消失，所以曾国荃打算“招来开垦”，无需有何顾忌。但是对于土地资本没有完全丧失的“无人地亩”，民间权利没有完全丧失，曾国荃只能准允其族邻首先承种，而不可能任意分配。因为在中国传统上，田地的所有权不仅在于私人，也在于亲族和邻里之间。因为这涉及农业生产中的社会关系及合作问题，这也是为过去的学者所熟知的。

从以上史料中我们可以很清楚地看到：（天然）土地是属于国家的，其当然的主人也是国家，只能由国家来分配进行耕作并取得相应的收入。原来有主之地，万一因为灾荒和战乱等原因，导致这块土地重新荒芜，那么国家的所有权力就会重新显示出来。这正体现了我们强调的：中国传统上，国家才拥有土地的所有权。但是，国家高度尊重凝结在土地之上的资本和社会权利因素，这既是社会道义所在，也是社会稳定发展的必然要求。

一块土地，一旦有人耕作了，并于其上施加了劳动和投入，就形成了资本，资本加之于土地之上，就是土地资本。土地资本既然是一种资本，当然也同样具有这种特点：收益严重受制于投入和维护，而且很容易损坏。国家可以占有田地，但是其本身不能直接耕作田地。问题在于：仅有土地而无资本（包括土地资本），生产就几乎无法进行，社会的维持与发展及国家的收入保障，就都会出现严重的问题。所以，为了保障收益，国家必须尊重民间对土地资本的权利。

秦晖谈道：“我国传统王朝虽然不像近现代公民国家那样尊重公民的财产，但通常对于‘有主’土地以强权来夺取还是相对罕见的。而在处置‘无主荒地’方面，政治特权才真正是大显神通。”[③]这其中的内在规律在于：“无主荒地”具有的天然性质不会因为占有性质而改变，所以政治特权可以大显神通。至于“有主的田地”，则是人力投入的产物，产权的改变可能会导致其生产力的丧失，所以政府是不得不小心行事的。

地权与田权的关系，很类似当前中国的房地产市场中地产与房产的关系。在房地产

---

① （宋）王应麟：《困学纪闻》卷一六《历代田制考》，景元本。其实不仅仅是因为没有闲田，很多闲田都被贵族官僚所占据了。但是这种情况不影响我们全文的分析。

② 《德宗景皇帝实录》第53册，中华书局1987年版，第146页。

③ 秦晖：《关于传统租佃制若干问题的商榷》，载《中国农村观察》2007年第3期。

市场中,土地的所有权是属于国家的,民间购买的只是房产而已,但是,政府不可能随意把居民赶走,把房屋拆毁。无论是道义,还是经济利益,都不允许国家这么做。在国有土地上投资建房,与在国有土地上投资田地,其性质和意义是一样的。

当然,这两者之间也存在一定的差别。当前中国法律条件下,这种房产附属于其上的地权是有明确的使用年限的。而中国传统上的私有地权,则是没有使用年限的,在民间愿意承担相应的税收的情况下,默认可以永远使用下去。未来中国的房地产市场,必然也是按照这一逻辑发展:在房地产权的业主愿意并且能够承担相应房地产税的前提下,也可以一直使用下去。

二、关于"业"的辨析

"业"及"田业"也是中国传统社会中屡见不鲜的概念。在中国传统中,财产秩序的核心观念是"业"。那么,什么是"业"?

(一)关于"业"的理解

"业"一字在中国历史上出现较早。最早是用于进行记录政府诏令公示而装饰的木板。"业"字:"本义是钟鼓架子上的大板。"[①]"《大雅·灵台》:'虡业维枞。'《毛传》:'业,大版也。'"[②]《说文》:"业,大版也,所以饰县钟鼓,捷业如锯齿,又白画之,象其鉏鋙承也。从丵,从巾。巾象版。《诗》曰:巨业维枞。(注:大雅文:今诗作虡)"[③]

大概由于白板上对完成的工作作记录并予以公开展示的原因,这样一种原本是大板的"业"后来被引申为某种持续进行的"专攻之事""有为之事"。其意义后来不断引申,内涵不断扩大,出现了如事业、功业、基业、世业、工业、产业等等衍生词汇。

当代学者也对"业"及"田业"的概念作了一定的分析,比较有代表性的、影响力比较大的研究如下。

台湾有学者认为在中国古代法中,"称动产为物,财或财物,称不动产曰产、业或产业。物之所有权人为物主或业主"[④]。大陆有些学者也赞同对动产和不动产的这种划分,同样认为古代称动产所有人为"物主"或"财主";而称不动产所有权人为"业主""田主""地主""房主"。[⑤]

日本学者寺田浩明注意到了"业"这一概念在明清时期中国习惯法中的独特含义。他认为,在当时土地法秩序中成为交易对象的并不是具有物理性质的土地本身,而是作为经营和受益对象的抽象的土地,即"业",而土地交易仅仅是一种经营收益正当性的移转过程。[⑥]

---

① 向熹:《诗经语言研究》,四川人民出版社1987年版,第168页。

② 向熹:《诗经语言研究》,四川人民出版社1987年版,第168页。

③ (汉)许慎撰;(清)段玉载注;许惟贤整理:《说文解字注上》,凤凰出版社2015年版,第184～185页。

④ 潘维和:《中国民事法史》,(台北)汉林出版社1982年版,第354页。

⑤ 参见张晋藩:《清代民法综论》,中国政法大学出版社1998年版,第82页。

⑥ 参见[日]寺田浩明:《权利与冤抑——清代听讼和民众的民事法秩序》,载[日]滋贺秀三等《明清时期的民事审判与民间契约》,王亚新等译,法律出版社1998年版,第197～201页。

吴向红认为:业"……实际上就是一份生计。"吴向红还认为:"'业'需要某种前提,即与资源的某种关系。这一前提并不意味着所有权,甚至不必(排他地或非排他地)占有某种关系。""桃花源里并没有私法,因此也没有所有权的影子,但也远非无秩序。"[①]

李力认为:"'业'是指能够给权利人带来收益的权利,这种权利与物有关,但并不必然表现为对物的权利。在清人的观念中,权利人对物的关系被包含在'管业'概念中,即通过对物的管理来获得收益。""在这一权利体系中,业权居于核心的地位,它是一种能够为权利人带来收益的财产权利,权利人通过'管业',即对与这种权利有关的物的直接使用、出租等形式来实际获得收益,而在急需大宗开支时,权利人还可以通过典当而获得业之半价,或者将其出卖而获得全部价款,甚至可能以各种形式将业权分割,与他人共享或者部分转让。在这样一种制度框架下,财产被置于统一的权利体系之中。"[②]

(二)关于"业"与"田业"的分析及内涵的澄清

前述几位学者的研究结论各有其正确之处,但是,又都有其误区。其理解错误的根源都是没有充分意识到"土地""田地"与"业"的根本区别。

寺田浩明的问题在于:他注意到了中国传统田业交易中,交易的并不是土地所有权,而只是管业地位。这是正确的。他进而言之:土地交易的"对象与其说是'物',不如说是一种'经营权',因为成为移转和持有对象的始终是眼下的行为"[③]。李力将其总结为:"当时土地法秩序中成为交易对象的并不是具有物理性质的土地本身,而是作为经营和受益对象的抽象的土地。"[④]这也有其合理之处。但是,寺田浩明的误区在于:他混淆了土地与田地的区别。中国传统田业交易中,的确交易的不是土地所有权,但是却能够交易田地所有权。田地作为土地资本,也是具有物理性质的,而且是有形的。土地作为一种空间概念,本身是无法交易的,所能交易的,只能是土地的物理性质,而田地的生产性质又是建立在土地的物理性质之上的。因此,传统上中国民间在交易田地的过程中,同时交易了土地资本、土地的天然物理性质及对土地的管业地位,这三者是结合在一起的。

李力受到寺田浩明的误导,同样把传统中国民间的"业"权局限于管业地位之上了。正如我前面已经分析的,管业地位仅指对"土地"的管业,但是,"业"的内涵不限于此。

吴向红则走得更远,她进而认为:"古汉语(官僚法和习惯法所共享的资源)中确实没有法律意义上权利的任何等效表达。汉文化中也没有任何内源的、被广泛接受的权利观念。这也是为什么这一文化能够若无其事地忍受一种具有反权利结构的官僚法。""这样,我们就得到了一个基本的约束:在对中国传统习惯法进行重述时,我们就必须放弃任何'权利之预设',在方法论上,不能假定或贸然推定习惯规则之中一定包含某种权利。相反,在习惯法领域,从法律意义上认定任何权利的存在,都必须有严格的论证。换言之,我们只应该停留在现象本身,除非有合乎法理的论证揭示出某种权利的存在。"[⑤]

---

① 吴向红:《典之风俗与典之法律》,法律出版社 2009 年版,第 191 页。

② 李力:《清代民法语境中"业"的表达及其意义》,载《历史研究》2005 年第 4 期。

③ 参见[日]寺田浩明:《权利与冤抑——清代听讼和民众的民事法秩序》,载[日]滋贺秀三等《明清时期的民事审判与民间契约》,王亚新、梁治平译,法律出版社 1998 年版,第 200 页。

④ 李力:《清代民法语境中"业"的表达及其意义》,载《历史研究》2005 年第 4 期。

⑤ 吴向红:《典之风俗与典之法律》,福建师范大学博士毕业论文,2008 年。

吴向红其实是受到寺田浩明的影响。寺田浩明认为:"但在旧中国,尽管说是土地所有,着眼点却只在把税粮负担作为不言而喻的义务之后的土地经营。极而言之,持有土地只意味着以某种方式获得收益后扣除税粮而剩下的差额,或者说是靠这种差额谋生的一种称呼而已。而且其持有形式不过是用前一经营者私人立下的契约文书证明自己正当地继受了该土地的经营而已。"①

这样的逻辑推断是无法被接受的,不能说中国传统观念中没有权利这样的词汇,就认为中国传统观念中没有"权利"这样一种事物,吴向红和寺田浩明在逻辑中最大的问题在于:从民间没有土地的所有权的前提,在没有任何严密论证的基础上,一跃而得出结论:中国民间对于产业没有任何权利。而这个结论是完全错误的。

事实上,"业"这个概念及其事实本身就代表着强烈的权利观念,寺田浩明和吴向红等反复强调的"管业地位"和"秩序"本身就是一种权利,而且常常构成一种所有权的存在。中国传统社会中,"田业"其实就等于"田地+权利",或者说是"田地的权利"。这里的权利,既是指与田地直接有关的权利,也包括间接相关的各种社会关系。

(三)关于"权利"的界定

什么是权利?权利是一个"百姓日用而不知"的概念,大家都在使用这个概念,而且每天都与其共存,但是却很难解释清楚其内涵。

吴向红用《桃花源记》的例子来说明中国传统生产中权利的失位,这样的引喻是有问题的。在《桃花源记》中的确没有私法和所有权的影子,因为在《桃花源记》中没有提到其他的打鱼人或者相关利益人。用康德的话说,权利概念首先涉及的是"一个人对另一个人的外在的和实践的关系,因为通过他们的行为这种事实,他们可能间接地或直接地彼此影响"②。因此,康德认为权利存在于人与人的关系中。只有一个人存在的情况下,权利是不存在的。《桃花源记》中的渔人必然不是生活在真空中,所以他的生产生活必然会面临一定的秩序,而渔人为了生存,在这个秩序中也必须有其位置,这个位置就是他的权利。在《桃花源记》并没有提到其他利益相关人,所以当然没有权利的影子。但是我们可以猜想到会有其他利益相关人的存在。比如说另外还有一个打鱼人,那么两名打鱼人就需要界定彼此之间的权利。也许还存在收税人,或者收租人,那么打鱼人就要考虑自己的打鱼收入不能仅仅满足自己的需要,还要满足纳税及缴租的需要,而相应的国家与地主等就要保证其打鱼的地位。这些都是权利。

寺田浩明与吴向红其实在"权利"的理解上还存在另一个误区,他们认为:权利来源于法律的正式规定。但是这样的理解是非常狭隘的。

大体说来,在近代西方思想史上,格劳秀斯把权利看作"道德资格",霍布斯、斯宾诺莎等人将自由看作权利的本质,或者认为权利就是自由。如在霍布斯那里,自由意味着不受任何干涉和限制,洛克、普芬道夫虽然不像霍布斯那样把法律与权利对立起来,但还是采用了霍布斯关于"权利乃自由之范式"的概念,洛克说,权利意味着"我享有使用某物的自由"。

---

① 参见[日]寺田浩明:《权利与冤抑——清代听讼和民众的民事法秩序》,载[日]滋贺秀三等《明清时期的民事审判与民间契约》,王亚新、梁治平译,法律出版社1998年版,第21页。

② [德]康德:《法的形而上学原理——权利的科学》,沈叔平译,商务印书馆1991年版,第39页。

《布莱克维尔政治学百科全书》对权利进行了如下的解读:“在政治哲学中,权利这一术语主要有三种使用方式:1)描述一种制度安排,其中利益得到法律的保护,选择具有法律效力,商品和机遇在有保障的基础上提供给个人。2)表达一种正当合理的要求,即上述制度安排应该建立并得到维护和尊重。3)表现这个要求的一种特定的正当理由即一种基本的道德原则,该原则赋予诸如平等、自主或道德等基本的个人价值以重要意义。”①

马克思在《关于林木盗窃法的辩论》一文里,主张贫民享有到森林拾枯枝的习惯权利,并阐述了关于法律权利和习惯权利的思想。他说:“权利并不因为已被确认为法律而不再是习惯,它不再仅仅是习惯。……习惯成为合理的是因为权利已变成法律,习惯已成为国家的习惯。……因此,习惯权利作为和法定权利同时存在的一个特殊领域,只有在和法律同时并存、而习惯是法定权利的前身的场合才是合理的。”②

就此意义而言,中国传统上的管业秩序,正是代表民间所享有的对土地及田地的权利。中国古代没有“权利”这一法律概念,但是没有概念并不等于没有其事实。李贵连经过考查,认为中国古代的“分”字就是与当今“权利”含义一致的词。③ 如“定纷止争”之类的说法,就是指明确各人的权利,就可以减少争斗。笔者基本上认同这种观点。

三、与英国土地关系的比较

寺田浩明和吴向红在“权利”问题上的第三个误区在于:一切与土地有关的权利都必须建立在土地所有权的基础之上。这也是一个非常错误的认识,是受到欧洲大陆法系影响的结果。如果我们全面检视世界范围内的土地制度,就能够发现在其他法系当中,对于地权的控制及其交易,土地所有权并不重要,甚至于不是必要的。

比如说英美法系中的英国,在其历史上的土地交易当中,就不需要确定土地的所有权。在英国的法律当中,明确规定土地的所有权属于国王。但是这并不会影响民间私人对土地权利的控制及对土地的利用。

1066 年,诺曼底公爵威廉入主英国,并借助其强势王权,逐渐构建起了体系完整的封建制度。其间,威廉一世推行诺曼法,以消灭所有私有土地,重申国王是一切土地唯一的、最终的所有者。而其他人都是对土地的占有,其对于土地的拥有者,则是以保有的形式来占有土地。及至近代甚至于当代,英国的土地产权仍然沿袭着中世纪的制度。这种情况在世界上是具有普遍性的,不仅西欧如此,甚至于包括中国西周及春秋时代也是如此。但是,欧洲大陆逐渐确立了土地私有制,而英国始终坚持了土地的国家所有,土地在法理上的最高所有者始终是国王。当然,英国的土地所有权国有并非否定了民间对于土地的各种权利,相反,英国民间对于土地的权利是高度发达的。

英国的这种符合自然传统的地权体系,对经济及社会的发展是否造成了严重的阻碍

---

① [英]戴维·米勒、韦农·波格丹诺:《布莱克维尔政治学百科全书》(修订版),邓正来译,中国政法大学出版社 2002 年版,第 711 页,“权利”词条。

② 《马克思恩格斯全集》第 1 卷,人民出版社 1956 年版,第 143～144 页。

③ 参见《话说“权利”》,载李贵连主编:《近代中国法制与法学》,北京大学出版社 2002 年版,第 438 页。

呢？答案是否定的。“在历史的建构进程中，英国土地法还体现了一种全新的法律思维模式。在英国土地法的历史上，始终没有产生大陆法系意义上的绝对所有权，也就是说，英国土地法是在不涉及所有权的前提下建构各项制度与规则的。”“对于大陆法系财产法律制度来说，所有权是整个财产权利的核心，没有了所有权是不可想象的事情，但是在英国，由于没有所有权，土地法在规范社会关系时反而更加具有适应性和灵活性。”①

英国的地权体系恰可以与中国的地权体系形成对照。中国传统上，一直认为并且坚持：“溥天之下，莫非王土；率土之滨，莫非王臣。”但是，也一直把“官田”与“民田”区分开来。寺田在搜寻了大量中国传统土地交易契约之后，发现中国传统地权交易中都是强调“买卖为业”，也就是交易土地的某种权利，例如对于土地的使用权、收益权、投资权等等，而不是买卖土地本身。②

我们可以这样总结：土地是自然所赋予的，土地所有权在中国传统上一定是属于国家的。田地作为私人投资者土地之上建立的土地资本，其所有权则属于民间所有，政府基本上予以充分尊重。田业则代表建立在田地之上的种种权利关系，同样也是可以属于民间所有的。

中国传统民间社会非常清楚：自己不可能掌握土地的所有权，对于土地当中所蕴含的充分权利，自己不可能获得。所以，自己能够掌握及交易的，也就是利用国家所让渡和听许的农业生产权利及起房埋葬等权利而已。但是，对于这些权利，民间的掌握却是比较稳固的。

正如英国的土保有制度更加灵活，也更加符合社会发展规律一样。中国的“土”“田”“业”相区别的传统做法也是符合中国社会发展的一般规律的。土地与田地相比，土地更为基础，但是土地的流转常常是伴随着田地的流转而流转。

中国传统社会中最重要的权利体系是“业”权，是指与土地及田地有关的各种权利关系，其核心通常不是所有权，而是收益权，包括与收益直接有关或者间接相关的种种关系。所有权在中国传统地权体系当中，也是一种重要的权利。但是对于土地所有权而言，由于国家一般情况采取“田制不立”及“听许”民间占有的态度，对不同管业者一视同仁，所以作为一个绝对的背景，反而在交易中显得不是那么重要。

李力认为：“‘业’是指能够给权利人带来收益的权利，这种权利与物有关，但并不必然表现为对物的权利。”③这当然是正确的。但是寺田浩明及李力等人在分析的过程中，还是在潜意识中认为这个“物”就是土地，其实不然。“物”不仅仅是土地，还可能是田地。不仅是物理性质的实物，也可能是无形的权利。不仅如此，“业”是建立于土地及田地之上的权利关系系统，其本身就是一个“物”，而且这个“物”在运动中不受制于“土地”这个物，相反，其运动带动了土地及田地的运动。

其实，与西方相比，中国传统地权观念及制度的发展与英国非常相似，而与欧洲大陆

① 咸鸿昌：《英国土地法律史》，北京大学出版社 2009 年版，第 3 页。

② 参见[日]寺田浩明：《权利与冤抑——清代听讼和民众的民事法秩序》，载[日]滋贺秀三等《明清时期的民事审判与民间契约》，王亚新、梁治平编，王亚新等译，法律出版社 1998 年版，第 197～201 页。

③ 李力：《清代民法语境中“业”的表达及其意义》，载《历史研究》2005 年第 4 期。

法相差甚远。“与大陆法系财产法相比，英国土地法是采用经验主义的方式逐渐建构的。……另一方面，因为土地法上各种范畴的内涵都是在历史沿革中逐渐明确的，有关法律规范也是在历史发展进程中逐渐确立的，因此，历史也赋予英国土地法各项制度以特定的内涵……”①

这也符合中国的地权特征。在中国传统社会中，各种地权关系也非完全的体系，而是一种自发的朴素的秩序，是在实践中不断摸索出来的。而且业权是非常灵活的，可以一层一层累加。所谓的“管业地位”也是这样，“业权”与管业地位的存在，使所谓的所有权及使用权等等的区分变得不是必要的。在中国这样复杂及多层级的社会中，土地所有权及使用权之类的区分，可能并不适合需要。

四、当代中国的地权关系

中国传统地权关系具有充分的优势。首先，国家牢牢掌握着土地的最终所有权力，保有在必要时介入地权关系的权利，得以调整地权关系以维护必要的公共利益。其次，在微观层面，民间享有充分的地权，土地的经济职能及社会保障职能可以通过市场交易进行自由配置，得以保证土地资源的效率。这两者之间的关系并非固定不变，而是根据时代的变化及资源禀赋关系不断调整。但是上述原则是一直被坚持的，也是被社会所普遍接受的。

中国当代土地制度受到广泛批评，这些批评当中有很多是合理的，但是也有很多是出于误解。当代中国经济学界普遍赞许的土地私有制，其实在世界历史上的实践当中，也是存在严重的缺陷的。我们必须要承认西方的土地建设经验当中有很多值得学习的地方，但是我们也要考虑到，西方土地建设的经验也是有问题的。假如真的按他们所照搬的西方理论来进行中国的建设，只会造成更大的破坏。在西方国家的经济发展及城市化过程中，也充满了冲突与罪恶，并不是今天我们看到的那么幸福。美国 19 世纪末期的知名社会活动家和经济学家亨利·乔治的《进步与贫困》一书指出：“物质进步不仅不能解脱贫困，实际上它产生贫困。”②他指出，经济革命虽然使生产力上升，但它并不是在底部对社会结构起作用，把整个社会都抬高，反而“好像一个巨大的楔子，不是在社会底部打进去，而是在社会中部穿过去。那些在分裂点以上的人们，处境上升了，但是那些在分裂点以下的人们被压碎了”③。亨利·乔治认为：“与生产能力提高同时，地租趋向更大的提高，因而产生迫使工资下降的不断趋势。”④这就是美国在进步过程当中，广大下层人民却可怕地趋于贫困的最重要的原因。地租必然伴随着经济的发展而高起来，从而阻碍经济及社会改善，因而必须要加以限制。这就现代西方经济学家们引以为荣的土地私有制的经验。

中国当代的土地制度，坚持集体所有、农民承包与土地经营三权分立的原则。2014 年，中央政府通过《关于引导农村土地经营权有序流转发展农业适度经营的意见》，提出将

① 咸鸿昌：《英国土地法律史》，北京大学出版社 2009 年版，第 2 页。

② [美]亨利·乔治：《进步与贫困》，吴良健、王翼龙译，商务印书馆 1995 年版，序言，第 16 页。

③ [美]亨利·乔治：《进步与贫困》，吴良健、王翼龙译，商务印书馆 1995 年版，序言，第 16 页。

④ [美]亨利·乔治：《进步与贫困》，吴良健、王翼龙译，商务印书馆 1995 年版，第 239 页。

三权分立作为进一步深化农村土地改革的基础，农业部长在回答记者问时，明确表示三权分置的条件已经基本成熟。上述三权中，集体所有其实是代表了国家的最高所有及国家在必要时期进行干预的权利。农民承包则是保障农民对于土地在使用权方面的权利。这既是土地的经济作用，也是土地的社会保障作用。而经营权的可充分流转，则代表了土地的市场配置与经济职能的实现。

在内在逻辑关系上，中国当代的土地制度与中国传统土地制度是一脉相承的。虽然受到众多批评，也存在诸多缺点，但是与西方经济学所提倡的土地私有化相比，其实具有更大的优点。其最大的好处，也就是最为经济学家所批评的地方，就是政府在土地流转中获得了巨大的收入，而没有把这些收入全部留给私人。但是，这些收入是属于地租的性质，土地的私人占有者(而非所有者们)并没有为土地的增值做出一分钱的贡献，他们凭什么得到全部土地增值的利益？从法理上说，他们也不是土地的所有者，仅仅是土地某些权益的占有者。土地的所有者不能得到土地增值的收益，却由部分使用权的占有者获得，从法理上也是说不通的。中国当前的土地制度，可以将部分地租收为国有，用于社会公益事业。当前主要是用于基础设施建设，既能够改善人民生活，也能够为广大农民创造就业机会。相对于单纯的土地私有制而言，更符合社会整体利益，也更加符合中国土地关系的传统。

五、结　论

总体上，中国社会是一个内生的社会，外来冲击固然一直存在，但是不足以改变其基本运动规律及发展轨迹。在土地问题上，中国传统地权关系也是内生的，兼顾经济效益与社会保障，兼顾私人利益与社会公益，兼顾效益与公平。具体做法是土地、田地和田业三者并存，并行发展，互不妨碍，相互支撑。国家始终掌握土地的所有权，民间则根据其贡献掌握田地的所有权，也就是自己投资所创造的土地资本的所有权。至于“业”权，则一直随着时代的变化处于不断变化与衍生的过程当中。在物权上，田地的所有权建立于土地的他物权的基础之上。而田业则是一种复杂的权利关系，直接影响地权的运动，与土地及田地的所有权相互影响，互为因果。这样的地权关系与英国的地权关系有异曲同工之处，在资源配置方面具有突出的优势，从现实基础出发，灵活并且符合实际需要。土地、田地和田业三者并存，作为中国社会发展的内在逻辑，一直影响着中国社会的发展，直到当代。

作者简介：彭波，商务部研究院副研究员。

长时段历史视野下的中国农民的土地诉求考察①

王瑞庆

中国历史上土地制度存在两次大变革:第一次是从井田式的土地公有制向土地私有制度转型;第二次是从封建社会的土地私有制度向社会主义社会的土地公有制(土地配置绝对平均)转型。前者是牛耕技术推广和农具改革的生产力发展背景下,生产关系变革的结果。后者是马克思主义阶级理论影响下阶级斗争和农村革命的结果。现在,中国正经历着农业社会向现代工业社会的转型,土地制度正面临着第三次改革。

20 世纪以来,国内政治斗争日趋激烈、农村经济日趋崩溃,通过土地制度改革解决农村问题和中国社会问题的讨论与实践也是如火如荼,国民党的"平均地权"与共产党的"打土豪,分田地"两种模式占据主导地位,并最终在两党的政治斗争过程中分晓了胜负。中华人民共和国成立后,为了实现"共产主义"理想和发展经济,共产党探索了"耕者有其田"、农业合作化运动、家庭联产承包责任制等土地配置方式。今天,社会主义公有制下的集体土地和国有土地并存,二者权利不对等的问题再次成为影响社会稳定的重要因素。中共中央在十八大上提出了土地制度改革要保证农民享受土地增值收益。为了解决低效、分散的农地经营模式,中央也开始实施土地确权政策,引导规模化的大农业发展。土地制度的演进和改革传递着执政者和思想家们对传统的"大同"和"均平"社会理想的追求。综观土地制度改革的讨论和研究,无怪乎地权公有制还是私有制更有利于社会的均衡和发展,但争论了一百多年,还是各有说辞,莫衷一是,甚至一种所有权制度里面还存在截然对立的设计方案,却都宣称是为了维护农民土地利益。土地制度不断变革,各种土地改革方案也在不断实践,但持续了一个世纪的土地问题仍然没有得到解决。问题究竟在哪里呢?

米塞斯说,"社会问题是社会学术状态的结果"②,很多社会问题是由于认识偏差导致的。百年来,中国农民的"昏百姓""四万万阿斗"③、守旧、落后④标签是执政者和学界的土地配置理论和配置方式的立论基础。而 1979 年诺贝尔经济学奖获得者西奥多·舒尔茨

---

① 本文研究的土地诉求是指以土地占有为基础的权利束的诉求。"权利束"是一个经济学概念,是一定范围内的权利集合,如产权的排他性、收益性、可让渡性、可分割性等。

② 张维迎:《反思经济学》,载《理论参考》2014 年第 11 期。

③ 许闻天:《中国农民运动概述初稿》,中央社会部,1940 年,第 192 页。

④ 中共中央文献研究室编辑:《建国以来毛泽东文稿》第 5 册,中央文献出版社 1991 年版,第 505 页。

认在《改造传统农业》中提出，农民具有企业家精神、商人精神。他们在生产和消费中完全处于市场竞争中，在“配置当前生产中他们所拥有的要素时是很有效率的”[①]。而历史经验也证明，农民是理性的“经济人”。“经济人追求最大效用。”[②]他们对政府实施的土地政策并不完全主动接受，而给之以选择、利用、改造的反作用，从而使自己的收益实现最大化。缘此，土地制度变革呈现出政府与农民相互建构的特点。然而，由于农民文化水平有限，在历史上的重要决策中一直不占有话语权。要搞清楚农民的土地诉求，就要从农民的经济行为去判断。

本文采取长时段的事件叙述方式，使农民的土地诉求在大范围内呈现，以寻找经济发展规律。本文所研究的问题，既是对土地制度长时段变迁逻辑的理解，也是对形成当下土地问题的历史基础及路径线索的发掘。本文不仅分析经济现代化转型过程中农民的选择，还分析顶层设计与底层需求的矛盾。

一、晚清、民国时期农民的土地诉求

晚清、民国时期，随着西方资本主义经济的入侵，坚固的传统农业经济面临崩溃。农民“日出而作，日落而息”、不谙世事的宁静生活逐渐被卷入国内政治斗争中。在前所未有的激荡中，农民的土地诉求是什么呢？以孙中山为代表的国民党认为，农民的土地诉求是摆脱贫困。中国社会文明程度不高，地价也不高，还没有出现阶级分化。为了防止地价上涨，引起贫富分化，应该核定地价，征收地价税。[③] 以毛泽东为代表的共产党认为，“中国的封建社会以地主土地所有制为主，农民对于土地要求已甚迫切”[④]。虽然国共两党的立论基础都是农民贫困[⑤]，但农民“脱贫”的追求是否如国共两党所预期的那样把“土地”看得如此重要？下面将通过农民几种较为普遍的选择进行分析。

（一）“民变”中农民的土地诉求——安定的耕作环境

本文在这里先回顾一下晚清以前“农民起义”中的土地诉求。在正统观点的描述中，古代朝廷的兴衰更替多是由所谓的“农民起义”引起的。“农民起义”是“农民反抗地主阶级”的斗争，也是“土地集中激化的阶级矛盾”。随着阶级斗争研究的“降温”，学界对“农民起义”原因进行了反思。有些学者通过实例分析认为，我国历史上不存在农民战争，领导者都不是农民[⑥]，但是参与者是以农民为主，那么在起义过程中农民是否有土地的需求

---

① ［美］西奥多·W. 舒尔茨：《改造传统农业》，梁小民译，商务印书馆2011年版，第38页。

② ［美］加里·S. 贝克尔（Gary. S. Becker）：《人类行为的经济分析》，王业宇、陈琪译，三联书店上海分店、上海人民出版社1995年版，第5页。

③ 参见中山大学历史系孙中山研究室：《孙中山全集》第1卷，中华书局1981年版，第327～329页。

④ 1927年，毛泽东在国民党土地委员会扩大会议上提出解决土地问题的方案，第一步为政治没收，即没收土豪劣绅军阀等的土地，第二步为经济没收，即凡自己不耕种而出租给他人的田，皆行没收。他在为国民党二届三中全会起草的《对农民宣言》中指出，现在“贫民对于土地的要求已甚迫切”“不使农民得到土地，农民不能拥护革命”“本党决计拥护农民获得土地之争斗，至于使土地问题完全解决而后止”。

⑤ 参见吴毅：《理想抑或常态：农地配置探索的世纪之摆——理解20世纪中国农地制度变迁史的一个视角》，载《社会学研究》2009年第3期。

⑥ 参见《中国古代不存在“农民起义”》，载《文史博览》2014年第2期。

呢？秦末起义提出"王侯将相，宁有种乎"，东汉末年提出的是"苍天已死，黄天当立；岁在甲子，天下大吉"，隋末是"安百姓，定天下"。这些口号实际上是起义者对安定的社会秩序的需求，即对自身安全和劳动生产保护的要求。唐末农民起义首次提出"使富者贫，贫者富"的口号，虽然体现出了贫富悬殊的强烈不满和寻求经济公平的急切愿望，但是农民还未能把土地从一般物质财富中区别出来，因而不能直接提出"均田"的要求，而只能要求均贫富。① 明末李自成起义虽然提出了"均田免粮"，但只是对赋税制度进行了改革，未对均田采取措施。清代太平天国起义提出的"有田同耕"，也只是追求"大同"社会理想的表现，而非土地占有的需求。总体来看，历朝"农民起义"所追求的是基本生存权。

晚清"民变"频繁，且表现形式多样。张振鹤、丁原英根据20余种报刊文牍资料制成《清末民变年表》，记录了1200余件"民变"②。"民变"的主要类别是：抗捐、毁学、闹教、抢粮等。毁学、闹教属于文化冲突，暂不讨论。"抢米"和"抗捐"占"民变"的数量不到一半，而与土地有关的"抗捐"次数又远少于"抢米"，这间接地说明农民"饱腹"的诉求是当时社会的主要矛盾，影响农民生活的是整体社会环境，而不单是土地制度。材料显示，"抗捐"以反抗苛捐杂税为主，反抗田赋的非常少。而根据李文治主编的《中国近代农业史资料》(1840～1911)中，抗税及地亩摊派"民变"远多于抗租的"民变"。农民对抗官府严重捐税和摊派的主要方式是围攻官署和司法官员、聚众抗议等方式，反抗的是地方基层政府，而不是中央朝廷。③ 晚清及以前农民反抗的直接原因是被剥夺了果腹的物质资料和安稳的生活环境，呈急风暴雨式，持续时间短，土地需求目标不明显。

1912年后，农民仍然顺延着晚清"民变"的形式，部分农民在共产党的领导下开始有组织、有目的地进行减租减息、反抗地主运动。此时，农民运动的理论基础是土地分配不均和家庭贫困，"没有地，是农民一切痛苦的根源——穷根"④。马克思主义者的早期调查也在论证这一观点。如，1927年毛泽东发表的《湖南农民运动考察报告》，陈翰笙等人发表的一系列农村、土地问题的调查报告等都论证了农村土地存在高度集中，"占乡村人口不到10%的地主富农占有70%～80%的土地，而占乡村人口90%以上的雇农、贫农、中农及其他人民却只总共占有约10%～30%的土地"⑤。"农民主要攻击目标是土豪劣绅，不法地主，旁及各种宗法的思想和制度，城里的贪官污吏，乡村的恶劣习惯。"⑥而根据章有义、郭德宏、乌廷玉、高王凌、秦晖、温铁军等研究成果，近代农村土地并没有过度集中。⑦ 国内外的新近研究成果也证明土地不均和农民革命没有必然联系。⑧ 例如，"福建浙江湖南广东诸省，佃农多于自耕农"⑨。但是佃农却不愿意参加革命。对于大多数佃农

① 参见胡如雷：《隋唐五代社会经济史论稿》，中国社会科学出版社1996年版，第242页。

② 《清末民变年表》刊载于《近代史资料》1982年第3、4期，包括一事件的延续报道和部分革命党人起事。

③ 参见李文治：《中国近代农业史资料》第1辑，三联书店1957年版，第908～999页。

④ 陈伯村主编：《张闻天东北文选》，黑龙江人民出版社1990年版，第58页。

⑤ 何焕炎主编：《中国农村统计年鉴》(1989)，中国统计出版社1989年版，第30页。

⑥ 毛泽东：《湖南农民运动考察报告》，人民出版社1975年版，第3页。

⑦ 这些研究成果认为共产党在承认土地占有不均的前提下估计农村各阶层的占地状况，实际上是一种革命策略。

⑧ 中共革命史学者霍夫海因茨、美籍华裔学者黄宗智、周锡瑞、美国学者胡素珊等，国内学者有王奇生、黄道炫、黄琨、王友明、陈耀煌等。

⑨ 王仲鸣：《中国农民问题与农民运动》，平凡书局1929年版，第84页。

来说，佃农只需要向地主交租，不需要向国家纳税，而且在动乱时期或者困难时候得到地主荫护，因此佃农多数不愿意放弃安稳的生活，去参加共产党领导的革命。根据刘昶的研究，1927～1930年间，中共在江南地区领导农民运动打土豪、分田地屡屡失败，而领导佃农反抗地租却非常容易。[①] 对于佃农而言，如何合理分摊成本和收益的租佃制度才是他们的诉求。在广东“参加革命踊跃的乡村往往是一些偏僻的小乡村，这些乡村自耕农居多，一般没有或少有豪强地主。而一些地主势力占统治地位的大乡村，中共势力不易打入，农民多受族长、耆老等豪绅地主的控制，不愿意参加革命”[②]。希克斯说：“领主和农民彼此需要，而土地，这同一块土地又为这两者所需要。领主需要农民，因为领主靠分享农民产品为生。与此相应，农民也需要领主。无论压在他身上的负担是多么沉重，他总能得到某种回报。而他得到的回报是极其重要的。他得到的回报就是庇护。”[③]这也说明农民所追求的不是土地，而是基本的生存环境和稳定的经济基础，能维持最高标准的生活。

（二）土地“抛荒”中的诉求—— 求生与逐利

“抛荒”是个常见的现象，原因主要有两种：一是被动原因。当土地产出不能满足农民的家庭生活需求时，农民被“饥饿”驱使，抛弃土地。二是主动原因。农民发现有比耕种土地收益更高的途径，也会抛弃土地。进入民国以来，因抛荒引起的社会问题经常见诸报端。“农工竟不敷需要，以致大好良田，因乏工人不能耕种者，为数甚广”；“耕者日少，而田愈荒”已成为南北各地农村的普遍现象。[④] 南京政府土地委员会对全国14个省89县的抛荒调查结果是“10年内已垦地之荒废者计占原垦地面积10.64%”[⑤]。

被动因素主要有灾荒、战乱、重税等。灾荒和战乱属于外部环境，是保证农耕的基本条件。中国传统农业家庭基本上自给自足，农业剩余较少，家庭储备薄弱，抵御灾荒的能力较差。一旦遇上灾荒和战乱，众多农民便被抛出正常的生活轨道。南京市的“棚户多来自江苏各地，尤其是江北，再次是皖鄂。移来的原因是由于极端的经济压迫，以灾荒为其主要的动力”[⑥]。虽然因灾荒而抛荒的现象非常普遍，但因土地赋税和捐税沉重而离开土地的农民数量并不多，即便是有，也是个别现象，不是成群离开。以杭州为例，“1922年杭县有附捐11种，1927年达20种”[⑦]。“附加的省税、县税、教育建设征税等费，共达5元之多，抵补金一石原定3元，再加各项附税，有达5.5元以上的。”[⑧]到20世纪30年代，各项附加税“已加至8.1元，相当正税的5.4倍”[⑨]。上文已经交代过，受到当时政府征税影响的主要是自耕农。面对沉重的赋税，农民直接的对抗方式就是拖欠。“各地每年的欠赋入

---

① 参见刘昶：《在江南干革命：共产党与江南农村，1927～1945》，载黄宗智主编《中国乡村研究》第1辑，商务印书馆2003年版，第133页。

② 王奇生：《党员、党组织与乡村社会：广东的中共地下党》，载《近代史研究》2002年第5期。

③ ［英］约翰·希克斯：《经济史理论》，厉以平译，商务印书馆1987年版，第92～93页。

④ 参见章有义编：《中国近代农业史资料》（1912～1927）第2辑，三联书店1957年版，第650～651页。

⑤ 国民政府主计处统计局编：《中国土地问题之统计分析》，正中书局1941年版，第48页。

⑥ 《从南京棚户调查说到棚户生活之改进》，载1935年11月9日《中央日报》。

⑦ 《杭州市土地志》编纂委员会：《杭州市土地志》，中华书局2002年版，第212页。

⑧ 董中生：《浙江省办理土地陈报及编造丘地图册之经过》，（台北）成文出版社1977年版，第19426页。

⑨ 吉翁：《纪杭县地丁银有感》，载《钱业月报》1933年第13卷第7号，“述评”，第5页。

以自二三成以至于五六成。”[①]1927～1930年，“杭县仅完成九成左右，以后欠赋与日俱增，欠赋者皆系贫困小农户”[②]。

主动因素就是追逐更高的经济利益。根据新古典经济学理论的研究结论，农民抛荒的推力主要是“在市场调节下移民对经济机会的选择”[③]。随着近代工业化的发展，新型的生产方式虽然冲击了传统的农业经济，但也给农民带来新的就业机会。现代化带来的高利润对农民具有很强的吸引力。民国以来人口迁移呈现农民离村向都市集中的趋势，迁移原因“以缺少工作及婚姻两项所占成分为最多，按婚姻而迁出，属正常而自然之移动，唯因缺少工作而迁居，乃系社会病态”[④]。根据实业部的抽样调查显示，全国各省区农家人口迁出的原因，缺少工作的占48.8%，田场缺少食物的占7.3%，在迁入方面的调查也证实了这一点，从全国各省区农家人口迁入原因来看，缺少工作的占15%，田场缺少食物的占2.3%。[⑤] 从迁移者的职业来看，多趋向于非农业职业。国民政府实业部对河北、陕西、浙江等16省的调查显示，从事农业的占6.7%，非农业的占62.7%，农业与(兼)非农业的占28.6%。[⑥] 虽然进城的农民在城市依旧过着贫困的生活，但职业已经开始转型，已经获得比农业经营更好的收入。正如舒尔茨所论：“个人进行迁移的权力的确十分宝贵，正是这种追求环境改善的基本原则，使个人和家庭获得了最好的收益。”[⑦]

国共两党关于土地配置问题的讨论，都把产权问题放在了首位，并且认为这是解决农村问题的基础。而从农民的种种表现来看，农民对产权问题似乎没有当时政治宣传的那么强烈，他们所追求的是在满足基本生活前提的基础上追逐更大的利益。国民政府的“平均地权”理论的实践，并没有带给农民真正的实惠，反而在土地测量、土地征收、地价税征收过程中，让农民担心负担会加重。[⑧] 共产党虽然一直把减租减息和“打土豪，分田地”作为革命的重要任务之一，但却是在全国结束战事后才实现“耕者有其田”。

二、建国后土地改革中的农民诉求

共产党领导的土地革命，是对封建土地私有制度的重构，其目标是构建劳动者所有的土地产权制度。中华人民共和国成立后，政府通过强制性的制度变迁方式，对土地按照“个体所有，家庭经营”的模式重新配置土地。然而，政府的最终目标是消灭私有制，建设社会主义并最终过渡到共产主义。革命的目标决定了土地制度变迁的方向和方式——实现土地公有制。在此过程中，农民的一系列反应表达了他们对土地的诉求。

---

① 李显承：《杭市县办理土地陈报之经过及其成绩》，(台北)成文出版社1977年版，第19237页。

② 余杭区财税志编纂委员会：《余杭财税制》，中华书局2011年版，第382页。

③ 朱杰：《人口迁移理论综述及研究进展》，载《江苏城市规划》2008年第7期。

④ 国民政府主计处统计局编：《中国人口问题之统计分析》，正中书局1937年版，第98页。

⑤ 参见国民政府主计处统计局编：《中国人口问题之统计分析》，正中书局1937年版，第99页。

⑥ 参见国民政府主计处统计局编：《中国人口问题之统计分析》，正中书局1937年版，第113页。

⑦ [美]西奥多·W.舒尔茨：《论人力资本投资》，吴珠华等译，北京经济学院出版社1990年版，第210页。

⑧ 参见王瑞庆：《论南京国民政府开征地价税过程中地方财政与地政的纠葛》，载《中国社会经济史研究》2015年第1期。

(一)"耕者有其田"后农民诉求——生产要素自由配置

建国后的"耕者有其田"确立了一个以平均占有土地为基础的小农私有社会,平均程度之高,可谓前所未有。土地的所有权、使用权、收益权都集中于农民手中,达到了"生产资料已不是人剥削人的手段,而是劳动者进行劳动的条件,劳动者和生产资料实现了有机结合"①。土改结束时,根据23个省、自治区15000多户农家收支调查资料统计,占人口2.6%的地主占有耕地比重为2.2%;占人口5.3%的富农占有耕地6.4%;占人口39.9%的中农占有耕地比重为44.3%,占人口52.2%的贫雇农占有耕地的比重为47.1%。② 就此而言,可以说实现了农民革命的最直接目标。但从总体上看,土地、劳动力等生产要素并没有得到有效的结合和利用,农业经济仍处于个体、分散、落后的状态。缺少劳动力和生产工具的家庭,不能独自耕种土地;而劳动力和生产工具充裕的家庭,小块土地经营又缺乏效率。短暂均衡之后,一部分农民又开始将土地投入市场,通过流转来优化资源配置。以东北地区为例:(1)绝大多数农民,目前的经济生活已经超过了他们在刚刚实行土地改革之后的情况。最普遍的是粮食都有增多,因之生产所必需的牲畜、大车、衣物、房子也均有增加,其中的一小部分,除了添车买马之外,有的并已开始雇用长工,并发生"单干情绪高,发了财没用处"的苦闷。(2)一部分(约占20%左右)保持原状(实际上也有某种程度的改善)。(3)另一小部分人(约在户数10%以下)或因缺乏劳动力,或因疾病灾害,或因缺乏生产资料与马力,或因好吃懒做,经济收入不仅没有上升,反而下降了。他们中的一部分人,已经开始卖土地或出租土地,开始借贷,开始去做雇工了。当然,出卖出租土地与借贷的农民,并不都是经济收入下降的,但其中有一些是因为经济收入下降而出此的。③

从经济学角度来看,农业生产要素包括农业劳动力、土地和资本三要素。舒尔茨认为:"贫穷社会农民接受一种新农业要素的速度可以根据采取和使用该要素的有利地作出最好的解释。有利性取决于价格和产量。仅仅考察产量的相对增加是不够的。成本的支付与利润的获得,要靠绝对产量的增加、新要素与被其代替的旧要素之间逐年产量波动的差别是非常重要的。"因此,让农民"有利可图",就必须是农业生产要素通过市场结合起来,产出最大价值。大多数农民会根据自己的生产条件选择生产方式,并获得他们认为的最大利益。温铁军认为:"土地实际使用权基本上是向有规模化生产能力的自耕农集中的,相对而言具有一定的经济合理性。"④中共中央也认识到此时"我国农业中古绝对优势的还是小农经济。小农经济是分散的和落后的,一家二户就是一个生产单位,土地是分成小块经营的,农具还是古老的,耕耘靠人力和畜力,无方采用农业机器和新的耕作制度,收获量低,不能很快扩大耕地面积和提高产量"⑤。然而,中共中央采取的改进措施却是农

① 刘荣材:《路径约束与农村土地制度变迁研究》,中央编译出版社2012年版,第120页。

② 何焕炎:《中国农村统计年鉴》(1989),中国统计出版社1989年版,第31页。

③ 参见中华人民共和国国家农业委员会办公厅编:《农业集体化重要文件汇编》(1949~1957)上册,中共中央党校出版社1981年版,第8页。

④ 温铁军:《中国农村基本经济制度研究》,中国经济出版社2000年版,第151页。

⑤ 中华人民共和国国家农业委员会办公厅编:《农业集体化重要文件汇编》(1949~1957)上册,中共中央党校出版社1981年版,第205页。

业合作化。

(二)农业合作社时期的诉求——增收公平

从1952年实行“土地、劳动四六分成”的初级农业合作社,到1958年最终完全按劳分配的高级农业社,用农业合作经济改变小农经济,将土地私有制改变为农业合作社集体所有制。这种改革模式虽然是从下层开始的,但是在上层的推动下快速推进,从根本上消除了土地买卖和租佃的产权基础。

在互助合作初期,农民存在相当抵触情绪:“少数经济上升比较快的要求买马拴车,其中许多人要求‘单干’,对单干对旧式富农感兴趣,对组织起来感苦恼。……他们认为‘单干才能发财,有穷有富才能发财’。”有些人对互助合作不理解,将收入用于奢侈品的消费,不将资金投入扩大生产;还有些人没有看到组织起来的好处,心怀苦闷,影响到生产的积极性。或者生产不积蓄,认为够吃够喝就行了。[①] 农民的排斥情绪主要是源于增收差异而不是生产效益下降。1953年以后,互助组逐渐被初级农业生产合作社取代,实行土地入股、牲畜和农具等生产资料入股,农民集体经营,分配上既有生产要素参与分配的形式,又有按劳分配的形式,保证了农民对土地和家庭资产的所有权、使用权、分配权和处置权,农民也拥有入社和退社的自由,这些在调动农民积极性方面起了很大的作用。1955年,我国农业获得大丰收。

1955年夏季以后,初级农业合作社快速地向高级农业合作社转变,个人土地等生产资料归集体所有,采取集体生产经营和工分制分配,“浙江省农村发生请愿、殴打、哄闹等事件1100多起,广东省农村先后退社的有十一二万户”[②]。农民失去了退社和转社自由。1956年秋前后,全国各地普遍出现“退社”风潮。退社的主体是:富裕中农和一部分有特殊收入的户,缺乏劳动力的困难户、入社前原系从事其他职业,入社后严重减少收入的户(如小商贩、手工业者,或搞服务性营业、运输业及渔、盐民等)的非农户和兼业户。[③] 退社态度坚决的是富裕中农和兼业农户。合作社以农业经营为主,副业经营受到严格限制,兼业农户收入受到影响自然提出退社。收入分配方面,由起初的土地报酬转为按劳分配,虽然拉平了收入,但是原来占有土地资源较好的农户觉得收入减少了,缺乏劳动力的苦难户收入也减少了,所以也提出退社。

(三)人民公社时期的农民诉求——自由经营

农业合作化中的问题还没解决,中央就提出小社并大社,伴随着“大跃进”的脚步,到1958年9月底全国基本上实现了人民公社,彻底清除了所谓的资本主义残余,如自留地、私养牲畜等。在分配制度上,由社级统一核算,实行大锅饭、公共食堂,完全限制了农民生产经营自由,农民积极性再度下降,饥饱问题日趋严重。

劳动力所有权本来属于劳动者。在人民公社里,劳动力的使用权和收益权全部归公社支配。1961年中央肯定了安徽省的《关于包产到户责任到人问题》(草案)的请示,实施

---

① 参见中华人民共和国国家农业委员会办公厅编:《农业集体化重要文件汇编》(1949~1957)上册,中共中央党校出版社1981年版,第8~9页。

② 薄一波:《若干重大决策与事件的回顾上》,中共党史出版社2008年版,第569页。

③ 参见中华人民共和国国家农业委员会办公厅编:《农业集体化重要文件汇编》(1949~1957)上册,中共中央党校出版社1981年版,第649页。

包产到户。1962年,确定了人民公社下的“三级所有,队为基础”的体制。虽然界定劳动力属于生产队,但是仍然没有劳动自由。《农业六十条》规定:“生产队应该组织一切有劳动能力的人,参加劳动。”“生产队范围内的劳动力,都由生产队支配。”生产队兴办基本建设用工“一般地应该控制在每个社员全年基本劳动日数的3%左右”。农民的人身自由和劳动自由被限制在社队里面。

只要政策有所松动,农民便会在国家政策允许的制度边界寻找着最佳的生存机会。在上层对人民公社问题进行调整时,农民和基层干部也开始探索如何获得经营自主权,如多分自留地、开荒、偷偷搞副业等。安徽、河南等省的农民偷偷尝试“包产到户”“责任田”和“借地”。1978年,安徽凤阳小岗村的18位农民以“托孤”的方式,冒着极大的风险,立下“生死状”,实施了“大包干”。这是农民对经营自主权的渴望。

三、土地承包责任制后农民的土地诉求

联产承包责任制释放了农民的生产潜力,中国农村经济很快获得了发展,不仅解决了农民的温饱问题,还促进了农业经济的发展。而与此同时,城市化速度远远超过农村发展速度,因城市土地国有和农村土地集体所有的二元土地制度带来的负面结果也越来越制约中国经济发展和社会稳定。

(一)联产承包责任制下农民对土地经营权的“取”与“舍”

联产承包责任制把统一经营与分散经营结合起来,解决了分配中的平均主义和生产中的“瞎指挥”“大呼隆”,使农民仅仅掌握了经营权,集体经济的优越性和个人的积极性同时得到充分发挥,被压抑的生产积极性也爆发出来。不仅农业生产快速发展,以农业为基础的副业经济也快速发展。①

20世纪70年代末,“集体所有,家庭承包经营”的生产组织方式,放松了对农村和城市大部分资源配置活动的直接控制,农村集体土地以各种方式进入市场,发展壮大了社队企业。② 当时出现了以集体企业经营土地为主的“苏南模式”、通过村集体将土地转租给土地专业大户或企业的“南海模式”、以个体家庭企业为主体的“温州模式”、土地折合成股份集资的“泉州模式”,还有辉煌一时的“耿车模式”“阜阳模式”等。乡镇企业之所以异军

① 经济学界几乎公认家庭联产承包责任制是一种高效的制度变迁,粮食产量大幅度提高,解决了农民的温饱问题,并有剩余。而曹雷在《公有制高绩效论》中,利用官方统计数据分析,认为粮食产量大幅度提高被高估了。从1962～2006年粮食产量增幅不大,甚至比1978年之前的增幅还放缓了。笔者认为,1962～1978年官方公布的粮食产量数据虚高。笔者曾对一部分20世纪五六十年代人进行采访,形成的初步认识是家庭的粮食储备从80年代初开始增多,当然这也得益于优良种子和化肥的推广,然而真正能让农民富裕起来的是家庭副业的发展。从《中国农村统计年鉴》来看,1979～1984年是农民收入增长最快的阶段。

② 乡镇企业的前身是社队企业。早在公社化以前的合作化运动中,中国农村就产生了农业和副业相结合的互助合作经济。在20世纪90年代,为了加快实现农业机械化,全国小化肥、小农药、小农机、小水电、小水泥等“五小”社队工业迅速发展。1979年,国务院颁发了《关于发展社队企业若干问题的规定(试行草案)》,对社队企业的地位与作用、发展方向、生产经营范围、所有制形式、组织领导、优惠政策等作了具体规定,肯定了社队企业是农村经济的重要支柱和国民经济的重要组成部分。1984年3月1日,中共中央、国务院转发农牧渔业部和部党组《关于开创社队企业新局面的报告》的通知,第一次以正式文件形式把社队办企业、部分社员(村民)合作企业、其他形式合作工生和个体企业称为“乡镇企业”,亦即通常所说的乡办企业、村办企业、联户办企业整个体私营企业这四个“轮子”。

突起，“关键在于生产要素的土地属性，甚至可以说，没有中国特殊的土地制度与其相应的户籍制度，就不会有乡镇企业的产生”①。乡镇企业发展推动农村向工业化快速转型。20世纪90年代以来，中央政府一方面为减少经济过热和通货膨胀，对国民经济实行“整顿治理”，对乡镇企业进行严格限制；另一方面，推行“保护耕地、严格控制非农建设用地”的土地用途管制政策，对土地农转用实行严格控制，农村经济发展的后续动力不足，农民又开始纷纷离开土地，进城务工。

2000年后，各地相继出现大面积农地抛荒现象。2006年，农村税费改革，中央最终取消了农业税，还给予粮食直补、农资综合直补、良种补贴、农机购置补贴等，农民负担减轻，又开始回乡争夺土地，还引发了土地纠纷和冲突。为了解决冲突，各地相继实施了“完善第二轮土地承包”政策，肯定了1998年的第二轮承延包，平衡了弃田和多耕之间的矛盾。② 十七届三中全会确定了承包权“长久不变”，农民的土地经营权具有了永佃性质。然而，取消农业税后，农民负担却由显性的赋税转成事隐性的市场，流通环节的农药、种子、柴油、运输等大幅度涨价，又导致农民陷入无税、增产、不增收的困境。与此同时，政府放松户籍控制，允许农民以土地换城市社保等方式进城，仅仅两年全国又出现了大规模的农民进城和弃田现象。但是近几年，随着农民社保体系的完善和农业补贴力度的加大，农民又不愿意放弃土地了。根据浙江省发展规划研究院浙江省发改委宏观经济研究所的调查显示，70%的农民不愿意放弃农村的土地。③ 农民不愿意放弃土地，但也不愿意在土地上进行有效投资，由此造成两大现象：(1)宅基地闲置。大多数进城务工农民，在城市居住得不到保障，他们不愿意放弃农村宅基地，有些人甚至追求更多、更大的宅基地。农村宅基地土地利用率不高，一户多宅、多重占地及“空心村”现象非常普遍。据调查统计，“中国的宅基地闲置比例约为10%～15%”④。(2)耕地抛荒、弃耕。进城务工农民不愿意放弃土地经营权，但又觉得种地不如在城市打工获利多，便对土地进行抛荒、撂荒。虽然目前还没有确切的土地抛荒数量，但根据观察，劳动力外出多的地方抛荒最多，特别是隐性抛荒，双季改单季，复种指数降低等现象严重。“现在农民不愿意在农业生产上增加‘有效劳动’而愿意在自己拥有完全自主经营权的土地上‘偷懒和投机’，原因就是现在农业已经不能实现剩余价值最大化了。实际上不但没有剩余，还要倒贴。能够解释农民明知倒贴也要种田的理由就是，土地对于农民来说，它不仅是农民的生产资料，更是农民的生活保障资料。”⑤

(二)城市化背景下农民土地承包权的“变现”诉求

农业是定居社会的经济活动，而今天已经是一个流动社会。中国社会科学院发布的社会蓝皮书《2012年中国社会形势分析与预测》预测，2011年“城镇人口占总人口的比重将首次超过50%”⑥。中国市长协会发布《中国城市发展报告》(2012卷)统计，2012年底，

---

① 于立、姜春海、李姝：《中国乡镇企业的过去、现在和未来》，载《(东北财经大学)发展研究参考》2004年第8期。

② 参见贺雪峰：《农地抛荒与“新中农”崛起》，载《决策》2013年第7期。

③ 参见黄勇、周世锋等：《浙江农业转移人口市民化的现状和意愿调查》，载《浙江社会科学》2014年第11期。

④ 张正河：《农村宅基地长期闲置“空心村”名副其实》，http://news.cau.edu.cn/show.php?id=0000021547.

⑤ 曹雷：《公有制高绩效论》，上海人民出版社2013年版，第566页。

⑥ 汝信、陆学艺、李培林等主编：《2012年中国社会形势分析与预测》，社会科学文献出版社2011年版，第2页。

“中国城市化率已达 52.57%”。“当存在土地的替代性资源或土地就业的替代性机会出现时，土地对于农民生存的重要性便会下降。”[①]在农民纷纷放弃农业生产进城的同时，农地经营方式也发生着巨大的变化，农民希望通过国家政策将土地“变现”。

1. 农地经营方式多样化，虽然现在农地制度基本上维持着“集体地权＋按人均分土地使用权＋家庭耕作”模式，但是农地经营出现了多样化：“两田制”“三田制”“股份合作制”“反租倒包”“承租反包”等。[②] 土地流转是农民自愿放弃农地耕作，希望将土地的使用权变成可以自由支配的“现金”的结果。据农业部公布，到 2016 年 6 月底，全国承包耕地流转面积超过总面积的 1/3，一些沿海地区的流转比例已经超过 1/2。[③] 土地流转后，一支年轻的、有技术的新型农民队伍正在迅速成长，放弃土地的进城农民享受更好的教育、医疗、居住等服务的成本也了随之增加。

2. 市郊农民翘首盼望征地。虽然学界和媒体对征地补偿持过多疑义，但农民越来越希望土地被征收。因为政府给予农民的补贴越来越高，北京、深圳、广州……出现了越来越多因为拆迁而一夜暴富的事让人艳羡。虽然“一夜暴富”现象并不普遍，但因征地拆迁而过上舒适生活的农民却不在少数，也有不少人对征地拆迁充满期待。2013 年，杭州国际城市学研究中心对杭州市民、失地农民、外来人口(农民)就征地问题进行了调查。调查结果显示，在近十几年的征地制度改革中，失地农民获得了相当大的实惠。根据抽样调查显示，41.5%失地农民认为失地后生活水平提高了，而外来的失地农民认为失地后生活水平提高的占 34.9%。问卷还设置一项“失去土地后，你家生活水平下降了吗”？仅有 8.9%的杭州失地农民认为生活水平下降了，有 20.6%的外来失地农民认为生活水平下降了。调查样本中还有近 50%的人认为失去土地后生活水平变化不大[④]，对于本地市民而言，由于本地农民在失地过程中所处的生活环境没有经历由乡入城的巨大变化，生活、工作方式也极少因土地征收而发生重大变化。对于外来失地农民而言，在失去土地之前就已经不以土地为主要收入了，土地对他们生活影响也不大。现在问题的关键是土地产权流转对于农民的意义在于否能够支持他们顺利转为市民。

四、结　语

美国经济学家道格拉斯·洪斯指出：“财产权的出现是国家统治者的欲望与交换的当事人努力降低交易成本的企图之间不断竞争的结果。这种简单的二分法实际上绝不简单，因为交换的当事人会花费资源去影响政治决策者来改变规则。”[⑤]土地制度选择的政治效应与农民得到的经济效应之间的矛盾，取决于农民对利益最大化的追求。这里有两

① 刘荣材：《路径约束与农村土地制度变迁研究》，中央编译出版社 2012 年版，第 117 页。

② 张曙光、程炼：《复杂产权论和有效产权论——中国地权变迁的一个分析框架》，载《经济学(季刊)》2012 年第 4 期。

③ 本报讯刊：《农业部：全国承包耕流转比例已超过三分之一》，载《中国农资》2016 年第 45 期。

④ 数据来源于 2013 年《杭州城市问题(“城市病”)问卷调查·土地问题卷》数据库。

⑤ [美]道格拉斯·诺斯：《经济史的结构与变迁》，刘瑞华译，(台北)时报文化出版企业股份有限公司 1995 年版，第 21 页。

个关键问题:一是执政者的土地配置是否真正反映了农民的诉求;二是农民在什么情况下会主动维护新的土地配置方式。从对百年来中国农民土地诉求的考察来看,农民真正需要的不是土地占有权,而是能够保证他们从事生产,自由追逐最大利益的制度环境。

目前,我国土地制度改革也面临着挑战。中共中央在十八大上提出"城乡发展一体化是解决'三农'问题的根本途径"。"让广大农民平等参与现代化进程、共同分享现代化成果。"要达到目标,仍然面临着几个难题:

首先是共享土地增值收益问题。这也是一百年前孙中山"平均地权"的目标。而今中国通过土地出让制度,由政府掌握了土地增值收益,形成"土地财政"。要使"土地财政""取之于民,用之于民",需要征地、土地储备、土地出让、土地出让金的使用四项制度联动改革,其难度之大可想而知。

其次是土地确权登记问题。现在全国已经有12省100多个市进行了土地确权试点。土地确权的目的是依法确认农民土地权利。在土地公有制度下的农民只有土地经营权,要进一步强化农民特别是全社会的土地物权意识。有些地方甚至将承包期"长久不变"写到承包证上。但问题是完整的产权是否能够刺激农民在农业生产上增加"有效劳动"?[①]

再次是耕地规模化经营问题。中共中央土地政策走向是:减少农民,让少数农民耕种更多的土地,过上体面而有尊严的生活,所以"鼓励创新土地流转形式。鼓励承包农户依法采取转包、出租、互换、转让及入股等方式流转承包地。鼓励农民在自愿前提下采取互换并地方式解决承包地细碎化问题"[②]。但是这个规模多大才算适度,中国农业问题是否在于规模经营。舒尔茨认为:"在改造传统农业中至关重要的投资类型并不取决于大农场的建立。由于这种改造,农场的规模会发生变化——它们或者变得更大,或者变得更小——但是,规模的变化并不是这种现代化过程中产生的经济增长的源泉。"[③]目前,我国土地规模经营还缺少理论和制度支撑,发展目标也不明确。

在农业经济时代,土地是农民的主要就业形式和生活来源。而今的中国已经开始向工业化过度,即便是像山东、河南、安徽这种农业区域的农民也不再把农业作为主要收入来源了。如何改造传统农业?舒尔茨认为:"使用新农业要素的有利性是一个强有力的解释性变量。"[④]从一百多年中国农民对土地诉求的历史经验来看,中国当前的土地制度改革,应该少在产权方面做一些文章,多为农民的经营自由创造些环境。

作者简介:王瑞庆,浙江大学杭州国际城市学研究中心博士后,西南政法大学马克思主义学院讲师。

---

① 有效劳动是指劳动者从事达到了预期目的而付出的体力劳动和脑力劳动。

② 2014年11月20日,中共中央办公厅、国务院办公厅印发《关于引导农村土地经营权有序流转发展农业适度规模经营的意见》。

③ [美]西奥多·W. 舒尔茨著:《改造传统农业》,梁小民译,商务印书馆2011年怎么,第95页。

④ [美]西奥多·W. 舒尔茨:《改造传统农业》,梁小民译,商务印书馆2011年版,第149页。

抗战时期的生产动员与乡村社会整合：以山东为中心[①]

罗衍军

1930～1940年代中共政权与乡村社会变迁的关系，是改革开放以来学术界革命史和区域社会史研究中的热点问题，相关学术研究成果丰硕。其中关于这一时期中共的减租减息、生产动员与乡村民众思想、行为的互动关系及对此后中国社会影响的研究，无疑成为中共乡村革命运动研究中不可或缺的重要一环，就此问题，学术界多所阐述。如周海燕从记忆建构的视角考察了陕甘宁边区大生产运动的运行历程及深远影响。[②] 唐致卿利用原始档案资料，对近代以来尤其是20世纪三四十年代山东农村的社会经济状态与运行进行了系统阐述。[③] 渠桂萍以华北乡村民众的视野为考察视角，阐释了乡村社会分层及其变动的内在缘由。[④] 张孝芳从"共意"建构的视角出发，阐述了中共革命动员的过程。[⑤] 郭于华立足于丰富的田野调查素材，以陕北革命村落骥村为考察中心，通过底层视野，阐释了农民与国家、民间社会与国家权力的复杂互动过程，进而梳理了共产主义文明的运作过程和逻辑。[⑥] 罗衍军以山东省郓城县乡村社会为研究中心，透析社会变迁下革命与秩序的互动关系。[⑦] 黄正林对陕甘宁边区的社会和经济变革进行了深入研究。[⑧] 美国的马克·赛尔登和弗里曼等分别以陕甘宁边区和河北省饶阳县五公村为研究对象，探求革命运行与社会变迁的复杂关联。[⑨] 刘瑜分别从理想主义与现实主义的辩证关系及民众感情

---

① 按照学术惯例，本文引用的未刊档案资料所涉及的村名和人名部分为化名。

② 参见周海燕：《记忆的政治》，中国发展出版社2013年版。

③ 参见唐致卿：《近代山东农村社会经济研究》，人民出版社2004年版。

④ 参见渠桂萍：《华北乡村民众视野中的社会分层及其变动(1901～1949)》，人民出版社2010年版。

⑤ 参见张孝芳：《革命与动员：建构"共意"的视角》，社会科学文献出版社2011年版。

⑥ 参见郭于华：《受苦人的讲述：骥村历史与一种文明的逻辑》，(香港)中文大学出版社2013年版。

⑦ 参见罗衍军：《革命与秩序：以山东省郓城县乡村社会为中心》(1939～1956)，中国社会科学出版社2013年版。

⑧ 参见黄正林：《陕甘宁边区社会经济史》，人民出版社2006年版。

⑨ 参见[美]马克·赛尔登：《革命中的中国：延安道路》，魏晓明、冯崇义译，社会科学文献出版社2002年版；[美]弗里曼、毕克伟、赛尔登：《中国乡村，社会主义国家》，陶鹤山译，社会科学文献出版社2002年版。

动员机理的角度切入，探寻革命过程中民众政治参与的心理变迁和思想整合。[①] 但对于大生产运动在乡村社会的具体动员方式、民众因应等方面，尚有进一步探究之必要。笔者在此以抗战时期山东的生产动员为中心，以原始档案资料和报刊资料为研究文本，对上述问题试作探析。

一、大生产运动的组织方式

对大生产运动的兴起，周海燕作了系统的考察，指出中共发动大生产运动的缘由在于解决因军政等人员大幅膨胀、财政困难、民生日艰而引起的内部认同危机及国共关系紧张形成的外部压力。[②] 1942 年 12 月，毛泽东在《抗日时期的经济问题和财政问题》的报告中提出"发展经济，保障供给"的方针，探索解决中共所面临困局的方法，指明在中共所控制的根据地发展生产的方向。但此时农村生产工作并未在各抗日根据地普遍推行开来。在山东，生产工作以前做得很少，"由于我们经验不够，只会模仿其他先进地区，未与山东群众的实际需要相结合，故成绩不大"[③]。同时，因无统一领导和机构不健全，加之根据地受日伪扫荡和频繁军事斗争的影响，故在险恶的环境中求得自身生存成为中共在山东的首要考量，生产工作进展缓慢。

1943 年后，随着世界反法西斯战局的好转、敌后抗日根据地的发展以及国共对抗日主导权的争夺，推动生产成为中共各抗日根据地的内在要求。1943 年 10 月 1 日，毛泽东在《开展根据地的减租、生产和拥政爱民运动》的党内指示中，明确提出实行彻底减租，开展大生产运动的号召。[④] 同日，这一指示以中共中央政治局名义发布。[⑤] 同月 10 日，山东分局要求各级党组织贯彻中央指示，抓紧减租和大生产运动。[⑥] 黎玉在同月《六年来群众工作总结》的报告中，号召各级政府深入开展查减运动，准备大生产运动。[⑦] 大生产运动随之在中共山东根据地推广开来。

山东根据地发展大生产的主要方式是组织劳动互助组。劳动互助是在农村个体经济基础之上的集体性劳动，是一种以人力和劳力相结合为基本形式的互助，这是适应当时农村劳动力形式的互助形式。它源于农村中原有的"搭犋队"，经过改造形成变工组。"搭犋队"是缺乏畜力或劳力的农民，为把家庭农活干得更好而组织起来的一种互助组织，多限于血缘和近邻关系，其形式包括常年性搭犋和临时性搭犋，"在过去临沭中农以下的农民，有百分之八十参加了长年的或临时的搭犋，甚至部分富农也参加。但这是分散的自流的，

---

① 参见刘瑜：《理想主义或现实主义——中国革命中政治参与的政治心理分析》，载《学海》2010 年第 5 期；Liu Yu, "Maoist Discourse and the Mobilization of Emotions in Revolutionary China", *Modern China*, Vol. 36, No. 4, 2010.

② 参见周海燕：《记忆的政治》，中国发展出版社 2013 年版，第 36～132 页。

③ 薛暮桥：《抗日战争时期和解放战争时期山东解放区的经济工作》，山东人民出版社 1984 年版，第 35 页。

④ 参见《毛泽东选集》第 3 卷，人民出版社 1991 年版，第 910、912～913 页。

⑤ 参见山东省档案局、中共山东省委党史研究室编：《山东的减租减息》，中共党史出版社 1994 年版，第 42～45 页。

⑥ 参见《山东革命历史档案资料选编》第 11 辑，山东人民出版社 1983 年版，第 36～41 页。

⑦ 参见《山东革命历史档案资料选编》第 11 辑，山东人民出版社 1983 年版，第 130～152 页。

没能更好发挥自助变工的作用”[①]。各地变工组,一般是以农村党员和劳动模范为核心,以民兵和农救会员为骨干组织起来的。

根据发展来源,变工组的种类可分为:(1)以原有的搭犋(牛力不足,工具不齐)为基础改造成的变工互助组,以贫农及中农为主。(2)从集资、贷款养牛的形式发展成变工互助组,以贫农和中农为主。(3)经号召后,自愿结合成的,土地、牲口、人力等成分相差不多,以贫农和中农为多,有以人和牲口为主两种形式,这种形式很多。

从阶级成分来看,变工组可分为:(1)贫农与贫农的互助,此种劳动力剩余,要地愿望强烈。(2)贫农与中农的变工互助,可解决牛力、人力困难,在剩余劳动力中进行副业,是变工组的最主要形式。(3)中农与中农变工互助,地亩、劳力、牲畜相结合,这是过去“搭犋”的根源。(4)贫农与富农的变工互助,互相补充劳力和牲畜,但因土地占有状况悬殊、生活习惯不同,长期互助有很多困难,富农的利益受损,需要实行等价交换。(5)富农与富农或富农与中农互助,富农与中农互助时,往往因不了解变工措施,怕牲口多了吃亏。(6)个别的全村庄春耕集体大变工,劳动效率高,但不是群众自觉自愿,账目不清,工作潦草,结果妨碍了生产,怨声载道,脱离群众。

变工组的编制为生产组织(变工组)、群众组织(农救会)、武装组织(民兵)三位一体。村庄领导分别参加各变工组,党员带头,一般是一头牛耕一天地算两个人工及20斤草,一头驴算一个人工。吃饭是各家吃各饭,或早饭、午饭集体吃,各家轮流送饭,规定劳动纪律。剩余劳动力应主要用于农业生产,从事深耕细作、多攒粪、多开荒、运盐、纺织、修河等工作。[②]

在山东根据地的一些地方,变工互助取得相当成效,如在滨海、莒南一带,通过变工互助,农民解决了(主要是中贫农)人力、牛力、工具的困难。群众反映,往年借牛时愁死了,参加变工后就有了办法。如金岭四个变工组,18家贫农缺耕牛,每年耕地时到处借,变工后便全都耕完了。万子亭变工组,有12辆车子,要上400车粪,往年需9天,变工后只需5天。三界首往年翻地需20天,变工后只需六七天,明显提高了劳动效率。同时,变工互助节约了劳动力,能够深耕细作,又交流了生产经验,提高了生产技能。在生产运动中,农户的经营方式从个体经营逐渐转变到集体生产方式,为进一步发展生产变工互助打下了基础。[③]

除变工互助组外,农业合作社亦是生产互助的重要形式。1945年3月15日,《大众日报》撰文介绍了胶东农业合作社佃户与地主合作互利的情况。[④] 一则档案史料描述了临清某村群众集资入股创办合作社,盈利分红的事迹。[⑤]

总体而言,抗战时期山东根据地农业生产运动在经济上取得了一定成效,但亦有其局限性,“变工组织在全省各地是相当普遍的发展起来了。但这时真正能起作用的并不多,

---

① 杨德明、王耕今:《介绍临沭的搭犋队》,载1944年3月17日《大众日报》。

② 参见袁成隆整理:《变工互助的初步总结》,载1944年5月12日《大众日报》。

③ 参见《山东滨海区莒南一带变工互助的成绩种类和经验》,载1944年8月21日《新华日报》。

④ 参见顾膺:《胶东农业合作社创办的经验》,载1945年3月15日《大众日报》。

⑤ 参见《临清县刁庄合作社概况介绍》,1945年10月,山东省档案馆:G051-01-0037-027,第1～5页。

大多数只是形式，没有内容，不巩固的”[①]；一则档案史料反映了在某些村庄大生产动员效果的局限性，“（党员）对大生产了解最差，知道大生产对穷人有好处的，对抗战有帮助的，约占1/2，其余的都一点不了解，有的党员说是大生产是叫好好干活……不但群众，即便党员都不了解大生产的意义”[②]。

1945年3月15日的《大众日报》社论将山东抗日根据地大生产运动经济成效不彰的原因归结为干部对以农业生产为主的生产方针执行不力、农民传统生产习惯的制约及对经济利润问题重视不够，提出要改革农村耕作方法，进行精耕细作，改良工具。[③]

二、生产动员

在大生产运动的具体推进过程中，山东各地乡村针对不同情况，实行了多种多样的生产动员方式。

（一）运用开会和学习会等方式进行生产动员

运用开会和学习会的方式，统一民众对生产的认识，推动民众积极参加生产事务，是乡村生产动员的重要方式。在牙前县桃村区草埠村，在大生产运动中，首先在青年里进行了组织起来、共同劳动的教育。通过冬训工作，将会员工作与生产工作相结合，打下了大生产运动的基础，同时加强了会员对生产的认识。在生产运动中，进行了“组织起来”“按家计划”的教育，在中心工作中都发挥了作用，“有一个青年反省说，‘过去就认为干活没有意思，对开会也讨厌，对学习也不愿意，总想得个饱，哪知道是这个样，今后保证当个好会员’”[④]。该村设置了青年学习室，学习室的课程主要是为配合当前的中心工作。如在大生产运动时，就讲组织起来的好处，种麻棉的办法等。在查减时，就以“谁养活谁”的教育为主。亦有村庄通过召开生产检讨会，检讨自己在生产劳动中的缺点，互相监督，以提升劳动积极性。[⑤]

在冬学中，运用秧歌等为乡村民众所喜闻乐见的文娱形式宣传查减、生产等工作，更易为群众所接受，因之成为一种生产动员的有效方式。如在胶东根据地各村庄的春节文娱活动中，冬学转变为以秧歌为主要形式，对群众进行了查减、生产、拥军、比一比的宣传教育工作，为群众所爱好。[⑥]

（二）改造懒汉

对乡村社会中那些游手好闲、不务正业的懒汉、二流子进行进行改造，使之成为大生产运动中的积极组成部分，凸显革命政权塑造新人的威力，是生产动员的重要方面。在山

---

① 薛暮桥：《抗日战争时期和解放战争时期山东解放区的经济工作》，山东人民出版社1984年版，第35～36页。

② 《山庄调查摘要总结》，1945年9月，山东省潍坊市档案馆：001-001-0038-0016。

③ 参见《贯彻以农业为主的生产方针》，载1945年3月15日《大众日报》。

④ 牙前县青救会：《桃村区草埠村青运工作总结》1945年7月1日，山东省档案馆：G003-01-0018-017，第323页。

⑤ 参见《尚庄生产工作总结》，1945年5月24日，山东省泰安市档案馆：1-1-9。

⑥ 参见胶东区党委：《关于一年来宣教工作概要总结》，1944年8月，山东省档案馆：G024-01-0377-001，第13页。

东根据地各乡村中,通过多种方式对懒汉、二流子进行了改造。如在莒南县某村,用小组成员监督劳动的方式改造二流子和爱占便宜者,同时给二流子甜头并凸显出来,使其感到不好意思而努力生产。[①] 在临沭县则通过舆论刺激、督促帮助和进行生产挑战等方式促使二流子转变。[②] 在莒南县另一个村庄,则动员家庭成员对二流子本人进行改造,"识字班队长王佩苗,□天到合作社检查一次工作,回家就劝他父亲王光年别再偷懒,当懒汉挂牌子不光彩"[③]。

针对有的村庄形成懒汉风气,以二流子为荣、荒废生产的状况,革命政权在宣传劳动光荣的同时,对懒汉典型进行重点教育改造,以彰显改造成效:

> 大人小孩、街头巷尾、小报、漫画、冬学等到处都是谈二流子,刺激二流子的内容,以致他(闫广强)不在乎说"反正我就这样不干活,您说什么我也不听",后来《鲁中日报》上也登了出来,别人和他说"生产劳动对自己有利,你为什么就是不反思呢"?他才感觉有些难过,这时候见到又好了一些,便找常和他接近的人和他谈话,态度上表示对他诚恳说:"赶紧干活吧!再这样懒,人家要开你的会啦!要给你起个二流子的称号,咱为什么不好好干呢?生产了是自己的,男子汉连这点志气都没有?"以此话来刺激威胁和启发他。从此他有了转变,第二天就干活了。这时候见到觉悟过来了,于是找上人和他谈如何生产,怎样订兴家计划,并帮助其订了生产计划,又把这个计划在冬学时宣布了,说明闫广强的进步,懒汉要跟闫广强学习,如是[他]高兴极了。第二天见到区公所的同志就拉着手谈笑,好像有什么的新鲜心事没处说似的,马上即修厕所,抽空拾粪,抗镢头即去开荒。正如一个老头说:"这几天怎么不见闫广强啦?"一个中年说:"哼,现在闫广强成了好人啦,刚才我从家东[村东]来,见在河崖头上拾粪。"接着一个老妈妈说:"闫广强有点出息了,天天出去干活,还有时给我挑担水,真是大变了样子。"其他的五个[人]自闫广强转变以后,在大家的帮助教育之下,也都转变了过来,成了一个一般的劳动者。[④]

大生产运动中对乡村懒汉、二流子改造的意图,是把原来乡村社会的日常品行观感转化为具有一定强制性的改造行动,通过思想灌输、行动约束、仪式性羞辱或表彰等措施,重塑那些背离集体性生产体系的成员。改造懒汉不但彰显了革命政权化腐朽为神奇的卓越能力,并以此使其他农民积极进行自我改造,将自己纳入革命洪流之中。

(三)对妇女的生产动员

对于生产劳动与妇女解放的关系,恩格斯指出,"妇女解放的第一个先决条件就是一

---

① 参见若望:《王思义的变工小组》,载1944年11月5日《大众日报》。

② 参见《临沭西河口、金花村劳动互助调查》(1944年5月30日),载王耕今整理《山东党史资料·抗日战争时期山东滨海区农村经济调查》,济南,1989年印行,第143~144页。

③ 新生C组:《郑信那村群众突击春耕,老懒汉王光年回头》,载1944年4月7日《大众日报》。

④ 鲁中区行政联合办事处:《沂南孙庄调查研究总结材料》(1944年7月),山东省档案馆:G004-01-0029-002,第81~82页。

切女性重新回到公共的事业中去”[①]。列宁认为：“要彻底解放妇女，要使他与男子真正平等，就必须有公共经济，必须让妇女参加共同的生产劳动。”[②]作为一个马列主义政党，中共把妇女参加生产劳动视为妇女解放的重要内容。1943 年 2 月，中共中央发出《中共中央关于各抗日根据地目前妇女工作方针的决定》，指出在各抗日根据地，战斗、生产、教育是当时的三大任务，“广大的农村妇女能够和应该特别努力参加的就是生产”，妇女的努力生产与壮丁的上前线是同样光荣的任务，要提高妇女的政治地位、文化水平，改善其生活，以达到解放的道路，也必须从经济富裕与经济独立入手，妇女物质条件的改善，亦使她们能够逐渐摆脱封建的压迫。为此，该《决定》指出各地妇救会要以研究组织妇女个体与集体的生产为首要工作，教育、帮助与解决农村妇女生产中的困难。同时，动员妇女实实在在参加到广大群众的生产中去；要根据妇女群众的需要进行组织，以生产合作及各种生产方式（如纺织小组等）去组织她们；尽量减少对农村妇女不必要的动员，减少开会，爱惜妇女的人力物力，使她们有更大的力量从事生产；妇女干部要消除轻视经济、生产工作的错误观点，密切与巩固和农村群众的联系等。[③] 这就把生产工作放在妇女工作的首要和中心地位。该《决定》发出后，冀鲁豫边区认为边区妇女地位低、身受深重压迫，需要首先解决妇女自主、婚姻自由问题，这些问题解决之后，再深入发动生产。[④] 因而动员妇女参加生产工作相对缓慢，“这就脱离了群众，使妇女工作一度消沉孤立”[⑤]。1943 年 10 月，毛泽东和中共中央政治局生产指示发出后，中共在山东的妇女动员内容转向发动妇女参加生产活动，对原来所侧重的婚姻自由等妇女自身利益问题，则因顾及传统男权习俗和乡村社会状况，不予积极发动和宣传[⑥]，弱化了对妇女特殊利益的维护。

在革命政权发动妇女参加劳动方面，并未遇到大的阻力。革命政权最为重视的反而是那些以参加革命为理由，不愿从事农业劳动的乡村妇女党员，在某些参加革命工作的乡村妇女看来，脱离传统家庭杂务和田间生产的繁重体力劳作方能更好地彰显妇女解放、人身自主的目标，其对生产劳动的认识与中共中央的指示明显有歧义之处。对此，革命政权指出她们当前最主要的工作就是参加农业劳动，“文信芝由于当了一个妇救委员，把家里的活完全叫她兄弟媳妇做，自己借口开会不愿劳动。别人说她，她说：‘我就不爱管那个，她愿做就做，不愿做就算啦。’其兄弟媳妇对她很不满意。……对不愿劳动的妇女党员，首先加强劳动观念，在小组中指[出]共产党员最好的地方就是劳动。在小组里模范过去最主要是工作积极，现在最主要的特长应是劳动”[⑦]。

（四）树立生产典型

在大生产运动中，发现和树立积极生产、拥护党和革命政权的劳动模范，“典型引路”

---

① 《马克思恩格斯选集》第 4 卷，人民出版社 1995 年版，第 72 页。

② 《列宁选集》第 4 卷，人民出版社 1995 年版，第 47 页。

③ 参见《中共中央关于各抗日根据地目前妇女工作方针的决定》，1943 年 2 月 26 日，河南省档案馆：G07-01-0016-01，第 2～3 页。

④ 参见《冀鲁豫边区半年来妇女工作材料》，1943 年 11 月 3 日，山东省档案馆：G052-01-0292-006，第 5～8 页。

⑤ 《冀鲁豫妇女工作总结报告》，约为 1948 年，山东省档案馆：G052-01-0057-004，第 7 页。

⑥ 参见《鲁西妇救总会关于今后妇女工作的决议》，1944 年 3 月，山东省档案馆：G052-01-0290-012，第 3～4 页。

⑦ 滨海地委：《妇女党员总结》，1945 年 10 月 16 日，山东省临沂市档案馆：0003-01-0015-001。

以推动基层的动员,带动更多民众投身大生产运动,是生产动员中最具影响力的动员方式。政权首先树立起模范范式,然后将劳动模范称号授予合乎大生产主题目标的人物。显而易见,拥有艰难困苦的过去,因在大生产运动中积极投身生产互助、辛勤劳动致富者更易成为劳动偶像,也更能阐释中共是时代主导、民族救星的革命话语。以陕甘宁边区劳模吴满有等为代表的红色偶像,在生产运动中成为政府号召民众学习的标杆。各根据地积极挖掘和树立区域内的劳动模范,并大幅报道、隆重表彰,实现典型的生产,以推动越来越多的乡村民众投身于集体生产劳动中去。

在一篇报道中,通过描述遭受旧社会阶级压迫、日伪侵略、灾荒打击而生活苦难的农民,在中共领导下发展生产,积极响应大生产号召,走合作化道路翻身致富的事迹,阐明中共是民众的幸福之源。"她说:'俺一想起,老四辈的穷日子,就想起了毛泽东来,俺死了也忘不了毛泽东,俺吃的穿的都是毛泽东给俺的';'……不是毛主席给想的好办法,再过八辈子也没有这么一天!'"在文章的编后记中,鲜明点出报道的主旨:"抗战几年来,由于全体党政军民的共同努力,实行了中国共产党的一切政策,根据地群众生活是显然的上升了,这和物质奇贵民不聊生的敌占区和大后方相比,真是不可同日而语。这里又一次证明了一个真理:中国共产党和毛主席是中国人民的救星。"①

这篇报道通过两名女劳模的劳动竞赛事迹,阐明只有在共产党领导下,人民生活才能幸福,"咱过的是共产党八路军[给]的日子,为咱自己,上级对咱这样,老觉得过意不去"②。

另一篇报道则通过劳模之口,阐明大生产运动与新国家缔造的内在关联:

> (村庄劳模开完劳模会回村,附近驻军列队欢迎)在欢呼声中,劳动模范们诚恳地说:"同志们!俺回去好好生产,有俺吃的就有您吃的!"军队的回答是:"我们多打胜仗,保证你们生产!"当晚到××[村],该庄悬灯结彩,锣鼓齐鸣,举行了千多人的欢迎大会,高呼着"学习郑信,反对二流子"的口号。到会的纷纷议论,都说:"好好地干,到明年开大会咱也去参加!"第二天经过相地集,赶集的都不约而同地鼓起掌来。刘兴义碰到他从敌占区来的亲戚,他看见刘兴义牵着大马,戴着红花,惊异地问:"你不是要饭来吗?怎么还牵着大马呢?"刘兴义告诉他,并且说:"你也在这里住下吧!新中国大大地欢迎!"③

综上,源于摆脱财政困境、寻求发展壮大的大生产运动,通过一系列动员方式,成功完成了从经济生产到缔造新国家的蜕变过程。

三、"生产"的表达与乡村社会整合

中国共产党之所以于1943年秋在各抗日根据地发动普遍性的大生产运动,除增加粮

---

① 文菲:《化广举翻身了》,载1944年7月1日《大众日报》。

② 《陈大娘回董大姐的信,织布计划一定超过》,载1944年4月21日《大众日报》。

③ 《劳动模范荣归盛况》,载1944年2月7日《大众日报》。

食和日用品，做好坚持抗日根据地的物质基础外，显然还有其更加深远的用意。邓野在《蒋介石关于“中国之命运”的命题与国共的两个口号》一文中指出，1943 年 1 月，中国与英、美签署平等新约，这个近代以来中国革命的主题之一具体经由国民政府完成，对于蒋介石来讲也就具有相当的政治宣传意义。为此，蒋介石出版了《中国之命运》一书，以国家命运的名义，提出了一道关于政治选择的命题。蒋著所提此命题的核心，实际上就是提出了一个选择什么党的问题。如果中共从蒋著论述的两条线索“推翻帝制”“废除旧约”进行批判，显然难以进行，故而中共所采取的方式是基本上撇开不平等条约问题，完全跳出蒋著所设定的范围，另外构建一个全新的立论依据，然后，在此基础之上再来回答蒋著所提问题：哪个党才能救中国。此一依据即国共抗战成绩的比较。[①] 中共进而指出：“中国的命运完全寄托在中国共产党。如果中国共产党没有了，或是失败了，那中国的国家就无所寄托，不仅不能列在世界上四强之一，而且要受世界各国的处分。从此世界地图上面，亦将不见中华民国的名词了。”[②]但除对抗战成就的宣传外，还需要有对乡村民众而言更直观真切的途径以阐明中共是将来中国命运的寄托、民众幸福的源泉。无疑通过进行大生产运动，树立那些在党的领导下“由苦变甜”的劳动偶像，正是生成中共“民众利益代表者”形象、获得国家统治合法性的一条有效途径。

原属经济领域的农业生产运动，是如何通过一系列仪式性动员和阐释性表达，从而实现对乡村社会的整合，成为中共凝聚民众向心力，夺取革命胜利关键一环的呢？

（一）仪式的日常化

郭于华认为，在一定意义上国家仪式是指“由国家最高统治者发动的，民众或被迫或自觉参与的政治（或革命）运动”，仪式的“生产、生活过程的政治化、仪式化，以仪式表演呈现的政治活动，改变乃至重塑了人们的观念领域和精神世界”[③]。在大生产运动中，革命政权通过召开小组会、学习会、生产检讨会、劳模大会和办板报、张贴生产报道等方式进行生产动员，并将这些方式逐渐内化为进行革命动员的仪式性行为。在一定意义上来说，革命仪式的日常化过程，也正是革命规训的形成过程，其意图正在于将游离在外的个体整合进集体的滚滚车轮之中，“消除那些含糊不清的分配，不受控制的人员流失，人员的四处流动，无益而有害的人员扎堆。这是一种制止开小差、制止流浪、消除冗集的策略。其目的是确定在场者和缺席者，了解在何处和如何安置人员，建立有用的联系，打断其他的联系，以便每时每刻监督每个人的表现，给予评估和裁决，统计其性质和功过。因此，这是一种旨在了解、驾驭和使用的程序。纪律能够组织一个可解析的空间”[④]，这无疑对重塑民众的思想和行为发挥了至关重要的作用。

（二）生产的场域化

“从农民日常生活中交换与合作的实践来看，各种基于传统社会关系的互助互惠其实是社区生活中的正常形态，村落共同体离不开这种互助合作。当然这种合作关系应该是

① 参见邓野：《蒋介石关于“中国之命运”的命题与国共的两个口号》，载《历史研究》2008 年第 4 期。

② 《没有共产党，就没有中国》，载 1943 年 8 月 25 日《解放日报》。

③ 郭于华主编：《仪式与社会变迁》，社会科学文献出版社 2000 年版，第 364、374 页。

④ ［法］米歇尔·福柯：《规训与惩罚：监狱的诞生》，刘北成、杨远婴译，三联书店 1999 年版，第 162 页。

基于自主、自愿和自律的，这种自主性应当是合作与互惠的社会基础。”[1]抗战时期通过生产动员，将乡村社会传统互助合作的生产方式整合成为“组织起来”的集体生产方式，将乡村社会整合成为一个个“生产的场域”。下文通过宣传动员改造懒汉和通过模范带动劳动竞赛、进行妇女动员的两则史料，便鲜明展示了乡村生产场域的生成过程：

他[王德俭]从小没干过活，场上晒的麦子被大雨冲去，自己站在旁边也不管。右手端着大叶茶，左手拿着净白糖的细点心，还说怪愁人吃不下去。因此全村都看不起他。他自己也很苦闷。从去年他到学校去玩，看见报上一篇改造二流子的文章。他看了还不大动心，第二次又到学校，又看见报上改造二流子的文章一篇又一篇。他还想一定是很重要的，就仔细看了看，又和教员谈了谈，才恍然大悟地说：“我不就是二流子吗？”也知道了“不劳动坐吃清穿还算个什么人”！？因此他下决心劳动，扛起镢头，穿上粗布衣下了地。第一次拼命干了一天，晚上累的睡觉都上不去床，浑身痛，饭也吃不下去，心里有点灰心，但是又想到：“世上无难事，只怕心不专。”休息了两天，第四天又去劳动，这次慢慢地干，不像第一次那么拼命，渐渐地就能经常干下去了。不到几月，身体也强壮了，心里也爽快了，吃饭也吃得香，他干得更起劲了，前几天还帮助抗属送了两天粪。他叫弟弟参加民兵，自己参加了农救会，并且订出了今年生产计划，除积肥、多锄外，妻子也纺线，还计划多交四亩地的公粮，帮助一个贫苦儿童上学。王德俭就这样从劳动中找到了自己的出路。[2]

妇女开荒队成立时，劳模程云华首先使自己的儿媳妇、侄女参加，刺激了一般青年妇女的参加。……如妇女开荒队，他们[村领导]掌握其“馒头火星子”的一般情绪，组织起来又发现了她们怕累而不愿再干下去的思想。成年开荒队便自动的帮她们的忙，一面鼓励使儿童与妇女竞赛，大家斗劲，并于每天上工时，将斗争果实中的花生炒上一部分分给他们[妇女和儿童]（特别是儿童）。在休息时间，一面学习一面吃，唱歌谈笑，以减轻他们[妇女和儿童]的疲累心情，所以在五天的开荒中，大家的情绪从始至终的未表现消沉。[3]

当然，在生产过程中由中共主导形成的集体化生产方式，并非纯然出于增加粮食产量、提高劳动生产率的考量，更重要的是通过抑制个体性的求富行为，提倡集体性共富，凸显中共作为民众利益代表者、保护者的形象，因此革命政权对某些基层干部生产意识的欠缺和民众未集中从事于农业生产的现象深感忧虑，“支部对百分之百的组织起来认识不够……对剩余劳动力的处理，没能贯彻以农业为主的方针，大部是做了工商业”[4]，“有部分[群众]认为是靠自己动手吃饭”[5]。通过生产动员，以使民众的思想和行为都融合于集体

① 郭于华：《受苦人的讲述：骥村历史与一种文明的逻辑》，香港中文大学出版社2013年版，第121页。

② 佃俊：《大少爷变成劳动者》，载1944年4月9日《大众日报》。

③ 《何庄生产工作总结》，1945年5月24日，山东省泰安市档案馆：1-1-9。

④ 东海专署：《1945年上半年大生产运动总结》，山东省档案馆：G031-01-1376-002。

⑤ 乳山县政府：《1945年上半年生产工作总结》，1945年8月12日，山东省档案馆：G031-01-1380-004。

化的生产场域之中,“在家中,在街上,在山里,到处都可以听到‘组织起来吧’,‘你有事不在家,我照顾庄稼’,‘我有牲口,你有功夫,帮着送粪耕地和刨地多么方便啊’,‘组织起来,你种地、我推车(运输业),一年一年就发了’”[①]。集体性生产场域的形成,大大增强了民众对革命政权的向心力,成为中共全面整合乡村社会的重要步骤。

(三)凸显与消隐

正如上文所指出的那样,大生产运动中的劳动典型的发现和树立具有鲜明的选择性,那些出身贫苦,经由革命政权的生产动员而勤劳致富者更易成为中共是民族救星这一革命话语的理想阐释者。而要实现乡村下层民众由苦而甜、勤劳致富的历程,便须首先使他们掌握土地这一基本的生产资源。因之,中共将减租减息运动作为生产运动的前提条件便顺理成章。

减租减息作为大生产运动的必要和前提条件,它的一项重要功能即是实现乡村社会土地和物质资源的内部变易,减租减息使乡村上层“自耕不如出租,出租不如让地”[②],从而政治地位和经济状况下落。减租减息在相当程度上正是大生产过程中乡村各阶层嬗递的经济基础,“减租翻身是第一个革命,这个胜利用什么保证呢?无疑是进行第二个革命,是生产发家的道路,走农业合作化的经济道路,这条道路只有在农民有了土地和解除封建压迫后才能走通”[③],故乡村社会各阶层关系的嬗变在大生产运动中具有至关重要的作用,“忽略农民反抗中的自利性质就会忽略农民政治,同时也忽略了大多数低等阶级政治的决定性背景。自利与反抗融合在一起,正是激发农民和无产阶级反抗的关键动力”[④]。因之,完成了减租减息这一任务,方为大生产运动的开展打下良好基础。

以下几则史料反映了在查减和大生产运动前后,乡村各阶层的变迁情形:

> 战前富农上升,中农尚可维持,贫农下降;投降派统治时期,地主富农维持现状,即中农贫农下降;民主政权成立后,地主富农严重下降,中农大部分维持现状,部分生活上升,另有少部分即升上层。中农生活鳏寡无劳力者下降,贫农特上升。[⑤]

> [《莒南县三个区十一个村的调查》]地主在战前使用土地有2000多亩,1945年则只有600多亩了……中农、贫农的使用土地增加了很多(中农增加的特多,都是贫农上升为中农的),由于租佃制度的改变及我政府贷种贷款的施行,负担合理,他们的生产有显著的提高……牛力一般减少的很多,特别是大牛减少得最多,约减少了十分之六,小牛仍维持原数。耕畜的减少是各阶层耕作上的最大困难。[⑥]

---

① 牟平县政府:《劳动英雄姜仁令同志组织领导生产方法介绍》,1945年,山东省档案馆:G031-01-1378-002。

② 《莫家龙汪头“让地”调查》,1944年5月30日,载王耕今整理《山东党史资料·抗日战争时期山东滨海区农村经济调查》,济南,1989年印行,第155页。

③ 《沂南尤家埠子材料》,1945年12月,山东省临沂市档案馆:0001-01-0009-005,第41页。

④ [美]詹姆斯·C.斯科特:《弱者的武器》,郑广怀、张敏、何江穗译,译林出版社2011年版,第358页。

⑤ 《牙前县查减总结》,1945年,山东省档案馆:G024-01-0144-007。

⑥ 华东军政委员会土地改革委员会编:《华东东村经济资料》第五、六分册《山东省、华东各大中城市郊区农村调查》,1952年印行,第47～50页。

在大生产运动过程中,原来乡村上层大多成为“失语者”,在大生产运动的革命性言说中,他们除了成为生产运动开始前的斗争对象外,在生产运动中的心态与行为较少被述及。[①] 与之相应,原来处于“失语者”的乡村下层,则因生产运动前后的命运嬗变,而成为革命政权“改天换地”“救苦拯难”的最佳阐释者。经由“为幸福归因”,大生产运动成为整合乡村民众思想和行为、建构革命话语的关键一环,“回忆起三年前的光景,都谈论着:‘有毛主席领导,日子越过越有劲,今年光新屋盖了九间,这都是毛主席给咱的好处。’劳动英雄也说:‘我吃饭一端起碗来,就想起过去要饭的日子。今天有了饭吃,这是哪里来的呢?不由得就想起救命恩人毛主席来’”[②]。正如高王凌在考察土改运动时所指出的那样,使乡村民众归附于新的政治领导者成为最核心的革命逻辑。[③] 因之,大生产运动的典型人物的彰显有其鲜明的内在缘由,“生产运动成为群众运动,必须经过运动中涌现出来的积极分子去推动……劳动英雄一定是在政府的号召生产下[从]群众中生长起来”[④],原有状态不符合“苦难叙事”者被排除于革命言说的对象之外。正是在这一过程中,乡村变迁的主导者——中国共产党及其领导的革命政权,成为贫苦民众由苦而甜、走向幸福生活的保护者。[⑤]

大生产运动表达性建构的另一重要特点就是对不同微观场域采取不同的言说方式,不同的村庄在大生产运动中呈现出凸显与消隐并存的现象。对那些经过减租减息和大生产运动,改变了乡村贫苦农民生活状况,增强了民众对革命政权向心力,实现乡村整合的村庄,党通过召开群众大会、劳模表彰会、报刊广泛宣传报道等方式予以凸显。在那些土地占有较为分散、租佃关系较少的地区,中共的减租增资措施则难以实行,同时在某些村庄因土地贫瘠,组织发展生产亦较困难,故民众的经济状况和自身地位在生产运动前后变化甚微,“第一,该村一方面土地分散[且数量]不足,而且[土质]低劣,另一方面人口劳力大批过剩,大部分人民均处在半饥饿的状态下。第二,自耕农占绝对优势,租佃(雇佣)关系极少,因而靠减租增资来改善群众生活是不可能的——没有客观基础。第三,正因为大部分是贫苦农民,故工商业及副业也不甚发达(大家苦无资本)甚至有下降的现象。如有的贫农,因不够吃,将猪羊卖掉,有的把果树伐了卖木料”[⑥]。因这些村庄难以展示中共生产动员成效,故只是出现于原始档案文献中,而极少展现在革命政权的公开性生产言说

---

① 当然,通过档案记载,我们亦能在一定程度上隐约透视那些减租减息和大生产运动中“失语者”的思想和行为,“被斗的地主现在表现了沉寂,不东也不西的,在整[个]时间什么态度现在也不表示。[地主林彦峰]从查减后就病了,从不出门。从算账以后,[中农]唐文印夫妻二人经常躺在床上,不能出门”。(参见文东县委:《高村区王庄典型村查减工作总结》,1945 年 6 月 25 日,山东省档案馆:G024-01-0527-003)

② 鲁光:《南岔村为什么拥护毛主席》,载 1945 年 7 月 2 日《鲁南时报》。

③ Gao Wangling and Liu Yang. “On a Slippery Roof: Chinese Farmers and the Complex Agenda of Land Reform”. *Études rurales*, No. 179, (Jan-Jun., 2007), p27.

④ 太行四专属:《关于 1944 年四专区全区生产运动的总结》,1944 年,山西省档案馆:A068-04-0002-004,第 15 页。

⑤ 尽管在有的情况下,乡村下层生活的困窘并非由于上层的盘剥,而是由于自身原因,如在一则档案中,[农救会]借粮工作宣传动员差,老百姓多不知道,得罪了富农,未发动起贫农来。富农说贫农“你们平常赌博、胡花,现在向我们借粮”。弄得贫农无言对答,觉得没味(省战工会巡视团:《关于[博兴县第九区]聚和村调查及村政整理的报告提纲》,1943 年 1 月,山东省档案馆:G033-01-0018-003,第 111 页)。

⑥ 《沂水县桃花坪的调查统计》,1944 年 7 月 10 日,山东省档案馆:G004-01-0029-003,第 111 页。

中。不同村落在生产话语中的凸显与消隐，正是服务于共同的革命话语逻辑。

(四)话语的建构

郭于华、孙立平在考察土改运动中“诉苦”仪式的作用时指出，普通民众是通过诉苦，从而确认自己的阶级身份来形成国家观念的。这种国家观念是一种“感恩型的国家观念”，从个体的角度来说，形成的并不是现代意义上的“公民”，而是“阶级的一分子”和相对于国家的“人民”或“群众”①。刘瑜对中共的革命话语作为一种政治动员方式如何激发革命情感进行了考察，她将革命言说划分为三项主题：苦难主题、赎罪主题、解放主题。苦难主题在于凸显动员斗争运动中的不平感；赎罪主题指启动思想改造运动中的负疚感；解放主题在于激发社会转型运动中的幸福感。她认为，革命话语动员的重要方式即是将国家话语转化为私人故事，将革命逻辑与私人经历相融合，将个人历史融进国家历史。② 在抗战时期，减租减息和大生产运动的推进过程，亦是革命话语的建构过程，经由生产运动的表达性建构，革命政权在乡村社会的整合能力大为加强，革命的话语逻辑亦随之生成，从而在相当程度上实现了对乡村民众经济、人身、思想等各方面的整合。“今年春节根据地区没有一个村不扮秧歌的，并都有妇女参加，从老辈没扮秧歌的炮手庄，今年也扮秧歌了，内容大部分是‘谁养活谁’，反‘正统’，‘拥军’‘生产’等。”③“‘翻身抬头’，‘谁养活谁’，‘反变天’，‘跟着毛主席走’，要求看党旗，要求看毛主席的像，成了比较普遍的现象。”④经由大生产运动这一中介，乡村民众的思想和行为经历了由苦到甜的建构历程，正是通过将农民由苦而甜的个体经历融合进革命建国的宏大叙事等一系列革命仪式运作，中共完成了其有关国家重心、民族砥柱的革命言说。革命政权正是经过一系列动员措施，实现了对乡村民众思想和行为的整合，营造出民众思想高度集中的场域，为在思想、政治、组织等各方面整合乡村民众，强化自身在乡村的控制力打下了坚实基础，从而成为中共全面重塑乡村社会的关键一环。“要知道国民党是腐朽不堪，看敌后战场，我们就能认其本质，不是为人民服务的，而是反人民的罪魁，是定能被人民打垮的’。并且[我们]还制造些舆论口号：‘八路军一日克服一城，扩大解放区；国民党一日退百里，失守一城’；‘[国民党]丢掉百万同胞，失去国土’；‘八路军是爱人民的，国民党是反人民的’；‘跟着共产党走有出路，错认国民党就是黑暗’；‘地主要反攻！组织起来干，我们翻身！’……以群众小组[为单位]进行教育，以舆论口号来[作为]攻势，坚定信心。”⑤“[中国共产党]成为未来中国的化身。”⑥“没有我党，即没有中国。”⑦“到了现在，我们的党已经成了中国人民抗日救国的重心，已经成了中国人民解放的重心，已经成了打败侵略者，建设新中国的重心。中国的重心不在

---

① 郭于华、孙立平：《诉苦：一种农民国家观念形成的中介机制》，载《中国学术》2002年第4期总第12辑。

② Liu Yu, “Maoist Discourse and the Mobilization of Emotions in Revolutionary China”, pp. 329-362.

③ 《招远县1944年下半年减租减息工作总结》，1945年3月6日，山东省档案馆：G031-01-0247-001。

④ 山东省档案局、中共山东省委党史研究室编：《山东的减租减息》，中共党史出版社1994年版，第324页。

⑤ 文东县委：《高村区王庄典型村查减工作总结》1945年6月25日，山东档案馆：G024-01-0527-003。

⑥ Hung Chang-Tai. “The Politics of Songs: Myths and Symbols in the Chinese Communist War Music, 1937-1949”. *Modern Asian Studies*, Vol. 30, No. 4, (Oct., 1996), p. 929.

⑦ 冀鲁豫边区二地委会：《二地委一九四四年上半年工作指示》，1944年1月至1944年4月15日，山东省档案馆：G052-01-0080-001。

任何别的方面,而在我们这一方面。”①

下面的两则史料,便鲜明呈现出大生产运动与中共“国家”“领袖”话语生成的密切关联:

> 抗战没有共产党八路军新四军就得亡国。因此共产党不但是中国劳动农民的党,而且是中国人民的救星。八路军新四军不仅是劳动人民的军队,而且也是全国人民的最好的军队,正因为如此,所以这几年在咱根据地一套办法都是为了大家又为了全体人民过好日子……要提倡生产,多种地多织布,求得大家有饭吃有衣穿,改善我们大家的生活。所以并非管闲事,实际上是一家人应该如此。②

> 毛泽东同志是为人民服务的!毛泽东同志是属于人民的!毛泽东同志之所以是人民的领袖,就因为他思想中渗透着群众观念。他无时无刻不为群众利益打算,无时无刻不以群众利益为归依,毛泽东同志的目的,就是要引导人民走向自由、幸福、富裕的生活。远的且不说,即以自去年以来他所提出的发展生产的方针来说,这便是充满着对人民的热爱与对事物的精确的分析的远见的。人民自己是最懂得毛泽东同志所给予他们的好处的,吴满有的每次讲话都不曾忘记了毛主席。陕甘宁边区第一次劳动英雄代表大会时,一位老英雄拥护着毛主席说:“大翻身哪!这都是你给咱们的!”这又是如何感动人的内心情感的流露!……陕甘宁边区与敌后抗日根据地和敌占区及大后方有天渊之别,而陕甘宁边区与敌后方的自由幸福,是毛泽东同志英明正确的领导的功绩。但,我们并不满足于现有的水平,在战后,我们将建设一个更自由平等,更繁荣富强的中国,这便是新民主主义中华人民共和国的前途。③

减租减息和大生产运动不仅实现了对乡村民众思想的整合,而且极大地增强了革命政权对乡村社会的经济汲取能力,山东根据地公粮收入的增长即可表明这一点。在1943年,胶东根据地征收公粮数为25957970斤,占根据地产粮量的7%,平均每亩负担公粮为8斤13两,每人负担公粮22斤。④ 到了1946年,胶东根据地人均公粮负担则达到了62.51斤,每亩平均负担公粮25.69斤,占到亩均产量的17.13%。⑤

大生产运动中所形成的集体性生产方式,成为此后30余年间乡村集体模式的开端和雏形。为彰显民众生活的组织者、保护者角色,国家大力引导与整合乡村民众的观念与行动,倡导以集体性的农业生产实现共同富裕,抑制农村中两极分化现象的发展。在取得全国政权六年后的1955年,毛泽东对农民群体中的趋利趋向及贫富分化状况仍深感忧虑:“现在农村中存在的是富农的资本主义所有制和像汪洋大海一样的个体农民的所有制。

---

① 《毛泽东选集》第3卷,人民出版社1977年版,第1027页。

② 《滨海劳动模范座谈会上黎[玉]主任委员的报告》,载1944年1月5日《大众日报》。

③ 社论:《拥护伟大领袖——毛泽东》,载1944年7月1日《大众报》。

④ 胶东区行政主任公署:《胶东区1938年至1942年五年来财政经济建设工作总结》,1943年2月,载山东省财政科学研究所、山东省档案馆合编《山东革命根据地财政史料选编》第1辑,1985年,第251页。

⑤ 参见《山东省历年征收统计表》,山东省档案馆:G014-01-0063-003。

大家已经看见，在最近几年中间，农村中的资本主义自发势力一天一天地在发展，新富农已经到处出现，许多富裕中农要求把自己变为富农。许多贫农，则因为生产资料不足，仍然处于贫困地位，有些人欠了债，有些人出卖土地，或者出租土地。这种情况如果让它发展下去，农村中向两极分化的现象必然一天一天地严重起来。"[①]但"个体农民作为小生产者，生性决定了它与平均主义的根本对立：个体小农作为一个生产单位，绝不是追求平均，而是谋求发财与发展，贫农希望成为中农，中农再想成为富农，发财致富同样是他的'天性'"[②]，农民个体的趋利性、独立性与全能型集体生产模式之间的内在张力并未消失，而是时隐时现、潜滋暗长，并成为1970年代末乡村社会变革的内在动力。

作者简介：罗衍军，聊城大学历史文化与旅游学院副教授，主要从事抗日战争史研究和近现代中国乡村社会变迁研究。

---

① 《毛泽东选集》第5卷，人民出版社1977年版，第187页。

② 温锐：《农民平均主义？还是平均主义改造农民？——关于农村集体化运动与中国农民研究的反思》，载《福建师范大学学报》（哲学社会科学版）2003年第5期。

知识社会史中的南宋类书

——以《古今源流至论》为中心[①]

温志拔

北宋及以前的类书以官修为主，元明以后的类书，官方和民间修撰均较发达，其中尤以明代类书数量为鼎盛，并重现典型的官修类书，如《永乐大典》等。唯独南宋一朝类书，几乎全为私撰，且各具特色。这一独特性是如何形成的，换言之，为何南宋文人异常热衷于类书编撰，以及文人参与类书编撰的社会文化背景是什么，是本文关注的重点。类书作为一种百科全书，其最大特点之一便是庞杂博洽的知识体系，包括各类知识的分类、溯源、摘录、衍生等方面。而关注私修类书编撰的社会背景和条件，便是考察相关知识与具体社会力量之间形成的互动，关注类书知识在社会文化中的生成、分类和变迁。

一、知识的分类：变与不变中的社会文化变迁

类书之所以成为类书，一个重要因素即是对庞杂知识的整理分类，而知识分类本身反映的是不同编撰者对宇宙万物与社会关系秩序的认知。对于早期类书的分类，由于史料缺乏，现已不从知晓，例如最早的类书《皇览》，只知其有二级类目“部”与“篇”：“合四十余部，部有数十篇，通合八百余万字。”[②]北齐官修类书《修文殿御览》则以“部”“卷”为分类类目，不详具体部名。从现存的隋唐之际的类书分类看，至迟到这一时期的类书已经采用天、地、人、事、物的分类结构。隋大业年间成书的虞世南《北堂书钞》所分19部，即包括帝王、后妃、政术、刑法、礼仪、舟、车、酒食等，而将天、地、岁时等部，置于末尾。唐初类书《艺文类聚》则以天、地、岁时等部置于卷首，随后为帝王、人、职官、服饰、灵异，以及果、木、鸟、兽、虫豸等部，研究者认为真正“奠定了类书以天、地、人、事、名物为序的分类体系”[③]。不过，《艺文类聚》分类中，以州部、郡部置于帝王部之前，也反映了其分类体系仍不严谨。至

---

① 本文为国家社科基金青年项目“南宋考据学研究”(13CZW037)、福建省高校杰出青年科研人才培育计划“南宋类书研究”(JAS14333)阶段性成果。

② (晋)陈寿：《三国志》卷二三《魏书·杨俊传》注引《魏略》，中华书局1982年版，第664页。

③ 李守素、梁松会：《试论类书的分类体系与分类技术》，载《大学图书馆》1989年第5期。

北宋以《太平御览》为代表的官修类书，在分类方面方成典范：

> 天、时序、地、皇王、偏霸、皇亲、州郡、居处、封建、职官、兵、人事、逸民、宗亲、礼仪、乐、文、学、治道、刑法、释、道、仪式、服章、服用、方术、疾病、工艺、器物、杂物、舟、车、奉使、四夷、珍宝、布帛、资产、百谷、饮食、火、休征、咎征、神鬼、妖异、兽、羽族、鳞介、虫豸、木、竹、果、菜茹、香、药、百卉共五十五部。①

这既承袭了《修文殿御览》"放天地之数，为五十五部"②的传统，也是对六朝以来类书分类的整合完善。此后的类书编撰，多循此例，即以天人合一为序，围绕权力结构关系展开的模式：由天时（天文）、历法、地理山川，延伸至社会权力、人事礼乐，由皇权中心至诸侯、州郡，由职官、刑法，展开至舟车、珍宝，最后是释道、神鬼到鸟兽、花木。如北宋神宗时期高承的《事物纪原》，南宋绍兴间叶廷珪的《海录碎事》，淳熙间无名氏的《锦绣万花谷》，宁宗时期祝穆的《古今事文类聚》，宋末王应麟的《玉海》等，大体贯穿南宋各个历史时期的文人所撰类书。这一稳定的类书知识分类体系结构模式，反映了唐宋以来稳定的天人观念和皇权中心的秩序观念。诚如葛兆光所言："从七世纪到八世纪，官方所编的类书，已经以它的分类秩序基本确定了知识世界的格局，相当多私人所编的类书就追随这种格局继续编纂，并无意中强化着这种宇宙与社会的秩序。"③

当然，南宋以前类书中的天部、岁时、地部等自然主宰力量，主要是汉代经学，特别是董仲舒天道思想体系下的阴阳五行之天，是外在自然属性的天命观。受到新儒学，特别是理学观念的影响，南宋类书中天部等相关类目下的天命之力，越来越体现出理学思想体系的义理之天的印记，表现出不同于汉唐天命观的新的社会文化思潮的演进痕迹。实际上，作为私撰类书，南宋类书作者与不同的学术群体、思想主张有着更为密切的联系，较北宋类书更容易受到社会文化思潮的影响。如理宗淳祐间祝穆的《古今事文类聚》天道部，一改此前类书天部主要摘引古籍中有关自然之日月星辰的文字，属于客观名物的做法，开篇即引述周敦颐、朱熹有关"无极而太极"的论述，重点表达理学有关天地万物终极之理的基本观点：天理既是极静的，是本然存在的；又是极动的，是在天地万物中存在的道德本性。首先明天地万物之理，然后才是自然现象的日、月、星、风、云、雾等内容。而略早于《古今事文类聚》的林駉的《古今源流至论》（以下简称《至论》），其卷首不仅同样摘引标明理学太极宇宙观，还直接摘录理学相关重要概念、命题，包括性学、心学、中、仁以及摘引张载《西铭》文字，并同名单立一目。尽管研究者指出，部分明代版本卷首与今存通行本不同，以卷三《策试》《书法》《方言》《乡评》等具体知识作为卷首④，现存最早本子元延祐四年园沙书

---

① （宋）李昉：《太平御览》，中华书局1960年版，第21～22页。

② 钟肇鹏：《古籍丛残汇编》（一），北京图书馆出版社2001年版，第45页。

③ 葛兆光：《中国思想史》第2卷，复旦大学出版社2001年版，第16页。

④ Hilde De Weerdt. "The Encyclopedia as Textbook: Selling Private Chinese Encyclopedias in the Twelfth and Thirteenth Centuries," *Extrême-orient, Extrême-occident*, Harvard University 2007, 77-102.

院本，即以《太极图》《太极论》《西铭》等为续集，而现存续集的“卫兵”“南军”“北军”等为前集。不过本书宋刻不存，不能确定宋本原书顺序。但每集中先后顺序仍体现了理学文化背景下的天道、人事、制度观念。

不仅如此，除《至论》续集全集以军政、财税、官制、学校等典章制度为内容外，前集、后集以及黄履翁补辑之别集，大致均以“道学”“格物之学”“周子《通书》”“文公”“四书”“诚”等为每集卷首内容。前集卷四、卷五则以“温公之学”“康节之学”“欧苏之学”“关洛之学”“朱氏之学”置于“法帝王”“圣学”“圣制”“圣翰”“敬天”“灾祥”“仪象”等类目之前，体现了编撰者以理学道统秩序高于现实政治权力秩序的知识结构。可见理宗将理学立为官学前后，一般中下层文人士大夫，已经大致接受了理学有关天理、道统、心性、格物的知识主张、修养工夫，甚至信仰体系。其实早在孝宗时期，即有士人提到当日科举议论中用二程、张载理学之说：“今天下场屋议论，通共窃用程、张诸儒之说，有司不非之。”[①]这一时期科举采用理学之说并非普遍，也不被广泛认可，故属于“窃用”，不过反映出一般士子已经有不少接受理学，并坚持用于科举中。可以想见，自此以后科举中对理学的运用将与日俱增。同时，孙氏此言也暗示了理学与科举知识之间的矛盾。从南宋中后期的类书分类内容看，正是二者矛盾大致得以化解，即将理学知识化，与制度名物、策论实务知识相结合。

二、学术文化焦虑下的知识摘录与衍生

宋学兴起的过程，大体是一个反拨汉唐经学注疏的过程，力图从名物制度的繁琐注解中解放出来，获得对经典原文本身的道德自觉的体认，并以此为儒者根本之学。因此，北宋新儒学各家均刻意追求超越汉唐经学，以简易、通达的方式作出新的经典注解，或者作直接阐发本旨经义的专论文字。不过，单纯强调本心自得，体贴圣人经典中天理性命的理学，在二程过世后迅速转入自我持敬修养的另一种空疏寡学弊端。经历两宋之际的学派竞争，理学之士往往体现出高谈性命，而缺乏经典文献根底的窘境。面对学派师承、流传的压力，重新将道学理想建诸于经典文献阅读、注释的基础上，成为南宋理学发展的一大命题。南宋理学实际上开始重建以“四书”为中心的经学系统，宋学在某种程度上重新开始了经学化、文献化的历程。当然，二程批评的训诂注释之学，与理学初衷试图超越文献直接圣心的性命追求，始终存在紧张和矛盾。此外，作为道德自觉的理学理想，始终存在另一个矛盾，即高蹈的道德自觉并不能换得现实科举功名。超越科举功名与道德理想的紧张对立的方法无非两种：坚守道德理想放弃科举，或者在二者间寻求平衡。儒学根本上是社会实践之学，任何理想都必须落实在现实的解决和时间上，理学之士也别无选择。因此，面对此两种矛盾，南宋理学之士最终只能在记问之学与穷理尽性之间求得平衡。南宋类书，实际上也是这一平衡过程中产物。例如，宁宗时期产生的著名类书《群书考索》，大致以经、子、史、集四部书籍考索为先，继以礼器名物、地理、官制、兵制、赋税、财用知识。

① （南宋）孙应时：《烛湖集》卷六《上史越王书》，景印文渊阁四库全书本。

其分类结构和知识体系，体现了以吕祖谦为代表的金华婺学的特征：重视文献之学与制度之学，既有理学的价值追求，又体现了适应科举知识的抄录汇编特征。

追求博学知识并非玩物丧志，其与义理自得并不矛盾，南宋士大夫因此特别重视格物之学、由博返约的重要性。韩境宝祐元年《全芳备祖集序》云：

> 一日，陈君过予山阴泽中，貌癯气腴，神采内泽，有道之士也。手数巨编以示。且叹曰："吾不幸少事华藻，勤半生以资口耳之谈。犹幸晚归朴素，持一念心，穷性理之蕴。然少年之书，虽吾甚悔，好事者或取焉，欲椟而藏之不可得也。"予拱而曰："盈天壤间皆物也。物具一性，性得则理存焉。《大学》所谓格物者，格此物也。今君晚而穷理，其昭明贯通，倏然是非得丧之表，毋亦自其少时区别草木，有得于格物之功欤。昔孔门学诗之训，有曰'多识于鸟兽草木之名'，陈君于是书也。奚其悔？"①

韩境极力称颂陈景沂少年时代起即几聚萤雪，读书数万卷之余，特别提到了对陈氏以"少事华藻"，不能穷理尽性为悔的不以为然，认为博识草木之名，探究万物之性，正是格物之功，"性得则理存"，不仅不妨碍体悟天理，甚至正有助于此，早年格物正是晚年穷理的贯通过程，"敛华就实，由博趋约，研精洙泗、濂洛之书，折衷于渡江诸老，凡昔之泥于物者，今皆反诸心矣"，此正是理学道问学之功夫。陈景沂之言多少包含了自谦之意，其自序亦明言不以为意："以此观物，庸非穷理之一事乎？程先生语上蔡云：'贤，却记得多许事，谓玩物丧志。'今止纂许多，姑以便检阅、备遗忘耳，何至流而忘返而丧志焉？"②北宋二程之学，对博闻辞章的焦虑和反感相当强烈，这一矛盾心态显然持续到了理宗时代的理学士子之间，但一般学者显然已经超越了这一紧张心态，对博物知识有了更为明确的自信。南宋学术已由单纯内心自得体悟的简易工夫，复归于沉潜文献博学知识。

解决了这一认知和方法的矛盾，理学发展即获得了在普通士人乃至年轻士子中广泛流传的基础和条件。首先，承认天理的获得不是少数高蹈之士内心默想体贴的产物，而是一般士子长期治学读书的结果，少数天启式的悟道变为可重复、便于操作的实践过程。其次，一般士子为备考科举特别是诗赋、策论而对博杂知识的记诵，在理学时代也获得了合理性，不再有"记问之学，不足为人师"的焦虑，理学的道德之学与科举备考书籍的编纂由此得以打通。因此，我们看到《至论》与《古今事文类聚》等南宋类书，将原本抽象精深的理学哲学论述，通过分类摘录，成为一般士人阅读记诵的纯粹知识，成为适应科举考试的各种现实世界中的文化、制度、名物、人伦等知识。所谓"太极""心性""道学""关洛之学""诚""理学异同"不再是学术思想领域的思辨之学，而是用于记诵的客观知识。南宋士人私撰类书中的文字，往往来自于编者长年读书过程的随手摘录、抄写汇编，最终通过主题分类汇集而成类书。这或许会被正统理学精英称为"支离""破碎"的知识，但正是记诵知

① （宋）陈景沂编，程杰、王三毛点校：《全芳备祖》，浙江古籍出版社2014年版，第1～2页。

② （宋）陈景沂编，程杰、王三毛点校：《全芳备祖·陈景沂自序》，浙江古籍出版社2014年版，第1～4页。

识，才使得北宋以来的理学、制度之学完成社会史、大众化的下移。如《至论》前集卷五“朱氏之学”条云：

> 愚尝览《遗编》而起敬，想高节而景仰，窃窥所学万一而铺绎之。其为《诗》《易》、四书之论著也，求其本义，攻其末失，黜小序、明卜筮、风讽比兴，必正其体，《彖》《象》经传，必析其旨。求古人垂训之心，析诸儒不一之说，纂以《精义》，辨以《或问》，附以《辑略》，别以《章句》。以《论语》首篇为入德之本，以《孟子》七篇为言性之书，以守常为《中庸》之要，以致敬为《大学》之原。①

全篇文字并不阐释朱子学的基本概念术语，而是以简明之句，概括朱子学的主要特点，重在辨明学派之间的关系及学说的基本源流。“约百余目，参古今之宜，穷始终之要，问而辨之，端如贯珠，举而行之，审如中鹄。”②又如后集“道学”条，以最为熟知常见的语句，简明扼要地概括了道统的承续及北宋理学诸家的主要思想特点和源头：

> 无极而太极，太极而两仪，两仪而五气，五气而四时，则见于太极之一图，玉渊金井，志虑高洁，光风霁月，胸次洒落：此濂溪之学本乎《易》之太极然也。论性别其所禀本然之殊，论心辨其曰虚曰实之异，排异端，必正其枯槁恣肆之弊，自致知至于知止，诚意至于平天下，洒扫应对至于穷理尽性，以诚敬为入门，践履为实地，暗室屋漏，为谨独之所，托兴吟风，充然有得，瞑目立雪，望之凛然，此伊洛之学本乎《中庸》之诚然也。订顽砭愚，有亚圣性善养气之论，正蒙理窟，发前圣所未言之蕴，正容谨节，凛若神明，穷理尽性，莹如冰雪，此横渠之学又自礼法而入也。③

对周敦颐、二程、张载等人学术内涵、渊源作了提纲式的概括，正适应于一般士子记诵。此外，对于学校、科举、职官、氏姓等，大致均是明其源流，述“其大略也”。南宋类书正是各家编者摘引古今文字，述其大略，以求迅速获得博学淹贯的效果。学术思想正是通过摘录流衍的类书，片段式地成为社会文化中的普通知识。

三、知识的溯源与考订：南宋私撰类书的学术史生成

类书编撰的起因，主要有三大类：奉朝廷诏命官修、文人读书抄录汇集而成、书坊编集或坊主延聘文人编集等。从三者关系上，亦可见魏晋至南宋类书所体现的知识下移。北宋以前类书的编集目的，主要是供皇帝御览与贵族文人骈俪辞章用典、藻饰两大功能，多

---

① （宋）林駉：《古今源流至论》前集卷五，上海古籍出版社1992年版，第64页。

② （宋）林駉：《古今源流至论》后集卷一，上海古籍出版社1992年版，黄履翁序。

③ （宋）林駉：《古今源流至论》，影印文渊阁四库全书本，上海古籍出版社1992年版，第158～159页。

官修类书，或者上层文人编集而成。南宋以降，类书编集主要是文人读书抄录的分类汇编，以及书坊编集，二者实际上并不截然两分，而是相互关联。抄录读书文字的南宋文人，往往是备考科举而读书的中下层文人，其分类汇编之作，最终交由闽地书坊刊刻，偶尔则由书坊直接抄录文献编刻而成。据研究者考察，南宋类书《锦绣万花谷》至少别集内容，即全部由书坊自己或聘请他人抄录前代类书而成。[①] 又如《古今合璧事类备要》系谢维新受友人建安书坊主刘德亨所托编类而成。不过多数南宋类书，则是文人长期阅读抄录四部典籍文字片段，分类汇编而成。叶廷珪《海录碎事》自序云：

> 始予为儿童时，知嗜书。家本田舍，贫无书可读。曾大父以差法押纲至京师，倾行橐市书数十部以归，因得尽读之。其后肄业郡学，升贡上庠，登名桂籍，牵丝入仕，盖四十余年，见书益多，未尝一日手释卷帙。食以饴口，怠以为枕，虽老而不衰。每闻士大夫家有异书无不借，借无不读，读无不终篇而后止。尝恨无赀，不能尽得写，间作数十大册，择其可用者手抄之，名曰《海录》。……绍兴十八年秋，得郡泉山，公余无事，因取而类之，为门百七十五，为卷二十有二。虽摘裂章句，破碎大道，要之多新奇事，未经前人文字中用，实可以为文章佽助，岂小补哉！[②]

叶氏经历并非个案，南宋类书编者往往是年少嗜书，数十年手不释卷，抄录各家书册，中年因遇机缘复取而类之，最终编订成书。序中所记，代表了宋代以来地方文人嗜书、读书、抄录、编类的生活方式，而这一初衷，使得类书编撰的起因不再仅限于上层文人踵事增华之用，而转为读书以备考科举之参考和读书博学以备遗忘之目的，类书编集成为中下层文人文化学术活动的一部分。又如南宋后期祝穆《古今事文类聚》自序亦云："其或抄录以备遗忘，虽去记问远甚，毋亦犹贤乎已！穆至愚陋，且复善忘，凡观古人嘉言粹行，大篇短章，始固拳拳服膺，久则惘然，不复可忆。未几悔悟，随即疏记，积以累年，遂成巨帙。"[③]年少时读书以备科举之用，晚岁则在此基础上更留意科举经史、典章制度之外的文集、佛老、稗官小说。《锦绣万花谷》编撰者淳熙十五年(1188)序云：

> 余为童时，适当戎马蹂践之间，又居穷乡无业儒者，余独背驰而为之，文籍最为难得，苟可以假鬻，亦未尝戛戛以尽其诚，以余有书之癖，每读一篇章，如小儿之于饴剂有加而不能自止。……凡书有当存乎吾心者，辄稍招还其旧而聚其旅，二三年间，抄益多，然而琐碎而无统，又多除舍于人，不得以尽随，故为风雨虫鼠之所蚀，或为人之所度，或为酱瓿之所败，不得成焉。又数年抄不辍，如司马子长、班、范、欧阳之书，抄已而四五矣。晚益困，无以自娱，复留意于科举之外，凡古人文集、佛老异书至于百家

① 参见李更：《渊源与流变——从〈锦绣万花谷续集〉看南宋坊贾之类书编刻》，载北京大学中国古文献研究中心组编《北京大学中国古文献研究中心集刊》第12辑，北京大学出版社2012年版，第219～232页。

② (宋)叶廷珪撰，李之亮校点：《海录碎事》，中华书局2002年版，第1页。

③ (宋)祝穆、(元)富大用：《新编古今事文类聚》，书目文献出版社1991年版，第2页。

传记、医技稗官、齐谐小说、荒录怪志，闻必求，求必览焉，久之，浩浩如也。乃略有叙，又附之以唐人及国家诸公之诗。自九华之归编，粗成为三集，每集析为四十卷，古今之事物，天下之可闻、可见者，粲乎其有条矣。[①]

南宋类书编撰者正是如此，集毕生所录文字，由科举考试所需知识扩展到各类个人感兴趣的知识，最终汇编成书，由一般地方文人志士记诵，生成为以文献考订为中心的学术文化活动。作为科举考试所需具备的知识，无疑是实用的，“记问之学只是死底，故不足以为人师”[②]。在理学家那里，科举知识等博学记诵知识，是不足以言学问的。不过，当科举与理学二者间的矛盾在南宋中期以后日益消解之后，科举知识与道德学问之间建立起了格物致知的桥梁，一般士子或下层文人通过应试科举而读书所积累起的广博知识，也通过编集类书等方式，承载了他们对经史学术的认知和判断。这一方面体现在南宋类书越来越多地加入编纂者的主观议论，甚至如《至论》，通篇议论，几乎可以视为一部史论著作。[③]编者尽管初衷是为科举考试所编应试参考书，但编者对具体知识的评论、考证和源流梳理，则表现出了学术研究的严谨与客观。前集卷四“玉牒”条言：“愚尝考设官之本末，为书之沿革与夫图籍之或分或合，藏籍之有始有终。”[④]可见，林駉对相关类目是作过考察校核的。如同卷“会要”条云：

自建隆至庆历凡百五十卷，则进于章得象；由庆历至熙宁凡三百卷，则成于王珪；元丰而至政和以《续修会要》为名，则汪大猷删定之；建炎而至绍兴以《中兴会要》为名，则陈骙编类之：此国朝会要之源流也。（《宝训》：宝元二年，上以苏冕典章有足考者，乃诏史官纂国朝建隆以来止庆历二年凡制度沿革，大小毕录为《会要》百五十卷。庆历四年监修国史章得象上之。又《职源》：本朝《会要》，自建隆至庆历四年成一百五十卷，章得象上《玉牒》编修。又《长编》：元丰二年，宰臣王珪上《国朝会要》三百卷）[⑤]

《至论》的典型体例，即是首先正文概述相关知识源流大要，随之以小注征引文献考证或补充证明之。此条先是概述《宋会要》编撰大略，后征引《宝训》《职源》《长编》等史料记载内容，全段文字正如一专题考证文字。其体例已非北宋以前类书抄录文献、编题汇编之旧，而进入学术考论畛域。又如续集卷八“试守权行”小注云：

按《汉百官表》下，汉初丞相，但言萧相国，不言曹参。又按《通典》谓“汉二年，拜曹参为假左丞相，即汉初，丞相当有左右。今汉表特言一丞相，疑误。”缘汉初丞相，以

① 参见（宋）佚名：《锦绣万花谷》，上海辞书出版社1992年版，第1页。
② （宋）黎靖德编：《朱子语类》卷二四《论语六》，中华书局1994年版，第577页。
③ 参见张赫：《新笺决科古今源流至论研究》，河北大学硕士论文，2010年，第27～33页。
④ （宋）林駉：《古今源流至论》前集卷四，上海古籍出版社1992年版，第45～46页。
⑤ （宋）林駉：《古今源流至论》前集卷四，上海古籍出版社1992年版，第47～48页。

征伐而假名，未尝居位，如韩信以左丞相击魏，樊哙以定韩王信而迁左丞相，郦商以破臧荼迁右丞相，则非特曹参而止。汉表独载萧何，余则不载，正此意也。《通典》因参之名而疑渗透表之误，非也。①

以汉初丞相名实制度，考证《通典》之误解《汉书》，全文亦为较为完整的考证文字。科举工具书，由于编纂者严谨的学术态度，细密的文献引证辨析，而上升为较为严整的学术论著，体现出编者的学术文化精神，《至论》是较早的一部典型代表作。将科举与学术文化追求相结合，赋予博杂的科举应试知识以学术精神和道德目的，体现出私撰者的学派旨趣，是南宋类书编撰的一大特点，《至论》之后体现得更为自觉。如晚宋王应麟因投考博学宏词科而编集的大型类书《玉海》，便同样以严整的分类和以辑录构成考证的独特方法，使之成为南宋最为著名、重要的类书之一。《宋史》本传载：

初，应麟登第，言曰："今之事举子业者，沽名誉，得则一切委弃，制度典故漫不省，非国家所望于通儒。"于是闭门发愤，誓以博学宏辞科自见，假馆阁书读之。宝祐四年中是科。②

可见王应麟编纂《玉海》之初，已明确将类书知识的编集与朝廷所望之通儒之学结合为一，实际上已自觉将类书编撰与经世致用的儒学实践相联系。南宋类书在相当大的程度上已不仅仅是科举应试之作，也不仅仅是文人记诵博闻之书，而是显现出明确自觉的学派意识及儒者的担当精神和品格。因此，有研究者已将类书超越一般科举应试或者知识抄录饾饤之作，而纳入学术思想史的范畴：

尽管这些类书在古代精英阶层的士大夫的笔下，常常是嘲讽的对象，仿佛没有学问或没有文思的人，在搜肠刮肚却还是没有词的时候，只好用它来搪塞充数。但是，从思想史的角度看，类书是这样一些文本，它在把经过确认的共识，经过简约化方式表现出来，并以最便于携带、背诵的形式充斥人们的记忆，也充当每一个受教育的人的启蒙读物，从一开始就成为他们知识思想和信仰的底色。③

在南宋以外的时代里，类书似乎都被士大夫以兔园为名嘲讽，似乎只有南宋时代的私撰类书，编撰者总是努力将其作为儒者之作，当作体现某一派学术主张来看。如金华的章如愚与浙东学术渊源，林駉、黄履翁推崇程朱理学，王应麟兼容吕祖谦婺学与朱子学。从《群书考索》《至论》《玉海》等南宋类书的内容和编撰方法而言，这时期的类书已经不仅仅

① （宋）林駉：《古今源流至论》，上海古籍出版社 1992 年版，第 480 页。
② （元）脱脱：《宋史》卷四三八《王应麟传》，中华书局 1974 年版，第 12987～12988 页。
③ 葛兆光：《中国思想史》第 2 卷，复旦大学出版社 2001 年版，第 18 页。

只是为满足简约化而编的启蒙读物，而成长为学术思想史论著。

四、余　论

英国历史学家彼得·柏克在其《知识社会史》一书中，考察了印刷术兴起以后的欧洲，知识的广泛传播所导致的社会变化，特别探讨了知识分类、图书馆和百科全书兴起对欧洲人知识的拓展、学术的提升所产生了深远影响。[1] 与百科全书、图书馆等所提供的广博知识引发了社会文化革命不同，中国的类书不论从知识分类，还是知识的内容、类书的功能等各方面，都更体现出稳定甚至固化社会的作用。首先，类书的知识更多地用于接受、记诵和考试、作文应用，并不提供读者反思的空间；其次，北宋以前的类书主要供皇帝御览和文人作文引用，南宋以后的类书，更多是理学思想的简约化、知识化，以及天理、天命结构下具体社会生活中政治、军事、经济制度的知识化和体系化。类书实际上是通过科举为治理地方的未来的士大夫提供了丰富、实用的各方面知识。尽管学者曾提出宋以后是类书消亡、丛书兴盛的时代，不过明代类书为历代之最，且官方组织编纂了最大的类书《永乐大典》，至清代仍编集了《古今图书集成》，统治阶层仍然重视大型类书的编纂，其中原因或许正在于此。

作者简介：温志拔，福建师范大学福清分校文法学院副教授。

---

① 参见[英]彼得·柏克：《知识社会史：从谷腾堡到狄德罗》，(台北)麦田出版社2003年版。

清末民初官定历书的改制与编定

朱文哲

历书作为人们对物理时间现象社会化的成果，既表现了人们对自然界时间现象的认识，又负载着人们日常生活中的信仰、习俗以及对社会时间秩序的安排，因而在人们日常生活中扮演着重要角色。所以清人缪之晋就说："历之为书也，统乾元不息之运，发造化消长之理，亙古今，通上下，自天子以至庶人，莫或违之。"①而官定历书还带有当政者对社会时间控制的企图，构成了社会时间秩序的重要部分，因此历书的制作与颁行就受到当政者的高度重视。在古代中国，至少在唐代治历明时就已成为当政者的重要任务之一，迄至明清则专设钦天监，负责历象观测与历书制定。不过在清末民初之际，随着改用阳历风潮的兴起，历书的制作原则、内容图示都发生了巨大变化，也广泛而深远地影响了人们对现代时间秩序的感知与认识，其中的丰富内容仍有较大的研究空间。② 针对此种情况，本文着重梳理清末民初历书制作原则及知识体系的变化，以探析官定历书转型与政局变动的紧密关系。

一、时宪书变通办法十九条

鸦片战争之后，随着中西交往日深，由传教士制作的中西合历历书在沿海通商口岸传播，如美国传教士波乃耶等人编的《华蕃合和通书》、麦嘉缔的《平安通书》以及由传教士艾约瑟、伟烈亚力等人编撰的《中西通书》。这些通书附有中西历对照表，甚至中国的二十四节气表，对中国士人了解西历起到了重要作用。③ 与此同时，很多出洋知识分子通过亲身体会，也认识到了中历西历的差异与优劣。④ 随着西方天文知识越来越多地被引进到中

---

① 缪之晋：《大清时宪书笺释》，载《续修四库全书》第1040册，上海古籍出版社2002年版，第660页。

② 本文所指的时宪书主要为颁行时宪书，而《御览时宪书》《七政时宪书》和《月五星相距时宪书》因印行范围较小，且与普通民众关系不大，故不在考察范围之内。对于清代历书的研究较为系统的论著可参见吴岩《清代历书研究》（北京师范大学博士学位论文，2011年）。另外，史玉民对清钦天监也进行了深入研究，对于了解清代历书的制作多有助益，参见史玉民《清钦天监研究》，中国科学技术大学2001年博士学位论文。但总体而言，学界对晚清民国时期历书的研究仍比较欠缺。

③ 参见熊月之：《1842年至1860年西学在中国的传播》，载《历史研究》1994年第4期。

④ 参见程俊俊、吕凌峰：《晚清出洋知识分子对西历的态度》，载《科学文化评论》2012年第1期。

国,到了20世纪初,对中国传统历法进行改革就成为重要议题,改造历书也成为改历诉求之一。其中传统历书历注中带有迷信色彩的"宜忌注解"则是关注的焦点问题。1902年有人就说:"中国时宪书每日皆载有宜忌之事,考之西法此说无闻,即稽之中国诸史之言历者,亦不载此悠谬之论,揆其说之所起,必系庸恶陋劣之术士,借此以炫惑愚民,司历之无识者,遂亦袭谬承讹,珍为秘籍。"[①]针对此种情况,对历注进行根本改造就成为清末历书改革的重要内容。1904年,《东方杂志》发表《改良风俗论》的社论说,就将删除官定历书"荒诞无稽之宜忌",视为去除迷信流毒的做法之一。[②] 另一方面,随着清廷新政的展开,通过历书来展现革新之气象也成为清廷中人的考量。不过较为系统地述论对历书进行改革的则是袁树勋。

1909年3月,山东巡抚袁树勋就历书改革上奏清廷。在他看来,中西交往日益密切,中历已经难以满足商贸、文化等方面的交流,而且"今日通行之时宪书,凡为村农课晴问雨之陈编,妇孺趋吉避凶之依据",在"欧化东渐,智识已开"的时代,"而奉敕颁行之历书,仍此迷信神权之习惯,欲导民以智而不破民之愚","其不可也"。恰逢新帝登基,改元新历,关系重大,所以他请求清廷对历书重加修订,"适于国民现在之程度及国家将来之希望",历书改革的具体内容则是"以中历为纲,以西历及每月星期附注为纬,上方仍恭录列圣忌辰,下方则录本朝开国以来大事纪念之日,前页则恭录关系宪政之谕旨及九年预备期限清单,而孝钦显皇后遗诰、德宗景皇帝带遗诏更应一并谨录,以示薄海臣民继志述事之至意。后页则附录浅近歌谣论说,使之普通识字,而导之于忠君爱国之途,似此一转移间,商部学堂必乐于遵用,而吾国号称四百兆人民,其大半必购阅历书者,至此耳目一新矣。臣查宪政预备年限至第九年内,全国人民识字须有二十分之一,是此项时宪书正可为转移社会教育之助,并应逐年改修,不可沿用旧本。颁行之后,准各省地方官翻印广发民间,务视旧历之价为尤廉,以收普及之效,所谓因势利导,以开民智者"[③]。应该说,袁树勋的这一建议综合考虑了历书的制作、发行等诸多环节,并且提出了较为可行的具体措施。特别是中西合历,"中历为纲,西历为纬"的设想,也是符合实际的策略,而将历书视为开启民智,培养"忠君爱国"的重要素材与途径,在当时无疑也是颇有见识的。尽管人们谈及历书改革多有顾忌,因为这涉及王朝统治的正朔问题,但正是由于这些具有可操作性的建议,得到了时人的赞同,化名为"东吴"的作者就发表了《申论东抚奏陈改元事宜》的长文,极力赞成袁抚之建议,《申报》用两期予以刊登。[④] 由此也可以看出,顺应时代潮流,融通中西历法,已成为很多人对新历书的期待。

改历的要求与趋势也迫使钦天监不得不考虑对历书的某些内容进行变革。1908年,《申报》就报道了钦天监打算对历书进行改革,其中举措之一就是将历书上的神名全部删

---

① 《新岁偶阅时宪书率书于后》,载1902年2月14日《申报》。

② 参见可权:《改良风俗论》下,载《东方杂志》第一卷第八期,光绪三十年(1904)八月二十五日,第156页。

③ 《山东巡抚袁奏改元伊始请因势利导以开民智随时变通以纾民困摺》,载《东方杂志》第六卷第四期,宣统元年三月二十五日,"奏牍"第1～5页。

④ 参见东吴:《申论东抚奏陈改元事宜》,载1909年3月12日《申报》第一张第二版;《申论东抚奏陈改元事宜》(续),载1909年3月15日《申报》。

除。[①] 另据1909年《晋阳公报》报道:“钦天监各堂宪拟由明年起将时宪书中添列今上御容,附印万圣寿节、星期等日,并九年立宪应行预备事宜,以便颁发京外各衙门及民间,俾人人得其尊君之思想,立宪之资格。”[②]不过从现存的颁行时宪书来看,内容并未有较大更改。实际上,清末时人对历书的改革诉求,主要是在变革历法的取向之下,重新构建一套新的知识体系。而历书既关系到清廷的政治权威,又涉及财政预算、教育管理、社会生活习惯等诸多内容,因而改造起来并非易事。就如大理院推事姚大荣于1910年曾请罢用闰月,以便财政预算和改造民众习俗。不过这一建议则被钦天监驳回,因为在他们看来:“中国历法,以闰月定四时成岁,行之已数千年,历代相沿,未尝更易。我圣祖仁皇帝数理精深,震今烁古,曾与西洋人南怀仁、汤若望辈反复推求,历象参用西法,悉已臻诸至当。设当时于罢闰一事可议更张,亦必毅然罢之,奚俟今日? 此可仰见圣谟高深,岂浅见者所能窥测,世世相承,所当敬守,勿替者也!”[③]由此就可以看出,掌管清廷历书制作机构的钦天监,在大变革时代仍然固守着原有的历法传统,既不能使传统历法进一步发展,也不能借鉴西洋新法适应时势之需,自然也很难从根本上革新历书。

武昌起义之后,资政院再请改用阳历,并提出了对历书改革的四条建议:一是以宣统三年之十一月十三日为宣统四年元旦;二是自宣统四年元旦始,适用阳历;三是二十四节气及朔望弦晦,仍可附载于历书;四是旧历所载太岁流年方位、吉星、凶曜,宜忌诸名目,一律禁载。[④] 受到时势的逼迫,清廷不得已宣布使用阳历,并责成钦天监对时宪书进行变通,形成了时宪书变通办法十九条:1. 时宪书首页敬注忌辰日期,下填注星期表;2. 逐日喜神财神红图芒神春牛一律删除;3. 吉神凶神宜忌一律删除;4. 太岁年神范围一页全行裁撤;5. 小历时刻内填注每月纪日;6. 月下四行仅留交节日期日躔遇宫;7. 月令七十二候,按御览时宪书式分注于日内;8. 月首毋庸置月大月小,仅写某月若干日;9. 逐日上下吉凶神煞一律删除;10. 月建改为正月建子,列庙忌辰、万寿圣节恭注于格内;11. 自初一日起按甲子干支排列,二十八宿建仍旧;12. 逐日用事及日出入昼夜时刻仍注于格内;13. 如遇日月交食亦注于格内;14. 格下添注星期;15. 纪年下自天恩上吉日起至各方修宅一律删除;16. 纪年下添列祭祀日期,所有大祀中祀致齐者悉皆列入;17. 合朔弦望仍注于日之上;18. 二十四节气注于格内,撤去“交某月节气”字样;19. 伏日社日仍注日之上。[⑤] 这19条变通办法大体可分三类:一是删除了诸多内容,如第二条“逐日喜神财神红图芒神春牛一律删除”,第三条吉神凶神宜忌一律删除,第四条“太岁年神一页裁撤”,第九条每日的吉凶神煞一律删除,第十五条有关宜忌内容删除。二是增加了新的内容,如星期表、祭祀日期,并将这些内容与原有时宪书的忌辰日期、大祀中祀结合。三是保留的内容,主要是反映天象物候的变化,如交节日期、月令七十二候、二十八宿建、日月交食、合朔弦望、伏日社日等。

清钦天监的时宪书变通办法,特别是增删的内容反映了时局危迫之下的清廷用意及

---

① 参见《钦天监议改良历书》,载1908年5月2日《申报》。

② 《改良历书(录〈晋阳公报〉)》,载《四川官报》1909年第14期。

③ (清)刘锦藻:《清朝续文献通考》卷二九四《象纬考一》,商务印书馆1936年版,第10399页。

④ 参见(清)刘锦藻:《清朝续文献通考》卷二九四《象纬考一》,商务印书馆1936年版,第10400页。

⑤ 参见(清)刘锦藻:《清朝续文献通考》卷二九四《象纬考一》,商务印书馆1936年版,第10400页。

时势趋向。就删除的内容而言，主要为吉凶、神煞、宜忌，它们构成了中国传统历书中最为重要的内容之一，也是与普通民众关系最为密切的部分，将之全行裁撤，无疑是时宪书最重要的变革，这也是清廷不得不顺应时势对时宪书进行改革的结果。资政院在奏请改用阳历的议案中就说："通行历书，更有一端，足生宪政进行之大阻力者，则吉星凶曜之说是也。星曜之有吉凶，乃神道设教时代愚人之术。今科学大明，群知其谬，乃国家颁布历书，犹复沿袭旧说，实与立宪政体，显相背驰，此尤不可不亟行改革者也。"[①]在这种情况下，删除"愚人之术"，保留那些科学的内容，则成为清廷顺应时势、应对危局的象征性举措，因而，交节日期、月令七十二候等反映自然气候变化的内容得以保留。另一方面，时宪书仍须附载清帝忌辰日期、大祀中祀等重要内容，因为这些内容事关清廷政治统治的合法性与权威。由此就可以看出，顺应时势，昌明科学，与"世界大同"，同时强化清廷政治统治的合法性，成为时宪书变通办法十九条的主要取向。从更深层面上而言，原有时宪书的内容构成了一个完整的知识系统，该系统以传统历法文化与民俗信仰为基础，构造了与传统政治文化相适应的社会时间控制体系。但随着中国社会的逐步转型，这一系统面临着空前挑战并逐步瓦解。因此，尽管清廷时宪书变通办法十九条是在时势的逼迫下出台的，并且已经丧失了实施的机遇，但它反映了晚清历书内容受到时代潮流冲击而发生变化的结果。

二、辛壬之际的五部历书

从 1911 年 10 月 10 日（辛亥年八月十九日）武昌起义爆发至 1912 年 2 月 12 日（辛亥年十二月二十五日）清帝宣布退位，历时仅 5 个月，清王朝就土崩瓦解。在此期间，革命党人于 1912 年 1 月 1 日（辛亥年十一月十三日）在南京成立中华民国，形成南北对峙的局面。由于钦天监于旧历每年二月一日制定来年时宪书，上呈御览并翻译之后于四月一日印制，并于十月一日颁发[②]，因而在这段时间里，清廷仍按照以往惯例颁行了《大清宣统四年时宪书》，内容也无较大变化。不过这部历书尚未正式启用，清王朝就已灭亡了。但值得注意的是，相比以往的历书，这部历书只列了都城顺天府节气时刻表，曾被清朝统治者视为皇权一统重要象征的各省节气时刻，不知何故被取消。在此期间，清钦天监制作的另一部历书更值得关注，即《黄帝纪年四千六百一十年壬子时宪书》。这本历书制作较为粗糙，相比之前的历书，内容也没有根本的变化。[③] 但较为奇特的是，该历书封面的纪年使用了"黄帝纪年"，这无疑是清廷受到辛亥革命的冲击，仓促之下对旧历书进行了形式上的改造。

辛亥革命爆发之后，革命党人也制作了新的历书，以彰显革命的新异之处。如湖北军政府就要求"所有历书自壬子年起概令改用黄帝纪元字样，并前清各帝忌辰一律删去，以重祖国而新耳目"[④]。1912 年 1 月 1 日，孙中山就任临时大总统之后，发布了第一道政

---

① （清）刘锦藻：《清朝续文献通考》卷二九四《象纬考一》，商务印书馆 1936 年版，第 10400 页。

② 参见（清）昆冈等：《钦定大清会典事例》卷一一〇四，光绪二十五年（1899）石印本。

③ 参见清钦天监编：《黄帝纪年四千六百一十年壬子时宪书》，中国国家图书馆藏。

④ 《历书饬令改印》，载 1911 年 12 月 7 日《申报》。

令——《改用阳历令》,并于次日通电全国宣告中华民国改用阳历,以黄帝纪元四千六百九年十一月十三日,为中华民国元年元旦。① 在曹亚伯看来,使用中华民国纪元目的是"以新耳目",而改用阳历则是"方今世界交通皆用阳历,惟中国以农立国,行夏之时,便于农事外,与万国周旋确以阳历为便"②。1月13日,孙中山又发布了《临时大总统关于颁布历书令》,参议院议决新历书的编纂要以"尊崇正朔,以便日用"为原则,作出了四条规定:一是由政府于阴历十二月前制定历书,颁发各省;二是新旧二历并存;三是新历下附星期,旧历下附节气;四是旧时习惯可存者,择要附录,吉凶神宿一律删除。③ 从内容上而言,这四条规定是极为简略的,甚至并未超越清廷的时宪书变通办法十九条。而且,孙中山颁布此项命令时已是辛亥年十一月二十五日,要在十二月份以前制作好历书并颁发各省,显然是十分仓促的。

随后,南京临时政府内务部依照参议院制定的历书制作原则,编定了《中华民国元年历书》。据当时代理内务部的居正回忆,他"集诸参事及主管礼俗司,征考典章,取材简易,不半月而编印颁行。并告各省遵照,自由翻印,无有版权拘束"④。从现存由上海民政署印送的《中华民国元年历书》中就可以看出,新历书封面上有"孙大总统批准""内务部颁式"的字样,并在历书首页上印上了有关历书改革的《中华民国临时大总统令》和《内务部知照》。新历书的制作采用了新历、旧历并存的方式,新历中包括历日、星期、日出入时刻,旧历中则包括历日、干支、节气、五行、值宿、黄黑吉日。而被时人所诟病的历注中的宜忌吉凶内容则被完全删除,但旧历中的黄黑吉日、五行等内容仍得以保留。此外,这本历书的附录部分,则独具地方特色,其中有改用阳历示谕、劝剪发辫示谕、谕禁沿用大汉字样并苏都指令、禁止聚赌及演唱花鼓戏示谕、办理县选举事宜期限表、办理市乡选举期限表、本县各市乡公所分办印契处管辖图保表、江苏六十县一览表、牙税章程、纪念日表。更值得注意的是,这本新历书中的纪念日表,总共列出了六个纪念日:新举大总统履任纪念日(新历正月初一日)、共和国统一纪念日(新历二月十三日)、武昌民军起义纪念日(旧历八月十九日)、孔子诞纪念日(旧历八月廿七日)、民军光复南京纪念日(旧历十月十一日)、组织共和新政府纪念日(旧历十一月十二日)。⑤ 当然,由于编定时间过于仓促,新历书的问题就较多。如在新历书中,内务部编定者将前清旧历北京节气时刻表直接作为南京的节气时刻表,导致错误百出。对此《新闻报》就批评道:"民国创造,首改正朔,其授时大统之要务哉! 参议院议决新旧二历并行,下附节气,诚足授时历而便民用。及见内务部编印之历书,因仍清历,以讹传讹,岂有得于造历之原本者?!"⑥

南北议和之际,袁世凯与革命党人的互动角力也反映在历法改革与历书制作上。1912年2月20日,尚未就任大总统的袁世凯便发布了《新举临时大总统袁布告》,宣告:"现在共和政体业已成立,自应改用阳历以示大同,应自阴历壬子年正月初一日起,所有内

---

① 参见孙中山:《临时大总统改历改元通电》,载《孙中山全集》第2卷,中华书局1982年版,第5页。

② 曹亚伯:《武昌革命史》下册,中国大百科全书出版社2011年版,第791页。

③ 参见中国第二历史档案馆编:《中华民国史档案资料汇编》第2辑,江苏人民出版社1981年版,第19页。

④ 罗福惠、萧怡编:《居正文集》,华中师范大学出版社1989年版,第82页。

⑤ 参见《中华民国元年历书》,上海民政署印送,1912年。

⑥ 《民国历书之纰缪(录〈新闻报〉)》,载《东方杂志》第8卷第11期(1912年5月1日《中外时报》)。

外文武官行用公文一律改用阳历,署大中华民国元年二月十八日即壬子年正月初一日字样,特此布告。”[①]袁世凯发布此种布告,并以“大中华民国元年”与孙中山所发通告中的“中华民国元年”相区别,意在强化自身的政治权威与权力来源的正当性。而在他当政之后,也随即着手对历书进行改造。1912 年 4 月,内务部总长赵秉钧就历书改革召见前清钦天监堂司,议定了改造新历书办法五条:一是历书的改造采用新旧合历,“为适用于农商之习惯”,目的则是“颁行汉满蒙藏回五族地域,以示中央政令之统一”。二是旧历的沿革。“新旧合历既为利便农商起见,应沿应革各项必须注意,以成完美之历书。计开删除事项:(甲)旧历中向有以人之生年配用地支,如属狗等类名为生肖,此项最属可笑,必宜删除,否则共和国人民岂不尽成畜类贻笑邻邦!(乙)关于婚嫁丧之吉凶日期、堪舆神鬼等事一律删除。沿用事项:(丙)春夏秋冬四季及节令等,既欲便利农商仍宜沿用;(丁)星日之说本无理由,然自开办学堂以来多以星日(星房虚昴)为休息之期,以代礼拜之称,习用已久不必遽易。”三是合历的格式。“此项历书仍须装订成册,以安习惯而便取阅。”四是历书的体裁。“新历月日记于上方,旧历月日记于下方,并于篇页中间横一红格以示区别。”五是节令的添注。“四季节令除于旧历月日之旁注明外,其新历月日之旁亦须按日推排,一律添注节令,以引起农商改用新历之观念。”[②]这五条规定对历书的制作原则、功用、内容、格式都作了明确的规定,也继承了此前清廷和革命党人对历书改造的某些成果,强调了新历书对于“中央政令统一”的重要性,对之后新历书的制作产生了较大影响。

1912 年 5 月 26 日,国务院发布命令将钦天监划归教育部管理[③],高鲁等人随即着手新历书的编定。据陈展云所说,民国政府接收清钦天监之后,因已经进入五月,民国元年已经过去约近一半,只好先编《二年历书》。《二年历书》编完付印后,才腾出手来补编《元年历书》。由于历书编订的时间非常短暂,所以《元年历书》和《二年历书》都是沿用《历象考成后编》用旧法、旧数推算。[④] 从历书制作的角度而言,中华民国元年历书和二年历书,只是对旧历书的删除修改,并不能算是完全新型的历书。但从历书内容的构成来看,却发生了巨大变化。《中华民国二年历书》总计有 189 页之多,首页列出了三个纪念日:一月一日(南京政府成立纪念日)、二月十二日(北京宣布共和,南北统一纪念日)、十月十日(武昌起义国庆日),其后内容依次为十二月历、节气太阳出入昼夜时分表、合朔弦望时分表、月食时分表。作为历书最核心部分的十二月历表,其编排与内容都与前清时宪书有了巨大变化,阳历日期在上,附注于日期之下的则是用七曜日(日月火水木金土)表示的星期,下方则是阴历日期和干支。而在月历表的最下方则是对天文现象的图示与说明,分别是年月日时说、行星绕日图又说、行星大小比较图又表、五带寒热图又说、四时成岁图又说、昼夜长短图又说、太阴绕地图又说、晦朔弦望图又说、日月食图又说、潮汐图又说、彗星图又说、流星图又说、七曜日说。[⑤] 由于事属初创,加之条件的限制,中央观象台的诸多实际测量工作未能展开,所以历书的推算数据只能沿用旧法。对此,《中华民国二年历书》的凡例

① 《新举临时大总统袁布告》,载《临时公报(北京)》1912 年第 3 期。

② 以上内容参见《议决改造新历书办法》,载 1912 年 4 月 23 日《申报》。

③ 参见《国务院令》,载 1912 年 5 月 28 日《政府公报》第 28 号。

④ 参见陈展云:《中国近代天文事迹》,中国科学院云南天文台,1985 年,第 84 页。

⑤ 参见教育部中央观象台:《中华民国二年历书》,1912 年。

就解释说:“推算所用之表暂沿旧籍,但如黄赤大距等逐年移易,俟实测后再行修正。”[①]但总体而言,这本历书比之前南京临时政府内务部制作的历书内容更加丰富,前清时宪书的痕迹进一步减少,特别是用图示的方式来说明天文现象,也成为此后官定历书的制作典范。

1913 年 1 月,中央观象台就《中华民国二年历书》对旧历的四处修改作出了说明:一是旧历每年首月称“正月”,阳历称“一月”。因为在旧历当中“三统凡称正月或建寅或建子或建丑,皆有所取义。阳历之首月既无所建,自不便仍(称)正月,致使名实不符,惟月既以一二三等数纪名,故日与时亦同以一二三等数纪之,俾归一律”。二是阳历的年份及日期不用甲子。“因民国元年之首日为旧历辛亥年十一二月十三日,若以元年为壬子年,则旧历之十一、二两月属何年,若旧历并注甲子,则两历之纪年时相混杂,故阳历月日之下不附注,旧历则已。若仍照注,则阳历之纪年实不便仍用甲子也。”三是节气时刻不附注于月日之下。“因节气先后各地不同,常有差至一日者,本书为通行全国之书,若仅注北京节气时刻于各地,必不适用;若各地分注,则版本必多,既耗经费且损物力,亦非实事求是之意,故将节气时期、太阳出入、昼夜长短合为一表,每地一张或数张,附于历书之后,以备检查,合朔弦望、日食月食之不附注于月日之下,而别为图表者,理由准此。四是月令七十二候的标注问题。”因该项内容“乃据一方之气象而言,惟自汉兴以来,国土日辟,核稽广袤,何止三倍,南北异候,东西异时,五色之土,各有所宜,虫鸟之鸣时有迟早,未可以一地之现象而概括其余,若以误相传,则与授时之初意相违背,故不著录”。[②] 从这些解释的内容来看,新历、旧历并存,促使历书编定者从“名”到“实”都需要作出分别,在此过程中,需要整合的不仅仅是历法编定取向,而且还需要重塑人们对历书的认知习惯,以便真正消除旧式历书的痕迹与影响,又能够将新历书中的新知识有效地传递给阅读者,且不至于因为历书的改变引起人们认识和使用的不便。不过,这种新历书在现实中仍面临着巨大挑战。

三、官民分野与新旧对立

清末民初,由清廷、革命党人及袁世凯政府制定的历改办法及新历书,试图整合中历与西历,以便在推行新历书时能适应民众的习惯,但实际上却促使了历法“二元社会”的形成。[③] 这也使得清末民初的历书迥异于清代的时宪书,形成了自身的独特之处。其中有两点最为突出,即历书制作与发行的官民分野、历书内容的新旧对立。

历书制作与发行的官民分野。清代历书的制作与发行有着严格的规定,清廷也正是通过这些制度和法律实现了对历书制作与发行的控制。另外,清代历书的编纂原则大体相同,不管是官方还是民间,在历法推算问题上并无根本性的差异,这就使得清代历书从官方到民间基本上保持了一致,虽然官定历书不断修正,但通过历书颁行制度实现了官民一体。而清末民初,采用阳历成为改历的共同诉求,在革命党人和袁世凯政府制定的历书

---

① 教育部中央观象台:《中华民国二年历书》,凡例,1912 年。

② 以上内容均见《教育部中央观象台通告》,载《上海公报》1913 年第 2 期。

③ 参见左玉河:《评民初历法上的“二元社会”》,载《近代史研究》2002 年第 3 期。

中，阳历也居于主导地位，阴历则沦为附属。更为关键的是，与传统农业社会生产生活相匹配的物候节令、民俗信仰等内容，在历改过程中被改造，甚至删除。这样新历书中的旧历就已经丧失了原来历书中用于规范乡村生活时间秩序的重要内容，但在实际生活中，中国大多数区域的农业社会生产生活方式与节奏并未有根本性的变化，新历书的内容与农事安排、习俗信仰脱离了关联。在这种情况下，人们对旧历书仍有着广泛的需求，民间私刻售卖旧历书的情况也就极为普遍。加之，民国初期政局动荡，当政者又无力控制历书的发行，从而使得以旧法制作的历书大行其道，由此形成了历书制作当中的"官定"与"民间"两种类型。

不过，由于官方制作的新历书事关"正朔"，成为重塑当政者政治权威的重要工具，而旧历书则适于民众习俗，仍然是民间社会时间秩序安排的参照，这就导致了彼此之间存在着诸多难以调和的矛盾。尽管革命党人在颁定历书时，准许民间自由翻印，此种情况只是南北对立之下，彰显革命气象及收揽人心的需要。在袁世凯当政之后，私刻售卖旧历书无疑是对政府权威的挑战，查禁旧历书就成为必然之举。1912 年 10 月 11 日，中华民国内务部就发布命令，要求各省都督及民政长官禁止私卖阴历历书，因"近查外间私出民国二年历书，既未将种种迷信及不适用于民国者删去，甚至以阴历为主割裂阳历月日，附之面书'教育部监制颁行天下'字样，末附六十甲子表不分朝代，似此蛊惑人心，淆乱耳目"，要求各省"将此项历书禁止发卖，并将版本勒令销毁"[①]。然而，官方一纸文书难以禁止民众对旧历书的需求，因此，尽管官方三令五申要查禁旧历书，由于政府无力控制旧历书的私刻售卖，旧式历书仍广为流传。像上海书业公所编印的《国民快览》，尽管其中加入了阳历的内容，但保留了大量前清时宪书内容，如吉凶宜忌，在民间反倒极为畅销。有的书坊甚至在《申报》上登载广告，兜售旧历时宪书。[②]

在这种情况下，强化对历书制作与翻印的控制，就成为政府改造历书的重要举措。1913 年 9 月，《颁发历书条例》和《翻印历书条例》实施，其中规定：每年七月以前将翌年历书样本颁发各省；各省行政长官接到样本后依照样式翻印颁行；各省行政长官须自刻木质钤记一颗，文曰：教育部中央观象台颁发历书之印，以备钤用；京内各机关蒙古西藏及各国华侨，每年于历书出版时由本部直接颁发；人民翻印历书别以条例定之。[③] 翻印内容则"须依照教育部及各省行政长官颁发，定本不得私自增减，惟纸料与装订得观地方所宜，酌量变通。翻印本须鈐用印，在京呈请教育部，在外呈请行政长官办理，每千册缴费一元。翻印本应视地方印刷情形，平价出售，并将定价载明书面，其距离印刷所较远之地，得于定价外酌加邮费。翻印本应载明翻印者之牌号与住址。翻印者如不遵照本条例办理，在京经教育部，在外经行政长官查出，得停止其发行"[④]。这些规定进一步完善了官定历书制作的流程，也强化了政府对历书制作与发行的控制。不过与清代对私刻售卖历书的严格法律相比，这些规定条文显然要"温和"许多。正因为如此，刘大鹏在 1915 年的日记中就

---

① 《内务部咨各省都督、民政长请饬属禁止私卖阴历历书文》，载《政府公报》1912 年第 169 期。

② 参见《申江星相公所广告》，载 1914 年 11 月 17 日《申报》。

③ 参见《颁发历书条例》，载 1913 年 9 月 21 日《政府公报》第 496 号。

④ 《翻印历书条例》，载 1913 年 9 月 21 日《政府公报》第 496 号。

说:“阳历阴历,月日纷歧,民间只记旧历,而对于新历并不过问,以其时序之不符也,民不遵行新历,当道亦不迫胁,令改民国之年,而予称年号仍系宣统,以予系大清之人,非民国之人耳,各行其志不能强,维新人所谓之自由是也。”①刘氏自视为清遗民,所以对新历怀有敌对的情感,不过“当道亦不胁迫”也是旧历盛行的重要原因之一。当然,制作一部适合广大民众需要的新历书,要经历一个摸索的过程,同样社会大众对新历书的接受与适应也有一个缓慢的过程,但新、旧历书并存和新历书上新历、旧历并存,却在一定程度上制约了官定历书的发行与推广以及人们对新历的接受。

历书内容的新旧对立。从清末时宪书变通办法 19 条到革命党人的历书改造四条规定,再到袁世凯政府的历书改革五项措施,都是要中历西历合用,新历、旧历并存,目的就是为了适应社会需要,以便能使新历书得以推广。对此历书编定者也有清醒的认识,《中华民国三年历书》的凡例中就说道:“民国采用阳历,则旧历自在删除之列,惟习俗相沿,未可以朝夕废,故旧历月日及其干支仍附注于阳历月日之下,以从民便。”②但是新历、旧历并存,由于采用的历法不一,在某些情况下就会出现差异,如《中华民国三年历书》就说:“本年历书系用东西各国通行之法推算,且以太阳平时为标准,与旧法推算之结果微有不同,例如旧历九、十两月建,以旧法言之,则应为九大十小,而新法则九小十大”,所以编定者请“阅者别之。”③在此之前,民国元年、二年的历书都是依据旧法推算,所以问题并不是很突出,但民国三年的历书采用西洋新法,由此就导致了历法结果的差异。尽管中央观象台请读者要注意分别新、旧历书月建大小,但由于历书与民众生活息息相关,且新、旧历书并行,仍然会引起诸多混乱。

民国三年(1914),历书制定印行之后,社会上就围绕月建大小发生了争论。据《申报》观察:“天文学家多以九月建小,而一般舆论亦主张建小,记者于是亦从。”④不过由于建大建小问题尚处于年中,所以该问题并未造成较大影响,但由《申报》报道的天学家与一般舆论的对立,也可以看出新历书与旧历书在社会上行销的某些状况。然而到了 1915 年,由于民国五年历书中的十二月月建大小出现了差异,在中央观象台的推算当中,因为以阳历为准,所以阴历十二月份的月建为小,而依据旧法推算,阴历十二月份的月建为大。这一问题“与商工各界年终结账大有关系”,甚至对除夕新年也有影响,因而引起各方关注,代卖新历书的上海书业公所登报公告,望大家以中央观象台制作的新历书为准。⑤ 中央观象台也收到各地的来函请求对此对作出解释,有的商会请求变更结账日期以建大为准。对此中央观象台发布通告:本台所制《民国五年历书》“旧历”栏内乙卯年十二月只列二十九日,当然为小建。再查坊行私历遵用小建者居多数,然亦间有一二种误作大建,各处来函见询或即为此项私历所误,深恐以讹传讹,引起社会惶惑,除函覆外特此公告。⑥ 江苏

---

① 刘大鹏:《退想斋日记》,乔志强标注,山西人民出版社 1990 年版,第 199 页。

② 教育部中央观象台:《中华民国三年历书》,江苏省行政公署 1913 年翻印,凡例。

③ 参见教育部中央观象台:《中华民国三年历书》,江苏省行政公署 1913 年翻印,凡例。

④ 《历书上之问题》,载 1914 年 11 月 17 日《申报》。

⑤ 参见《书业公所声明国民快览月建》,载 1915 年 5 月 2 日《申报》。

⑥ 参见《中央观象台通告》,载《政府公报》1915 年第 1294 期。

巡按使则因上海总商会之前请求重改月建，明确要求商人购买官定历书，以避免发生歧异。[①] 中央观象台的常福元则在《观象丛报》上刊文指出，“商印历书宜遵官历日时”[②]。而在另一篇文章中，针对当时报刊说有人推算乙卯年十二月为大建，常福元指出因为算法不同，地点不一，所得推算结果就会有差异，而中央观象台的历书推算是“以都城子午线为标准，算法以万国公认为依归”，目的就是“谋时政之统一，杜杂说之纷乘”。所以在他看来：“若夫个人研究，任宗一家而为言，随指一地而立算，根据既异，得数自殊，倘听其刊印发行，则人时纷乱，其影响于社会，甚非浅尠。故曰：治历明时，不容歧异者！”[③]不过《申报》则认为此问题无关紧要，因为“民国正朔已改用阳历矣，我人既奉民国之正朔，则阴历之差误与否无甚关系，建大建小之纷争不成问题，惟商界暨内地居民以习惯之故，尚留此以便归帐与嫁娶之用耳，何足重视哉”[④]！从这些例子就可以看出，民国初期改用阳历，但历书则是新历、旧历并存，本意在于便于民众的使用，但却因为新、旧历法制度的差异与并存，给民众生活带来了困扰。而那些私刻售卖的历书，有些经过改头换面，内容却完全依照旧时时宪书，这无疑又给当局改造旧俗带来了很大困难。

四、中历、西历地位的转换

清末民初的历法改革，使得西方通行的阳历成为官方所主导的历法，而历书的编排规则也随之发生了变化，作为中国传统历法的阴阳合历则居于从属的地位，而且由于官方立场的改变，以新历指西历，以旧历代中历，使得这两种历法具有了浓重的价值取向。更值得关注的是，沦落“民间”的旧式历书，其在辛壬之前的中国社会却居于主导地位。但在中华民国成立之后，旧法历书不仅受到政府及趋新人士的激烈抨击，还丧失了其存在的合法地位。在新历书中，依附于阳历的阴历，因为对历注等内容的改造，也已经丧失了原有的文化功能与社会意义。新旧历书地位发生转化，在其剧变的表象之下也蕴含着深刻的社会政治文化原因。

其一，历法改革“欲与世界大同”的取向。自晚清中西交往以来，很多人就期望能够取法西洋，对中国的历法制度进行改革。1899 年，梁启超在《夏威夷游记》中就认为：“出国日记当用西历。”对此，他给出两个理由：“一曰强习俗以就学理，以公议比较其合于公理最简易者而用之是也；一曰强少人以就多人，因其已行之最广者而用之是也。既知此义，则无论何群之人，皆不可无舍己从人之识量。夫然后可引其线，以至于大同也。”[⑤]1911 年，资政院在请求清廷使用阳历时提出五条理由，其中第一条便是中国使用阴历，窒碍国际上的交涉，所以他们一再强调“世界交通，宜取大同主义，历法一端，关系尤重”，“见今各国，皆用阳历，而我独用阴历，外交内政之种种窒碍，往往由是而生”。[⑥] 辛亥革命时期，孙中

① 参见《购用官历之通饬》，载 1915 年 12 月 29 日《申报》。

② 常福元：《商印历书宜遵官历日时说》，载《观象丛报》1915 年第 6 期。

③ 常福元：《治历明时不容歧异说》，载《观象丛报》1915 年第 8 期。

④ 讷：《历书上之问题》，载 1914 年 11 月 17 日《申报》。

⑤ 梁启超：《新大陆游记》，载《饮冰室合集 · 专集之二十二》，中华书局 1989 年版，第 187 页。

⑥ 刘锦藻：《清朝续文献通考》卷二九四《象纬考一》，商务印书馆 1936 年版，第 10399～10400 页。

山在建议中华民国要使用阳历时，也认为使用阳历便于中国“进于世界大同”，利于中西交往。[①] 正是这种趋向西方“公理”“公例”的社会心理，促使时人改换阳历。在此情况下，历书制作以阳历为主导，便是理所当然之事。

不过这种取向并非完全理性。1929年，谭云山的一席话颇能说明这一问题。在他看来：“于今是白人的世界，同时也就是中国倒霉的世界。似乎凡是白人的东西，都是好的；凡是中国的东西便都是坏的。历法，也就逃不出这一个厄运。其实，平心而论，西历比中历，也没有十分优长之处，甚或有不及者；反之中历比西历也不是十分短拙；甚或有过之者。”[②]此论也同样适用于清末民初的改历取向。另据黄金鳞的研究也可以发现，近代中国对公元纪年的接纳却“并不是以一种自然时间(如季节的变换)的相合，来作为取舍的标准，而是以其流通性和使用这些世界时间的国家的国力强弱，来作为决选的标准”[③]。不过在新、旧对立日趋严重的背景之下，人们很难心平气和地讨论中西历法的差异与优劣，特别是趋新人士赋予了历法改革与历书改制更多政治内涵，使得坚持旧法被视为落后保守的象征。虽然趋向世界大同，蕴含着时人企求改变中弱西强现状的愿望，但面对新、旧历书并存的特殊国情，急切的改革却未必能取得如愿的结果。

其二，革新政治，改换正朔。清末民初官定历书的改革，主要在于使用西方新的科学知识和社会常识体系替代以往具有神秘主义色彩的信仰知识体系。而原有信仰体系又是与传统社会的生活方式及国家治理方式相适应，因此这种转变实际上又是对旧有政治文化的冲击。面对这种时代的转变，不管是清廷还是革命党人，都必须对旧历书作出相应的改革。所以清廷时宪书变通办法要删除各种宜忌注解及神煞吉凶，同时准备添加宣统帝的画像，而革命党人在制作历书时，则增加纪念日、法令条文等，这些实际上都是为了适应现代国家建立及治理的需求。湛晓白对民初历法改革的考察也发现，辛亥时期传统历法正统性有所变化，但“王正月，大一统”所喻示的皇权与时间的关系，在民主共和的新意识形态下，被置换为“民正月，大共和”[④]。由此也可以看出，清末民初历书知识内容的改变，是伴随着政治文化的转型而蜕变，而意识形态重构是导致历书知识体系转型的极为重要的因素。

在中国政治传统中，历书所具有的象征意义，也成为清末民初不同政治势力标识自我的政治符号。如宣统登基之后，袁树勋上奏清廷，期望改革历书以彰显新的政治气象。只不过传统政治文化影响深远，改革起来并非易事，所以清廷的历书改革步伐极为缓慢。对革命党人而言，改换历法具有更重要的象征意义，所以很多人反对清廷，便是从改换纪年，使用阳历开始。中华民国建立之后，通过影响广泛的新历书来传播新的政治理念，以彰显改换正朔的重要作用，仍是革命党人制作新历书的重要考量。而民国初期退位清室在使用民国历书的同时，还从民间弄来私印的旧历书，贴上宣统年号的封面继续使用。溥仪使用的御用历书则为清室所特制。这些历书当中仍包含了旧时时宪书的诸多内容，如年神

---

① 参见罗福惠、萧怡编：《居正文集》，华中师范大学出版社1989年版，第82页。

② 谭云山：《世界历法》，载1929年6月25日《东方杂志》第二十六卷第十二号。

③ 黄金鳞：《历史、身体、国家：近代中国的身体形成(1895～1937)》，新星出版社2006年版，第153页。

④ 湛晓白：《时间的社会文化史：近代中国时间制度与观念变迁研究》，社会科学文献出版社2013年版，第55～56页。

方位图、喜神、贵神以及各种宜忌注解。[①] 敌视民国的清遗民则将是否使用旧历视为自己进退出处的象征符号。[②] 这些带有强烈政治色彩的举动，无疑都是对当政者政治权威的挑战，因而改革旧历书，推行新历书，自然成为当政者的重要任务。

其三，与民以便，昌明科学。在早期中西交往过程中，人们首先注意到西历日期的相对固定，中历则因为闰月使得每年的天数长短不一，既难于推算记忆，又不利于预算的执行。所以在 1903 年钱单士厘就说："世界文明国，无不用格勒阳历（回教各国自用回历，安南国别有历），一岁之日有定数，一月之日有定数，岁整而月齐，于政治上得充分便利，关会计出入无论矣，凡学校、兵役、罪惩，均得齐一。"[③]而在涉及农事的问题上，坚持旧法之人多以为，中历的节气是农事的重要参考，若改换阳历则会破坏原来历法的习惯。对此，1909 年陆费逵就撰文指出："疑阳历不便于农事，实旧说也。用阴历者，农事之耕耘收获，视乎节气，而节气实与阳历暗合。""用阴历尚须检查节气，方能定其迟早，用阳历则直视月日可矣，较之阴历，似更为便利也。"[④]资政院议员易宗夔等甚至认为"阴历不利于农时"，因为"农夫之播种刈禾必有一定之时间，遇闰则或早或迟，辄有失时之事"[⑤]。尽管清末很多人仍不明白中国传统历法是阴阳合历，只是在西方阳历的参照之下，误认为中国历法为阴历，而阳历虽无朔望晦弦之便，但在他们看来，欧美各国阳历的使用现状与经验证实了这一情况无关紧要。

另外，还有人从学理的角度对阳历的"科学性"进行了阐释。早在 1899 年，梁启超就说："太阳历者，行之于世界既最广，按之于学理亦极密，故吾不惜舍已以用之。"[⑥]到了 1910 年，他又发表了《改用太阳历法议》一文，从学理的层面述论了阳历的优点："阳历专以日躔为标准，而阴历则欲兼日月而整齐之。古昔畴人之术未精，以日月并称二曜，其重视之也若一，则不能有所偏弃，亦无怪其然。然日与月之大小，既太不相侔，而一则为地所绕，一则绕地，性质迥异。躔度断无从吻合，欲两利以俱存之，实理势所必不可几，而只益其纠纷。"[⑦]1911 年 2 月，《申报》发表时评也指出，从历算精确的角度看，阴历推算之精密不如阳历：用太阴之朔望定月，以合太阳之躔度，则五岁之内必再置闰；从太阳之躔度定月，则统四年而仅置一日之闰。七千年后，仅生一日之差，季候无忒，寒暑有常。[⑧] 这些述论明晰了阴历和阳历的差异，更指出了中国历法在时间测度准确性上要逊色于西方历法。从更广阔的历史视角而言，自近代以来，随着科学技术的发展，西方天文学得以长足发展，为阳历的推算和应用提供了更坚实的物质条件和技术基础。而中国在此方面却日益落后于西方，甚至在 1826 年之后的清钦天监中已无西人[⑨]，加之旧历附着了诸多神秘主义的内容，这些都强化了人们对旧历"非科学"的认知。由此也使得清末民初之际依据旧法制作的历书受到越来越多人的批判。

---

① 参见谢小华：《"小朝廷"里的历法》，载《紫禁城》2009 年第 12 期。

② 参见林志宏：《民国乃敌国也：政治文化转型下的清遗民》，中华书局 2013 年版，第 95～98 页。

③ 钱单士厘：《癸卯旅行记・归潜记》，杨坚校点，湖南人民出版社 1981 年版，第 49 页。

④ 陆费逵：《改用阳历》，载《教育杂志》1909 年第 2 期。

⑤ 《易宗夔议请改用阳历》，载 1911 年 1 月 12 日《申报》。

⑥ 梁启超：《新大陆游记》，载《饮冰室合集・专集之二十二》，中华书局 1989 年版，第 187 页。

⑦ 梁启超：《改用太阳历法议》，载《饮冰室合集・文集之二十五》（下），中华书局 1989 年版，第 1 页。

⑧ 参见《与民更始之一端》，载 1911 年 2 月 2 日《申报》。

⑨ 参见史玉民：《清钦天监研究》，中国科学技术大学博士学位论文，2001 年，第 78 页。

五、结　语

清末民初，由于政治变革的促动，历书的制作原则与内容都发生了根本性变化，其中最显著的变化就是历书知识系统的更新。但由于旧式历书与中国社会生产生活的密切关联，它在短时期内不会消失。而出于广泛传播新知识与当政者通过历书树立自身政治权威的需要，政府和历书编定者在历书的制作与印行中查禁旧历书，在新历书中删改旧历，仍是历书改革的重要内容。1923年，中央观象台在制定次年历书时就删除了旧历，南京国民政府成立之后，通过激烈的手段禁止旧历书的印行。这些举措无疑仍是清末民初历书改革的回响。

作者简介：朱文哲，复旦大学文史研究院中国史博士后，讲师。

书局的权势网络与知识生产
——以民国时期教科书编写发行为例

刘 超

"立国根本在乎教育,教育根本实在教科书。"[①]教科书在国民教育中有重要地位,是学校教育的主要知识载体,其传授的知识往往被视为社会上公认的知识,甚至是不证自明与毋庸置疑的。教科书中的知识被认为是"主流"文化的重要组成部分,是关于意义与价值观的系统,渗透到日常生活与社会制度的这个过程中,对大多数人产生影响与控制。[②]本文以民国时期书局的教科书编写发行为中心,讨论知识的生产过程及其性质。[③]

在教科书的编写与发行中,书局处于中心地位。民国时期的教科书管理,主要采取部编教材与审定民间教材相结合的方式,而以审定为主,民间书局一直是编辑发行的主流。[④] 书局作为一个企业,利润是一个重要的考量。编写教科书,首先要带来商业上的利润。对书局来说,教科书是一种商品,其编写与发行过程,也是商品生产与流通过程。书局要产生符合社会需要的商品,将这种商品推销出去,才能将教科书中的理念现实化,同时也为书局带来利润。讨论书局与教科书编写发行情况,对认识知识生产以及知识观念的形成有重要意义。

一、高集中度与关联性:以商务印书馆为中心的出版业

书局的地位与教科书编写发行密切相关。教科书因为需求量大,编译出版教科书有利可图,许多书局从事教科书编写。1904 年,商务印书馆《最新教科书》发行成功,开始确立商务印书馆在出版业中的龙头地位,民营出版企业逐渐认识到教科书编写是一条成功

---

① 陆费逵:《中华书局宣言》,载宋原放主编《中国出版史料·近代部分》第 3 卷,湖北教育出版社 2004 年版,第 159 页。

② 参见[美]M. 阿普尔、L. 克丽斯蒂安—史密斯主编:《教科书政治学》,侯定凯译,华东师范大学出版社 2005 年版,第 134~135 页。

③ 关于书局与教科书编写研究,参阅周其厚:《中华书局与近代文化》,中华书局 2007 年版;史春风:《商务印书馆与中国近代文化》,北京大学出版社 2006 年版;李家驹《商务印书馆与近代知识文化的传播》,商务印书馆 2005 年版;吴永贵:《民国出版史》,福建人民出版社 2011 年版;汪家熔:《民族魂——教科书变迁》,商务印书馆 2008 年版等。一般书局与教科书研究都注意到其文化教育意义,忽略教科书作为"商品"的意义。

④ 参阅王建军:《中国近代教科书发展研究》,广东教育出版社 1996 年版。

之道，有条件的纷纷加入其中，“教科书是书业中最大的业务，不出教科书，就算不得是大书局。教科书印行数量的高低，往往影响到本公司市价的涨跌”[①]。商务印书馆、中华书局、世界书局能够成为出版界的翘楚，“唯一的基本条件是印数最多的教科书”，“其他各小出版家，如果没有教科书或其他销数较大的出版物，往往都倏起倏灭，不能维持到十年二十年之久，更谈不上什么发展”。[②] 教科书业务对出版企业有很大关系，往往一套教科书的成功便可造就一个书局的崛起。[③]

出版课本与教育用书的书局，笔者根据《民国时期总书目·中小学教材》一书统计，约有190家。这些书局有两个明显的特点：

首先是有较高的集中度。一是书局地点主要集中在上海。近代上海得风气之先，是中国文化出版的中心，也是教科书编写发行的中心。民国时期，上海地区的书局超过100家，占据全国书局总数的大半。二是出版业务主要集中在几家大书局。民国时期书局较多，但大多数书局是中小型书局，资本不多，职工人数一般数十人至百余人，有的仅出几种图书。从印售中小学教科书数量多寡来看，大书局有商务印书馆、中华书局、世界书局、大东书局、开明书店这五家[④]，其中又以商务、中华与世界为最大，1934年全国出版物总册数的61%、1935年全国出版物总册数的62%、1936年全国出版物总册数的71%均出于这三家书局。[⑤] 就教科书出版来说，商务与中华占绝对优势，“全国所用之教科书，商务供给什六，中华供给什三”[⑥]。

其次是书局之间有一定关联性。一是不少书局的骨干出自商务印书馆。商务印书馆为民国出版业界龙头，后来的几大书局，如中华、世界、大东、开明等创办人都出自商务印书馆。中华书局发起人陆费逵、戴克敦、沈颐、沈继方等人，为商务印书馆时期的同事。[⑦] 陆费逵曾任商务印书馆编辑、出版部部长、兼任《教育杂志》主编。中华书局创办后，“于商务发行、编辑两方面，且招致多人，入中华书局以厚其力”[⑧]。世界书局创办人沈知方，是商务印书馆的老员工，也是中华书局的创办人之一。早在商务工作时，沈知方就创办乐群书局。后来沈知方脱离中华书局，独资经营世界书局。开明书店的创办人章锡琛兄弟，都是商务印书馆员工。章锡琛先后担任商务印书馆主办的《东方杂志》编辑和《妇女杂志》主编。开明书店创办后，商务印书馆一些编辑来到开明任编辑。大东书局创办者吕子泉、王

---

① 刘寒英撰：《垄断教科书印行的“七联处”之始末》，载全国政协文史资料委员会编《文史资料存稿精选选编·9·昔年文教追忆》，中国文史出版社2006年版，第140页。

② 赵俊：《悼念雄才大略的出版家陆费逵先生》，载俞筱尧、刘彦捷编《陆费逵与中华书局》，中华书局2002年版，第20～21页。

③ 参见王憋：《近代商人出版家的成败——以沈知方与他的世界书局为中心的研究》，复旦大学硕士学位论文，2007年，第20页。

④ 参见朱联保编撰：《近现代上海出版业印象记》，学林出版社1993年版，第7页。

⑤ 参见王云五：《十年来的中国出版事业》，载宋原放主编《中国出版史料·现代部分》第1卷下册，山东教育出版社2001年版，第427页。

⑥ 《六十年来中国之出版业与印刷业》，载陆费逵《陆费逵文选》，中华书局2011年版，第396页。

⑦ 参见钱炳寰：《谈谈中华书局的创办人》，载《出版史料》1992年第4期。

⑧ 蒋维乔：《创办初期之商务印书馆与中华书局》，载张静庐辑注《中国近现代出版史料·现代丁编》下册，上海书店出版社2004年版，第399页。

幼堂、沈骏声、王均卿四人都曾是商务印书馆的员工。[①] 二是组织架构也借鉴商务印书馆。商务印书馆设立编译、出版(印刷)与发行等机构,集图书编辑、出版与发行为一体,这种经营模式为其他书局所借鉴,书局一般自设编辑所,自办印刷厂,自设发行机构,分支遍布全国各省市。

从民国书局的地区分布、教科书业务比例与人员关系来看,形成了以上海商务印书馆为基础、以商务印书馆与中华书局为中心的出版格局。这种出版格局对教科书编写发行有重要影响:一般所谓的教科书,很大程度上就是商务与中华的教科书,它使得大书局的出版思想与实践影响到整个出版行业,出版业具有某种“海派”特色。不仅如此,它们与政府教育部门有密切的联系,参与课程标准的制订,以保证教科书的发行。

二、地缘与学缘:以江浙人士为主的编译人员

地缘与学缘等关系在书局人员中较为普遍。在业界龙头商务印书馆中,地域与学缘的关系较为明显,以致内部有“闽派”“绍兴帮”“常州帮”之说。“闽派”是以高梦旦为中心的一群福建人,主要成员有高梦旦、陈慎侯、林植夫、吴曾棋、李拔可、江舍经、郑贞文、何公敢、黄士复、郑振铎等人。“绍兴帮”是指以杜亚泉为首的一群绍兴人。杜亚泉于 1904 年由同乡蔡元培介绍进入商务印书馆编译所任理化部长,理化部编辑员都是他的同乡。[②]“绍兴帮”主要成员有杜亚泉、杜就田、谢洪责、骆师曾、寿孝天、章锡深、钱智修、胡愈之、谢寿昌、周建人、顾寿白等。“常州帮”是以庄俞、蒋维乔为中心。蒋维乔在爱国学社任教时,由时任爱国学社总理,也担任商务印书馆编译所所长的蔡元培介绍进馆[③],蒋维乔又推荐常州同乡庄俞进馆,逐渐发展出了一个“常州帮”,主要成员有蒋维乔、庄俞、严练如、谢仁冰、胡君复、王蕴章、挥铁樵、陆尔奎、方毅、刘秉麟、谢观、孟森、吕思勉等。[④]

其他书局的情况也基本如此。张相任中华书局编辑所副所长时,其学生金兆梓、郑昶、朱文叔都是来做编辑。[⑤] 出版《新制本国史教本》的钟毓龙,则是张相的好友。[⑥] 金兆梓任中华书局编辑后,推荐其学生姚绍华进书局。金兆梓在大夏大学授课,讲授中国通史,姚绍华在大夏大学读书,毕业即入中华书局工作。[⑦] 开明书店创办人章锡琛于 1926 年创办《新女性》杂志,以此为中心创办了开明书店。除章锡琛外,夏丏尊、刘叔琴、丰子恺、胡愈之、郑振铎、孙伏园等加入,王伯祥、叶圣陶等离开商务来帮忙。开明书店同事同乡关系更为明显,甚至被认为是“同人书店”。[⑧]

---

① 参见朱联保编撰:《近现代上海出版业印象记》,学林出版社 1993 年版,第 32 页。

② 参见章锡琛:《漫谈商务印书馆》,载蔡元培等《商务印书馆九十年》,商务印书馆 1987 年版,第 112 页。

③ 参见章锡琛:《漫谈商务印书馆》,载蔡元培等《商务印书馆九十年》,商务印书馆 1987 年版,第 108 页。

④ 参见郑峰:《多歧之路:商务印书馆编译所知识分子研究》(1902～1932),复旦大学博士学位论文,2008 年,第 71 页。

⑤ 参见赵俊:《怀念雄才大略的出版家陆费逵先生》,载俞筱尧、刘彦捷编《陆费逵与中华书局》,第 6 页。

⑥ 吴铁声:《我所知道的中华人》,中华书局编辑部《回忆中华书局》,中华书局 1987 年版,第 28 页。

⑦ 参见陈伯吹:《我和中华书局》,载中华书局编辑部《回忆中华书局》,中华书局 1987 年版,第 112 页。

⑧ 参见刘积英、张新华:《同人书店与商人书局——从融资方式看开明书店与世界书局的发展》,载《北京印刷学院学报》2000 年第 4 期。

注重地缘与学缘关系的体现与结果之一，就是书局编译人员中江浙人士占据多数。这里以中国历史教科书编者为例。据笔者统计，民国时期，中国历史教科书编者近百人，可以查明籍贯的有70多人，其中江苏人最多，有33人；其次是浙江人，有17人，江浙两省在一起达50人，占已知籍贯的编者的一大半。江浙地缘因素的形成，与江浙靠近上海有一定关联，江浙读书人到上海书局中谋职，得地利之便。书局在聘请人员时，也会考虑到"人和"的因素，同乡与师友等关系是重要考量。

地缘与学缘因袭，对书局出版的教科书有一定的影响。一是影响到教科书质量。以地缘与学缘关系为主的人员构成，可能会降低对编者的专业要求。金兆梓回忆说："我既不搞历史，又不搞教育，怎么会在团团转当中又从历史转到教科书上来的呢？这当然有个缘故。我头两次进中华书局的引进人，是我在中学里的文史老师张相——张献之先生。我初次进中华，他正在主持文史地的中小学教科书。我一进局，他就教我编著一部新学制的初中本国史教科书。我推说历史非素所习，不好胡乱搞。他鼓励我并且允许我尽量帮忙。师命难违，我只好担任下来。"[①]金兆梓原先学的是矿冶，喜欢的是化学，而进书局后却编起了历史教科书，并担任地理等其他学科教科书的审校。对书局来说，编写教科书尤其是中小学教科书，要求浅显易懂，未必需要精深的专业知识。编写教科书是一项业务，而不是学术研究。这会影响到教科书质量。二是书局出版物有一定的地缘色彩。早期商务印书馆所出文哲政经等书刊，福建的作家占相当的地位，主要原因是因为高梦旦兄弟和当时福建人士如严复、林纾等有同学同年的交谊。[②] 杜亚泉任编译所理化部长，商务最初出版的博物、理化、算学等教科书，都由他设计编辑。[③]

教科书编写中，编者起着重要作用。作为一个知识群体，教科书编者是构成思想界的重要力量，又是联结国家与民众的重要媒介，许多政治与社会观念，实际上是经过他们的过滤与诠释，才传递给广大学生与普通民众。[④] 编者的知识水平与政治素质是影响教科书编写的重要因素，直接关系到教科书质量。以江浙人士为主的书局编译人员构成，很可能会使他们编写的教科书中带有一点的地域因素，这应当引起人们对教科书知识，以及由此而形成的社会意识与知识观念等问题的思考。

三、上层路线：书局与教育部及课程标准的关系

教科书编写受到国家教育方针与政策的影响。教科书是国家教育政策与教育目的的体现物。政府以国家名义，通过教育途径与教科书叙述，赋予其统治合法性。政府制定教育政策与课程标准，加强教科书审定，来指导和规范教科书编写。书局编写教科书要符合政府的要求，需要关注教育政策变化，处理好与教育部门的关系。

以教育部为例，书局与教育部都有直接联系。见表1。

① 金兆梓：《我在中华书局的三十年》，载中华书局编辑部编《回忆中华书局》，中华书局1987年版，第227～228页。

② 参见郑贞文：《我所知道的商务印书馆》，载蔡元培等《商务印书馆九十年》，商务印书馆1987年版，第206页。

③ 参见章锡琛：《漫谈商务印书馆》，载蔡元培等《商务印书馆九十年》，商务印书馆1987年版，第112页。

④ 程美宝：《由爱乡而爱国：清末广东乡土教材的国家话语》，载《历史研究》2003年第4期。

表 1　　民国教育部职员与书局关系

时 期	姓 名	教育部职务 任职时间	与书局关系
民初与北京政府时期	蔡元培	总长(1912 年 3～7 月)	1902 年任商务印书馆编译所长
	范源濂	总长(1912 年 7 月～1913 年 1 月)①	1913 年～1616 年任中华书局总编辑
	严　修	总长(1914 年 2～5 月)	
	黄炎培	总长(1922 年 6～8 月)	编辑《实用主义小学教育法》,江苏省教育会教育研究部 1914; 校订《新体修身讲义》,贾丰臻编纂,商务 1918
	王桐龄	参事(1912 年 9 月～1913 年 4 月)	编纂《新著东洋史》,商务 1922; 校阅《写真中国地理》,白眉初编辑,中央地学社 1927; 校订《中国史》,孟世杰编辑,百城 1931; 校订《中国近百年史》,孟世杰编,百城 1931
	蒋维乔	参事(1912 年 5 月～1913 年 10 月、1920～1921 年)	1902 年起任商务印书馆编辑
	夏曾佑	社会教育司(1912 年 5 月～1915 年 7 月)	为商务印书馆编辑中国历史教科书
	钟观光	参事(1912 年 5 月～1913 年 10 月)	校阅《理化教科书》,上海科学仪器社 1902; 著《理科通证:动物篇》,新学会社 1909; 述《化学讲义》,商务 1912; 述《理化学初步讲义》,商务 1917
	沈步洲	专门教育司长(1916 年～1919 年 4 月)	中华书局英文编辑主任
	任鸿隽	专门教育司长(1920 年 10 月～1922 年 2 月)	商务印书馆编辑
	马叙伦	次长(1924 年 11 月～1925 年 3 月)	商务印书馆《东方杂志》编辑
	章士钊	总长(1925 年 7～12 月)	在商务出版著作数种
南京政府时期	蔡元培	院长(大学院)(1927 年 6 月～1928 年 10 月)	商务印书馆编译所所长
	蒋梦麟	院长(大学院)(1928 年 10 月～1930 年 12 月)	商务印书馆
	陈布雷	次长(1930 年 12 月～1931 年 6 月)	1920 年参加商务印书馆《韦氏大字典》编译工作

① 另外,在 1916.7～1917.11、1921.5～12、1924.1 期间担任过部长。

续表

时 期	姓 名	教育部职务 任职时间	与书局关系
南京政府时期	朱经农	普通教育处(司)长、参事(1928年4月～1930年6月)、次长(1944年8月～1946年)	1923年任商务印书馆编辑,1945年任商务印书馆总经理
	马叙伦	次长(1928年10月～1929年11月)	商务印书馆《东方杂志》编辑
	刘大白	次长(1929年11月～1930年12月)	在商务、开明、世界书局等出版图书
	顾树森	蒙藏教育司(1930～1947年)①	编纂与校订多种教科书
	吴研因	国民教育司长(1947年11月～1949年)	中华书局、商务印书馆编辑、兼任该馆附设尚公小学校长

资料来源:1. 刘寿林、万仁元、王玉文、孔庆泰编:《民国职官年表》,中华书局1995年版。
2. 徐友春主编:《民国人物大辞典》增订版,河北人民出版社2007年版。
3. 王有朋主编:《中国近代中小学教科书总目》,上海辞书出版社2010年版。

从上表可见,教育部职员与书局有一定的关联。民初与北京政府时期的几位部长与次长,如蔡元培、范源濂、黄炎培、章士钊、马叙伦等,一些参事与司长,如王桐龄、蒋维乔、钟观光、夏曾佑、任鸿隽、沈步洲等人,都曾在商务印书馆或中华书局任职过。蔡元培于1902年应邀担任商务印书馆编译所所长,民国成立时,蔡元培出任教育总长,筹建教育部,带去了一些江浙同事同乡,如夏曾佑、蒋维乔等人。黄炎培是江苏教育界领导,与商务印书馆和中华书局有交往。章士钊的著作一般都交由商务印书馆出版。南京政府时期几位次长如陈布雷、朱经农、刘大白都与书局有联系。如陈布雷曾参与商务印书馆编辑辞书,进入国民党后,曾在国民党中央党部、教育部与宣传部担任要职,长期为蒋介石草拟文件,成为国民党"领袖文胆"。李石曾与孔祥熙等人曾担任中华书局董事。曾做过书局编辑的顾树森担任过几个教育部司长,长达十多年。中华书局与商务印书馆的编辑吴研因也曾出任教育部司长。

书局与政府教育部的关系,会为书局的发展提供帮助。如金兆梓的二哥金仲荪为北洋政府国会议员,与陆费逵相识,被中华书局聘为交际员,由他与教育部机关联系,为中华书局所出教科书审查通过取得方便。② 商务、中华、大东都吸收在政界有影响的人物做股东,借助他们的影响力以招揽业务。开明书店要求国民党要人邵力子入股,并请其做董事长。大东书局吸收陶百力、杜月笙做股东。后来大东利用政界关系,成为国民政府最大印钞厂。③ 1943年,教育部将部编教科书以及国立编译馆审定的教科书发行权交给商务、中

① 曾任普通教育、国民教育司长。

② 参见吴铁声:《我所知道的中华人》,载中华书局编辑部编《回忆中华书局》,中华书局1987年版,第31页。

③ 参见黄宝忠:《近代中国民营出版业研究——以商务印书馆和中华书局为考察对象》,浙江大学博士学位论文,2007年,第64页。

华等七家书局组成的“七联处”。这七家书局能够取得发行权，一个原因是与官方来往较多，关系密切。[①] 如被视为小书局的正中书局，在“七联处”中占据领导地位，是因为陈立夫的关系。正中书局是“教育部长陈立夫，纠合那时的几个国民党要人共同组织的。它的资金，最初是由农民银行（CC 的金融机关）拨借的。总经理吴秉常，就是陈立夫的连襟。协理叶溯中，也是国民党名人（曾经做过浙江教育厅长），此外还有南维岳、刘守宜、陈宝书等，都是 CC 派的头面人物。……他们倚仗‘党国’权势，来开办正中，无非是要在出版业中插上一手，进一步控制整个出版界”[②]。

课程标准是教科书编写的直接依据，其制定和修改受到书局的高度重视，书局往往直接参与。1912 年，教育部颁布《普通学校暂行办法通令》与《普通教育暂行课程标准》，则是由商务印书馆与中华书局编辑蒋维乔、陆费逵起草的。其后的课程标准制定，都受到书局的影响。这里以 1923 年与 1929 年小学与初中两次课程标准起草、制订人员情况为例，略作说明。[③]

1923 年与 1929 年课程标准在民国教育史上有重要影响。1923 年开始实行新学制，标志着北京政府教育的一个转向。南京政府于 1929 年颁布新课程标准，1932 年修订后，成为民国时期最重要的课程标准。

1923 年课程标准起草、制定者为（名字加下划线者为书局编辑或在书局工作过）：[④]

小学：国语：吴研因	公民：杨贤江
卫生：俞凤宾、胡宣明、丁晓先[⑤]	历史：朱经农、丁晓先
地理：黄孟姒、王伯祥	社会：丁晓先
自然园艺：施仁夫、姜文洪、葛敬中	工用艺术：熊翥高
形象艺术：宗亮寰	音乐：刘质平
体育：王小峰	算术：俞子夷
初中：公民：周鲠生	历史：常乃德
地理：王伯祥	国语：叶绍钧
外国语：胡宪生	算学：胡明复

① 参阅贺金林：《“七联处”与 1940 年代的教科书发行》，载《广东社会科学》2010 年第 1 期。七家书局为：正中书局、商务印书馆、中华书局、世界书局、大东书局、开明书店、文通书局，其中承销比例为：正中、商务、中华各占 23%，世界 12%，大东 8%，开明 7%，文通 4%。

② 参见刘寒英：《关于“七联处”》，载全国政协文史资料委员会编：《文史资料存稿选编 · 文化》，中国文史出版社 2002 年版，第 430～432 页。

③ 关于课程标准编写者选择情况，参阅杨红波：《他们是谁　谁来选择　选择谁——论清末民国时期历史课程标准编写者的选择》，载《湖南师范大学教育科学学报》2012 年第 6 期。

④ 《中小学的课程、教材与教法》，载刘英杰主编《中国教育大事典》（1840～1949），浙江教育出版社 2001 年版，第 193～196 页。本节未注明出处者，均参见徐友春主编《民国人物大辞典》增订版，河北人民出版社 2007 年版。

⑤ 宋云彬：《开明旧事——我所知道的开明书店》，载中国人民政治协商会议全国委员会文史资料研究委员会编《文史资料选集》合订本第 10 册，中国文史出版社 1986 年版，第 11 页。钱炳寰编：《中华书局大事纪要（1912～1954）》，中华书局 2002 年版，第 196 页。

自然：胡刚复[1]

体育：麦克乐

图画、手工、音乐：刘海粟、何元、俞寄凡、刘质平

1929年，课程标准起草人或审查人为：

小学：国语：吴研因

算术：沈百英、金桂荪

社会：任桐君、吴研因、金海观、胡宣明、马客谈、盛朗西

自然：王莹若、李鼎辅、金润清、徐九昭、马客谈、赵士洁 等9人

工作：尹柏丞、吴研因、周尚志、熊翥高

美术：宗亮寰

体育：朱士芳、吴蕴瑞、沈寿金

音乐：何明斋、程懋筠

初中：国文：刘大白、孟宪承、刘奇、孙学辉

体育：袁敦礼、吴蕴瑞、金兆均、张汇兰、朱士芳

生理卫生：金宝善、姚永政、胡宣明、姜振勋、俞凤宾、黄颂林

英文：张士一、林语堂、胡宪生

算学：艾伟、吴在渊、汪桂荣、段育华、褚士荃

自然：王琎、伍献文、朱昊飞、吴子修、秉志、张景钺、彭世芳、郑贞文

历史：陈训慈、顾颉刚、何炳松

地理：竺可桢、胡焕庸、张其昀、许寿裳

农业：傅焕光、钱天鹤

工业：吴承洛、钟道錩、倪祝华、熊翥高、黄同义、陈芬质

家事：杨保康

图画：吕凤子、李毅士

音乐：程懋筠、肖友梅

从1923年与1929年小学与初中课程标准制定者来看，他们与书局的关系有两种情况：

一是曾经在书局工作过。这类制定者将近一半，如在商务印书馆工作过的有：沈百英、杨贤江、朱经农、宗亮寰、周鲠生、叶绍钧、王伯祥、顾颉刚、胡明复、吴在渊、陈训慈、何炳松、张其昀等人；在中华书局工作过的有：金海观、丁晓先、张士一等人；在开明书店工作过的有：丁晓先、叶绍钧、王伯祥、林语堂等人；在世界书局工作过的是朱昊飞等。这些制定者中，又以商务印书馆的为多。如国语一科，制定者吴研因为商务印书馆编辑，叶绍钧

---

① 徐友春主编：《民国人物大辞典》增订本上册，河北人民出版社1991年版，第990、985页；叶再生：《中国近代现代出版通史》第2卷，华文出版社2002年版，第340页。

做过商务印书馆与开明书店的编辑，刘大白等人与商务印书馆有相当深的渊源；历史一科，制定者朱经农后来出任商务印书馆总经理，陈训慈、顾颉刚、何炳松等都在商务印书馆工作过。这些人员都编校有教科书。

二是未在书局工作过的人员，一般都编校过教科书。课程标准制定者基本上都是本学科的专家，除了上述在书局工作过的人员外，剩下的很多人都编写、校阅过相关教科书。见表 2。

表 2　　1923、1929 年小学、初中课程标准部分起草、制定者编校的教科书

	制定者	编校的教科书
1923	王小峰	小学体育教学法，商务 1925
	胡宣明	高等小学卫生教科书，商务 1921
	胡宪生	新学制英文读本文法合编，商务 1923；新学制高级中学英文读本，商务 1930 等
	俞子夷	社会化的算术教科书，商务 1924；《算术练习用书》，大东 1933 等 30 多种
	施仁夫	校《算术课本》，世界 1933；校《小学常识课本教学法》，中华 1934 等 20 多种
	姜文洪	高级自然课本，世界 1925；高级小学自然课本，世界 1928
	葛敬中	校订《蚕体生理学》，商务 1934；校《桑树栽培学》，商务 1935
	刘海粟	新学制图画教科书，商务 1924；校《初级图画课本》，中华 1924
	何　元	初级图画课本，中华 1924；校订《工艺新建材》，商务 1928
	俞寄凡	小学教师应用美术，世界 1933；译《美学纲要》，商务 1922 等
	刘质平	唱歌教本，泰东 1923；弹琴教本，泰东 1923；开明音乐教程，开明 1934 等
1929	马客谈	公民训练教材，大东 1933；校订《初级算术课本》，世界 1924 等 20 种
	盛朗西	暑假国语自习书，北新 1933；当代国文，中学生 1934 等 10 多种
	金润清	初小国语教学法，世界 1933；我们的老祖宗，中华 1935 等
	王　琎	校订《大时代高中化学》，兼声编译社 1942
	尹柏丞	小学劳作指导书，中华 1934
	周尚志	儿童文学读本教学法，商务 1922；校订《新学制小学复式教学法》，商务 1924
	熊翥高	新编图画课本，商务 1920；新学制工用艺术教科书，商务 1924 等 10 多种
	吴蕴瑞	体育教学法，1934
	沈寿金	小学体育教本，正中 1947
	何明斋	手工教本，泰东 1923；新学制音乐教科书，商务 1924 等 20 多种
	孟宪承	教育概论，商务 1933；校订《国文》，正中 1935 等
	刘　奇	选注《初级中心国文：甲编》，正中 1933
	袁敦礼	校阅《最新实验小学游戏教材》，世界 1948
	艾　伟	小学国语默读测验，中华 1939；教育心理学，商务 1935 等

续表

	制定者	编校的教科书
1929	汪桂荣	初中算术，正中 1935；高中平面几何，钟山 1942 等
	吴子修	初级中学北新植物学，北新 1932；初中植物学，北新 1934 等
	彭世芳	中华高等小学理科教科书，中华 1913；中华中学植物教科书，中华 1913 等
	胡焕庸	外国地理，钟山 1933；校订《高级小学地理课本》，中华 1947
	钱天鹤	校《中等养蚕法》，中华 1930
	倪祝华	基本初小劳作教本，商务 1931；初小劳作教本，世界 1933 等
	吕凤子	校订《水彩画》，大东 1930

资料来源：王有朋主编：《中国近代中小学教科书总目》，上海辞书出版社 2010 年版。

从上述可见，书局或直接参与课程标准的制定，其中一些人就是书局的职员；或在书局出版过教科书，应书局邀请参加教科书编校。书局通过参与课程标准制定，一是把书局的教育理念施诸其中，这些看起来反映全国教育要求的课程标准，往往是大书局知识观念的体现；二是保证其所编写的教科书符合政府的要求，为顺利通过政府的审定提供保障。

从民国教育部与课程标准制订者的情况来看，绝大多数与书局有很深的关系。书局通过走“上层路线”，把其一些理念渗透到教育实践中去。通过政府的渠道，以国家的名义，书局的知识观念得以推行到全国。

四、占领市场：作为商品的教科书竞争

教科书要发生影响，将其中的知识与教育理念转化为学生的知识观念，还需要为学校与学生所使用，这关系到教科书的发行。如何推销出教科书，不仅是教科书的编写与发行的重要环节，也是知识生产与流通的一个重要部分。影响教科书发行的，不仅是教科书的质量，还与书局的营销策略有很大关联。为了争夺教科书市场，各书局在地方上设立公司或销售处，打广告战、价格战，甚至诉讼，实行多种促销手段，开展同业竞争。这里仅以把握商机与广告战为例略作说明。

注重商机，抢得先机。如中华书局的成长，主要是把握了民国“共和”时机。在商务印书馆工作的陆费逵，在 1911 年秋看到革命定能成功，教科书应有大改革，就筹划创设书局，暗中加紧编写注意开启民智、内容适合共和政体的新教科书。[①] 中华民国成立，市场上没有适合共和民国的新教科书，中华书局编写的这套“中华教科书”“几乎独占了中小学教科书市场”[②]。中华书局正是靠这套教科书站稳了脚跟。开明书店成立之初只是一个关注妇女问题的杂志社，后来介入教科书市场，是从编辑学生读物“活页文选”入手。开明看到当时大书局出版的国文教科书选文陈旧，整本售卖，不能满足市场需求，同时考虑到

① 参见陆费铭琇：《我国近代教育和出版业的开拓者》，载俞筱尧、刘彦捷编《陆费逵与中华书局》，中华书局 2002 年版，第 26 页。

② 钱炳寰编：《中华书局大事纪要（1912～1954）》，中华书局 2002 年版，第 4 页。

学校油印教材质量不佳，因此决定出版“文选”，选定不同文章以活页方式印刷，让师生自行选择购买。“活页文选”发行后，获得很大的成功，为开明从事教科书编写出版奠定了基础。[①]

为推销教科书，各书局还纷纷投放广告，宣传自己编写教科书的优点与特色，甚至攻击其他书局教科书的不足。这以中华书局与商务印书馆、国民书局与世界书局之间的广告战最有代表性。

为争夺被中华占领的教科书市场，1912 年秋，商务印书馆推出“共和国教科书”，声称“力图博采世界最新主义，期以养成共和国民之人格”。《共和国教科书》出版后，各校纷纷采用，呈大销特销之势。商务印书馆由此在教科书市场上重振雄风。[②] 中华书局于 1913 年出版《新学制教科书》和《新编国民教育教科书》，刊出新国旗做封面。中华教科书体例新颖，风行一时，赢得了大部分教科书市场。[③] 一时间，“共和国教科书”与“新制教科书”形成竞争。1913 年 8 月，秋学期开学前，正是各书局推销教科书的关键时期，两大书局在《申报》上打起广告战。中华书局指出其“新制”教科书，课时分量合适于授课时间，内容注重国民教育，印刷精良等；商务印书馆“共和国教科书”不敷课时应用，不言及甲午战争赔款，底面单页、字形过小等。对中华书局的指责，商务印书馆在《申报》上一一作了回应。[④]

关于商务与中华这次教科书之争的结果，1913 年 7 月，绍兴教育会审查图书报告或许可以作为参考。绍兴教育会开会审查小学教科书，代表到会者十余人，经审查后认为，修身、国文以中华为佳，算术、理科以商务为佳。史地图画二者仿此。“遂经公决高初修身国文以中华为适用，其他各科，本可分别采用，唯商务书一年二册，于教授上滋多不便，现重要科目，既决用中华，不如连带采用以归统一，经多数赞成通过。”[⑤]可见在绍兴一地，中华教科书获得认可。

商务印书馆与中华书局之间的教科书竞争一直存在。[⑥] 为了对付新的竞争者世界书局，这两个老对手曾经一度联手。世界书局从 1923 年起开始编印教科书，至 1925 年开始有成套的教科书出版。当时中小学教科书市场几乎为商务、中华两家所垄断。世界书局为了争夺市场，运用各种营销方法，很快在教科书市场上占有一席之地。为抵制世界书局，商务与中华除在教科书营销上采取相应的对策外，还在 1924 年夏联合成立国民书局。针对世界书局小学教科书的品种，出版初、高级各一套，用售价更低廉的办法，在世界书局教科书主要行销的地区销售，作为抵制世界书局教科书的具体措施。[⑦] 1925 年，在《申报》

---

① 参见邱雪松：《开明书店、“开明人”与“开明风”：中国现代知识分子与出版的一种关系》，华东师范大学博士学位论文，2010 年，第 32 页。

② 参见王建军：《中国近代教科书发展研究》，广东教育出版社 1996 年版，第 214 页；《商务印书馆第二次登报声明》，载 1913 年 8 月 16 日《申报》。

③ 参见熊尚厚：《陆费逵先生》，载中华书局编辑部编《回忆中华书局》，中华书局 1987 年版，第 2 页。

④ 参见《中华书局答商务印书馆声明》，载 1913 年 8 月 15 日《申报》；《商务印书馆第二次登报声明》，载 1913 年 8 月 16 日《申报》；《中华书局再答商务印书馆》，载 1913 年 8 月 17 日《申报》。

⑤ 转引自周其厚：《中华书局与近代文化》，中华书局 2007 年版，第 137 页。

⑥ 张元济日记中多次记载了与中华书局竞争合作事，参阅张元济《张元济全集》第 6 卷《日记》，商务印书馆 2008 年版。

⑦ 参见钱炳寰：《20 年代教科书竞争二三事》，载《出版科学》1997 年第 4 期。

上,世界书局与国民书局有一场教科书广告战。①

正是通过诸多促销手段,大书局控制了销售渠道,占领了教科书市场。教科书市场,不仅是作为商品的教科书市场,也是书局占领的“知识领地”,读者使用某书局编写的教科书,可能就会受到该书局的影响。书局在获得相当的经济利益的同时,也完成了知识生产的部分功能,把教科书所表达的知识与思想推行出去。

结 语

本文以教科书编写发行为中心,讨论了书局在图书出版中的作用及其知识生产的可能影响。书局主要集中在上海一地,书局的编者是一群有着同乡或师生关系的苏浙人,这使得他们编写的教科书,不可避免地带有江浙地域知识背景。书局与政府教育部有密切的关系,直接参与课程标准的制定,施加对政府教育政策的影响,这使其编写的教科书可以“符合”课程标准的要求,“符合”政府的教育目标,为教科书发行提供了制度保障。同时,书局还通过广告战等多种营销手段,抢占教科书市场。书局通过这些方式,建立起自己的权势网络,推销作为商品的教科书,也把教科书中的知识观念推行出去。

本文希望引起讨论的是知识的生产及其性质。教科书编写发行的过程,实际上就是知识生产的过程。书局通过控制教科书的编写发行,确立其在知识生产中的地位,实现知识的社会控制。与之相应的是,编者个人的认识,通过教育这种特殊的渠道,成为一般知识观念民众的重要来源。教科书体现的是“有选择的传统”,它只是某些人的选择,只是某些人对法定知识与文化的看法,它参与决定了社会上什么样的知识会被认为是合法与真实的。② 书局通过教育途径,以国家的名义,将地方性知识全国化,个人性知识大众化,使一种地方性的部分人的知识成为“经典”知识,影响一代甚至数代人的思想观念。

这种情况,时人早有感知。1905年,清政府试图推行国定教科书,陆费逵表示反对:“以全国四万万人之教育而委之学部数十人之手,一成不变,其必无良果可想而知。”③陆费逵担心的是,关系到全国人民的教科书究竟应该由何人编写。关于书局的影响,致力于新文化运动的胡适就注意到:“得着一个商务印书馆,比得着什么学校更重要”④,“一个支配几千万儿童的知识思想的机关,当然比北京大学重要多了”⑤。从教科书编写发行来看,关系全国学生与一般民众知识观念的教科书编纂何尝又不是“委之数十人之手”?那么,我们认为是“经典”的知识,其价值与意义可能需要重新估量。

作者简介:刘超,常州大学马克思主义学院教授。

---

① 《教育部审定、世界书局出版新学制初级小学教科书》,载1925年2月4日《申报》;《最新出版的、最合现势的新国民初级小学各科教科书出现了》,载1925年2月13日《申报》。《解决高级小学用书问题》,载1925年7月11日《申报》;《国民书局续出小学高级用新国民教科书》,载1925年7月12日《申报》。

② 参见[美]M. 阿普尔、L. 克里斯蒂安—史密斯主编:《教科书政治学》,华东师范大学出版社2005年版,第4页。

③ 伯鸿:《论国定教科书》,载吕达主编《陆费逵教育论著选》,人民教育出版社2000年版,第18页。

④ 曹伯言整理:《胡适全集》第29卷《日记》(1921年4月27日),安徽教育出版社2003年版,第218页。

⑤ 胡适:《高梦旦先生小传》,载《东方杂志》第34卷第1号。

历史书写与记忆的辩证法[①]

闫国疆

作为人类已有事件和行动以及对这些事件和行为的系统的记录、诠释和研究，历史是今人理解过去和未来行事的参考依据。流水一去不复返。今人对过去的理解离不开相关的文本——文字、数字、图像、视频、音频等物质媒介。历史离不开人的主体性活动，所有物质媒介不可能自动记忆、诠释和研究历史，而日常生活当中的人，无论是其认识还是改造周围世界的活动，总要运用一定的思维认识方式和手段，总会因为个体所处环境特别是意识形态的影响而有所取舍，日常生活的结构直接影响着个人的思想与行为。行为主体的有限性，决定了记录、诠释和研究必然是一种选择性的行为。因此，历史不是与主体意识无关的纯粹客观运动，更不是无主体的客体自发行为。主客互动之中生成了历史，作为研究对象的历史，“总是遵照在它之外的某种尺度来编写的”[②]，选择性记忆和结构性失忆则是历史记忆与书写的辩证法。

一、历史文本：人类活动与社会记忆的物质载体

人类社会是由无数个人有序结合而成的一种关系性和实体性的存在。每一个社会成员的具体生活实践活动（过程及结果），必然都会或多或少地对这一关系性、实体性的存在产生直接或间接的影响。与此同时，生活在一定历史条件下的个人，也总是在不断地记忆并消化历史或当下社会和他人关于周围世界及人自身的认识，并将自己在实际生活中关于自然、社会和人自身的认识加以记忆并保持下去，人类历史也因此得以形成和延续。这实际上是一个将人类在实践活动中所获得信息予以编码、加工和存储的过程，一个对实践活动和经验的识记、保持和应用过程。从一定意义上说，人类历史实际不过是基于实践基础上的人类记忆的发展史。而历史是依赖时间而展开的，但是时间本身并不会自动记载历史，记载历史的总是生活于一定时空内的人。只有生活于一定时空内的人，按照自己的

① ［基金项目］中国博士后科学基金资助项目“现代化历程中的新疆居民身份演变与认同问题研究”(2014M551541)、国家社科基金一般项目“现代化历程中的认同危机与新疆居民身份构建问题研究”(15BZX107)、教育部人文社科基金一般项目“新疆社会意识整合中的身份构建问题研究”(12YJA710082)。

② 《马克思恩格斯文集》第1卷，人民出版社2009年版，第545页。

理解，将自己耳闻目睹的事件以特定的方式用文字记录下来并给予必要的说明，从而形成一种承载“历史事实”的文本，此即历史文本。

历史文本是由附着有特定意义的一系列符码组成的用以传达特定信息或现象的记号系统，来记载一定历史时期的一些事件的载体，是对过去的说明或描述。从一定意义上说，“只要文本是过去的，那么它就是历史文本”，“如果文本是由历史作者创作的”，或者“当一个文本对历史产生过某种重要影响”也都可视为历史文本。[①]

作为一定历史条件下的人类实践活动的产物，历史文本的具体形式可以是多种多样的，具体的文字记载、数字、图像、视频、音频等都可以成为历史文本，其承载着关于特定时空下特定事物的特定信息，能够帮助人们了解许许多多自己不可能经历的过去或时空之物。而这种了解必然也是一种历史性的实践活动。因为，不仅历史理解的主体是一种历史性存在，而且历史理解和诠释也具有历史性。正如伽达默尔所讲：“每一个时代都必须按照它自己的方式来理解历史流传下来的文本，因为这文本是属于整个传统的一部分，而每一个时代则是对这整个传统有一种实际的兴趣，并试图在这种传统中理解自身。”[②]每一个阅读者，在从历史文本之中提取文本所承载的社会记忆时，并不是简单机械地复印，而是一种受到个人知识结构、理解能力以及其他诸多因素影响的创造性行为。阅读者在这一行为过程中形成的关于文本记载的社会记忆——历史的看法，实际上就是阅读者对自己所处时代的看法的某种延伸。因此，从一定意义上说，“每一部历史都是一部当代史”，我们在历史中观察自己，我们又通过自己的眼睛反观历史。

不可否认，不同的语言和文化传统直接影响着人们对历史文本的阅读和理解，也就是伽达默尔所说的：“在某个确定的语言和文化传统中成长起来的人看世界显然不同于属于另一种传统的人。”[③]但是，这并不等于具有不同语言和文化传统的人就不能相互理解。因为，不管人们之间存在有多大的差异，毕竟都属于同一个人类的世界，亦即由一种主客互动的实践活动所构成的开放的世界，一个彼此能动与开放的世界。这就意味着，在不同语言和文化传统中成长起来的人，可以彼此超出自己的语言和文化传统、超出彼此的时空去看世界。所以，历史文本承载的社会记忆完全可以被阅读者激活、提取、加工和创造，个人记忆和社会记忆可以跨越时空地互动。从这个意义上讲，在过去、现在和未来的任何一个点上，记忆都不可能是绝对封闭和静止的视域，离开了人类的实践活动和文本这一物质性载体，社会记忆与人类历史都不可能存在。

不仅历史文本，文学、哲学、科学和教育等其他文本所负载的人类记忆之所以能够被阅读者激活、提取、加工和创造，也是由于这种互动性和开放性的存在。比如，在一般人的印象——一种相对静止的记忆——当中，新疆是一个地域辽阔、资源丰富、风光美丽的神秘之地，不仅拥有沙漠戈壁、高山冰川，还有湖泊草原，多个民族、多样文化、多种宗教信仰使其成为“人类文化的博物馆”。但是，众多尚未在新疆亲身体验过的个人，关于新疆的印

---

① [美]乔治·格拉肖：《文本的功能分类》，载汪信砚、李白鹤译《国外社会科学》2001 年第 6 期。

② [德]汉斯—格奥尔格·加达默尔：《真理与方法：哲学诠释学的基本特征》上卷，洪汉鼎译，上海译文出版社 2004 年版，第 383 页。

③ [德]汉斯—格奥尔格·加达默尔：《真理与方法：哲学诠释学的基本特征》下卷，洪汉鼎译，上海译文出版社 2004 年版，第 580 页。

象，无不依赖于与新疆相关的文字记载、数字、图像、视频、音频等文本信息和个人的理解建构而成的一种记忆，这种记忆的建构更多受到个人知识架构、理解能力和诸多其他因素的影响。其中，《后汉书·西域传》《玛纳斯》①《西域通史》《中国新疆——历史与现状》《走进中国·新疆》等诸多关乎新疆昨日与今天的历史文本，就成为人们——特别是没有踏上过这片土地的人们——了解新疆的信息载体。

比如，通过《后汉书·西域传》《西域通史》等文本的帮助，人们关于新疆记忆的基本内容大多是：新疆是中国固有的领土；生活在这片土地上的维吾尔、哈萨克、柯尔克孜、蒙古、汉、满等各族人民，无一不是原本分属其他不同地区、不同部族的群体，以各种不同的方式陆续迁徙至此定居下来，并在交融与共的生活当中共同繁衍发展的结果。随着自然环境和人文环境的变化，原本同属一个部族的群体因为各自生活条件的不同，逐渐形成了具有各自不同特点的文化，衍生至今乃有今日众多拥有不同语言文化的族裔性共同体。今日新疆的众多物质与非物质历史文化遗产就是这种变化的社会记忆与历史见证。

同样都是关于新疆的文本，同样都是关于新疆的记忆，为何会有如此殊异的内容？答案只能从社会记忆深处去寻找。

二、选择性记忆与结构性失忆：社会记忆与历史书写的辩证法

毋庸置疑，《后汉书·西域传》《玛纳斯》《西域通史》等诸多关乎新疆历史的文本，无一不是个别社会成员创作并被一定数量的社会成员所认可的记忆。这些文本最初形成于特定的时空之中，其被社会成员所接受并成为一种社会集体的记忆，也发生于一定的历史条件之下。在这些文本的阅读中，不同的个体又因所持语言和文化传统的不同，以及个人理解能力的区别而会形成不尽相同的文本理解和记忆。不同记忆之下，“历史”自然会有所不同。受到多种因素的影响，不同的阅读者从关乎新疆的众多历史文本中能够解读出各自不同的内容，建构起不尽相同的“新疆”，这实际上就是一种选择性记忆和历史性记忆的结果。那么，众多历史记忆当中何者为真？

这恐怕已经不是依靠历史文本自身能够解决的问题，历史因此也才会有“信史”“野史”之分和史学家须“秉笔直书”之说。然而，即便是在司马迁这样“秉笔直书”的史学家那里，也不可能做到对客观世界进行绝对的全镜像式反映。从事实的选择到忠奸良莠的划分，从三皇五帝到如今的历史叙述，在诸多历史文本和社会记忆当中，无一例外地浸润着叙述者特有的价值判断和伦理判断。因此，在各种历史文本深处，实际上都存在着另外一个常常被人忽略隐藏的“景”——作者所处的社会情境和作者本人的情感意图。这种隐性图景与显性文本共同构成了我们的“历史事实”。所以，从一定意义上说，“历史著作之中不仅渗透着民族的意志、文化的特征、时代的潮流，而且也反映着作者本人的非理性的冲

---

① 《玛纳斯》流传于包括中国新疆、中亚和阿富汗柯尔克孜族区的著名英雄史诗，讲述了柯尔克孜族源和蒙古、塔塔尔等多个民族的族源及其共同的祖先——英雄玛纳斯创业、生活的故事，与《格萨尔》《江格尔》并称为中国民族“三大史诗”。

动和兴致”[①]；历史文本永远不可能是单线式的面上风景，而是一种复调式的多样图景。这一图景实际上就是蕴含有客观事实和价值评判的综合构建之物，一种有选择的结构性记忆或失忆的结果。许多民族志也显示，“以忘记或虚构祖先以重新整合族群范围，在人类社会学中是普遍的现象”[②]。

事实上，自从人类有了尊卑高低的等级秩序以后，人们通常都会记住英雄以荣耀自己，以选择性的记忆来获得更好的生存与发展。此即中国古语“依山傍虎以生存”所讲的道理。这既是一种人类生存的法则，又是一种心理暗示。这种暗示既能让人们充满对生活的信心与希望，又可以让后代在自豪之中最大限度地发挥自己的能力。因为，一个总是处于一种没有尊严、没有地位，满腹卑微、满心低贱生活状态之下的人，是不可能有什么阳光与活力的。一个群体、一个国家同样如此。所以，我们才会有日常生活中的“榜样的力量是无穷的”“鼓励教育是最好的”之说。在具体实践中，我们也才会有意无意地忽略或忘却某些事件的同时，选择或加强某些记忆的做法。若不如此，朝气蓬勃、蒸蒸日上的个人、群体或国家都是难以存在的，富有活力、乐观向上的社会也是不会出现的。这就是为什么在现实生活当中，对以正史、野史、神话、传说、族谱、古墓、祠堂、手札、碑刻等种种面貌存在的诸多社会记忆，我们通常只可能强调其中的一部分而忽略另一部分，此即为结构性记忆或失忆。

从另一个方面来讲，在现实的社会生活当中，社会的集体记忆通常是由这一社会的精英所提供，并借由报纸书刊、广播影视、网络通讯、纪念碑/馆等多种媒介传播，以强化诸多社会成员彼此之间的感情与记忆。但是，对个人而言，被社会现实压抑的过去并不一定就会完全忘却。它们总是以各种各样的形式存在着，在有意无意之间被人们保存着。当人们偶然从自己私人的空间(橱柜、抽屉或床下等)翻出一些早已过去但尚未丢弃的特殊“杂物”之时，或许一个荷包、一页纸片、一根丝带……都会勾起人们关于这些“杂物”的记忆，激起其中所蕴含的喜怒哀乐之情。此时，人们就会知道“过去”如何不会轻易被遗忘。于是，人们常常会在社会的集体记忆之外，多多少少保留些隐私的个人记忆。如此一来，社会的集体记忆和个人记忆形成一种互补，社会成员既可以从社会的集体记忆当中谋得自我生存与发展所必需的理性与资源，也可以从个人“偶得”的记忆当中获取纯属自我的感性与时空。

从一定意义上说，集体记忆通常都是刻意为之的理性之物，刻意为之，广而化之，并为人所纳之后成为社会“正史”；个人记忆大多是无意而成的感性之物，这些记忆何时有用何时就会自觉不自觉地浮出水面，一旦这些无意间浮出的东西被人们记录下来且与刻意为之的集体记忆有所不同，就会成为通常所讲的“杂史”“野史”。并且，由于这些“杂史”“野史”通常都是富含感情、贴近生活的东西，既可以满足人们“正襟危坐”之后用以休闲与放松的生活需求，又可以满足那些具有浓厚的猎奇感的人们的心理需要。所以，人们对用于修身立传、以正视听的“正史”是极为重视的，而对那些非正统的野史类资料往往也会予以关注——甚至分外看重，一旦出现，就会迅速蹿红并广为流传。

---

① 韩震：《论历史解释的历史性》，载《求是学刊》2005年第3期。

② 王明珂：《华夏边缘：历史记忆与族群认同》，中国社会科学文献出版社2006年版，第24页。

对于中国这样一个很早就出现统一中央集权的国家来讲，社会记忆要如实记下“天子”及其臣属治理天下的得失，以为后世生存与发展提供信息与模版，这种记忆是关乎国体国运、关乎“天下”这样一个庞大的社会共同体存亡的大事。相对来说，普通百姓的日常生活只是小事。因此，传统历史著作的内容大多都是“史官”秉笔直书帝王将相如何治理国家、掌控社会的各种言行，而对一般百姓和日常生活则鲜及笔墨。于是，诸多“正史”之中，多的自然是国家兴亡、社稷生活和帝王英雄，而少了日常生活、普通百姓和个人的喜怒哀乐。可以说，这实际上就是一种选择性的社会记忆和结构性失忆。富含喜怒哀乐和日常生活的众多杂史、野史的存在，恰恰从一定程度上补足了这种结构性失忆的缺失，从而使社会记忆变得相对完整和丰富多彩起来。二者犹如一掌两面，相互依赖，密不可分。

三、动态演化与复调式描绘：社会记忆与历史书写的基本法则

通过上述考察，我们发现，无论“正史”还是“野史”，实质均为人类关于自身实践活动的记忆。但是，诸多关乎人类历史的记忆，又是如何产生的呢？

马克思认为：“思想、观念、意识的生产最初是直接与人们的物质活动，与人们的物质交往，与现实生活的语言交织在一起的。”[①]现实当中，任何一个社会群体的每一个成员都可以通过日常生产生活实践和祭祀、礼拜等特殊活动，不断地从自己所属群体的社会集体记忆中汲取个人生存与发展的养料，获得更多更强的认识和实践能力，从而保证自己的生存与发展——犹如读《论语》《史记》以治天下一般。与此同时，群体之内的每一个成员，在其活动当中，也不断地为其所属群体的社会集体记忆增添新的内容，从而推动社会集体记忆的更新或重塑。这是一个社会成员个体与集体之间发生的双向互动的建构过程，一个结构之内发生的选择性记忆过程，一个集体及其成员所特有的主体能力不断凝练、积淀和再生的动态演化过程。因此，我们说，社会的集体记忆是一个动态的社会概念，而非静居不动的现象或名词。

在具体的生活中，每一个家庭、作坊、公司、协会、学校、族群、宗教信仰团体等不同的人类群体与组织都会拥有各自不同的记忆，这些形色各异的记忆均由其所属成员通过一定的活动和相当的时间构建而成。不仅社会需要铭记“共同过去”来凝聚成员，而且群体的发展与重组也需通过结构性失忆并强化新的社会集体记忆来达成。从一定意义上讲，凡有人类存在之处，就有记忆存在；凡有群体活动发生，就有集体记忆形成；社会存有多少群体和组织，就有多少集体记忆的建构与完成。无意识的记忆和有意识的记忆共同构成人们深层的记忆，结构性记忆与失忆共同建构起社会。历史文本就是这样一种选择性记忆的结果。

实际上，人们通常都是生活于多种结构性记忆之中。每个人都会刻意记住有意为之的社会集体记忆，以谋得与群体一致的记忆和言行，从而获取良好的生存与发展。对于社会整体来说，各种个体记忆则如置于橱柜的荷包或丝带一般，只会在有意无意间的关注中增添些生活的色彩，多一种选择而已。

---

① 《马克思恩格斯文集》第1卷，人民出版社2009年版，第524页。

不可否认，日常生活当中，我们通常只会注意到表象的或显性的结构而忽略深层的或隐性的结构。并且，越是深层的结构越不易被我们的理性所察觉，因而使其难以改变，并且这种结构常常附着有支配人们日常言行的价值倾向与利益选择。当人们在政治与社会组织所规范的情境中进行各种关乎个人生存生活的资源分配、分享与竞争活动时，这种深层记忆结构中的倾向与选择就会自然而然地显现出来，它们或者表现为各种富有争论的文本，或者表现为种种维护个人价值与利益的抗颉性行为。[①]

结　语

"历史是一种工具，如果没有它，我们就不能理解这个世界正在发生的事情。"[②]作为一种个人记忆，或许我们可以理解吐尔贡·阿勒玛斯制造历史文本以同诸多社会记忆相抗颉的行为。但是，当他试图将其富有强烈个人情感色彩和利益目的的私人记忆加诸其他社会成员乃至整个社会之时，社会的理性与群体的感性对其产生强烈的反击自是必然。尤其当其他社会成员发现，这种个人记忆与自己耳闻目睹的各种历史遗留的实物、图像、视频、音频所提供的信息差异甚大甚至完全相反，以致会对自己的生存造成危险之时，怀疑乃至唾弃当然也是理所应当。

因此，历史固然多以文本为载体或以文本的形式呈现于世，但这并不意味着可以随意对之进行叙述或阐释。"秉笔直书""作史为传道"因此才会成为为史治学的基本原则。作为一般社会成员，当我们试图了解历史之时，通常会依赖作为历史文本的各种历史作品，但这种依赖绝不是简单的盲信。研究历史既要注重作为客观研究对象的文本、图像等文献资料，也须注意相关资料生产主体的主体意识和思想背景等主观性因素。面对历史文本之时，我们还要依靠自己的理性、历史流传物或者其他的历史记载，以使自己能够在可靠的资料基础上理解历史文本的叙述，更新自己的记忆，明白历史之"道"。否则，就有可能沦为文本文字的奴隶，既不可能理解历史，也不可能创造历史，更不可能成为历史的"主人"。

作者简介：闫国疆，南京大学世界历史博士后，新疆财经大学副教授，研究方向为历史哲学与当代社会发展理论、现代社会转型与身份认同。

---

① 王明珂：《族群历史之文本与情境——兼论历史心性、文类与范式化情节》，载《陕西师范大学学报》（哲学社会科学版）2005年第6期。

② [英]艾瑞克·霍布斯鲍姆、[意]安东尼奥·波立陶：《霍布斯鲍姆：新千年访谈录》，殷雄、田培义译，新华出版社2001年版，第7页。

超越资本主义的历史迷梦[①]

——“政治马克思主义”的资本主义历史观探析

冯旺舟

“政治马克思主义”(Political Marxism)是西方马克思主义的一个重要流派,强调经济背后的超经济因素特别是政治共同体的作用,把历史作为理论分析的核心,突出社会主体和阶级冲突在解释历史中的作用,反对非历史的传统马克思主义的分析模式,发展了一种深刻的辩证方法,试图重申资本主义的历史特性,在世界历史中定义资本主义。“政治马克思主义”的代表人物主要包括美国的罗伯特·布伦纳(Robert Brenner)、加拿大的艾伦·梅克森斯·伍德(Ellen Meiksins Wood)和乔治·科米奈尔(George Comninel)、英国的汉斯·拉切尔(Hannes Lacher)和贝诺·塔斯卡(Benno Teschke)等。布伦纳和伍德被誉为“政治马克思主义”的两位主要旗手,他们对资本主义进行了深刻的批判,揭示了资本主义的本质、发展逻辑、历史进程和未来发展趋势。他们对资本主义的批判性诊断有助于超越资本主义的历史迷梦,彰显社会主义的价值。

一、资本主义的内涵

伍德指出,所谓资本主义,“就是一切物品和服务性劳动,提供最基本的生活必需品,都是以获得利润为目的、为了交换而进行的生产体系,在这里,连人的劳动力也成为在市场上可以出售的商品。因为所有经济行为者都依赖于市场,所以竞争和利润最大化成为生活的根本规则。因为那些原则,因此资本主义是一个独特的体系,它支配生产力的发展以便靠技术手段来提高劳动生产率。总之,资本主义是一个体系,无产者进行着大量的社会劳动,他们靠出卖自己的劳动力获取报酬以取得生存的条件”[②]。在这种社会中,劳动者为资本家创造利润,资本主义利润支配着商品的生产和服务。资本主义体系的基本目

---

① 基金项目:2015 年国家社科基金青年项目:“转型资本主义”批判理论及当代价值研究(15CKS024)。2015 年中国博士后科学基金第 57 批面上资助项目:艾伦·伍德的资本主义批判理论研究(2015M571076)。2016 年中国博士后科学基金特别资助项目:政治马克思主义研究(2016T90120)。湖北省高等学校马克思主义中青年理论家培育计划重大项目:政治马克思主义的资本主义观研究(172D060)。湖北省教育厅一般项目:政治马克思主义的意识形态理论及其当代价值研究(16Y042)。

② Ellen Meiksins Wood, *The Origin of Capitalism*, NewYork:Monthly Review Press,1999, pp. 2-3.

标是生产和资本的自我扩张。在资本主义社会，一切的产品及服务都是为市场而生产并从市场中获得。虽然其他社会也曾有过市场，但只有在资本主义社会基本的生活条件得依靠市场才能获得。伍德认为资本主义是一个阶级压迫制度，是一个残忍的积累过程，决定着人们生活的各个领域，“它通过生活各个方面的商品化，使所有的社会生活都服从于市场抽象的需要，并决定着劳动、闲暇、资源的分配，决定着生产和消费方式以及时间安排”①。

伍德指出，资本与劳动的关系遮蔽了资本主义的剥削。在成熟的资本主义社会，工人为了工资而向资本家出卖劳动力，资本家购买工人的劳动力生产商品和服务并卖掉以换取利润。“资本主义的利润则不是直接从工人那里抽取。资本与劳动的关系是透过市场作为媒介。那就是说，资本家预先支付了工资（习惯上是这样说），而必须把工人生产出来的东西卖掉才能实现利润。利润的大小则视资本家所支付的工资与工人供应的产品及服务能卖得多少之间的差额而定。”②通过资本主义的这种雇佣劳动关系和工资制度，工人似乎是获得他们所做工作的全部酬劳，资本家看起来与工人之间不是剥削与被剥削的关系，而是合作关系。但这种表象是错误的，因为工人是按出卖劳动力一段时间而获发工资，而不是按他在那段时间内实际能生产多少来获得工资的。“资本与劳动之间含糊不清的关系掩饰了资本主义的剥削，其中，支付工资的劳动力交换完全掩盖了没有报酬的那部分劳动……这是资本主义核心关系最根本的虚假外表，但它只是众多虚假外表之一。”③无论工人生产多少都是属于资本家的，而资本家就把工人的工资与其产品或服务在市场上售得的差额据为己有。就是这样，资本家以利润的形式占有了工人所生产出来的剩余价值，就像地主以地租形式占有农民的剩余产品一样。资本主义丝毫不关心被剥削的工人所处的社会身份和现实处境，而且在资本逻辑推动下不断加剧这种剥削，加剧劳资对立。

伍德认为，资本主义是由竞争和利润最大化原则操控的。资本家获得利润的方式一方面表明利润是不确定的，另一方面资本家对利润的追求遵循一定的原则。资本家要将生产的产品和服务销售出去获取利润必须要在同一个市场上与其他资本家竞争，否则就会被市场淘汰。“事实上，竞争是资本主义的驱动力——尽管资本家常常尽最大的努力透过某些手段，例如透过垄断以避免竞争。在任何一个市场内，价格竞争的成败取决于社会平均生产力，但这个社会平均生产力不是个别的资本家所能控制的。他们无法控制产品成功销售出去的价格，甚至不能预先知道确保销售成功的必要条件，更不消说确保有利可图了。”④在激烈的竞争环境下，资本家能有效控制的就是生产的成本，为了资本增值和利润最大化，他们会用一切可能的方法去削减成本以保证利润，这意味着要削减劳工成本，不断改进生产管理和提高技术水平。同时，要不断地进行固定资产的投资才能不断进行

① ［加］艾伦·梅克森斯·伍德主编：《民主反对资本主义——重建历史唯物主义》，吕薇洲等译，重庆出版社2007年版，第259页。

② Ellen Meiksins Wood, “What is Capitalism?” *New Socialist Magazine*, No.(8-9), 2002.

③ ［加］艾伦·梅克森斯·伍德主编：《民主反对资本主义——重建历史唯物主义》，吕薇洲等译，重庆出版社2007年版，第278页。

④ Ellen Meiksins Wood, “What is Capitalism?” *New Socialist Magazine*, No.(8-9), 2002.

资本积累和生产剩余价值。竞争和利润最大化的原则不但是资本家遵循的规则，也是资本主义制度得以维持的规则。在这种规则的操控下，资本家乃至资本主义都表现出贪婪的本性，抬高资本和财富的地位，贬低人的价值和地位。

伍德指出，资本主义是强制，不是自由。在资本主义的意识形态中，市场被诠释为自由，而不是强制。同时，自由被确定的机制保证，在这种机制中，供给满足需求，人们能够自由选择商品和服务。这些机制是不具人格的市场力，将强迫经济角色合理化以便最大化选择和机遇。这显示了资本主义——最终的市场社会是最理想的获取机遇和选择的条件，意味着更多的物品和服务被提供，更多的人和更多的自由出售并从中获利，更多的人有更多的自由去选择。与传统的解释模式认为资本主义是一个机会相反，伍德认为，错误的关键在于资本主义市场不是自由，而是强制。这包含两重意思："其一，资本主义社会中物质生活和再生产以市场为媒介，所以个人为了获得生活资料不得不以某种方式加入市场关系。其二，资本主义市场的强制性——竞争、积累、利润最大化、劳动生产率的增长——不仅表现在经济领域，还规定了一般的社会关系。"[①]

二、资本主义的起源

伍德指出，资本主义存在时间非常短的与众不同的供需方式与先前社会的管理物质生活和社会再生产有很大的不同。资本主义开始于交易的扩张和新航路的开辟，特别是哥伦布在15世纪末的地理大发现，很少有人将资本主义的出现时间确认为16世纪或17世纪早期，大多数人认为资本主义出现在18世纪或产业革命成熟的19世纪。历史学家在说明资本主义体系发展史的时候，都将资本主义体系看作人类史上早已存在的某种倾向，在历史条件成熟时自然而然实现了的东西。历史学家解释资本主义的兴起缺乏足够的理由，他们的解释根本上是一个循环论："为了说明资本主义的起源，而预先想定了资本主义早已存在；为了说明利润最大化是资本主义特有的推动力，而预先把利润最大化具有一般合理性当作了前提；为了说明技术进步是资本主义劳动生产率提高的动力，而预先把持续的技术发展当作了前提。本来历史学家应该说明的是资本主义的起源，但是他们却把必须要说明的起源当作了不需要说明的前提。"[②]古典经济学和启蒙主义的进步概念是这种循环论证的根源。他们认为资本主义从产生到成熟的过程就是人类本性的反映。虽然资本主义的发展面临很多障碍，但是资本主义的进步是自然和不可避免的。他们认为我们不需要过多地去解释"资本主义的产生"，而应该更加关注如何扫除资本主义发展的障碍。

伍德批判了资本主义起源的"商业化"解释模式、人口学模式、绝对主义国家等模式，指出资本主义及其起源的绝大多数解释仍然不是对起源的解释。资本主义看起来需要从其枷锁中解放出来，例如从封建制的锁链中解放出来。特别是这些枷锁是政治性的：寄生的贵族权力或专制国家的限制。这些限制面临经济角色的自由化运动或对于经济合理性

---

① Ellen Meiksins Wood, *The Origin of Capitalism*, NewYork:Monthly Review Press,1999,pp. 6-7.

② Ellen Meiksins Wood, *The Origin of Capitalism*, NewYork:Monthly Review Press,1999,p. 3.

的自由表达。“资本主义基本上已经成为市场扩张和技术发展的自然化的表现。马克思主义的解释与此基本一样，不同的只是添加了对资产阶级革命对打破桎梏起到了推动作用的说明。”[①]伍德指出，从封建枷锁中解放的解释强调非资本主义和资本主义社会之间的连续性，否定或掩盖了资本主义的特殊性。“交换已经存在很久，资本主义市场也是一样。在这种观点中，由于资本主义的特殊性要求持续的生产革命化动力，这是资本主义的扩展和其贯穿历史的普遍性的加速，资本主义被认为是一个自然化的过程，产业化被说成是人类最基本的倾向的不可避免的结果。”[②]所以资本主义的发展轨迹成了从巴比伦或罗马商人开始，经过中世纪“市民”(burgher)、近代初期的资产者，直至产业资本家为止的自然进化过程。马克思主义的解释与此相同，只不过最近时常把故事的舞台从城市移到乡下，用乡村的商品生产者取代商人，中小规模的农业家成了等待时机变身为真正资本家的人，仿佛小商品生产一旦突破封建制的桎梏就可以变身为资本主义了，小商品生产者为资本主义的发展开辟了道路。

伍德关于资本主义起源的观点直接继承自罗伯特·布伦纳(Robert Brenner)的农业资本主义说，认为英格兰特殊的历史和所有制关系导致资本主义的产生。布伦纳认为前资本主义财产关系主导世界各国的经济，所谓财产关系是指“直接生产者之间、剥削阶级(如果存在剥削阶级的话)成员之间、剥削者与生产者之间的关系，这种关系具体规定并决定个体经济行为人(或家庭)得到生产资料及经济产品的权利”[③]。罗布特认为，社会财产关系决定了直接生产者和剥削者的地位，在前资本主义社会，社会经济的发展趋于停滞，要实现由封建主义向资本主义的转变也必须实现前资本主义的财产关系向资本主义的财产关系的转变。这种转变最先发生在英国，“在布伦纳看来，英国作为人类历史上第一个实现现代经济发展的社会，是特例而非常例；资本主义财产关系在英国的出现是‘非故意’的结果”[④]。布伦纳进一步分析了英国和法国在土地权上的不同，“法国农民由于得到日益加强的集权国家的支持，在与地主的斗争中最终获得了完全的小土地所有权；而英国农民在与地主的斗争中处于劣势，并最终被赶出土地，成为租地农”[⑤]。伍德坚持和发展了布伦纳的农业资本主义观点，认为资本主义起源于英格兰的农业，与欧洲其他国家仍然是破碎化的法律体系和领主特权带来的分离不同，16世纪末的英格兰是一个统一的君主专制的国家，已经将领主的权力集中于中央政府。英格兰的中央集权拥有坚实的物质基础、发达的道路交通和水上交通网，具有一个发达的国内市场。英格兰的农业也有两个特点：一是英格兰是中央集权制国家，贵族很早就被脱离军事化，既没有其他国家主权细分化经历，也没有其他国家贵族那种由超经济权力或政治权力构成的所有制关系。二是在中央集权的国家和贵族的土地之间存在着被称为“交易阻塞”的现象。英格兰的土地长期异常地被大地主掌握，他们可以用新的办法使用自己的财产。他们缺乏榨取剩余劳动的超经

---

① Ellen Meiksins Wood, *The Origin of Capitalism*, NewYork: Monthly Review Press, 1999, p. 4.

② Ellen Meiksins Wood, *The Origin of Capitalism*, NewYork: Monthly Review Press, 1999, pp. 4-5.

③ Daniel Chirot(ed.), *The Origins of Backwardness in Eastern Europe: Economocs and Politics from the Middle Ages until the Early Twentieth Century*, University of California Press, 1989. p. 18.

④ 鲁克俭、郑吉伟：《布伦纳的政治马克思主义评析》，载《当代世界与社会主义》2006年第2期。

⑤ 鲁克俭、郑吉伟：《布伦纳的政治马克思主义评析》，载《当代世界与社会主义》2006年第2期。

济权力，更多的是追求增强经济权力。这个特点造成英格兰的土地大部分由借地农而不是自耕农耕种，地主不能从借地农那里榨取更多地租，只能依赖借地农不断提高生产率。因此，借地农不仅要直接面对地主的压力，也要面对提高生产率，即市场强制的压力。“借地农不仅在市场中为消费者而竞争，而且为保有土地竞争。借地权的保有依赖于偿付能力，不具有竞争力的生产意味着失去对土地的掌握，因此必须提高生产竞争力。为了满足经济地价的要求，其他潜在的借地农为了同样的借地权而互相竞争，借地农被迫生产高消费的商品，以惩罚占有。所有制关系体系的影响在于许多农业生产者，包括相对富裕的自耕农，他们都依赖于市场来实现对作为生产手段的土地的占有。”①伍德指出，与法国直到拿破仑时代才真正建立了交易和市场的原则相比，英格兰早就清除了资本主义发展的障碍并形成了自己的国内市场，开辟了资本主义发展的道路。竞争性的国内市场的发展不是资本主义发展的必然结果，而是资本主义及其市场社会的成因。统一和竞争性的国内市场反映了英格兰地主剥削模式和国家本质的改变。

伍德指出，到现代早期，许多英格兰的习惯性地租变成了经济型地价。但是那些借地农认为习惯性地租能给他们更多的安全，但他们仍然会在市场的压力下在同样的市场出售自己的产品，以提高在市场中的竞争力。在这种竞争环境中，具有竞争性的农业生产者获得成功，并且他们对土地的掌控更加有力，但无竞争力的生产者被淘汰并成为一无所有的大众。竞争性的市场强制力是剥夺直接生产者的主要因素，但是这些经济力量毫无疑问借助于直接的强制力的干预来收回借地农的土地或消除他们的习惯性的权利。在英格兰，财富仍然来自农业生产，在农业部门的所有主要的经济角色都是直接的生产者和他们剩余劳动的占有者。从16世纪开始，经济活动越来越多地依赖于资本家的行为：最大限度的交换机制来源于通过专业化、积累和革新的方式实现的最小的成本和生产率的提高，这种供给模式为英格兰社会提供了基本的物质需要，因此也带来了一种全新的自我持续增长的动力，以及与传统循环模式不同的积累和扩展方式。资本主义也是一种特殊的制度，产生了大量的一无所有的大众。在从这个意义上来说，近代早期的农业资本主义是一个具有特殊运动法则的社会形态，它将最终产生资本主义并使其过渡到成熟的产业资本主义形式。可能一些历史学家夸大了英格兰农民的下降，可能他们要经历漫长的时期才能彻底消失，但是毫无疑问，相对欧洲其他国家来说，英格兰是一个特别的国家，市场强制加剧了英格兰的两极分化：大土地所有者和一无所有的大众之间的分化。“地主、资本主义性质的借地农和雇佣劳动者组成的三角关系则是英格兰农业发展的结果，雇佣劳动随着劳动生产率提高的压力而增加。同样的过程在提高农业生产率并可以维持大量非农业人口的同时，造成大规模劳动人口和廉价的国内市场。这种市场没有历史前提。这是英格兰产业资本主义形成的背景。”②

① Ellen Meiksins Wood, *The Origin of Capitalism*, NewYork: Monthly Review Press, 1999, p. 76.

② Ellen Meiksins Wood, *The Origin of Capitalism*, NewYork: Monthly Review Press, 1999, p. 78.

三、资本主义与民主、现代性和全球化

资本主义与民主、现代性和全球化有着紧密关系，资本主义的民主属于现代性现象，并且在全球化过程中实现了最大限度的扩张，对世界的政治、经济和文化产生了深远的影响。

第一，资本主义与民主。伍德认为，民主从字面上与资本主义无关。民主在古希腊文中的意义是指人民——普通人甚至是穷人。民主恰恰是指人民权力或者是普通人或穷人权力的意思。对于民主的敌人而言，人民权力是一种颠倒过来的阶级统治形式，即人民权力在有产阶级之上，或者是精英从属于群众。表面上，先进资本主义世界发展至成年人有普选权为止，政治权利的扩张似乎说明我们已经取得自治的重大收获，但是政治权利的扩大只说出问题的一部分。“今天，政治权利，即公民权利的确变得更广泛，比以前任何时候都更普遍地获得。但这些权利同时又变得不那么重要。我们现在可能是先进资本主义世界的公民，但这种公民权利跟我们怎样过我们的日常生活关系甚少。生活的各个领域仍留在民主公民、民主负责制的范围以外，例如我们的劳动生活、劳动力及资源的分配、时间本身的组织等等。”①资本主义使上述领域都不可能实现真正的民主。

伍德指出，前资本主义社会的生产、分配等都由超经济手段，即政治、军事与司法的权力所统治，而行使这些权力的不是整体社会便是某些既得利益者或阶级。但是资本主义不是直接运用这些超经济手段，而是依靠纯经济手段，运用市场规则实行符合资本家利益的生产和分配模式。也即是伍德所说的政治与经济的分离导致经济民主与政治民主的分离。“这样，就算所有成年人形式上拥有像投票权那样的平等政治权利，资本的剥削权力丝毫不受影响。换句话说，剥削就像资本主义的物质及社会生活的其他方面一样是民主权力不能触及的，它不是由资本——工作单位内外——直接控制，便是透过市场机制，竞争的强制性，资本的累积以及利润的最大化所操纵。这些机制调节社会活动，其地位在任何人类目标之上。”②

资本主义政治与经济的分离其实是政治功能本身的分化，将分化出来的功能分配到私人经济领域和国家的公共领域，将直接与榨取剩余劳动相联系，从而导致经济领域的不平等。通过这种分离，一方面掩盖了资本主义政治民主的虚假性，另一方面将公民应享有的民主权力排除在民主政治之外。“在资本主义社会中公民地位和阶级状况的分离就具有两方面含义：一方面，公民权不是由社会经济地位决定的——在这个意义上，资本主义能够与形式民主共存——另一方面，公民平等不会直接影响阶级不平等，形式民主没有从根本上促动剥削。”③

---

① “Interview with Ellen Meiksins Wood-Democracy & Capitalism: Friends or Foes?”, *New Socialist Magazine*, Vol. 1, Issue 1, 1996.

② “Interview with Ellen Meiksins Wood-Democracy & Capitalism: Friends or Foes?”, *New Socialist Magazine*, Vol. 1, Issue 1, 1996.

③ [加]艾伦·梅克森斯·伍德主编:《民主反对资本主义——重建历史唯物主义》，吕薇洲等译，重庆出版社2007年版，第198页。

伍德指出，民主经历了一个漫长的中和化和驯化的过程。从原先统治阶级避之不及到现在予以赞美，这不仅不代表民主已经达到了很完美的程度，而且意味着古代民主概念中的两个特点事实上消失了。“首先是其社会内容，它同某一特定阶级的联系——即我在上面提到的由‘人民’统治的意义。其次是它同积极公民的概念的联系，即群众权力在政府中的积极行使。”①民主概念的真实社会内容已经被抽离，积极公民被消极公民所取代，跟阶级之间的社会或经济权力的分配毫无关系。在民主被驯化的过程中，“形式民主”出现，就好像资本主义创造了一个新的、或多或少自主的“经济”领域的同时，亦创造了一个分割的“政治”领域，后一种领域容许一种不触及其他范畴的民主。

伍德认为资本主义政治与经济的分离虽然在一定程度上可以保证其形式民主，但也会遇到劳工斗争等威胁，而唯一能够解决的办法就是保留对统治阶级和被统治阶级的划分（统治者和生产者），严格限制劳工或公民的民主政治权利。这也即是伍德指出的：“资本主义民主中的政治平等不仅能够与社会经济的不平等同时存在，而且还能使这种社会经济的不平等基本保持不变。”②因此，伍德认为社会主义民主是要远远高于资本主义民主的，社会主义民主是“在不放弃以公民权、保护人权免受国家的侵害等形式体现出来的自由主义的民主成果之下，要求恢复民主的原来意义，不过这种恢复自然要适应现代的条件。因为在资本主义下，根本无法恢复民主原有的社会内容及积极的群众权力；没法把民主权利伸延到那些被资本主义割断的领域而不毁灭资本主义本身。我认为，在现代世界，民主必须是社会主义的同义词”③。

第二，资本主义与现代性。伍德指出，现代性的概念被广泛地使用，并被认为是标准化的历史观点。它将资本主义当作自然发展的结果，甚至一种自然规律。在这种革命过程中，从早期交换模式的资本主义到现代工业模式的资本主义，现代性都在捍卫着经济发展的动力，资本主义的经济理性也从传统的束缚中解放出来。“现代性属于一种历史观念，揭示了资本主义和非资本主义社会的巨大的分裂，将特定的资本主义运动规律当作普遍的历史规律，综合资本主义和非资本主义的各种不同历史发展。”④必将使得资本主义真正的历史运动被遮蔽，使资本主义成为一个自然发生的历史过程。她认为，反现代性运动同样会将资本主义看作一个自然发生的历史过程。现代性与马克斯·韦伯所称的合理化过程相关：“官僚组织中的国家合理化、产业资本主义中的经济合理化、教育扩展中的文化合理化、迷信的衰落、科学技术的进步。”⑤合理化过程与学术或文化模式相关，这要追溯至启蒙时代理性主义和对合理化计划的迷恋、对世界总体认识的关注、知识的标准化、普遍主义（相信普遍真理和价值）、相信单线进步、特别是理性和自由的进步。“现代性的序曲阶段，是以文艺复兴和宗教改革为标志……在这个意义上，现代性的过程，用韦伯的

---

① “Interview with Ellen Meiksins Wood - Democracy & Capitalism: Friends or Foes?”, New Socialist Magazine, Vol. 1, Issue 1, 1996.

② ［加］艾伦·伍德：《民主反对资本主义》，吕薇洲等译，重庆出版社 2007 年版，第 209 页。

③ “Interview with Ellen Meiksins Wood-Democracy & Capitalism: Friends or Foes?”, New Socialist Magazine, Vol. 1, Issue 1, 1996.

④ Ellen Meiksins Wood, *The Origin of Capitalism*, NewYork: Monthly Review Press, 1999, p. 76.

⑤ Ellen Meiksins Wood, *The Origin of Capitalism*, NewYork: Monthly Review Press, 1999, p. 105.

说法就是除魔化的过程，也是一个理性化的过程。”[①]韦伯区分了各种合理性的含义，但是他关于合理化的历史过程的观点吸收了各种理性和合理性的含义。合理化的过程带来启蒙原则——对专制权力的反抗、为人类解放承担责任、对权威的批判。合理化的过程也带来资本主义的生产组织，理性和自由同启蒙相联系，人性从传统束缚中解放。合理化制造的现代牢笼与掩盖新的剥削是硬币的两面，资本主义和官僚主义仅仅是理性与自由的自然延伸。伍德认为，要理解现代性和资本主义的关系就必须理解资本主义的起源。大多数人认为资本主义已经存在于世界中，是自然出现的，其市场扩大和技术发展已经达到了很高的水平，仅仅需要从其枷锁中解放，例如从封建主义的脚镣中解放出来。许多马克思主义者具有相同的看法，认为要加速资本主义的发展就必须实行资产阶级革命来打碎这些枷锁。“这些解释强调了非资本主义与资本主义社会之间的连续性，否认或掩盖资本主义的特殊性。”[②]资本主义的生产革命仅仅是普遍化和历史转变的延伸与加速，是其自然发生的历史趋势和过程。资本主义被看作从早期的商业模式资本主义到启蒙资本主义再到最终的工业模式的资本主义一系列发展过程。资本主义的发展经历了从城镇到乡村的转变，在此过程中，小规模的商品生产者被农村商品生产者代替，从封建主义的契约中解放，自然地发展为资本主义。小规模的商品生产者为资本主义的发展开辟了道路，资本主义市场被认为是一种机遇而不是强制。积累和利润最大化的强制植根于非常特别的社会财产关系，依赖技术手段提高了劳动生产率。资本主义的自然化过程的观点蕴含在对资本家与资本主义及现代性之间关系的传统认识中，这种认识仍然存在于今天对传统理论最激烈的批判中，它掩盖了资本主义的特殊性。

伍德认为，现代性与资本主义具有双重关系，资本主义和现代性的混同既遮蔽资本主义的特殊性，也掩盖现代性的特征。鲍曼和哈维已经对现代性作出了最重要的解释，他们都强调现代性具有建设和破坏的双重性，现代性可以溯源到启蒙时代，具有短暂性、偶然性和碎片化等诸多特点。现代生活短暂的、持续运动和改变的经历与资本主义相关。现代性具有破坏性，这种破坏性蕴含在它的生产能力、技术化和组织模式中，甚至在普遍性原则中。如果将现代性与资本主义同一化就掩盖了资本主义的特殊性；但如果说现代性与资本主义没有关系的话，现代性与资本主义的同一化可能也掩盖了非资本主义现代性的特殊性。首先，伍德认为要澄清资本主义和现代性的同一性问题必须要考察启蒙运动的历史环境。启蒙运动的许多特征根源于非资本主义社会的所有制关系，是出离封建主义的可选择的道路。“现在最重要的不是对启蒙的批判，而是对抛弃启蒙重要思想——特别是对人类追求普遍解放的批判，我们应该批判资本主义的破坏性的影响。我们必须仔细分析启蒙工程，揭示出哪些不属于现代性工程而属于资本主义的东西。”[③]资本家和资本主义是同一的，资本主义是业已存在的趋势自然发展的结果。从早期的交换模式到现代产业资本主义的革命过程，当经济理性从传统束缚中解放出来之时，现代性就兴起了。

---

① 汪民安：《现代性》，南京大学出版社2012年版，第2～3页。

② Ellen Meiksins Wood, Modernity, Postmodernity or Capitalism? *Review of International Political Economy*, vol. 4(Autumn 1997), p. 542.

③ Ellen Meiksins Wood, Modernity, Postmodernity or Capitalism? *Review of International Political Economy*, vol. 4(Autumn 1997), p. 113.

现代性与资本家和资本主义是同步的。现代性打破了社会与文化模式间的一些根本区别,包含着既属于资本主义又不属于资本主义的要素。其次,伍德认为现代性工程同资本主义没有任何关系的观点是错误的,资本主义的阶段性的理论意味着资本主义有两个主要阶段和一个主要的断裂阶段。其一,现代性从18世纪到20世纪70年代被认为代表一切。现代性被划分为更小的阶段,后现代性代表了一种特殊的断裂,这种断裂同资本主义历史的其他阶段的改变不同,应该被看作资本主义整个历史过程中的断裂。其二,后现代性理论强调资本主义社会和非资本主义社会的连续性,掩盖了资本主义历史的特殊性。后现代性理论弱化了社会与文化之间本质的差别,而社会与文化之间的差别直接揭示了资本主义的特点。如果认为现代性同资本主义有任何联系的话,现代性就不是被资本主义创造而是被资本主义破坏。“现代性与资本主义等同无异于将孩子和洗澡水一同泼掉,或者说得更清楚一些,将洗澡水留下,而将孩子扔掉。”①

伍德进一步以法国和英国为例来阐述资本主义与现代性的关系。她认为,英国通常不被认为是现代性的发源地,但是它确实与资本主义的兴起相联系。18世纪的英国处于农业资本主义发展阶段,但其城市人口有很大的增长,城市人口在全部人口中的比例已经超过了法国,伦敦是欧洲最大的城市。在英国出现了世界上第一个统一的竞争性的国内市场,在这个市场中,每天都有大量便宜的商品被消费,消费市场业已出现,无产阶级劳动力也大量增长。英国创造了新的商业模式并促使农业资本主义向产业资本主义过渡,英国面对竞争压力出现了像贝克、洛克和牛顿等一大批科学家。英国同其他欧洲国家分享其科技,但是将英国和欧洲其他国家区别开来的意识形态是“改良”和竞争的意识形态:“人性进步不是启蒙的思想,而是所有制的改变,伦理——实际上是科学——追求利润、提高劳动生产率的许诺以及圈地运动和占有的活动。”②改良主义不追求人性改良的启蒙思想而追求财产和伦理的改进,表现在提高生产率和增加利润以及圈地运动和对劳动者财产的占有。在改良主义的工程中,人类的一切价值屈从于生产率和利润。伍德指出,改良和提高生产率的思想可以追溯至17世纪威廉·配第(William Petty)的早期政治经济学理论,甚至在约翰·洛克(John Locke)关于农业改良和文学生产的著作中都有论述,而在18世纪的法国却是空白。在法国,农民占据生产的主导地位,地主通过地租对农民进行压榨。对于重农学派的政治经济学者来说,英国的农业是一个范例。正如安德森揭示的,18世纪法国是专制主义的国家,国家的功能不仅在于政治模式而且也作为统治阶级的经济基础,不仅代表政治也代表启蒙运动的经济或商业背景。专制主义的国家是榨取剩余价值的核心工具,政府是一种给占有者提供手段、占有农民生产的剩余价值的所有制模式,这种超经济占有的模式是对纯粹的资本主义经济剥削模式的直接反对,资本家被认为是启蒙运动的推动者和资本主义市场的主要参与者。伍德指出,甚至在16世纪君主政体已经开始挑战封建制,支持第三等级和资本家,声称代表普遍性并对贵族进行反抗。资本家也扩展了理性计划和标准化的先占的专制原则。普遍主义在西方有很长的历史,有非常特殊的含义。资本家挑战特权和特权阶层,通过运用普遍的公民原则来反对贵族专制。

---

① [加]艾伦·梅克森斯·伍德:《现代性、后现代性或者资本主义》,载《国外社会科学》1998年第3期。

② Ellen Meiksins Wood, *The Origin of Capitalism*, NewYork:Monthly Review Press,1999,p.112.

"换句话说,普遍性反对特权。普遍性反对不同的特权和约定俗称的权利,从而反对习惯和传统的原则。这种对传统的挑战容易变成一种历史理论,资本家与学者被当成与过去历史割裂的领导者,理性和自由的体现,进步的先驱。"①

第三,资本主义与全球化。全球化是指各种信息、技术、资本、商品等要素在全球范围内超越了民族国家的界限,成为全球性的要素,其运行的规则也被全球认同。伍德认为全球化就是资本的国际化,是资本在全球范围内的自由、快速的流动和掠夺性的金融投机。全球化同自由贸易没有任何关系,它的目的不是实现政治、经济、文化的一体化,而是实现资本帝国的全球霸权。"现行的'全球化'意味着附庸经济形式的市场开放及其面对帝国资本时的脆弱,而帝国经济则尽可能保持不受全球化反面效应的影响。"②全球化与资本主义紧密联系,资本主义的现代性也在资本全球化中以民族国家为载体表现出来。全球化在资本逻辑的普遍化中升级为资本主义的全球化,资本主义也在其总体性的扩张中实现着自身脆弱的增长。"资本主义已经高度全球化,当代资本主义是全球化时代的资本主义。"③资本主义的生产、技术和市场已经全球化。

伍德认为,全球化显示了民族国家和资本主义经济的关系,涉及地理空间和政治法律制度。资本突破和超越了民族国家的地理边界,弱化了限定地理边界的政治权威,不仅显示了市场的扩张,也显示了跨国公司的扩张。传统资本主义的发展模式展现了资本的逻辑,追求从外在强制中的解放和规模的扩大。伴随着技术的发展、民族国家的衰弱、人为的市场障碍被清除,贸易网络扩展到全世界。依赖技术进步和政治束缚的消除,资本主义的兴起象征贸易规模的扩大。全球化和资本主义是经济理性的持续的地理扩展,经济理性内在于交换活动中。在长期的地理政治化过程中,资本主义已经实现了扩张,民族国家的地理边界是其最后的屏障。"市场和资本超越国界不仅以民族国家为先决条件,而且依赖于作为其扩张的主要工具的国家。"④全球化席卷全球的民族国家,资本也渗透进入民族国家的内部,民族国家的边界和法律制度是其存在的条件。今天的全球化经济和早期的殖民掠夺之间存在着差异。殖民掠夺是为了直接获取政治权力,但不是很有效果;全球化时代的跨国资本更能有效地渗透进世界的每一个角落,但需借助于区域资本和民族国家的中介作用,依赖区域的政治法律去提供维护经济稳定性和劳动纪律的条件。

伍德认为,全球化实质上是资本主义的普遍化,积累、竞争、商品化和利润最大化的强制将普遍化,民族国家可能存在,地域的特殊性可能持续。"今天,资本主义几乎已经普遍化了。资本的运行法则、逻辑已经深深地渗入到先进的资本主义社会之中以及在空间上遍及了全世界。每一人类实践、每一社会关系以及自然环境都屈服于利润最大化、资本积

---

① Ellen Meiksins Wood, *The Origin of Capitalism*, NewYork: Monthly Review Press, 1999, pp. 108-109.

② [加]艾伦·梅克森斯·伍德:《资本的帝国》,王恒杰、宋兴无译,上海译文出版社 2006 年版,第 101 页。

③ 俞可平:《全球化时代的资本主义——西方左翼学者关于当代资本主义新变化若干理论的评析》,载《马克思主义与现实》2003 年第 1 期。

④ Ellen Meiksins Wood, Modernity, Postmodernity or Capitalism? *Review of International Political Economy*, vol. 4(Autumn 1997), p. 553.

累、资本不断自我扩张的需求之下。”[①]国家更多地成为经济与社会的守护人，扮演着相对独立的角色。在前资本主义时期，国家典型地扮演剩余劳动占有者的角色，政治和经济权力成为斗争的导火索。但在全球化时代，资本需要民族国家作为扩张的基地。全球化不能超越资本帝国对民族国家的需要，全球化世界是由民族国家组成的世界。“全球资本主义越来越多地依赖于以领土为基础的民族国家体系。全球资本更乐于将自己与行使主权的当地民族国家连接起来，而不是解散民族国家或不现实地追求建立单一世界国家。”[②]相比凯恩斯主义盛行的时代，国家纠正和强制干预的范围已受到很大限制，因为资本主义的逻辑已经如此普遍化，导致民族国家没有足够的力量去控制它。全球化不是随意的选择，反映了社会结构的改变和资本主义的普遍化，显示了在全球化体系中适应资本的需求。在全球化体系中，所有重要的经济参与者依据资本的逻辑来运行。

伍德指出，全球化是为了满足世界市场中资本流动和竞争的要求，不是自然规律作用的结果，也不是不可避免的历史结果，而是政治选择的结果。资本主义的根本目的是追求资本积累和利润最大化，发展生产力只是资本积累的手段而不是目的。受资本逻辑驱动，资本主义在发展生产力的幌子下推动全球化，既不能实现真正意义上的全球一体化发展，也不能推动生产力的实质提高，反而会造成国际政治经济局势的动荡、周期性的经济和金融危机，其实质是推行其政治制度和意识形态，谋求世界霸权地位。“当今世界是个资本主义全球化的世界……资本通常直接、专横地规定政治辩论的方式，知识和信息愈来愈受企业巨头掌控。”[③]在资本主义全球化过程中，资本主义实现政治霸权和文化霸权。资本主义的“全球化”从20世纪70年代以来的转变历史不是资本主义的断裂，而是资本主义的自我成熟，是资本主义作为总体性制度的真正影响。作为一种制度，资本主义不仅没有有力的对手，也没有找到超越自身的路径。资本主义与其内在矛盾共存，在其内在的机制作用下，外部没有补救措施去纠正或减弱这些矛盾所导致的破坏性影响。随着帝国主义推动资本扩张和危机转嫁，到处干涉他国内政，制造竞争和冲突，导致世界动荡，靠超经济的手段特别是殖民战争和领土斗争来超越自身矛盾已经不可能。“现在甚至绝大多数正确的机制也被经济主导和金融帝国主义的纯粹资本主义的机制所代替。”[④]

四、资本主义的矛盾与危机

伍德指出，资本主义已经成为世界普遍性的制度，资本主义的普遍性不仅指在全球范围而言，也不仅仅是指各种经济成分都在按照资本主义的规律在运转，而是其积累、利润最大化、竞争的规律已经渗透进自然、社会的所有方面。资本主义的普遍化既是其霸权扩

---

① Ellen Meiksins Wood, “Global Capital, National States”, In Mark Rupert and Hazel Smith(eds.), *Historical Materialism and Globalization*, London: Routledge, 2002, pp. 24-25.

② 王音:《战后帝国主义的新特征》,载《国外理论动态》2007年第6期。

③ [加]艾伦·梅克森斯·伍德:《何谓“后现代主义”》,载[加]艾伦·梅克森斯·伍德、[美]约翰·贝拉米·福斯特主编《保卫历史:马克思主义与后现代主义》,社会科学文献出版社2009年版,第13页。

④ Ellen Meiksins Wood, Modernity, Postmodernity or Capitalism? *Review of International Political Economy*, vol. 4(Autumn 1997), p. 559.

张的反映，也是其衰败的象征。“资本主义对其普遍化的推进不仅是其力量的显示，而且它也是一种疾病，是一种不断扩散的癌症。它会像毁灭自然一样，毁灭社会组织。它是一种矛盾的过程，就像马克思经常说的那样。”[①]资本主义的普遍化不是其繁荣和强大的象征，资本主义只能使其矛盾、两极分化、生态危机普遍化，它的成功也是它的失败。

布伦纳和伍德指出，当代资本主义有许多不可克服的矛盾和危机：其一，激烈竞争导致的生产设备过剩及其生产过剩的危机。资本主义的竞争、积累和利润最大化逻辑要求资本家不断推进生产力的发展，生产力的发展要求技术革新和扩大再生产，只有如此才能不断推进经济增长。但是由于市场竞争异常激烈，弱势的资本主义企业只有尽量通过大规模生产来提高产量，增加利润，但这必然带来市场的产能过剩和生产设备的过剩。其二，降低生产成本导致的需求不足和市场萎缩的危机。资本家为了增加利润必须降低生产成本，这有两个途径，一是提升技术含量和管理水平，二是降低人工成本。降低人工成本意味着劳工的收入降低，收入降低直接影响消费者需求的降低，引发市场对产品和服务等需求的降低，市场萎缩，活力不足。其三，资本逻辑导致贫富差距的危机。资本逻辑即是资本增值和利润最大化的逻辑，以经济理性为原则，以追求效益为目的，以物（财产）来衡量人的社会地位和价值。资本主义的发展不是以人的幸福为宗旨，也不是以人的自由全面发展为目的，虽然它促进了生产力的发展并提供了较为丰富的物质财富，但同时也造成社会的贫富差距和两极分化。其四，资本逻辑导致生态危机。伍德指出，强调利润最大化及资本积累的资本主义，必然是一种浪费及具破坏性的生产制度。它不但消耗大量的资源而且要求以不断的破坏来创造新的需要，结果对环境造成可怕的影响。资本逻辑以利润最大化为目的，为了增加利润不断开辟资本增值和积累的领域和空间，其影响已经扩展到从人类社会到大自然的一切领域。资本的积累和增值要求不断从自然界中获取资源以扩大生产，在这一过程中，形成了控制自然的观点：自然是为人类利益服务的，是人类的奴仆，人类可以从大自然中无尽地获取需要的资源而不承担责任。资本主义的无尽索取不会顾及自然的承受力，只能带来资源的短缺和环境的恶化，最终带来严重的生态危机。其五，利润最大化与产品和服务质量的矛盾。一般来说，资本家要获取利润必须不断生产高质量的产品和提供高品质的服务，但是资本主义以追求利润最大化为目的，产品及服务的质量甚至安全性一般都被放在利润最大化及削减成本之后考虑。所以，一方面资本家不断地改进技术，增加产品数量和提高产品质量；另一方面劣质产品大量出现，破坏了市场的稳定与可持续发展，大量的企业被迫转型和破产。布伦纳认为，要充分认识资本主义的周期性的经济危机，资本主义的本质是贪婪和无止境地追求利润的，但又是无计划的和恶性竞争的，“资本主义的特征不是计划性，而是冒险和熊彼特称为的创新性破坏。熊彼特……可能低估了创新性破坏的破坏一面”[②]。因此，不消除资本逻辑的影响，不改变资本主义生产方式，就不能消除这个矛盾，也就无法从根本上促进市场经济的发展和人们生活水平的提高。

---

① Ellen Meiksins Wood, Back to Marx, *Monthly Review*, Vol. 49, No. 2, 1997.

② Robert Brenner, “ The Economics of GlobalTurbulence: A Special Report on the World Economy,1950-98”, *New Left Review*, No. 229, 1998.

“政治马克思主义”的资本主义历史观非常丰富，其对资本主义的批判有几点启示：

第一，“政治马克思主义”将历史变化与社会生产结合起来，深化了对经典马克思主义的资本主义批判理论的认识。“政治马克思主义”继承了经典马克思主义资本主义批判的主题，抛弃了经典马克思主义中关于历史变化的模型，强调社会生产特别是社会财产关系在分析资本主义的起源和发展趋势中的作用。第二，“政治马克思主义”的“转型资本主义”批判模式丰富了西方马克思主义的资本主义批判理论。西方马克思主义形成了国家资本主义批判、消费社会批判、晚期资本主义批判和全球资本主义批判等四种批判模式，“政治马克思主义”拓展了以上四种资本主义批判模式，形成了独具特色的“转型资本主义”批判模式。第三，资本主义不是自然产生的，而是在特定条件下产生的，具有历史特殊性，不是历史的终结，资本主义的发展经历了自由资本主义、垄断资本主义、帝国主义等几个发展阶段，每个阶段表现出不同的特点，影响着世界的历史发展。第四，当代资本主义是政治与经济相分离的社会，经济民主与政治民主既没有实现，也无法协调。政治与经济的分离导致权力的异化，资本与劳动的矛盾不可调和。第五，资本主义并不是人类理想的社会，最终被社会主义（共产主义）代替，全球化既是其力量的体现，也是其衰落的开始，左派力量应该在全球化过程中团结起来，复兴社会主义事业。第六，在发展市场经济的过程中要处理好政府与市场的关系，让社会主义制度合理控制和利用资本，让资本为发展生产力、提高人民生活水平和发展中国家综合国力服务。第七，全球化并不是资本主义的普遍化，只会带来更严重的经济危机、生态危机、社会危机，并在总体危机的爆发中走向灭亡。第八，资本主义是一个不断变化的制度和体系，遵循资本逻辑及其运行规则。资本逻辑既带来资本主义生产力的发展，也导致大量的矛盾和危机，其“内爆”严重，是“创造性的毁灭”。第九，在科学理解当代资本主义的过程中，马克思主义的基本观点和方法仍然没有过时，要坚信马克思的“两个必然”论断，在中国特色社会主义的伟大实践中不断发展马克思主义，不断推动马克思主义中国化。

作者简介：冯旺舟，湖北工业大学马克思主义学院副教授。研究方向为马克思主义中国化、国外马克思主义。

后　记

山东大学历史学博士后流动站于2004年获批设立，次年开始接受进站研究人员，到2014年已是十个年头。在此期间，根据国家学位点调整计划，历史学科调整为中国史、世界史和考古学三个一级学科，历史学博士后流动站也相应地调整为三个一级学科博士后流动站，十年中累计进站研究人员近50人。为了纪念设站十周年特别是总结其间的工作经验，我们几位负责博士后工作的同事就酝酿组织一次学术活动。其时，全国博士后管委会办公室、中国博士后科学基金会正在筹划组织纪念中国博士后制度实行三十年的活动。得知这一消息后，我们随即商定：(1)以申请和承办全国博管办的相关活动，作为我们自己的纪念；(2)举办一次全国性历史学博士后研究人员的论坛；(3)为了凸显历史学者的当下关怀，特别是为了便于不同学科背景的学者的参与，设计一个宽口径、且具有显著的现实意义的论坛主题——"历史学与当代中国社会"。学校人事部对我们的计划给予了大力支持，作为重点项目之一向全国博管办进行了推荐，并顺利获得批准立项。

其时，第二十二届国际历史科学大会正处于紧锣密鼓的筹备阶段。该次会议是其成立100多年来首次在中国、也是首次在欧美之外的国家举办，因而备受史学界乃至全国思想文化界高度关注和重视。为了向国际史学界展示中国史学人才的培养成果，也为了给中国青年史学家创造国际学术交流的机会，大会筹委会又盛情邀请我们加入大会，作为其三个平行会议之一，与史学大会同步举行。为鼓励各地博士后人员的参加，筹委会还决定，所有论坛学者免交参加史学大会的会务费，并享受史学大会给予其他学者的所有待遇。

论坛得到了全国各地博士后研究人员的积极响应。通知发出后两周，报名人数即达到了87人，后经遴选确定55人出席会议，其中48人准时提交了论文。

2015年8月23日，第二十二届国际历史科学大会在济南正式开幕，与此同时，"2015全国历史学博士后论坛"也在山东大学中心校区正式开幕，来自中共中央党校、中共中央编译局、中共中央党史研究室、中国社会科学院、中国科学院、商务部、北京大学、清华大学、南开大学、南京大学、复旦大学、浙江大学、上海交大、四川大学、东南大学、华东师大、山东大学等全国30多所高校、科研院所的48位博士后研究人员以及特邀学术嘉宾14人出席会议。全国博士后管委会办公室副主任刘连军、山东省人力资源与社会保障厅副厅长李伯平、山东大学副校长韩圣浩出席会议并致辞。

有关论坛活动情况，《第二十二届国际历史科学大会会议简报》(中英文版)进行了详细报道；中央电视台(科教频道)、光明日报、新华网、凤凰网、中国社会科学网、大河网、搜狐网、《中国博士后》《山东人力资源和社会保障》等诸多媒体也有关注乃至长篇报道。

为了记录这次盛会，展示论坛成果，特别是整理和挖掘第二十二届国际历史科学大会的学术遗产，论坛结束后我们便着手论文集的编辑出版问题。但考虑到部分学者的论文需另做发表以便满足相关考评工作，因而，该项工作多次后延，时至今日，终于具备各项出版条件。谨此，也向关心支持会议召开及论文集出版的以下单位和人士表示特别的感谢：

感谢全国博士后管委会办公室、中国博士后科学基金会及山东省人力资源和社会保障厅，为本次论坛的召开及文集出版所提供各项经费，这是会议能够顺利召开的基本前提。

感谢第二十二届国际历史科学大会筹委会所提供的各项支持，这显著地提升了本论坛的层次与影响力，也创造了此类论坛前无先例、后来者也很难企及的一个学术高峰。

感谢以下特邀嘉宾的拨冗莅临指导：

徐秀丽：中国社会科学院近代史研究所研究员，《近代史研究》主编；

吴　英：中国社会科学院世界史研究所研究员、《史学理论研究》副主编；

江　沛：南开大学历史学院院长、教授、博士生导师；

张　生：南京大学历史学院院长、教授、博士生导师；

舒建军，中国社会科学杂志社副编审、《历史研究》副主编；

苏　辉：《中国史研究》杂志社副编审、编辑部副主任；

汪谦干：安徽社科院历史研究所副所长、《安徽史学》杂志社研究员；

黄晓军：陕西省社会科学院《人文杂志》副编审；

仝劼骜：天津《历史教学》杂志社编辑；

胡卫清：山东大学教授、博士生导师；

刘玉峰：山东大学教授、博士生导师；

徐　畅：山东大学教授、博士生导师；

葛焕礼：山东大学教授、博士生导师；

韩吉绍：山东大学教授、博士生导师。

各位先生的精彩点评，使论坛生辉，使与会青年史学家有茅塞顿开之感！

感谢山东大学人事部的鼎力支持。这是山东大学首次承办全国性博士后论坛，人事部高度重视，部长陈宏伟先生亲自担任论坛筹备小组及会务组的组长，副部长郭春晓女士及博士后管理办公室的李新、毕于沛等各位老师全程参与了论坛的各项工作，统筹协调，亲历亲为，贡献巨大，精神感人。

感谢山东大学出版社编审王桂琴女士在论文集出版过程中所付出的各种辛苦劳动。

感谢历史文化学院的领导、老师和同学们的大力支持。院长方辉教授一直关心论坛的各项工作进展，并在闭幕式上拨冗致辞。学院组织人事干事扈玉萍老师自博士后设站以来，始终义务兼任该站日常管理工作，本次论坛在申请和筹备过程中，同样奉献了大量义务劳动。青年教师屈宁副教授、代国玺副教授，自论坛的申请、筹备到论坛正式召开，以至会后论文集的整理出版，全程参与，其严谨、专注、敬业使我们对学院未来学术之发展充满了期待和信心。参加论坛志愿服务的左什、闫冰、王宁、马瑞龙、刘昊东、郭锡超等同学，热情积极，恪尽职守。其中部分同学已经毕业离校，或走上工作岗位，或继续深造。他们在论坛期间所表现出的优秀品质，使我们相信他们必定有美好的未来与人生。

简言之，论坛的成功召开及文集的顺利出版，是大家共同努力的成果，其中所体现的团结协作精神，是成就各项神圣事业的思想基础，愿大家共勉之。

赵兴胜

2017 年 10 月 1 日于山东大学知新楼